Gross · Diepold · Hintzen

Musteranträge für Pfändung und Überweisung

Musteranträge für Pfändung und Überweisung

204 Antragsformulare für die
Zwangsvollstreckung in Forderungen und andere
Rechte mit praktischen Erläuterungen und einer
Einführung in das Verfahren

begründet von
Kurt Gross

fortgeführt von
Dr. Hugo Diepold
Rechtsanwalt in München

und

Udo Hintzen
Dipl.-Rechtspfleger AG Bonn,
Dozent an der FH in Bad Münstereifel

6. völlig neubearbeitete Auflage

Verlag
Dr. Otto Schmidt
Köln

> *Die Deutsche Bibliothek – CIP-Einheitsaufnahme*
>
> *Gross, Kurt:*
> Musteranträge für Pfändung und Überweisung: 204 Antragsformulare für die Zwangsvollstreckung in Forderungen und andere Rechte mit praktischen Erläuterungen und einer Einführung in das Verfahren / begr. von Kurt Gross. Fortgef. von Hugo Diepold; Udo Hintzen. – 6., völlig neubearb. Aufl. – Köln: O. Schmidt, 1996
> ISBN 3-504-47121-2
> NE: Diepold, Hugo [Bearb.]

Verlag Dr. Otto Schmidt KG
Unter den Ulmen 96–98, 50968 Köln
Tel.: 02 21/9 37 38-01, Fax: 02 21/9 37 38-9 21

© 1996 by Verlag Dr. Otto Schmidt KG

Das Werk einschließlich aller seiner Teile ist urheberrechtlich geschützt. Jede Verwertung, die nicht ausdrücklich vom Urheberrechtsgesetz zugelassen ist, bedarf der vorherigen Zustimmung des Verlages. Das gilt insbesondere für Vervielfältigungen, Bearbeitungen, Übersetzungen, Mikroverfilmungen und die Einspeicherung und Verarbeitung in elektronischen Systemen.

Das verwendete Papier ist aus chlorfrei gebleichten Rohstoffen hergestellt, holz- und säurefrei, alterungsbeständig und umweltfreundlich.

Gesamtherstellung: Bercker Graphischer Betrieb GmbH, Kevelaer

Printed in Germany

Vorwort

Wie für die Vorauflage wurde auch für die hier vorgelegte 6. Auflage eine weitgehende Neubearbeitung notwendig, weil der Gesetzgeber nicht nur Bestimmungen der ZPO, sondern auch verschiedenster anderer Rechtsgebiete geändert hat, aus denen sich pfändbare Forderungen herleiten. Zu den wichtigsten Änderungen zählen die Privatisierung der Bahn, die Privatisierung und Aufspaltung der Post, die Ersetzung des Warenzeichengesetzes durch das Markengesetz. Ferner hat die Änderung zahlreicher Einzelbestimmungen, z. B. im Gebührenrecht, Steuerrecht und Kindergeldrecht die Neubearbeitung einzelner Muster und Erläuterungen veranlaßt. Auch Änderungen der BGH-Rechtsprechung waren zu berücksichtigen, so bezüglich der Pfändung von Arzt- und Anwaltshonoraren und von Grundpfandrechten.

Einzelne Muster waren überflüssig geworden und sind deshalb entfallen; soweit aufgehobene Gesetze und zur Aufhebung vorgesehene Bestimmungen (z. B. § 1300 BGB über das sogenannte Kranzgeld) die Möglichkeit ließen, bereits entstandene Ansprüche noch weiterzuverfolgen, haben wir die entsprechenden Muster oder Ausführungen in den Erläuterungen für diese Auflage beibehalten.

Eingefügt wurden Muster zur hypothekarisch gesicherten Bauhandwerkerforderung, zur Rechtsanwaltsversorgung, zur künftigen Altersrente, zu schwierigen Formen des Vermächtnisses und zu Ansprüchen nach dem Vermögensgesetz.

Seit der 5. Auflage erscheint das Buch im Verlag Dr. Otto Schmidt Köln; das hat ihm sehr gut getan. Insbesondere hat Frau Dr. Katherine Knauth mit zahlreichen guten Ideen, großem Einsatz und mäßiger Strenge erhebliche Verbesserungen bewirkt.

Die 6. Auflage hat zwei Autoren: Herr Dipl.-Rpfl. Udo Hintzen, St. Augustin, z. Zt. Dozent an der FH für Rechtspflege NW, hat die Bearbeitung derjenigen Muster übernommen, welche die Pfändung von Arbeitseinkommen im weiteren Sinn und von Ansprüchen auf Sozialleistungen betreffen.

Wir empfehlen, die **Hinweise für die Benutzung** zu lesen, denn ihre Beachtung erleichtert die Arbeit mit dem Buch erheblich.

Das Buch entspricht dem **Gesetzesstand** vom 31. 12. 1995. Die Rechtsprechung wurde bis Oktober 1995, teilweise bis Ende 1995 berücksichtigt.

München/St. Augustin, im Januar 1996   Hugo Diepold   Udo Hintzen

Hinweise für die Benutzung

1. Behandelt wird die Zwangsvollstreckung **wegen Geldforderungen,** soweit sie **in das bewegliche Vermögen** und nach der Zivilprozeßordnung betrieben wird. Für die Vollstreckung **wegen Steuerforderungen** gilt die Abgabenordnung, welche auszugsweise im Anhang 2 abgedruckt ist. Die Muster sind auch für die Vollstreckung wegen Steuerforderungen und auch wegen nach den Verwaltungsvollstreckungsgesetzen beizutreibender Geldforderungen (vgl. § 4 VwVG) verwendbar.

2. Der erste Teil des Buchs, „**Grundlagen**" genannt, gibt einen Überblick über das Vollstreckungsverfahren nach der Zivilprozeßordnung.

3. Der zweite Teil des Buchs enthält **Musteranträge** zur Sach- und Forderungspfändung.

Die **Muster 1 bis 11** zeigen Anträge, die regelmäßig der Forderungspfändung vorausgehen und solche, die der Sachpfändung dienen, geordnet nach üblicher **zeitlicher Reihenfolge.**

4. Alle weiteren Muster enthalten Formulierungsvorschläge für die Pfändung und Verwertung von Forderungen und anderen Rechten; die Überschriften (Stichwörter) sind **alphabetisch** geordnet. Finden sich zu einem Stichwort mehrere Muster, so helfen **Untertitel** bei der Auswahl.

Bei mehreren Mustern verweisen **Vorbemerkungen** auf vertiefende Darstellung an anderer Stelle oder auf spezielle Muster (s. u. 5.).

Erläuterungen zu den einzelnen Mustern sind nach gleichbleibendem Schema in die Zifferngruppen 1, 2 und 3 gegliedert:

Zifferngruppe 1 behandelt Materiellrechtliches zu dem zu pfändenden Anspruch oder anderen Recht.

Zifferngruppe 2 behandelt dessen Pfändung und Verwertung.

Zifferngruppe 3 gibt bei Bedarf besondere Hinweise, z. B. zum Rechtsweg oder zur Abgrenzung von ähnlichen Ansprüchen.

5. Die **Muster 12 ff.** zeigen den „**speziellen Teil**" des Pfändungsantrags bzw. des Pfändungs- und Überweisungsbeschlusses, auch bezüglich etwa angezeigter anderweitiger Verwertung, ohne Rubrum, Forderungsberechnung usw. Dieser „spezielle Teil" kann in einen passenden **Vordruck** eingesetzt werden, z. B. in den auf **S. 63** wiedergegebenen.

Ist die Vollstreckungsforderung niedriger als die zu pfändende Forderung, so muß zur Vermeidung einer Überpfändung klargestellt werden, daß es sich um eine **Teilpfändung** handelt, z. B. durch folgende Formulierungen:

Wegen dieser Ansprüche, ... und in Höhe dieser Beträge wird der entsprechende Teil der angeblichen Forderung des Schuldners gegen ... gepfändet; der gepfändete Teil der Forderung hat Vorrang vor dem Rest.

Hinweise für die Benutzung

Dem Drittschuldner wird, soweit die Pfändung reicht, verboten, ...

Dem Schuldner wird geboten, sich jeder Verfügung über den gepfändeten Teil der Forderung zu enthalten.

Zugleich wird die Forderung, soweit sie gepfändet ist, dem Gläubiger zur Einziehung überwiesen.

6. Beginnen mehrere Zeilen eines Musters mit einem **Gedankenstrich,** bedeutet das den Hinweis, daß **mehrere Alternativen** gezeigt sind, unter denen zu wählen ist.

7. Paragraphen ohne Zusatz sind der ZPO entnommen, wenn der Zusammenhang nicht eindeutig anderes ergibt.

8. Im **Anhang** sind Auszüge aus der Abgabenordnung, der Geschäftsanweisung für Gerichtsvollzieher und dem NATO-Truppenstatut abgedruckt.

Inhaltsverzeichnis

	Seite
Vorwort	V
Hinweise für die Benutzung	VII
Abkürzungs- und Literaturverzeichnis	XXI

Grundlagen

1. Wesen und Aufgaben der Zwangsvollstreckung	1
2. Arten der Zwangsvollstreckung	1
3. Die Zwangsvollstreckung wegen Geldforderungen insbesondere	2
4. Die Organe der Zwangsvollstreckung	3
4.1 Der Gerichtsvollzieher	3
4.2 Das Vollstreckungsgericht	4
4.3 Das Prozeßgericht erster Instanz	4
4.4 Das Grundbuchamt	4
4.5 Die Schiffsregisterbehörde	4
5. Die örtliche Zuständigkeit der Vollstreckungsorgane	5
6. Der Antrag des Vollstreckungsgläubigers	5
7. Die Voraussetzungen der Zwangsvollstreckung	5
7.1 Allgemeine Voraussetzungen der Zwangsvollstreckung (§ 750)	6
7.1.1 Der Vollstreckungstitel	6
7.1.2 Zustellung des Vollstreckungstitels	9
7.1.3 Die Vollstreckungsklausel	10
7.2 Besondere Voraussetzungen der Zwangsvollstreckung	10
7.3 Vollstreckungshindernisse	11
8. Die Reihenfolge der Vollstreckungsmaßnahmen	12
9. Der Antrag auf Pfändung beweglicher Sachen	13
10. Der Antrag auf Abnahme der eidesstattlichen Versicherung	13
11. Der Antrag auf Pfändung und Überweisung von Forderungen und anderen Rechten	13
12. Zustellung des Pfändungs(und Überweisungs)beschlusses	15
13. Unpfändbare und bedingt pfändbare Forderungen und Ansprüche	16
14. Zur Pfändbarkeit ausgewählter Forderungen und Rechte	16
15. Rechtsstellung des Drittschuldners	18
16. Die Klage gegen den Drittschuldner	20
17. Vorpfändung (vorläufiges Zahlungsverbot)	22
18. Sicherungsvollstreckung	22
19. Zusammentreffen mehrerer Pfändungspfandrechte und von Abtretungen und Pfändungen an ein und demselben Gegenstand	23

Inhaltsverzeichnis

	Seite
20. Die Zwangsvollstreckung gegen juristische Personen des öffentlichen Rechts	25
21. Rechtsbehelfe im Zwangsvollstreckungsverfahren	26
21.1 Allgemeines	26
21.2 Die einzelnen Rechtsbehelfe	27
21.2.1 Rechtsbehelfe „gegen den Titel"	27
21.2.2 Einwendungen gegen die Vollstreckungsklausel	28
21.2.3 Klage auf Erteilung der Vollstreckungsklausel	29
21.2.4 Rechtsbehelfe gegen Eingriffe in Drittvermögen und Drittbesitz	29
21.2.5 Erinnerung und befristete Erinnerung	29
21.2.6 Sofortige Beschwerde und Durchgriffsbeschwerde	30
21.2.7 Antrag auf Vollstreckungsschutz nach § 765a	31
21.2.8 Einstweilige Einstellung	31
22. Die Kosten der Zwangsvollstreckung	32
22.1 Wer trägt die Kosten der Zwangsvollstreckung?	32
22.2 Beitreibung der Kosten der Zwangsvollstreckung	33
Beispiel eines Antrags auf Forderungspfändung	34

Allgemeine Anträge und Erklärungen im Vollstreckungsverfahren, die regelmäßig der Forderungspfändung vorausgehen

Muster		
1	Antrag auf Erteilung der Vollstreckungsklausel: weitere Ausfertigung	37
2	Vollstreckungsauftrag	39
3	Antrag auf Gestattung der Wohnungsdurchsuchung	44
4	Antrag auf Genehmigung der Vollstreckung zur Nachtzeit und an Sonn- und Feiertagen	46
5	Antrag auf anderweitige Verwertung der Pfandsache	47
6	Antrag auf Abnahme der eidesstattlichen Versicherung	48
7	Verhaftungsauftrag	51
8	Vorläufiges Zahlungsverbot, Pfändungsbenachrichtigung, Vorpfändung	53
9	Beispiel einer Drittschuldnererklärung	56
10	Beispiel einer Drittschuldnererklärung mit Aufrechnung	57
11	Streitverkündung nach § 841 ZPO	61

Inhaltsverzeichnis

ABC der zu pfändenden Forderungen und Rechte

Muster		Seite
12	Ärzte, Zahnärzte, Tierärzte I: Vergütungsansprüche	63
13	Ärzte, Zahnärzte, Tierärzte II: Versorgungsansprüche	67
14	Altenteil I	72
15	Altenteil II: Antrag auf Eintragung der Pfändung im Grundbuch	74
16	Ankaufsrecht	77
17	Anwartschaft auf den Eigentumserwerb bei Eigentumsvorbehalt	78
18	Arbeitnehmer-Erfindervergütung	82
19	Arbeitseinkommen I	84
20	Arbeitseinkommen II: Pfändung wegen eines Unterhaltsanspruchs	93
21	Arbeitseinkommen III: Bediensteter der NATO-Streitkräfte außer USA, der durch Vermittlung einer deutschen Behörde bezahlt wird	96
22	Arbeitseinkommen IV: Bediensteter der NATO-Streitkräfte außer USA, der nicht durch Vermittlung einer deutschen Behörde bezahlt wird	97
23	Arbeitseinkommen V: Bediensteter der NATO-Streitkräfte, Entsendestaat USA	102
23a	Pfändungs- und Überweisungsbeschluß: Vollstreckungsschuldner ist Angehöriger der US-Armee oder US-Marine	103
23b	Pfändungs- und Überweisungsbeschluß: Vollstreckungsschuldner ist Angehöriger der US-Luftwaffe	105
24	Arbeitseinkommen VI: Lohnschiebung	111
25	Arbeitseinkommen VII: Verschleiertes Arbeitsverhältnis	113
26	Auflassung I: Schuldrechtlicher Anspruch auf Erklärung der Auflassung	116
27	Auflassung II: Schuldrechtlicher Anspruch auf Erklärung der Auflassung und/oder Rückabwicklungsanspruch	117
28	Auflassung III: Antrag auf Eintragung der Pfändung nach Muster 26 und 27 im Grundbuch	118
29	Auflassung IV: Rückabwicklungsanspruch bei unwirksamem Vertrag	119
30	Auflassung V: Anwartschaftsrecht nach Erklärung der Auflassung	120
31	Auflassung VI: Kombinierte Pfändung mangels genauer Kenntnis des Sachverhalts	121
32	Auflassung VII: Antrag auf Eintragung der Pfändung nach Muster 30 und 31 im Grundbuch	122
33	Auflassung VIII: Antrag auf Bestellung eines Sequesters	123
34	Automatenaufstellvertrag	128

Inhaltsverzeichnis

Muster		Seite
35	Banken und Sparkassen: Umfassende Pfändung	131
36	Bankguthaben, Sparkassenguthaben: Girokonto, Kontokorrentkonto	138
37	Bauhandwerkerforderung I: Es ist keine Bauhandwerkerhypothek eingetragen	147
38	Bauhandwerkerforderung II: Eine Bauhandwerkerhypothek ist eingetragen	148
39	Bausparguthaben	150
40	Bedienungsgeld	153
41	Bezugsrecht auf neue Aktien	155
42	Briefhypothek I: Der Schuldner besitzt den Hypothekenbrief	157
43	Briefhypothek II: Der Schuldner besitzt den Hypothekenbrief nicht	159
44	Briefhypothek III: Teilbetrag; der Schuldner besitzt den Hypothekenbrief	160
45	Briefhypothek IV: Teilbetrag; der Schuldner besitzt den Hypothekenbrief nicht	161
46	Briefhypothek V: Antrag auf Eintragung der Pfändung nach Muster 42–45 im Grundbuch	162
47	Bruchteilsgemeinschaft I: Miteigentumsanteil an einem Grundstück	170
48	Bruchteilsgemeinschaft II: Gemeinsame Forderung	171
49	Buchhypothek I: Forderung mit der Hypothek	175
50	Buchhypothek II: Teilbetrag	176
51	Buchhypothek III: Antrag auf Eintragung der Pfändung nach Muster 49 und 50 im Grundbuch	177
52	Buchhypothek IV: Nur rückständige Zinsen	178
53	Darlehensgewährung (Kreditzusage)	182
54	Darlehensrückzahlung	183
55	Dauerwohnrecht/Dauernutzungsrecht I	186
56	Dauerwohnrecht/Dauernutzungsrecht II: Zugleich wird der Mietzins gepfändet	187
57	Dauerwohnrecht/Dauernutzungsrecht III: Die Wohnung bzw. Einheit ist noch nicht errichtet	188
58	Dauerwohnrecht/Dauernutzungsrecht IV: Antrag auf Eintragung der Pfändung nach Muster 55–57 im Grundbuch	189
59	Dienstbarkeit I	192
60	Dienstbarkeit II: Antrag auf Eintragung der Pfändung nach Muster 59 im Grundbuch	193
61	Eigentümer-Briefgrundschuld I: Der Vollstreckungsschuldner ist als Inhaber der Grundschuld im Grundbuch eingetragen und besitzt den Brief	196

Inhaltsverzeichnis

Muster		Seite
62	Eigentümer-Briefgrundschuld II: Der Vollstreckungsschuldner ist als Inhaber der Grundschuld im Grundbuch eingetragen, besitzt aber den Brief nicht	197
63	Eigentümer-Briefgrundschuld III: Der Vollstreckungsschuldner ist als Inhaber der Grundschuld im Grundbuch eingetragen; ob er den Brief besitzt, ist nicht bekannt	198
64	Eigentümer-Briefgrundschuld IV: Antrag auf Eintragung der Pfändung nach Muster 61–63 im Grundbuch	199
65	Eigentümer-Briefgrundschuld V: Der Vollstreckungsschuldner ist nicht als Inhaber der Grundschuld im Grundbuch eingetragen, besitzt aber den Brief	200
66	Eigentümer-Briefgrundschuld VI: Der Vollstreckungsschuldner ist nicht als Inhaber der Grundschuld im Grundbuch eingetragen; er besitzt den Brief nicht	201
67	Eigentümer-Briefgrundschuld VII: Der Vollstreckungsschuldner ist nicht als Inhaber der Grundschuld im Grundbuch eingetragen; ob er den Brief besitzt, ist nicht bekannt	202
68	Eigentümer-Briefgrundschuld VIII: Die Eigentümergrundschuld ist nur aus einem Teil der Fremdhypothek entstanden und im Grundbuch noch nicht umgeschrieben	204
69	Eigentümer-Briefgrundschuld IX: Antrag auf Eintragung der Pfändung nach Muster 65–68, 71 und 72 und Umschreibung in eine Eigentümergrundschuld im Grundbuch	206
70	Eigentümer-Buchgrundschuld I: Der Vollstreckungsschuldner ist als Inhaber der Grundschuld im Grundbuch eingetragen	207
71	Eigentümer-Buchgrundschuld II: Der Vollstreckungsschuldner ist nicht als Inhaber der Grundschuld im Grundbuch eingetragen .	208
72	Eigentümer-Buchgrundschuld III: Nur aus einem Teil einer Fremdhypothek entstanden und im Grundbuch noch nicht umgeschrieben	209
73	Eigentümer-Buchgrundschuld IV: Antrag auf Eintragung der Pfändung nach Muster 70 im Grundbuch	210
74	Eigentümer-Briefhypothek	211
75	Eigentümer-Buchhypothek	213
76	Erbbauzins, Erbbaurecht	219
77	Gebrauchsmuster: Das Gebrauchsmuster ist noch nicht in die Rolle eingetragen	221
78	Genossenschaft	224
79	Geschmacksmuster	228
80	Gesellschaft des Bürgerlichen Rechts I: Alle Gesellschafter sind Vollstreckungsschuldner	230

XIII

Inhaltsverzeichnis

Muster		Seite
81	Gesellschaft des Bürgerlichen Rechts II: Ansprüche des Vollstreckungsschuldners als Gesellschafter gegen die übrigen Gesellschafter	231
82	Gesellschaft mit beschränkter Haftung I: Geschäftsanteil, Nebenansprüche, Geschäftsführervergütung eines Gesellschafters	237
83	Gesellschaft mit beschränkter Haftung II: Ansprüche der Gesellschaft gegen einen Geschäftsführer	239
84	Gesellschaft mit beschränkter Haftung III: Anspruch der Gesellschaft auf Leistung der Stammeinlage	240
85	Grundschuld mit Brief I: Der Vollstreckungsschuldner ist auch Schuldner der Grundschuld; die Grundschuld ist nicht valutiert; der Vollstreckungsschuldner besitzt den Brief nicht	248
86	Grundschuld mit Brief II: Der Vollstreckungsschuldner ist Gläubiger der Grundschuld und besitzt den Brief; die Grundschuld ist valutiert; gepfändet wird auch die durch die Grundschuld gesicherte Forderung	249
87	Grundschuld mit Brief III: Der Vollstreckungsschuldner ist Gläubiger der Grundschuld, besitzt den Brief aber nicht; die Grundschuld ist valutiert; die durch die Grundschuld gesicherte Forderung wird nicht gepfändet; die Vollstreckungsforderung ist geringer als die Grundschuld	250
88	Grundschuld mit Brief IV: Antrag auf Eintragung der Pfändung nach Muster 85 im Grundbuch	251
89	Grundschuld ohne Brief I: Der Vollstreckungsschuldner ist auch Schuldner der Grundschuld; die Grundschuld ist nicht valutiert	252
90	Grundschuld ohne Brief II: Der Vollstreckungsschuldner ist Gläubiger der Grundschuld; die Grundschuld ist valutiert; auch die gesicherte Forderung wird gepfändet	253
91	Grundschuld ohne Brief III: Antrag auf Eintragung der Pfändung nach Muster 89 im Grundbuch	254
92	Gütergemeinschaft I	259
93	Gütergemeinschaft II: Fortgesetzte Gütergemeinschaft	260
94	Haftentschädigungsanspruch aus Strafverfolgungsmaßnahmen	266
95	Heimarbeitsvergütung I: Schuldner arbeitet laufend für den Drittschuldner	268
96	Heimarbeitsvergütung II: Schuldner arbeitet einmalig für den Drittschuldner	269
97	Herausgabeanspruch	271
98	Hinterlegung	274

Inhaltsverzeichnis

Muster		Seite
99	Höchstbetragshypothek I: Forderung und Hypothek	276
100	Höchstbetragshypothek II: Antrag auf Eintragung der Pfändung nach Muster 99 im Grundbuch	277
101	Höchstbetragshypothek III: Forderung ohne Hypothek	278
102	Höchstbetragshypothek IV: Aus einer Höchstbetragshypothek entstandene Eigentümergrundschuld	279
103	Jagdrecht I: Jagdpachtrecht	282
104	Jagdrecht II: Nutzungsrecht der Genossenschaft	283
105	Kaufvertrag I: Kaufpreisforderung aus Grundstückskaufvertrag	285
106	Kaufvertrag II: Erfüllungsanspruch des Käufers einer beweglichen Sache	286
107	Kaufvertrag III: Erfüllungsanspruch des Käufers eines Rechts, hier einer Geldforderung	287
108	Kommanditgesellschaft I: Kommanditanteil	291
109	Kommanditgesellschaft II: Einlageforderung gegen einen Kommanditisten	292
110	Kontokorrent (ohne Bankkontokorrent)	294
111	Kreditkarten I: Forderung eines Lieferanten gegen das Kreditkarten-Unternehmen	297
112	Kreditkarten II: Zahlungsanspruch des Kunden gegen das Kreditkarten-Unternehmen	298
113	Lebensversicherung I	300
114	Lebensversicherung II: Widerruf der Bezugsberechtigung	301
115	Leibrente: Zwei Berechtigte als Gesamtgäubiger	308
116	Lizenz	310
117	Marke	312
118	Mietvertrag, Pachtvertrag	315
119	Mietvorauszahlung I: Anspruch auf Leistung der Mietvorauszahlung	318
120	Mietvorauszahlung II: Anspruch auf Rückzahlung der Mietvorauszahlung	319
121	Miteigentum an einer beweglichen Sache	321
122	Miterbenanteil I	324
123	Miterbenanteil II: Antrag auf Eintragung der Pfändung nach Muster 122 im Grundbuch	325
124	Nacherbschaft I: Vollstreckungsschuldner ist alleiniger Nacherbe	328
125	Nacherbschaft II: Vollstreckungsschuldner ist einer von mehreren Nacherben	329
126	Nacherbschaft III: Antrag auf Eintragung der Pfändung nach Muster 124 und 125 im Grundbuch	330

Inhaltsverzeichnis

Muster		Seite
127	Nießbrauch I	333
128	Nießbrauch II: Antrag auf Eintragung der Pfändung nach Muster 127 im Grundbuch	334
129	Offene Handelsgesellschaft I: Vollstreckungsschuldner ist ein Gesellschafter	337
130	Offene Handelsgesellschaft II: Vollstreckungsschuldnerin ist die OHG	338
131	Patent	342
132	Pflichtteilsanspruch	347
133	Postbank I: Girokonto	350
134	Postbank II: Sparkonto	353
135	Reallast I: Subjektiv-persönliche Reallast selbst samt der Forderung auf die Einzelleistungen	355
136	Reallast II: Anspruch auf Einzelleistungen	356
137	Reallast III: Antrag auf Eintragung der Pfändung nach Muster 135 und 136 im Grundbuch	357
138	Rechtsanwaltsgebühren I: Vergütung aufgrund Anwaltsvertrags	359
139	Rechtsanwaltsgebühren II: Vergütung aufgrund Beiordnung im Weg der Prozeßkostenhilfe und als Pflichtverteidiger	360
140	Rechtsanwaltsversorgung	364
141	Rentenschuld mit Brief I: Der Vollstreckungsschuldner besitzt den Brief	367
142	Rentenschuld mit Brief II: Der Vollstreckungsschuldner besitzt den Brief nicht	368
143	Rentenschuld ohne Brief I	369
144	Rentenschuld ohne Brief II: Antrag auf Eintragung der Pfändung nach Muster 143 im Grundbuch	370
145	Sachversicherung	372
146	Sachverständigenentschädigung	374
147	Schadensersatzanspruch wegen Vollstreckung aus einem später aufgehobenen Titel	376
148	Scheckforderung I: Orderscheck	379
149	Scheckforderung II: Überbringerscheck	380
150	Schenkung I: Rückforderung einer Sache wegen Verarmung des Schenkers	383
151	Schenkung II: Rückforderung eines Rechts wegen Verarmung des Schenkers	384
152	Schenkung III: Rückforderung wegen groben Undanks des Beschenkten	385

Inhaltsverzeichnis

Muster		Seite
153	Schiffshypothek I	389
154	Schiffshypothek II: Antrag auf Eintragung der Pfändung im Schiffsregister	390
155	Schiffspart	393
156	Schmerzensgeld I: als Kapital	397
157	Schmerzensgeld II: als Rente	398
158	Sicherungsübereignung I: Der Drittschuldner besitzt die Sache	399
159	Sicherungsübereignung II: Der Vollstreckungsschuldner besitzt die Sache	400
160	Soldatenbezüge I: Berufssoldaten	402
161	Soldatenbezüge II: Zeitsoldaten	403
162	Soldatenbezüge III: Hinterbliebene von Berufssoldaten oder Zeitsoldaten	404
163	Soldatenbezüge IV: Wehrpflichtige	405
164	Sozialleistungen I	409
165	Sozialleistungen II: insbesondere künftige Altersrente	410
166	Sparguthaben I: Der Vollstreckungsschuldner besitzt das Sparbuch	423
167	Sparguthaben II: Der Vollstreckungsschuldner besitzt das Sparbuch nicht	424
168	Stahlkammerfach/Banksafe	428
169	Steuererstattungsanspruch I: Lohnsteuerjahresausgleich durch das Finanzamt	430
170	Steuererstattungsanspruch II: Lohnsteuerjahresausgleich durch den Arbeitgeber	431
171	Steuererstattungsanspruch III: Einkommensteuer	432
172	Stille Gesellschaft I: Anspruch des Unternehmers auf die Einlage	438
173	Stille Gesellschaft II: Anspruch des stillen Gesellschafters aus seiner Beteiligung	439
174	Taschengeldanspruch	441
175	Treuhandschaft	443
176	Unfallversicherung	446
177	Unterhaltsansprüche von Ehegatten	447
178	Urheberrecht	450
179	Verkehrsunfall I: Schadensersatz wegen Körperverletzung und Sachbeschädigung	454
180	Verkehrsunfall II: Schadensersatz infolge Tötung einer Person	455
181	Verlagsvertrag I: Rechte des Verlegers	458

Inhaltsverzeichnis

Muster		Seite
182	Verlagsvertrag II: Vergütungsanspruch des Autors	459
183	Verlöbnis	462
184	Vermächtnis I: Geldvermächtnis und Verschaffungsvermächtnis	465
185	Vermächtnis II: Sachvermächtnis und Wahlvermächtnis	466
186	Vermögenswerte Ost, Vermögensgesetz: Anspruch auf Rückübertragung eines Grundstücks	469
187	Versteigerungserlös aus der Mobiliarversteigerung I: Titulierte Forderung des Vollstreckungsschuldners, für die ein Pfändungspfandrecht bereits besteht, vor Verwertung der Pfandsachen	471
188	Versteigerungserlös aus der Mobiliarversteigerung II: Anspruch des Vollstreckungsschuldners gegen den Gerichtsvollzieher auf Auszahlung des Erlöses nach Versteigerung der Pfandsache	472
189	Vertreterprovision	474
190	Vorkaufsrecht	476
191	Wechsel und andere indossable Wertpapiere: ohne Scheck	480
192	Wiederkaufsrecht (Rückkaufsrecht)	486
193	Zeugenentschädigung	487
194	Zugewinnausgleich	489
195	Zwangsversteigerungserlös I: Auszahlungsanspruch des die Zwangsversteigerung betreibenden Gläubigers nach Erteilung des Zuschlags	492
196	Zwangsversteigerungserlös II: Anspruch des bisherigen Grundstückseigentümers auf Auszahlung des Mehrerlöses nach Erteilung des Zuschlags	493
197	Zwangsversteigerungserlös III: Anspruch des Gläubigers eines Grundpfandrechts nach Erteilung des Zuschlags	494
198	Zwangsversteigerungserlös IV: Anspruch des Inhabers eines nicht auf Zahlung von Kapital gerichteten Rechts nach Erteilung des Zuschlags	495
199	Zwangsversteigerungserlös V: Anspruch des bisherigen Grundstückseigentümers aus einer originären Eigentümergrundschuld	496
200	Zwangsversteigerungserlös VI: Anspruch des bisherigen Grundstückseigentümers aus einem abgeleiteten Eigentümergrundpfandrecht	497
201	Zwangsversteigerungserlös VII: Anspruch eines Grundpfandrechtsschuldners gegen seinen Gläubiger auf Herausgabe des auf den nicht valutierten Teil des Grundpfandrechts entfallenden Versteigerungserlöses	498

Inhaltsverzeichnis

Muster		Seite
202	Zwangsverwaltungserlös I: Anspruch des Grundstückseigentümers auf Auskehrung des ihm gebührenden Teils der Überschüsse	505
203	Zwangsverwaltungserlös II: Anspruch eines Grundpfandgläubigers auf Auszahlung von Zinsen, Tilgungsbeträgen und Nebenleistungen	506
204	Zwangsverwaltungserlös III: Anspruch des betreibenden Gläubigers auf Befriedigung seiner Forderung	507

Anhang

1. Die NATO-Streitkräfte als Drittschuldner 509
2. Auszug aus der Abgabenordnung (AO) 512
3. Auszug aus der Geschäftsanweisung für Gerichtsvollzieher (GVGA) .. 518

Sachverzeichnis 533

Abkürzungs- und Literaturverzeichnis

a.A.	anderer Ansicht
a.a.O.	am angegebenen Ort
abl.	ablehnend
Abs.	Absatz
Abschn.	Abschnitt
a.E.	am Ende
a.F.	alte Fassung
AFG	Arbeitsförderungsgesetz
AG	Amtsgericht, Aktiengesellschaft
AktG	Aktiengesetz
allg.M.	allgemeine Meinung
a.M.	anderer Meinung
Anh.	Anhang
Anm.	Anmerkung
AnwBl.	Anwaltsblatt (Jahr und Seite)
AO	Abgabenordnung 1977
AP	Nachschlagewerk des Bundesarbeitsgerichts, zit. nach Gesetzesstelle und Entscheidungsnummer
ArbG	Arbeitsgericht
ArbGG	Arbeitsgerichtsgesetz
ArbnEG	Arbeitnehmererfindungsgesetz
Art.	Artikel
Aufl.	Auflage
Az.	Aktenzeichen
BAföG	Bundesausbildungsförderungsgesetz
BAG	Bundesarbeitsgericht
BAGE	Entscheidungen des Bundesarbeitsgerichts
BauGB	Baugesetzbuch
Baumbach/Lauterbach/ Albers/Hartmann	Kommentar zur Zivilprozeßordnung, 53. Aufl. 1995
Baumbach/Hueck	Kommentar zum GmbH-Gesetz, 15. Aufl. 1988
BayBS	Bereinigte Sammlung des bayerischen Landesrechts
BayGVBl.	Bayerisches Gesetz- und Verordnungsblatt (Jahr und Seite)
BayObLG	Bayerisches Oberstes Landesgericht
BayObLGZ	Entscheidungen des Bayerischen Obersten Landesgerichts in Zivilsachen
BB	Der Betriebsberater (Jahr und Seite)
Bd.	Band
Bek.	Bekanntmachung
Bem.	Bemerkung

Abkürzungs- und Literaturverzeichnis

bes.	besonders
BezG	Bezirksgericht
BezO	Bezirksordnung
BFH	Bundesfinanzhof
BGB	Bürgerliches Gesetzbuch
BGBl.	Bundesgesetzblatt
BGH	Bundesgerichtshof
BGHZ	Entscheidungen des Bundesgerichtshofes in Zivilsachen
Bl.	Blatt
BRAGO	Bundesgebührenordnung für Rechtsanwälte
BSG	Bundessozialgericht
BSHG	Bundessozialhilfegesetz
BStBl.	Bundessteuerblatt
BT	Bundestag
BT-Dr.	Bundestagsdrucksache
BVerfG	Bundesverfassungsgericht
BVerfGE	Entscheidungen des Bundesverfassungsgerichts
BVerwG	Bundesverwaltungsgericht
BVerwGE	Entscheidungen des Bundesverwaltungsgerichts
BVG	Bundesversorgungsgesetz
DB	Der Betrieb (Jahr und Seite)
DGVZ	Deutsche Gerichtsvollzieherzeitung (Jahr und Seite)
DPA	Deutsches Patentamt
DVO	Durchführungsverordnung
eG	eingetragene Genossenschaft
EGBGB	Einführungsgesetz zum Bürgerlichen Gesetzbuch
EGZPO	Einführungsgesetz zur Zivilprozeßordnung
Einl.	Einleitung
entspr.	entsprechend
ErbbauVO	Verordnung über das Erbbaurecht
EStG	Einkommensteuergesetz
EWiR	Entscheidungen zum Wirtschaftsrecht (Jahr und Seite)
f., ff.	folgende
FamRZ	Zeitschrift für das gesamte Familienrecht (Jahr und Seite)
FG	Finanzgericht
FGG	Gesetz über die Angelegenheiten der freiwilligen Gerichtsbarkeit
Fl.St.	Flurstück
Fl.Nr.	Flurnummer
FN	Fußnote

Abkürzungs- und Literaturverzeichnis

GBl.	Gesetzblatt
GBO	Grundbuchordnung
Gem.	Gemeinde, Gemarkung
GenG	Genossenschaftsgesetz
GesO	Gesamtvollstreckungsordnung
GG	Grundgesetz
GKG	Gerichtskostengesetz
GmbH	Gesellschaft mit beschränkter Haftung
GmbHG	Gesetz betreffend die Gesellschaften mit beschränkter Haftung
GO	Gemeindeordnung
Grundz.	Grundzüge
GRUR	Gewerblicher Rechtsschutz und Urheberrecht (Jahr und Seite)
GVBl.	Gesetz- und Verordnungsblatt (Jahr und Seite)
GVG	Gerichtsverfassungsgesetz
GVGA	Geschäftsanweisung für Gerichtsvollzieher
HGB	Handelsgesetzbuch
Hintzen/Wolf	Die Mobiliarzwangsvollstreckung in der Praxis, 1994
h.M.	herrschende Meinung
i.d.F.	in der Fassung
i.S.	im Sinne
i.V.m.	in Verbindung mit
JR	Juristische Rundschau
JurBüro	Das juristische Büro (Jahr und Seite)
JW	Juristische Wochenschrift (Jahr und Seite)
JZ	Juristenzeitung (Jahr und Seite)
KG	Kammergericht, Kommanditgesellschaft
KO	Konkursordnung
KostO	Kostenordnung
L	Leitsatz
LAG	Landesarbeitsgericht
LG	Landgericht
LKrO	Landkreisordnung
LM	Das Nachschlagewerk des Bundesgerichtshofs in Zivilsachen, herausgegeben von Lindenmaier und Möhring, zit. nach Gesetzesstelle und Entscheidungsnummer
LSG	Landessozialgericht
LVA	Landesversicherungsanstalt

Abkürzungs- und Literaturverzeichnis

m.Anm.	mit Anmerkung(en)
MDR	Monatsschrift für Deutsches Recht (Jahr und Seite)
m.E.	meines Erachtens
m.N.	mit Nachweisen
MünchKomm	Münchener Kommentar zum Bürgerlichen Gesetzbuch, 1984 ff.
m.w.N.	mit weiteren Nachweisen
m.z.N.	mit zahlreichen Nachweisen
n.F.	neue Fassung
Nipperdey I	Arbeitsrecht, Sammlung aller wichtigen in der Bundesrepublik und ihren Ländern einschließlich Berlin (West) geltenden arbeitsrechtlichen Vorschriften, Loseblattausgabe
NJW	Neue Juristische Wochenschrift (Jahr und Seite)
NJW-RR	NJW-Rechtsprechungsreport Zivilrecht (Jahr und Seite)
NZA	Neue Zeitschrift für Arbeits- u. Sozialrecht (Jahr und Seite)
o.ä.	oder ähnliches
OHG	Offene Handelsgesellschaft
OLG	Oberlandesgericht
OLGZ	Entscheidungen der Oberlandesgerichte in Zivilsachen
Palandt	Kommentar zum Bürgerlichen Gesetzbuch, 54. Aufl. 1995
PartGG	Partnerschaftsgesellschaftsgesetz
PatG	Patentgesetz
PostG	Gesetz über das Postwesen
PfüB	Pfändungs- und Überweisungsbeschluß
Rn.	Randnummer
RGBl.	Reichsgesetzblatt (Jahr und Seite)
RGZ	Entscheidungen des Reichsgerichts in Zivilsachen
Rpfleger	Der Deutsche Rechtspfleger (Jahr und Seite)
RpflG	Rechtspflegergesetz
RVO	Reichsversicherungsordnung
s.	siehe
S.	Seite, Seiten
Sartorius I	Verfassungs- und Verwaltungsgesetze der Bundesrepublik Deutschland, Loseblattsammlung
ScheckG	Scheckgesetz
SchiffsRG	Gesetz über Rechte an eingetragenen Schiffen und Schiffsbauwerken

SchiffsRO	Schiffsregisterordnung i. d. F. v. 26. Mai 1994, BGBl. I, 1133
SchlHA	Schleswig Holsteinische Anzeigen
Schönfelder	Deutsche Gesetze, Textsammlung
Scholz	Kommentar zum GmbHG, 8. Aufl. 1993/95
SG	Sozialgericht
SGB	Sozialgesetzbuch
SGB-AT	Sozialgesetzbuch – Allgemeiner Teil
SGG	Sozialgerichtsgesetz
Sp.	Spalte
Staudinger	Kommentar zum Bürgerlichen Gesetzbuch, 12. Aufl. 1978 ff.
Stein/Jonas	Kommentar zur Zivilprozeßordnung, 21. Aufl. 1995
StGB	Strafgesetzbuch
Stöber	Forderungspfändung, 11. Aufl. 1996
StPO	Strafprozeßordnung
Thomas/Putzo	Kommentar zur Zivilprozeßordnung, 19. Aufl. 1995
u.E.	unseres Erachtens
UR Nr.	Urkundenrolle Nummer
VerglO	Vergleichsordnung
Vertr.V	Vertretungsverordnung
Vfg.	Verfügung
VG	Verwaltungsgericht
VGH	Verwaltungsgerichtshof
vgl.	vergleiche
VO	Verordnung
Vorbem.	Vorbemerkung
VVG	Versicherungsvertragsgesetz
VwGO	Verwaltungsgerichtsordnung
VwVfG	Verwaltungsverfahrensgesetz
VwVG	Verwaltungs-Vollstreckungsgesetz
WEG	Wohnungseigentumsgesetz
WG	Wechselgesetz
WM	Wertpapier-Mitteilungen
WoPG	Wohnungsbauprämiengesetz
WSG	Wehrsoldgesetz
ZAP	Zeitschrift für die Anwaltspraxis (Jahr und Seite)
Zeller/Stöber	Kommentar zum Zwangsversteigerungsgesetz, 14. Aufl.
Ziegler-Tremel	Verwaltungsgesetze des Freistaates Bayern, Textsammlung
Ziff.	Ziffer

Abkürzungs- und Literaturverzeichnis

ZIP	Zeitschrift für Wirtschaftsrecht (Jahr und Seite)
Zöller	Kommentar zur Zivilprozeßordnung, 19. Aufl. 1994
ZPO	Zivilprozeßordnung
ZSEG	Gesetz über die Entschädigung von Zeugen und Sachverständigen
ZVG	Gesetz über die Zwangsversteigerung und die Zwangsverwaltung (Zwangsversteigerungsgesetz)
ZZP	Zeitschrift für Zivilprozeßrecht (Jahr und Seite)

Grundlagen

1. Wesen und Aufgaben der Zwangsvollstreckung

Das Urteil entscheidet den Streit der Parteien über Bestehen und Höhe eines Anspruchs, der Bescheid einer anderen Behörde stellt die Leistungspflicht fest. Verwirklicht wird das Recht durch einen solchen „Titel" regelmäßig nicht. Der Verwirklichung des „titulierten Anspruchs" gegen den widerstrebenden „Vollstreckungsschuldner" dient die Zwangsvollstreckung. Dennoch folgt nicht jedem Prozeß eine Zwangsvollstreckung: Sie ist nicht nötig, wenn der Vollstreckungsschuldner nach Urteilserlaß freiwillig leistet; sie ist nicht möglich, wenn das Urteil keinen vollstreckbaren Inhalt hat, wie z. B. das Scheidungsurteil oder das die Klage abweisende Urteil. Es geht auch nicht notwendig jeder Zwangsvollstreckung ein Prozeß voraus, weil auch andere „Titel" als Gerichtsurteile die Zwangsvollstreckung ermöglichen, wie z. B. bestimmte notarielle Urkunden oder öffentlich-rechtliche Leistungsbescheide.

Die Zwangsvollstreckung geschieht durch staatlichen Zwang in einem gesetzlich geregelten Verfahren. Während das zum Titel führende Verfahren Ausnahmen vom staatlichen Rechtsprechungsmonopol kennt (man denke an Schiedsgerichte und deren Verfahren), ist die Zwangsvollstreckung dem Staat ausschließlich vorbehalten; ausgenommen davon ist lediglich die sogenannte Vorpfändung, bei der es aber immerhin zur Zustellung der Mitwirkung des Gerichtsvollziehers bedarf.

Die Zwangsvollstreckung aus Titeln des Privatrechts ist – sieht man vom Konkursverfahren und von anderen Insolvenzverfahren ab – im wesentlichen im achten Buch der Zivilprozeßordnung (ZPO) und, soweit es sich um Grundstücke oder grundstücksgleiche Rechte handelt, im Gesetz über die Zwangsversteigerung und die Zwangsverwaltung (ZVG) geregelt.

Die Zwangsvollstreckung aus öffentlich-rechtlichen Leistungsbescheiden geschieht nach den Verwaltungs-Vollstreckungsgesetzen des Bundes und der Länder und nach Sondergesetzen wie z. B. der Justizbeitreibungsordnung und der Abgabenordnung. Insbesondere die Vorschriften der letzteren über die Zwangsvollstreckung sind denen der Zivilprozeßordnung nachgebildet.

2. Arten der Zwangsvollstreckung

Die Verschiedenheit der durch Zwangsvollstreckung zu verwirklichenden Ansprüche verlangt verschiedene Wege der Verwirklichung:

Die Zwangsvollstreckung zur Erwirkung der **Herausgabe beweglicher Sachen** geschieht, indem der Gerichtsvollzieher dem Vollstreckungsschuldner die herauszugebende Sache wegnimmt und sie dem Vollstreckungsgläubiger übergibt (§§ 883, 884 ZPO).

Grundlagen Arten der ZwV

6 Die Zwangsvollstreckung zur Erwirkung der **Herausgabe von Grundstücken, Grundstücksteilen** (etwa einer Wohnung) und **eingetragenen Schiffen** geschieht, indem der Gerichtsvollzieher den Vollstreckungsschuldner aus dem Besitz setzt und den Vollstreckungsgläubiger in den Besitz einweist (§§ 885, 886 ZPO).

7 Die Zwangsvollstreckung zur **Erwirkung vertretbarer Handlungen** – also solcher Handlungen, die durch einen Dritten an Stelle des Vollstreckungsschuldners vorgenommen werden können – geschieht, indem das Prozeßgericht des ersten Rechtszugs den Vollstreckungsgläubiger ermächtigt, die Handlung auf Kosten des Vollstreckungsschuldners durch einen Dritten vornehmen zu lassen (§§ 887, 891, 892 ZPO).

8 Die Zwangsvollstreckung zur **Erwirkung unvertretbarer Handlungen** – also solcher Handlungen, die nicht durch einen Dritten an Stelle des Vollstreckungsschuldners vorgenommen werden können – geschieht, sofern die Vornahme der Handlung ausschließlich vom Willen des Vollstreckungsschuldners abhängt, indem ihn das Prozeßgericht erster Instanz durch Ordnungsgeld und Ordnungshaft zur Erfüllung anhält (§§ 888, 891, 892 ZPO). Hängt die Vornahme der Handlung aber nicht allein vom Willen des Vollstreckungsschuldners ab, so kann sie auch nicht durch gegen diesen gerichtete Maßnahmen erwirkt werden; dem Vollstreckungsgläubiger bleibt dann die Klage auf Schadensersatz (§ 893 ZPO).

9 Die Zwangsvollstreckung zur **Erwirkung von Unterlassungen und Duldungen** geschieht, indem das Prozeßgericht erster Instanz den Vollstreckungsschuldner durch Ordnungsgeld oder Ordnungshaft zur Erfüllung seiner Pflichten anhält (§§ 890, 891, 892 ZPO).

10 Der Anspruch auf **Abgabe einer Willenserklärung** bedarf einer Vollstreckung nicht: Die Erklärung gilt nach näherer Maßgabe der §§ 894 bis 898 als abgegeben.

11 Die **Zwangsvollstreckung wegen Geldforderungen** ist der alleinige Gegenstand dieses Buches. Sie wird im folgenden und in den einzelnen Mustern dargestellt.

3. Die Zwangsvollstreckung wegen Geldforderungen insbesondere

12 Ihr Wesen besteht darin, daß durch staatlichen Zwang Vermögensbestandteile des Vollstreckungsschuldners zugunsten des Vollstreckungsgläubigers beschlagnahmt und diesem – nach Umwandlung in Geld – zugeführt werden. Je nach Art des Vermögensbestandteils, in den vollstreckt wird, ist der Weg hierzu verschieden:

13 **3.1** Die **Zwangsvollstreckung in das unbewegliche Vermögen** erfaßt Grundstücke, Berechtigungen, für welche die sich auf Grundstücke beziehenden Vorschriften gelten (insbesondere das Erbbaurecht), eingetragene Schiffe und Schiffsbauwerke (§§ 864, 865). Die Immobiliarvollstreckung geschieht durch Eintragung einer Sicherungshypothek (der sogenannten Zwangshypothek),

durch Zwangsversteigerung oder – bei Grundstücken und grundstücksgleichen Rechten, nicht aber bei eingetragenen Schiffen oder Schiffsbauwerken – durch Zwangsverwaltung (§§ 866 bis 871 i. V. m. dem ZVG).

3.2 Die **Zwangsvollstreckung in das bewegliche Vermögen** geschieht wiederum auf verschiedene Weise, je nach ihrem Gegenstand: 14

3.2.1 Sachen (körperliche Gegenstände, § 90 BGB) beschlagnahmt der Gerichtsvollzieher und verwertet sie, in der Regel durch öffentliche Versteigerung (§§ 808 bis 827). 15

3.2.2 Forderungen und andere Rechte werden regelmäßig durch Beschluß des Vollstreckungsgerichts gepfändet, durch den dem Drittschuldner verboten wird, an den Vollstreckungsschuldner zu leisten (Arrestatorium), und dem Vollstreckungsschuldner verboten wird, über die Forderung oder das Recht zu verfügen (Inhibitorium). Dieser Pfändungsbeschluß wird meist mit dem Überweisungsbeschluß verbunden, der die Verwertung des gepfändeten Rechts regelt. 16

Die Pfändung von Forderungen und anderen Rechten ist unten Rn. 76–145 näher dargestellt.

4. Die Organe der Zwangsvollstreckung

Jede Vollstreckungsmaßnahme ist einem bestimmten Vollstreckungsorgan zugewiesen; jeweils nur dieses Organ ist „funktionell zuständig", jedes andere Organ ist am Tätigwerden gehindert. Von einem funktionell unzuständigen Organ vorgenommene Vollstreckungsakte sind nach allgemeiner Ansicht nichtig. Von dieser Zuständigkeitsregelung kann auch nicht bei Übereinstimmung zwischen allen Beteiligten abgewichen werden. 17

Die Organe der Zwangsvollstreckung sind:

4.1 Der Gerichtsvollzieher

Ihm sind zugewiesen: Die Zustellung, die Zwangsvollstreckung wegen Geldforderungen in bewegliche Sachen, die Pfändung von Forderungen aus indossablen Papieren, die Hilfsvollstreckung durch Wegnahme von Urkunden über die gepfändete Forderung, die Vollziehung der Haft und die Zwangsvollstreckung zur Erwirkung der Herausgabe von Personen und Sachen. Der Gerichtsvollzieher ist für alle Vollstreckungsmaßnahmen zuständig, die nicht anderen Vollstreckungsorganen zugewiesen sind (§ 753). Er unterliegt der Weisung des Vollstreckungsgerichts. Seine Dienst- und Geschäftsverhältnisse werden beim Bundesgerichtshof durch den Bundesminister der Justiz, bei den Gerichten der Länder durch die Landesjustizverwaltungen bestimmt (§ 154 GVG). Nach § 1 der Gerichtsvollzieherordnung ist der Gerichtsvollzieher Beamter. Seine Tätigkeit hat er an der Geschäftsanweisung für Gerichtsvollzieher (GVGA, auszugsw. abgedr. im Anhang 3) auszurichten. 18

4.2 Das Vollstreckungsgericht

19 Vollstreckungsgericht ist das Amtsgericht (§ 828). Es hat folgende Aufgaben:
- die Zwangsvollstreckung wegen Geldforderungen in Forderungen und andere Vermögensrechte;
- die Vollstreckung in das unbewegliche Vermögen;
- das Verteilungsverfahren, durch welches bei Pfändung für mehrere Vollstreckungsgläubiger die Verteilung des Erlöses unter diese geregelt wird (Rn. 137).
- die Abnahme der Offenbarungsversicherung;
- die Entscheidung über Anträge auf Einstellung und Vollstreckungsschutz, soweit nicht das Prozeßgericht zuständig ist;
- einzelne Tätigkeiten, wie Erlaubnis zur Wohnungsdurchsuchung und zur Vollstreckung während der Nachtzeit und an Sonn- und Feiertagen, zur Anordnung einer anderweitigen Verwertungsart oder der Verwertung an einem anderen Ort, die Aussetzung der Verwertung, über die Zulässigkeit der Austauschpfändung (vgl. z. B. *Muster 3, 4 und 5* sowie §§ 825, 813a, 811a bis 811d);
- die Dienstaufsicht über den Gerichtsvollzieher.

4.3 Das Prozeßgericht erster Instanz

20 Es hat folgende Aufgaben:
- die Erteilung und Umschreibung der Vollstreckungsklausel (§§ 724 bis 749);
- die Zwangsvollstreckung zur Erwirkung von Handlungen und Unterlassungen (§§ 887 ff.);
- die Durchführung derjenigen Prozesse, welche durch Klagen aus dem Bereich der Zwangsvollstreckung in Lauf gesetzt werden, wie Vollstreckungsgegenklage, Drittwiderspruchsklage, Klage auf Erteilung der Vollstreckungsklausel und Einwendungen gegen deren Erteilung, Klage wegen Unzulässigkeit der Vollstreckungsklausel (§§ 767, 771, 731, 732, 768);
- die Pfändung von Forderungen im Arrestverfahren (§ 930 Abs. 1 Satz 3).

4.4 Das Grundbuchamt

21 Es hat Zwangshypotheken, die Pfändung von Rechten und die Beschlagnahme im Zwangsversteigerungsverfahren in das Grundbuch einzutragen.

4.5 Die Schiffsregisterbehörde

22 Sie hat Zwangshypotheken auf Schiffen, die Pfändung von Schiffshypotheken-Forderungen und von Schiffsparten in das Schiffsregister einzutragen.

5. Die örtliche Zuständigkeit der Vollstreckungsorgane

In Rn. 17–22 ist die Zuweisung von Tätigkeiten in der Zwangsvollstreckung an die einzelnen Vollstreckungsorgane, die sogenannte funktionelle Zuständigkeit behandelt. Wer konkret tätig werden muß (und darf), richtet sich nach den Bestimmungen über die örtliche Zuständigkeit. 23

5.1 Die örtliche Zuständigkeit des **Gerichtsvollziehers** wird durch die Landesjustizverwaltung bestimmt (§ 154 GVG). 24

5.2 Als **Vollstreckungsgericht** ist das Amtsgericht, bei dem der Schuldner im Inland seinen allgemeinen Gerichtsstand hat, und sonst das Amtsgericht zuständig, bei dem nach § 23 ZPO gegen den Vollstreckungsschuldner Klage erhoben werden kann (§ 828 Abs. 2); diese Zuständigkeit ist eine ausschließliche (§ 802), kann also auch nicht durch Parteivereinbarung anderweitig geregelt werden. 25

5.3 Als **Prozeßgericht** ist dasjenige Gericht erster Instanz zuständig, bei dem der zum Titel führende Rechtsstreit anhängig war. 26

5.4 Dasjenige **Grundbuchamt** und diejenige **Schiffsregisterbehörde** sind zuständig, in deren Buch oder Register das betroffene Grundstück, Schiff oder Schiffsbauwerk eingetragen ist. 27

6. Der Antrag des Vollstreckungsgläubigers

Vollstreckungsorgane leiten Zwangsvollstreckungen nur auf Antrag des Vollstreckungsgläubigers ein, der **schriftlich oder mündlich** gestellt werden kann. 28

Zweckmäßig wird der Vollstreckungsantrag schriftlich gestellt und enthält die Anweisungen für den Gerichtsvollzieher bzw. den Entwurf des vom Vollstreckungsgericht zu erlassenden Beschlusses. Damit wird erreicht, daß der Vollstreckungsgläubiger Einfluß auf die Formulierung des Beschlusses gewinnt. Zu diesem Zweck stellt man den Antrag auf Erlaß eines Pfändungs- und Überweisungsbeschlusses üblicherweise auf einem **Vordruck,** der mindestens vierfach geschrieben wird, wenn nur ein Vollstreckungsschuldner und ein Drittschuldner vorhanden sind; für jeden weiteren Vollstreckungsschuldner oder Drittschuldner wird ein weiteres Exemplar benötigt.

7. Die Voraussetzungen der Zwangsvollstreckung

Die Voraussetzungen der Zwangsvollstreckung sind im ersten Abschnitt des achten Buchs der ZPO (§§ 704 bis 802) normiert. Wo solche Einzelvorschriften besondere Bedeutung haben, wird das jeweils am gegebenen Ort erwähnt; hier werden nur die Grundvoraussetzungen der Zwangsvollstreckung behandelt. 29

Grundlagen   Voraussetzungen der ZwV

Fehlt eine Vollstreckungsvoraussetzung, so muß das Vollstreckungsorgan den Vollstreckungsantrag zurückweisen oder durch eine sogenannte Zwischenverfügung dem Vollstreckungsgläubiger die Behebung des Mangels aufgeben.

7.1 Allgemeine Voraussetzungen der Zwangsvollstreckung (§ 750)

30   „Die Zwangsvollstreckung darf nur beginnen, wenn die Personen, für und gegen die sie stattfinden soll, in dem Urteil oder in der ihm beigefügten Vollstreckungsklausel bezeichnet sind und das Urteil bereits zugestellt ist oder gleichzeitig zugestellt wird" (§ 750 Abs. 1 Satz 1). Regelmäßig setzt der Beginn der Zwangsvollstreckung auch die Existenz der Vollstreckungsklausel (§ 724) und in bestimmten Fällen auch deren Zustellung (§ 750 Abs. 2) voraus.

7.1.1 Der Vollstreckungstitel

31   7.1.1.1 Der Vollstreckungstitel ist eine öffentliche Urkunde, die den Anspruch des Vollstreckungsgläubigers „verbrieft" und als vollstreckbar ausweist. Der Vollstreckungstitel begründet das Recht eines Gläubigers auf Zwangsvollstreckung und die Pflicht der Vollstreckungsorgane, auf seinen Antrag zu vollstrecken; er begrenzt aber zugleich dieses Recht und diese Pflicht: Über den Titel und seine Vollstreckbarkeit hinaus darf nicht vollstreckt werden. Der bloße materielle Anspruch des Gläubigers gegen den Schuldner, mag er selbst durch Staatsakt festgestellt sein, gibt noch keinen Vollstreckungsanspruch. Die Existenz des Titels ist Voraussetzung dafür, daß die weiteren in § 750 normierten Voraussetzungen der Vollstreckung, nämlich die Zustellung und die Vollstreckungsklausel, geschaffen werden können. Fehlt ein Titel, so ist der Pfändungs- und Überweisungsbeschluß nichtig, nicht nur anfechtbar[1].

32   7.1.1.2 Der durch die Zwangsvollstreckung zu verwirklichende Erfolg muß sich aus dem Titel – u. U. unter Heranziehung der Vollstreckungsklausel – ergeben: Der Titel muß den materiellen **Anspruch bestimmt oder wenigstens eindeutig bestimmbar** wiedergeben. Läßt sich aus dem Titel das Vollstreckungsziel, der zu vollstreckende Anspruch, nicht eindeutig oder nur unter Heranziehung von Umständen erkennen, die sich nicht aus dem Titel selbst ergeben, so kann aus diesem Titel nicht vollstreckt werden. Der Schuldner kann mit einer Klage analog § 767 Abs. 1 – auf welche § 767 Abs. 2 und 3 nicht anwendbar ist – die Zwangsvollstreckung aus einem solchen Titel für unzulässig erklären lassen[2].

33   7.1.1.3 Es gibt Titel, aus denen nur bei Eintritt einer bestimmten Bedingung vollstreckt werden kann, die sich aus dem Titel ergibt (**„bedingte Titel"**).

Obliegt der **Beweis des Bedingungseintritts** dem Vollstreckungsgläubiger, so darf eine vollstreckbare Ausfertigung nur erteilt werden, wenn die Bedingung in der Sicherheitsleistung durch den Vollstreckungsgläubiger besteht, oder

---

1 BGH in NJW 1993, 735 m. z. N.
2 BGHZ 124, 164.

wenn dieser den Beweis für ihren Eintritt durch öffentliche oder öffentlich beglaubigte Urkunden führt (§ 726 Abs. 1). Macht der Titel die Vollstreckung von einer **Zug-um-Zug zu bewirkenden Leistung** des Vollstreckungsgläubigers an den Vollstreckungsschuldner abhängig, so ist zum Beginn der Zwangsvollstreckung entweder der Beweis dafür, daß der Vollstreckungsschuldner befriedigt oder im Annahmeverzug ist, erforderlich, oder der Gerichtsvollzieher muß dem Vollstreckungsschuldner die ihm gebührende Leistung vorzugsbegründend anbieten (§ 756).

Es gibt **Titel, welche die Vollstreckung nur in bestimmte Gegenstände**, z. B. in Sondervermögen zulassen; das drückt sich oft nur in der Vollstreckungsklausel aus.

Ein Titel kann in gewissen Fällen auch **gegen oder für einen anderen als den im Titel Benannten vollstreckbar** sein; das ergibt sich aus der Vollstreckungsklausel (vgl. §§ 727, 728, 729, 742, 744). Hierin zeigt sich die wesentliche Bedeutung der Vollstreckungsklausel sehr deutlich (Näheres Rn. 54). 34

7.1.1.4 Hier werden nur die **Vollstreckungstitel der ZPO** behandelt. Auch andere Gesetze schaffen Vollstreckungstitel, die in der Zwangsvollstreckung regelmäßig gleich oder ähnlich behandelt werden wie Titel nach der ZPO; sie werden jedoch in manchen Fällen nicht durch Vollstreckungsorgane der Justiz, sondern durch Vollstreckungsorgane anderer Behörden vollstreckt, so z. B. die Titel für Steuerforderungen nach der Abgabenordnung. 35

Die **wichtigsten Titel der ZPO** sind:

– **Endurteile und gleichgestellte Vorbehaltsurteile** (§§ 300, 302 Abs. 3, 599 Abs. 3 ZPO, 62 ArbGG) sind Vollstreckungstitel, wenn sie einen vollstreckungsfähigen Inhalt haben und rechtskräftig oder für vorläufig vollstreckbar erklärt sind. 36

– Die in § 708 aufgeführten Urteile werden ohne **Sicherheitsleistung** für vorläufig vollstreckbar erklärt, während die in § 709 aufgeführten regelmäßig gegen eine der Höhe nach zu bestimmende Sicherheitsleistung für vollstreckbar erklärt werden (Näheres §§ 710 bis 714). Diese Entscheidung trifft schon das Prozeßgericht; das Vollstreckungsgericht hat sich nur davon zu überzeugen, daß die vorläufige Vollstreckbarkeit angeordnet und die etwa bestimmte Sicherheit geleistet ist; 37

– **Entscheidungen eines ausländischen Gerichts,** welche diesen Voraussetzungen genügen, sind jedoch nur dann Vollstreckungstitel, wenn die Zulässigkeit der Zwangsvollstreckung auf Klage des Gläubigers durch ein Vollstreckungsurteil eines inländischen Gerichts ausgesprochen ist (§§ 722, 723)[3]. 38

– **Anerkenntnis- und Versäumnisurteile** sind ohne Sicherheitsleistung für vorläufig vollstreckbar zu erklären (§ 708); wird das Versäumnisurteil auf Einspruch hin durch Urteil des Prozeßgerichts aufrechterhalten, so ist in 39

---

3 Mit einigen Staaten bestehen (mehrseitige) Übereinkommen oder (zweiseitige) Abkommen, die anstelle eines Vollstreckungsurteils eine Vollstreckbarerklärung durch Beschluß genügen lassen.

Grundlagen Voraussetzungen der ZwV

diesem Urteil die (weitere) Zwangsvollstreckung aus dem Versäumnisurteil regelmäßig von der Leistung einer Sicherheit abhängig zu machen (§ 709);

40 – **Prozeßvergleiche** und **Sühnevergleiche** sowie **Vergleiche im selbständigen Beweisverfahren,** die zwischen den Parteien oder zwischen einer Partei und einem Dritten zur Beilegung des Rechtsstreits seinem ganzen Umfang nach oder in betreff eines Teils des Streitgegenstandes vor einem deutschen Gericht oder einer durch die Landesjustizverwaltung eingerichteten oder anerkannten Gütestelle abgeschlossen sind (§ 794 Abs. 1 Nr. 1 ZPO);

41 – **Anwaltsvergleiche,** wenn sich der Schuldner darin der sofortigen Zwangsvollstreckung unterworfen hat, sofern sie von einem Gericht rechtskräftig für vollstreckbar erklärt oder von einem Notar verwahrt und für vollstreckbar erklärt sind; es gilt eine Wartefrist von zwei Wochen (§§ 1044b, 797 798).

42 – **Kostenfestsetzungsbeschlüsse;** wenn sie nicht auf das Urteil gesetzt sind, gilt eine Wartefrist von zwei Wochen (§§ 794 Abs. 1 Nr. 2, 798).

43 – **Regelunterhalts- und Unterhaltsabänderungsbeschlüsse** (§ 794 Abs. 1 Nr. 2a und 2b). Beim Regelunterhaltsbeschluß gilt eine Wartezeit von zwei Wochen, beim Abänderungsbeschluß nach § 641p und dem zugehörigen Kostenfestsetzungsbeschluß eine solche von einem Monat (§ 798a);

44 – **Vollstreckungsbescheide** (§§ 699, 700 Abs. 1);

45 – **Urkunden** eines deutschen Notars, sofern sie über einen Anspruch errichtet sind, der die Zahlung einer bestimmten Geldsumme oder die Leistung einer bestimmten Menge anderer vertretbarer Sachen oder Wertpapiere zum Gegenstand hat, und der Schuldner sich in der Urkunde der sofortigen Zwangsvollstreckung unterworfen hat (§ 794 Abs. 1 Nr. 5). Die Vollstreckungsklausel zu diesem Titel erteilt der Notar, der die Urkunde verwahrt (§ 797 Abs. 2). Es gilt die Wartefrist von zwei Wochen (§ 798);

46 – **Einstweilige Anordnungen** nach den §§ 127a, 620, 620b, 621f (Prozeßkostenvorschuß, bestimmte Familiensachen);

47 – **Schiedssprüche und Schiedsvergleiche,** wenn sie rechtskräftig für vollstreckbar erklärt sind (§ 794 Nr. 4a);

48 – gewisse **Entscheidungen, gegen welche die Beschwerde stattfindet** (§ 794 Nr. 3);

49 – **Arrestbefehle** und **einstweilige Verfügungen** (§§ 928 bis 934, 936). Diese Titel bedürfen der Vollstreckungsklausel nur, wenn die Vollziehung für einen anderen als den im Titel bezeichneten Gläubiger oder gegen einen anderen als den im Titel bezeichneten Schuldner erfolgen soll (§ 929). Aus diesen Titeln kann nicht die Pfandverwertung betrieben werden; ein auf einen Arrest gestützter Überweisungsbeschluß ist nichtig[4].

50 **Bundesrechtliche Titel außerhalb der ZPO** sind u. a.:

– vollstreckbare Entscheidungen der Arbeitsgerichte aller Instanzen (§ 62 ArbGG);

---

4 BGHZ 121, 99. Vgl. auch die Stellungnahme von *Schultes* dazu in JR 1995, 136.

- die Konkurstabelle (§ 164 Abs. 2 KO);
- der Zwangsvergleich im Konkursverfahren (§ 194 KO);
- der Auszug aus dem berichtigten Gläubigerverzeichnis im Vergleichsverfahren (§ 85 VerglO);
- der Zuschlagsbeschluß im Zwangsversteigerungsverfahren (§§ 93, 132, 162 ZVG);
- gewisse Entscheidungen der Strafgerichte (§ 406 StPO);
- rechtskräftige und vorläufig vollstreckbare Entscheidungen, einstweilige Anordnungen und Kostenfestsetzungsbeschlüsse der Verwaltungsgerichte sowie die dort geschlossenen gerichtlichen Vergleiche und die für vollstreckbar erklärten Schiedssprüche und die Vergleiche öffentlich-rechtlicher Schiedsgerichte (§ 168 VwGO);
- gewisse Entscheidungen der Sozialgerichte, ihre Kostenfestsetzungsbeschlüsse und vor ihnen abgegebene bzw. geschlossene Anerkenntnisse und Vergleiche (§ 199 SGG);
- die Notarkostenberechnung, wenn sie die vom Notar selbst erteilte Vollstreckungsklausel trägt, sowie die Rückzahlungsanordnung im Falle zu hoch berechneter Notarkosten (§§ 155, 156, 157 KostO);
- Vorschuß- und Nachschußberechnungen im Konkursverfahren über das Vermögen der Genossenschaft nach näherer Regelung der §§ 106 ff. GenG;
- gerichtliche Festsetzung der Vergütung für die Gründungsprüfer (§ 35 Abs. 3 AktG);
- Weitere Titel sind in § 68 GVGA (abgedruckt im Anhang 3) aufgeführt.

Die **Landesgesetzgebung** ist nicht gehindert, aufgrund anderer als der in der ZPO bezeichneten Schuldtitel die gerichtliche Zwangsvollstreckung zuzulassen und insoweit von der ZPO abweichende Vorschriften über die Zwangsvollstreckung zu schaffen (§ 801). 51

7.1.2 Zustellung des Vollstreckungstitels

Nach § 750 Abs. 1 genügt sowohl die Zustellung des Titels **von Amts wegen** als auch die Zustellung des Titels **durch den Gläubiger,** der sich dazu des Gerichtsvollziehers (§ 166) oder in gewissen Fällen seines Rechtsanwalts (§ 198) bedienen muß; hat der Schuldner einen Prozeßbevollmächtigten, so ist nicht dem Schuldner selbst, sondern dem Prozeßbevollmächtigten zuzustellen (§ 176). 52

Das Verfahren bei Zustellungen ist in den §§ 166 bis 213a im einzelnen geregelt.

Beachte: Die Geschäftsstelle des Gerichts stellt von Amts wegen nur Urteile und die meisten sonstigen einen Titel bildenden Entscheidungen wie z. B. Kostenfestsetzungsbeschlüsse, einstweilige Anordnungen etc. zu (§§ 317, 329). Andere Titel, insbesondere Prozeßvergleiche und notarielle Urkunden,

Grundlagen Voraussetzungen der ZwV

aber auch Arrestbeschlüsse und einstweilige Verfügungen muß der Gläubiger selbst zustellen (§§ 922 Abs. 2, 935); der Vollstreckungsbescheid wird von Amts wegen zugestellt, es sei denn, der Antragsteller beantragt die Übergabe des Titels an ihn zwecks Parteizustellung oder hat die Zustellungskosten nicht bezahlt (§ 699 Abs. 4). Auch Entscheidungen und Aufforderungen im Zwangsvollstreckungsverfahren hat die Partei zustellen zu lassen (§§ 829 Abs. 2, 835 Abs. 3, 843, 845).

7.1.3 Die Vollstreckungsklausel

53 Diese Klausel ist auf die Ausfertigung des Titels zu setzen, und zwar von derjenigen Behörde oder Stelle (Gericht, Notar, usw.), die den Titel geschaffen hat. Ist sie vom Gericht zu erteilen, so ist der Urkundsbeamte der Geschäftsstelle bzw. der Rechtspfleger des erstinstanzlichen oder desjenigen Gerichts zuständig, bei dem der Rechtsstreit anhängig ist §§ 724, 726 ff. Aufgrund der mit der Vollstreckungsklausel versehenen Ausfertigung des Titels, der „**vollstreckbaren Ausfertigung**", wird die Zwangsvollstreckung durchgeführt (§ 724 Abs. 1).

Die Zwangsvollstreckung ist **ohne Vollstreckungsklausel zulässig,** wenn es sich um einen der folgenden Titel handelt und der Vollstreckungsschuldner im Titel benannt ist:

– Vollstreckungsbescheid (§ 796 Abs. 1),

– Arrest und einstweilige Verfügung (§§ 929 Abs. 1, 936),

– Kostenfestsetzungsbeschluß, sofern er auf das Urteil gesetzt ist (§§ 105 Abs. 1, 795a).

54 Die Vollstreckungsklausel hat aber auch **Transportfunktion:** Wenn der Titel gegen Rechtsnachfolger, Nacherben, Testamentsvollstrecker, Vermögens- und Firmenübernehmer, sofern sie nicht im Titel schon bezeichnet sind, vollstreckbar gemacht werden soll, kann er – bei Nachweis der Berechtigung durch öffentliche oder öffentlich beglaubigte Urkunden oder ein vom Gläubiger erstrittenes Urteil – auf den neuen Vollstreckungsschuldner umgeschrieben werden (§§ 727 bis 732).

Bedarf der Vollstreckungsgläubiger zur Zwangsvollstreckung eines Erbscheins oder einer anderen Urkunde, die dem Vollstreckungsschuldner auf Antrag von einem Gericht, einer anderen Behörde oder einem Notar zu erteilen ist, so kann der Vollstreckungsgläubiger an Stelle des Vollstreckungsschuldners die Erteilung verlangen (§ 792).

7.2 Besondere Voraussetzungen der Zwangsvollstreckung

Für den Beginn der Zwangsvollstreckung sind ferner erforderlich:

55 – **Zustellung auch der Vollstreckungsklausel,** wenn diese bei Verurteilung zu bedingter Leistung oder für oder gegen einen Dritten erteilt ist, und bei Sicherungsvollstreckung (§ 750 Abs. 2 und 3);

Voraussetzungen der ZwV **Grundlagen**

- **Ablauf des Kalendertages,** von dessen Eintritt die Geltendmachung des Anspruchs abhängig ist (§ 751 Abs. 1); 56
- Nachweis der **Sicherheitsleistung,** wenn die Vollstreckung von einer dem Vollstreckungsgläubiger obliegenden Sicherheitsleistung abhängt (§ 751 Abs. 2) (Ausnahme: Sicherungsvollstreckung § 720a); 57
- **Ablauf der Wartefrist von zwei Wochen** bei nicht auf das Urteil gesetzten Kostenfestsetzungsbeschlüssen, bei Regelunterhaltsbeschlüssen, bei vollstreckbaren notariellen Urkunden und Anwaltsvergleichen (§ 798) und bei Sicherungsvollstreckung (§ 750 Abs. 3); 58
- **Ablauf der Wartefrist von einem Monat** bei Abänderungsbeschlüssen zu Regelunterhaltsbeschlüssen und zugehörigen Kostenfestsetzungsbeschlüssen (§ 798a); 59
- Angebot einer etwaigen **Zug-um-Zug-Leistung** oder Nachweis der Erbringung dieser Leistung oder Nachweis des Annahmeverzugs des Vollstreckungsschuldners (§ 756). Es empfiehlt sich, in solchen Fällen schon in die Klage den Antrag auf Feststellung aufzunehmen, daß der Beklagte in Annahmeverzug ist. Dann kann der nötige Nachweis durch den Titel selbst erbracht werden. (Das Feststellungsinteresse ergibt sich aus § 756.) 60

Keine Voraussetzung der Zwangsvollstreckung ist dagegen trotz Art. 103 Abs. 1 GG, daß der **Vollstreckungsschuldner vorher angehört** wurde: Er ist im Gegenteil vor der Pfändung über das Pfändungsgesuch nicht zu hören (§ 834), weil ihm sonst die Möglichkeit gegeben wäre, die Verwirklichung der Ansprüche des Vollstreckungsgläubigers durch entsprechende Maßnahmen zu verhindern[5] (Ausnahmen sind an ihrem Ort erwähnt). 61

7.3 Vollstreckungshindernisse

Auch wenn die Voraussetzungen der Zwangsvollstreckung an sich gegeben sind, können sich der Vollstreckung doch Hindernisse entgegenstellen, z. B.: 62

- Der Vollstreckungsgläubiger kann durch ein Sachpfand oder ein Zurückbehaltungsrecht gedeckt sein (§ 777); 63
- die Zwangsvollstreckung kann durch Beschluß des Prozeßgerichts oder des Vollstreckungsgerichts eingestellt werden (vgl. u. Rn. 164); 64
- Vollstreckungsschutz kann gewährt werden, z. B. nach § 765a; 65
- der Vollstreckungsschuldner kann von der ihm im Urteil eingeräumten Möglichkeit, die Zwangsvollstreckung durch Sicherheitsleistung **abzuwenden,** Gebrauch machen; 66
- die Vollstreckung aus dem Arrestbefehl oder aus der einstweiligen Verfügung kann **durch Fristablauf nach § 929 Abs. 2 unzulässig** werden. 67

---

5 *Hoeres* (NJW 1991, 410) vertritt den Standpunkt, daß Art. 103 Abs. 1 GG zwar den Erlaß des Pfändungsbeschlusses ohne Gehör des Vollstreckungsschuldners erlaube, nicht aber den Erlaß des Überweisungsbeschlusses.

Grundlagen Reihenfolge der Maßnahmen

Besonders zu erwähnen sind das inländische **Konkursverfahren** und das inländische **Vergleichsverfahren:**

68 – Fällt der **Vollstreckungsgläubiger in Konkurs,** so wird zwar das Zwangsvollstreckungsverfahren nicht nach § 240 ZPO unterbrochen, aber der Vollstreckungsgläubiger verliert die Befugnis, die Vollstreckung fortzuführen; diese Befugnis steht nunmehr ausschließlich dem Konkursverwalter zu (§ 6 KO).

69 – Fällt der **Vollstreckungsschuldner in Konkurs** und ist der Vollstreckungsgläubiger zugleich Konkursgläubiger, so kann er die Einzelzwangsvollstreckung während der Dauer des Konkursverfahrens nicht weiterbetreiben (§ 14 KO), es sei denn, er habe vor Konkurseröffnung an gewissen Gegenständen ein Pfändungspfandrecht erlangt: In diesem Fall ist er (wenn nicht die Konkursanfechtung greift) absonderungsberechtigt und kann die gepfändeten Gegenstände in der Einzelvollstreckung verwerten (§§ 48, 49 Abs. 1 Nr. 2 KO, Ausnahme: § 221 KO).

70 – Ist das **Vergleichsverfahren** eröffnet, so können Vergleichsgläubiger (§§ 25 ff. VerglO) und nach § 29 VerglO ausgeschlossene Gläubiger bis zur Rechtskraft der das Verfahren abschließenden Entscheidung nicht gegen den Vergleichsschuldner vollstrecken (vgl. §§ 47, 48, 28, 87 VerglO). Wird über das Vermögen des Vollstreckungsschuldners die **Gesamtvollstreckung** eröffnet, so verlieren die vorher gegen ihn eingeleiteten, aber nicht abgeschlossenen Einzelvollstreckungsmaßnahmen ihre Wirksamkeit selbst dann, wenn sie bereits zu einem Pfändungspfandrecht geführt haben (§ 7 Abs. 3 Nr. 1 GesO)[6].

Zur Frage, ob der **Auslandskonkurs** Unterbrechungswirkung habe, vgl. LG München I in NJW-RR 1994, 1150 m. z. N.

8. Die Reihenfolge der Vollstreckungsmaßnahmen

71 Kennt der Vollstreckungsgläubiger Vermögensbestandteile des Vollstreckungsschuldners, die pfändbar sind und ausreichenden Erlös versprechen, so wird er zunächst diejenige Vollstreckungsmaßnahme ergreifen, welche den schnellsten Zugriff auf den bekannten Gegenstand bietet. Weiß der Vollstreckungsgläubiger aber nichts über das Vermögen des Vollstreckungsschuldners, so bleibt ihm nur übrig, zunächst den Gerichtsvollzieher mit der **Sachpfändung** zu beauftragen *(Muster 2),* gegebenenfalls die **Gestattung der Wohnungsdurchsuchung** herbeizuführen *(Muster 3)* und sich die **Vollstreckung zur Nachtzeit oder an Sonn- und Feiertagen** und die **anderweitige Verwertung der Pfandsache** genehmigen zu lassen *(Muster 4 und 5).* Bleibt die Sachpfändung ohne Erfolg, so hat ihre Durchführung wenigstens die Möglichkeit geschaffen, den Vollstreckungsschuldner zur **Abgabe der eidesstattlichen Versicherung** über sein Vermögen laden zu lassen *(Muster 6).*

---

6 Streitig; wie hier BGH in NJW 1995, 1159 und die dort zitierte ganz überwiegende Meinung.

Hat der Vollstreckungsgläubiger aus dem Protokoll über die Abgabe dieser 72
Versicherung pfändbare Forderungen des Vollstreckungsschuldners entnommen, so beantragt er deren Pfändung nach *Mustern 12 ff.* und sollte nicht vergessen, zugleich die **Vorpfändung** *(Muster 8)* auszubringen, um sich den Rang zu sichern und sich vor Manipulationen des Vollstreckungsschuldners zu schützen. Hat er aus dem Protokoll über die Abgabe der eidesstattlichen Versicherung noch das Vorhandensein pfändbarer Sachen entnommen, so kann er mit näherem Hinweis darauf den Gerichtsvollzieher nochmals mit der Sachpfändung beauftragen.

9. Der Antrag auf Pfändung beweglicher Sachen

Dieser Antrag ist in *Muster 2* dargestellt. Er ist an den zuständigen Gerichts- 73
vollzieher zu richten; dessen **örtliche Zuständigkeit** wird durch die Landesjustizverwaltung bestimmt (§ 154 GVG). Größere Gerichte unterhalten Gerichtsvollzieherverteilungsstellen; bei der Verteilungsstelle wird man den Auftrag einreichen und den Titel mit Zustellungsnachweis und Vollstreckungsklausel im Original beifügen und, falls die Zustellung noch nicht durchgeführt ist, den Gerichtsvollzieher zugleich mit der Zustellung beauftragen.

Der Gerichtsvollzieher wird versuchen, beim Vollstreckungsschuldner nach 74
§§ 808 ff. zu pfänden und gepfändete Sachen zu verwerten. Findet er ausreichende pfändbare Habe nicht vor, so übersendet er dem Vollstreckungsgläubiger eine **Pfandabstandsmitteilung,** welche regelmäßig ausreicht, um die Ladung des Vollstreckungsschuldners zur Abgabe der eidesstattlichen Versicherung über sein Vermögen zu erreichen.

10. Der Antrag auf Abnahme der eidesstattlichen Versicherung

Er dient dem Zweck, Informationen über pfändbares Einkommen und Vermö- 75
gen des Schuldners zu gewinnen. Er wird nötig und zulässig, wenn die Sachpfändung nicht zum Erfolg geführt hat. Der Antrag kann nach *Muster 6* gestellt werden.

11. Der Antrag auf Pfändung und Überweisung von Forderungen und anderen Rechten

Dieser zielt auf Beschlagnahme und Verwertung von nichtkörperlichen Ver- 76
mögensbestandteilen des Vollstreckungsschuldners. Ab *Muster 12* ist jeweils der Antrag gezeigt, wie er im Einzelfall zu formulieren ist. **Diese Formulierung entspricht zugleich der des Pfändungs- und Überweisungsbeschlusses.**

11.1 Sowohl der Antrag als auch der Beschluß muß nicht nur den Vollstrek- 77
kungsgläubiger, den Vollstreckungsschuldner und – wenn vorhanden – den Drittschuldner **bestimmt genug benennen,** sondern insbesondere die zu pfän-

Grundlagen Pfändung und Überweisung

dende Forderung bzw. das zu pfändende andere Recht **so genau bezeichnen,** daß bei verständiger, objektiver Auslegung zweifelsfrei festgestellt werden kann, welche Forderung (welches Recht) von der Pfändung erfaßt ist[7]; allgemeine Formulierungen – etwa: „Ansprüche auf Zahlungen jeglicher Art aus der laufenden Geschäftsverbindung"[8] – genügen nicht. Andererseits dürfen an die Bezeichnung der Forderung (des Rechts) auch keine übertriebenen Anforderungen gestellt werden, weil der Vollstreckungsgläubiger die Verhältnisse des Vollstreckungsschuldners meist nur oberflächlich kennt und bei zu hohen Anforderungen nicht zur Pfändung kommen könnte.

78 **Ist die Vollstreckungsforderung niedriger als die zu pfändende Forderung,** muß der Antrag ergeben, daß es sich um eine **Teilpfändung** handelt, um eine unzulässige Überpfändung zu vermeiden; vgl. hierzu Ziff. 5 der „Hinweise".

79 **Mehrere Forderungen** des Vollstreckungsschuldners können in einem einzigen Pfändungsantrag zusammengefaßt werden, auch wenn sie sich gegen mehrere Drittschuldner richten. Bei entsprechendem Beschluß muß der Vollstreckungsgläubiger aber alle zum Wirksamwerden der Pfändung notwendigen Maßnahmen wie: Zustellung an den Drittschuldner, Eintragung in das Grundbuch oder Schiffsregister **in Richtung auf jeden Drittschuldner und jede Forderung** veranlassen. Ein solcher Sammelantrag vermeidet unnötige Mehrkosten, die dem Vollstreckungsgläubiger nach § 788 überbürdet werden könnten.

80 Hält das Vollstreckungsgericht den Antrag für unzulässig, den Mangel – etwa: fehlende Bestimmtheit oder Fehlen einer Vollstreckungsvoraussetzung – aber für behebbar, so weist es den Antrag nicht zurück, sondern setzt in einer sogenannten **Zwischenverfügung** Frist zur Behebung des Mangels (§§ 139, 278 Abs. 3).

81 **11.2 Die künftige Forderung** ist grundsätzlich pfändbar, wenn im Pfändungszeitpunkt bereits eine Rechtsbeziehung besteht, aus der die künftige Forderung nach ihrer Art und nach der Person des Drittschuldners bestimmt werden kann[9]. Wirksamkeit erlangt diese Pfändung aber erst mit Entstehen der künftigen Forderung.

Der Pfändungsbeschluß erfaßt künftige Forderungen nur, wenn sich aus dem Beschluß selbst ergibt, daß er sich auf sie erstreckt[10].

82 Auch die **bedingte Forderung** ist nach allgemeiner Meinung pfändbar[11].

83 **11.3** Die Pfändung bewirkt die **Verstrickung der Forderung und das Entstehen des Pfändungspfandrechts** an ihr. Die gepfändete Forderung **muß dann verwertet werden,** damit der Gläubiger aus dem Erlös befriedigt werden kann. Das geschieht regelmäßig durch **Überweisung der Forderung** an den Vollstrek-

---

[7] BGH in NJW 1975, 981 und 1980, 584; BGHZ 93, 83.
[8] OLG Stuttgart in WM 1994, 1140.
[9] Z. B. RGZ 134, 227; BGHZ 20, 131; BGH in NJW-RR 1989, 219.
[10] OLG Karlsruhe in NJW-RR 1993, 242.
[11] BGHZ 53, 32 und 80, 1881; BGH in NJW 1993, 2877.

kungsgläubiger, meist zur Einziehung, in geeigneten Fällen an Zahlungs Statt (§ 835).

Die Überweisung **zur Einziehung** macht den Vollstreckungsgläubiger nicht zum Inhaber der Forderung; diese bleibt vielmehr im Vermögen des Vollstreckungsschuldners. Der Vollstreckungsgläubiger erhält aber eine eigene Einziehungsbefugnis. Die Überweisung ermächtigt ihn zu allen im Recht des Schuldners begründeten, der Befriedigung dienenden Maßnahmen. Der Vollstreckungsgläubiger darf deshalb im eigenen Namen die Forderung kündigen, einziehen, mit ihr aufrechnen und auf Leistung an sich klagen[12]. Die Überweisung ersetzt die förmlichen Erklärungen des Vollstreckungsschuldners, von denen nach den Vorschriften des Bürgerlichen Rechts die Berechtigung zur Einziehung der Forderung abhängig ist (§ 836 Abs. 1). Der Vollstreckungsschuldner ist verpflichtet, dem Vollstreckungsgläubiger die zur Einziehung der Forderung nötigen Auskünfte und Unterlagen zu geben; die Herausgabe der Unterlagen kann der Vollstreckungsgläubiger im Weg der Zwangsvollstreckung erwirken (§ 836 Abs. 3).

Bei der Überweisung **an Zahlungs Statt** dagegen geht die Forderung auf den Vollstreckungsgläubiger mit der Wirkung über, daß er, soweit die überwiesene Forderung besteht, wegen seiner Vollstreckungsforderung als befriedigt anzusehen ist, auch wenn die überwiesene Forderung nicht beitreibbar ist (§ 835 Abs. 2).

11.4 Der Überweisungsbeschluß gilt, auch wenn er zu Unrecht ergangen ist, zugunsten des Drittschuldners gegenüber dem Vollstreckungsschuldner, aber auch gegenüber dem Vollstreckungsgläubiger[13] bis zu seiner Aufhebung und der Kenntnis des Drittschuldners davon fort (§ 836 Abs. 2), damit der Drittschuldner gegen die Folgen schuldloser Zahlung an den Nichtberechtigten geschützt wird. Ist der Überweisungsbeschluß aber nicht nur anfechtbar, sondern nichtig, so ist § 836 Abs. 2 auf ihn nicht anzuwenden[14].

11.5 In **einem** Antrag und Beschluß können zur Kostenverminderung mehrere Forderungen und Rechte, auch gegen mehrere Drittschuldner, erfaßt werden (Beispiel: *Muster 139*).

12. Zustellung des Pfändungs(und Überweisungs)beschlusses

Der Beschluß wird im Zeitpunkt seines Erlasses zwar existent, aber noch nicht wirksam. Wirksam wird er regelmäßig mit seiner Zustellung an den Drittschuldner[15], auch dann, wenn dem Vollstreckungsschuldner nicht zugestellt wird (§ 829 Abs. 3). Dennoch ist der Beschluß stets auch dem Vollstreckungsschuldner zuzustellen; denn erst mit dieser Zustellung entsteht die Verpflichtung des Vollstreckungsschuldners, sich jeder Verfügung über die Forderung

---
12 BGHZ 82, 31.
13 BGHZ 66, 396.
14 BGH in NJW 1993, 737.
15 Zur Frage der Ersatzzustellung an den Vollstreckungsschuldner s. *Hamme* in NJW 1994, 1035 und Rn. 25 zu *Muster 84*.

Grundlagen Unpfändbar/bedingt pfändbar

zu enthalten (§ 829 Abs. 2), und erst mit Zustellung beginnen für den Vollstreckungsschuldner die Rechtsbehelfsfristen.

Wenn es keinen Drittschuldner gibt, wird der Pfändungs- und Überweisungsbeschluß mit der Zustellung an den Vollstreckungsschuldner wirksam.

89 Bei **Arrestbefehl und einstweiliger Verfügung** ist die Zustellungsfrist nach § 929 Abs. 3 zu beachten: Wird dem Arrest- bzw. Verfügungsschuldner nicht innerhalb einer Woche nach Vollziehung und zugleich innerhalb eines Monats nach Erlaß zugestellt, so verliert die Vollziehung des Arrestbefehls/der einstweiligen Verfügung ihre Wirkung.

90 Die Zustellung des Pfändungs- und Überweisungsbeschlusses obliegt dem **Gerichtsvollzieher** (§ 166 Abs. 1), den der Vollstreckungsgläubiger selbst beauftragen oder über die Geschäftsstelle beauftragen lassen kann (§ 753 Abs. 2). Zugleich mit dem Beschluß selbst wird der Vollstreckungsschuldner dem Drittschuldner die Aufforderung zur Abgabe der Drittschuldnererklärung (§ 840) zustellen lassen.

13. Unpfändbare und bedingt pfändbare Forderungen und Ansprüche

91 13.1 Wegen der unpfändbaren und der bedingt pfändbaren Teile von **Lohn, Gehalt und sonstigem Einkommen** vgl. *Muster 19.*

92 13.2 Unpfändbar sind **Forderungen, die nicht übertragbar sind,** sofern nicht besondere Vorschriften deren Pfändbarkeit ausnahmsweise bestimmen (§ 851 Abs. 1). Umgekehrt sind Forderungen nicht übertragbar und nicht verpfändbar, die ein Gesetz für unpfändbar erklärt (§ 400 BGB).

Jedoch kann eine Forderung, die (nur) nach § 399 BGB nicht abgetreten werden kann – also weil die Leistung an einen anderen als den ursprünglichen Gläubiger nicht ohne Veränderung ihres Inhalts erfolgen kann[16], oder weil die Abtretung durch Vereinbarung mit dem Schuldner ausgeschlossen ist –, gepfändet werden, wenn und soweit der geschuldete Gegenstand der Pfändung unterworfen ist (§ 851 Abs. 2).

Ausschlüsse der Übertragbarkeit und Pfändbarkeit finden sich in den verschiedensten Gesetzen und haben den verschiedensten Umfang: Die Übertragung kann gänzlich ausgeschlossen sein, ihre Wirksamkeit kann von bestimmten Voraussetzungen abhängig gemacht sein, die Forderung kann zwar nicht übertragbar aber dennoch pfändbar sein, wie z. B. Ansprüche auf manche Sozialleistungen (vgl. *Muster 164).*

14. Zur Pfändbarkeit ausgewählter Forderungen und Rechte

Forderungen, deren Pfändung in einem Muster dieses Buches behandelt ist, sind hier nicht nochmals behandelt.

---
16 Vgl. *Hillebrand* in Rpfleger 1986, 464.

Abfindung aus Sozialplan und Kündigungsschutzgesetz: Siehe unten „Sozialplan". 93

Das **Anfechtungsrecht** ist kein selbständiges Recht, sondern eine Befugnis, die 94
ihrem Inhaber nur im Rahmen eines bestimmten Rechtsverhältnisses zusteht
und deshalb nicht selbständig übertragen und gepfändet werden kann. Die
Befugnis geht vielmehr, ohne daß dies im Pfändungs- und Überweisungsbeschluß ausgedrückt werden müßte, durch die Überweisung auf den Vollstreckungsgläubiger über[17].

Hat der Vollstreckungsgläubiger eine titulierte Forderung des Vollstreckungs- 95
schuldners gegen den Drittschuldner gepfändet und kann sie deshalb nicht
realisieren, weil der Drittschuldner sein Vermögen anfechtbar auf einen anderen (den Anfechtungsschuldner) übertragen hat, so kann der Vollstreckungsgläubiger – und nicht mehr der Vollstreckungsschuldner – das Anfechtungsrecht durch Leistungsklage gegen den Anfechtungsschuldner geltend machen;
diese Klage richtet sich auf Duldung der Zwangsvollstreckung in das anfechtbar erworbene Vermögensstück. Hat die Klage Erfolg, so hat der Vollstreckungsgläubiger bezüglich dieses Vermögensstückes nunmehr gegen den Anfechtungsschuldner so Zugriff, als stehe es noch im Vermögen des Drittschuldners. Hat der Vollstreckungsgläubiger eine Forderung des Vollstreckungsschuldners gepfändet, die dieser anfechtbar dem Anfechtungsschuldner abgetreten hat, so daß die Pfändung ins Leere ginge, so steht dem Vollstreckungsgläubiger die Befugnis zur Ausübung des Anfechtungsanspruchs gegen den
Anfechtungsschuldner zu; das rechtskräftige Urteil macht die anfechtbare
Abtretung dem Vollstreckungsgegengläubiger unwirksam und legitimiert ihn
zur Klage gegen den Drittschuldner[18].

Arbeitsrechtlicher Freistellungsanspruch: Der bei Ausübung seiner Dienste 96
einen Dritten schädigende Arbeitnehmer, der von dem Dritten auf Schadensersatz in Anspruch genommen wird, hat meist einen Freistellungsanspruch
gegen seinen Arbeitgeber. Dieser Anspruch ist pfändbar und verwandelt sich
durch Überweisung in einen reinen Zahlungsanspruch[19].

Ausgleichsansprüche der Handelsvertreter sind pfändbar, aber nach § 850i 97
geschützt.

Der Anspruch auf **Befreiung von einer Schuld** könnte dem Vollstreckungs- 98
gläubiger im Regelfall nichts bringen, so daß der Anspruch regelmäßig unpfändbar ist. Anders jedoch, wenn der Anspruch gerade darauf gerichtet ist,
den Vollstreckungsschuldner von einer Verpflichtung zu befreien, die er dem
Vollstreckungsgläubiger gegenüber hat. Diesen Anspruch kann der Vollstreckungsgläubiger als Verletzter – und nur er – pfänden. Typisches Beispiel
hierfür ist der Deckungsanspruch des Versicherungsnehmers gegen seinen
Haftpflichtversicherer. Ansprüche aus dem Versicherungsverhältnis können
zwar vor ihrer endgültigen Feststellung nicht ohne Zustimmung des Versiche-

---

17 *Stein/Jonas*, § 857 Rn. 3.
18 RGZ 61, 150.
19 BAG in AP Nr. 37 und 45 zu § 611 BGB, Haftung des Arbeitnehmers.

Grundlagen Drittschuldner

rers übertragen werden (§ 7 Nr. 3 der Allgemeinen Versicherungsbedingungen für die Haftpflichtversicherung), sind aber dennoch pfändbar (§ 851 Abs. 2).

99 **Bürgschaft:** Weder die Bürgschaft selbst noch Rechte aus ihr können übertragen, verpfändet oder gepfändet werden, weil die Bürgschaft als bloßes Nebenrecht der Forderung akzessorisch ist (§§ 767 Abs. 1, 774 BGB). Der Bürge hat also weiterhin für die Erfüllung der gepfändeten Forderung einzustehen, nach Pfändung und Überweisung der Forderung an den Vollstreckungsgläubiger aber gegenüber diesem[20].

100 **Handelsvertreter:** s. o. „Ausgleichsanspruch".

101 **Kündigungsschutz:** s. u. „Sozialplan".

102 Der **Rangvorbehalt** ist nicht übertragbar, nicht überlassungsfähig, überhaupt kein auf Leistung gerichteter Anspruch und daher unpfändbar; auch eine Hilfspfändung ist nicht zulässig[21].

103 Der aus **„Schlüsselgewalt"** folgende Freistellungsanspruch ist pfändbar[22].

104 **Sozialplan:** Die Abfindungsansprüche nach §§ 112 und 113 BetrVG und nach §§ 9, 10 KSchG sind von der Pfändung des Arbeitseinkommens umfaßt und nach § 851i geschützt[23].

105 Die **Vormerkung** gibt keinen Anspruch, sondern sichert nur den Rang eines Rechts. Daher ist sie nicht selbständig übertragbar und nicht pfändbar, entfaltet aber ihre rangsichernde Wirkung auch zugunsten dessen, der die ranggesicherte Forderung hat pfänden und sich überweisen lassen[24].

15. Rechtsstellung des Drittschuldners

106 **15.1** Der Vollstreckungsgläubiger darf die Rechtsstellung des Drittschuldners **nicht verschlechtern;** der Drittschuldner muß nur die „Lästigkeit" hinnehmen, daß ihm als „Leistungsadressat" jetzt statt des Vollstreckungsschuldners der Vollstreckungsgläubiger gegenübersteht.

107 **15.2** Der Drittschuldner muß infolge der Pfändung insbesondere nicht mehr leisten, als er dem Vollstreckungsschuldner zu leisten verpflichtet ist; er verliert nicht **Einwendungen,** die ihm dem Vollstreckungsschuldner gegenüber zustehen[25], und er muß nicht früher leisten, als es auch der Vollstreckungsschuldner bei Ausübung seiner Befugnisse (z. B. durch Kündigung) verlangen könnte.

---

20 Zur Bürgschaft gegenüber einer Bank s. auch Rn. 16 zu *Muster 35*.
21 BGHZ 12, 245.
22 KG in NJW 1980, 1341.
23 BAG in NJW 1980, 800 und 1992 1646 (vollständig in NZA 1992, 384); OLG Köln in OLGZ 90, 236; vgl. auch BVerfG in NJW 1985, 3005.
24 BGHZ 25, 23; OLG Hamburg in OLGZ 12, 141.
25 Z. B. BGHZ 70, 320; Rpfleger 1978, 259; BGH in BB 1976, 853 und in NJW 1980, 585; BGHZ 58, 25; BAG in MDR 1964, 944; BGH in Rpfleger 1978, 249.

15.3 Der Drittschuldner kann dem Vollstreckungsschuldner **entgegenhalten,** 108
- daß dieser mangels richtiger Überweisung nicht zur Geltendmachung der Forderung befugt sei;
- daß die Pfändung gänzlich unwirksam (nichtig) – nicht nur anfechtbar sei, etwa wegen Fehlens eines Titels; er muß insbesondere auch prüfen, ob etwa die Überweisung nichtig ist; zahlt er auf die nichtige Überweisung an den Vollstreckungsgläubiger, so wird er von seiner Schuld gegenüber dem Vollstreckungsschuldner nicht befreit[26];
- daß der Titel aufgehoben sei;
- daß der Drittschuldner ohne sein Verschulden von Pfändung und Überweisung nichts erfahren habe, etwa weil Ersatzzustellung an eine Person erfolgt sei, für deren Verhalten er nicht einstehen muß.

15.4 Ob der Drittschuldner einwenden kann, daß die **gepfändete Forderung unpfändbar** sei, ist streitig[27]. Wir meinen, daß die Pfändung (und Überweisung) als staatlicher Hoheitsakt auch bei Fehlerhaftigkeit solange gilt, als sie nicht – etwa auf einen Rechtsbehelf hin – aufgehoben oder geändert ist; bis dahin ist sie als gültig zu behandeln. Die nur infolge besonders gewichtiger Fehler eintretende[28] Nichtigkeit eines Pfändungsbeschlusses allerdings kann jedermann, mithin auch der Drittschuldner, einwenden. 109

15.5 Einwendungen gegen die Vollstreckungsforderung stehen dem Drittschuldner mangels gesetzlicher Grundlage nicht zu: Die ZPO räumt nur dem Vollstreckungsschuldner das Recht ein, gegen die einem Vollstreckungstitel zugrunde liegende Forderung Einwendungen zu erheben (streitig)[29]. 110

15.6 Die Pflicht zur Abgabe der Drittschuldnererklärung: Der Gläubiger, dem regelmäßig ausreichendes Wissen über die gepfändete „angebliche" Forderung fehlt, kann gemäß § 840 Abs. 1 vom Drittschuldner verlangen, daß ihm dieser innerhalb von zwei Wochen nach Zustellung des Pfändungsbeschlusses erklärt, ob und inwieweit er die Forderung als begründet anerkenne und Zahlung zu leisten bereit sei, ob und welche Ansprüche andere Personen an die Forderung machen, ob und wegen welcher Ansprüche die Forderung bereits für andere Gläubiger gepfändet sei. Die Aufforderung zur Abgabe dieser Erklärungen muß in die Zustellungsurkunde aufgenommen werden. 111

Der Drittschuldner haftet dem Vollstreckungsgläubiger für den aus der Nichterfüllung dieser Verpflichtung entstehenden Schaden (§ 840 Abs. 2). 112

Näheres ist in den Erläuterungen zu *Muster 10* ausgeführt, auch zur Ausnahme von der Auskunftspflicht.

---

26 Z. B. BGHZ 70, 319 m. w. N. und BAG in NJW 1989, 2148; BGH in NJW 1993, 735 m. z. N. und 1993, 2994.
27 BGHZ 66, 342 = NJW 1967, 1453.
28 BGH in NJW 1988, 495 und 1993, 735.
29 Vgl. z. B. RGZ 93, 74; BAG in NJW 1989, 1053; *Stein/Jonas,* § 829 Rn. 115; *Baumbach/Lauterbach/Albers/Hartmann,* § 835 Rn. 16, 17; *Thomas/Putzo,* § 836 Rn. 6.

16. Die Klage gegen den Drittschuldner

113 Verweigert der Drittschuldner die Leistung, so steht der Vollstreckungsgläubiger vor der Wahl, ob er die gepfändete Forderung des Vollstreckungsschuldners durch Erhebung der Klage gegen den Drittschuldner weiter verfolgen will oder nicht.

114 **16.1 Unterläßt der Vollstreckungsgläubiger die Klageerhebung,** etwa weil ihm die Prozeßaussichten zu unsicher sind, so muß er bei Meidung der Schadensersatzpflicht dem Vollstreckungsschuldner ermöglichen, seine Forderung selbst einzuklagen, und ihm die Aktivlegitimation dazu dadurch zu verschaffen, daß er gemäß § 843 die gepfändete und ihm überwiesene Forderung freigibt und dem Drittschuldner durch nachgewiesene Sendung mitteilt, daß er auf seine Rechte aus Pfändung und Überweisung dieser Forderung verzichtet. Seine Entscheidung muß der Vollstreckungsgläubiger **ohne Verzug** treffen.

115 **16.2 Erhebt der Vollstreckungsgläubiger die Klage gegen den Drittschuldner,** so hat er bei Meidung von Schadensersatz dem Vollstreckungsschuldner den Streit zu verkünden, um ihm zu ermöglichen, an der Beitreibung der Forderung mitzuwirken (§ 841), und die Beitreibung ohne Verzögerung zu bewirken (§ 842).

116 Die Klage des Vollstreckungsgläubigers gegen den Drittschuldner ist im Prinzip der Klage des Vollstreckungsschuldners gegen den Drittschuldner gleich, der Vollstreckungsgläubiger hat lediglich seine Aktivlegitimation durch Darstellung der Pfändung und Überweisung darzulegen.

117 Auch der **Rechtsweg** ist der gleiche, den der Vollstreckungsschuldner beschreiten müßte; die Klage wird also meistens bei den ordentlichen Gerichten, insbesondere bei Lohnpfändung aber bei den Arbeitsgerichten und bei Pfändung anderer Forderungen bei der sonst gehörigen Gerichtsbarkeit (bei einem Anspruch auf Steuererstattung also z. B. beim Finanzgericht) anzubringen sein.

118 **16.3 Die Vertretung des Drittschuldners im Prozeß** richtet sich meist nach den allgemeinen Bestimmungen über die gesetzliche Vertretung. Bei **öffentlich-rechtlichen Körperschaften** ist aber die Drittschuldnervertretung oft gesondert geregelt:

Die Drittschuldnervertretung der Bundesrepublik und der Länder ergibt sich im Prinzip aus dem Grundgesetz und den Länderverfassungen. Im einzelnen können Bund und Länder ihre Vertretung nicht nur durch (formelle) Gesetze, sondern auch durch Rechtsverordnungen regeln (Art. 80 GG und Gesetz über die Ermächtigung zum Erlaß von Rechtsverordnungen, abgedruckt bei Satorius I als Nr. 8).

119 **Die Bundesrepublik** wird grundsätzlich vom jeweiligen Fachminister, bei unklarer Zuständigkeit vom Bundesfinanzminister vertreten (Art. 65 Abs. 1 GG), in vielen Fällen von bestimmten Bundesbehörden, insbesondere Oberfinanzdirektionen[30]. Der **Geschäftsbereich der einzelnen Bundesminister** wird

---

30 Vgl. das Gesetz über die Finanzverwaltung – FVG – insbesondere § 148; ferner BGHZ 8, 197 ff. und BGH in NJW 1967, 1755.

durch den Bundeskanzler, bei Überschneidungen durch Beschluß der Bundesregierung festgelegt (§ 9 der Geschäftsordnung der Bundesregierung). Im Rahmen der **Auftragsverwaltung** (Art. 85, 87c, 69, 90, 104a, 108 GG) wird der Bund häufig durch ein Land „vertreten". Das besagt aber nicht notwendig etwas über Person und Vertretung des Drittschuldners: Ist die Bundesrepublik und nicht das „vertretende" Land Schuldnerin der zu pfändenden Forderung, also Drittschuldnerin, so wird sie nach den für sie, nicht nach den für das „vertretende" Land geltenden Bestimmungen vertreten.

Die meisten Minister haben für ihre Ressorts **Vertretungsanordnungen** erlassen, die relativ häufig geändert wurden (vgl. *Zöller,* Rn. 5 ff. zu § 18).

Das Bundeseisenbahnvermögen, ein nicht rechtsfähiges Sondervermögen des Bundes, das unter seinem Namen klagen und verklagt werden kann (§§ 1 und 4 des Gesetzes zur Zusammenführung und Neugliederung der Bundeseisenbahnen, BGBl. I 1993, 2378), wird von seinem Präsidenten gerichtlich und außergerichtlich vertreten, solange dieser nicht in einer vom Bundesministerium für Verkehr zu genehmigenden Verwaltungsordnung etwas anderes bestimmt (§ 6 a. a. O.). 120

Die **Deutsche Bahn Aktiengesellschaft,** gegründet durch Gesetz vom 27. 12. 1993 (BGBl. I, 2386), wird gerichtlich und außergerichtlich durch ihren Vorstand vertreten. Ist eine Willenserklärung gegenüber der Aktiengesellschaft abzugeben, so genügt die Abgabe gegenüber einem Vorstandsmitglied, Klagezustellung an ein Vorstandsmitglied reicht also aus (§ 78 AktG). 121

Die **Bundesanstalt für Post und Telekommunikation Deutsche Bundespost** ist durch Art. 1 des Postneuordnungsgesetzes vom 14. 9. 1994 (BGBl. I, 2324) als rechtsfähige Anstalt des öffentlichen Rechts mit Sitz in Bonn errichtet worden. Sie wird durch die Mitglieder ihres Vorstandes im Rechtsverkehr nach näherer Maßgabe ihrer Satzung vertreten (§§ 1 und 4). Die Satzung (BGBl. I 1994, 2331) bestimmt, daß die Anstalt im eigenen Namen handeln, klagen und verklagt werden kann (§ 3), und daß der Vorstand sie nach näherer Regelung durch die Geschäftsordnung vertritt (§ 11); jedoch genügt für eine Willenserklärung gegenüber der Anstalt die Abgabe gegenüber einem Vorstandsmitglied (§ 6). 122

Die drei Unternehmen der früheren Bundespost sind durch Art. 3 des Postneuordnungsgesetzes in drei Aktiengesellschaften, nämlich die **Deutsche Post AG, die Deutsche Postbank AG** und die **Deutsche Telekom AG** umgewandelt worden. 123

Sie haben jeweils die Rechtsnachfolge der und die Haftung für die früheren Unternehmen der Bundespost (Teilsondervermögen des Bundes) übernommen. Diese Aktiengesellschaften haben je einen Vorstand, der nach ihren Satzungen (BGBl. I 1994, 2343 ff.) aus mindestens 2 Personen besteht (§ 6); zwei Vorstandsmitglieder (oder ein Mitglied zusammen mit einem Prokuristen) vertreten die Gesellschaft nach näherer Regelung der Satzung (§ 7), aber nach § 78 AktG genügt für eine Willenserklärung gegenüber der Gesellschaft die Abgabe gegenüber einem Vorstandsmitglied.

Grundlagen Sicherungsvollstreckung

Zur **Pfändung von Kosten bei der Deutschen Postbank AG** s. *Muster 133 und 134*.

124 **Für die Drittschuldnervertretung der Deutschen Bundesbank** gilt § 11 des Gesetzes über die Deutsche Bundesbank (abgedruckt bei Satorius I Nr. 855). Danach wird die Deutsche Bundesbank gerichtlich und außergerichtlich durch das Direktorium, im Bereich einer Landeszentralbank auch durch deren Vorstand und im Bereich einer Hauptstelle auch durch deren Direktoren vertreten; Klagen gegen die Deutsche Bundesbank, die auf den Geschäftsbetrieb einer Landeszentralbank oder einer Hauptstelle Bezug haben, können auch bei dem Gericht des Sitzes der Landeszentralbank oder der Hauptstelle erhoben werden. **Wir empfehlen, die Deutsche Bundesbank als Drittschuldnerin zu bezeichnen als: „Deutsche Bundesbank, Frankfurt am Main, gesetzl. vertr. durch den Vorstand der Landeszentralbank . . .".**

125 **Die Drittschuldnervertretung der Bundesländer** ergibt sich aus den Länderverfassungen und kann im einzelnen durch Gesetz oder Verordnung geregelt werden (Art. 80 GG und Gesetz über die Ermächtigung zum Erlaß von Rechtsverordnungen, abgedruckt bei Satorius I Nr. 8). Die meisten Länder haben ihre Vertretung als Drittschuldner ressortabhängig geregelt, andere haben sie durch ein alle Ressorts umfassendes Gesetz (z. B. Hamburg) oder eine alle Ressorts umfassende Verordnung (z. B. Bayern) geregelt. Im einzelnen verweisen wir auf *Zöller*, § 18 Rn. 16 ff.

126 **Die Drittschuldnervertretung der Bezirke, Landkreise und Gemeinden** ist unter Beachtung des Selbstverwaltungsrechts in denjenigen Landesgesetzen geregelt, die sich mit der Organisation dieser Gebietskörperschaften befassen. So wird z. B. in Bayern der Bezirk durch den Bezirkstagspräsidenten (Art. 33a der Bezirksordnung), der Landkreis durch den Landrat (Art. 35 der Landkreisordnung) und die Gemeinde durch den 1. Bürgermeister (Art. 38 der Gemeindeordnung) vertreten.

17. Vorpfändung (vorläufiges Zahlungsverbot)

127 Die Vorpfändung nach § 845 sichert den Rang einer späteren Pfändung. Sie ist schon vor Erteilung der Vollstreckungsklausel zulässig und hat die Wirkung eines Arrestes, wenn die Pfändung selbst innerhalb Monatsfrist erfolgt (Näheres *Muster 8*).

18. Sicherungsvollstreckung

128 Für den Vollstreckungsgläubiger ist es wichtig, daß er aus einem vorläufigen vollstreckbaren Titel alsbald vollstrecken kann, um zu verhindern, daß sich der Vollstreckungsschuldner vermögenslos macht, und um im Wettlauf mit andern Vollstreckungsgläubigern der Erste zu bleiben. Ist sein Titel nur gegen Sicherheitsleistung vorläufig vollstreckbar, so müßte der Vollstreckungsgläubiger erst Sicherheit leisten und den Nachweis der Sicherheitsleistung seinem

Vollstreckungsantrag beifügen und könnte erst dann vollstrecken (§ 751 Abs. 2). Deshalb läßt es § 720a zu, in bewegliches Vermögen zu pfänden und an unbeweglichem Vermögen eine Sicherungshypothek einzutragen, wenn der Titel und die Vollstreckungsklausel mindestens 2 Wochen vorher zugestellt sind (§ 750 Abs. 3)[31].

Auch bei der Sicherungsvollstreckung begründet die Pfändung ein **Pfand-** 129 **recht**, führt jedoch nicht zur Pfandverwertung (§ 720a Abs. 1 Satz 2 und Abs. 3). Der Vollstreckungsschuldner kann die Sicherungsvollstreckung durch Leistung einer Sicherheit in Höhe des vollstreckbaren Hauptanspruchs abwenden (§ 720a Abs. 3).

Vorpfändung ist auch hier zulässig[32].

Auch im Rahmen der Sicherungsvollstreckung kann das Verfahren zur Abgabe 130 der **eidesstattlichen Versicherung** nach § 807 betrieben werden[33].

Für die Sicherungsvollstreckung bedarf es der **Zustellung der Vollstreckungs-** 131 **klausel**[34].

19. Zusammentreffen mehrerer Pfändungspfandrechte und von Abtretungen und Pfändungen an ein und demselben Gegenstand

19.1 Bei **Pfändung beweglicher Sachen** geht das durch eine frühere Pfändung 132 begründete Pfandrecht demjenigen vor, das durch eine spätere Pfändung begründet wird (§ 804 Abs. 3). Wird also eine bewegliche Sache zunächst für den Vollstreckungsgläubiger A und später für den Vollstreckungsgläubiger B gepfändet, so wird zunächst die Vollstreckungsforderung des A voll befriedigt, dem B gebührt ein etwaiger Erlösrest.

Bei Streit über den Rang der Pfändungen und dann, wenn die Pfändung für mehrere Gläubiger gleichzeitig bewirkt ist, hat der Gerichtsvollzieher die Sachlage dem Vollstreckungsgericht anzuzeigen und den Erlös zu hinterlegen (§ 827); daraufhin tritt nach §§ 872 ff. das Verteilungsverfahren ein (Näheres in §§ 872 bis 882 und unten Rn. 136).

19.2 Auch die mehrfache **Pfändung einer Forderung und eines Rechts** ist 133 möglich, wie sich aus § 853 ergibt.

19.2.1 Bei mehrfacher Forderungspfändung ist der **Rang der jeweiligen Pfän-** 134 **dung** (nicht Überweisung!) maßgebend, wobei für den Rang auch eine etwaige Vorpfändung zu berücksichtigen ist (§ 804 Abs. 3). Gleichrang haben die Vollstreckungsgläubiger untereinander dann, wenn ihre Pfändungen gleichzeitig wirksam werden.

---

31 H. M., vgl. *Zöller,* § 720a Rn. 4 m. w. N.
32 BGHZ 93, 74.
33 H. M., z. B. OLG Koblenz und OLG München mit Anmerkung von *Mümmler* in JurBüro 1991, 126 und 128 u. Rpfleger 1991, 66; a. A. z. B. *Dressel* in Rpfleger 1991, 43.
34 H. M.; vgl. OLG Schleswig in NJW-RR 1988, 700 m. w. N.; vgl. auch FN 31.

Grundlagen Zusammentreffen mehrerer Pfändungen

135 Zum Schutz gegen die durch Mehrfachpfändung auftretende Ungewißheit ermächtigt § 853 den Drittschuldner – und verpflichtet ihn auf Verlangen eines Vollstreckungsgläubigers auch dazu –, den geschuldeten Geldbetrag unter Anzeige der Mehrfachpfändung und unter Aushändigung der ihm zugestellten Beschlüsse bei demjenigen Amtsgericht zu hinterlegen, dessen Beschluß ihm zuerst zugestellt worden ist. Die Hinterlegung bewirkt das Erlöschen des Schuldverhältnisses zwischen dem Drittschuldner und jedem der Vollstreckungsschuldner; der Drittschuldner ist damit von seiner Schuld befreit. Aus der ursprünglichen, gepfändeten Forderung gegen den Drittschuldner ist durch die Hinterlegung ein Anspruch des Vollstreckungsschuldners gegen die Hinterlegungsstelle auf Auszahlung des hinterlegten Betrags entstanden; an diesem Auszahlungsanspruch setzt sich das Pfändungspfandrecht fort (§ 1212 BGB). Jeder Vollstreckungsgläubiger kann die Befolgung dieser Vorschrift einklagen und die übrigen Vollstreckungsgläubiger zu diesem Prozeß hinzuziehen (§ 856). Bei mehrfacher Pfändung von Ansprüchen, die bewegliche oder unbewegliche Sachen wie eingetragene Schiffe benennen, geben §§ 854 bis 855a Sonderbestimmungen; auch hier gilt § 856.

136 **19.2.2 Einigen sich die Vollstreckungsgläubiger** über die Verteilung des hinterlegten Betrags, so können sie dessen Auszahlung dadurch erreichen, daß sie sich alle gegenseitig die Auszahlung im vereinbarten Verhältnis bewilligen und zwar durch Erklärung gegenüber der Hinterlegungsstelle (§ 13 Abs. 2 Nr. 1 Hinterlegungsordnung).

137 Das **Verteilungsverfahren** dagegen tritt ein, wenn die Vollstreckungsgläubiger sich über die Verteilung des hinterlegten Betrages nicht einigen, aber der verfügbare Geldbetrag zur Befriedigung aller beteiligten Vollstreckungsgläubiger nicht hinreicht (§ 872). Das Verteilungsverfahren obliegt dem Vollstreckungsgericht (§ 873). Es stellt einen Teilungsplan auf, bestimmt Verteilungstermin und verteilt dem Plan gemäß in diesem Termin unter die beteiligten Vollstreckungsgläubiger, wenn kein Widerspruch erfolgt. Wird Widerspruch erhoben, so wartet das Vollstreckungsgericht das Urteil des Prozeßgerichts in dem vom Widersprechenden binnen eines Monats ab Termin zu beginnenden Prozeß ab und zahlt dann gemäß diesem Urteil aus (§§ 874 bis 882).

138 **19.3** Nach verbreiteter Meinung soll bei **Zusammentreffen von Pfändung und vorhergehender Abtretung** die Pfändung der abgetretenen Forderung beim Zedenten stets unwirksam sein und bleiben, auch wenn die Abtretung später rückgängig gemacht wird[35].

Diese Meinung kommt in Schwierigkeiten, wenn wiederkehrende Forderungen gepfändet sind, z. B. Arbeitseinkommen, wie an einem Beispiel dargelegt wird: Der Vollstreckungsschuldner hat den pfändbaren Teil seines Arbeitseinkommens wegen einer Forderung von 5000 DM an einen Dritten abgetreten; übertragbar und pfändbar sind monatlich 250 DM. Nach der herrschenden Meinung geht während der 20 Monate, welche die Tilgung der durch Abtre-

---

35 BGH in NJW 1971, 1939 und 1987, 1703; *Stein/Jonas*, § 829 Rn. 67; *Baumbach/Lauterbach/Albers/Hartmann*, § 829 Rn. 3, „Abtretung"; *Stöber*, Rn. 769; a. A. mit guten Gründen OLG München in NJW 1954, 1124.

tung gesicherten Forderung währt, jede Pfändung beim Zedenten ins Leere, selbst wenn sie am Tag vor Tilgung des letzten Betrages erfolgen sollte; Lohnpfändung wird so zum Lotteriespiel: Wer einen Tag zu früh pfändet, hat gutes Geld dem schlechten nachgeworfen, derjenige, der am nächsten Tag pfändet, erhält den Preis. Wir halten dieses Ergebnis nicht für hinnehmbar und meinen, daß jedenfalls bei Pfändung wiederkehrender Forderungen ein Rangverhältnis besteht. Jedenfalls im Bereich der Lohnpfändung läßt sich diese Ansicht durch die Überlegung rechtfertigen, daß Gehaltsabtretungen nicht den in alle Ewigkeit geschuldeten Lohn sondern nur diejenige Anzahl von Monats- und Wochenlöhnen ergreifen, die zur Tilgung der durch die Abtretung gesicherten Forderungen verbraucht wird, und daß die künftige Forderung des Vollstreckungsschuldners aus dem Arbeitsverhältnis auf Zahlung späterer Löhne pfändbar ist (vgl. oben Rn. 81)[36].

Das BAG hat im Fall einer Lohnabtretung entschieden: Die Pfändung geht solange ins Leere, als dem Vollstreckungsschuldner der Lohnanspruch nicht zusteht; das Pfandrecht erwächst aber dann, wenn die Forderung rückabgetreten wird[37]. Das BAG führt weiter aus, es genüge nach § 832 für die Pfändung fortlaufender Bezüge, „daß ihr Entstehungsgrund gesetzt wird". Der Grundsatz, die Pfändung könne bei Abtretung nicht zurückwirken, gilt bei Pfändung laufenden Lohns nicht unmittelbar. Die Pfändung ist daher vom Drittschuldner für die Zukunft zu beachten.

Die **Abtretung der Forderung nach ihrer Pfändung** ist dem Vollstreckungsgläubiger gegenüber unwirksam, weil sie gegen das im Pfändungsbeschluß ausgesprochene Verfügungsverbot verstößt (§ 136 BGB). 139

20. Die Zwangsvollstreckung gegen juristische Personen des öffentlichen Rechts

Hierfür gibt § 882a Sondervorschriften:

20.1 Diese Bestimmung gilt nur für die Zwangvollstreckung wegen einer **Geldforderung.** Sie ist nicht anwendbar, wenn dingliche Rechte verfolgt werden. § 882a gilt zugunsten des **Bundes,** der **Länder,** der **Körperschaften, Anstalten** und **Stiftungen des öffentlichen Rechts,** soweit sie nicht Bank- und Kreditanstalten sind oder Landesrecht für Gemeindeverbände oder Gemeinden eine Ausnahme macht (vgl. § 15 Nr. 3 EGZPO). Die Landesgesetze regeln diese Frage in den die Gemeinden und Gemeindeverbände statuierenden Gesetzen, z. B. Bayern in Art. 77 der Gemeindeordnung, Art. 71 der Landkreisordnung und Art. 69 der Bezirksordnung. Diese Gesetze regeln auch die Vertretung dieser Körperschaften, in Bayern z. B. in Art. 38 und 39 GO, 35 und 36 LKrO und 33a BezO. 140

20.2 Soweit nicht dingliche Rechte verfolgt werden, darf die Zwangsvollstreckung gegen eine juristische Person des öffentlichen Rechts erst 4 Wochen 141

---

36 Vgl. LG Münster in Rpfleger 1991, 378 mit Anm. v. *Spellerberg.*
37 In NJW 1993, 2699, insoweit in Bestätigung von LAG Hamm in WM 1993, 84.

Grundlagen Rechtsbehelfe

nach dem Zeitpunkt beginnen, in dem der Vollstreckungsgläubiger seine **Vollstreckungsabsicht** der zur Vertretung der Vollstreckungsschuldnerin berufenen Behörde oder den gesetzlichen Vertretern der sonstigen juristischen Personen des öffentlichen Rechts **mitgeteilt** hat.

Soll gegen die Bundesrepublik oder gegen ein Bundesland in Vermögen vollstreckt werden, das nicht von derjenigen Behörde verwaltet wird, welche für die Vertretung des Drittschuldners zuständig ist, so ist die Vollstreckungsabsicht gleichzeitig dem Minister der Finanzen der Vollstreckungsschuldnerin anzuzeigen. Dem Vollstreckungsgläubiger ist auf Verlangen der Empfang der Anzeige zu bescheinigen. Dem Vollstreckungsgläubiger ist zu empfehlen, das Verlangen zu stellen, weil er sonst bei Erteilung des Vollstreckungsauftrags bzw. in seinem Antrag auf Erlaß eines Pfändungs- und Überweisungsbeschlusses nicht dartun kann, daß diese besondere Voraussetzung der Zwangsvollstreckung gegeben ist.

142 **20.3** Trotz dieser Anzeige bleibt die Zwangsvollstreckung in solche Sachen unzulässig, die **für die Erfüllung der gesetzlichen Aufgaben** der Bundesrepublik, des Landes, der Körperschaft, Anstalt oder Stiftung des öffentlichen Rechts **unentbehrlich** sind.

143 **20.4** Für die Verfolgung **dinglicher Rechte** und für eine Zwangsvollstreckung, die nicht wegen einer Geldforderung gegen juristische Personen des öffentlichen Rechts betrieben wird, gelten die allgemeinen Vorschriften.

144 **20.5** Eine **einstweilige Verfügung** kann, ihrem Wesen gemäß, auch ohne Anzeige der Zwangsvollstreckungsabsicht und ohne Einhaltung der Wartefrist von vier Wochen vollzogen werden (§ 882a Abs. 5).

145 **20.6. Die Vertretung** dieser juristischen Personen als Vollstreckungsschuldner ist nicht notwendig die gleiche wie ihre in Rn. 118 ff. geschilderte Vertretung als Drittschuldner.

21. Rechtsbehelfe im Zwangsvollstreckungsverfahren

146 Manche Rechtsbehelfe hemmen den Eintritt der formellen Rechtskraft und bewirken, daß sich mit der Sache nun die übergeordnete Instanz befassen muß (Rechtsmittel), anderen fehlen diese Wirkungen.

21.1 Allgemeines

147 Auch im Zwangsvollstreckungsverfahren gibt es befristete und nicht befristete Rechtsbehelfe. **Befristete Rechtsbehelfe** sind bei Versäumung der für sie vorgesehenen Frist unzulässig, können also nicht sachlich geprüft werden.

148 Befristet sind die **sofortige Beschwerde** (§ 793) und **die Erinnerung** nach § 11 RpflG, letztere jedoch nur dann, wenn gegen die Entscheidung, falls sie der Richter erlassen hätte, die sofortige Beschwerde oder gar kein Rechtsmittel gegeben wäre. Die Frist beträgt infolge der Verweisung auf § 793 ZPO und der Weiterverweisung auf § 577 ZPO zwei Wochen und ist eine Notfrist; berechnet

wird sie nach §§ 221 bis 226 ZPO und §§ 187 bis 189 BGB, ihr Lauf wird auch durch die Zustellung des Pfändungsbeschlusses im Parteibetrieb ausgelöst[38].

Die Sonderregelungen für Rechtsbehelfe gegen **Vollstreckungsmaßnahmen nach der Abgabenordnung und nach den Verwaltungsvollstreckungsgesetzen** sind hier nicht berücksichtigt: In Steuersachen ist stets zu überlegen, ob etwa der Rechtsweg vor den Finanzgerichten gegeben ist, in Verwaltungssachen, ob der Verwaltungsrechtsweg gegeben ist[39]. 149

Beachte: Zwar sind die Gerichtsferien auf das Zwangsvollstreckungsverfahren ohne Einfluß, aber das gilt nicht für Klagen, die aus Anlaß von Zwangsvollstreckungsmaßnahmen erhoben werden[40]; insbesondere ist bei Fristennotierung im Rahmen der Vollstreckungsgegenklage, der Klage nach § 768, der Klage auf Erteilung der Vollstreckungsklausel, der Drittwiderspruchsklage und der Klage auf vorzugsweise Befriedigung stets zu prüfen, ob der titulierte Anspruch zu den gesetzlichen Feriensachen gehört oder ob die Sache zur Feriensache erklärt ist. 150

21.2 Die einzelnen Rechtsbehelfe

21.2.1 Rechtsbehelfe „gegen den Titel"

Der Titel kann nur im Erkenntnisverfahren durch Rechtsmittel angegriffen werden, im Vollstreckunsverfahren ist er als wirksam vorauszusetzen und von den Zwangsvollstreckungsorganen nicht mehr zu prüfen. (Abänderung bzw. Beseitigung von Titeln nach § 323 oder nach dem 4. Buch der ZPO können hier außer acht bleiben). 151

Mißbrauch des Titels (z. B. Vollstreckungsversuche, obwohl die zu vollstreckende Forderung in diesem Zeitpunkt schon getilgt ist oder nach dem Erlaß des Titels eine rechtshemmende Einwendung gegen sie entstand) kann der Vollstreckungsschuldner mit mehreren Rechtsbehelfen begegnen:

Die **Vollstreckungsgegenklage** (Vollstreckungsabwehrklage) nach § 767 soll die Vollstreckbarkeit des Titels, nicht diesen selbst beseitigen. Sie richtet sich gegen Leistungs- und Haftungstitel mit vollstreckbarem Inhalt, nicht gegen Feststellungs- und Gestaltungsurteile, auch nicht gegen unwirksame Titel; gegen letztere ist mit der Erinnerung nach § 732 vorzugehen[41]. Die Vollstreckungsgegenklage steht nur dem Vollstreckungsschuldner zu. Sie richtet sich gegen den im Vollstreckungstitel ausgewiesenen Gläubiger, ggf. gegen den Erwerber der titulierten Forderung, wenn die Voraussetzungen für die Erteilung einer vollstreckbaren Ausfertigung an ihn vorliegen[42]. Das stattgebende Urteil erklärt die Zwangsvollstreckung aus diesem Titel für unzulässig bzw. für derzeit unzulässig. 152

---

38 OLG Köln in NJW-RR 1992, 894.
39 Vgl. BVerwG in NJW 1987, 372.
40 Vgl. BGH in NJW 1988, 1095.
41 BGHZ 15, 190; 22, 55; BGH in AnwBl. 1987, 552.
42 BGH in NJW 1993, 1396.

Grundlagen Rechtsbehelfe

Die Vollstreckungsabwehrklage ist ausschließlich (§ 802) bei dem Prozeßgericht des ersten Rechtszuges anhängig zu machen (§ 767 Abs. 1). Zulässigkeitsvoraussetzung ist, daß die Gründe, auf welche die Klage gestützt wird, erst nach dem Schluß der mündlichen Verhandlung entstanden sind, in welcher Einwendungen nach den Vorschriften über das Erkenntnisverfahren spätestens hätten geltend gemacht werden müssen; Voraussetzung ist auch, daß die Einwendungen nicht mehr durch Einspruch geltend gemacht werden können (§ 767 Abs. 2). Diese Präklusion des § 767 Abs. 2 kann aber nicht bei Titeln eingreifen, bei denen keine Rechtskraft eintritt, so nicht beim Prozeßvergleich, der keine mündliche Verhandlung voraussetzt[43], auch nicht bei Kostenfestsetzungsbeschlüssen, gegen die der Schuldner selbst dann soll aufrechnen dürfe, wenn er vor der letzten mündlichen Verhandlung im Erkenntnisverfahren hätte aufrechnen können[44]. Für vollstreckbare Urkunden schließt § 797 Abs. 4 die Anwendung des § 767 Abs. 2 aus.

153 Eine Besonderheit der Vollstreckungsgegenklage besteht darin, daß der Schuldner in der **Klageschrift alle Einwendungen** geltend machen muß, die er **zur Zeit der Klageeinreichung** geltend zu machen im Stande ist (§ 767 Abs. 3). Das soll den Schuldner zwingen, alle ihm möglichen Einwendungen mit einer Klage, nicht mit mehreren, geltend zu machen[45]. (Die Worte „zur Zeit der Erhebung der Klage" beruhen auf schlechter Redaktion: Die Klage ist ja erst erhoben mit ihrer Zustellung, aber das Gesetz kann den Kläger nicht zum Hellseher machen; er kann nicht wissen, welche Einwendungen ihm zwischen Einreichung und Zustellung der Klage etwa zusätzlich erwachsen oder bekannt werden.) § 767 Abs. 3 bewirkt aber nicht, daß nur einmal eine Vollstreckungsgegenklage möglich wäre: Wenn dem Schuldner nach der letzten mündlichen Verhandlung über die erste Klage weitere Einreden erwachsen, kann er erneut Klage erheben, ohne daß etwa die Rechtskraft einer vorherigen Entscheidung ihn daran hindern würde[46].

21.2.2 Einwendungen gegen die Vollstreckungsklausel

154 Die Vollstreckungsklausel richtet sich in den Fällen der §§ 727 ff. nicht gegen den, gegen welchen sich der Titel richtet; sie darf im Falle des § 726 nur unter den dort genannten Voraussetzungen erteilt werden. Ist sie erteilt, hält aber derjenige, gegen den sie sich richtet, die Voraussetzungen dafür nicht für gegeben, so kann er **Klage gemäß § 768** erheben, für welche die Vorschriften des § 767 Abs. 1 und 3 entsprechend anzuwenden sind; für vollstreckbare Urkunden gilt als Spezialbestimmung § 797 Abs. 3. Das stattgebende Urteil erklärt die Zwangsvollstreckung aus dieser Klausel für unzulässig.

---

43 BGHZ 3, 381; BGH in MDR 1987, 933; BAG in BB 1980, 728.
44 BGHZ 3, 381; anders bei dem Kostenfestsetzungsbeschluß nach § 19 BRAGO, gegen welchen der Vollstreckungsschuldner Sachliches vorbringen und so den Erlaß des Beschlusses verhindern könnte (so BGH in MDR 1976, 914 m. w. N.; die Gegenansicht OLG Nürnberg in MDR 1957, 367 und *Pohlmann* in MDR 1957, 107 überzeugt nicht).
45 BGH in MDR 1967, 586.
46 Vgl. BGH in LM Nr. 32 zu § 767 ZPO.

Wegen sonstiger Einwendungen gegen die Zulässigkeit der Vollstreckungsklausel kann der Vollstreckungsschuldner **Erinnerungen nach § 732** erheben. Nur diese Bestimmung, nicht § 767 steht auch zur Abwehr der Vollstreckung aus Titeln zur Verfügung, die von vorneherein unwirksam sind, wie etwa ein mit der Klausel versehener Vergleich, dem eine der Voraussetzungen des § 794 Abs. 1 Ziff. 1 fehlt oder der trotz Anwaltszwangs ohne Mitwirkung eines Anwalts abgeschlossen ist[47]. § 732 ermöglicht die Beseitigung einer zu Unrecht erteilten Vollstreckungsklausel. Der stattgebende Beschluß erklärt die Zwangsvollstreckung aus dieser Vollstreckungsklausel für unzulässig.

155

21.2.3 Klage auf Erteilung der Vollstreckungsklausel

Sie steht dem Vollstreckungsgläubiger zu, der die nach §§ 726 ff. erforderlichen Nachweise nicht durch öffentliche oder öffentlich beglaubigte Urkunden führen kann, aber dennoch die Erteilung der Vollstreckungsklausel erreichen will (§ 731).

156

21.2.4 Rechtsbehelfe gegen Eingriffe in Drittvermögen und Drittbesitz

21.2.4.1 Wird in einen Gegenstand vollstreckt, der nicht dem Vermögen des Vollstreckungsschuldners, sondern dem eines Dritten zuzurechnen ist, so kann der Dritte **Drittwiderspruchsklage** gegen die Vollstreckung bei dem Prozeßgericht geltend machen, in dessen Bezirk die Zwangsvollstreckung erfolgt (§ 771), je nach Streitwert beim Amts- oder Landgericht. Die Klage kann gegen den Vollstreckungsgläubiger und den Vollsteckungsschuldner als Streitgenossen gerichtet werden, wird aber meist nur gegen den Vollstreckungsgläubiger gerichtet. Klagebefugt ist jeder, gegen den sich der Vollstreckungstitel – auch unter Beachtung der Klausel – nicht richtet. Die Klage ist vom Beginn der Zwangsvollstreckung bis zu dem Augenblick zulässig, in dem der gepfändete Gegenstand verwertet ist. Das stattgebende Urteil erklärt die Zwangsvollstreckung in die im Tenor zu bezeichnenden Gegenstände für unzulässig.

157

21.2.4.2 Die **Klage auf vorzugsweise Befriedigung** aus dem Erlös der Pfandverwertung (§ 805 Abs. 1) steht demjenigen Dritten zu, der den gepfändeten Gegenstand zwar nicht in seinem Vermögen hat, dem aber ein Pfandrecht oder sonstiges Vorzugsrecht daran zusteht. Er kann der Pfändung nicht widersprechen, aber mit seiner Klage das Urteil erreichen, daß er vor dem Vollstreckungsgläubiger aus dem Erlös bei Pfandverwertung zu befriedigen ist. Zuständig ist das Prozeßgericht, in dessen Sprengel die Vollstreckung stattgefunden hat.

158

21.2.5 Erinnerung und befristete Erinnerung

§ 766 gibt dem Vollstreckungsgläubiger, dem Vollstreckungsschuldner, dem Drittschuldner und jedem betroffenen Dritten die Erinnerung gegen Art und Weise der Zwangsvollstreckung, also gegen das Vorgehen oder Nichtvorgehen

159

---

47 Vgl. *Zöller*, § 732 Rn. 6.

Grundlagen Rechtsbehelfe

eines Vollstreckungsorgans; § 11 RpflG gibt dem gleichen Personenkreis die sogenannte befristete **Durchgriffserinnerung** gegen Entscheidungen des Rechtspflegers.

Wann letztere oder die unbefristete Erinnerung nach § 766 ZPO gegeben ist, richtet sich danach, ob die zu bekämpfende Maßnahme ein bloßer Vollstreckungs- oder ein Entscheidungsakt ist: Während der Gerichtsvollzieher nur Vollstreckungsakte vornimmt, erlassen der Vollstreckungsrichter und der Rechtspfleger am Vollstreckungsgericht auch Entscheidungsakte. Ob ein Vollstreckungs- oder ein Entscheidungsakt vorliegt, richtet sich danach, ob vor Erlaß dieses Akts rechtliches Gehör zu geben ist oder nicht. Weil der Antrag auf Vornahme eines Vollstreckungsakts naturgemäß nur nach „Anhörung" des Vollstreckungsgläubigers ergehen kann, ist die Ablehnung eines Zwangsvollstreckungsantrags stets Entscheidungsakt; das gleiche gilt für Zwangsvollstreckungsmaßnahmen, die nach Anhörung des Schuldners stattgefunden haben[48]. Mit Erinnerungen können formelle Fehler gerügt werden wie fehlende Zustellung des Titels, fehlende Klausel, Pfändung trotz Einstellung der Zwangsvollstreckung, Überpfändung, Unpfändbarkeit des gepfändeten Rechts, Ablehnung der Sachpfändung durch den Gerichtsvollzieher, Auftragsverzögerung durch ihn, Unwirksamkeit des Pfändungsbeschlusses infolge ungenügender Individualisierung der Forderung, Pfändung von Grundstückszubehör entgegen § 865 Abs. 2, Pfändung einer Sache gegen den Widerspruch des Gewahrsam daran ausübenden Dritten und vieles andere mehr.

21.2.6 Sofortige Beschwerde und Durchgriffsbeschwerde

160 Bleiben Erinnerungen nach § 766 erfolglos, steht dem Erinnerungsführer gegen diese Entscheidung die sofortige Beschwerde nach § 793 zu. Bleibt die befristete Durchgriffserinnerung nach § 11 Abs. 2 RpflG ohne Erfolg, so bedarf es keiner gesonderten Beschwerdeeinlegung, weil das Vollstreckungsgericht die Akten dem Beschwerdegericht zur Entscheidung vorzulegen hat (sog. Durchgriffsbeschwerde).

Die sofortige Beschwerde ist auch gegen sonstige Entscheidungen des Gerichts, die im Zwangsvollstreckungsverfahren ohne mündliche Verhandlung ergehen können, zulässig, soweit nicht Erinnerung oder Durchgriffserinnerung zu erheben ist.

Die sofortige Beschwerde steht dem Vollstreckungsgläubiger, dem Vollstreckungsschuldner, dem Drittschuldner und jedem in seinen Interessen verletzten Dritten zu.

Das Beschwerdeverfahren ist in §§ 567 ff. geregelt: Nach § 568 Abs. 1 entscheidet das nächsthöhere Gericht. Die sofortige Beschwerde kann bei dem Gericht, dessen Entscheidung angefochten wird oder beim Rechtsmittelgericht eingereicht werden; das Gericht, dessen Entscheidung angefochten ist, darf

---

48 *Zöller*, § 766 Rn. 3; *Baumbach/Lauterbach/Albers/Hartmann*, § 766 Rn. 3 ff.; *Thomas/Putzo*, § 766 Rn. 1 ff.; KG in Rpfleger 1973, 32; OLG Hamm in Rpfleger 1973, 222; *Stöber* in Rpfleger 1974, 52; OLG Köln in NJW-RR 1992, 894.

aber der sofortigen Beschwerde nicht abhelfen (§ 577 Abs. 3). Über die Beschwerde kann ohne mündliche Verhandlung entschieden werden. Bis zu dieser Entscheidung kann die Vollziehung der angefochtenen Entscheidung ausgesetzt werden, auch durch das Erstgericht.

Hat über die Beschwerde das Landgericht entschieden, so findet, soweit das Gesetz nicht etwas anderes bestimmt, die **sofortige weitere Beschwerde** statt (§ 793 Abs. 2). Die weitere Beschwerde ist aber nur zulässig, soweit in der Beschwerdeentscheidung ein neuer selbständiger Beschwerdegrund enthalten ist (§ 568 Abs. 2 Satz 2). 161

21.2.7 Antrag auf Vollstreckungsschutz nach § 765a

Der Vollstreckungsschuldner kann die Aufhebung, Untersagung oder Einstellung von Zwangsvollstreckungsmaßnahmen beantragen, wenn die Maßnahme unter voller Würdigung des Schutzbedürfnisses des Vollstreckungsgläubigers wegen ganz besonderer Umstände eine Härte bedeutet, die mit den guten Sitten nicht vereinbar ist. Eine solche Härte liegt nach BGH nur dann vor, wenn die Zwangsvollstreckung zu einem ganz untragbaren Ergebnis führen würde[49]. Die Einstellung der Zwangsvollstreckung kann schon vor endgültiger Prüfung des Antrags erfolgen, in besonderen Fällen kann der Gerichtsvollzieher eine Vollstreckungsmaßnahme bis zu einer Woche aufschieben; die Aufhebung von Vollstreckungsmaßnahmen aber setzt Bestandskraft des Beschlusses voraus. 162

Zuständig ist das Vollstreckungsgericht, im Falle des Arrests und der einstweiligen Verfügung das Arrestgericht (§ 930 Abs. 1). 163

21.2.8 Einstweilige Einstellung

Sie kann bewilligt werden, wenn Wiedereinsetzung in den vorigen Stand oder Wiederaufnahme des Verfahrens beantragt oder der Rechtsstreit nach Verkündung eines Vorbehaltsurteils fortgesetzt wird (§ 707), Einspruch, Berufung oder Revision (§ 719), Erinnerungen gegen die Erteilung der Vollstreckungsklausel eingelegt (§ 732 Abs. 2), Schutzantrag nach § 765a gestellt (§ 765a Abs. 1), Vollstreckungsabwehrklage, Klage gegen die Vollstreckungsklausel, Drittwiderspruchsklage, Klage auf vorzugsweise Befriedigung (§§ 769, 771 Abs. 3, 805 Abs. 4), oder Widerspruch gegen einen Arrest oder eine einstweilige Verfügung erhoben wird (§§ 924 Abs. 3, 935). Die einstweilige Einstellung führt nur zum Stillstand des Verfahrens, nicht zur Beseitigung von Vollstreckungsmaßnahmen. Sie erfolgt gegen Sicherheitsleistung oder, wenn der Vollstreckungsschuldner zur Sicherheitsleistung nicht in der Lage ist und ihm nicht zu ersetzende Nachteile drohen (§ 707 Abs. 1), ohne solche. Die Entscheidung kann ohne mündliche Verhandlung ergehen; sie ist nicht anfechtbar (§ 707 Abs. 2). 164

---

49 BGHZ 44, 143.

Grundlagen Kosten

22. Die Kosten der Zwangsvollstreckung

22.1 Wer trägt die Kosten der Zwangsvollstreckung?

165 Soweit die Kosten der Zwangsvollstreckung notwendig im Sinn des § 91 sind, fallen sie dem **Vollstreckungsschuldner** zur Last und sind zugleich mit der Vollstreckungsforderung beizutreiben (§ 788 Abs. 1). Zu diesen Kosten gehören z. B. diejenigen für die Zustellung des Titels, für die Eintragung der Pfändung in das Grundbuch oder in das Schiffsregister, für die Vergütung des Sequesters[50] die Kosten der Vorbereitung der Zwangsvollstreckung wie z. B. für die zur Sicherheitsleistung nötige Bankbürgschaft[51]. Ob auch die Kosten der **Drittschuldnerklage** – vorausgesetzt, sie war nicht von vorne herein aussichtslos – vom Drittschuldner zu erstatten sind, ist streitig[52]. Aus der gepfändeten Forderung können sie jedenfalls nicht entnommen werden, weil sie nicht zu den Kosten „dieses Beschlusses und seiner Zustellung", also auch nicht zur Vollstreckungsforderung gehören. Zu ihrer etwaigen Beitreibung bedarf es jedenfalls einer neuerlichen Vollstreckungsmaßnahme.

Wegen der Kosten der Klage gegen den Drittschuldner, der gegen die Erklärungspflicht nach § 840 verstoßen hat, vgl. Rn. 12 der Erläuterungen zu *Muster 10*. Die Kosten der Vorpfändung hat nach h. M. der Vollstreckungsschuldner zu tragen (Nachweise in FN 13 zu *Muster 8*).

166 *Beachte:* Die Kosten der Zwangsvollstreckung sind nicht Prozeßkosten im Sinn des § 98. Bei Abschluß eines Vergleichs nach Anfall von Vollstreckungskosten ist es daher notwendig, in dem Vergleich auch zu regeln, wer die Vollstreckungskosten trägt; denn bei Fehlen einer solchen Regelung sind sie dem Vollstreckungsschuldner zu erstatten, weil der Titel, aus dem vollstreckt worden war, durch den Vergleich „aufgehoben" worden ist (§ 788 Abs. 2)[53].

167 Die Kosten, die nicht dem Vollstreckungsschuldner zur Last fallen, trägt der **Vollstreckungsgläubiger** als Veranlasser; das sind: nicht notwendige Kosten, Kosten, die dem Vollstreckungsgläubiger nach § 788 Abs. 3 überbürdet sind, und Kosten, welche der Vollstreckungsgläubiger dem Vollstreckungsschuldner nach § 788 Abs. 2 zu erstatten hat.

168 Der Vollstreckungsschuldner kann wegen seines Erstattungsanspruchs nicht vollstrecken, ohne vorher über diesen Anspruch einen Titel zu erwirken, nämlich in den Fällen des §§ 788 Abs. 3 einen Kostenfestsetzungsbeschluß und in den Fällen des § 788 Abs. 2 ein Urteil.

---

50 *Baumbach/Lauterbach/Albers/Hartmann*, Rn. 37 zu § 788.
51 H. M., z. B. in KG in JurBüro 1985, 1270; OLG Karlsruhe in NJW-RR 1987, 128; OLG Koblenz in Rpfleger 1987, 431; BGH in NJW 1974, 693.
52 **Dafür:** *Baumbach/Lauterbach/Albers/Hartmann*, § 788 Rn. 22 m. w. N., teilw. abweichend aber in § 835 Rn. 12; *Stöber*, Rn 834; *Thomas/Putzo*, § 788 Rn. 23; OLG Koblenz in Rpfleger 1987, 385 m. w. N.; OLG Oldenburg in Rpfleger 1991, 1218; OLG Karlsruhe in MDR 1994, 95; **dagegen:** OLG Schleswig in SchlHA 1993, 27; OLG Bamberg in JurBüro 1994, 612.
53 OLG München in JurBüro 1970, 871; KG in JurBüro 1979, 767; OLG Karlsruhe in NJW-RR 1989, 1150; OLG Düsseldorf in JurBüro 1995, 50; *Zöller*, § 788 Rn. 14 a. E.

22.2 Beitreibung der Kosten der Zwangsvollstreckung

Die Kosten der Zwangsvollstreckung werden, soweit sie der Vollstreckungsschuldner zu tragen hat, „zugleich mit dem Anspruch" beigetrieben (§ 788 Abs. 1); der Beitreibungsauftrag ist also in den Vollstreckungsauftrag an den Gerichtsvollzieher bzw. in den Antrag auf Erlaß eines Pfändungs- und Überweisungsbeschlusses aufzunehmen. So können Kosten regelmäßig ohne besonderen Kostentitel beigetrieben werden: Das Vollstreckungsorgan berechnet die Höhe dieser Kosten, der Gerichtsvollzieher treibt sie ein, der Rechtspfleger nimmt sie in den Pfändungs- und Überweisungsbeschluß auf. Das ist bezüglich der Gebühren und Auslagen des Gerichtsvollziehers und des Gerichts ohne weiteres möglich, während bezüglich der dem Vollstreckungsgläubiger selbst entstandenen Kosten (z. B. Anwaltsgebühren) die Angabe, Berechnung und Glaubhaftmachung (§ 104) durch den Vollstreckungsgläubiger geschieht; das Vollstreckungsorgan prüft, ob die Kosten richtig berechnet und notwendig sind und der Anfall glaubhaft gemacht ist. Kosten der Abwehr der Vollstreckung aus einem später aufgehobenen Titel fallen nicht unter § 788 Abs. 2 (vgl. *Muster 147*)[54]. 169

Die Vollstreckungskosten können auch festgesetzt werden. **Festsetzung zu beantragen empfiehlt sich,** wenn Anfall oder Höhe der Kosten für das Vollstreckungsorgan nicht ohne weiteres prüfbar sind. Ob die Festsetzung der Vollstreckungskosten dem Prozeßgericht oder dem Vollstreckungsgericht obliegt, ist noch streitig; die Ansicht, sie obliege dem Prozeßgericht, setzt sich durch[55]. 170

Örtlich zuständig ist dasjenige Gericht, das den Vollstreckungstitel erlassen hat. Ist der Titel ein Vollstreckungsbescheid, so ist dasjenige Gericht örtlich zuständig, das für eine Entscheidung im Streitverfahren zuständig gewesen wäre (§ 796)[56]. Mit analoger Argumentation ist bei Vollstreckung aus einer notariellen Urkunde dasjenige Gericht örtlich zuständig, in dessen Bezirk der Notar seinen Amtssitz hat (§ 797 Abs. 3)[57]. 171

---

54 A. A. *Zöller*, Rn. 25 zu § 788.
55 **Prozeßgericht:** BGH in NJW 1982, 2070; 1984, 1968; 1986, 2438 und in NJW-RR 1988, 16; BAG in NJW 1983, 1448; BayObLG in Rpfleger 1987, 124 und in MDR 1989, 918; OLG Oldenburg in AnwBl. 1980, 266; OLG Frankfurt in Rpfleger 1980, 194; OLG Bremen in JurBüro 1981, 937; OLG Koblenz in JurBüro 1983, 297; OLG Stuttgart in Rpfleger 1986, 403; OLG Hamm in AnwBl. 1988, 66; OLG München in AnwBl. 1990, 568; *Baumbach/Lauterbach/Albers/Hartmann*, § 788 Rn. 11 **Vollstreckungsgericht:** OLG München in JurBüro 1983, 940 und 1986, 1568; LG Darmstadt in AnwBl. 1988, 64.
56 BGH in NJW-RR 1988, 186.
57 A. A.: KG in JurBüro 1986, 1590 (Vollstreckungsgericht).

Grundlagen Antrag auf Forderungspfändung

172 | **Beispiel eines Antrags auf Forderungspfändung**

An das Amtsgericht ...

Ich *beantrage*, nachstehenden Pfändungs- und Überweisungsbeschluß zu erlassen und seine Zustellung – an Drittschuldner mit der Aufforderung nach § 840 ZPO – zu vermitteln*. Prozeßkostenhilfe ist – nicht – gewährt.

... Schuldtitel und ... weitere Vollstreckungsbelege liegen bei.

..., den ...

....
(Unterschrift)

Pfändungs- und Überweisungsbeschluß

In der Zwangsvollstreckungssache ...

Verfahrensbevollmächtigte(r) ...   (Gläubiger),

gegen ...   (Schuldner)

kann der Gläubiger von dem Schuldner nach dem vollstreckbaren ... des ...-gerichts ... vom ... Az.: ... und dem Kostenfestsetzungsbeschluß des ...-gerichts vom ... Az.: ... beanspruchen:

... DM Hauptforderung
... DM ... % Zinsen hieraus seit dem ... bis heute
... DM vorgerichtliche Kosten des Gläubigers
... DM Kosten des Mahnverfahrens/festgesetzte Kosten
... DM Kostenzinsen seit dem ... bis heute
<u>... DM</u> bisherige Vollstreckungskosten
... DM Summe

Diese Forderung vermindert sich um einen bezahlten Betrag von ... DM auf ... DM; sie erhöht sich um Zinsen aus dem letztgenannten Betrag ab morgen.

Wegen dieser Ansprüche sowie wegen der Kosten dieses Beschlusses und seiner Zustellung

wird die angebliche Forderung des Schuldners

gegen   ...(Name und Adresse)...   (Drittschuldner)

auf Zahlung der restlichen Vergütung aus dem zwischen Schuldner und Drittschuldner am ... abgeschlossenen Kaufvertrag über ..., auch soweit sie noch nicht fällig ist, gepfändet.

---

* Statt die Vermittlung der Zustellung zu beantragen, kann der Antragsteller auch selbst den Zustellungsauftrag an den Gerichtsvollzieher erteilen; dann soll er an dieser Stelle vermerken: *Ich sorge selbst für die Zustellung.*

Antrag auf Forderungspfändung **Grundlagen**

Dem Drittschuldner wird verboten, an den Schuldner zu zahlen.

Dem Schuldner wird geboten, sich jeder Verfügung über die gepfändete Forderung, insbesondere ihrer Einziehung, zu enthalten.

Zugleich wird die gepfändete Forderung dem Gläubiger zur Einziehung überwiesen.

..., den ...

das Amtsgericht

....

Rechtspfleger

ausgefertigt

..., den ...

....

als Urkundsbeamter der Geschäftsstelle des Amtsgerichts

(Siegel)

Kosten dieses Beschlusses und seiner Zustellung:

Wert: ... DM	
1. Gerichtsgebühr (KostVerz GKG 1640)	... DM
2. 3/10 Anwaltsgebühr für diesen Antrag (§ 57 BRAGO)	... DM
3. Auslagenpauschale §§ 26, 27 Nr. 2 BRAGO	... DM
4. .... % Mehrwertsteuer	... DM
5. voraussichtliche Zustellungskosten pauschal	... DM
Summe der Kosten dieses Beschlusses und seiner Zustellung	... DM

Allgemeine Anträge und Erklärungen im Vollstreckungsverfahren, die regelmäßig der Forderungspfändung vorausgehen

Muster 1

Antrag auf Erteilung der Vollstreckungsklausel
weitere Ausfertigung

An das ... gericht
. . . .
Az.: . . . .
Betr.:
...   (Kläger)
gegen
... und ...   (Beklagte)
wegen ...

            Ich beantrage,

mir von dem ... (z. B. Endurteil) ... vom ... je eine gesonderte vollstreckbare Ausfertigung gegen jeden der beiden Beklagten zu erteilen.

Ich beabsichtige, gegen die beiden Beklagten gleichzeitig zu vollstrecken, benötige also jeweils eine (jeweils auf einen der Beklagten beschränkte) vollstreckbare Ausfertigung.

                      (Unterschrift)

Erläuterungen

Nach § 733 kann (ohne Gehör des Vollstreckungsschuldners) eine weitere   1
vollstreckbare Ausfertigung, die als solche ausdrücklich zu bezeichnen ist, erteilt werden, wenn die zuerst erteilte Ausfertigung spätestens gleichzeitig zurückgegeben wird; in anderen Fällen kann eine weitere vollstreckbare Ausfertigung nur dann erteilt werden, wenn ein Rechtsschutzbedürfnis besteht und dem Vollstreckungsschuldner durch die Existenz einer weiteren vollstreckbaren Ausfertigung nicht ein Nachteil entsteht, den er nicht hätte, hätte der Vollstreckungsgläubiger (nur) die zuerst erteilte Ausfertigung in Händen.

Zweck des § 733 ist es, den Ausgleich zwischen dem Interesse des Vollstrek-   2
kungsschuldners auf Vermeidung der durch Erteilung mehrerer Ausfertigun-

Muster 1 Allgemeine Anträge und Erklärungen

gen entstehenden Gefahr und dem Interesse des Vollstreckungsgläubigers, den Titel effektvoll vollstrecken zu können, zu schaffen.

Von einer „weiteren" vollstreckbaren Ausfertigung kann man nur in den Fällen sprechen, in denen gegen den gleichen Schuldner wegen der gleichen Schuld mehr als eine Ausfertigung der Vollstreckungsklausel erteilt werden[1].

3 Richtet sich der Titel gegen **mehrere Schuldner als Teilschuldner,** so daß gegen jeden von ihnen nur wegen eines ihm in dem Titel zugeordneten Betrags vollstreckt werden kann, so kann gegen jeden dieser Teilschuldner eine sich nur auf seine Schuld beziehende Vollstreckungsklausel erteilt werden.

4 Soll aus einem besonderen, glaubhaft zu machenden Grund gleichzeitig durch **zwei verschiedene Vollstreckungsorgane** vollstreckt werden, so kann es veranlaßt sein, dem Vollstreckungsgläubiger zwei vollstreckbare Ausfertigungen über die gesamte Schuld zu erteilen und auf jeder von ihnen schuldnerschützende Vermerke anzubringen, z. B. auf der einen Ausfertigung: „Diese vollstreckbare Ausfertigung kann nur zur Sachpfändung durch den Gerichtsvollzieher verwendet werden", und auf der anderen: „Diese vollstreckbare Ausfertigung kann nicht zur Sachpfändung durch den Gerichtsvollzieher verwendet werden".

5 Richtet sich der Titel gegen **Gesamtschuldner,** so ist das Interesse des Vollstreckungsgläubigers, gegen beide zugleich zu vollstrecken, insbesondere dann als vorrangig zu betrachten, wenn beide Vollstreckungsschuldner im Bereich verschiedener Vollstreckungsgerichte wohnen; der durch die Erteilung von mehreren vollstreckbaren Ausfertigungen entstehenden Gefahr kann ohne weiteres dadurch begegnet werden, daß jede vollstreckbare Ausfertigung nur auf einen Vollstreckungsschuldner bezogen wird, z. B. durch den Vermerk: „Vorstehende Ausfertigung wird dem Kläger zum Zweck der Zwangsvollstreckung gegen den Beklagten zu 1) erteilt". Letzteren Fall behandelt das Muster.

---

[1] Vgl. OLG Hamm in Rpfleger 1994, 173 m. Anm. v. *Hintzen* u. *Wolfsteiner* S. 511.

Muster 2

Vollstreckungsauftrag

An die Verteilungsstelle für Gerichtsvollzieheraufträge beim Amtsgericht ...

In der Zwangsvollstreckungssache ... gegen ...

übersende ich vollstreckbare Ausfertigung des ...

und beauftrage Sie,

- den Titel zuzustellen,
- beim Schuldner wegen der unten berechneten Forderung zu pfänden,
- Vorpfändung auszufertigen und zuzustellen (§ 845 I S: 2 ZPO).

Ich beantrage ausdrücklich,
- den Antrag nicht nach § 63 GVGA zu erledigen,
- mir eine vollständige Protokollabschrift zu übersenden, die auch die Namen und Forderungen aller anderen beteiligten Gläubiger enthält,
- mir ggf. die Anschrift des Arbeitgebers sowie etwa bekannt werdende Forderungen oder Grundbesitz des Schuldners mitzuteilen,
- ein Verzeichnis ungepfändet gelassener Sachen zu erstellen.

Bitte beachten Sie:
- Pfänden Sie auch Wechsel und sonstige Orderpapiere, es sei denn, die Pfändung führe auch sonst mit Sicherheit zur vollen Befriedigung des Gläubigers.
- Liefern Sie Geld an mich ab und fordern Sie Vorschüsse über mich an.
- Händigen Sie dem Schuldner den Titel nur dann aus, wenn eindeutig und offensichtlich keine Restschuld besteht.
- Unterlassen Sie die Pfändung nicht, auch wenn behauptet oder belegt werden sollte, daß die Sachen Dritten gehören, Kommissionsware oder mit Rechten Dritter belastet seien.

Besondere Anweisungen:

(Hier Anweisungen einsetzen, die sich speziell auf diesen Fall beziehen, z. B. den Hinweis auf Pfändung nur wegen eines Teils der Vollstreckungsforderung, vgl. Rn. 7 der Erläuterungen.)

Muster 2 Allgemeine Anträge und Erklärungen

Forderungsaufstellung:
Hauptforderung   *DM . . .*
. . . % Zinsen seit . . . bis heute   *DM . . .*
Wechselunkosten/Mahnauslagen des Gläubigers   *DM . . .*
Festgesetzte Kosten   *DM . . .*
Mahnbescheidskosten   *DM . . .*
Vollstreckungsbescheidskosten   *DM . . .*
4 % Zinsen hieraus seit . . . bis heute   *DM . . .*
bisherige Vollstreckungskosten lt. Anl.   *DM . . .*
Gebühr für diesen Antrag (§ 57 BRAGO)   *DM . . .*
Auslagen (§ 26 BRAGO)   *DM . . .*
Umsatzsteuer   *DM . . .*   *DM . . .*
                                                                        DM . . .

Hinzu kommen weitere Zinsen ab morgen.

                                                           (Unterschrift)

— **Erläuterungen** —

1   1. Wenn der Vollstreckungsgläubiger nicht beurteilen kann, welches seinem Zugriff unterliegende Vermögen der Vollstreckungsschuldner hat, wird er zunächst die Vollstreckung durch den Gerichtsvollzieher in die beweglichen Sachen des Schuldners versuchen; denn falls dieser Versuch keinen Erfolg haben sollte, bringt er wenigstens die Möglichkeit, den Vollstreckungsschuldner zur Abgabe der eidesstattlichen Versicherung laden zu lassen und so Informationen über sein pfändbares Vermögen zu gewinnen (§ 807 Abs. 1).

2   Die in §§ 808 bis 827 geregelte Zwangsvollstreckung in bewegliche Sachen ist dem Gerichtsvollzieher, einem Beamten, der als Vollstreckungsorgan hoheitliche Gewalt ausübt und im Rahmen der Gesetze und Dienstanweisungen in eigener Verantwortung handelt[1], übertragen. Der Gerichtsvollzieher vollstreckt „im Auftrag" des Gläubigers (§ 753), aber er ist nicht Auftragnehmer des Gläubigers i. S. der §§ 662 ff. BGB. Er hat aber seine Vollstreckungstätigkeit den Bedürfnissen und Anweisungen des Gläubigers anzupassen, soweit sich diese im Rahmen der Gesetze halten[2].

3   2. Der **Vollstreckungsauftrag** (§ 754) kann dem Gerichtsvollzieher auch mündlich erteilt werden (§ 4 GVGA), und ein und derselbe Auftrag kann den Gerichtsvollzieher zu wiederholten Vollstreckungsversuchen, z. B. zu wiederholter Taschenpfändung verpflichten[3]. Auch einem Antrag des Vollstrek-

---

1 Vgl. die Geschäftsanweisung für Gerichtsvollzieher (GVGA), auszugsweise abgedruckt im Anhang 3, und die Gerichtsvollzieherordnung (GVGO).
2 Zum Umfang des Weisungsrechts des Vollstreckungsgläubigers insbesondere *Wieser* in NJW 1988, 665.
3 LG Bonn in DGVZ 1974, 56.

Allgemeine Anträge und Erklärungen Muster 2

kungsgläubigers, den Vollstreckungsauftrag bis auf weitere Weisung ruhen zu lassen, hat der Gerichtsvollzieher nachzukommen[4].

Der Gerichtsvollzieher ist befugt, für den Vollstreckungsgläubiger Zahlungen und sonstige Leistungen in Empfang zu nehmen, über das Empfangene wirksam zu quittieren und dem Vollstreckungsschuldner, wenn dieser seiner Verbindlichkeit genügt hat, die vollstreckbare Ausfertigung des Titels auszuliefern (§ 754). 4

Schon die Wegnahme von gepfändetem Geld oder die Empfangnahme des Erlöses durch den Gerichtsvollzieher gilt als Zahlung seitens des Vollstreckungsschuldners; folglich geht die Gefahr, daß dieser das Geld dem Vollstreckungsgläubiger nicht abliefert, auf den Vollstreckungsgläubiger über (§§ 815 Abs. 3, 819). Außerdem endet in diesem Zeitpunkt die Verzinsungspflicht des Vollstreckungsschuldners[5]. 5

2.1 Spätestens bei Beginn der Zwangsvollstreckungsmaßnahme muß der Titel dem Vollstreckungsschuldner bzw. dessen Bevollmächtigtem (§ 176) **zugestellt** werden (§ 750). Wenn eine Wartefrist einzuhalten ist (§§ 720a, 750 Abs. 3, 798, 882), muß diese zwischen der Zustellung des Titels und dem Beginn der Zwangsvollstreckung abgelaufen sein. Die Zustellung erfolgt teils durch die Geschäftsstelle des Prozeßgerichts, teils muß der Vollstreckungsgläubiger selbst zustellen lassen[6]. Zum Zweck der Zwangsvollstreckung kann er den Titel auch dann selbst durch den Gerichtsvollzieher zustellen lassen, wenn das Gericht den Titel von Amts wegen zuzustellen hat; die Amtszustellung durch das Gericht bleibt für den Beginn der Rechtsmittelfristen maßgeblich. 6

2.2 Der Vollstreckungsgläubiger kann, um bei geringer Erfolgsaussicht der Vollstreckung Kosten zu sparen, seinen **Antrag auf einen Teil der Forderung beschränken**. Es empfiehlt sich dann, den Gerichtsvollzieher ausdrücklich darauf hinzuweisen, daß es sich bei dieser Vollstreckungsmaßnahme nur um die Beitreibung eines Forderungsteils handelt, damit der Gerichtsvollzieher nicht den Titel an den Schuldner herausgibt. 7

2.3 Der Gerichtsvollzieher ist befugt, die **Wohnung und die Behältnisse des Vollstreckungsschuldners zu durchsuchen,** soweit der Zweck der Vollstreckung es erfordert. Er darf verschlossene Türen und Behältnisse öffnen lassen und Widerstand mit Gewalt und Polizeiunterstützung brechen (§ 758). Bezüglich der Wohnräume des Vollstreckungsschuldners bedarf die Durchsuchung vorheriger richterlicher Erlaubnis, wenn der Vollstreckungsschuldner sie nicht freiwillig gestattet (Näheres *Muster 3*). Für die sogenannte Taschenpfändung bedarf es (außerhalb geschützter Räume) einer solchen Erlaubnis nicht[7]. 8

2.4 Nach § 119 Abs. 2 GVGA pfändet der Gerichtsvollzieher **Sachen, die offensichtlich zum Vermögen eines Dritten gehören,** nicht, es sei denn, daß 9

---
4 § 40 GVGO; §§ 111 Nr. 2, 112 Nr. 2b, 141 Nr. 2 Abs. 4 GVGA.
5 *Zöller,* § 815 Rn. 2.
6 Näheres s. „Grundlagen" Rn. 52.
7 *Zöller,* § 758 Rn. 6.

Muster 2 Allgemeine Anträge und Erklärungen

der Vollstreckungsgläubiger die Pfändung ausdrücklich verlangt. Häufig behaupten Vollstreckungsschuldner, die zu pfändenden Gegenstände gehörten nicht ihnen, sondern Dritten. Wir empfehlen, auf der Pfändung trotzdem zu bestehen; denn der Dritte hat sein Eigentum oder sonstiges die Veräußerung hinderndes Recht im Streitfall durch Widerspruchsklage nach § 771 geltend zu machen und voll zu beweisen. Bei Eheleuten wird ohnehin zugunsten des Gläubigers eines jeden von ihnen gesetzlich vermutet, daß die im Besitz eines oder beider Ehegatten befindlichen beweglichen Sachen dem Schuldner gehören (§ 1362 BGB); in diesem Fall gilt auch für die Zwangsvollstreckung nur der Vollstreckungsschuldner als Gewahrsamsinhaber und Besitzer (§ 739). Weist der Dritte sein Recht vor Erhebung der Drittwiderspruchsklage nach, so wird der Vollstreckungsgläubiger diese Sachen aus der Pfändung freigeben. Es ist aber nicht Sache des Vollstreckungsorgans, Ansprüche und Einwendungen aus dem materiellen Recht zu überprüfen. Rechte Dritter an Sachen im Gewahrsam des Vollstreckungsschuldners sind ausnahmsweise dann zu berücksichtigen, wenn sie ganz offensichtlich sind; selbst schriftliche Belege dafür, daß es sich um Kommissionsware oder Treugut handle, reichen in der Regel für eine derartige Offenkundigkeit nicht aus.

10 **2.5** Der Vollstreckungsgläubiger soll ausdrücklich ein vollständiges **Pfändungsprotokoll** (§ 762, 763 ZPO, 135 GVGA) bestellen (§ 10 Abs. 6 GVGA) und auf Durchführung des Auftrags bestehen (§ 63 GVGA); die Mehrkosten sind regelmäßig nicht so hoch, daß man sich ihretwegen mit dem Pfandabstand vom Schreibtisch aus begnügen sollte. Ein Verzeichnis der von ihm ungepfändet gelassenen Sachen muß der Gerichtsvollzieher nur im Rahmen des § 135 Ziff. 6 GVGA erstellen.

11 Der Gerichtsvollzieher hat anläßlich eines fruchtlosen Vollstreckungsversuchs den Vollstreckungsschuldner oder zu seinem Hausstand gehörende Erwachsene nach dem Arbeitgeber des Vollstreckungsschuldners und nach Forderungen des Vollstreckungsschuldners gegen Dritte zu befragen und das Ergebnis dem Vollstreckungsgläubiger mitzuteilen (§ 806a).

12 **2.6** Auf ausdrücklichen Auftrag des Vollstreckungsgläubigers hin kann der Gerichtsvollzieher auch eine **Vorpfändung** nach § 845 Abs. 1 Satz 2 vornehmen (s. *Muster 8*) und dadurch diese Forderung mit schnellem Zugriff für den Vollstreckungsgläubiger sicherstellen.

13 **2.7** Zur **Nachtzeit** (§ 188 Abs. 1) und an **Sonntagen** und allgemeinen **Feiertagen**[8] darf eine Vollstreckungshandlung nur mit Erlaubnis des Richters am Amtsgericht erfolgen, in dessen Bezirk die Handlung vorgenommen werden soll (§ 761). Ob mit dem „Richter am Amtsgericht" das Vollstreckungsgericht gemeint ist oder das Prozeßgericht und ob der Rechtspfleger zuständig ist, ist umstritten[9].

---

[8] Feiertage sind durch Landesrecht teilweise verschieden bestimmt, vgl. FN zu § 188 ZPO bei Schönfelder Nr. 100.
[9] Vgl. z. B. *Zöller*, Rn. 4; *Baumbach/Lauterbach/Albers/Hartmann*, Rn. 1; *Thomas/Putzo*, Rn. 2 alle zu § 761, und *Wieser* in Rpfleger 1988, 293.

Die Erlaubnis nach § 761 soll in der Regel erteilt werden, wenn der Gerichtsvollzieher einmal innerhalb und einmal außerhalb der gewöhnlichen Arbeitszeit einen Vollstreckungsversuch unternommen hat[10].   14

Umstritten ist auch, ob die Erlaubnis nach § 761 auch durch den vom Vollstreckungsgläubiger damit beauftragten Gerichtsvollzieher beantragt werden kann[11]. Ein Antrag auf diese Genehmigung ist in *Muster 4* dargestellt.

2.8 Weitere Hinweise für zweckmäßige Formulierung des Vollstreckungsauftrags, vor allem bezüglich der besonderen Anweisungen geben *Hintzen/Wolf*, S. 357 und *Behr* in NJW 1992, 2738.   15

2.9 Die **Verwertung der gepfändeten Sachen** erfolgt in der Regel im Wege der öffentlichen Versteigerung durch den Gerichtsvollzieher in der Gemeinde, in der die Pfändung geschehen ist, oder doch an einem anderen Ort im Bezirk des Vollstreckungsgerichts (§§ 814, 816). Da aber die Verwertung im Interesse beider Parteien einen möglichst hohen Erlös bringen soll, sind Ausnahmen zulässig: Entweder aufgrund Einigung der Parteien oder auf Anordnung des Gerichts, die einen Antrag einer der Parteien voraussetzt *(s. Muster 5)*, kann die Verwertung in anderer Weise, an anderem Ort oder durch eine andere Person als den Gerichtsvollzieher geschehen (§ 825). Zuständig ist das Vollstreckungsgericht, in dessen Bezirk das Vollstreckungsverfahren stattfindet (§ 764 Abs. 2); es entscheidet der Rechtspfleger (§ 20 Nr. 17 RpflG).   16

---

10 LG Trier in MDR 1981, 326.
11 Vgl. FN 9.

Muster 3

Antrag auf Gestattung der Wohnungsdurchsuchung

An das Amtsgericht . . .
– Vollstreckungsgericht –
. . .

In der Zwangsvollstreckungssache . . . gegen . . .

beantrage

ich, die Durchsuchung der Wohnung des Schuldners durch den Gerichtsvollzieher und die Öffnung verschlossener Haustüren, Wohnungstüren und Zimmertüren richterlich zu gestatten.

Diese Maßnahme ist zur Durchführung der Zwangsvollstreckung erforderlich, weil sich der Schuldner beharrlich weigert, seine titulierten Schulden zu begleichen, und weil er dem Gerichtsvollzieher das Betreten seiner Wohnung nicht gestattet. Ohne Erlaß des beantragten Beschlusses könnte der Gläubiger nicht zu seinem Recht kommen. Schuldtitel und Protokoll des Gerichtsvollziehers . . . vom . . . liegen bei.

(Unterschrift)

──────── Erläuterungen ────────

1 Der durch das Grundgesetz gewährte Schutz der Wohnung gilt auch im Vollstreckungsverfahren zugunsten des Vollstreckungsschuldners. Daher bedarf es, wenn der Vollstreckungsschuldner dem Gerichtsvollzieher den Zutritt zu seiner Wohnung nicht freiwillig gestattet, einer richterlichen Erlaubnis[1].

2 Streitig ist, ob die Erlaubnis nur der Vollstreckungsgläubiger selbst oder aber in seinem Auftrag auch der Gerichtsvollzieher beantragen kann[2].

3 Streitig ist auch, welche **Rechtsbehelfe** den Parteien gegen die Verweigerung oder Ablehnung der Durchsuchungsanordnung zustehen[3], so daß der Vollstreckungsgläubiger gut daran tut, vorsorglich die Frist für die sofortige Beschwerde zu wahren.

4 Streitig ist weiter, ob nur eine **Weigerung** des Vollstreckungsschuldners oder auch seine **bloße wiederholte Abwesenheit** den Erlaß einer Durchsuchungser-

---

[1] BVerfG in NJW 1979, 1539.
[2] Vgl. z. B. *Zöller*, § 758 Rn. 17; *Baumbach/Lauterbach/Albers/Hartmann*, § 758 Rn. 3 und LG Bamberg in DGVZ 1989, 152.
[3] Vgl. z. B. *Zöller*, § 758 Rn. 25; *Baumbach/Lauterbach/Albers/Hartmann*, § 758 Rn. 26; KG in OLGZ 1987, 464; OLG Karlsruhe in Justiz 1988, 72; OLG Stuttgart in NJW-RR 1987, 750.

laubnis rechtfertigt[4]. Die maßgebende Entscheidung des Bundesverfassungsgerichts[5] beruht auf Art. 13 GG, der die Wohnung als unverletzlich erklärt und die Anordnung ihrer Durchsuchung grundsätzlich dem Richter vorbehält; nur bei Gefahr im Verzug darf sie von anderen gesetzlich vorgesehenen Organgen angeordnet werden. Falls aus einem Arrestbefehl vollstreckt wird, wird Gefahr im Verzug anzunehmen sein; denn schon sein Erlaß setzt die Gefahr im Verzug voraus. Ob aber bei Vollstreckung aus anderen Titeln Gefahr im Verzug angenommen werden kann, weil der gewarnte Vollstreckungsschuldner nun leicht in der Lage ist, die Vollstreckung zu vereiteln oder doch wesentlich zu erschweren, ist umstritten[6].

Streitig ist auch, ob sich die Unverletzlichkeit der Wohnung auch auf **Geschäftsräume** bezieht[7]. Sachen, die in den Geschäftsräumen ohne weiteres zugänglich sind, insbesondere ausgelegte Waren, können ohne Durchsuchungsbefehl gepfändet werden; für die Pfändung von Waren in Schränken usw. soll das nicht gelten[8].

Wohnen mehrere Personen in der Wohnung, so genügt die Zustimmung nur einer von ihnen, gleich, ob sie verheiratet sind oder nicht, auch wenn sie eine Wohngemeinschaft bilden[9].

Nach Meinung des OVG Hamburg gilt eine Durchsuchungsanordnung nur für **eine** Vollstreckungshandlung und ist **verbraucht,** wenn der Gerichtsvollzieher in der Wohnung Gelegenheit zur Vollstreckung hatte[10].

---

4 Vgl. z. B. *Zöller,* § 758 Rn. 20, *Baumbach/Lauterbach/Albers/Hartmann,* § 758 Rn. 6; OLG Köln in Rpfleger 1995, 167; *Däumicher* in DGVZ 1994, 41.
5 Wie FN 1.
6 Vgl. *Zöller,* § 758 Rn. 9, *Baumbach/Lauterbach/Albers/Hartmann,* § 758 Rn. 12; *Behr* in NJW 1992, 2125, *van den Hövel* in NJW 1993, 2031.
7 Vgl. z. B. *Zöller,* § 758 Rn. 4; *Baumbach/Lauterbach/Albers/Hartmann,* § 758 Rn. 14.
8 BGH in NJW 1989, 855; s. auch *Zöller,* § 758 Rn. 8.
9 H. M. Nachweise bei *Zöller,* § 758 Rn. 5.
10 In NJW 1995, 610.

Muster 4

Antrag auf Genehmigung der Vollstreckung zur Nachtzeit und an Sonn- und Feiertagen

An das Amtsgericht . . .
– Vollstreckungsgericht –
. . .

In der Zwangsvollstreckungssache . . . gegen . . .

beantrage

ich, die Durchführung der Pfändung, auch der Taschenpfändung, auch während der Nachtzeit und an Sonn- und Feiertagen zu gestatten (§ 761 ZPO).

Diese Gestattung ist zur erfolgreichen Durchführung der Zwangsvollstreckung erforderlich, weil der Gerichtsvollzieher den Schuldner zu den üblichen Tageszeiten wiederholt nicht angetroffen hat.

Schuldtitel und die Mitteilung des Gerichtsvollziehers . . . über seine vergeblichen Vollstreckungsversuche liegen an.

(Unterschrift)

──────── **Erläuterungen** ────────

Auf Rn. 13 der Erläuterungen zu *Muster 2* wird verwiesen.

Muster 5

Antrag auf anderweitige Verwertung der Pfandsache

An das Amtsgericht . . .
– Vollstreckungsgericht –
. . .

In der Zwangsvollstreckungssache . . . gegen . . .

beantrage

ich, die Verwertung der im anliegenden Protokoll des Gerichtsvollziehers . . . genannten Sachen durch . . . (gewünschte Verwertungsart und gewünschten Verwertungsort angeben, z. B.: durch Freihandverkauf in München) . . . anzuordnen.

Wie sich aus der anliegenden Mitteilung des Gerichtsvollziehers ergibt, ist aus der öffentlichen Versteigerung der Pfandsache am Gerichtsort ein angemessener Erlös nicht zu erwarten.

Der Schuldtitel liegt bei.

(Unterschrift)

── **Erläuterungen** ──

Auf Rn. 16 der Erläuterungen zu *Muster 2* wird verwiesen.

Muster 6

Antrag auf Abnahme der eidesstattlichen Versicherung

An das Amtsgericht . . .
– Vollstreckungsgericht –
. . .

In der Zwangsvollstreckungssache . . . gegen . . . übersende ich . . . (Schuldtitel) . . ., Protokoll des Gerichtsvollziehers . . . vom . . ., . . . (Anzahl) . . . Nachweise über bisherige Vollstreckungskosten und Gerichtskostenmarken im Wert von . . . DM und

beantrage,

Termin zur Abgabe der eidesstattlichen Versicherung durch den Schuldner zu bestimmen, dem Schuldner die eidesstattliche Versicherung abzunehmen, bei Nichterscheinen oder Weigerung des Schuldners Haftbefehl zu erlassen und mir das Vermögensverzeichnis, den Haftbefehl oder, falls der Schuldner in den letzten 3 Jahren die eidesstattliche Versicherung abgegeben haben sollte, jenes Protokoll zu übersenden.

Die Schuld, das Vorliegen der Vollstreckungsvoraussetzungen und die Erfolglosigkeit des Pfändungsversuchs durch den Gerichtsvollzieher ergeben sich aus den Anlagen.

(Unterschrift)

Forderungsaufstellung

1. Hauptforderung		DM . . .
2. . . . % Zinsen seit . . . bis heute		DM . . .
3. Wechselunkosten/Mahnkosten des Gläubigers	DM . . .	
4. Festgesetzte Kosten	DM . . .	
5. Kosten des		
a) Mahnbescheids	DM . . .	
b) Vollstreckungsbescheids	DM . . .	
6. 4 % Zinsen aus diesen Kosten seit . . . bis heute	DM . . .	
7. Kosten der bisherigen Zwangsvollstreckung		
lt. Anlage	DM . . .	
8. Zwangsvollstreckungsgebühr (§ 57 BRAGO)	DM . . .	
Auslagen (§ 26 BRAGO)	DM . . .	
Umsatzsteuer	<u>DM . . .</u>	<u>DM . . .</u>
		<u>DM</u>

Hinzu kommen die weiteren Zinsen ab morgen.

(Unterschrift)

Allgemeine Anträge und Erklärungen **Muster 6**

――――――――――― **Erläuterungen** ―――――――――――

1. Allgemeines

§ 807 verpflichtet den Vollstreckungsschuldner für den Fall, daß die Sachpfändung bei ihm nicht zur vollen Befriedigung des Vollstreckungsgläubigers geführt hat, zur Abgabe eines vollständigen Verzeichnisses seines Vermögens; er hat die Richtigkeit dieses Verzeichnisses an Eides Statt zu versichern und auch diejenigen Vermögensteile offenzulegen, von denen er etwa meint, sie unterlägen dem Zugriff des Vollstreckungsgläubigers nicht (Einschränkung: § 807 Abs. 1, letzter Satz). 1

Für den **prozeßunfähigen Vollstreckungsschuldner** muß sein gesetzlicher Vertreter, für die juristische Person ihr Organ das Vermögensverzeichnis abgeben und die Richtigkeit eidesstattlich versichern[1]. 2

2. Verfahren

Das Verfahren findet nur auf **Antrag** des Vollstreckungsgläubigers statt (§ 900 Abs. 1); ausschließlich (§ 802) **zuständig** ist dasjenige Vollstreckungsgericht, in dessen Bezirk der Vollstreckungsschuldner im Inland seinen Wohnsitz oder in Ermangelung eines solchen seinen Aufenthalt hat (§ 899). Die Haftanordnung selbst obliegt dem Richter (§ 4 Abs. 2 Nr. 2 RpflG), das gesamte übrige Verfahren dem Rechtspfleger (§ 20 Nr. 17 RpflG). Dem Antrag sind der Vollstreckungstitel und die sonstigen Urkunden, aus denen sich die Verpflichtung des Vollstreckungsschuldners zur Abgabe der eidesstattlichen Versicherung ergibt, beizufügen (§ 900 Abs. 1). 3

Das Vollstreckungsgericht hat vor Terminsbestimmung von Amts wegen im Schuldnerverzeichnis festzustellen, ob der Vollstreckungsschuldner **innerhalb der letzten drei Jahre eine eidesstattliche Versicherung** abgegeben hat oder gegen ihn die Haft zur Erzwingung einer solchen angeordnet worden ist (§ 900 Abs. 2). Der noch im Schuldnerverzeichnis eingetragene Vollstreckungsschuldner braucht erst nach Ablauf von drei Jahren oder dann eine neue Versicherung abzugeben, wenn glaubhaft gemacht ist, daß er seither Vermögen erworben hat oder ein bisher mit ihm bestehendes Arbeitsverhältnis aufgelöst ist (§§ 903, 914). 4

Nach h. M. ist der Antrag **im Rahmen der Sicherungsvollstreckung** zulässig[2].

Dem **Vollstreckungsgläubiger** sind im Termin mündliche und (vorher eingereichte) schriftliche **Fragen** zu gestatten, welche der Aufhellung des Vermögens, der Erwerbsquellen und der Lebensumstände des Vollstreckungsschuldners generell dienen[3]. 5

---

1 Vgl. *Schmidt* in MDR 1960, 930; *Schweyer* in Rpfleger 1970, 406.
2 Z. B. OLG München in Rpfleger 1991, 66; a. A. *Dressel* in Rpfleger 1991, 43.
3 LG Göttingen in NJW 1994, 1164; zustimmend *Spring* in NJW 1994, 1108; differenzierend: *Stöber* in Rpfleger 1994, 321 und *Hintzen* in Rpfleger 1994, 368; LG Berlin, Traunstein, Heilbronn in Rpfleger 1996, 34.

Muster 6 Allgemeine Anträge und Erklärungen

6   Erscheint der Vollstreckungsschuldner in dem zur Abnahme der eidesstattlichen Versicherung bestimmten Termin nicht oder verweigert er die Abgabe der eidesstattlichen Versicherung ohne genügenden Grund, hat der Vollstreckungsrichter zur Erzwingung der Abgabe auf Antrag des Vollstreckungsgläubigers die Haft anzuordnen und **Haftbefehl zu erlassen** (§§ 901, 908). Bei einem Einwand des Vollstreckungsschuldners, er sei körperlich oder seelisch nicht in der Lage, die eidesstattliche Versicherung abzugeben, ist strenge Prüfung angebracht, ggf. kann die Versicherung in der Wohnung des Schuldners übernommen werden[4].

7   **2.1** Streitig ist, ob einem Antrag des Vollstreckungsgläubigers, Termin zur Abnahme der eidesstattlichen Versicherung anzuberaumen, schon stattzugeben ist, wenn sich der Vollstreckungsschuldner weigert, seine Wohnräume durchsuchen zu lassen, oder erst dann, wenn der Vollstreckungsgläubiger einen Durchsuchungsbeschluß erwirkt und der Gerichtsvollzieher die Vollstreckung neuerdings versucht hat. Wir halten die Meinung für richtig, daß **dem Antrag schon nach Weigerung des Vollstreckungsschuldners stattzugeben** ist: Es ist dem Vollstreckungsgläubiger nach der Weigerung des Vollstreckungsschuldners nicht zuzumuten, weiteren Zeitverlust und damit weiteres Ausfallrisiko sowie weitere Kosten hinzunehmen, während der Vollstreckungsschuldner in der Lage wäre, die Verpflichtung zur Abgabe der eidesstattlichen Versicherung zu vermeiden, indem er die Wohnungsdurchsuchung gestattet. Die Gegenmeinung orientiert sich meist am Wortlaut des § 807 („hat die Pfändung zu einer vollständigen Befriedigung des Gläubigers nicht geführt...") ohne zu beachten, daß die Worte „die Pfändung" auf schlechter Redaktion beruhen. Es müßte richtig heißen: „der Pfändungsversuch"; **anders die wohl herrschende Meinung**[5].

8   **2.2** Die Fragen, ob ein Haftbefehl allein **durch Zeitablauf** die Vollstreckbarkeit verliere und ob Verwirkung eintreten könne, insbesondere ob der Haftbefehl infolge der Zahlung jenes Teiles der Vollstreckungsforderung verbraucht sei, auf den der Vollstreckungsgläubiger das Verfahren zulässig beschränkt hatte, sind streitig[6].

9   **2.3** Das Gesetz vom 15. Juli 1994 hat § 915 geändert und die §§ 915a bis 915h in die ZPO aufgenommen und dadurch perfektionistisch geregelt, ob, wenn und wie **Auskünfte und Abschriften aus dem Schuldnerverzeichnis zu erteilen sind**.

---

4   KG in MDR 1965, 53; OLG Frankfurt in NJW 1968, 1194; OLG Köln in MDR 1978, 59; *Schneider* in JurBüro 1977, 1673; OLG Köln in Rpfleger 1995, 220.
5   Wie hier: *Baumbach/Lauterbach/Albers/Hartmann,* § 807 Rn. 10; *Thomas/Putzo,* § 807 Rn. 8; LG Detmold in NJW 1986, 2261; LG Aachen in Rpfleger 1981, 444; LG Paderborn in DGVZ 1988, 156; LG Dortmund in Rpfleger 1987, 165; LG Stuttgart in NJW 1988, 570; LG Traunstein in Rpfleger 1989, 115; *Jenisch* in Rpfleger 1988, 461; LG Nürnberg-Fürth in DGVZ 1993, 93 dagegen: z. B.: *Zöller,* § 807 Rn. 14; OLGZ 89, 369; OLG Stuttgart in Rpfleger 1981, 152; LG Düsseldorf in DGVZ 1990, 26; LG Frankfurt in DGVZ 1990, 27; LG Köln in DGVZ 1990, 28; LG Hannover in JurBüro 1988, 547; LG Berlin in NJW-RR 1988, 698 und 1343; LG München I in NJW-RR 1989, 64; LG Aschaffenburg, Essen, Hannover, alle in DGVZ 1991, 189; LG Oldenburg in DGVZ 1992, 13.
6   Vgl. *Baumbach/Lauterbach/Albers/Hartmann,* § 901 Rn. 9; LG Bonn in JurBüro 1988, 927; LG Bielefeld in DGVZ 1988, 14 und 29; LG Stade in DGVZ 1988, 28; LG Detmold in Rpfleger 1987, 74; LG Lübeck in DGVZ 1989, 72.

Muster 7

Verhaftungsauftrag

An die Verteilungsstelle für Gerichtsvollzieheraufträge beim Amtsgericht . . .

In der Zwangsvollstreckungssache . . . . . gegen . . . . .

übersende ich

den Haftbefehl des Amtsgerichts . . . vom . . . Az.: . . . ., den Vollstreckungstitel, nämlich . . . ., und die bisherigen Vollstreckungsunterlagen, nämlich . . . ., und bitte und

beauftrage

Sie, den Haftbefehl gegen den Schuldner zu vollstrecken und zwar wegen:

Forderungsaufstellung: wie Muster 6.

(Unterschrift)

Erläuterungen

1 Der Haftbefehl ist durch den Gerichtsvollzieher zu vollziehen; der Gerichtsvollzieher muß bei der Verhaftung dem Vollstreckungsschuldner den Haftbefehl vorzeigen und auf Verlangen abschriftlich mitteilen (§ 909). Die in § 904 genannten Personen können gar nicht, die in § 910 genannten Personen nur erschwert verhaftet werden. Der Vollstreckungsgläubiger hat hinsichtlich der Durchführung der Vollstreckung kein Weisungsrecht. Die Höchstdauer der Haft beträgt 6 Monate (§ 913). Sitzt der Vollstreckungsschuldner diese Zeit ab, hat er sich der Pflicht zur Abgabe der eidesstattlichen Versicherung entzogen.

2 Nach § 915 hat das Vollstreckungsgericht ein Verzeichnis der Personen zu führen, die vor ihm die eidesstattliche Versicherung abgegeben haben oder gegen die die Haft angeordnet worden ist. In dieses **Schuldnerverzeichnis** eingetragen zu sein, bringt seit Änderung des § 915 und Einfügung der §§ 915a bis 915h nicht mehr so erhebliche Nachteile wie früher; denn jetzt wird dem Vollstreckungsschuldner recht weitgehend Datenschutz gewährt. Die Eintragung ist auf Antrag zu löschen, wenn die Befriedigung des Vollstreckungsgläubigers nachgewiesen ist oder seit dem Eintragungsjahr 3 Jahre verstrichen sind.

3 Es empfiehlt sich, den Gerichtsvollzieher zugleich (nochmals) mit der **Taschenpfändung** zu beauftragen, wie im Muster vorgesehen.

4 Die Vollziehung des Haftbefehls wird **nicht allein durch Zeitablauf „verbraucht"**; jedoch kann das Recht, die Vollstreckung zu betreiben, der **Verwirkung** unterliegen; auch ist streitig, ob der Haftbefehl durch Zahlung des Teils

Muster 7 Allgemeine Anträge und Erklärungen

der Vollstreckungsforderung verbraucht wird, auf den der Vollstreckungsgläubiger das Verfahren zulässig beschränkt hatte.[1]

5 Streitig ist auch, ob dem Vollstreckungsschuldner bei der Haftvollstreckung **Teilzahlungen** bewilligt werden dürfen[2].

---

1 Vgl. FN 6 zu *Muster 6*.
2 Vgl. § 187 Nr. 4 GVGA und *Schilken* in DGVZ 1989, 45.

Muster 8

Vorläufiges Zahlungsverbot, Pfändungsbenachrichtigung, Vorpfändung

An .... (Drittschuldner) ......

Betr.: Zwangsvollstreckungssache ... gegen ...

Nach dem ... (Schuldtitel genau bezeichnen) ... kann der Gläubiger von dem Schuldner beanspruchen:

1. Hauptforderung	DM ...	
2. ... % Zinsen seit ...	DM ...	
3. Wechselunkosten/Mahnkosten des Gläubigers	DM ...	
4. festgesetzte Kosten	DM ...	
5. Kosten des		
a) Mahnbescheids	DM ...	
b) Vollstreckungsbescheids	DM ...	
6. ... % Zinsen aus diesen Kosten seit ...	DM ...	
7. Kosten der bisherigen Zwangsvollstreckung		
lt. Anlage	DM ...	DM ...
8. Zwangsvollstreckungsgebühr (§ 57 BRAGO)	DM ...	
Auslagen (§§ 26, 27 Nr. 2 BRAGO)	DM ...	
Umsatzsteuer	<u>DM ...</u>	<u>DM ...</u>
		<u>DM ...</u>

Hinzu kommen die weiteren Zinsen ab morgen.

Wegen der vorgenannten Beträge steht die Pfändung der angeblichen ... (hier sind die Forderungen, Ansprüche bzw. Rechte so zu bezeichnen wie später im Pfändungsbeschluß) ... des Schuldners gegen ... (Name und Adresse) ... (Drittschuldner) bevor.

Der Gläubiger benachrichtigt hiermit den Drittschuldner und den Schuldner gem. § 845 der Zivilprozeßordnung von der bevorstehenden Pfändung und verbindet diese Benachrichtigung mit der Aufforderung

an den Drittschuldner, nicht an den Schuldner zu leisten, und

an den Schuldner, sich jeder Verfügung über die Forderung, insbesondere ihrer Einziehung, zu enthalten.

Diese Benachrichtigung hat die Wirkung eines Arrestes, sofern die Pfändung innerhalb eines Monats ab Zustellung dieser Benachrichtigung bewirkt wird (§ 845 ZPO).

                                                   (Unterschrift)

Zuzustellen an:
1. .... *(Drittschuldner)*
2. .... *(Schuldner)*

Muster 8 Allgemeine Anträge und Erklärungen

---------- Erläuterungen ----------

1. Zweck und Voraussetzungen

1 § 845 gibt dem Gläubiger die Möglichkeit, ohne Inanspruchnahme des Vollstreckungsgerichts **beschleunigt den Eintritt der Pfändungswirkung herbeizuführen,** indem er dem Drittschuldner und dem Vollstreckungsschuldner eine Mitteilung von der bevorstehenden Pfändung durch den Gerichtsvollzieher zustellen läßt und die Pfändung selbst innerhalb eines Monats bewirkt.

2 Die Vorpfändung ist auch für eine **Sicherungspfändung** (§ 720a) zulässig[1].

3 Die Vorpfändung ist erst zulässig, wenn der Gläubiger einen **mindestens vorläufig vollstreckbaren Titel** besitzt, der auch ein Arrestbefehl oder eine einstweilige Verfügung sein kann[2]. Unschädlich ist es, wenn nach Wechsel des Vollstreckungsgläubigers oder des Vollstreckungsschuldners der Titel noch nicht umgeschrieben[3] oder eine Wartefrist noch nicht abgelaufen ist[4].

4 Dagegen muß eine **Bedingung** im Sinn des § 726 eingetreten, ein für die Leistung **bestimmter Kalendertag** abgelaufen (§ 751 Abs. 1), die Voraussetzung der Vollstreckung bei **Leistung Zug um Zug** (§ 765) eingetreten[5] und die zu pfändende Forderung bei Zustellung der Vorpfändung an den Drittschuldner bereits **pfändbar** sein[6].

5 Aus dem Wesen und der systematischen Stellung der Vorpfändung ergibt sich, daß sie nur stattfinden kann, wenn die spätere **Pfändung durch Beschluß des Vollstreckungsgerichts** geschieht; sie findet also z. B. nicht statt bei der Pfändung von Wechseln und anderen indossablen Papieren (§ 831), weil diese durch den Gerichtsvollzieher bewirkt wird.

2. Durchführung und Wirkung

6 **2.1 Anfertigung durch den Gerichtsvollzieher** (§§ 845 Abs. 1 Satz 2 und 857 Abs. 7): Der Gerichtsvollzieher darf und muß auf ausdrücklichen Auftrag des Vollstreckungsgläubigers die für die Vorpfändung erforderlichen Erklärungen anfertigen, es sei denn, die Vorpfändung erfasse „andere Vermögensrechte" i. S. d. § 857. Der Auftrag zur Vorpfändung kann mit dem Vollstreckungsauftrag verbunden werden, wie in *Muster 2* vorgeschlagen.

7 **2.2 Anfertigung durch den Vollstreckungsgläubiger:** Der Vollstreckungsgläubiger kann die Pfändungsbenachrichtigung auch selbst anfertigen, muß aber

---
1 BGHZ 93, 74.
2 RGZ 71, 182.
3 RGZ 71, 182; *Noack* in Rpfleger 1967, 137; *Zöller*, § 845 Rn. 2.
4 RGZ 71, 179; BGH in NJW 1982, 1150; *Baumbach/Lauterbach/Albers/Hartmann*, § 845 Rn. 2 und § 750 Rn. 14; *Thomas/Putzo*, § 845 Rn. 2; a. A. *Zöller*, § 845 Rn. 2; *Stöber*, Rn. 798; *Mümmler* in JurBüro 1975, 1415.
5 *Mümmler* in JurBüro 1975, 1415; *Zöller*, § 845 Rn. 2; *Baumbach/Lauterbach/Albers/Hartmann*, § 845 Rn. 2; *Thomas/Putzo*, § 845 Rn. 2; *Stöber*, Rn. 798.
6 *Baumbach/Lauterbach/Albers/Hartmann*, § 845 Rn. 3.

den Gerichtsvollzieher mit ihrer Zustellung beauftragen. Dieser Auftrag ist als Eilsache zu behandeln. In die Zustellungsurkunde ist die Zustellungszeit auch nach Stunde und Minute aufzunehmen. Der Gerichtsvollzieher braucht nicht zu prüfen, ob ein vollstreckbarer Titel vorliegt, zugestellt und mit der Vollstreckungsklausel versehen ist (§ 178 GVGA).

2.3 Die Vorpfändung wird **mit der Zustellung an den Drittschuldner wirksam** (§§ 845 Abs. 1, 829 Abs. 3, 857 Abs. 2); dennoch ist gem. § 845 Abs. 1 S. 1 auch dem Vollstreckungsschuldner zuzustellen. Bei der Vorpfändung einer **Hypothekenforderung** bedarf es weder der Übergabe des Briefes noch der Eintragung in das Grundbuch; die Eintragung ist bei Brief- und Buchhypothek als Grundbuchberichtigung zulässig[7] und anzuraten. Auch bei **drittschuldnerlosen Ansprüchen** ist die Vorpfändung zulässig; hier wird sie mit der Zustellung an den Vollstreckungsschuldner wirksam (§ 857 Abs. 2)[8].

2.4 Die Vorpfändung hat die Wirkung eines Arrests, sofern die Pfändung der Forderung innerhalb eines Monats bewirkt wird (§ 845 Abs. 2; Frist: §§ 222 ZPO, 187, 188 BGB), bewirkt also Verstrickung und Entstehung des Pfandrechts, aber keine Verwertungsbefugnis. Verstrickung und Pfandrecht sollen aber nach h. L. bei Arrest und Vorpfändung dadurch bedingt sein, daß der Pfändungsbeschluß fristgerecht wirksam wird[9]. Mit fristgerechter Pfändung bleibt dem nun unbedingten Pfandrecht der Rang vom Zeitpunkt der Vorpfändung, andernfalls verliert die Vorpfändung – sozusagen rückwirkend – jede Wirkung[10].

Im Pfändungsbeschluß braucht auf die Vorpfändung nicht Bezug genommen zu werden.

2.5 Im **Arrestverfahren** wahrt die Vorpfändung zunächst die Vollziehungsfrist des § 929 Abs. 2; die fristwahrende Wirkung entfällt aber, wenn die Arrestpfändung selbst nicht innerhalb der Monatsfrist geschieht[11].

Die Vorpfändung schafft **keine Verpflichtung zur Drittschuldnererklärung**[12].

2.6 Die Kosten der Vorpfändung sind Vollstreckungskosten und werden von den meisten für erstattungsfähig gehalten[13].

---

7 RGZ 71, 179; *Thomas/Putzo,* § 845 Rn. 7.
8 RGZ 71, 183; *Zöller,* § 845 Rn. 3.
9 *Stein/Jonas,* § 845 Rn. 14 m. w. N.
10 Kritisch *Zöller,* § 845 Rn. 5.
11 *Zöller,* § 929 Rn. 11.
12 BGH in NJW 1977, 1199.
13 Näheres bei *Baumbach/Lauterbach/Albers/Hartmann,* § 788 Rn. 48; KG in AnwBl. 1987, 335; a. A. OLG München in NJW 1973, 2070; OLG Zweibrücken in JurBüro 1988, 929; differenzierend *Thomas/Putzo,* § 845 Rn. 19.

Muster 9

Beispiel einer Drittschuldnererklärung

An ... (Vollstreckungsgläubiger) ...

*Betr.: Pfändungs- und Überweisungsbeschluß des
    Amtsgerichts ... vom ...
    Az.: ..., Schuldner ...*

Ich gebe folgende Drittschuldnererklärung ab:

1. Die gepfändete Kaufpreisforderung ist zwar durch Kaufvertrag begründet, aber noch nicht fällig, weil ich vertragsgemäß Zahlung erst zwei Monate nach Lieferung der gekauften Maschine zu leisten habe, die Maschine aber erst vorgestern geliefert worden ist. Ich behalte mir auch Einwendungen aus Mängelgewährleistung bzw. positiver Vertragsverletzung und sonstige Einwendungen gegen die Forderung vor, die sich noch ergeben oder mir noch bekannt werden sollten.

Nach Fälligkeit bin ich, wenn sich Einwendungen bis dahin nicht ergeben haben, zur Zahlung bereit. In dieser Erklärung liegt kein Anerkenntnis.

2. Andere Personen machen keine Ansprüche an die Forderung geltend.

3. Herr ... (Name und Adresse) ... hat wegen einer angeblichen Forderung von ... DM die Forderung des Schuldners gegen mich gepfändet; der Pfändungs- und Überweisungsbeschluß des Amtsgerichts ... vom ... Az.: ... ist mir am ... zugestellt worden.

(Unterschrift)

――――― Erläuterungen ―――――

bei *Muster 10*

Muster 10

Beispiel einer Drittschuldnererklärung mit Aufrechnung

An . . . . (Vollstreckungsgläubiger) . . . .
Betr.: Pfändungs- und Überweisungsbeschluß des Amtsgerichts . . .
   vom . . . Az.: . . ., Schuldner: . . .
Ich gebe folgende Drittschuldnererklärung ab:
1. *Die gepfändete Kaufpreisforderung ist entstanden und vorgestern fällig geworden. Zur Zahlung bin ich jedoch nicht bereit, weil ich gegen diese Kaufpreisforderung mit der höheren Mietzinsforderung aufgerechnet habe, die mir für das vorige Jahr gegen den Vollstreckungsschuldner aus dem zwischen uns geschlossenen Mietvertrag über eine Lagerhalle zusteht.*
2. *Andere Personen machen keine Ansprüche an die gepfändete Forderung geltend.*
3. *Die Forderung ist nicht für andere Gläubiger gepfändet.*

                                                (Unterschrift)

──────────── Erläuterungen ────────────

1. Zustellung der Aufforderung

Meist wird der Vollstreckungsgläubiger nicht wissen, ob und in welcher Höhe die gepfändete angebliche Forderung des Vollstreckungsschuldners gegen den Drittschuldner besteht und ob sie realisierbar ist. Deshalb schafft § 840 eine Obliegenheit des Drittschuldners zur Auskunft über Bestand und Realisierbarkeit, die den Vollstreckungsgläubiger über die Erfolgschancen seines Pfändungsversuchs informieren soll. 1

Die Obliegenheit des Drittschuldners entsteht nicht schon mit der Zustellung des bloßen Pfändungs- (und Überweisungs-)beschlusses, sondern erst mit der Zustellung der zusätzlichen Aufforderung des Vollstreckungsgläubigers zur Abgabe der Drittschuldnererklärung. Diese zusätzliche Aufforderung wird in aller Regel zugleich mit dem Pfändungs- und Überweisungsbeschluß dem Drittschuldner zugestellt und muß in die Zustellungsurkunde aufgenommen werden (§ 840 Abs. 2 Satz 1). Ist das versäumt worden, so wird auch die Zustellung einer gesonderten Aufforderung durch den Gerichtsvollzieher genügen. Die Zustellung dieser Aufforderung muß – gleichgültig, ob sie zugleich mit der des Pfändungsbeschlusses geschieht – **durch den Gerichtsvollzieher persönlich** erfolgen, damit die Obliegenheit des Drittschuldners zur Abgabe der Erklärung entsteht; Ersatzzustellung ist zulässig[1]. 2

---
1 Streitig; vgl. *Stein/Jonas,* Rn. 4; *Zöller,* Rn. 3; *Baumbach/Lauterbach/Albers/Hartmann,* Rn. 6 – alle zu § 840; *Stöber,* Rn. 632; wegen Ersatzzustellung auch BAG in JurBüro 1981, 1170 mit Anm. von *Mümmler.*

Muster 10 Allgemeine Anträge und Erklärungen

3 Der Zustellung auch des Überweisungsbeschlusses bedarf es nicht. Die Zustellung einer Pfändung, die im Vollzug eines Arrests geschehen ist, vermag die Erklärungspflicht des Drittschuldners nicht auszulösen[2].

4 Mit der Zustellung der Vorpfändung kann die Aufforderung zur Abgabe der Drittschuldnererklärung nicht wirksam verbunden werden[3].

5 Auch die **Geldinstitute** sind zur Abgabe der Drittschuldnererklärung verpflichtet; denn § 840 befugt zur Auskunft trotz des sogenannten Bankgeheimnisses (allg. M.). Auch Sozialämter sind auskunftspflichtig (§ 71 Abs. 1 Satz 2 SGB X). **Schweigepflichtige Personen** sind nur sehr beschränkt auskunftspflichtig; Näheres in Rn. 9 zu *Muster 12*.

2. Umfang der Auskunft

6 Der Drittschuldner hat die Erklärung entweder gleich bei Zustellung gegenüber dem Gerichtsvollzieher oder binnen 2 Wochen ab Zustellung gegenüber dem Vollstreckungsgläubiger abzugeben. Der Gerichtsvollzieher hat die Drittschuldnererklärung in die Zustellungsurkunde aufzunehmen und diese dem Vollstreckungsgläubiger zuzuleiten.

7 2.1 Zunächst hat der Drittschuldner zu erklären, inwieweit er die **Forderung als begründet anerkenne und zur Zahlung bereit sei.** Es ist streitig, ob diese Auskunft ein (sei es konstitutives, sei es deklaratorisches) Anerkenntnis oder nur eine Wissenserklärung darstellt: Zutreffend sieht der BGH[4] darin nur eine Wissenserklärung; nach dieser Meinung kann der Drittschuldner seine Erklärung zwar widerrufen, muß dann aber im etwaigen Rechtsstreit über die gepfändete Forderung die Unrichtigkeit seiner ursprünglichen Erklärung beweisen. Die Oberlandesgerichte München[5] und Braunschweig[6] haben die Drittschuldnererklärung als deklaratorisches Schuldanerkenntnis gewertet. Daher rät *Benöhr*[7] dem Drittschuldner, die Erklärung unter den Vorbehalt zu stellen, daß er nicht später von Einreden oder Einwendungen gegen die Forderung Kenntnis erlange; *Stöber*[8] meint, der Drittschuldner solle jede Unsicherheit ausräumen, indem er deutlich macht, daß seine Erklärung nur eine Auskunft tatsächlicher Art, nicht ein Anerkenntnis sein soll.

8 Erkennt der Drittschuldner die **Forderung nicht an** und erklärt er sich **zur Zahlung nicht bereit,** so ist er nicht verpflichtet, seine Einwände zu spezifizieren. Auch muß er z. B. bei der Lohnpfändung nicht mitteilen, welche Abzüge an Lohnsteuern, Sozialversicherungsbeträgen usw. erfolgen und welcher Familienstand des Vollstreckungsschuldners der Berechnung nach § 850c zugrundegelegt wird; denn eine solche Verpflichtung gibt der Wortlaut des § 840

---

2 BGH in NJW 1977, 1199.
3 BGH in NJW 1977, 1199; Zöller, § 840 Rn. 2.
4 BGH in NJW 1978, 44 m. w. N.
5 NJW 1975, 174.
6 NJW 1977, 1888.
7 NJW 1976, 174.
8 Rn. 646.

nicht her[9], während § 836 den Vollstreckungsschuldner zur Auskunftserteilung verpflichtet. Erklärt der Drittschuldner, er erkenne die gepfändete Forderung nicht an und sei nicht zur Zahlung bereit, so muß er die weiteren Fragen (vgl. unten 2.2 und 2.3) nicht beantworten[10].

2.2 Der Drittschuldner hat nach § 840 Abs. 1 Nr. 2 weiter zu erklären, „ob und welche Ansprüche andere Personen an diese Forderung machen". Solche **Ansprüche Dritter** können z. B. auf Abtretung oder rechtsgeschäftlicher Verpfändung beruhen. Vor der Pfändung durch Abtretung und Verpfändung entstandene Rechte anderer Personen gehen nach dem Prioritätsgrundsatz den Rechten des Vollstreckungsgläubigers vor; der Vollstreckungsgläubiger kann in solchen Fällen dann noch zum Zuge kommen, wenn vorrangige Rechte anderer Personen die gepfändete Forderung nicht voll ausschöpfen. Die „anderen Personen" sind mit Namen und Anschrift zu benennen, Grund und Höhe ihrer Ansprüche sind anzugeben[11].

2.3 Der Drittschuldner hat schließlich nach § 840 Abs. 1 Nr. 3 zu erklären, ob und wegen welcher Ansprüche die **Forderung bereits für andere Gläubiger gepfändet** ist. Wieder hat er Namen und Anschriften dieser Gläubiger und Art und Höhe ihrer Ansprüche anzugeben; es ist mindestens zweckmäßig, auch den Zustellungszeitpunkt dieser Pfändungsbeschlüsse anzugeben.

2.4 Hat der Drittschuldner die ihm nach § 840 ZPO gestellten Fragen vollständig beantwortet, so kann der Vollstreckungsgläubiger keine **Ergänzung oder Wiederholung** verlangen; aber der verklagte Drittschuldner hat – insbesondere wenn er eine Bank ist – doch eine relativ weitgehende Darlegungslast, wenn der klagende Vollstreckungsgläubiger Anhaltspunkte für die Unrichtigkeit der Auskunft vorgetragen hat[12].

3. Durchsetzung des Auskunftsanspruchs, Kosten, Einstellung

3.1 Die Frage, wie der Vollstreckungsgläubiger gegen den Drittschuldner, der die Erklärung nach § 840 nicht abgibt, vorgehen kann, war umstritten. Entgegen einer früher besonders in der Literatur vertretenen Meinung ist eine **Klage des Vollstreckungsgläubigers auf Auskunftserteilung unbegründet**[13]. Den Interessen des Vollstreckungsgläubigers ist dadurch genügend Rechnung getragen, daß ihm der Drittschuldner, der seine Erklärung gar nicht, unrichtig oder verspätet abgibt, für den aus dieser Verletzung der Erklärungspflicht entstehenden Schaden haftet (§ 840 Abs. 2 Satz 2). Nach dieser Bestimmung hat der Drittschuldner dem Vollstreckungsgläubiger z. B. den **Schaden zu ersetzen,** der ihm deshalb entstanden ist, weil er mangels Kenntnis von Einwendungen des Drittschuldners gegen die gepfändete Forderung erfolgversprechende an-

---

9 Streitig: vgl. *Zöller,* § 840 Rn. 5; wie hier auch *Stöber,* Rn. 642 und 939; *Hintzen* in ZAP 1991, 811.
10 RGZ 149, 254.
11 *Zöller,* § 840 Rn. 6.
12 BGHZ 86, 23.
13 BGH in NJW 1981, 990 und 1984, 1901; *Zöller,* Rn. 15; *Baumbach/Lauterbach/Albers/Hartmann,* Rn. 3; *Thomas/Putzo,* Rn. 1, alle zu § 840; *Stöber,* Rn. 652.

Muster 10 Allgemeine Anträge und Erklärungen

dere Vollstreckungsversuche unterlassen hat. In der Regel hat der Drittschuldner dem Vollstreckungsgläubiger auch diejenigen Prozeßkosten zu erstatten, die ihm durch die erfolglose Klage gegen den Drittschuldner vor den ordentlichen Gerichten entstanden sind. Zu erstatten sind nach herrschender Meinung auch die Kosten der Klage gegen den Drittschuldner, wenn sie vor dem Arbeitsgericht geführt ist; denn § 12a Abs. 1 Satz 1 ArbGG verdrängt nicht die Anwendung des § 840 Abs. 2 Satz 2[14].

13   Die Haftung des Drittschuldners nach § 840 Abs. 2 Satz 2 setzt **Verschulden** voraus[15], etwaiges Mitverschulden des Vollstreckungsgläubigers ist zu berücksichtigen[16].

14   Wegen des Umfangs der Ersatzpflicht verweisen wir auf die Rechtsprechung[17].

15   **3.2** Ob für die Schadensersatzklage, wenn **Lohn- oder Gehaltspfändung vorausgegangen** ist, das Arbeitsgericht oder die ordentlichen Gerichte zuständig sind, ist umstritten. Das Bundesarbeitsgericht hält die ordentlichen Gerichte mit der Begründung für zuständig, daß keiner der Ausnahmefälle vorliege, für welche nach §§ 2, 2a und 3 ArbGG das Arbeitsgericht zuständig ist; denn es prozessieren zwei Personen, zwischen denen oder ihren Rechtsvorgängern kein Arbeitsverhältnis besteht, über einen Sachverhalt, der nicht im Arbeitsverhältnis seinen Grund hat, sondern in der gesetzlichen Verpflichtung nach § 840 Abs. 2 Satz 2[18].

16   Ob der Vollstreckungsgläubiger dem Drittschuldner die diesem für die Abgabe der Drittschuldnererklärung entstehenden **Kosten** (z. B. Portokosten, Gebühren für anwaltliche Beratung) erstatten muß, ist umstritten; das BAG hat gegen die Erstattungspflicht entschieden[19].

17   **3.3** Durch **Einstellung der Zwangsvollstreckung** ohne Aufhebung der einzelnen Zwangsvollstreckungsmaßnahme wird die Auskunftspflicht weder aufgehoben noch aufgeschoben[20].

18   **3.4** Ob der Drittschuldner gegen die gepfändete Forderung **aufrechnen** kann, bestimmt sich nach § 392 BGB. Danach kommt es darauf an, ob die Aufrechnungsforderung des Drittschuldners vor oder nach Zustellung des Pfändungsbeschlusses entstanden oder fällig geworden ist.

---

14 KG in MDR 1989, 745; LG Mannheim in MDR 1989, 746; LG Rottweil in NJW-RR 1989, 1469; LG Köln in NJW-RR 1990, 125; BAG in NJW 1990, 2643; OLG Düsseldorf in MDR 1990, 730; a. A. OLG Saarbrücken in NJW-RR 1989, 62.
15 H. M., z. B. BGHZ 79, 259 = NJW 1981, 1990; *Zöller,* § 840 Rn. 12.
16 *Baumbach/Lauterbach/Albers/Hartmann,* § 840 Rn. 16; *Benöhr* in NJW 1976, 175.
17 Insb. BGHZ 79, 275 = NJW 1981, 990; BGHZ 91, 126 = NJW 1984, 1901; BGHZ 98, 291 = NJW 1987, 64.
18 BAG in NJW 1985, 1181.
19 Vgl. *Cebulka* in AnwBl. 1979, 409; *Hansen* in JurBüro 1987, 1764; BAG in NJW 1985, 1181.
20 *Zöller,* § 840 Rn. 2.

Muster 11

Streitverkündung nach § 841 ZPO

An das ... gericht ...
Az.: ...

Streitverkündung in Sachen
... (Name und Adresse des Vollstreckungsgläubigers) ...

– Kläger –

gegen

... (Name und Adresse des Drittschuldners)

– Beklagter –

wegen Forderung

an ... (Name und Adresse des Vollstreckungsschuldners)

– Verkündungsempfänger –

Namens des Klägers verkünde ich hiermit dem Verkündungsempfänger den Streit und fordere ihn auf, dem Rechtsstreit zur Unterstützung des Klägers beizutreten.

Mit der am ... zugestellten Klage, von der begl. Abschrift anliegt, hat der Kläger gegen den Beklagten eine Forderung von ... DM nebst ... % Zinsen seit ... geltend gemacht. Diese Forderung steht dem Verkündungsempfänger gegen den Beklagten zu und ist für den Kläger gepfändet und ihm überwiesen durch Beschluß des Amtsgerichts ... vom ... Az.: ...

Termin zur Verhandlung über die Klage ist bestimmt auf ... Uhr ... in ... Zimmer Nr. ...

– Der Beklagte hat auf die Klage noch nicht erwidert.*
– Beglaubigte Kopie der Klagebeantwortung liegt an.*

Der Grund der Streitverkündung ergibt sich aus § 841 ZPO, welcher den Kläger zur Streitverkündung verpflichtet.

(Unterschrift)

---

* Unter diesen Alternativen ist zu wählen.

──────── **Erläuterungen** ────────

§ 841 schreibt zum Schutz des Vollstreckungsschuldners vor, daß diesem durch Streitverkündung Gelegenheit zur **Beteiligung an dem Rechtsstreit des Vollstreckungsgläubigers gegen den Drittschuldner** zu geben ist. Unterlassung

Muster 11 Allgemeine Anträge und Erklärungen

der Streitverkündung kann schadensersatzpflichtig machen. Obwohl der BGH Streitverkündung vor Rechtshängigkeit für zulässig und wirksam erachtet[1], empfehlen wir wegen der dort zitierten, beachtlichen Gegenmeinung, die Verkündungsschrift erst nach Klagezustellung einzureichen.

---

1 BGHZ 92, 257.

ABC der zu pfändenden Forderungen und Rechte

Muster 12

Ärzte, Zahnärzte, Tierärzte I
Vergütungsansprüche

In ein Formblatt (vgl. „Hinweise" Ziff. 5) ist einzusetzen:

Wegen dieser Ansprüche sowie wegen der Kosten dieses Beschlusses und seiner Zustellung werden die derzeitigen und künftigen Forderungen des Schuldners

gegen ... (siehe Rn. 4 der Erläuterungen) ... *(Drittschuldner)*

auf Auszahlung der ihm zustehenden Vergütungen (seines Anteils an den durch die Drittschuldnerin von Krankenkassen und anderen Leistungsträgern entgegengenommenen Honoraren und Vergütungen)

gepfändet.

Der Drittschuldnerin wird verboten, an den Schuldner zu leisten.

Dem Schuldner wird geboten, sich jeder Verfügung über die gepfändete Forderung, insbesondere ihrer Einziehung, zu enthalten.

Zugleich wird die gepfändete Forderung dem Gläubiger zur Einziehung überwiesen.

── **Erläuterungen** ──

1. Die Vergütungsforderung des Vertragsarztes

Vertragsärzte und Vertragszahnärzte (früher Kassenärzte und Kassenzahnärzte, hier künftig: **Vertragsärzte**) sind nach näherer Bestimmung der §§ 77 bis 81 des Fünften Buchs des Sozialgesetzbuchs[1] in „Kassenärztlichen Vereinigungen" bzw. „Kassenzahnärztlichen Vereinigungen" (hier künftig: **Kassenärztliche Vereinigungen**), Körperschaften des öffentlichen Rechts jeweils für den Bereich eines Bundeslandes, zusammengeschlossen. Zu den Aufgaben dieser Vereinigungen gehört es, die Rechte der Vertragsärzte gegenüber den Krankenkassen (§ 143 SGB V) wahrzunehmen und insbesondere die Vergütung der

1

---

[1] SGB V, BGBl. I 1988, 2477, zul. geändert durch Art. 1 und 2 des Gesundheitsstrukturgesetzes, BGBl. I 1992, 2267.

Muster 12 Ärzte (Vergütungsansprüche)

Krankenkassen für alle Vertragsärzte mit den Krankenkassen zu vereinbaren, von diesen entgegenzunehmen und an die einzelnen Ärzte zu verteilen. Die Vereinbarungen zwischen den Kassenärztlichen Vereinigungen und den Krankenkassen wirken für und gegen alle Vertragsärzte, die Zahlungen der Kassen an die Vereinigung befreien die Kassen von der Verpflichtung, die Leistung der einzelnen Vertragsärzte zu honorieren. (§§ 82 bis 85 SGB V). **Der Vergütungsanspruch des Vertragsarztes richtet sich** also weder gegen seine Patienten noch gegen die Krankenkassen, sondern nur **gegen die Kassenärztliche Vereinigung.**

2   Name, Sitz sowie Zusammensetzung und Befugnis der Organe ergibt sich für jede Kassenärztliche Vereinigung aus deren Satzung (§ 81 SGB V). Die Vergütungen der Vertragsärzte werden durch die Kassenärztlichen Vereinigungen regelmäßig quartalsweise abgerechnet.

Wegen der **Privathonorare** s. u. Rn. 7 ff.

2. Pfändung und Verwertung

3   Der Anspruch des Vertragsarztes auf seine Vergütung ist als **gewöhnliche Geldforderung** zu pfänden.

4   **2.1 Drittschuldner** ist diejenige Kassenärztliche Vereinigung, welcher der Vollstreckungsschuldner angehört; sie wird durch den Vorstand oder einzelne Vorstandsmitglieder nach näherer Regelung der Satzung vertreten (§§ 77 Abs. 6, 81 SGB V).

5   **2.2** Der Vergütungsanspruch des Vertragsarztes ist als „Vergütung für sonstige Dienstleistungen aller Art" **Arbeitseinkommen im Sinn des § 850 Abs. 2,** wenn die Leistungen des Arztes für Kassenpatienten seine Erwerbstätigkeit zu einem wesentlichen Teil in Anspruch nehmen[2]. Die Vergütungsforderung unterliegt daher den Pfändungsgrenzen des § 850c. Bei Quartalsabrechnung ist der Auszahlungsbetrag zunächst rechnerisch in drei gleiche Monatsbeträge zu zerlegen, um den pfändbaren Betrag zu ermitteln[3]. Jedoch ist nicht der volle Auszahlungsbetrag zugleich Einkommen; vielmehr sind darin u. U. Beträge enthalten, die nicht Vergütung für eigene Dienstleistungen sind, wie z. B. an das Fremdlabor weiterzureichenden Zahntechnikerkosten; außerdem benötigt der Vollstreckungsschuldner einen Teil des Abrechnungsbetrages zur Bestreitung der Praxiskosten. Das ist nicht über § 850a Nr. 3, sondern – auf Antrag des Vollstreckungsschuldners – über § 850f Abs. 1 zu berücksichtigen[4].

6   **2.3** Eine **Zusammenzählung des Einkommens aus Kassenvergütung und Privathonoraren** nach § 850e Nr. 2 soll nach mehrfach vertretener Meinung deshalb nicht in Frage kommen, weil der Freibetrag wegen der unterschiedlichen Berechnung nach § 850c und d einerseits und § 850i andererseits nicht ein-

---
2 OLG Hamm in Rpfleger 1958, 250; BFH in NJW 1952, 370; BGH in NJW 1986, 2362 = JurBüro 1986, 552.
3 OLG Köln in NJW 1957, 879.
4 BGH in NJW 1986, 2362; vgl. auch *Glasow* in Rpfleger 1987, 289.

heitlich bestimmt werden kann. Die Zusammenrechnung scheitert aber regelmäßig schon daran, daß weder der Vollstreckungsgläubiger noch das Vollstreckungsgericht weiß, welche Honorare der Vollstreckungsschuldner im entscheidenden Zeitpunkt von welchen Patienten zu fordern hat.

2.4 Ansprüche auf Privathonorar sind nach der Rechtsprechung des BGH **regelmäßig nicht übertragbar**[5]; denn der Arzt verpflichtet sich im Abtretungsvertrag, dem Zessionar die zur Geltendmachung des Anspruchs nötigen Auskünfte zu erteilen (§ 402 BGB). Weil das gegen § 203 Abs. 1 Nr. 1 StGB verstoße, folge die Nichtigkeit der Abtretungserklärung aus § 134 BGB, solange der Patient seine Zustimmung nicht erteilt hat[6]. 7

2.4.1 Wären demzufolge solche Honoraransprüche wegen § 851 Abs. 1 auch unpfändbar, so wäre dem Vollstreckungsgläubiger die Durchsetzung seiner titulierten Forderung sehr erschwert, dem Vollstreckungsschuldner aber würde durch die Hintertür zusätzlicher Vollstreckungsschutz gewährt. **Die Honorarforderungen sind aber trotz ihrer Unabtretbarkeit pfändbar:** Nach der „besonderen Vorschrift" in Abs. 2 des § 851 ist nämlich eine Geldforderung, deren Abtretbarkeit „durch Vereinbarung mit dem Schuldner ausgeschlossen ist", dennoch pfändbar. Diese Vorschrift ist jedenfalls entsprechend anwendbar; denn es kommt auf das Gleiche hinaus, ob die Unpfändbarkeit durch Vereinbarung herbeigeführt oder die Pfändbarkeit nicht durch Vereinbarkeit herbeigeführt wird. 8

2.4.2 Anders als der Zedent verpflichtet sich der Vollstreckungsschuldner nicht durch eine Willenserklärung zur Auskunftserteilung. Das führt zu der Frage, ob ihn § 836 i. S. d. § 203 StGB befugt, die Auskunft zu erteilen, oder ob die Konkurrenz zwischen beiden Vorschriften zur Verdrängung des § 836 führt: Häufig wird die Erteilung der „zur Geltendmachung der Forderung nötigen Auskunft" schon in der Übergabe einer Urkunde über die Forderung, z. B. eines Anerkenntnisses, eines Titels, manchmal auch nur einer – vielleicht teilweise geschwärzten – Kostenrechnung liegen, ohne daß dadurch ein Geheimnis verraten würde. Dann ist der Vollstreckungsschuldner zur Übergabe der Urkunde verpflichtet. Auskünfte aber, welche insbesondere den Kernbereich der **Schweigepflicht** berühren, muß und darf der Vollstreckungsschuldner nicht erteilen; denn hier wiegt die strafrechtlich geschützte Schweigepflicht schwerer als die wirtschaftlichen Interessen des Vollstreckungsgläubigers. Diese Gewichtung ergibt sich zwingend daraus, daß Schweigepflichtigen sowohl im Zivilprozeß (§ 383 Abs. 1 Nr. 6 ZPO) als auch im Strafprozeß (§ 53 Abs. 1 Nr. 3 StPO) ein Zeugnisverweigerungsrecht eingeräumt ist. 9

2.4.3 Für **Zahnärzte** gilt die gleiche Rechtlage. Ob das Abtretungsverbot auch für **Tierärzte** gilt, wird man bezweifeln müssen: Zwar führt § 203 Abs. 1 Nr. 1 StGB auch Tierärzte auf, aber nur deshalb, weil einige Krankheiten zwischen Tier und Mensch übertragbar sind, so daß auch der Behandlung des Tieres eine Vermutung auf eine Erkrankung eines Menschen abgeleitet werden könn- 10

---
5 BGHZ 115, 123; 116, 268.
6 BGH in NJW 1992, 2348 und 1993, 2371; OLG Bremen in NJW 1992, 757; OLG Köln in MDR 1992, 447; OLG Oldenburg in NJW 1992, 758.

Muster 12 Ärzte (Vergütungsansprüche)

te (EGStGB § 63, Begr. 445). Das rechtfertigt – entgegen LG Bochum[7] – nicht die generelle Annahme, daß die Abtretung gegen §§ 203 StGB, 134 BGB verstoße[8]. Ob der Pudel Flöhe hat, ist kein auf sein Frauchen bezogenes Geheimnis. (Er selbst macht ohnehin keines daraus.) Folgerichtig hat der Tierarzt (jedenfalls) im Strafprozeß kein Zeugnisverweigerungsrecht[9].

11 **2.5** Privathonorare genießen **Pfändungsschutz nach § 850i.** Deckt aber das Einkommen aus Kassenvergütungen den Unterhalt des Vollstreckungsschuldners und seiner Unterhaltsberechtigten, so kann der Schutz nicht nochmals für Privathonorare in Anspruch genommen werden.

---

7 In NJW 1993, 1535.
8 *Wilhelm,* Anm. z. Urt. d. LG Bochum in NJW 1993, 1535; LG Lüneburg in NJW 1993, 2914 mit anderer Begründung; OLG Celle in NJW 1995, 786.
9 Vgl. BVerfG in NJW 1975, 588.

Muster 13

Ärzte, Zahnärzte, Tierärzte II
Versorgungsansprüche

In ein Formblatt (vgl. „Hinweise" Ziff. 5) ist einzusetzen:

Wegen dieser Ansprüche sowie wegen der Kosten dieses Beschlusses und seiner Zustellung

wird die angebliche Forderung des Schuldners

gegen   ... (siehe Rn. 3 der Erläuterungen) ...   (Drittschuldner) gepfändet, welche auf Zahlung des fortlaufenden Altersruhegeldes, der fortlaufenden Rente wegen Berufs- oder Erwerbsunfähigkeit oder sonstiger fortlaufender Renten gerichtet ist. Die Pfändung wird gemäß § 850c ZPO beschränkt.

Dem Drittschuldner wird, soweit die Pfändung reicht, verboten, an den Schuldner zu zahlen.

Dem Schuldner wird, soweit die Pfändung reicht, geboten, sich jeder Verfügung über die gepfändete Forderung, insbesondere ihrer Einziehung, zu enthalten.

Zugleich wird die gepfändete Forderung dem Gläubiger zur Einziehung überwiesen.

Vorbemerkung

Die Regelung der öffentlich-rechtlichen Versorgung von **Freiberuflern** gehört zur Gesetzgebungskompetenz der Länder, die davon Gebrauch gemacht haben, teils, indem sie sich durch Staatsverträge den Versorgungseinrichtungen eines anderen Landes angeschlossen haben.

Nicht für alle Freiberufler gibt es solche Versorgungseinrichtungen. Manche Freiberufler, wie Künstler und Publizisten, sind der Sozialversicherung angeschlossen.

Wegen der Verschiedenartigkeit der Gesetze der Länder kann im folgenden nur beispielhaft die Regelung in Bayern dargestellt werden. Die Grundsätze der Pfändung sind aber in allen Ländern die gleichen, weil das Recht der Zwangsvollstreckung Bundesrecht ist. Sollte ein Land in seinen Versorgungs-(Versicherungs-)gesetzen etwa die Unabtretbarkeit von Versorgungsansprüchen normieren, so könnte dies vor dem Grundgesetz keinen Bestand haben, weil die Ungleichbehandlung mit den – meist deutlich niedrigeren – Sozialrenten auf der Hand läge.

In Bayern z. B. gibt es folgende Versorgungsanstalten für Freiberufler:

die **Bayerische Ärzteversorgung** für Ärzte, Zahnärzte und Tierärzte,
die **Bayerische Apothekenversorgung**,

Muster 13 Ärzte (Versorgungsansprüche)

die **Bayerische Architektenversorgung,**
die **Bayerische Ingenieurversorgung-Bau,**
die **Bayerische Rechtsanwaltsversorgung,**

die alle Anstalten des öffentlichen Rechts sind und von der Bayerischen Versorgungskammer gesetzlich vertreten werden.

———————————— Erläuterungen ————————————

1. Versorgungsträger

1   Die **Versorgung von Freiberuflern** gehört zur Gesetzgebungskompetenz der Länder (Art. 70 ff. GG). Die einzelnen Landesgesetze regeln die Materie nicht immer auf gleiche Weise. Regelungen über Übertragbarkeit und Verpfändbarkeit von Versorgungsansprüchen finden sich in diesen Gesetzen häufig, haben aber keine Auswirkung auf die Pfändbarkeit (unten Rn. 3). Wir handeln die Pfändung von Versorgungsansprüchen am Beispiel Bayern ab.

2   Das Bayerische Gesetz über das öffentliche Versorgungswesen (VersoG)[1] nimmt Bezug auf die bei seinem Erlaß bereits bestehenden Versorgungsanstalten öffentlichen Rechts[2] und bestimmt als gemeinsames Geschäftsführungs- und Vertretungsorgan dieser Anstalten die Versorgungskammer, welche alle diese Anstalten gerichtlich außergerichtlich vertritt (Art. 1, 2, 6). Nach Art. 24 gewähren die Versorgungsanstalten den Mitgliedern und deren Hinterbliebenen nach Maßgabe der Satzung u. a. laufende Leistungen zur Alters-, Berufsunfähigkeits- und Hinterbliebenenversorgung. Ansprüche auf diese Leistungen können übertragen und verpfändet werden.

2. Pfändung und Verwertung

3   **2.1** Die Pfändung ist in den Satzungen der einzelnen Anstalten nach dem Vorbild des § 54 SGB I geregelt, der ohnehin jedenfalls analog anwendbar wäre[3].

Versorgungsansprüche sind auch dann pfändbar, wenn ihre Übertragung in der Satzung einer Anstalt des öffentlichen Rechts ausgeschlossen wäre[4]. Art. 17 des BayVersoG bestimmt, daß diese Ansprüche „wie Arbeitseinkommen übertragen und verpfändet" werden können.

4   **2.2 Gepfändet und überwiesen** wird also nach §§ 829, 835, auf die auch § 54 SGB I verweist (. . . wie Arbeitseinkommen).

---

1 V. 25. 6. 1994, BayVBl., 466; geänd. a.a.O., 606.
2 Sie wurden durch Art. 49 VersoG aus der Bayer. Versicherungskammer ausgegliedert.
3 BGHZ 92, 345.
4 OLG München in MDR 1991, 453 = Rpfleger 1991, 262.

Ärzte (Versorgungsansprüche) **Muster 13**

Drittschuldnerin ist die jeweilige Versorgungseinrichtung, nämlich: 5

Baden-Württemberg: Versorgungsanstalt für Ärzte, Zahnärzte und Tierärzte, Gartenstr. 63, 72074 Tübingen, Tel.: 0 70 71/2 01-1

Bayern: Bayerische Ärzteversorgung, Anstalt des öffentlichen Rechts, Denningerstr. 37, 81925 München, Tel.: 0 89/21 60-0 (ges. vertr. durch die Versorgungskammer, . . ., diese vertr. durch den Vorstand)

Berlin: Ärztekammer Berlin – Berliner Ärzteversorgung –, Potsdamer Straße 47, 14163 Berlin, Tel.: 0 30/81 60 02 21 und
Versorgungswerk der Zahnärztekammer Berlin, Georg-Wilhelm-Straße 14–16, 10711 Berlin, Tel.: 0 30/89 00 44 01, **auch für Bremen** –
Versorgungswerk der Landestierärztekammer Mecklenburg-Vorpommern, Potsdamer Straße 47, 14163 Berlin, Tel.: 0 30/81 60 02 61; dieses Werk versorgt auch die Tierärzte Berlins

Bremen: Ärztekammer Bremen – Versorgungswerk –, Schwachhauser Heerstr. 24, 28209 Bremen, Tel. 04 21/3 40 42 70

Tierärzte s. unter Niedersachsen

Zahnärzte s. unter Berlin

Hamburg: Ärztekammer Hamburg – Versorgungswerk –, Heinrich-Hertz-Str. 125, 22083 Hamburg, Tel. 0 40/22 10 57-58
Zahnärztekammer Hamburg – Versorgungswerk –, Möllner Landstraße 31, 22111 Hamburg, Tel.: 0 40/73 34 05-0

Hessen: Landesärztekammer Hessen – Versorgungswerk –, Am Leonhardsbrunn 7, 60478 Frankfurt/M., Tel. 0 69/79 48-0
Kassenärztliche Vereinigung Hessen – Versorgungswerk –, Georg-Voigt-Straße 11–13, 60325 Frankfurt/M., Tel.: 0 69/77 30 51
Hessische Zahnärzteversorgung, Lyoner Straße 30, 60528 Frankfurt/M., Tel.: 0 69/6 60 71
Landestierärztekammer Hessen – Versorgungswerk –, Teutonenstraße 50, 65178 Wiesbaden, Tel.: 06 11/80 64 55

Niedersachsen: Ärzteversorgung Niedersachsen, Berliner Allee 20, 30175 Hannover, Tel.: 05 11/31 01-0
Zahnärztekammer Niedersachsen – Altersversorgungswerk –, Hildesheimer Straße 35, 30169 Hannover, Tel.: 05 11/81 12-0
Tierärzteversorgung Niedersachsen, Berliner Allee 20, 30175 Hannover, Tel.: 05 11/31 01-0 (auch für Tierärzte in Bremen)

Nordrhein-Westfalen: Nordrheinische Ärzteversorgung, Tersteegenstraße 31, 40474 Düsseldorf, Tel.: 02 11/4 30 20
Ärzteversorgung Westfalen-Lippe, Burgstraße 16, 48151 Münster, Tel.: 02 51/52 04-0
Versorgungswerk der Zahnärztekammer Nordrhein, Niederkasseler Lohweg 8, 40547 Düsseldorf, Tel.: 02 11/5 96 17-0
Versorgungswerk der Zahnärztekammer Westf.-Lippe, Auf der Horst 29, 48147 Münster, Tel.: 02 51/49 09-01

Muster 13 Ärzte (Versorgungsansprüche)

Tierärztekammer Nordrhein – Versorgungswerk –, Wilmiusstraße 22, 47906 Kempen, Tel.: 0 21 52/30 96
Versorgungswerk der Tierärztekammer Westfalen-Lippe, Goebenstraße 50, 48151 Münster, Tel.: 02 51/52 63 67

Rheinland-Pfalz: Bezirksärztekammer Koblenz – Versorgungseinrichtung –, Emil-Schüler-Str. 45–47, 56068 Koblenz, Tel.: 02 61/39 09 01-0
Bezirksärztekammer Trier – Versorgungseinrichtung –, Balduinstraße 10–14, 54290 Trier, Tel.: 06 51/4 60 30
Landeszahnärztekammer Rhld.-Pfalz – Versorgungsanstalt –, 117er Ehrenhof 3, 55118 Mainz, Tel.: 0 61 31/96 55 00

Saarland: Ärztekammer des Saarlandes – Versorgungswerk –, Faktoreistraße 4, 66111 Saarbrücken, Tel.: 06 81/40 03-1 (auch für die Zahnärzte im Saarland)

Schleswig-Holstein: Versorgungseinrichtung der Ärztekammer Schleswig-Holstein, Bismarckallee 8–12, 23795 Bad Segeberg, Tel.: 0 45 51/803-0
Versorgungswerk der Zahnärztekammer Schleswig-Holstein, Tierärztekammer Niedersachsen, Westring 498, 24106 Kiel, Tel.: 04 31/33 70 72

Für die „neuen" Länder wurden zum 1. 1. 1992 folgende Ärzteversorgungen errichtet:

Brandenburg: Ärzteversorgung Land Brandenburg, Karl-Liebknecht-Str. 2, 03046 Cottbus, Tel.: 03 55/78 02 00

Mecklenburg-Vorpommern: Ärzteversorgung Mecklenburg-Vorpommern, Berliner Allee 20, 30175 Hannover, Tel.: 05 11/31 01-0
Versorgungswerk der Landestierärztekammer Mecklenburg-Vorpommern, Potsdamer Straße 47, 14163 Berlin, Tel.: 0 30/81 60 02 61

Sachsen: Sächsische Ärzteversorgung, Fetscherstr. 72, 01307 Dresden, Tel.: 03 51/4 56 82 86
Landesärztekammer Sachsen, Zahnärzteversorgung Sachsen, Bautzner Str. 160, 01099 Dresden, Tel.: 03 51/5 02 28 40 oder 5 02 29 43

Sachsen-Anhalt: Ärzteversorgung Sachsen-Anhalt, Berliner Allee 20, 30175 Hannover, Tel.: 05 11/31 01-0

Thüringen: Ärzteversorgung Thüringen, Tersteegenstr. 31, 40474 Düsseldorf, Tel.: 02 11/43 02-9
Versorgungswerk der Landesärztekammer Thüringen, Moskauer Str. 16, 99091 Erfurt, Tel.: 03 61/77 43 22

Änderungen und Ergänzungen dieser Versorgungsanstalten, ihrer Adressen und ihrer Telefonnummer können bei der „Arbeitsgemeinschaft berufsständischer Versorgungseinrichtungen", Marienburger Str. 2, 50968 Köln, Tel.: 02 21/3 76 10 71 erfragt werden.

Die **Vertretung** der Versorgungseinrichtungen als Drittschuldner richtet sich 6
nach ihrer Rechtsform. Sofern sie in die Ärztekammer integriert sind, ist deren
Präsident der gesetzliche Vertreter.

Die Bayer. Ärztevereinigung, eine Anstalt des öffentlichen Rechts, wird durch
die Versorgungskammer vertreten (oben Rn. 2).

Muster 14

Altenteil I

In ein Formblatt (vgl. „Hinweise" Ziff. 5) ist einzusetzen:

Wegen dieser Ansprüche sowie wegen der Kosten dieses Beschlusses, seiner Zustellung und der Eintragung in das Grundbuch

werden die angeblichen, fälligen und künftig fällig werdenden Ansprüche des Schuldners

gegen . . . (Name und Adresse dessen, gegen den sich die Altenteilsansprüche richten) . . .   *(Drittschuldner)*

aus dem Altenteilvertrag des Notars . . . vom . . ., insbesondere der Anspruch auf Zahlung wiederkehrender Geldbeträge, zu denen der Geldwert sowohl der Naturalbezüge als auch des Wohnrechts an den Räumen . . . hinzuzuzählen ist,

zusammen mit der Reallast, die angeblich für die Altenteilansprüche des Schuldners auf dem Grundstück des Drittschuldners . . ., im Grundbuch des AG . . . für . . ., Band . . . Blatt . . . in Abt. II unter lf. Nr. . . . eingetragen ist, gepfändet.*

Die Pfändung der Forderung auf Zahlung wiederkehrender Geldbeträge wird nach § 850c ZPO beschränkt.

Dem Drittschuldner wird, soweit die Pfändung reicht, verboten, an den Schuldner zu leisten.

Dem Schuldner wird geboten, sich, soweit die Pfändung reicht, jeder Verfügung über die gepfändeten Ansprüche und die gepfändete Reallast, insbesondere der Einziehung, zu enthalten.

Zugleich werden die gepfändeten Ansprüche und die gepfändete Reallast dem Gläubiger zur Einziehung überwiesen.

Die Pfändung des Altenteils entspricht der Billigkeit: . . .

(näher ausführen, vgl. Rn. 27 der Erläuterungen bei *Muster 165*).

---

* Unbedingt die Vorbemerkung beachten!

Altenteil I **Muster 14**

―――――――― **Vorbemerkung** ――――――――

Der deutlicheren Darstellung halber wurden in dieses Muster Beispiele für die zu pfändenden Ansprüche eingesetzt und zwar solche, die Altenteilern häufig zustehen.

Das Muster geht davon aus, daß **die Pfändung nicht auf eine etwa für ein Wohnungsrecht eingetragene Dienstbarkeit erstreckt werden kann** – hierzu Rn. 8 ff. zu *Muster 60* – oder wegen der Erwägungen in Rn. 10 bei *Muster 15* nicht darauf erstreckt werden soll. Kann und will der Vollstreckungsgläubiger aber auch in die Dienstbarkeit vollstrecken, so findet er die Ergänzung zur Formulierung des Antrags in *Muster 59*.

―――――――― **Erläuterungen** ――――――――

bei *Muster 15*

Muster 15

Altenteil II
Antrag auf Eintragung der Pfändung im Grundbuch

An das Amtsgericht – Grundbuchamt
.....
Betr.: Grundbuch von ... Band ... Blatt ...
In der Zwangsvollstreckungssache ..... gegen .....
überreiche ich eine Ausfertigung des Pfändungs-(und Überweisungs-)beschlusses des Amtsgerichts ... vom ... Az.: ... und

beantrage

als der im Pfändungsbeschluß legitimierte Vertreter des Gläubigers, die Pfändung des Altenteils zugunsten des Gläubigers an der im Betreff bezeichneten Stelle in Abteilung II einzutragen.

(Unterschrift)

---- Erläuterungen ----

1. Altenteil (Austrag, Leibgeding, Leibzucht)

1 Er ist **gesetzlich nicht definiert**, sondern – z. B. in Art. 96 EGBGB, § 850b ZPO, § 49 GBO – als bekannter Begriff vorausgesetzt. Durch den Altenteilsvertrag wird das Ausscheiden einer Generation aus einer Existenz oder Teilexistenz und das Nachrücken der jüngeren Generation unter Versorgung und meist dinglicher Sicherung der Weichenden verstanden; die Überlassung von Grundbesitz ist zwar häufig der Anlaß, nicht aber auch begrifflich Voraussetzung eines Altenteils, jedoch werden auch andere Leistungen als Geldzahlung erbracht, insbesondere Naturalien, Wohnrecht und Pflege[1]. Werden dafür Dienstbarkeiten und/oder Reallasten im Grundbuch eingetragen, so bedarf es dabei nicht der Bezeichnung der einzelnen Rechte, wenn auf die Eintragungsbewilligung Bezug genommen wird (§ 49 GBO) und deren Inhalt eindeutig, wenn auch nicht notwendig wörtlich, erkennbar macht, daß es sich um ein Altenteil handelt[2].

2. Pfändung und Verwertung

2 **2.1** Fortlaufende Forderungen auf Grund eines Altenteilsvertrages sind **nur dann pfändbar,** wenn die Vollstreckung in das sonstige bewegliche Vermögen

---
[1] BGH in NJW-RR 1989, 451 und in MDR 1994, 478 = NJW 1994, 1158 = BGHZ 125, 69; BayObLG in BayObLGZ 1975, 132 ff.; OLG Zweibrücken in NJW-RR 1994, 209; OLG Hamm in NJW-RR 1993, 1299.
[2] BGH in MDR 1994, 478 = NJW 1994, 1158 = BGHZ 125, 69; BayObLG in NJW 1993, 1171; a. A. OLG Köln in Rpfleger 1992, 431.

des Vollstreckungsschuldners nicht zur vollständigen Befriedigung des Vollstreckungsgläubigers geführt hat oder dazu voraussichtlich nicht führen wird **und** die Pfändung nach den Umständen des Einzelfalls, insbesondere nach der Art des beizutreibenden Anspruchs und nach der Höhe der Altenteilsbezüge der Billigkeit entspricht (§ 850b Abs. 2 und Abs. 1 Nr. 3); **das ist im Antrag darzulegen.**

Die Entscheidung darüber, ob die Ansprüche aus dem Altenteil demnach pfändbar sind oder nicht, obliegt dem **Vollstreckungsgericht,** kann jedoch nur durch einen den Pfändungsantrag abweisenden Beschluß oder durch Erlaß des Pfändungsbeschlusses erfolgen und ist zu begründen. Hierzu muß der Rechtspfleger sämtliche maßgebenden Umstände – gegebenenfalls durch Zwischenverfügung und Anhörung der Beteiligten – ermitteln und würdigen. Die Zulassung der Pfändung kommt insbesondere dann in Frage, wenn die Bezüge des Vollstreckungsschuldners relativ hoch sind und der Vollstreckungsgläubiger auf den beizutreibenden Betrag angewiesen ist[3]. 3

Die „Zulassung" der Pfändung durch Erlaß des Pfändungsbeschlusses wirkt **konstitutiv;** erst sie macht die bisher unpfändbare Forderung pfändbar[4]. 4

Die Pfändung erfolgt **nach den für Arbeitseinkommen geltenden Vorschriften** (§ 850b Abs. 2); § 850c ist also zu beachten. Vor der Entscheidung sollen auch der Vollstreckungsschuldner und der Drittschuldner gehört werden (§ 850b Abs. 3). 5

Zu pfänden sind die einzelnen Ansprüche des Vollstreckungsschuldners, soweit sie übertragbar sind, **und die eingetragenen Rechte** (beschränkt persönliche Dienstbarkeit, Reallast), vgl. *Muster 59 und Muster 135 bis 137*[5]. Daher ist **vorherige Einsicht in Grundbuch und Eintragungsbewilligung** dringend anzuraten; zum Nachweis des berechtigenden Interesses (§ 12 GBO) genügt es, den Titel und den Nachweis der Erfolglosigkeit der bisherigen Mobiliarvollstreckung vorzulegen. 6

2.2 Die Pfändung wird wirksam (§§ 857 Abs. 1 u. 6, 830):

2.2.1 Wenn keine dinglichen Rechte eingetragen sind oder wenn nur Ansprüche auf rückständige Leistungen gepfändet werden, durch Zustellung des Beschlusses an den Drittschuldner, 7

2.2.2 wenn **nur** Ansprüche auf solche Leistungen, für die eine Reallast eingetragen ist, zusammen mit der Reallast gepfändet werden, mit Eintragung der Pfändung im Grundbuch (dazu *Muster 15*), 8

2.2.3 wenn (auch) das Wohnungsrecht gepfändet wird, nach herrschender Meinung mit Zustellung an den Drittschuldner, nach unserer Meinung auch mit Eintragung der Pfändung im Grundbuch (Näheres in Rn. 10 zu *Muster 60* 9

---

3 BGHZ 53, 41.
4 BGHZ 53, 41.
5 OLG Hamm OLGZ 69, 380; *Hagenau* in Rpfleger 1975, 73; ergänzend: *Hintzen* in JurBüro 1991, 755 ff.

und Rn. 4 zu *Muster 128*). Bei Pfändung (auch) des Wohnungsrechts ist also dringend anzuraten, **sowohl für Zustellung an den Drittschuldner als auch für Eintragung im Grundbuch zu sorgen.**

10 2.3 <u>Beachte:</u> **Die Erstreckung der Pfändung auf das als Dienstbarkeit eingetragene Wohnungsrecht bringt regelmäßig Steine statt Brot:** Das Altenteil steht häufig einem Ehepaar zu, während vielleicht nur der Mann oder die Frau Vollstreckungsschuldner(in) ist. Meist werden die Altenteiler die Räume, auf die sich die Dienstbarkeit bezieht, schon im Besitz haben, wenn die Pfändung wirksam wird. Wie will der Vollstreckungsgläubiger sie daraus vertreiben? Entspricht die Vertreibung der Billigkeit? Wie findet der Vollstreckungsgläubiger für die vielleicht kurze, jedenfalls unbestimmte Zeit bis zur Befriedigung seiner Forderungen einen Mieter und wie stellt er sicher, daß dieser wieder rechtzeitig auszieht, damit keine Schadensersatzansprüche erhoben werden? **Vor allem aber kann der Vollstreckungsgläubiger bei Pfändung des Wohnungsrechts nicht zusätzlich erreichen, daß der Wert dieses Rechts der gepfändeten Geldleistung hinzugerechnet wird;** denn er kann schließlich nicht zweimal vespern. Die Zusammenrechnung aber bringt ihm mehr als die Verwertung des Wohnungsrechts brächte.

Muster 16

Ankaufsrecht

In ein Formblatt (vgl. „Hinweise" Ziff. 5) ist einzusetzen:

Wegen dieser Ansprüche sowie wegen der Kosten dieses Beschlusses und seiner Zustellung

wird das angebliche Ankaufsrecht des Schuldners

gegen .... (Name und Adresse) ...... (Drittschuldner)

gepfändet. Das gepfändete Recht ist darauf gerichtet, daß der Drittschuldner dem Schuldner auf Verlangen ... (die dem Ankaufsrecht unterliegende Sache genau bezeichnen) .... *zu verkaufen hat; das Recht ist entstanden und für übertragbar erklärt durch Vertrag vom* ...

Es wird angeordnet, daß diese Sache bei Ausübung des Ankaufsrechts durch den Gläubiger an einen von diesem zu beauftragenden Gerichtsvollzieher zum Zwecke ihrer Verwertung nach den Vorschriften über die Verwertung gepfändeter Sachen herauszugeben ist.

Dem Drittschuldner wird verboten, an den Schuldner zu leisten.

Dem Schuldner wird geboten, sich jeder Verfügung über das gepfändete Recht, insbesondere seiner Geltendmachung zu enthalten.

Zugleich wird das gepfändete Recht dem Gläubiger zur Einziehung überwiesen.

──────── **Vorbemerkung** ────────

Dieses Muster befaßt sich mit dem Ankaufsrecht bezüglich einer **beweglichen Sache**. Bezieht sich das Ankaufsrecht auf ein **Grundstück**, eine **Eigentumswohnung** oder einen **Miteigentumsanteil** daran, so sind Pfändungsantrag und Pfändungsbeschluß entsprechend *Muster 190* zu formulieren.

──────── **Erläuterungen** ────────

bei *Muster 190*

Muster 17

Anwartschaft auf den Eigentumserwerb bei Eigentumsvorbehalt

In ein Formblatt (vgl. „Hinweise" Ziff. 5) ist einzusetzen:

Wegen dieser Ansprüche sowie wegen der Kosten dieses Beschlusses und seiner Zustellung

wird das angebliche Anwartschaftsrecht des Schuldners auf den Erwerb des Eigentums an dem (der, den) dem Schuldner von

... (Name und Adresse) ...   (Drittschuldner)

unter Eigentumsvorbehalt verkauften ... (Sache genau bezeichnen) ...

gepfändet. Ferner wird der Zahlungsanspruch gepfändet, der dem Schuldner gegen Drittschuldner im Falle der Auflösung des Kaufvertrags zusteht oder zustehen wird.

Dem Drittschuldner wird verboten, an den Schuldner zu leisten.

Dem Schuldner wird geboten, sich jeder Verfügung über das gepfändete Anwartschaftsrecht und den gepfändeten Anspruch, insbesondere der Einziehung, zu enthalten.

Zugleich werden das gepfändete Recht und der gepfändete Anspruch dem Gläubiger zur Einziehung überwiesen.

———— Erläuterungen ————

1. Wesen des Eigentumsvorbehalts

1   Der Käufer einer Sache will diese häufig schon besitzen und benutzen, bevor er sie bezahlt hat; der Verkäufer aber will zu seiner Sicherung sich des Eigentums an der Kaufsache nicht begeben, ehe er den vollen Kaufpreis erhalten hat. Durch den Eigentumsvorbehalt können beide Interessen unter einen Hut gebracht werden: Der Verkäufer behält sich im Kaufvertrag und vor Übergabe der Sache das Eigentum an der Kaufsache bis zu dem Zeitpunkt vor, in welchem der Kaufpreis voll bezahlt sein wird; bei voller Zahlung des Kaufpreises geht das Eigentum ohne weitere Mitwirkung des Verkäufers auf den Käufer über. Mangels anderweitiger Vereinbarung bedeutet das, daß die Übertragung des Eigentums unter der aufschiebenden Bedingung (§ 158 BGB) vollständiger Kaufpreiszahlung erfolgt, und daß der Verkäufer vom Vertrag zurücktreten kann, wenn der Käufer mit der Kaufpreiszahlung in Verzug gerät (§ 455 BGB). Diese Bestimmung ist nicht nur im Kaufrecht, sondern auch im Werklieferungsrecht (§ 651 BGB) anzuwenden (Beispiel: der Maßschneider stellt für den Kunden aus vom Schneider besorgtem Stoff einen Anzug her und liefert diesen).

Solange der volle Kaufpreis nicht bezahlt ist, gehört die verkaufte Sache also noch dem Verkäufer, ist nicht Vermögen des Käufers. Der Käufer hat aber mit der Übergabe der Sache an ihn ein übertragbares Anwartschaftsrecht auf Eigentum erworben[1]. Vor gutgläubigem Erwerb der Sache durch Dritte schützt ihn sein Besitz (§§ 936 Abs. 3, 931 BGB).

2. Pfändung und Verwertung

Der Vollstreckungsgläubiger muß, wenn er sicher gehen will, **sowohl das Anwartschaftsrecht** nach § 857 pfänden und sich nach § 835 überweisen lassen **als auch die Sache selbst** nach §§ 808 ff. **pfänden** und nach §§ 814 ff. verwerten lassen[2]. Der Käufer hat ein Anwartschaftsrecht auf das Eigentum erworben, das pfändbar ist. Der Verkäufer ist noch Eigentümer, aber das Anwartschaftsrecht des Vorbehaltskäufers ist auf dem Wege zum Eigentum zu erstarken, und das macht gleichzeitig eine jetzt schon bestehende Schwäche des Eigentums des Verkäufers aus, wie sich insbesondere aus §§ 160 Abs. 1, 161 Abs. 1 S. 1 BGB ergibt.

2

Drittschuldner ist der Verkäufer.

3

Durch die Pfändung des Anwartschaftsrechts hat der Vollstreckungsgläubiger weder das Eigentum an der Kaufsache noch das Anwartschaftsrecht selbst erlangt: Das Eigentum bleibt zunächst noch beim Verkäufer (Drittschuldner), das Anwartschaftsrecht bleibt beim Käufer (Vollstreckungsschuldner). Die Pfändung und Überweisung des Anwartschaftsrechts zur Einziehung berechtigt den Vollstreckungsgläubiger nur dazu, das **Recht des Käufers im eigenen Namen geltend zu machen.** Dennoch hat die Pfändung des Anwartschaftsrechts einen guten Sinn: Mit Zahlung des Kaufpreises wird der Vollstreckungsschuldner Eigentümer der Kaufsache, und das Anwartschaftsrecht geht unter. Der Vollstreckungsgläubiger, der das Anwartschaftsrecht gepfändet hat, kann nach § 267 BGB an den Verkäufer den Restkaufpreis zahlen, und zwar selbst dann sofort und in einer Summe, wenn Raten vereinbart sind (§ 271 BGB), und kann so dem Vollstreckungsschuldner das Eigentum an der Sache verschaffen. Er könnte das aber nicht, wenn der Vollstreckungsschuldner der Kaufpreiszahlung durch den Vollstreckungsgläubiger widerspricht und der Verkäufer deshalb die Zahlung des Kaufpreisrestes durch den Vollstreckungsgläubiger gemäß § 267 Abs. 2 BGB ablehnt. Die Pfändung des Anwartschaftsrechts verhindert diese Ablehnung jedoch, weil das Recht des Vollstreckungsschuldners, gemäß § 267 BGB der Zahlung des Kaufpreises durch den Vollstreckungsgläubiger zu widersprechen, diesem infolge der Überweisung des Anwartschaftsrechts auf den Vollstreckungsgläubiger nicht mehr zusteht.

4

---

1 Näheres bei *Bauknecht* in NJW 1955, 1251, der der herrschenden Meinung teilweise widerspricht; insbesondere BGH in NJW 1984, 1185 li. Sp.
2 BGH in NJW 1954, 1325; *Stein/Jonas*, § 857 Rn. 86; *Zöller*, § 857 Rn. 6; *Baumbach/Lauterbach/Albers/Hartmann*, Grundzüge vor § 704 Rn. 60; *Hübner* in NJW 1980, 733.

Muster 17 Anwartschaft bei Eigentumsvorbehalt

5 *Beachte:* Um an den Vermögenswert der Kaufsache heranzukommen, muß die Kaufsache im Wege der **Sachpfändung** nach §§ 808 ff. gepfändet und nach §§ 814 ff. verwertet werden.

Versuche, diese Doppelpfändung durch andere Konstruktionen zu vermeiden, sind erfolglos geblieben.

6 **2.1** Die Pfändung des Anwartschaftsrechts wird, wie der BGH überzeugend dargelegt hat[3], **wirksam mit der Zustellung des Beschlusses an den Drittschuldner** (Verkäufer). Dennoch ist dem Vollstreckungsgläubiger dringend zu empfehlen, auch für rasche Zustellung an den Vollstreckungsschuldner zu sorgen; denn eine (zur Pfändung der Eigentumsanwartschaft eines Auflassungsempfängers ergangene) Entscheidung des BGH[4] läßt die Möglichkeit offen, daß die Rechtsprechung in der Anwartschaft ein drittschuldnerloses Vermögensrecht sieht und daher die Pfändung erst mit der Zustellung an den Schuldner als bewirkt ansehen könnte.

7 **2.2.** Die Doppelpfändung hat schon relativ hohe Kosten im Gefolge, verteuert sich aber noch ganz erheblich dadurch, daß der Vollstreckungsgläubiger erst einmal dem Verkäufer den Restkaufpreis zahlen muß. Dieser Betrag gehört zwar nach fast einhelliger Meinung zu den Vollstreckungskosten, aber die Pfändung des Anwartschaftsrechts und der Sache hat nur dann einen Sinn, wenn der Vollstreckungsgläubiger davon ausgehen darf, daß die Verwertung der Sache einen Erlös bringen wird, der die sonstigen Vollstreckungskosten und den für die Wegfertigung des Kaufpreises benötigten Betrag übersteigt. Zudem wird sich der Vollstreckungsgläubiger dessen versichern müssen, **daß nicht Rechte anderer seinen Rechten vorgehen** und er sät und andere ernten: Der Vollstreckungsschuldner könnte nämlich sein Anwartschaftsrecht einem Dritten durch Vertrag übertragen haben, der dann im Zeitpunkt der Zahlung des vollen Kaufpreises an Stelle des Schuldners das volle Eigentum an der Sache erwirbt. Dieser würde dann gegen die durch den Vollstreckungsgläubiger vorgenommene Sachpfändung mit der Widerspruchsklage aus § 771 durchdringen, weil sein Eigentum ein die Veräußerung hemmendes Recht im Sinne dieser Bestimmung ist[5].

8 **2.3** Der Vollstreckungsgläubiger tut gut daran, **zunächst die Sachpfändung** durchzuführen, **dann das Anwartschaftsrecht** zu pfänden, weil ihm dies größere Sicherheit gibt; der Drittwiderspruchsklage des Verkäufers kann er durch die Pfändung des Anwartschaftsrechts und die Zahlung des Restkaufpreises begegnen.

9 **2.4** Der Vollstreckungsgläubiger muß sich davon überzeugen, daß nicht die Sache zu den **unpfändbaren** gehört, weil er sonst die Kosten umsonst ausgibt und die Pfändung des Anwartschaftsrechts mangels Rechtsschutzbedürfnisses unzulässig ist.

---

3 In NJW 1984, 1185 li. Sp.
4 NJW 1968, 493 mit Anmerkung von *Rose* in NJW 1968, 1087.
5 BGH in NJW 1956, 665.

2.5 Nur wenn der Vollstreckungsgläubiger entschlossen ist, dem Drittschuldner den Kaufpreisrest zu bezahlen, kann er sicher sein, daß dem Vollstreckungsschuldner das Eigentum auch wirklich zufallen wird, während im anderen Fall der Drittschuldner vom Kaufvertrag zurücktreten könnte. Wenn diese Gefahr nicht ausgeschlossen werden kann, ist **zusätzlich der Zahlungsanspruch zu pfänden,** der dem Vollstreckungsschuldner gegen den Drittschuldner im Fall der Vertragsauflösung zusteht. Das ist im Muster vorgesehen; die Formulierung: „Auflösung" ist dort deshalb gewählt, damit auch vertragslösende Abreden zwischen dem Vollstreckungsschuldner und dem Drittschuldner, deren Wirksamkeit ja durch den Pfändungsbeschluß nicht beeinträchtigt wird, erfaßt werden.

10

Beachte: Wird das Anwartschaftsrecht gepfändet, bevor der Drittschuldner die Kaufsache dem Vollstreckungsschuldner übergeben hat, ist zusätzlich der **Herausgabeanspruch** zu pfänden.

11

Muster 18

Arbeitnehmer-Erfindervergütung

In ein Formblatt (vgl. „Hinweise" Ziff. 5) ist einzusetzen:

Wegen dieser Ansprüche sowie wegen der Kosten dieses Beschlusses und seiner Zustellung

wird der Anspruch des Schuldners

gegen ... (Name bzw. Firma und Adresse, gegebenenfalls Vertretungsverhältnisse des Arbeitgebers) ...

(Drittschuldner)

*auf Zahlung einer Vergütung für Inanspruchnahme einer Diensterfindung ... (diese möglichst genau bezeichnen) ...

*auf Zahlung einer Vergütung für erworbene Rechte (Lizenz) an einer freien Erfindung ... (diese möglichst genau bezeichnen) ...

*auf Zahlung einer Vergütung für technische Verbesserungsvorschläge ... (diese möglichst genau bezeichnen) ...

gepfändet.

Dem Drittschuldner wird verboten, an den Schuldner zu zahlen.

Dem Schuldner wird geboten, sich jeder Verfügung über den gepfändeten Anspruch, insbesondere seiner Einziehung zu enthalten.

Zugleich wird der gepfändete Anspruch dem Gläubiger zur Einziehung überwiesen.

---

* Unter diesen Alternativen wählen, wenn Näheres bekannt ist.

———————— Erläuterungen ————————

1. Der Vergütungsanspruch

1   Macht ein Arbeitnehmer eine Erfindung oder einen Verbesserungsvorschlag für technische Neuerungen, so hat der Arbeitgeber schützenswerte Interessen an der Nutzung dieser Erfindung und der Arbeitnehmer schützenswerte Interessen an einer Vergütung für die Erfindung oder den Verbesserungsvorschlag. Wie diese Interessen auszugleichen sind, regelt das **Gesetz über Arbeitnehmererfindungen** (Arbeitnehmererfindungsgesetz, ArbnErfG)[1]: Das Gesetz definiert in §§ 1 bis 4 die Begriffe:

2   **1.1** Dem Gesetz unterliegen Erfindungen und technische Verbesserungsvorschläge von **Arbeitnehmern** im privaten und öffentlichen Dienst, von **Beamten**

---
1 Abgedruckt bei Nipperdey I als Nr. 121.

und **Soldaten**. **Erfindungen** im Sinn dieses Gesetzes sind nur solche, die patent- oder gebrauchsmusterfähig sind. Vorschläge für sonstige technische Neuerungen sind **technische Verbesserungsvorschläge**. **Diensterfindungen** sind solche Arbeitnehmererfindungen, die der Arbeitnehmer während des Arbeitsverhältnisses entweder im Rahmen der ihm obliegenden Tätigkeit oder auf Grund von Erfahrungen oder Arbeiten des Betriebs gemacht hat. Andere Erfindungen von Arbeitnehmern sind freie Erfindungen (§§ 1 bis 4 ArbnErfG). Weder die Vergütung für die Diensterfindung noch diejenige für die freie Erfindung ist Arbeitslohn[2].

1.2 Der Arbeitnehmer muß dem Arbeitgeber sowohl Diensterfindungen als auch freie Erfindungen mitteilen (§§ 5 und 18 ArbnErfG). **Diensterfindungen** kann der Arbeitgeber nach näherer Bestimmung der §§ 6 bis 8 ArbnErfG in Anspruch nehmen. Für **freie Erfindungen** muß der Arbeitnehmer dem Arbeitgeber mindestens ein nicht ausschließliches Recht zur Benutzung der Erfindung zu angemessenen Bedingungen anbieten; der Arbeitgeber kann das Angebot innerhalb drei Monaten annehmen oder Festsetzung angemessener Bedingungen durch das Gericht veranlassen (§ 19 ArbnErfG). Für **technische Verbesserungsvorschläge** gelten die Bestimmungen für Diensterfindungen entsprechend (§ 20 ArbnErfG). Zur Höhe der Vergütungen sind auf Grund von § 12 ArbnErfG Richtlinien[3] erlassen worden.

2. Pfändung und Verwertung

Der Vergütungsanspruch ist **als gewöhnliche Geldforderung, nicht als Teil des Arbeitseinkommens pfändbar**. Folglich unterliegt er nicht dem Pfändungsschutz nach §§ 850 ff. Umgekehrt erfaßt die Pfändung des Arbeitseinkommens nicht den Anspruch auf die Erfindervergütung[4].

Die Erfindung (der Verbesserungsvorschlag, für die die Vergütung geschuldet wird), soll **im Pfändungsantrag bezeichnet** werden, damit es, falls der Vollstreckungsschuldner mehrere Erfindungen gemacht haben sollte, nicht an der notwendigen Bestimmbarkeit des gepfändeten Anspruchs fehlt.

Drittschuldner ist der Arbeitgeber bzw. der Dienstherr.

3. Rechtsweg

Für die **Drittschuldnerklage** ist das Arbeitsgericht zuständig, wenn der Erfinder Arbeitnehmer (nicht Richter, Beamter oder Soldat) ist und ausschließlich eine nach § 12 ArbnErfG festgestellte Vergütung verlangt; das soll allerdings für die Vergütung für technische Verbesserungsvorschläge nicht gelten[5]. In allen anderen Fällen ist das ordentliche Gericht zuständig. Der Rechtsstreit gehört am Landgericht vor die Zivilkammer, nicht vor die Kammer für Handelssachen.

---
2 BGHZ 93, 82 ff.
3 Abgedr. bei Nipperdey I als Nr. 121c.
4 BGHZ 93, 82.
5 BAGE 17, 53.

Muster 19

Arbeitseinkommen I

In ein Formblatt (vgl. „Hinweise" Ziff. 5) ist einzusetzen:

Wegen dieser Ansprüche sowie wegen der Kosten dieses Beschlusses und seiner Zustellung

wird die angebliche Forderung des Schuldners

gegen   . . . (Name und Adresse) . . .   (Drittschuldner)

auf Zahlung des gesamten, auch künftigen Arbeitseinkommens, gleich wie es benannt wird, einschließlich des Geldwerts von Sachbezügen solange gepfändet, bis die Ansprüche des Gläubigers vollständig befriedigt sein werden; ausgenommen sind nur die durch ein Gesetz als unpfändbar bezeichneten Beträge. Mehrere Arbeitsvergütungen sind zusammenzuzählen. Gepfändet ist auch der Anspruch des Schuldners auf Durchführung des Lohnsteuerjahresausgleichs und auf Zahlung der sich daraus ergebenden Beträge, auch für die Vergangenheit. Die Pfändung wird gemäß § 850c ZPO beschränkt.

Dem Drittschuldner wird, soweit die Pfändung reicht, verboten, an den Schuldner zu zahlen.

Dem Schuldner wird, soweit die Pfändung reicht, geboten, sich jeder Verfügung über die gepfändete Forderung, insbesondere ihrer Einziehung, zu enthalten.

Soweit die Forderung gepfändet ist, wird sie dem Gläubiger zur Einziehung überwiesen.

──────── **Vorbemerkung** ────────

Die *Muster 19 bis 25* befassen sich mit der Pfändung des **Arbeitseinkommens Unselbständiger** – wozu weder die Erfindervergütung (dazu *Muster 18*) noch der Anspruch auf Lohnsteuerausgleich (dazu *Muster 169 und 170*) gehören – mit Ausnahme der Entlohnung der Heimarbeiter (dazu *Muster 95 und 96*) und der Soldaten (dazu *Muster 160 bis 163*).

Die Pfändung des **Arbeitseinkommens Selbständiger** wird an typischen Beispielen gezeigt:

Ärzte, Zahnärzte, Tierärzte: *Muster 12 und 13;*
Automatenaufsteller: *Muster 34;*
Geschäftsinhaber: *Muster 111;*
Makler: *Muster 117;*
Rechtsanwälte: *Muster 138 und 139;*

Schriftsteller: *Muster 182;*
Vertreter: *Muster 188.*

―――――――――――――― Erläuterungen ――――――――――――――

1. Besonderer Pfändungsschutz für Arbeitseinkommen

Das **Arbeitseinkommen** bietet sich dem Zugriff des Vollstreckungsgläubigers geradezu an: Ein sehr hoher Prozentsatz der Vollstreckungsschuldner bezieht Arbeitseinkommen, diese Tatsache und der Drittschuldner sind verhältnismäßig schnell zu ermitteln, das typische Arbeitseinkommen fließt kontinuierlich, Lohnschiebung kann bekämpft werden *(Muster 24 und 25).* Auf der anderen Seite ist das Arbeitseinkommen als Lebensgrundlage der meisten Bürger für diese weitgehend unverzichtbar. 1

Daher hat der Gesetzgeber die Pfändung des Arbeitseinkommens zwar prinzipiell zugelassen, aber durch zahlreiche Pfändungsschutzbestimmungen dafür gesorgt, daß dem Vollstreckungsschuldner das Lebensnotwendige verbleibt. Freilich vermag diese Regelung nicht in jedem Einzelfall zu befriedigen: Der unpfändbare Teil des Einkommens kann in Ballungsgebieten allein vom Mietzins verbraucht werden, in anderen Fällen mag der Vollstreckungsgläubiger dringender auf den Eingang seiner Forderung angewiesen sein als der Vollstreckungsschuldner auf den Schutz. 2

Auf eine Begriffsdefinition des Arbeitseinkommens kann hier verzichtet werden. Die einzelnen **Einkommensarten und Einkommensteile** werden jeweils bei der Prüfung ihrer Pfändbarkeit behandelt werden. 3

2. Pfändung und Verwertung

Die Pfändung von Arbeitseinkommen wird in §§ 850 bis 850k und 832 ZPO im einzelnen geregelt. Sie ist in den Kommentaren zur ZPO und auch in Darstellungen des Arbeitsrechts ausführlich behandelt. Hier werden daher mehr spezielle Fragen behandelt. 4

2.1 Einzelne Einkommensarten

2.1.1 Nur vom Einkommen **Unselbständiger** ist hier die Rede. 5

2.1.2 **Ersatzansprüche,** die der Arbeitnehmer deshalb hat, weil ihm seine Arbeitsvergütung vertragswidrig vorenthalten worden oder infolge des Verhaltens eines Dritten entgangen ist, genießen den gleichen Pfändungsschutz wie das Arbeitseinkommen selbst[1]. 6

2.1.3 Der **Handelsvertreter mit Inkassoermächtigung** hebt seine Provision (als unausgeworfenen Teil des Kaufpreises) beim Kunden selbst ein. Dennoch 7

---

1 *Stein/Jonas,* § 850 Rn. 45; *Zöller,* § 850 Rn. 15.

sind seine Provisionen Arbeitseinkommen i. S. d. § 850 Abs. 2, wenn der Handelsvertreter Angestellter ist, i. S. d. § 850i, wenn er Selbständiger ist[2]. Näheres ist in *Muster 188* dargestellt.

8 2.1.4 Die Vergütung für **Heimarbeit** ist durch § 850i Abs. 3 und § 27 des Heimarbeitsgesetzes[3] dem Arbeitseinkommen gleichgestellt. Die Pfändung ist in den *Mustern 95 und 96* behandelt.

9 2.1.5 Die **Karenzentschädigung**, die der Arbeitgeber einem früheren Arbeitnehmer als Äquivalent für ein Wettbewerbsverbot schuldet (§§ 74 ff. HGB, 133 GewO), ist Arbeitseinkommen (§ 850 Abs. 3) und genießt Pfändungsschutz nach §§ 850a ff., bei Zahlung in einer Summe nach § 850i.

10 2.1.6 Der **Entgeltfortzahlungsanspruch** ist Teil des Lohns und ohne weiteres mitgepfändet[4].

11 2.1.7 **Versicherungsleistungen** sind verschieden zu behandeln:

12 **Krankengeld** ist Ersatz für Arbeitseinkommen, aber Sozialleistung (§ 21 Abs. 1 Nr. 3 SGB I); es ist nach *Muster 164* zu pfänden.

13 **Versicherungsrenten** aus der freiwilligen Lebens- und Unfallversicherung sowie aus Witwen- und Waisenkassen ersetzen Ruhegelder oder Hinterbliebenenbezüge und sind deshalb dem Arbeitseinkommen gleichgestellt (§ 850 Abs. 3 lit. b bzw. § 850b Abs. 1 Nr. 4).

14 Die **Lebensversicherungssumme** genießt nach § 850b Abs. 1 Nr. 4 nur Pfändungsschutz, wenn sie 4140,– DM nicht übersteigt. Sie ist nach *Muster 113* und *114* zu pfänden.

15 Die **Kapitalabfindung aus der Unfallversicherung** genießt keinen Vollstreckungsschutz.

16 Die **Leistungen der Versorgungsanstalt des Bundes und der Länder** in Karlsruhe (VBL) genießen als Arbeitseinkommen Pfändungsschutz (§ 850 Abs. 3 lit. b).

17 2.1.8 **Versorgungsbezüge der Beamten** sind Arbeitseinkommen (§ 850 Abs. 2), ebenso Betriebsrenten, Ruhegelder und Vorruhestandsgelder.

18 2.1.9 Von dem Grundsatz, daß zum Arbeitseinkommen nur Ansprüche gegen den Arbeitgeber zählen, nicht Ansprüche gegen Dritte oder bereits im Vermögen des Vollstreckungsschuldners befindliches Geld, werden zwei einleuchtende Ausnahmen gemacht:

19 Vom **bereits ausbezahlten Arbeitslohn** ist ein Geldbetrag unpfändbar, der dem der Pfändung nicht unterworfene Teil der Einkünfte für die Zeit von der Pfändung bis zum nächsten Zahlungstermin entspricht (§ 811 Nr. 8).

20 Das **auf ein Konto einbezahlte Arbeitseinkommen** wird nach § 850k geschützt: Das Guthaben auf dem Konto ist zwar grundsätzlich wie jedes andere Konto-

---

2 BAG in NJW 1966, 469.
3 Abgedruckt bei Nipperdey I Nr. 450.
4 BAG in NJW 1972, 702 zu dem durch das Entgeltfortzahlungsgesetz (BGBl. I 1994, 1065) aufgehobenen Lohnfortzahlungsgesetz.

guthaben pfändbar, aber das Vollstreckungsgericht hebt auf Antrag des Schuldners die Pfändung des Guthabens insoweit auf, als das Guthaben dem der Pfändung nicht unterworfene Teil der Einkünfte für die Zeit von der Pfändung bis zum nächsten Zahlungstermin entspricht; um die Zeit bis zu seiner Entscheidung zu überbrücken, kann das Gericht eine einstweilige Anordnung erlassen und darin insbesondere anordnen, daß die Zwangsvollstreckung gegen oder ohne Sicherheitsleistung einstweilen einzustellen oder nur gegen Sicherheitsleistung fortzusetzen sei (§ 850k Abs. 3). Näheres in Rn. 35 zu *Muster 36* ausgeführt.

2.2 Pfändungsschutz

Er macht bei Formulierung der Anträge und Beschlüsse kaum Schwierigkeiten und ist in den Kommentaren ausgiebig behandelt. Daher wird er hier nur summarisch behandelt. 21

2.2.1 Der Schutz bereits ausbezahlten Arbeitseinkommens ist oben Rn. 18 behandelt. Die folgenden Ausführungen beziehen sich also nur auf den **noch bestehenden Anspruch auf Zahlung der Arbeitsvergütung**. 22

2.2.2 Zu unterscheiden ist zwischen nichtwiederkehrend zahlbaren Vergütungen und wiederkehrend zahlbaren Vergütungen (Arbeitseinkommen im engeren Sinn). 23

Nicht wiederkehrend zahlbare Vergütungen, insbesondere das Arbeitseinkommen der freien Berufe, selbständiger Handwerker, Handelsvertreter, werden nach § 850i geschützt: Der einzelne Anspruch auf die Vergütung unterliegt grundsätzlich der Pfändung, jedoch hat das Vollstreckungsgericht dem Vollstreckungsschuldner auf Antrag soviel zu belassen, wie er während eines angemessenen Zeitraums für seinen notwendigen Unterhalt und den seines Ehegatten, seines früheren Ehegatten, seiner unterhaltsberechtigten Verwandten oder der Mutter eines nichtehelichen Kindes bedarf; bei der Entscheidung sind die wirtschaftlichen Verhältnisse des Schuldners, insbesondere seine sonstigen Verdienstmöglichkeiten, frei zu würdigen. Dem Schuldner ist nicht mehr zu belassen, als ihm verbliebe, hätte er Arbeitseinkommen im Sinn von § 850 Abs. 2. Der Schutzantrag des Schuldners ist insoweit abzulehnen, als überwiegende Belange des Gläubigers entgegenstehen.

2.2.3 Der Pfändungsschutz für **wiederkehrend zahlbare Vergütungen** wird auf folgende Weise gewährt: § 850e schreibt vor, wie das Einkommen zu berechnen ist (darüber Rn. 25 ff.), durch § 850a werden gewisse Teile des Arbeitseinkommens von der Pfändung völlig ausgenommen (darüber Rn. 31 ff.), andere Beträge werden durch § 850b als bedingt pfändbar erklärt (darüber Rn. 38 ff.), und was dann vom Arbeitseinkommen noch bleibt, wird durch die Bestimmung von Pfändungsgrenzen im § 850c in einen unpfändbaren und einen pfändbaren Teil geschieden; nur der die Pfändungsfreigrenze übersteigende Teil des Arbeitseinkommens steht dem Zugriff des Gläubigers offen (vgl. Rn. 23). Für bestimmte Unterhaltsansprüche reicht der Zugriff des Vollstreckungsgläubigers weiter (vgl. *Muster 20* mit Erläuterungen), Ansprü- 24 che aus vorsätzlicher unerlaubter Handlung sind nach § 850f Abs. 2 privilegiert, Abgeordnete genießen einen Sonderschutz (vgl. Rn. 44).

2.2.4 Die Berechnung des pfändbaren Arbeitseinkommens

25 **2.2.4.1** § 850e Nr. 1 schreibt Abzüge vom Bruttoeinkommen für **unpfändbare Einkommensteile** und für die **Lohnsteuern** und **Sozialabgaben** vor, weil diese dem Vollstreckungsschuldner nicht für sich selbst und zur Erfüllung seiner gesetzlichen Unterhaltspflichten zur Verfügung stehen. Beiträge für die freiwillige Höherversicherung sind nicht abzugsfähig.

26 **2.2.4.2** § 850e Nr. 2 läßt auf Antrag des Vollstreckungsgläubigers die **Zusammenrechnung mehrerer Arbeitseinkommen** zu. Der Vollstreckungsgläubiger sollte, den Antrag auf Zusammenrechnung schon mit dem Antrag auf Erlaß des Pfändungs- und Überweisungsbeschlusses stellen. Nach herrschender Meinung hat der Vollstreckungsgläubiger die Tatsachen zu beweisen, deren Vorliegen Voraussetzung für die Zusammenrechnung ist. Zu dem Antrag auf Zusammenrechnung ist der Vollstreckungsschuldner nicht zu hören (§ 834). Das Vollstreckungsgericht ordnet die Zusammenrechnung im Pfändungs- und Überweisungsbeschluß an; erfolgt die Zusammenrechnung erst auf späteren Antrag im gesonderten Beschluß, so hat dieser keine Rückwirkung. Im Falle der Zusammenrechnung ist der unpfändbare Geldbetrag in erster Linie dem Einkommensteil des Vollstreckungsschuldners zu entnehmen, das die wesentliche Grundlage seiner Lebenshaltung bildet.

27 § 850e Nr. 2a läßt die **Zusammenrechnung von Arbeitseinkommen mit Ansprüchen auf laufende Geldleistungen nach dem Sozialgesetzbuch** zu. Die Zusammenrechnung mit unpfändbaren Ansprüchen auf Geldleistungen für Kinder ist nicht zulässig.

28 Der unpfändbare Grundbetrag ist – soweit nicht wegen gesetzlicher Unterhaltsansprüche gepfändet wird – den laufenden Geldleistungen nach dem Sozialgesetzbuch zu entnehmen.

29 **2.2.4.3 Sachbezüge (Naturalleistungen)** sind mit ihrem Geldwert anzusetzen und mit den Geldbezügen zusammenzurechnen (§ 850e Nr. 3); den Geldwert hat im Streitfall das Vollstreckungsgericht festzusetzen. Die **Sachbezugsverordnung** hat im Vollstreckungsrecht keine bindende Wirkung.

30 **2.2.4.4 Bedingt pfändbare Bezüge** nach § 850b Abs. 2 und **Lohnschiebungsbeträge** sind ebenfalls mit den übrigen pfändbaren Beträgen zusammenzurechnen.

31 **2.2.5 Unpfändbare Beträge (§ 850a)** können weder für sich allein gepfändet, noch dürfen sie mit pfändbaren Beträgen zusammengerechnet werden. Die **Urlaubsabgeltung** fällt nach Meinung des BAG[5] unter § 850a Nr. 2 (streitig). Eine Ausnahme gilt für Nrn. 1, 2, 4, wenn wegen gesetzlicher Unterhaltsansprüche gepfändet wird (§ 850d Abs. 1).

---
5 In AP Nr. 42 zu § 616 BGB (Urlaubsrecht); a. A. z. B. *Faecks* in NJW 1972, 1448 m. w. N.

Die **Aufwandsentschädigung der Abgeordneten** ist in Rn. 44 behandelt. 32

Bei der **Weihnachtsvergütung** kommt es nicht auf die Benennung an, es genügt ein deutlicher, zeitlicher Bezug. 33

Blindenzulagen als Teil der Arbeitsvergütung sind nach § 850a, als Sozialleistung nach § 4 BSG bzw. nach §§ 35 BVG, 54, 55 SGB I unpfändbar. 34

Beihilfen im öffentlichen Dienst sind beschränkt pfändbar: 35

Zwar bezeichnet § 1 Abs. 3 der bundesrechtlichen Allgemeinen Verwaltungsvorschrift über die Gewährung von Beihilfen in Krankheits-, Geburts- und Todesfällen, die von vielen Ländern übernommen ist, den Anspruch auf Beihilfen als unpfändbar, aber diese Bestimmung hat nicht Gesetzesrang, kann also weder beamtenrechtliche Gesetze noch die ZPO ändern. Nach § 50 des Beamtenrechtsrahmengesetzes sind die Dienst- und Versorgungsbezüge der Beamten gesetzlich zu regeln und können nur durch Gesetz geändert werden. Nach § 79 des Bundesbeamtengesetzes (BBG) und nach den Beamtengesetzen der Länder besteht auf Beihilfen ein Rechtsanspruch. § 88 Abs. 1 BBG bestimmt, daß die Ansprüche nur abgetreten oder verpfändet werden können, wenn sie pfändbar sind. Damit verweist das BBG auf § 851 ZPO, wonach ein Anspruch unpfändbar ist, wenn er nicht abgetreten werden kann. Unabtretbar ist ein Anspruch insbesondere, wenn die Leistung an einen anderen als den ursprünglichen Gläubiger nicht ohne Inhaltsänderung erfolgen kann (§ 399 BGB); also sind zweckgebundene Forderungen in der Regel nicht abtretbar[6].

Beihilfeleistungen aber sind **zweckgebunden,** denn sie dienen der Erfüllung der Fürsorgepflicht des Dienstherrn und sollen den öffentlichen Bediensteten helfen, eine finanzielle Schwierigkeit zu überwinden. Daher ist der Anspruch auf eine Beihilfe grundsätzlich unpfändbar. 36

Eine **Ausnahme** muß aber gelten, wenn wegen einer Forderung gepfändet wird, welche gerade einen **Anlaß zur Beihilfegewährung** gegeben hat; denn die Möglichkeit zur Tilgung dieser Forderung sollte mit der Beihilfe gegeben werden. Mit dieser Beschränkung ist der Anspruch auf Beihilfe also pfändbar[7]. 37

2.2.6 Bedingt pfändbare Bezüge (§ 850b) sind nur dann pfändbar, wenn die Zwangsvollstreckung in das sonstige bewegliche Vermögen des Schuldners zu einer vollständigen Befriedigung des Gläubigers nicht geführt hat oder voraussichtlich nicht führen wird und außerdem nach den Umständen des Falles – insbesondere nach der Art des beizutreibenden Anspruchs und der Höhe der jeweiligen Bezüge – die Pfändung der Billigkeit entspricht (§ 850b Abs. 2). Auf Antrag des Gläubigers und nach Anhörung der Beteiligten hat das Vollstreckungsgericht darüber zu entscheiden, ob ausnahmsweise die Pfändung dieser Beträge zugelassen wird (§ 850b Abs. 3). *Der Gläubiger wird also gut daran tun, insbesondere das Protokoll des Gerichtsvollziehers, aus dem sich die Erfolglosigkeit der bisherigen Zwangsvollstreckung am leichtesten dartun läßt, eine vollständige Ausfertigung oder Abschrift des Titels, aus dem sich die Art des beizutreibenden Anspruchs ergibt und zumindest Vortrag über die Vermö-* 38

---

6 Z. B. Zöller, Rn. 3 zu § 851; *Palandt,* Rn. 5, 6 zu § 399 BGB.
7 *Zöller,* Rn. 12 zu § 850a; *Stein-Jonas,* Rn. 23 zu § 850a; LG Münster in Rpfleger 1994, 473.

gensverhältnisse des Vollstreckungsschuldners seinem Antrag beizugeben. § 850d nennt zwar den § 850b nicht, trotzdem werden aber Unterhaltsansprüche zu bevorzugen sein, weil es bei dieser „Art der beizutreibenden Ansprüche" recht häufig der Billigkeit entsprechen wird, wenn die Pfändung zugelassen wird. Vgl. hierzu auch Rn. 27 bei *Muster 165.*

Bedingt pfändbar sind:

39 **Renten, die wegen einer Verletzung des Körpers oder der Gesundheit zu entrichten sind:** Hierher gehören z. B. die Renten aufgrund gesetzlicher Haftpflichtbestimmungen etwa nach §§ 843 BGB, 13 StVG, 618 Abs. 3 BGB, 62 HGB. Wenn über diese gesetzlich begründeten Rentenansprüche ein Vertrag vorliegt, der ihre Höhe regelt (z. B. ein Vergleich), so ändert dies an der bedingten Pfändbarkeit nichts. Unbedingt pfändbar sind Renten aber dann, wenn sie allein aufgrund vertraglicher Vereinbarung oder letztwilliger Verfügung gezahlt werden.

40 Wegen der Ansprüche aufgrund eines **Altenteils** vgl. *Muster 14.*

41 **Unterhaltsrenten** (§ 850b Nr. 2) genießen den Schutz auch dann, wenn sie im einzelnen durch Gerichtsurteil, Vergleich oder Unterhaltsvertrag geregelt sind. Den Schutz genießen auch Ansprüche auf Zahlung von Unterhaltsrückständen[8].

42 **Krankenkassen** im Sinn des § 850b Nr. 4 sind private Kassen, nicht Träger der gesetzlichen Krankenversicherung; Leistungen letzterer unterliegen als Sozialleistungen nicht dem § 850b ZPO, sondern dem § 54 SGB I[9].

43 Bezüglich der Ansprüche aus **Lebensversicherungen** vgl. Rn. 28, 29 der Erläuterungen bei *Muster 114.*

44 **2.2.7 Abgeordnete** genießen Pfändungsschutz durch Sondergesetze: Für **Bundestagsabgeordnete** bestimmt das Abgeordnetengesetz (Sartorius I Nr. 48) in § 31, daß die Ansprüche auf „Amtsausstattung" (Aufwandsentschädigungen) nicht übertragbar und die Ansprüche auf „Entschädigung" (Diäten) nur bis zur Hälfte übertragbar sind (§ 31); wegen § 851 ZPO gilt entsprechendes für die Pfändbarkeit. Im übrigen verweisen §§ 31 und 26 auf die §§ 850 ff. ZPO und auf das Beamtenversorgungsrecht[10].

45 Für **Landtagsabgeordnete** haben die Länder ähnliche Regelungen geschaffen, so z. B. Bayern im Bayer. Abgeordnetengesetz (abgedruckt bei Ziegler-Tremel) als Nr. 5): Art. 26 erklärt den Anspruch auf Aufwandsentschädigung für nicht übertragbar, läßt aber die Übertragung des Anspruchs auf Entschädigung (Diäten) zur Hälfte wirksam sein; Art. 19 verweist auf die Vorschriften des Beamtenversorgungsgesetzes.

---

[8] BGHZ 31, 218.
[9] BGH in NJW 1988, 2670; OLG Köln in NJW 1989, 2956.
[10] Für vor dem 1. 4. 1977 aus dem Bundestag ausgeschiedene Abgeordnete und deren Hinterbliebenen verweist § 38 Abs. 1 AbgG auf das Diätengesetz vom 3. 5. 1968 (BGBl. I, 334), dessen § 25 Satz 2 Ansprüche aus diesem Gesetz für nicht übertragbar erklärt; beachte die Ausnahmen nach §§ 38a und 38b AbgG.

Das **Europaabgeordnetengesetz**[11] enthält keine einschlägige Regelung. Mehrere Aufwandsentschädigungen sind bei der Prüfung der Unpfändbarkeit jedoch zusammenzurechnen[12]. 46

2.3 Pfändungsgrenzen für Arbeitseinkommen (§§ 850c, 850d, 850f, 850g)

2.3.1 Auch soweit die Pfändung des Arbeitseinkommens nicht nach Rn. 31, 38 und 44 unzulässig ist, kann es nicht in voller Höhe gepfändet werden sondern nur innerhalb der von § 850c und der **Lohnpfändungstabelle** gezogenen Grenzen (abgedruckt im Schönfelder als Anlage 2 zur ZPO). Das ist im Pfändungsbeschluß zu berücksichtigen, wobei auf die Tabelle Bezug genommen werden kann (§ 850c Abs. 3). Wird jedoch, etwa aufgrund von §§ 850c Abs. 4, 850d, 850f oder 850g, von den Pfändungsgrenzen der Tabelle abgewichen, so muß das im Pfändungsbeschluß dargelegt werden. 47

Nach Meinung des Bundesarbeitsgerichts sollen bei der Berechnung des pfändbaren Betrags nach § 850c Abs. 1 Satz 2 unterhaltsberechtigte Personen nur dann zu berücksichtigen sein, wenn im konkreten Fall eine gesetzliche Verpflichtung des Vollstreckungsschuldners zur Unterhaltsgewährung besteht[13]. Wir halten diese Entscheidung für unrichtig, weil sie § 850c Abs. 4 übersieht: Ob ein Unterhaltsberechtigter trotz eigenen Einkommens zu berücksichtigen ist, entscheidet das Vollstreckungsgericht; die Entscheidung setzt einen Antrag des Gläubigers voraus. Nur so werden die Rechtsklarheit und Praktikabilität gewahrt, auf die das BAG besonders abhebt.

2.3.2 Die Pfändungsgrenzen des § 850c verschieben sich zugunsten des Vollstreckungsgläubigers, wenn er wegen einer **Unterhaltsforderung** (§ 850d) oder wegen einer **Forderung aus einer vorsätzlich begangenen unerlaubten Handlung** (§ 850f Abs. 2) pfändet. Ob die Forderung von dieser Art ist, prüft das Prozeßgericht bei Erlaß des Titels, während das Vollstreckungsgericht auf den Inhalt des Titels (auch der Urteilsgründe) abzustellen hat; ergeben auch die Urteilsgründe nichts, ist eine entsprechende Feststellungsklage zulässig[14]. 48

Auch bei hohem Einkommen des Vollstreckungsschuldners kann das Vollstreckungsgericht von den Pfändungsgrenzen des § 850c zugunsten des Vollstreckungsgläubigers und auf dessen Antrag hin abweichen (§ 850f Abs. 3), auch wenn diese Vorschrift in der Praxis obsolet ist, da der Höchstbetrag bei 3796,– DM liegt.

2.3.3 Auf Antrag des Vollstreckungsschuldners kann das Vollstreckungsgericht ihm von seinem nach §§ 850c, 850d und 850i pfändbaren Arbeitseinkommen einen Teil – nicht aber alles[15] – belassen, wenn **besondere Bedürfnisse des Vollstreckungsschuldners** oder der besondere Umfang seiner Unter- 49

---

11 Vom 6. 4. 1979, BGBl. I 413, zuletzt geändert BGBl. I 1994, 3346.
12 BezG Frankfurt/Oder in Rpfleger 1993, 457.
13 BAG in NJW 1987, 1573.
14 Streitig, vgl. BGHZ 109, 275; Rpfleger 1990, 246.
15 OLG Koblenz in JurBüro 1987, 306.

Muster 19 Arbeitseinkommen I

haltsverpflichtungen dies erfordern und überwiegende Belange des Vollstreckungsgläubigers nicht entgegenstehen (§ 850f Abs. 2).

50 Dem Vollstreckungsschuldner ist auf Antrag jedenfalls ein Betrag in Höhe der **Sozialhilfe** zu belassen (§ 850f Abs. 1a).

51 **2.3.4 Ändern sich später die Voraussetzungen** für die Bemessung des unpfändbaren Teils des Arbeitseinkommens, so hat das Vollstreckungsgericht auf Antrag den Pfändungsbeschluß entsprechend zu ändern (§ 850g); ggf. ist ein Klarstellungsbeschluß zu erlassen (im Wege der Abhilfe nach § 766 ZPO).

52 **2.3.5** Zur **Pfändung abgetretener Arbeitsvergütung** s. Rn. 138 der „Grundlagen".

53 **2.3.6 Wenn das Arbeitsverhältnis beendet wird,** wird der Pfändungs- und Überweisungsbeschluß gegenstandslos; wird später ein neues Arbeitsverhältnis begründet, so erfaßt der auf das erste Arbeitsverhältnis bezogene Pfändungs- und Überweisungsbeschluß die neuen Vergütungsansprüche nur, wenn beide Arbeitsverhältnisse in einem inneren Zusammenhang stehen[16].

3. Rechtsweg

54 Die Drittschuldnerklage ist zum Arbeitsgericht zu erheben (§ 2 Abs. 1 Nr. 3 lit. a ArbGG), wenn der Vollstreckungsschuldner **Arbeitnehmer** (§ 5 ArbGG) ist.

55 *Beachte aber:* Geschäftsführer einer GmbH und **Organe** anderer **juristischer Personen** sind keine Arbeitnehmer, so daß die Klage zu den ordentlichen Gerichten zu erheben ist, gegebenenfalls zur Kammer für Handelssachen, wenn die gepfändeten Vergütungsansprüche während der Organstellung des Vollstreckungsschuldners entstanden sind (§ 95 Abs. 1 Nr. 4 lit. a GVG).

---

16 BAG in NJW 1993, 2701; a. A. LG Wiesbaden in MDR 1988, 63.

Muster 20

Arbeitseinkommen II
Pfändung wegen eines Unterhaltsanspruchs

Wegen dieser Ansprüche des Gläubigers und wegen seiner zukünftigen Unterhaltsansprüche gegen den Schuldner sowie wegen der Kosten dieses Beschlusses und seiner Zustellung

wird die angebliche Forderung des Schuldners

gegen .... (Name und Adresse) ... (Drittschuldner)

auf Zahlung des gesamten Arbeitseinkommens, gleich wie es benannt wird, einschließlich des Geldwerts von Sachbezügen gepfändet; ausgenommen sind nur die durch Gesetz als unpfändbar bezeichneten Beträge. Mehrere Arbeitsvergütungen sind zusammenzuzählen. Gepfändet ist auch der Anspruch des Schuldners auf Durchführung des Lohnsteuerjahresausgleichs und auf Zahlung der sich daraus ergebenden Beträge, auch für die Vergangenheit. Wegen der Unterhaltsansprüche ist das Arbeitseinkommen ohne die Beschränkung nach § 850c ZPO gepfändet; dem Schuldner sind jedoch mindestens ..... DM* zu belassen. Die Pfändung erstreckt sich auch auf das künftige Arbeitseinkommen ohne zeitliche Beschränkung.

Dem Drittschuldner wird, soweit die Pfändung reicht, verboten, an den Schuldner zu zahlen.

Dem Schuldner wird, soweit die Pfändung reicht, geboten, sich jeder Verfügung über die gepfändete Forderung, insbesondere ihrer Einziehung, zu enthalten.

Soweit die Forderung gepfändet ist, wird sie dem Gläubiger zur Einziehung überwiesen.

---
* Diesen Betrag setzt das Vollstreckungsgericht ein.

Erläuterungen

1. Die Erläuterungen zu *Muster 19* werden hier als bekannt vorausgesetzt. 1

2. Pfändung und Verwertung

Gegenüber den in § 850d genannten Unterhaltsberechtigten (Verwandte, Ehegatten, frühere Ehegatten, Mutter eines nichtehelichen Kindes) gelten die in *Muster 19* angeführten Einschränkungen für die Pfändung von Arbeitseinkommen nicht im vollen Umfang. Wegen der gesetzlichen Unterhaltsansprüche sind nämlich sowohl das jeweilige **Arbeitseinkommen** des Schuldners als auch **Mehrarbeitsentschädigung, Urlaubsbezüge, Zuwendungen aus besonderem Anlaß, Treuegelder und Weihnachtsvergütungen ohne die in § 850c** 2

Muster 20 Arbeitseinkommen II

bestimmten Beschränkungen pfändbar; dem Schuldner ist jedoch soviel zu belassen, wie er für seinen notwendigen Unterhalt – zu dessen Berechnung die Regelsätze des Bundessozialhilfegesetzes herangezogen werden können[1] – und zur Erfüllung seiner laufenden gesetzlichen Unterhaltsverpflichtungen gegenüber den Gläubigern, die dem Vollstreckungsgläubiger vorgehen oder ihm gleichstehen, bedarf. Insbesondere darf der Vollstreckungsschuldner nicht hilfebedürftig i. S. d. BSHG werden (§ 850d Abs. 1). Mehr aber darf dem Vollstreckungsschuldner nicht bleiben, als ihm bei Anwendung des § 850 c Abs. 1 bliebe; Mehrbeträge nach dem System des § 850c Abs. 2 stehen ihm nicht zu. Gleichmäßige Befriedigung gleichrangiger Ansprüche bedeutet, daß der pfändbare Betrag nach den Anteilen der Unterhaltsgläubiger aufzuteilen und dem Vollstreckungsgläubiger seine Quote zuzuteilen ist[2].

3 Bevorzugt werden **nur gesetzliche Unterhaltsansprüche**; daß wegen solcher gepfändet wird, muß sich aus dem Vollstreckungstitel ergeben. Allein auf Vertrag beruhende Unterhaltsansprüche sind nicht bevorzugt. Die Bevorzugung bleibt aber gesetzlichen Unterhaltsansprüchen auch dann erhalten, wenn sie vertraglich geregelt, insbesondere der Höhe nach bestimmt sind.

4 § 850d Abs. 1 ist nicht auf **Rückstände** anwendbar, die länger als ein Jahr vor dem Antrag auf Erlaß des Pfändungsbeschlusses fällig geworden sind, es sei denn, der Schuldner habe sich seiner Zahlungspflicht absichtlich entzogen (§ 850d Abs. 1 S. 4). Hierzu ist kein Nachweis des Gläubigers nötig.

5 **2.1** Auch für Unterhaltsgläubiger gilt grundsätzlich, daß das durch eine frühere Pfändung begründete Pfandrecht dem durch spätere Pfändung begründeten vorgeht (§ 804 Abs. 3). Auf Antrag des Gläubigers oder des Schuldners legt aber das Vollstreckungsgericht die **Rangfolge** fest (vgl. insbesondere § 850d Abs. 2; beachte auch § 850f und § 850g).

6 **2.2** Das Arbeitseinkommen gliedert sich sonach unter dem Gesichtspunkt der Pfändbarkeit in **drei Teile:**

7 Ein Teil ist dem Schuldner auch gegenüber einer bevorrechtigten Forderung als notwendiger Unterhalt zu belassen. Ein zweiter Teil kann nur für Ansprüche der nach § 850d bevorrechtigten Gläubiger gepfändet werden. Der dritte Teil steht allen Gläubigern im Rahmen der allgemeinen Pfändungsfreigrenzen des § 850c offen.

8 **2.3 Vorratspfändung:** Nach § 751 darf die Zwangsvollstreckung erst beginnen, wenn der beizutreibende Anspruch fällig geworden ist; wegen eines jeden Unterhaltsbetrages müßte also jeden Monat neu gepfändet werden, wobei immer das Risiko bestünde, daß andere Gläubiger zuvorkommen. Zum Schutz von Unterhaltsforderungen und von Forderungen wegen der aus Anlaß einer Verletzung des Körpers oder der Gesundheit zu zahlenden Renten macht § 850b Abs. 3 eine wichtige Ausnahme von der Bestimmung des § 751; § 850d Abs. 3 gestattet nämlich die sogenannte Vorratspfändung:

---

1 KG in NJW-RR 1987, 132.
2 OLG Köln in NJW-RR 1993, 1156.

Zugunsten solcher Forderungen kann zugleich mit Pfändung wegen fälliger Ansprüche auch **künftig fällig werdendes Arbeitseinkommen** wegen der dann jeweils fällig werdenden Unterhalts- und Rentenansprüche gepfändet und überwiesen werden. Das bedeutet nicht nur, daß diesen bevorzugten Vollstreckungsgläubigern die ständige Wiederholung der Pfändung (und Überweisung) erspart bleibt, sondern auch, daß die einmalige Pfändung und überweisung den Rang auch bezüglich künftig werdenden Arbeitseinkommens wahrt; alles, was vom Arbeitseinkommen pfändbar ist, fließt auf Dauer dem Vorzugsgläubiger zu. 9

Voraussetzung der Vorratspfändung ist jedoch, daß **zugleich wegen eines fälligen Anspruchs**, also wegen rückständigen Unterhalts, gepfändet wird. 10

Zahlt der Unterhaltsschuldner nach geschehener Vorratspfändung die **laufenden Beträge freiwillig**, so kann er dadurch die Wirkung der Vorratspfändung nicht mehr beseitigen; er kann auch nicht etwa die Aufhebung des Pfändungsbeschlusses verlangen[3]. 11

Treffen bevorrechtigte Ansprüche mit sonstigen Ansprüchen zusammen, so hat das Vollstreckungsgericht auf Antrag eines Beteiligten auf die Unterhaltsansprüche zunächst die gemäß § 850d der Pfändung in erweitertem Umfang unterliegenden Teile des Arbeitseinkommens zu verrechnen (§ 850e Abs. 4). 12

2.4 Analog zur Vorratspfändung hat die Rechtsprechung die sogenannte **Dauerpfändung**[4] entwickelt. Diese hat mit der Vorratspfändung gemeinsam, daß – auch nur für Unterhaltsforderungen und Ansprüche auf Körperverletzungsrenten – durch einen einzigen Beschluß auch solche fortlaufend fällig werdenden Forderungen gepfändet und überwiesen werden können, die sich nicht auf Arbeitseinkommen richten, wie z. B. Mietzinsforderungen. 13

Im Gegensatz zur Vorratspfändung aber wird bei der Dauerpfändung die Pfändung der bei Beschlußerlaß noch nicht fälligen Beträge jeweils erst dann wirksam, wenn die einzelnen Unterhalts- bzw. Rentenbeträge fällig werden; *die Dauerpfändung wirkt also nicht rangwahrend,* so daß zwischenzeitliche Pfändungen zugunsten anderer Vollstreckungsgläubiger Vorrang erhalten können. 14

Bei der Dauerpfändung muß im Text des Pfändungsbeschlusses klargestellt werden, daß die Pfändung der künftig fällig werdenden Beträge erst mit demjenigen Betrag wirksam wird, der auf den Fälligkeitstag folgt. 15

2.5 Bezüglich der Pfändung von **verschleiertem Einkommen** für eine Unterhaltsforderung vgl. OLG Düsseldorf in NJW-RR 1989, 390. 16

---

3 Für den Fall des rechtsmißbräuchlichen Aufrechterhaltens einer Pfändung vgl. OLG Düsseldorf in MDR 1977, 145.
4 Sehr umstritten; vgl. z. B. *Baumbach/Lauterbach/Albers/Hartmann*, § 751 Rn. 2 und *Zöller*, § 850d Rn. 26; *Stöber*, Rn. 691; OLG Hamm in NJW-RR 1994, 895.

Muster 21

Arbeitseinkommen III
Bediensteter der NATO-Streitkräfte außer USA, der durch Vermittlung einer deutschen Behörde bezahlt wird

Achtung!
Hier darf nicht der übliche Antrag auf Erlaß des Pfändungs- und Überweisungsbeschlusses gestellt werden. **Der richtige Antrag lautet:**

Ich beantrage, den angeblichen Anspruch des Schuldners zu pfänden und das Pfändungs- und Überweisungsersuchen gemäß Art. 5 des Gesetzes zum NATO-Truppenstatut und zu den Zusatzvereinbarungen von Amts wegen zuzustellen.

. . . (Darstellung der Vollstreckungsforderung) . . .

Wegen dieser Ansprüche sowie wegen der Kosten dieser Pfändung und der Zustellungskosten

wird der angebliche Anspruch des Schuldners

gegen . . . (zuständiges Amt für Verteidigungslasten) . . .

auf Zahlung aller sich aus der Zugehörigkeit . . . (entweder: zur Truppe oder: zum zivilen Gefolge) ergebenden Bezüge ohne Rücksicht auf deren Benennung, insbesondere das Arbeitseinkommen und der Sold einschließlich des Geldwertes von Sachbezügen, solange gepfändet, bis der Gläubigeranspruch gedeckt ist, und zwar im Rahmen der Besoldungsbestimmungen der . . . (die jeweilige NATO-Streitkraft einsetzen) . . .*

Die Pfändung wird gemäß § 850c ZPO beschränkt.

Dem Schuldner wird geboten, sich jeder Verfügung über die gepfändeten Bezüge, insbesondere der Einziehung, zu enthalten.

Das Amt für Verteidigungslasten wird ersucht, den gepfändeten Teil der Bezüge nicht mehr an den Schuldner, sondern an den Pfändungsgläubiger zu zahlen.

---

* Bei Pfändung wegen Unterhaltsansprüchen sind die Formulierungen in *Muster 20* zu beachten.

———— Erläuterungen ————

bei *Muster 22*

Muster 22

Arbeitseinkommen IV
Bediensteter der NATO-Streitkräfte außer USA, der nicht durch Vermittlung einer deutschen Behörde bezahlt wird

Achtung!
Hier darf nicht der übliche Antrag auf Erlaß des Pfändungs- und Überweisungsbeschlusses gestellt werden. **Der richtige Antrag lautet:**

Ich beantrage, den angeblichen Anspruch des Schuldners zu pfänden und das Pfändungs- und Überweisungsersuchen gemäß Art. 5 des Gesetzes zum NATO-Truppenstatut und zu den Zusatzvereinbarungen von Amts wegen zuzustellen.

    . . . (Darstellung der Vollstreckungsforderung) . . .

Wegen dieser Ansprüche sowie wegen der Kosten für diese Pfändung und wegen der Zustellungskosten

wird der angebliche Anspruch des Schuldners

gegen   . . . (zuständige Zahlstelle angeben) . . .

auf Zahlung aller sich aus der Zugehörigkeit . . . (entweder: zur Truppe oder: zum zivilen Gefolge) . . . ergebenden Bezüge ohne Rücksicht auf deren Benennung, insbesondere das Arbeitseinkommen und der Sold einschließlich des Geldwertes von Sachbezügen solange gepfändet, bis der Gläubigeranspruch gedeckt ist, und zwar im Rahmen der Besoldungsbestimmungen der . . . (die jeweilige NATO-Streitkraft einsetzen) . . .*

Die Pfändung wird gemäß § 850c ZPO beschränkt.

Dem Schuldner wird geboten, sich jeder Verfügung über die gepfändeten Bezüge, insbesondere der Einziehung, zu enthalten.

Die . . . (Zahlstelle) . . . wird ersucht, von der Summe, die sie anerkennt, dem Vollstreckungsschuldner zu schulden, den gepfändeten Teil der Bezüge nicht mehr an den Schuldner zu zahlen sondern bei der zuständigen Stelle zu hinterlegen oder dem Gläubiger auszuzahlen, soweit das Recht des betroffenen Entsendestaates dies zuläßt. Soweit das Recht des betreffenden Entsendestaates dies nicht zuläßt, wird die Behörde der Truppe bzw. des zivilen Gefolges . . . (Zahlstelle) . . . ersucht, alle geeigneten Maßnahmen zu treffen, um das Vollstreckungsorgan bei der Durchsetzung des dieser Pfändung zugrundeliegenden Vollstreckungstitels zu unterstützen.

---

* Bei Pfändung wegen Unterhaltsansprüchen sind die Formulierungen in *Muster 20* zu beachten.

Muster 22 Arbeitseinkommen IV

---------- Erläuterungen ----------

1. Besonderheit dieser Lohnforderungen

1   Erlaß und Zustellung des Pfändungsbeschlusses sind staatliche Hoheitsakte. Diese können Wirkung nur in dem räumlichen und persönlichen Bereich entfalten, den die bundesdeutsche Zivilgerichtsbarkeit umgreift. Innerhalb ihres räumlichen Bereichs erstreckt sich die Gebietshoheit grundsätzlich auf alle Schuldner und Drittschuldner, die hier wohnen oder ihren Sitz haben, gleich, ob sie Inländer oder Ausländer sind. Von dieser Gerichtsgewalt bestehen aber Ausnahmen, sogenannte Immunitäten, insbesondere für Exterritoriale (vgl. insbesondere §§ 19, 20 GVG). Gegen einen fremden Staat ist eine Zwangsvollstreckung in Sachen und Rechte dieses Staates nur mit seiner Zustimmung und Mitwirkung möglich[1]. So genießen nach allgemeinem Völkerrecht die Stationierungstruppen in der Bundesrepublik volle Immunität. Für sie besteht aber das Abkommen zwischen den Parteien des Nordatlantikvertrages vom 19. 6. 51 über die Rechtsstellung ihrer Truppen (**NATO-Truppen-Statut**; abgedruckt bei Sartorius II Nr. 66b). Es regelt auch Fragen der zivilen Gerichtsbarkeit über die Stationierungsgruppen.

2   Nach Art. VIII Abs. 9 i. V. m. Abs. 5g darf der Entsendestaat hinsichtlich der Zivilgerichtsbarkeit des Aufnahmestaates für Mitglieder einer Truppe oder eines zivilen Gefolges **keine Befreiung von der Gerichtsbarkeit des Aufnahmestaates** beanspruchen; jedoch darf ein Mitglied einer Truppe oder eines zivilen Gefolges einem Verfahren zur Vollstreckung eines Urteils nicht unterworfen werden, das in dem Aufnahmestaat in einer aus der Ausübung des Dienstes herrührenden Angelegenheit gegen ihn ergangen ist.

3   Die Ausübung der Gerichtsbarkeit über die Truppen des Entsendestaates selbst, richtet sich weiterhin nach den allgemeinen Sätzen des Völkerrechts, so daß die ausländischen Streitkräfte als solche exempt sind, deutsche Gerichtsbarkeit über sie also nicht ausgeübt werden kann. Deswegen kann den Entsendestaaten von Stationierungsstreitkräften als Drittschuldnern auch in der Regel nicht verboten werden, an den Schuldner zu leisten. Gerade das aber ist nach § 829 ZPO wesentlich für die Pfändung. Abhilfe schafft Art. 34 des **Zusatzabkommens** zu dem Abkommen zwischen den Parteien des Nordatlantikvertrages über die Rechtsstellung ihrer Truppen hinsichtlich der in der Bundesrepublik Deutschland stationierten ausländischen Truppen vom 3. 8. 1959, BGBl. II 1961, 1183, zuletzt geändert am 28. 9. 1994, BGBl. II 2594 (auszugsweise abgedruckt im Anhang, vollständig bei Sartorius II Nr. 66c): Danach gewähren die Militärbehörden bei Durchsetzung vollstreckbarer zivilrechtlicher Titel alle in ihrer Macht liegende Unterstützung; jedoch unterliegen Bezüge eines Mitglieds der Truppe oder des zivilen Gefolges nur insoweit der Zwangsvollstreckung und insbesondere dem Zahlungsverbot, als das auf dem Gebiet des Entsendestaates anwendbare Recht die Zwangsvollstreckung gestattet. Nach Art. 35 des Zusatzabkommens ist zu unterscheiden, ob die

---
1 BVerfG in NJW 1978, 485.

Zahlung der Bezüge und sonstigen Beträge an den Schuldner, der Mitglied der Truppe des zivilen Gefolges ist, durch Vermittlung einer deutschen Behörde (z. B. eines Amts für Verteidigungslasten) geschieht oder nicht.

In dieser Regelung liegt ein teilweiser Verzicht der Entsendestaaten auf ihre Freistellung von der deutschen Gerichtsbarkeit: Der Pfändungszugriff wird immer möglich, wenn die Zahlung durch Vermittlung einer deutschen Behörde geleistet wird, aber anstelle der Pfändung und Überweisung nach der ZPO tritt eben wegen der Exemtion (Immunität) des Entsendestaates das **Ersuchen des Vollstreckungsorgans, Zahlung an den Pfändungsgläubiger** zu leisten. Zahlt die Behörde des Entsendestaates aber unmittelbar die Bezüge des Schuldners, so hinterlegt sie den von ihr anerkannten Schuldbetrag, soweit das ihr Heimatrecht zuläßt. Das hat die Wirkung, daß sich der Gläubiger aus dem hinterlegten Betrag befriedigen kann. Läßt das Heimatrecht die Hinterlegung nicht zu, so sind die Behörden des Entsendestaates zur Mithilfe bei der Durchsetzung des Vollstreckungstitels verpflichtet. 4

Die Ratifizierung der Abkommen und die Ausführungsbestimmungen finden sich im Gesetz zum NATO-Truppen-Statut und zu den Zusatzvereinbarungen vom 10. 8. 1961, BGBl. II 1961, 1183, zuletzt geändert am 28. 9. 1994, BGBl. II 1994, 2594 ff. (auszugsweise abgedruckt im Anhang, S. 509). Art. 5 dieses Gesetzes weist das Ersuchen in den Fällen des Art. 35 des Zusatzabkommens dem **Vollstreckungsgericht** zu, bei dem der Schuldner seinen allgemeinen Gerichtsstand hat, sonst demjenigen, in dessen Bezirk die zu ersuchende Stelle sitzt. Art. 5 ordnet weiter an, daß das Vollstreckungsgericht zugleich mit dem Ersuchen das Gebot an den Schuldner zu erlassen hat, sich jeder Verfügung über die Forderung, insbesondere der Einziehung, zu enthalten. Endlich bestimmt Art. 5, daß im Falle der Zahlung der Bezüge durch Vermittlung einer deutschen Stelle mit der Amtszustellung die Forderung gepfändet und überwiesen ist. Damit ist durch deutsches Gesetz das deutsche Vollstreckungsverfahren abweichend von § 829 ZPO geregelt, so daß das Fehlen des Verbots an den Drittschuldner nicht zur Unwirksamkeit der Pfändung führt. 5

2. Pfändung und Verwertung

Die Pfändung von Arbeitseinkommen, das bei NATO-Streitkräften erzielt wird, unterliegt den besonderen Bestimmungen des NATO-Truppenstatuts, des Zusatzabkommens und des Zustimmungsgesetzes hierzu[2] (oben Rn. 1). 6

2.1 Das Ersuchen in den Fällen des Art. 35 des Zusatzabkommens kann nur von dem Vollstreckungsgericht ausgehen; dieses spricht nicht die Überweisung aus, sondern ersucht die zuständige deutsche Behörde (z. B. das Amt für Verteidigungslasten), nicht an den Schuldner, sondern an den Pfändungsgläubiger zu zahlen, wenn die **Zahlung durch Vermittlung einer deutschen Behörde** erfolgt. Die deutsche Behörde ist ausdrücklich berechtigt, diesem Ersuchen 7

---

[2] Vgl. insbesondere *Bauer* in JurBüro 1964, 247 und *Schwenk* in NJW 1976, 1562.

Muster 22 Arbeitseinkommen IV

im Rahmen der Vorschriften des Deutschen Rechts zu entsprechen, Drittschuldner ist diese Behörde jedoch nicht[3].

8 Erfolgt die **Zahlung nicht durch Vermittlung einer deutschen Behörde**, so hinterlegen die Behörden der Truppe oder des zivilen Gefolges ebenfalls auf Ersuchen des Vollstreckungsgerichts von der Summe, die sie anerkennen, dem Vollstreckungsschuldner zu schulden, den in dem Ersuchen genannten Betrag bei der zuständigen Stelle, soweit dies das Recht des betroffenen Entsendestaates zuläßt. Läßt das Vollstreckungsgericht des Entsendestaates dies nicht zu, treffen die Behörden der Truppe oder des zivilen Gefolges alle geeigneten Maßnahmen, um das Vollstreckungsorgan bei der Durchsetzung des in Frage stehenden Vollstreckungstitels zu unterstützen. Dazu zählt, daß diese Stelle den Schuldner veranlaßt, von der ihm zustehenden Forderung einen Betrag in Höhe des Gläubigeranspruchs abzutreten oder sich mit der Auszahlung an den Gläubiger einverstanden zu erklären. Weiter kann sie den Gläubiger darüber informieren, welche Zahlungen wann und wo an den Schuldner erfolgen, um dem Gläubiger weitere Zugriffsmöglichkeiten zu eröffnen.

9 **2.2** In das Pfändungsersuchen sind die sonst in Pfändungs- und Überweisungsbeschlüssen üblichen **Lohnpfändungsbeschränkungen** aufzunehmen; auf die Anlage zu § 850c Abs. 3 ist hinzuweisen.

10 Dem Schuldner ist zu gebieten, sich jeder Verfügung über die gepfändete Lohnforderung, insbesondere ihrer Einziehung, zu enthalten.

11 **2.3** Die **Zustellung** des Pfändungs- und Hinterlegungs- bzw. Zahlungsersuchens und des Gebotes an den Vollstreckungsschuldner, sich jeder Verfügung über die Forderung zu enthalten, erfolgt von Amts wegen (Art. 5 Abs. 2 des Gesetzes zu dem Abkommen); eine Parteizustellung scheidet aus. Ein Verstoß macht das Ersuchen unwirksam[4]. Die Zustellung an Mitglieder einer Truppe, eines zivilen Gefolges oder Angehörige erfolgt danach dadurch, daß das deutsche Gericht oder die deutsche Behörde die Verbindungsstelle gem. Art. 32 Abs. 1 Buchst. a des Zusatzabkommens ersucht, diese vorzunehmen. Sobald die Zustellung erfolgt ist, wird das deutsche Gericht oder die deutsche Behörde davon unterrichtet.

12 Sollte diese Zustellungsbestätigung oder eine Mitteilung davon, daß eine Zustellung nicht erfolgen konnte, nicht binnen 21 Tagen, gerechnet vom Ausstellungsdatum der Eingangsbestätigung durch die Verbindungsstelle an, vorliegen, so übermittelt das Gericht oder die Behörde eine weitere Ausfertigung des Zustellungsersuchens der Verbindungsstelle mit der Ankündigung, daß 7 Tage nach Eingang bei ihr die Zustellung als bewirkt gilt. Dies gilt dann nicht, wenn die Verbindungsstelle dem deutschen Gericht oder der deutschen Behörde vor Ablauf der Frist von 7 Tagen bzw. der Frist von 21 Tagen mitteilt, daß und aus welchen Gründen die Zustellung nicht möglich war. Hat die Verbindungsstelle eine Fristverlängerung erbeten, so werden die vorgenannten Fristen entsprechend verlängert.

---

3 Vgl. *Schmitz* in BB 1966, 1351; *Schwenk* in NJW 1964, 1000 ff.
4 *Schmidt* in MDR 1956, 205; *Schmitz* in BB 1966, 1351; *Schwenk* in NJW 1976, 1562.

2.4 Eine **Überweisung** gibt es nicht; sie wird durch das Ersuchen, an den Gläubiger zu zahlen bzw. zu hinterlegen, ersetzt. 13

2.5 Eine **Vorpfändung** ist nicht zulässig. 14

2.6 Eine **Drittschuldnererklärung** kann von der ersuchten Behörde nicht verlangt werden. 15

2.7 Der Antrag ist auch hier an das **Amtsgericht** zu richten, bei dem der Schuldner seinen allgemeinen Gerichtsstand hat, ersatzweise an das Amtsgericht, in dessen Bezirk die zu ersuchende Stelle sich befindet. 16

Muster 23

Arbeitseinkommen V

Bediensteter der NATO-Streitkräfte, Entsendestaat USA

Achtung!
Zwar ist der Antrag auch hier an das Amtsgericht zu richten, bei dem der Schuldner seinen allgemeinen Gerichtsstand hat, ersatzweise an das Amtsgericht, in dessen Bezirk die zu ersuchende Stelle sich befindet, aber es darf nicht der übliche Antrag auf Erlaß eines Pfändungs- und Überweisungsbeschlusses gestellt werden. Der richtige Antrag lautet:

Ich beantrage, den im Entwurf anliegenden Pfändungs- und Überweisungsbeschluß (Muster 23a oder 23b) zu erlassen und eine Ausfertigung davon nebst zwei begl. Abschriften der Verbindungsstelle mit dem Ersuchen zuzuleiten, die begl. Abschriften dem Schuldner gemäß Art. 32 1a des Zusatzabkommens zum NATO-Truppenstatut und
– der US-Armee bzw. US-Marine
– der US-Luftwaffe
wie näher bei der Schuldnerbenennung angegeben, zuzustellen.

——— Erläuterungen ———

Gehört der Vollstreckungsschuldner zur US-Armee oder zur US-Marine, so lautet der Entwurf des Beschlusses wie *Muster 23a*, gehört er der US-Luftwaffe an, lautet er wie *Muster 23b*.

Weitere Erläuterungen siehe bei *Muster 23b*.

Muster 23a

Pfändungs- und Überweisungsbeschluß
Vollstreckungsschuldner ist Angehöriger der US-Armee oder US-Marine

In der Zwangsvollstreckungssache

.........................., geb. am ...., wohnhaft in ....

– Gläubiger/in –

gesetzlich vertreten durch das Stadt-/Kreisjugendamt .... als Amtspfleger

gegen

....
(Name und Anschrift des Schuldners)

– Schuldner –

(Zustellung über Office of the Judge Advocate, HQ USAREUR and Seventh Army, Postfach 10 43 23, 69033 Heidelberg).

Nach der vollstreckbaren Urkunde des Stadtjugendamtes .... vom .... – Az.: ....

kann der Gläubiger vom Schuldner beanspruchen:

.... DM (in Worten): .... DM
        Unterhaltsrückstände für die Zeit . vom ....
        bis ....

.... DM (in Worten): .... DM
        monatlicher Unterhalt für die Zeit vom ....
        bis ....

.... DM (in Worten): .... DM
        monatlicher Unterhalt für die Zeit vom ....
        bis ....

.... DM (in Worten): .... DM
        monatlicher Unterhalt für die Zeit vom ....
        bis ....

soweit diese Ansprüche die im U.S. Public Law 93-647 und U.S. Public Law 95–30 festgesetzten pfändbaren Höchstbeträge nicht übersteigen.

Wegen dieser Ansprüche wird die Forderung des Schuldners an den Arbeitgeber – die U.S.-Armee – auf Zahlung des gesamten Arbeitseinkommens (einschließlich des Geldwertes von Sachbezügen) so lange gepfändet, bis der Gläubigeranspruch gedeckt ist, und zwar im Rahmen der amerikanischen Besoldungsbestimmungen.

Der Arbeitgeber (Drittschuldner) darf, soweit die Forderung gepfändet ist, nicht mehr an den Schuldner zahlen.

Muster 23a Arbeitseinkommen V

Der Schuldner darf den gepfändeten Teil des Arbeitseinkommens nicht mehr verlangen, ihn auch nicht verpfänden oder abtreten.

Soweit die Forderung des Schuldners an den Arbeitgeber (Drittschuldner) gepfändet ist, muß sie dem Gläubiger zur Einziehung überwiesen werden.

........................, den ....
Amtsgericht-Vollstreckungsgericht

....
Rechtspfleger

Ausgefertigt:

....
als Urkundsbeamter der Geschäftsstelle

Muster 23b

Pfändungs- und Überweisungsbeschluß
Vollstreckungsschuldner ist Angehöriger der US-Luftwaffe

In der Zwangsvollstreckungssache

.................., geb. am ...., wohnhaft in ....

– Gläubiger –

gesetzlich vertreten durch .... als Amtspfleger

gegen

....
(Name und Dienstanschrift)

– Schuldner –

(Zustellung über HQ USAFE/JAS, Gebäude 527, 66877 Ramstein-Flugplatz).

Nach de.. vollstreckbaren .... des ....
.... vom .... Az.: ....

kann der Gläubiger vom Schuldner beanspruchen:

........DM (in Worten): .... DM)
　　　　Unterhaltsrückstände für die Zeit　vom ....
　　　　　　　　　　　　　　　　　　　　　bis ....

........DM (in Worten): .... DM)
　　　　monatlicher Unterhalt für die Zeit　vom ....
　　　　　　　　　　　　　　　　　　　　　bis ....

........DM (in Worten): .... DM)
　　　　monatlicher Unterhalt für die Zeit　vom ....
　　　　　　　　　　　　　　　　　　　　　bis ....

........DM (in Worten): .... DM)
　　　　monatlicher Unterhalt für die Zeit　vom ....
　　　　　　　　　　　　　　　　　　　　　bis ....

soweit diese Ansprüche die im US-Public Law 93–647 und US-Public Law 95–30 festgesetzten pfändbaren Höchstbeträge nicht übersteigen.

Wegen dieser Ansprüche wird die Forderung des Schuldners an den Arbeitgeber – die US Air Force – auf Zahlung des gesamten Arbeitseinkommens (einschließlich des Geldwertes von Sachbezügen) so lange gepfändet, bis der Gläubigeranspruch im Rahmen der amerikanischen Besoldungsbestimmungen befriedigt ist.

Soweit die Forderung gepfändet ist, darf der Arbeitgeber (Drittschuldner) nicht mehr Zahlungen an den Schuldner leisten.

Der Schuldner hat sich insoweit jeder Verfügung über die Forderung, insbesondere ihrer Einziehung, Verpfändung oder Abtretung, zu enthalten.

Muster 23b Arbeitseinkommen V

> *Soweit die Forderung des Schuldners an den Arbeitgeber (Drittschuldner) gepfändet ist, wird sie dem Gläubiger zur Einziehung überwiesen.*
>
> *Zahlungen sind zu leisten an:*
>
> *............................., den ....*
> *Amtsgericht – Vollstreckungsgericht*
>
> *............*
> *Rechtspfleger*
>
> *Ausgefertigt:*
>
> *...................*
> *als Urkundsbeamter der Geschäftsstelle*

──────────── **Vorbemerkung** ────────────

Die *Muster 23, 23a, 23b* beziehen sich ausschließlich auf Pfändung gegen Bedienstete bei US-Streitkräften in Deutschland. Wegen der Besonderheiten bei der Zustellung usw. sind hier vollständige Muster abgedruckt, welche auch an Stelle des Formblattes Rn. 172 der Grundlagen verwendet werden müssen.

──────────── **Erläuterungen** ────────────

1 1. Wegen der Besonderheiten einer Pfändung gegen **exemte Streitkräfte** wird auf die Erläuterungen zu *Muster 22* verwiesen.

2. Pfändung

2 Nach dem Recht der USA war eine Pfändung der Bezüge von Bediensteten der US-Regierung aufgrund deutscher Titel durch deutsche Vollstreckungsorgane bis 1975 nicht möglich. Durch US-Bundesgesetz 93-784 ist dies mit Wirkung ab 1. Januar 1975 geändert worden; mit US-Bundesgesetz 95-30 vom 23. Mai 1977 wurde die Durchsetzung von **deutschen Unterhaltstiteln** ermöglicht.

3 2.1 Mit Schreiben vom 17. 8. 1977 hat das US-Hauptquartier das Bundesjustizministerium davon unterrichtet, daß die Zwangsvollstreckung (Forderungspfändung) in die Bezüge eines in der Bundesrepublik Deutschland stationierten **Mitglieds des zivilen Gefolges** der Streitkräfte wegen Unterhalts eines Kindes und der Ehefrau zulässig ist.

4 2.2 Am 20. 9. 1977 teilte das US-Hauptquartier dem Bundesjustizministerium mit, daß wegen der Änderung des „Department of Defense Pay and Allowances Entitlement Manual" nunmehr auch die Pfändung der Bezüge von in der Bundesrepublik Deutschland stationierten, **zum militärischen Bereich gehö-**

Arbeitseinkommen V **Muster 23b**

renden **Mitgliedern der Streitkräfte** der Vereinigten Staaten von Amerika wegen Unterhalts eines Kindes und der Ehefrau gestattet ist.

2.3 Drittschuldner ist entweder „die U.S.-Armee", bzw. die „U.S.-Marine" oder die „US-AIR FORCE". 5

Die U.S.-Armee und die U.S.-Marine werden „vertreten" vom „Office of the Judge Advocate", HQ USAREUR and Seventh Army, Karlsluststr. 4, 69126 Heidelberg; US-AIR FORCE wird vertreten durch HQ USAFE/JAS, Gebäude 527, 66877 Ramstein-Flugplatz. Dies ist in den *Mustern 23a und 23b* berücksichtigt. 6

Die beiden amerikanischen Behörden haben **Merkblätter** über die Pfändung herausgegeben, die im folgenden wiedergegeben werden. 7

Die in Ziff. 3g der Merkblätter verlangte englische Übersetzung kann entfallen, wenn die Textfassung der Muster 23a und 23b verwendet wird.

Merkblatt

Betr.: Pfändung der Bezüge des Militärpersonals und der Zivilbediensteten der <u>U.S.-Armee</u> und der <u>U.S.-Marine</u> zur Durchsetzung von Unterhaltsforderungen 8

1. Artikel 34 Abs. (3) des Zusatzabkommens zum NATO-Truppenstatut (BGBl. 1961 II S. 1183, 1246, zuletzt geändert am 28. 9. 1994, BGBl. II 1994, 2598 ff.) sieht folgendes vor:

„(3) Bezüge, die einem Mitglied einer Truppe oder eines zivilen Gefolges von seiner Regierung zustehen, unterliegen der Pfändung, dem Zahlungsverbot oder einer anderen Form der Zwangsvollstreckung auf Anordnung eines deutschen Gerichts oder einer deutschen Behörde, soweit das auf dem Gebiet des Entsendestaates anwendbare Recht die Zwangsvollstreckung gestattet. Die Unterstützung nach Absatz (1) schließt auch Hinweise auf Vollstreckungsmöglichkeiten in den bereits zur Auszahlung gelangten Sold ein."

2. Vor dem 1. Januar 1975 war eine Pfändung der Bezüge der Bediensteten der USA-Regierung nach dem Recht der Vereinigten Staaten in keinem Falle möglich. Mit dem Bundesgesetz („Public Law") 93-647 hat der Kongress der Vereinigten Staaten mit Wirkung vom 1. Januar 1975 darauf verzichtet, bei Pfändungsanordnungen zur Durchsetzung von Unterhaltsansprüchen für Ehefrauen und Kinder die Hoheitsrechte der Vereinigten Staaten geltend zu machen. Mit dem Bundesgesetz („Public Law") 95-30 wurde dieser Verzicht am 23. Mai 1977 auf Beschlüsse zur Durchsetzung von Unterhaltsforderungen erweitert, die von Gerichten in der Bundesrepublik Deutschland erlassen worden sind.

3. Das Recht der Vereinigten Staaten legt der Anerkennung deutscher Gerichtsbeschlüsse, mit denen die Pfändung von Militärsold und Bezügen von Zivilbediensteten bewirkt wird, gewisse Beschränkungen auf. Zur Unterstützung der Vollstreckungsbehörden bei der Vorbereitung und dem Erlaß von Pfändungs- und Überweisungsbeschlüssen werden folgende Hinweise gegeben:

a. Der Pfändungs- und Überweisungsbeschluß kann nur anerkannt werden, wenn das Einleitungsschriftstück in dem betreffenden Verfahren (z. B. Ladung und Klage im Streitverfahren) dem Schuldner gemäß Artikel 32 Abs. (1) des Zusatzabkommens zum NATO-Truppenstatut (BGBl. 1961 II S. 1183, 1244) über die Verbindungsstelle, d. h. unsere Dienststelle, zugestellt worden ist.

b. Das Schriftstück muß in Form eines Beschlusses und nicht in Form eines Ersuchens abgefaßt sein.

Muster 23b Arbeitseinkommen V

c. Als Drittschuldner sollte ganz einfach „die U.S.-Armee", bzw. „die U.S.-Marine" benannt sein.

d. Der pfändbare Betrag darf nicht den Betrag übersteigen, der aufgrund des Bundesgesetzes („Public Law") 93-647 und des Bundesgesetzes („Public Law") 95-30 sowie der hierzu ergangenen Ausführungsbestimmungen zulässig ist.

e. Eine Ausfertigung und zwei beglaubigte Abschriften des Pfändungs- und Überweisungsbeschlusses müssen der Verbindungsstelle mit dem Ersuchen zugeleitet werden, daß die beglaubigten Abschriften dem Schuldner gemäß Artikel 32 Abs. (1)(a) des Zusatzabkommens zum NATO-Truppenstatut (BGBl. 1961 II S. 1183, 1244), und der U.S.-Armee gemäß Artikel 34 Abs. (1) und (3) des Zusatzabkommens zum NATO-Truppenstatut (BGBl. 1961 II S. 1183, 1246) zugestellt werden.

f. Wenn in bezug auf Kindesunterhaltssachen die Urkunde über die Anerkennung der Vaterschaft dem Schuldner nicht bereits vorher über unsere Dienststelle zugestellt worden ist, muß eine Ausfertigung der Urkunde über die Anerkennung der Vaterschaft für die Verbindungsstelle beigefügt werden.

g. Ferner muß dem Pfändungs- und Überweisungsbeschluß eine beglaubigte englische Übersetzung beiliegen. Auf dieses Erfordernis kann verzichtet werden, wenn die als Anlage beigefügte vereinfachte Textfassung verwendet wird.

h. Der Pfändungs- und Überweisungsbeschluß wird nur anerkannt, wenn und solange der Schuldner in der Bundesrepublik Deutschland stationiert ist.

4. Weitere Informationen können den folgenden Veröffentlichungen entnommen werden:

a. **Anwaltsblatt,** Heft XII (Dezember 1977), S. 499–500, „Zwangsvollstreckung in den Sold von Mitgliedern der Streitkräfte und in Bezüge des zivilen Gefolges der Streitkräfte der USA aus Unterhaltstiteln".

b. **Der Amtsvormund,** Heft 2 (Februar 1978), S. 80–83, „Zur Soldpfändung bei Mitgliedern der US-Streitkräfte".

c. **Mitteilungen der Bundesrechtsanwaltskammer,** Heft I/1978 (10. März 1978), S. 13, „Zwangsvollstreckung gegen Mitglieder der amerikanischen Streitkräfte".

d. **Der Amtsvormund,** Heft 4/5 (April/Mai 1978), S. 262, „Zur Soldpfändung bei Mitgliedern der US-Streitkräfte".

e. **Der Amtsvormund,** Heft 9 (September 1978), S. 580 ff., „USA: Zur Soldpfändung bei Mitgliedern der US-Streitkräfte (in Ergänzung zu DAVorm. 1978/80)".

f. **Der Amtsvormund,** Heft 3 (März 1979), S. 164, „USA: Berichtigung in unseren Mitteilungen zur Soldpfändung bei Mitgliedern der US-Streitkräfte im DAVorm. 1978/580 ff. in Spalte 582 unter II, 1. Zeile 10/11".

Zusatz zum Merkblatt

Die Besoldungszentrale des hiesigen Hauptquartiers, die auf unsere Anweisung die Sold-/Gehaltspfändung durchführt, hat keine deutschen Bankverbindungen. Überweisungen auf das Konto des Pfändungsgläubigers sind deshalb nicht möglich.

Alle Zahlungen werden per Verrechnungsscheck vorgenommen.

Im Pfändungs- und Überweisungsbeschluß sollte deshalb kein Bankkonto, sondern die vollständige Postanschrift und das Aktenzeichen des Pfändungsgläubigers angegeben werden.

Arbeitseinkommen V **Muster 23b**

Merkblatt

Betr.: Pfändung der Bezüge des Militärpersonals und der Zivilbediensteten der **US Luftwaffe** zur Durchsetzung von Unterhaltsforderungen

1. Artikel 34 Abs. (3) des Zusatzabkommens zum NATO-Truppenstatut (ZA zum NTS – BGBl. 1961 II S. 1183, 1246) sieht folgendes vor:

„(3) Bezüge, die einem Mitglied einer Truppe oder eines zivilen Gefolges von seiner Regierung zustehen, unterliegen nur insoweit der Pfändung, dem Zahlungsverbot oder einer anderen Form der Zwangsvollstreckung auf Anordnung eines deutschen Gerichts oder einer deutschen Behörde, als das auf dem Gebiet des Entsendestaates anwendbare Recht die Zwangsvollstreckung gestattet."

2. Vor dem 1. Januar 1975 war eine Pfändung der Bezüge der Bediensteten der USA-Regierung nach dem Recht der Vereinigten Staaten in keinem Falle möglich. Mit dem Bundesgesetz („Public Law") 93-647 hat der Kongreß der Vereinigten Staaten mit Wirkung vom 1. Januar 1975 darauf verzichtet, bei Pfändungsanordnungen zur Durchsetzung von Unterhaltsansprüchen für Ehefrauen und Kinder die Hoheitsrechte der Vereinigten Staaten geltend zu machen. Mit dem Bundesgesetz („Public Law") 95-30 wurde dieser Verzicht am 23. Mai 1977 auf Beschlüsse zur Durchsetzung von Unterhaltsforderungen erweitert, die von Gerichten in der Bundesrepublik Deutschland erlassen worden sind.

3. Das Recht der Vereinigten Staaten legt der Anerkennung deutscher Gerichtsbeschlüsse, mit denen die Pfändung von Militärsold und Bezügen von Zivilbediensteten bewirkt wird, gewisse Beschränkungen auf. Zur Unterstützung der Vollstreckungsbehörden bei der Vorbereitung und dem Erlaß von Pfändungs- und Überweisungsbeschlüssen werden folgende Hinweise gegeben:

a. Der Pfändungs- und Überweisungsbeschluß kann nur anerkannt werden, wenn das Einleitungsschriftstück **bei Beginn des betreffenden Verfahrens** (z. B. Ladung und Klage im Streitverfahren) dem Schuldner gemäß Artikel 32 Abs. (1) des ZA zum NTS (BGBl. 1961 II S. 1183, 1244) über die zuständige Verbindungsstelle zugestellt worden ist. (Hierzu auch Baumbach-Lauterbach-Albers-Hartmann, Beck'sche Kurzkommentare zur ZPO, 36. Aufl., Schlußanhang III „Zusatzabkommen zum Nato-Truppenstatut nebst Gesetz zum Nato-Truppenstatut und zu den Zusatzvereinbarungen", Seite 2224).

b. In Kindesunterhaltssachen sollte die Urkunde über die Anerkennung der Vaterschaft dem Schuldner zweckmäßigerweise über unsere Dienststelle zugestellt werden. Ist dies nicht geschehen, muß eine Ausfertigung der Urkunde über die Anerkennung der Vaterschaft für die Verbindungsstelle beigefügt werden.

c. Das Schriftstück muß in Form eines Beschlusses und nicht in Form eines Ersuchens abgefaßt sein.

d. Als Drittschuldner sollte ganz einfach „die US-Air Force" benannt sein.

e. Der pfändbare Betrag darf nicht den Betrag übersteigen, der aufgrund des Bundesgesetzes (Public Law) 93-647 und des Bundesgesetzes (Public Law) 95-30 sowie der hierzu ergangenen Ausführungsbestimmungen zulässig ist.

f. Eine Ausfertigung und zwei beglaubigte Abschriften des Pfändungs- und Überweisungsbeschlusses müssen der Verbindungsstelle mit dem Ersuchen zugeleitet werden, daß die beglaubigten Abschriften dem Schuldner gemäß Artikel 32 Abs. (1)(a) des ZA zum NTS zugestellt und an die zuständige Soldzahlstelle der US-Luftwaffe weitergeleitet werden.

g. Ferner muß dem Pfändungs- und Überweisungsbeschluß eine beglaubigte englische Übersetzung beiliegen. **Auf dieses Erfordernis kann verzichtet werden, wenn die als Anlage beigefügte vereinfachte Textfassung verwendet wird.**

h. Der Pfändungs- und Überweisungsbeschluß wird nur anerkannt, wenn und solange der Schuldner in der Bundesrepublik Deutschland stationiert ist.

Muster 23b Arbeitseinkommen V

Die in der Bundesrepublik Deutschland stationierten Mitglieder der verschiedenen US-Luftwaffenkommandos unterstehen dem HQ USAFE (Oberkommando der US-Luftstreitkräfte **Europa**), also einem Teilkommando der Luftstreitkräfte der Vereinigten Staaten. Sie erhalten ihre Bezüge nicht vom HQ USAFE, sondern von der zentralen Soldzahlstelle der US-Luftwaffe, die sich in Denver, Colorado, befindet. Hieraus ergibt sich zwangsläufig, daß sich die von den Militärbehörden zu gewährende Vollstreckungshilfe gemäß Artikel 34 (1) des ZA zum NTS (BGBl. 1961 II S. 1246) im Falle von Soldpfändungen auf die Weiterleitung von Pfändungs- und Überweisungsbeschlüssen unter Beachtung des auf dem Gebiet des Entsendestaates anwendbaren Rechts (Art. 34 (3) ZA zum NTS) beschränkt.

Zu den Bundesgesetzen (Public Law) 93-647 und 93-30 sind in den USA Ausführungsbestimmungen ergangen. Diese sind im „DODPM" (Department of Denfense Military Pay and Allowance Entitlements Manual) enthalten, dessen Paragraph 70710e (5) zwingend vorschreibt, daß ein Pfändungs- und Überweisungsbeschluß nur dann anerkannt wird, wenn die Verbindungsstelle der Soldzahlstelle bescheinigt, daß das Einleitungsschriftstück gem. Art. 32 (1) (a) des ZA zum NTS **zum Zeitpunkt des Beginns des Verfahrens** durch sie zugestellt worden ist.

Da weder im Zusatzabkommen zum NATO-Truppenstatut noch in den oben zitierten Ausführungsbestimmungen festgelegt ist, daß auf das Erfordernis des Art. 32 ZA zum NTS bei Vertretung des Mitgliedes einer Truppe durch einen deutschen Anwalt in einem nichtstrafrechtlichen Verfahren verzichtet werden kann, sieht unsere Verbindungsstelle keine Möglichkeit, einem Ersuchen um nachträgliche Zustellung eines Einleitungsschriftstückes nach Abschluß des Verfahrens entsprechen und den aufgrund eines Urteils oder Gerichtsbeschlusses in solchen Verfahren ergangenen Pfändungs- und Überweisungsbeschluß an die Soldzahlstelle weiterleiten zu können.

Muster 24

Arbeitseinkommen VI
Lohnschiebung

In ein Formblatt (vgl. „Hinweise" Ziff. 5) ist einzusetzen:

Wegen dieser Ansprüche sowie wegen der Kosten dieses Beschlusses und seiner Zustellung

wird die angebliche Forderung des Schuldners

gegen ...(Name und Adresse des Arbeitgebers)... (Drittschuldner)

auf Zahlung des gesamten Arbeitseinkommens einschließlich des Geldwertes von Sachbezügen ohne Rücksicht auf seine Benennung solange nach § 850h ZPO gepfändet, bis die Ansprüche des Gläubigers vollständig befriedigt sein werden. Von der Pfändung ausgenommen sind nur solche Beträge, die ein Gesetz als unpfändbar erklärt. Die Pfändung wird nach § 850c ZPO beschränkt.

Die Pfändung umfaßt auch den Anspruch des

...(Name und Adresse)... (Drittberechtigter).

Dem Drittschuldner wird, soweit die Pfändung reicht, verboten, an den Schuldner und an den Drittberechtigten zu leisten.

Dem Schuldner und dem Drittberechtigten wird geboten, sich jeder Verfügung über die gepfändete Forderung, insbesondere ihrer Einziehung, zu enthalten.

Zugleich wird die Forderung, soweit sie gepfändet ist, dem Gläubiger zur Einziehung überwiesen.

Erläuterungen

1. Lohnschiebung

Nicht selten versuchen Schuldner, ihr Arbeitseinkommen dadurch der Pfändung zu entziehen, daß ein Teil des wirklich geschuldeten Lohns nicht an sie ausbezahlt wird, sondern an einen Dritten, damit dieser Lohnteil von der Pfändung nicht erfaßt werde. 1

2. Pfändung

Um diesen Versuch zu vereiteln, bestimmt § 820h Abs. 1, daß der Anspruch des Drittberechtigten insoweit auf Grund des Schuldtitels gegen den Schuldner gepfändet werden kann, wie der Anspruch dem Schuldner zustünde, und daß die Pfändung des Vergütungsanspruchs des Schuldners ohne weiteres den Anspruch des Drittberechtigten umfaßt. Der Drittschuldner darf also weder an 2

Muster 24 Arbeitseinkommen VI

den Vollstreckungsschuldner noch an den Drittberechtigten leisten, sondern muß auch den verschobenen Teil des Lohns, soweit der Lohn insgesamt pfändbar ist, an den Vollstreckungsgläubiger zahlen.

§ 850h greift nicht nur bei Vergütungsansprüchen aus einem ständigen Arbeitsverhältnis, sondern auch bei Vergütungen i. S. d. § 850i.

3 2.1 Allerdings hilft § 850h Abs. 1 nicht dagegen, daß der Schuldner den pfändbaren Teil seines Arbeitseinkommens einem Dritten abtritt, also durch Vertrag auf einen Dritten überträgt, der mit dem Abschluß dieses Vertrages an die Stelle des Vollstreckungsschuldners als Gläubiger der Lohnforderung eintritt (§ 398 BGB). Die **Abtretung** ist im Grundsatz wirksam und geht der Pfändung vor, wenn sie vor Wirksamwerden der Pfändung geschehen ist; dem Gläubiger bleiben allenfalls die Rechte aus dem Anfechtungsgesetz. Auch § 411 BGB, der sich mit den Dienstbezügen der Beamten, Richter, Geistlichen, Soldaten befaßt – ob er auch für Angestellte und Arbeiter des öffentlichen Dienstes analog gilt, ist streitig –, hilft nicht, weil die Vorschrift nicht den Rechtsübergang verhindert, sondern nur den öffentlichen Kassen verstärkten Schuldnerschutz gewährt[1].

4 2.2 Der Pfändungsbeschluß muß **auch dem Drittberechtigten und dem Vollstreckungsschuldner zugestellt** werden, aber die Pfändung ist mit der Zustellung des Pfändungsbeschlusses an den Drittschuldner bewirkt.

5 2.3 Leistet der Drittschuldner nach Zustellung nicht an den Vollstreckungsgläubiger, so kann dieser sein Recht nur durch **Klageerhebung** weiterverfolgen; **zuständig** wird meist das Arbeitsgericht sein, vgl. Rn. 54 zu *Muster 19*.

6 2.4 Eines **Titels gegen den Drittberechtigten bedarf es nicht.** Der Drittberechtigte ist nicht Vollstreckungsschuldner und nicht Drittschuldner; denn er schuldet weder dem Vollstreckungsgläubiger noch dem Vollstreckungsschuldner etwas. Er hat als Rechtsbehelf gegen die Pfändung nur die Drittwiderspruchsklage des § 771, während dem Vollstreckungsschuldner und dem Drittschuldner die Erinnerungen zustehen.

7 Sollte der Drittberechtigte seine Ansprüche abgetreten haben, schadet das dem Vollstreckungsgläubiger nicht: Auch der Anspruch des Zessionars wird von der Pfändung umfaßt, weil der Zessionar nicht mehr „Recht" erwerben konnte, als der Zedent hatte.

---
[1] BGHZ 11, 302.

Muster 25

Arbeitseinkommen VII
Verschleiertes Arbeitsverhältnis

In ein Formblatt (vgl. „Hinweise" Ziff. 5) ist einzusetzen:

Wegen dieser Ansprüche sowie wegen der Kosten dieses Beschlusses und seiner Zustellung

werden die angeblichen Ansprüche des Schuldners

gegen   . . . (Name und Adresse) . . .   (Drittschuldner)

auf Zahlung des gesamten Arbeitseinkommens einschließlich des nach den ortsüblichen Sätzen zu berechnenden Geldwertes von Sachbezügen, in Höhe einer angemessenen Vergütung nach § 850h Abs. 2 ZPO solange gepfändet, bis die Ansprüche des Gläubigers vollständig befriedigt sein werden.

Die Pfändung wird gem. § 850c ZPO beschränkt.

Dem Drittschuldner wird, soweit die Pfändung reicht, verboten, an den Schuldner zu zahlen.

Dem Schuldner wird geboten, sich jeder Verfügung über die gepfändete Forderung, insbesondere ihrer Einziehung zu enthalten.

Zugleich wird die Forderung, soweit sie gepfändet ist, dem Gläubiger zur Einziehung überwiesen.

Erläuterungen

1. Die Verschleierung des Arbeitseinkommens

Muster 25 befaßt sich mit dem Versuch von Schuldnern, sich dem Zugriff ihrer Gläubiger dadurch zu entziehen, daß sie ihren (selbständigen oder nichtselbständigen) Erwerb aufgeben, ihr etwaiges Unternehmen einem Dritten (bevorzugt dem Ehegatten oder einer GmbH) übertragen und für diesen Dritten oder andere Personen gegen eine unangemessen niedrige, oft unter der Pfändungsgrenze liegende Vergütung oder gar ganz ohne Vergütung arbeiten. 1

2. Dennoch kann die Pfändung Erfolg haben

Hier hilft § 850h Abs. 2: Im Verhältnis zwischen dem Vollstreckungsgläubiger und dem Empfänger der Arbeits- oder Dienstleistung, also dem Drittschuldner, gilt zugunsten des Vollstreckungsgläubigers eine angemessene Vergütung als geschuldet. Vorausgesetzt ist dabei nicht, daß ein Arbeits- oder Dienstverhältnis vorliegt; verlangt wird nur ein **„ständiges Verhältnis"**. Das bedeutet, daß Arbeit mit einer gewissen Regelmäßigkeit und über eine gewisse Dauer hin geleistet werden muß, und daß diese Leistung nach ihrer Art und ihrem 2

Muster 25 Arbeitseinkommen VII

Umfang üblicherweise gegen Vergütung erbracht zu werden pflegt[1]. Als geschuldete Vergütung gilt und von der Pfändung erfaßt wird die angemessene Vergütung. Deren Angemessenheit muß der Vollstreckungsgläubiger im Prozeß gegen den Drittschuldner dartun und beweisen. Bei einmaligen Ansprüchen i. S. d. § 850i versagt die Vorschrift.

3   2.1 Bei der Prüfung dieser Voraussetzungen sind **die Umstände des Einzelfalls,** insbesondere die Art der Tätigkeit, die verwandtschaftlichen oder sonstigen Beziehungen zwischen dem Vollstreckungsschuldner und dem Dienstberechtigten und die wirtschaftliche Leistungsfähigkeit des Dienstberechtigten zu berücksichtigen. Daher kann der Vollstreckungsgläubiger selten voraussehen, ob sein Pfändungsversuch zum Erfolg führen wird.

4   2.2 Erspart der Dritte durch die Leistungen des Vollstreckungsschuldners eine andere Arbeitskraft, so ist dies ein starkes Indiz dafür, daß die Tätigkeit, wie sie der Vollstreckungsschuldner ausübt, üblicherweise zu vergüten ist.

5   Die **Angemessenheit der Vergütung** wird man meist an dem Tariflohn oder an der ortsüblichen Vergütung messen können[2]. Verwandtschaftliche Beziehungen zwischen dem Vollstreckungsschuldner und dem Dienstberechtigten können sich auf die Höhe der angemessenen Vergütung auswirken; von Bedeutung ist auch die wirtschaftliche Leistungsfähigkeit des Dienstberechtigten, insbesondere bei Mitarbeit des Schuldners im Geschäft seines Ehepartners[3]. Es ist zwar festzustellen, ob der Ehepartner einem anderen Arbeitnehmer für diese Tätigkeit eine Vergütung gewähren würde und welche, es ist aber nicht zu ermitteln, ob der Vollstreckungsschuldner, wenn er nur wollte und in einem gut verdienenden Unternehmen arbeitete, eine höhere Vergütung erzielen könnte; diejenige Vergütung ist als angemessen und geschuldet anzusehen, welche der Ehepartner redlicherweise für die gleiche Tätigkeit zur gleichen Zeit unter den gleichen Umständen und bei gleich guter oder schlechter Finanzkraft einem Dritten zahlen würde. Zur Arbeit von Kindern im Betrieb der Eltern vgl. BGH in NJW 1972, 429 und VersR 1964, 642.

6   2.3 Das Vollstreckungsgericht hat nicht zu prüfen, ob die Voraussetzungen des § 850h Abs. 2 vorliegen. Schuldner und Drittschuldner können sich mit den **Erinnerungen** nach § 766 bzw. mit der Durchgriffserinnerung nach § 11 RpflG wehren.

7   2.4 Hat der Vollstreckungsgläubiger – etwa weil ihm die Verschleierung nicht bekannt war – einfach das Arbeitseinkommen gepfändet, so **umfaßt auch diese Pfändung** die nach § 850h Abs. 2 **fingierte Vergütung;** denn diese ist „Arbeitseinkommen". Ist die Verschleierung bekannt, so werden Antrag und Beschluß zweckmäßig wie im Muster formuliert, um dem Vollstreckungsschuldner und dem Drittschuldner von vorneherein die Ausrede sinnlos erscheinen zu las-

---

1 BAG in BB 1977, 1252.
2 BAG in MDR 1965, 944; *Wenzel* in MDR 1965, 1027 und 1966, 973.
3 BAG in NJW 1978, 343; LAG Hamm in ZIP 1993, 610; OLG Oldenburg in JurBüro 1995, 104; BAG in Rpfleger 1995, 166; zur Pfändung wegen einer Unterhaltsforderung: OLG Düsseldorf in NJW-RR 1989, 390.

sen, sie hätten nicht gewußt, daß die fingierte, angemessene Vergütung gepfändet ist.

2.5 Wegen der Pfändung in **Lohnrückstände** bei verschleiertem Arbeitseinkommen vgl. *Geißler* in Rpfleger 1987, 5. 8

3. Klage gegen den Drittschuldner und mehrere Pfändungsgläubiger

3.1 Klage gegen den Drittschuldner

Leistet der Drittschuldner auf die Pfändung hin nicht, so kann der Vollstreckungsgläubiger sein Recht nur auf dem Klageweg verfolgen. Das Prozeßgericht hat darüber zu entscheiden, ob und in welchem Umfang die Voraussetzungen des § 850h Abs. 2 die zur Beweislast des Vollstreckungsgläubigers stehen, gegeben sind. Zuständig wird meist das Arbeitsgericht sein (vgl. Rn. 54 der Erläuterungen zu *Muster 19*). Das ordentliche Gericht, nicht das Arbeitsgericht, ist nur dann zuständig, wenn der Vollstreckungsschuldner wirksam als Organ einer juristischen Person bestellt ist; übt er nur eine entsprechende Tätigkeit aus, ist aber ein anderer als Organ bestellt, so bleibt das Arbeitsgericht zuständig. 9

3.2 Mehrere Pfändungsgläubiger

Haben mehrere Pfändungsgläubiger das Arbeitseinkommen des Schuldners gepfändet und setzt ein nachrangiger Gläubiger seinen Anspruch gem. § 850h Abs. 2 durch, gilt auch hier nach wie vor der Prioritätsgrundsatz, d. h., der nachrangige Gläubiger erhält keine Zuteilung, solange ein vorrangiger, rangbesserer Gläubiger vorhanden ist. Hierbei ist es unerheblich, ob der rangbessere Gläubiger ebenfalls die höhere Vergütung nach § 850h Abs. 2 durchsetzt oder nicht[4]. 10

---

4 BAG in Rpfleger 1995, 166 = JurBüro 1995, 324 und *Hintzen* in EWiR 1994, 1231.

Muster 26

Auflassung I
Schuldrechtlicher Anspruch auf Erklärung der Auflassung

In ein Formblatt (vgl. „Hinweise" Ziff. 5) ist einzusetzen:

Wegen dieser Ansprüche sowie wegen der Kosten dieses Beschlusses und seiner Zustellung

wird der angebliche Anspruch des Schuldners

gegen   . . . (Name und Adresse) . . .   (Drittschuldner)

aus   . . . (z. B. Kaufvertrag des Notars . . . vom . . .) . . .

auf Übertragung des Eigentums an dem Grundstück Fl. Nr. . . . der Gem. . . ., vorgetragen im Grundbuch des Amtsgerichts . . . für . . . Band . . . Blatt . . . (schuldrechtlicher Ausspruch auf Erklärung der Auflassung)

gepfändet.

Gleichzeitig wird angeordnet, daß das Grundstück an den zu bestellenden Sequester* herauszugeben und aufzulassen ist.

Dem Drittschuldner wird verboten, an den Schuldner zu leisten.

Dem Drittschuldner wird geboten, sich jeder Verfügung über den gepfändeten Anspruch, insbesondere der Einziehung, zu enthalten.

Zugleich wird der gepfändete Anspruch dem Gläubiger zur Einziehung überwiesen.

---
* Zu seiner Bestellung vgl. Rn. 14 der Erläuterungen zu *Muster 33*.

Erläuterungen

bei *Muster 33*

Muster 27

Auflassung II
Schuldrechtlicher Anspruch auf Erklärung der Auflassung und/oder Rückabwicklungsanspruch

In ein Formblatt (vgl. „Hinweise" Ziff. 5) ist einzusetzen:

Wegen dieser Ansprüche sowie wegen der Kosten dieses Beschlusses und seiner Zustellung

wird der angebliche Anspruch des Schuldners

gegen ... (Name und Adresse) ... (Drittschuldner)

aus ... (Rechtsgrund einsetzen, z. B. Kaufvertrag des Notars ... vom ...) ...

auf Übertragung des Eigentums an dem in ... gelegenen, im Grundbuch des Amtsgerichts ... von ... Band ... Blatt ... eingetragenen Grundstück (schuldrechtlicher Anspruch auf Erklärung der Auflassung)

und der Anspruch des Schuldners auf Rückabwicklung des Vertrages vom ... über das genannte Grundstück, insbesondere auf Rückszahlung des ganz oder teilweise bezahlten Kaufpreises für das Grundstück und auf Erstattung von Aufwendungen zugunsten des Grundstücks

gepfändet.

Gleichzeitig wird angeordnet, daß das Grundstück statt an den Schuldner an den zu bestellenden Sequester* herauszugeben und aufzulassen ist.

Dem Drittschuldner wird verboten, an den Schuldner zu leisten.

Dem Schuldner wird geboten, sich jeder Verfügung über die gepfändeten Ansprüche, insbesondere ihrer Einziehung, zu enthalten.

Zugleich werden die gepfändeten Ansprüche dem Gläubiger zur Einziehung überwiesen.

---
* Zu seiner Bestellung vgl. Rn. 14 der Erläuterungen zu *Muster 33*.

— **Erläuterungen** —

bei *Muster 33*

Muster 28

Auflassung III
Antrag auf Eintragung der Pfändung nach Muster 26 und 27 im Grundbuch

An das Amtsgericht – Grundbuchamt

Betr.: Grundbuch von ... Gem. ... Band ... Blatt ...

In der Zwangsvollstreckungssache

.... (Gläubiger)

gegen

.... (Schuldner)

überreiche ich

1. Schuldtitel (genau bezeichnen)
2. Pfändungs- u. Überweisungsbeschluß (genau bezeichnen)
3. Urkunde, die die Auflassung an den Sequester enthält, (genau bezeichnen)
4. Bewilligung des vom Vollstreckungsgericht bestellten Sequesters für die Eintragung einer Sicherungshypothek zu ... DM zugunsten des Gläubigers
5. Antrag des Sequesters auf Umschreibung des Grundstücks auf den Vollstreckungsgläubiger

und

beantrage

als im Pfändungsbeschluß legitimierter Vertreter des Vollstreckungsgläubigers unter Bezugnahme auf den bereits bei den Grundakten befindlichen Kaufvertrag mit den entsprechenden Genehmigungen die Umschreibung des Eigentums an dem vorbezeichneten Grundstück auf den Vollstreckungsschuldner und zugleich mit der Umschreibung die Eintragung einer Sicherungshypothek in Höhe von ... DM für den Vollstreckungsgläubiger.

(Unterschrift)

— Erläuterungen —

bei *Muster 33*

Muster 29

Auflassung IV
Rückabwicklungsanspruch bei unwirksamem* Vertrag

In ein Formblatt (vgl. „Hinweise" Ziff. 5) ist einzusetzen:

Wegen dieser Ansprüche sowie wegen der Kosten dieses Beschlusses und seiner Zustellung

wird der angebliche Rückabwicklungsanspruch des Schuldners

gegen . . . (Name und Adresse) . . . (Drittschuldner)

aus dem nicht wirksamen* . . . vertrag bezüglich des in . . . gelegenen, im Grundbuch des Amtsgerichts . . . von . . . Gem. . . . Band . . . Blatt . . . eingetragenen Grundstücks gepfändet, insbesondere der Anspruch auf Rückzahlung des ganz oder teilweise gezahlten Kaufpreises und der Anspruch auf Erstattung von Aufwendungen für das Grundstück.

Dem Drittschuldner wird verboten, an den Schuldner zu leisten.

Dem Schuldner wird geboten, sich jeder Verfügung über den gepfändeten Anspruch, insbesondere der Einziehung, zu enthalten.

Zugleich wird der gepfändete Anspruch dem Gläubiger zur Einziehung überwiesen.

---
* Bei aufgelöstem Vertrag ist entsprechend zu formulieren.

Erläuterungen

bei *Muster 33*

Muster 30

Auflassung V

Anwartschaftsrecht nach Erklärung der Auflassung

In ein Formblatt (vgl. „Hinweise" Ziff. 5) ist einzusetzen:

Wegen dieser Ansprüche sowie wegen der Kosten dieses Beschlusses und seiner Zustellung

wird der angebliche Anspruch des Schuldners auf Eintragung als Eigentümer des in . . . gelegenen, im Grundbuch des Amtsgerichts . . . für . . . Band . . . Blatt . . . vorgetragenen Grundstücks aufgrund der vom Eigentümer dem Schuldner erklärten Auflassung vom . . . (das Anwartschaftsrecht des Grundstückskäufers nach Auflassungserklärung aber vor Eintragung im Grundbuch) gepfändet.*

– *Der Schuldner hat Eintragungsantrag gestellt.*
– *Für den Schuldner ist eine Vormerkung im Grundbuch eingetragen.*

Dem Schuldner wird geboten, sich jeder Verfügung über den gepfändeten Anspruch, insbesondere der Antragstellung beim Grundbuchamt, zu enthalten.

Zugleich wird der gepfändete Anspruch dem Gläubiger zur Einziehung überwiesen.

---
* Zwischen den folgenden Alternativen ist zu wählen.

───────── **Erläuterungen** ─────────

bei *Muster 33*

Beachte: Es gibt keinen Drittschuldner (vgl. Rn. 17 bis 20 der Erläuterungen zu *Muster 33*); die Zustellung erfolgt daher nur an den Schuldner, das Verbot gegen den Drittschuldner entfällt.

Muster 31

Auflassung VI
Kombinierte Pfändung mangels genauer Kenntnis des Sachverhalts

In ein Formblatt (vgl. „Hinweise" Ziff. 5) ist einzusetzen:

Wegen dieser Ansprüche sowie wegen der Kosten dieses Beschlusses und seiner Zustellung
werden gepfändet:

a) der angebliche Anspruch des Schuldners aus . . . vertrag vom . . .

gegen . . .   *(Drittschuldner)*

auf Übertragung des Eigentums an dem in . . . gelegenen, im Grundbuch des Amtsgerichts . . . von . . . Band . . . Blatt . . . eingetragenen Grundstück (schuldrechtlicher Anspruch auf Erklärung der Auflassung) und auf Rückabwicklung des genannten Vertrags, insbesondere auf Rückgewähr bereits geleisteten Entgelts für das Grundstück sowie auf Ersatz von Aufwendungen auf das Grundstück;

b) der angebliche Anspruch des Schuldners auf Eintragung als Eigentümer des in . . . gelegenen, im Grundbuch des Amtsgerichts . . . für . . . Band . . . Blatt . . . vorgetragenen Grundstücks aufgrund der ihm vom Eigentümer erklärten Auflassung (das Anwartschaftsrecht des Grundstückskäufers nach Auflassungserklärung aber vor Eintragung im Grundbuch).

Zugleich wird angeordnet, daß das Grundstück statt an den Schuldner an den zu bestellenden Sequester*. herauszugeben und aufzulassen ist.

Dem Drittschuldner wird verboten, an den Schuldner zu leisten.

Dem Schuldner wird geboten, sich jeder Verfügung über die gepfändeten Ansprüche, insbesondere ihrer Einziehung und der Antragsstellung beim Grundbuchamt, zu enthalten.

Zugleich werden die gepfändeten Ansprüche dem Gläubiger zur Einziehung überwiesen.

---

* Zu seiner Bestellung vgl. Rn. 14 der Erläuterungen zu *Muster 33*.

──────────── **Erläuterungen** ────────────

bei *Muster 33*

Muster 32

Auflassung VII
Antrag auf Eintragung der Pfändung nach Muster 30 und 31 im Grundbuch

An das Amtsgericht – Grundbuchamt
.....
Betr.: Grundbuch von ... Gem. ... Band ... Blatt
In der Zwangsvollstreckungssache
.....   (Gläubiger)
gegen
.....   (Schuldner)
überreiche ich eine Ausfertigung des Pfändungs- und Überweisungsbeschlusses des Amtsgerichts ... vom ... Az.: ... nebst Zustellungsnachweis und

beantrage

als der im Pfändungsbeschluß legitimierte Vertreter des Vollstreckungsgläubigers unter Bezugnahme auf die Grundakten die Umschreibung des Eigentums an dem bezeichneten Grundstück auf den Vollstreckungsschuldner ... und – zugleich mit der Umschreibung – die Eintragung einer Sicherheitshypothek in Höhe von ... DM für den Vollstreckungsgläubiger.*

(Unterschrift)

---

* Falls für den Vollstreckungsschuldner eine Vormerkung eingetragen ist, soll hier der in Rn. 11 der Erläuterungen zu *Muster 33* genannte Hinweis folgen.

— Erläuterungen —

bei *Muster 33*

Muster 33

Auflassung VIII
Antrag auf Bestellung eines Sequesters

An das Amtsgericht ...*
– Vollstreckungsgericht –
.....

In der Zwangsvollstreckungssache
.....   (Gläubiger)

gegen
.....   (Schuldner)

überreiche ich eine Ausfertigung des Pfändungs- und Überweisungsbeschlusses des Amtsgerichts ... vom ... Az.: ... nebst Zustellungsnachweis und

          beantrage

als der im Pfändungsbeschluß legitimierte Vertreter des Vollstreckungsgläubigers die Bestellung eines Sequesters.

Als Sequester wird vorgeschlagen: ...

          (Unterschrift)

---

* Zuständig ist das Amtsgericht der belegenen Sache.

Erläuterungen

1. Anspruch auf Übertragung des Eigentums an einem Grundstück

Der Anspruch auf Übertragung des Eigentums an einem Grundstück entsteht aus einer schuldrechtlichen Verpflichtung, meist aus einem Verpflichtungsvertrag (z. B. Kaufvertrag, Tauschvertrag, Überlassungsvertrag, Schenkungsvertrag); nach § 313 BGB muß ein solcher Vertrag zu seiner Wirksamkeit notariell beurkundet sein (als Ausnahme sei auf das Auftragsrecht verwiesen, wo unter bestimmten Voraussetzungen die Verpflichtung formlos entstehen kann). Der Anspruch auf Übertragung des Eigentums kann aber auch aus schuldrechtlichen Verpflichtungen entstehen, die nicht auf Vertrag beruhen, so z. B. aus Vermächtnis; dieser muß dann, damit die Verpflichtung wirksam entstehe, in einer Form zugewendet sein, welche den Vorschriften über Testamente bzw. Erbverträge entspricht.

Muster 33 Auflassung VIII

2. Pfändung und Verwertung

Es ist zu unterscheiden:

2 **Bevor der Drittschuldner die Auflassung** (Definition: § 925 BGB) erklärt hat, ist nach *Muster 26* bzw. *Muster 27* zu pfänden und der Eintragungsantrag an das Grundbuchamt nach *Muster 28* zu stellen.

3 **Nach Erklärung der Auflassung** durch den Drittschuldner ist nach *Muster 30* zu pfänden und Eintragungsantrag nach *Muster 32* zu stellen.

4 Bei **Zweifel** darüber, ob die Auflassung schon erklärt ist, ist nach *Muster 31* zu pfänden und Eintragungsantrag nach *Muster 32* zu stellen.

5 Häufig ist für den Vollstreckungsgläubiger **nicht gewiß, ob das Verpflichtungsgeschäft,** aus dem der Auflassungsanspruch fließt, **wirksam ist,** wirksam wird oder wirksam bleibt, z. B. weil das Geschäft genehmigungsbedürftig ist und die Genehmigung (noch) fehlt. Dann ist nach *Muster 27* zu pfänden, wenn die Auflassung noch nicht erklärt ist und der Eintragungsantrag *Muster 28* zu stellen; ist die Auflassung erklärt, so ist nach *Muster 30* und zugleich nach *Muster 29* zu pfänden und Eintragungsantrag nach *Muster 32* zu stellen.

6 Steht fest, daß der **Auflassungsanspruch nicht wirksam entstanden** ist, so ist nur der Rückabwicklungsanspruch nach *Muster 29* zu pfänden; eine Grundbucheintragung weder veranlaßt noch zulässig.

Im folgenden werden

– die Pfändung vor Erklärung der Auflassung in Rn. 7 bis 16
– die Pfändung nach Erklärung der Auflassung in Rn. 17 bis 23 behandelt und
– die Pfändung des Herausgabeanspruchs des Vollstreckungsschuldners gegen den Drittschuldner unter Rn. 24 dargestellt.

2.1 Pfändung vor Erklärung der Auflassung

7 Gegenstand der Pfändung ist der schuldrechtliche Anspruch auf die Eigentumsübertragung. **Gepfändet wird nach §§ 829, 848;** die Pfändung wird mit Zustellung des Beschlusses an den Drittschuldner wirksam (§ 829 Abs. 3)[1].

8 **2.1.1** Aufgrund der Pfändung ist das Grundstück an einen vom Gericht zu bestellenden **Sequester** (s. auch Rn. 14) aufzulassen und herauszugeben. Mit dem Übergang des Eigentums am Grundstück auf den Vollstreckungsschuldner entsteht zugunsten des Vollstreckungsgläubigers kraft Gesetzes und ohne Eintragung im Grundbuch eine **Sicherungshypothek** für die Vollstreckungsforderung (§ 848 Abs. 2), auch wenn der Mindestbetrag nach § 866 Abs. 3 nicht erreicht wird[2]. Die Eintragung der Hypothek ist zwar nur Grundbuchberichti-

---

[1] Zur Vertiefung und zu Einzelheiten: BGHZ 49, 199 = NJW 1968, 493 mit Anm. in NJW 1968, 1087; zur Pfändung des in Bruchteilsgemeinschaft stehenden Anspruchs: BayObLG in NJW-RR 1992, 1369.

[2] *Zöller,* § 848 Rn. 7; *Baumbach/Lauterbach/Albers/Hartmann* § 866 Rn. 5; *Thomas/Putzo,* § 866 Rn. 4.

gung, aber nötig, um den Vollstreckungsgläubiger vor Verlust seiner Sicherungshypothek oder ihres Ranges durch gutgläubigen Erwerb des Grundstücks oder eines Rechts daran durch Dritte zu schützen; daher hat der Sequester die Eintragung der Hypothek zu bewilligen (§ 848 Abs. 2 Satz 2).

2.1.2 Die Sicherungshypothek erhält den **Rang nach dem Zeitpunkt ihrer Entstehung**, also vor den in diesem Zeitpunkt noch nicht eingetragenen Rechten selbst dann, wenn ihre Eintragung schon vor der Pfändung bewilligt war[3], es sei denn, die Belastung und die Bewilligung ihrer Eintragung ergeben sich aus dem Verpflichtungsgeschäft, dem der Auflassungsanspruch entspringt[4].

Eine **Vormerkung** zugunsten des gepfändeten Auflassungsanspruchs wahrt den Rang auch für die zugunsten des Vollstreckungsgläubigers entstehende Sicherungshypothek, so daß diese auch allen Rechten im Rang vorausgeht, die nach Eintragung der Vormerkung im Grundbuch eingetragen worden sind (§ 883 Abs. 2 BGB). Im Antrag auf Eintragung der Sicherungshypothek ist vorsorglich **auf die Vormerkung und ihre Wirkung hinzuweisen.** Ist die Vormerkung zwar bewilligt, aber noch nicht eingetragen, so ist der Vollstreckungsgläubiger befugt, den Eintragungsantrag zu stellen.

2.1.3 Läßt der Drittschuldner das Grundstück nicht freiwillig an den Sequester auf, so bedarf der Vollstreckungsgläubiger zur **Klagebefugnis** nicht der Überweisung[5], aber diese bleibt zulässig und sollte auch beantragt werden, um Zweifel auszuschliessen.

Der **Klageantrag** richtet sich auf Verurteilung des Drittschuldners, die Auflassung an den Sequester als Vertreter des Vollstreckungsschuldners zu erklären und die Eintragung des Vollstreckungsschuldners als Eigentümer im Grundbuch zu bewilligen. Ist der Drittschuldner antragsgemäß rechtskräftig verurteilt, so ersetzt dieses Urteil seine Auflassungserklärung (§ 894). Damit der Vollstreckungsschuldner Eigentümer des Grundstücks wird – das ist Voraussetzung für das Entstehend der Sicherungshypothek zugunsten der Vollstreckungsgläubigers – muß er als solcher im Grundbuch eingetragen werden.

Der **Eintragungsantrag** (§ 13 GBO) kann vom Sequester als Vertreter des Vollstreckungsschuldners, aber auch vom Vollstreckungsgläubiger selbst beantragt werden, weil die Eintragung die Entstehung seiner Sicherungshypothek bewirkt, also auch zu seinen Gunsten erfolgt[6].

2.1.4 Der Sequester wird vom Rechtspfleger (§ 20 Nr. 17 RpflG) des Vollstreckungsgerichts bestellt, in dessen Sprengel das betroffene Grundstück liegt (§ 848 Abs. 1). Ist dieses gleichzeitig für den Erlaß des Pfändungsbeschlusses zuständig, kann der Sequester schon im Pfändungsbeschluß bestellt werden. Sind mehrere Grundstücke in verschiedenen Gerichtssprengeln aufzulassen, so ist entweder in jedem Sprengel ein Sequester zu bestellen, oder es ist – was länger dauert – nach § 36 Nr. 4 zu verfahren.

9

10

11

12

13

14

---

3 BGHZ 49, 197 = NJW 1968, 493.
4 BayObLGZ 72, 79.
5 *Stein/Jonas*, § 847 Rn. 9; *Zöller*, § 847 Rn. 4 und § 848 Rn. 4.
6 Streitig; wie hier: *Hintzen* in Rpfleger 1989, 439; *Meikel/Sieveking*, Grundbuchordnung 7. Aufl. 1986, § 13 Rn. 73; a. A. *Stöber*, Rn. 2045.

15 Der Vollstreckungsgläubiger haftet zwar für die **Gebühren des Sequesters,** kann sie aber als notwendige Vollstreckungskosten vom Vollstreckungsschuldner erstattet verlangen (§ 788).

16 **2.1.5** Mit der Eintragung der Sicherungshypothek für den Vollstreckungsgläubiger ist die Zwangsvollstreckung in den Auflassungsanspruch **beendet.** Seine Befriedigung muß der Gläubiger – wie jeder Hypothekengläubiger – in einem gesonderten Verfahren suchen: Er muß die **dingliche Klage** auf Duldung der Zwangsvollstreckung gegen den Eigentümer (= Drittschuldner) erheben und nach rechtskräftigem Urteil die **Zwangsversteigerung oder Zwangsverwaltung nach dem ZVG** betreiben (§ 848 Abs. 3; Näheres dazu Rn. 31 bis 34 bei *Muster 46*).

2.2 Pfändung nach Erklärung der Auflassung

17 Mit Erklärung der Auflassung erlischt der auf ihre Abgabe gerichtete Anspruch durch Erfüllung, kann also nicht mehr gepfändet werden.

18 Die Auflassungserklärung und die Eintragung des Erwerbers als neuen Eigentümer im Grundbuch bewirken zusammen den Eigentumsübergang. Nach Erklärung der Auflassung, aber vor Eintragung des Eigentumsübergangs ist der Verkäufer durch den notariellen Vertrag zwar in dem Sinn gebunden, daß er den Vertrag erfüllen muß und sich von dieser Verpflichtung nicht mehr lossagen kann; er könnte aber einen weiteren Kaufvertrag mit einem anderen Erwerber schließen und dafür sorgen, daß dieser zweite Verkauf vor dem ersten im Grundbuch vollzogen wird. Dann würde der spätere Käufer Eigentümer werden, während der frühere nur einen Ersatzanspruch gegen den Verkäufer hätte. Daher entsteht dem Käufer ein **Anwartschaftsrecht,** das jedoch erst dann ein Vermögensrecht darstellt, wenn der Käufer Antrag auf Eigentumsumschreibung im Grundbuch gestellt (und nicht wieder zurückgenommen) hat, oder wenn für ihn eine Auflassungsvormerkung besteht[7].

Daher sind zwei Fallgestaltungen zu unterscheiden:

19 **2.2.1** Die Auflassung ist erklärt, der Eintragungsantrag des Käufers liegt dem Grundbuchamt vor oder es ist eine Vormerkung für den Käufer eingetragen: Diese Anwartschaft als Vermögensrecht wird nach § 857 gepfändet und überwiesen.

20 Einen **Drittschuldner** gibt es nicht; die Pfändung wird mit Zustellung des Beschlusses an den Vollstreckungsschuldner wirksam. Mit der Eigentumsüberschreibung auf den Vollstreckungsschuldner entsteht nach §§ 857 Abs. 1, § 848 Abs. 2 für den Vollstreckungsgläubiger eine Sicherungshypothek (s. o. Rn. 8 und 16)[8].

---

[7] BGHZ 45, 186; BGHZ 49, 199 = NJW 1968, 493; WM 1975, 256 = DNotZ 1976, 97; NJW 1989, 1093; vgl. auch BGHZ 83, 399 = NJW 1982, 1639 und BGHZ 89, 44 = NJW 1984, 273; BGHZ 106, 108.

[8] BGHZ 49, 199 = NJW 1968, 493; dazu Anmerkung in NJW 1968, 1087; a. M. *Hoche* in NJW 1955, 933.

Ein Sequester wirkt nicht mit.

2.2.2 Die Auflassung ist erklärt, dem Grundbuchamt liegt kein Eintragungsantrag des Käufers vor, für ihn ist auch keine Vormerkung eingetragen: Nach der Meinung des BGH[9] ist in diesem Fall eine Anwartschaft als Vermögensrecht noch nicht entstanden und daher auch nicht zu pfänden. 21

Das Vollstreckungsgericht braucht nicht zu prüfen, ob der Vollstreckungsschuldner den Eintragungsantrag gestellt hat oder eine Vormerkung für ihn besteht; es erläßt den Pfändungs- und Überweisungsbeschluß ohne diese Prüfung. Das Grundbuchamt aber darf in Wahrung des Grundsatzes der Richtigkeit des Grundbuchs keine Eintragung vornehmen, deren Unrichtigkeit ihm bekannt ist[10], darf also die Pfändung nicht im Grundbuch eintragen[11]. 22

2.3 Bei **Mehrfachpfändung** ist nach §§ 855, 856 zu verfahren. 23

3. Pfändung auch des Herausgabeanspruchs

Diese ist zwar trotz § 848 zulässig, bringt dem Vollstreckungsgläubiger aber nur selten zusätzliche Vorteile. *Stöber*[12] hält sie für vorteilhaft, um eine spätere Anordnung der Zwangsverwaltung auf Antrag eines Dritten zwar nicht zu hindern, aber im Ergebnis zum Scheitern zu bringen, und für den Fall, daß der Vollstreckungsgläubiger im Wege der Mobiliarvollstreckung Früchte auf dem Halm (§ 810) oder Zubehör nach § 865 Abs. 2 pfänden will. 24

---

9 S. FN 5.
10 BGHZ 35, 139 = NJW 1961, 1310; BayObLGZ in NJW 1969, 81.
11 BGH in NJW 1989, 1093.
12 Rn. 2041.

Muster 34

Automatenaufstellvertrag

In ein Formblatt (vgl. „Hinweise" Ziff. 5) ist einzusetzen:

Wegen dieser Ansprüche sowie wegen der Kosten dieses Beschlusses und seiner Zustellung

werden die angeblichen fälligen und künftigen Ansprüche des Schuldners

gegen   . . . (Name und Adresse) . . .   (Drittschuldner)

auf Zugang zu dem . . . . (genaue Ortsangabe) . . . . aufgestellten . . . . (Bezeichnung der Art des Automaten, bei mehreren Automaten seine Individualisierung) . . . . Automaten und auf Zugang zu seinem Geldinhalt, sowie auf Teilung dieses Geldinhalts und auf Auszahlung des dem Schuldner gebührenden Anteils daran

gepfändet.

Dem Drittschuldner wird verboten, an den Schuldner zu leisten.

Dem Schuldner wird geboten, sich jeder Verfügung über die gepfändeten Ansprüche, insbesondere der Einziehung, zu enthalten.

Zugleich werden die gepfändeten Ansprüche dem Gläubiger zur Einziehung überwiesen.

——— Erläuterungen ———

1. Möglichkeiten der Vertragsgestaltung

1   **Der Automatenaufstellvertrag** als solcher ist im Gesetz nicht geregelt. Die Vertragsschließenden können zwischen mehreren möglichen Vertragsgestaltungen wählen:

2   Wenn sich die Partner gegenseitig verpflichten, die Erreichung eines gemeinsamen Zwecks (hier Erzielung von Gewinn für beide) in der Weise zu fördern, daß der eine Partner einen oder mehrere Automaten, der andere einen geeigneten Aufstellplatz zur Verfügung stellt, so wird diese Vereinbarung regelmäßig ein Gesellschaftsvertrag sein, die Gesellschaft wird je nach den Umständen eine solche des bürgerlichen Rechts, eine offene Handelsgesellschaft oder eine Kommanditgesellschaft sein.

3   Der Automatenaufstellvertrag im engeren Sinn aber ist ein Vertrag sui generis, der Bestandteile mehrerer Vertragstypen (z. B. Miete, Verwahrung, Gesellschaft) enthält. Der Aufsteller bleibt üblicherweise Eigentümer des Automaten, aber der Vertragspartner hat regelmäßig den Gewahrsam oder Mitgewahrsam an dem Automaten und ist zur Herausgabe des Automaten nicht verpflichtet, solange der Aufstellvertrag läuft.

2. Pfändung und Verwertung

Die Pfändung richtet sich nach der Rechtsnatur der zu pfändenden Ansprüche.

2.1 Liegt ein **Gesellschaftsvertrag** vor, so sind die Gesellschaftsanteile nach *Muster 81, 108 oder 129* zu pfänden.

2.2 Beim Automatenaufstellvertrag im engeren Sinne unterliegt zunächst der **Automat als Eigentum des Aufstellers** der Zwangsvollstreckung gegen diesen; er ist im Wege der Sachpfändung zu pfänden. Bei Gewahrsam oder Mitgewahrsam des Vertragspartners führt die Sachpfändung aber nur zum Erfolg, wenn der Vertragspartner zur Herausgabe bereit ist; andernfalls muß sie unterbleiben (§ 809). Eine Verpflichtung des nicht zur Herausgabe bereiten Vertragspartners zur Duldung der Pfändung wird nur bei ganz besonderer Gestaltung der Sachlage bestehen, so daß sich ein Duldungstitel gegen ihn regelmäßig nicht erwirken lassen wird.

Aber der Vollstreckungsgläubiger kann einen etwaigen **Herausgabeanspruch des Aufstellers** gegen den Vertragspartner pfänden (vgl. *Muster 97*). Nach dem zwischen dem Aufsteller und dem Vertragspartner bestehenden Vertrag wird der Vertragspartner nur selten verpflichtet sein, den Automaten sofort herauszugeben; der Vertrag ist häufig auf eine gewisse Mindestdauer geschlossen oder sein Ablauf ist von Kündigung unter Einhaltung einer längeren Frist abhängig.

2.3 Dem Vollstreckungsgläubiger bleibt noch die Möglichkeit des Zugriffs auf den **Geldinhalt** des Automaten. Die Zugriffsmöglichkeit hängt unter anderem davon ab, was die Vertragspartner vereinbart haben: Soll zum Beispiel der Geldinhalt dem Aufsteller gehören und dieser nur verpflichtet sein, seinem Vertragspartner eine Vergütung zu bezahlen, so ist zwar der Vergütungsanspruch beim Aufsteller zu pfänden, aber der gesamte Geldinhalt des Automaten gehört allein dem Aufsteller. Steht aber jedem Vertragspartner vereinbarungsgemäß ein bestimmter Teil des Geldinhalts zu, hat der Aufsteller nur Anspruch auf Zutritt zum Automaten und auf Teilung des Geldes. In diesem Fall wird häufig keiner der Vertragspartner allein die Automatenkasse öffnen können. Das alles wirkt sich auf die Pfändung aus:

2.3.1 Hat der **Aufsteller allein Zugriff** zum Geldinhalt, so hat er damit auch Alleingewahrsam an der Automatenkasse, so daß das Geld in dieser Kasse als Sache durch den Gerichtsvollzieher gepfändet werden kann (§ 808).

2.3.2 Haben aber der **Aufsteller und sein Vertragspartner gemeinsam Zugang** zur Kasse, so hat der Vertragspartner Mitgewahrsam auch an dem Geldinhalt, so daß sein Widerspruch die Sachpfändung des Geldes ebenso hindert wie die Sachpfändung des Automaten. Ein Duldungstitel gegen den Vertragspartner des Vollstreckungsschuldners wird sich auch hier selten erwirken lassen. Es bleibt nur die Möglichkeit, den Herausgabeanspruch des Vollstreckungsschuldners, den dieser dann gegen seinen Vertragspartner hat, wenn ihm vertragsgemäß der Geldinhalt allein zusteht, zu pfänden.

2.3.3 Steht der Geldinhalt des Automaten dem Vollstreckungsschuldner und seinem Vertragspartner gemeinsam zu, so hat der Vollstreckungsschuldner

Muster 34 Automatenaufstellvertrag

seinem Partner gegenüber einen **Anspruch auf Teilung des Geldinhalts und Auszahlung des ihm gebührenden Anteils** daran. Dieser Anspruch ist pfändbar; *auf diese Pfändung bezieht sich das Muster.*

11 Den gepfändeten und überwiesenen Anspruch auf Teilung des Inhalts und Zahlung des Anteils kann der Vollstreckungsgläubiger verwirklichen, indem er den Gerichtsvollzieher mit der Hilfspfändung nach § 836 Abs. 3 Satz 2 beauftragt.

12 Steht aber der Automat in Räumen des Vertragspartners des Vollstreckungsschuldners oder anderer Dritter, so können diese dem Gerichtsvollzieher den Zutritt zu den Räumen und damit zum Automaten verweigern. Gegen sie kann eine Durchsuchungsordnung nach § 758 ZPO zur Pfändung des Geldinhalts nicht ergehen. Deshalb muß der Vollstreckungsgläubiger auch das Recht des Vollstreckungsschuldners auf Zugang zum Automaten und zum Geldinhalt pfänden[1].

---

1 Vgl. LG Aurich in DGVZ 1990, 136 = JurBüro 1990, 1370.

Muster 35

Banken und Sparkassen
Umfassende Pfändung

Bis 1. 1. 1998 nicht für Deutsche Postbank AG zu verwenden!

In ein Formblatt (vgl. „Hinweise" Ziff. 5) ist einzusetzen:

1. Wegen dieser Ansprüche sowie wegen der Kosten dieses Beschlusses und seiner Zustellung werden die angeblichen Forderungen und Ansprüche des Schuldners

gegen

... (das Geldinstitut möglichst genau bezeichnen) ..., vertreten durch ...

(Drittschuldnerin)

aus den Verträgen bezüglich der Konten Nr. ..., aus einer Kontokorrentabrede, aus dem Sparvertrag bezüglich des Kontos Nr. ..., aus dem Vertrag über Wertpapierverwahrung, aus der Überlassung eines oder mehrerer Stahlkammerfächer (Safes), aus Kreditgewährungen und Kreditzusagen, auch aus Verträgen über weitere Konten und Depots

ohne Rücksicht darauf gepfändet, ob sie fällig oder zukünftig sind;

insbesondere werden gepfändet:

a) der Anspruch auf Herausgabe von Beträgen und Sachen, die zugunsten des Schuldners bei der Drittschuldnerin eingegangen sind oder noch eingehen werden oder sonst von der Drittschuldnerin zugunsten des Schuldners gehalten werden, auch der Anspruch auf Herausgabe solcher Beträge und Sachen an Dritte,

b) der Anspruch auf Gutschrift von zugunsten des Schuldners eingehenden Beträgen auf Konten des Schuldners,

c) der Anspruch auf Auszahlung oder Überweisung – auch an Dritte – sowohl des sich im Zeitpunkt der Zustellung dieses Beschlusses an die Drittschuldnerin ergebenden als auch jeden späteren aktiven Kontokorrentsaldos oder sonstiger Guthaben, auch zwischen den Saldoabschlüssen,

d) der Anspruch auf Herausgabe von Wertpapieren aus Sonder- oder Drittverwahrung samt dem Miteigentumsanteil von Stücken im Sammelbestand,

e) der Anspruch auf Zutritt zum Stahlkammerfach (Safe) und auf Öffnung des Stahlkammerfachs durch die Drittschuldnerin oder ihre Mitwirkung hierzu,

f) der Anspruch auf Herausgabe folgender verwahrter oder hinterlegter Sachen ... (genau benennen) ...,

Muster 35 Banken und Sparkassen

g) der Anspruch auf Auszahlung der bereitgestellten aber noch nicht ausbezahlten Darlehensvaluta aus zugesagten oder bereitgestellten Krediten,

h) die Ansprüche auf Herausgabe und Rückübereignung folgender beweglicher Sachen . . . (genau benennen) . . . und auf Rückzession von folgenden Forderungen und sonstigen Rechten . . . (genau benennen) . . .,

i) die Ansprüche auf (Rück-)Abtretung, Aufhebung (Löschung) folgender Grundpfandrechte . . . (genau benennen) . . . und auf Verzicht darauf, samt den Ansprüchen auf Erteilung der Bewilligung zur Umschreibung dieser Grundpfandrechte auf den Gläubiger im Grundbuch sowie auf Herausgabe der über diese Grundpfandrechte erstellten Briefe,

j) die Ansprüche auf Auszahlung des Überschusses aus der Verwertung von Sicherheiten,

k) die aus der Geschäftsverbindung sich ergebenden sonstigen Ansprüche und Rechte, z. B. auf Kündigung und Auskunft.

2. *Ferner werden die Eigentümergrundpfandrechte gepfändet, welche dem Schuldner aus der Erfüllung der oben lit. i) gepfändeten Abtretungsansprüche entstanden sind oder entstehen werden.*

3. *Er wird angeordnet,*

a) daß diejenigen Sachen, bezüglich welcher Herausgabeansprüche gepfändet sind, zum Zwecke der Verwertung zugunsten des Gläubigers an einen von diesem zu beauftragenden Gerichtsvollzieher herauszugeben sind;

b) daß der Schuldner die in seinem Besitz befindlichen Sparbücher, Euro-Scheckformulare und Euro-Scheckkarten an den Gläubiger herauszugeben hat;

c) daß ein vom Gläubiger zu beauftragender Gerichtsvollzieher Zutritt zu dem/den Stahlkammerfach/Stahlkammerfächern des Schuldners zum Zweck der Pfändung des Inhaltes hat;

d) daß der Gläubiger das Sparbuch unverzüglich nach Befriedigung der Vollstreckungsforderung an den Schuldner zurückzugeben hat, falls es nicht von der Drittschuldnerin einbehalten wird;

4. *Der Drittschuldnerin wird verboten, an den Schuldner zu leisten.*

Dem Schuldner wird geboten, sich jeder Verfügung über die gepfändeten Forderungen und Ansprüche, insbesondere der Einziehung, zu enthalten.

> Dem Schuldner wird weiter geboten, die über die oben (1i) bezeichneten Grundpfandrechte etwa erstellten Briefe an den Gläubiger herauszugeben.
>
> 5. Zugleich werden die gepfändeten Foderungen, Ansprüche und Rechte dem Gläubiger zur Einziehung überwiesen.

──────── **Vorbemerkung** ────────

Hier soll die Pfändung aller häufiger vorkommenden Ansprüche gezeigt werden, die dem Vollstreckungsschuldner gegen ein Kreditinstitut zustehen können. Das Muster soll verwendet werden, wenn zwar die Bankverbindung als solche bekannt ist, nicht aber ihr Umfang. Ist der Umfang der Bankverbindung dagegen bekannt, empfiehlt es sich – schon um dem Einwand mangelnder Bestimmtheit sicher begegnen zu können (Rn. 77 der „Grundlagen") – die Pfändung nur auf die tatsächlich bestehenden Ansprüche zu richten. Zu den wichtigsten Ansprüchen finden sich **gesonderte Muster,** nämlich:

- Guthaben auf Girokonten: *Muster 36;*
- Guthaben auf Sparkonten: *Muster 166, 167;*
- Darlehen, Kreditzusage: *Muster 53, 54;*
- Zutritt zum Stahlkammerfach (Safe): *Muster 168.*

Zur Pfändung von Konten bei der Deutschen Postbank AG s. bis 1. 1. 1998 *Muster 133 und 134.*

──────── **Erläuterungen** ────────

1. Bankgeschäfte

Bankgeschäfte sind vielseitig. Die Banken und Sparkassen – auch auf diese sind die *Muster 35 und 36* anwendbar – richten für ihre Kunden Konten ein, kaufen, verwalten und verkaufen für sie Wertpapiere, gewähren ihnen Kredite, die sie sich regelmäßig sichern lassen, verwahren Wertgegenstände, führen Treuhandgeschäfte durch usw. Aus all diesen Geschäften können dem Kunden Forderungen und andere Ansprüche erwachsen.

Die Vertretung der Geldinstitute richtet sich nach ihrer Rechtsform: Für die AG gilt § 78 AktG, für die GmbH gilt § 35 GmbHG, für die OHG gelten §§ 125 bis 127 HGB, für die KG ebenso, jedoch mit der Maßgabe, daß der Kommanditist zur Vertretung nicht ermächtigt ist (§ 170 HGB), für die Genossenschaft gelten §§ 26, 27 GenG. Öffentliche Sparkassen werden nach landesrechtlichen Bestimmungen vertreten (Art. 99 EGBGB).

Muster 35 Banken und Sparkassen

2. Pfändung und Verwertung

3 Wenn der Vollstreckungsgläubiger nicht weiß, welchen Umfang die Geschäftsbeziehung seines Schuldners zu einem Geldinstitut hat, muß er einerseits versuchen, so umfassend wie möglich zu pfänden, andererseits darauf achten, daß er in seinem Pfändungsantrag die zu pfändenden Ansprüche so beschreibt, daß sie **eindeutig bestimmbar** sind. Soll die Pfändung auch **künftige Forderungen** ergreifen, muß sich das aus dem Pfändungsbeschluß selbst ergeben[1].

4 Die **Zustellung** des Pfändungsbeschlusses kann jedenfalls an die Hauptstelle des Instituts erfolgen, nach in der Praxis sehr weit verbreiteter Ansicht aber auch an die kontoführende Filiale; denn auch diese ist ein „besonderes Geschäftslokal" i. S. des § 183, außerdem wird das Filialpersonal meist entsprechend bevollmächtigt sein. Die Angabe der Kontonummer empfiehlt sich, ist aber nicht notwendig.

5 Während die Pfändung der häufig vorkommenden Ansprüche des Kunden gegen das Geldinstitut in speziellen, in der **Vorbemerkung** genannten Mustern behandelt wird, wird in diesem Muster insbesondere die Frage behandelt, welche Vollstreckungsmöglichkeiten dann bestehen, **wenn das Geldinstitut nach Tilgung der Kundenschuld noch über Sicherheiten verfügt.**

6 Das Geldinstitut benötigt nach Tilgung seiner Forderung die dafür gestellten **Sicherheiten** nicht mehr; dennoch bleiben die Sicherungsmittel im Regelfall zunächst bei dem Geldinstitut, aber dieses ist – was meist im Kreditvertrag näher geregelt ist – verpflichtet, die Sicherungsmittel dem Kunden herauszugeben (§ 812 Abs. 1 Satz 2 BGB)[2].

7 **2.1 Grundpfandrechte** gehen mit Erlöschen der gesicherten Forderung entweder auf den Grundstückseigentümer über – und sind dann bei diesem als Eigentümergrundschuld zu pfänden *(Muster 61 bis 75)* – oder sie sind dem Kunden zurückzugewähren. Der **Rückgewähranspruch** ist nach § 857 pfändbar. Zugleich mit dem Rückgewähranspruch sind die Ansprüche des Vollstreckungsschuldners auf Bewilligung der Umschreibung im Grundbuch, auf Herausgabe des Hypotheken- bzw. Grundschuldbriefs sowie die entstehende Eigentümergrundschuld zu pfänden (§§ 830, 857 Abs. 6; vgl. die Erläuterungen zu den *Mustern 46, 52 und insbesondere 75*).

8 **2.1.1** Aber **trotz Pfändung und Überweisung des Rückgewähranspruchs** darf das Geldinstitut das Grundpfandrecht nicht unmittelbar an den Vollstreckungsgläubiger abtreten; denn der Anspruch ist im Vermögen des Vollstreckungsschuldners geblieben. Daher muß die Bank als Drittschuldnerin das Grundpfandrecht mit genau bezeichneter Zinsforderung und allen Nebenrechten *an den Vollstreckungsschuldner abtreten, in der Abtretungsurkunde auf die Pfändung hinweisen und die Eintragung der Abtretung mit dem Bemerken bewilligen, daß die Abtretung nur zusammen mit dem Pfandrecht eingetragen*

---
1 OLG Karlsruhe in NJW-RR 1993, 242.
2 BGH in NJW 1992, 1620 m. w. N.

werden darf. Diese Abtretungsurkunde muß die Bank *dem Vollstreckungsgläubiger aushändigen.*

Um die Pfändungswirkung herbeizuführen, muß der Vollstreckungsgläubiger
- im Fall des Grundpfandrechts mit Brief sich den Brief beschaffen, den meist das Geldinstitut besitzen wird, weshalb in Ziff. 1 lit. i des Musters die Pfändung des Herausgabeanspruchs vorgesehen ist;
- im Fall des Grundpfandrechts ohne Brief beim Grundbuchamt beantragen, zugleich die Abtretung des Grundpfandrechts an den Vollstreckungsschuldner und die Pfändung zugunsten des Vollstreckungsgläubigers einzutragen. Der Eintragungsantrag und die Vollmacht dazu bedürfen nicht der notariellen Beglaubigung (§ 20 GBO).

Mit Erlangung des Briefs bzw. Eintragung im Grundbuch wird das bisherige Fremd-Grundpfandrecht zur **Eigentümergrundschuld** und das Pfändungspfandrecht des Vollstreckungsgläubigers daran entsteht (§§ 830 Abs. 1, 836 Abs. 1 ZPO)[3]. Zur größeren Sicherheit und zur Klarstellung empfiehlt es sich, die Pfändung der nunmehr entstandenen Eigentümergrundschuld ausdrücklich zu beantragen **(Ziff. 2 des Musters).** Der **Zustellung** an Drittschuldner oder Vollstreckungsschuldner bedarf es zum Wirksamwerden der Vollstreckung nicht. § 835 Abs. 1 ermöglicht nun dem Vollstreckungsgläubiger, **seine Befriedigung** aus der Eigentümergrundschuld zu betreiben; dem steht § 1197 Abs. 1 BGB nicht entgegen, weil diese Vorschrift für den Vollstreckungsgläubiger nicht gilt[4].

2.1.2 Die Befriedigung der Vollstreckungsforderung muß der Vollstreckungsgläubiger – falls für die gesicherte Forderung nicht ein Titel, etwa nach § 794, besteht, der auf den Vollstreckungsgläubiger umgeschrieben werden kann – im Weg der erneuten Zwangsvollstreckung betreiben (§ 1147 BGB), indem er **die Zwangsversteigerung des Grundstücks** beantragt. Dazu braucht er einen **neuen Titel (§ 750),** den er sich durch Klage gegen den Grundstückseigentümer (Vollstreckungsschuldner) beschaffen muß, deren Antrag auf Duldung der Zwangsvollstreckung in das Grundstück wegen des Grundpfandrechts und der genau benannten Zinsen und Nebenleistungen zu richten ist. (Näheres in Rn. 31 bis 34 Erläuterungen zu *Muster 46.*)

Die **sachliche Zuständigkeit** für diese Klage bestimmt sich nach § 6 ZPO[5], **örtlich zuständig ist ausschließlich** das Gericht, in dessen Bezirk das Grundstück liegt (§ 24 ZPO).

2.1.3 Es müssen auch die Ansprüche auf Aufhebung oder Löschung des Grundpfandrechts und auf den Verzicht darauf gepfändet werden; denn der Vollstreckungsschuldner, welcher dem Geldinstitut gegenüber unter diesen

---
3 Vgl. *Hein* in Rpfleger 1987, 491 und OLG Koblenz in Rpfleger 1988, 72.
4 BGHZ 103, 66 ff.
5 Z. B. *Zöller,* Rn. 16 zu § 3 „Duldung"; *Baumbach/Lauterbach/Albers/Hartmann,* § 3 Rn. 16 „Duldung" Anh. zu § 3 Rn. 31; *Thomas/Putzo,* § 3 Rn. 44.

Muster 35 Banken und Sparkassen

Ansprüchen wählen kann[6], wäre sonst in der Lage, den Erfolg der Vollstreckung zu vereiteln.

14 **2.1.4** Im Fall der Zwangsversteigerung des Grundstücks durch einen Dritten muß das Geldinstitut auch den auf den nicht valutierten Teil des Grundpfandrechts entfallenden **Erlösteil herausgeben.** Dieser Anspruch ist als gewöhnliche Geldforderung zu pfänden.

15 **2.2 Pfandrechte an beweglichen Sachen und an Rechten** erlöschen mit der gesicherten Forderung (§ 1252 BGB), so daß nun die verpfändeten Sachen und Rechte wieder dem Vollstreckungszugriff gegen den Eigentümer (Inhaber) unterliegen; sein Herausgabeanspruch gegen das Geldinstitut ist zu pfänden.

16 **2.3 Bürgschaften** erlöschen mit der Tilgung der gesicherten Forderung durch den Hauptschuldner, wenn nichts anderes vereinbart ist[7], während bei Befriedigung des Geldinstituts durch den Bürgen die Forderung des Geldinstituts gegen seinen Kunden auf den Bürgen übergeht (§ 774 BGB).

17 **2.4 Sicherungsübereignungen und Sicherungszession** erlöschen entweder mit der Forderung – dann unterliegt das Sicherungsgut bzw. der auf dieses gerichtete Herausgabeanspruch des Vollstreckungsschuldners dem Vollstreckungszugriff bei ihm – oder sie sind zurückzuübertragen; das hängt vom Inhalt der Vereinbarungen zwischen dem Geldinstitut und dem Vollstreckungsschuldner ab. Die Ansprüche auf Rückübertragung und Herausgabe sind pfändbar.

18 **2.5** Das Recht auf **Herausgabe und Rückübereignung von Sachen** wird verwertet, indem die Sachen vom Gerichtsvollzieher in Besitz genommen und versteigert werden und der Vollstreckungsgläubiger aus dem Erlös befriedigt wird (§ 847).

19 **2.6** Pfändung und Überweisung des Anspruchs auf **Rückzession** einer Forderung bewirken nicht einen Forderungsübergang auf den Vollstreckungsgläubiger; Forderungsinhaber bleibt vielmehr der Vollstreckungsschuldner. Aber der Vollstreckungsgläubiger kann nun anstelle des Vollstreckungsschuldners die Forderung geltendmachen und sich aus ihr befriedigen.

20 **2.7** Um dem **Bestimmtheitserfordernis zu genügen,** sind in Ziff. 1 lit. f, h und i die herauszugebenden Sachen, abzutretenden Forderungen und betroffenen Grundpfandrechte – unter Benennung des belastenden Grundstücks – so genau wie möglich zu bezeichnen; an die Bestimmtheit dieser Bezeichnung werden in der Rechtsprechung teilweise sehr hohe, schwer zu erfüllende Anforderungen gestellt[8]. Andererseits hat der BGH bezüglich des Anspruchs auf Auszahlung des Überschusses, welchen die Bank bei Verwertung von Sicherheiten erzielt hat, die in Ziff. 1 lit j des Musters gewählte Formulierung genügenlassen[9].

---

6 BGHZ 108, 244 ff.
7 *Palandt,* § 765 BGB Rn. 3 und 11.
8 Z. B. BGH in NJW 1975, 980 und LG Landshut in JurBüro 1994, 307.
9 In NJW 1981, 1505.

Der Vollstreckungsgläubiger kann bei spärlichen Informationen nur sein Bestes versuchen, um zu vermeiden, daß sein Antrag zurückgewiesen oder ein doch ergehender Pfändungsbeschluß als unwirksam angesehen wird. 21

2.8 Die Ansprüche auf **Auskunft und Kündigung** sind nicht selbständig pfändbar. Diese Nebenrechte werden aber in gewissem Umfang von der Pfändung der Hauptforderung ergriffen; ihre Aufführung im Pfändungs- und Überweisungsbeschluß ist nur deklaratorisch, empfiehlt sich aber der Klarheit wegen. 22

2.9 Zum **Pfändungsschutz** vgl. Rn. 35 bis 37 zu *Muster 36*. 23

Muster 36

Bankguthaben, Sparkassenguthaben
Girokonto, Kontokorrentkonto

Bis 1. 1. 1998 nicht für Deutsche Postbank AG zu verwenden!

In ein Formblatt (vgl. „Hinweise" Ziff. 5) ist einzusetzen:

Wegen dieser Ansprüche sowie wegen der Kosten dieses Beschlusses und seiner Zustellung

werden die angeblichen Forderungen und Ansprüche des Schuldners

gegen

. . . (das Kreditinstitut möglichst genau bezeichnen) . . . vertreten durch . . .

(Drittschuldnerin)

aus den Verträgen betreffend die Konten . . . und den Verträgen betreffend eventuelle weitere Konten

gepfändet; insbesondere werden gepfändet:

a) der Anspruch des Schuldners auf Gutschrift von zu seinen Gunsten eingehenden Beträgen, auch auf Gutschrift der Valuta aus zugesagten oder bereitgestellten Krediten, auch soweit ein socher Anspruch erst künftig entstehen sollte.

b) der Anspruch auf Auszahlung sowohl des sich im Zeitpunkt der Zustellung dieses Beschlusses an die Drittschuldnerin ergebenden als auch jedes späteren aktiven Kontokorrentsaldos oder sonstiger Guthaben, auch zwischen den Saldoabschlüssen,

c) der Anspruch auf Auszahlung oder Überweisung des derzeitigen und jedes künftigen Guthabens an Dritte,

d) die sich aus der Geschäftsverbindung ergebenden sonstigen Ansprüche und Rechte des Schuldners, z. B. auf Kündigung und Auskunft.

Es wird angeordnet, daß der Schuldner die Euro-Scheckformulare und Euro-Scheckkarten, die sich auf die gepfändeten Konten beziehen, an den Gläubiger herauszugeben hat.

Der Drittschuldnerin wird verboten, an den Schuldner zu leisten.

Dem Schuldner wird geboten, sich jeder Verfügung über die gepfändeten Forderungen und Ansprüche, insbesondere ihrer Einziehung, zu enthalten.

Zugleich werden die gefändeten Forderungen und Ansprüche dem Gläubiger zur Einziehung überwiesen.

Vorbemerkung

Zur Pfändung von Girokonten bei der Deutschen Postbank AG s. bis 1. 1. 1998 Muster 133.

Erläuterungen

1. Girokonto

Fast jedermann hat ein Girokonto bei einer Bank oder Sparkasse, über das er einen Großteil seines Zahlungsverkehrs abwickelt, auf das er z. B. sein Gehalt einzahlen läßt oder aus dem er seine Miete zahlt. Dieses Konto kann „positiv" oder „negativ" sein, je nachdem ob der Saldo der auf dem Konto verbuchten gegenseitigen Forderungen zwischen Kunde und Bank ein Guthaben oder eine Schuld des Kunden ergibt.

1.1 Mit Einrichtung eines laufenden Kontos kommt zwischen dem Geldinstitut und dem Kunden ein **Girovertrag** zustande, der ein Geschäftsbesorgungsvertrag i. S. d. § 765 BGB ist und Dienstleistungen des Geldinstituts und Zahlungsverpflichtungen zum Inhalt hat: Das Geldinstitut verpflichtet sich durch den Girovertrag, dem Kunden die bargeldlose Abwicklung von Zahlungsansprüchen und Zahlungsverpflichtungen zu ermöglichen, indem es eingehende Beträge auf dem Girokonto gutschreibt, Überweisungsaufträge des Kunden ausführt, Schecks bedient usw.; ferner verpflichtet sich das Geldinstitut dazu, aus dem Guthaben des Kunden Beträge an ihn oder Dritte auch dann sofort – und nicht erst nach einem Rechnungsabschluß – auszuzahlen, wenn – wie beim Girokonto regelmäßig – eine Kontokorrentabrede besteht: Der Anspruch des Kunden auf Auszahlung von Tagesguthaben unterfällt nicht der Kontokorrentabrede, eben weil sich das Geldinstitut durch den Girovertrag zu jederzeitiger Auszahlung verpflichtet hat[1].

Die Kündigung dieser Geschäftsverbindung ist sowohl dem Kunden als auch dem Geldinstitut möglich; näher geregelt ist das in Nr. 18 und 19 der Allgemeinen Geschäftsbedingungen der Privatbanken (AGB Banken) und in Nr. 26 der Allgemeinen Geschäftsbedingungen der Sparkassen (AGB Sparkassen)[2].

Weil Banken und Sparkassen auch Kredite ausreichen oder „Kontoüberziehungen" dulden, brauchen sie Sicherheiten. Die AGB Banken enthalten darüber und auch über die Verwertung der Sicherheiten Bestimmungen in Nr. 13 bis 17; für Girokonten wichtig ist insbesondere Nr. 14: Die Bank hat ein Pfandrecht an Wertpapieren und Sachen, die sie im Geschäftsverkehr für den Kunden verwahrt, und ein Pfandrecht auch an den Ansprüchen, die dem Kunden aus der bankmäßigen Geschäftsverbindung zustehen oder zukünftig zustehen werden, z. B. Kontoguthaben. Die ganz ähnliche Regelung für Sparkassen findet sich in Nr. 21 und 22 der AGB Sparkassen. Dieses Pfandrecht muß der Vollstreckungsgläubiger als rangbesseres gegen sich gelten lassen[3].

1.2 Girokonten werden regelmäßig als **Kontokorrent** geführt. Das Kontokorrent ist in §§ 355, 356, 357 HGB gesetzlich geregelt. Nr. 7 (1) der AGB Banken

---
1 BGHZ 84, 325 = NJW 1982, 2192; BGHZ 84, 371; *Baßlsperger* in Rpfleger 1985, 177.
2 Beide in der Fassung vom 1. 1. 1993; AGB Banken abgedruckt in NJW 1992, 3278, erläutert in NJW 1992, 3236; AGB Sparkassen abgedruckt in NJW 1993, 840, erläutert in NJW 1993, 832.
3 Vgl. OLG München in WM 1995, 429.

Muster 36 Bank-/Sparkassenguthaben

bestimmt dazu, daß, sofern nicht etwas anderes vereinbart ist, jeweils zum Ende eines Kalenderquartals ein Rechnungsabschluß stattfindet, bei dem die in diesem Zeitraum entstandenen beiderseitigen Ansprüche einschließlich Zinsen und Entgelten der Bank verrechnet werden. Die AGB Sparkassen verweisen in Nr. 7 auf die „jeweils im Preisaushang aufgeführten Rechnungsabschlußperioden".

6   Die **Kontokorrentabrede** bedeutet die Vereinbarung der Parteien, daß die aus der Verbindung entspringenden beiderseitigen Forderungen in Rechnung gestellt und in regelmäßigen Zeitabschnitten durch Verrechnung und Feststellung des für den einen oder anderen Teil sich ergebenden Überschusses ausgeglichen werden. Nach ständiger Rechtsprechung des BGH[4] besteht das Wesen der Kontokorrentabrede darin, daß die in die laufende Rechnung aufgenommenen beiderseitigen Ansprüche am Tag des periodischen Rechnungsabschlusses durch Anerkennung des Saldos als Einzelforderungen untergehen; übrig bleibt nur ein Anspruch aus dem Saldoanerkenntnis, der als neue, auf einem selbständigen Verpflichtungsgrund beruhende, vom früheren Schuldgrund losgelöste Forderung an die Stelle der bisherigen Einzelforderungen tritt.

7   1.2.1 Beim **Bank-Kontokorrent** werden üblicherweise aber auch in täglichen Bankauszügen Salden gezogen. Diese sogenannten Tagessalden stellen keinen Rechnungsabschluß dar, sondern sind nur zur Mitteilung an den Kunden bestimmt, um beiden Seiten die Übersicht und die Disposition zu erleichtern[5]. Allerdings kommt auch – mehr beim kaufmännischen Kontokorrent als beim Bank-Kontokorrent – die Vereinbarung vor, daß der Rechnungsabschluß jeweils sofort bei jeder Buchung, bei jedem neuen Geschäftsvorfall, stattzufinden habe; ein solches Kontokorrent nennt man Staffelkontokorrent. Hier ist wirklich der Tagessaldo zugleich Rechnungsabschluß.

8   Auch wenn kein Staffelkontokorrent vereinbart ist, hat der Kunde auch zwischen den Rechnungsabschlüssen Anspruch auf Auszahlung seines Guthabens; das ergibt sich aus dem Girovertrag zwischen ihm und der Bank[6].

9   1.2.2 Die **Einzelposten,** die in das Kontokorrent eingehen, sind zunächst nichts anderes als einzelne Forderungen oder Tilgungen. Sie bleiben das bis zur Schuldumschaffung durch den jeweiligen Rechnungsabschluß. (Anders beim Staffelkontokorrent, bei dem jederzeit der Tagessaldo den Rechnungsabschluß darstellt und jede Einzelforderung sofort mit täglicher Buchung als solche untergeht.) Ist ein Anspruch kontokorrentgebunden, so tritt diese Kontokorrentbindung – nicht aber die Schuldumschaffung – mit der Entstehung des Anspruchs ein[7].

10 1.2.3 Die Kontokorrentabrede ist **nicht formbedürftig** und kommt häufig schon durch wiederholte Anerkennung des Saldos zustande. (Damit aber

---

[4] BGHZ 80, 176; 84, 330, 376; 93, 323.
[5] BGH in NJW 1968, 2100 = BGHZ 50, 280; NJW 1979, 1164 = BGHZ 73, 209 und NJW 1985, 3011.
[6] BGHZ 86, 23 und FN 1.
[7] BGH in NJW 1982, 1150 = JurBüro 1982, 853.

Staffelkontokorrent angenommen weden kann, bedarf es eindeutiger, wenn auch nicht ausdrücklicher Erklärungen.)

1.2.4 Zum **Auskunftsanspruch** des Kunden vgl. BGH in NJW 1985, 2699. 11

2. Pfändung und Verwertung

Guthaben auf Girokonten werden als **gewöhnliche Forderungen** nach §§ 829, 835 gepfändet und überwiesen. Einen Überblick über den Vollstreckungszugriff des Gläubigers auf Ansprüche des Schuldners aus dem Girovertrag mit einem Geldinstitut geben *Hintzen* in ZAP 1993, 23 und *App* in JurBüro 1991, 481. Schwierigkeiten ergeben sich hinsichtlich der Fragen, ob auch Guthaben aus künftigen Rechnungsabschlüssen gepfändet werden können (s. unten Rn. 13), ob kontokorrentgebundene Einzelforderungen pfändbar sind (s. unten Rn. 15), ob der Anspruch des Kunden aus dem Girovertrag auf Auszahlung eines Guthabens zwischen Rechnungsabschlüssen trotz der Kontokorrentabrede pfändbar ist (s. unten Rn. 16) und wie es sich beim debitorischen Konto verhält (s. unten Rn. 22 ff.). 12

2.1 Ob der **künftige Saldo** pfändbar ist, war heftig umstritten. Der BGH hat entschieden, daß – jedenfalls beim Bankkontokorrent – die Pfändung sich nicht auf den nächsten Aktivsaldo zu beschränken brauche, sondern auch alle künftigen Aktivsalden bis zur vollen Befriedigung des Vollstreckungsgläubigers erfassen könne; allerdings sei auf die Pfändung künftiger Aktivsalden § 357 HGB nicht anzuwenden[8]. Die Begründung des Urteils überzeugt. Zu beachten ist aber, daß der Pfändungsbeschluß deutlich machen muß, daß auch die künftigen Aktivsalden gepfändet sind (wegen sonstiger künftiger Forderungen vgl. Rn. 9 zu *Muster 35*). 13

Ist (nur) der **gegenwärtige Saldo** gepfändet, so ergreift die Pfändung den Saldo im Zeitpunkt der Zustellung des Pfändungsbeschlusses an den Drittschuldner, nicht etwa den Saldo im Zeitpunkt des nächst fälligen Rechnungsabschlusses: § 357 HGB macht für die Pfändung eine Ausnahme vom Grundsatz der periodischen Verrechnung. Abweichende Wertstellung bleibt unberücksichtigt[9]. 14

2.2 Die **kontokorrentgebundenen Einzelforderungen** unterliegen, wie sich aus dem Wesen des Kontokorrents ergibt, nicht der Pfändung[10]. 15

2.3 Der **Anspruch des Bankkunden aus dem Girovertrag** auf Auszahlung eines sich zwischen den Rechnungsabschlüssen ergebenden Guthabens unterliegt – selbst wenn er nicht abtretbar sein sollte – der Pfändung, weil dieser Anspruch durch den Girovertrag aus der Kontokorrentbindung herausgenommen ist[11]. 16

---

8 BGHZ 80, 172 = NJW 1981, 1611.
9 OLG Frankfurt a. M. in NJW-RR 1994, 878.
10 BGHZ 80, 172 = NJW 1981, 1611 = JurBüro 1981, 1325; BGH in NJW 1982, 1150 = JurBüro 1982, 853.
11 BGHZ 84, 325 = NJW 1982, 2192 = Rpfleger 1983, 77; BGHZ 84, 371; BGH in NJW 1954, 190; *Baßlsperger,* in Rpfleger 1985, 177; vgl. auch OLG Frankfurt a. M. in WM 1994, 684.

17 *Beachte:* Die Folge ist, daß der Auszahlungsanspruch aus dem Girovertrag von der Pfändung der Kontokorrentsalden nicht umfaßt wird, sondern zusätzlich gepfändet werden muß[12].

18 **2.3.1** Der Girovertrag verpflichtet die Bank, die bei ihr zugunsten des Vollstreckungsschuldners eingehenden Beträge an diesen herauszugeben (§§ 667, 665 BGB) und zwar, wie vereinbart, durch Gutschrift; erst mit Gutschrift entsteht der Auszahlungsanspruch. Der **Anspruch auf Gutschrift** ist pfändbar und muß gepfändet werden, um zu erreichen, daß der Vollstreckungsschuldner nicht vor Gutschrift anderweitig über den eingegangenen Betrag verfügt, ihn z. B. auf ein ungepfändetes Konto umdirigiert[13].

19 **2.3.2** Der Anspruch auf **Durchführung von Überweisungen an Dritte** ist pfändbar; die Pfändung ist notwendig, um zu verhindern, daß der Vollstreckungsschuldner das gepfändete Guthaben „am Vollstreckungsgläubiger vorbei bringt"[14].

20 **2.3.3** Hat der Vollstreckungsschuldner Vermögen dadurch verborgen, daß er es auf **ein auf den Namen eines Dritten lautendes Konto** gelegt und sich vom Kontoinhaber Vollmacht über das Konto hat geben lassen, so ist dieser „Schiebung" schwer beizukommen: Der immer wieder unternommene Versuch, die **Kontovollmacht** zu pfänden, muß nach unserer Meinung schon aus begrifflichen Gründen scheitern; denn eine Vollmacht ist kein Vermögensrecht, das einen Vermögenswert verkörpert, sondern lediglich die durch Rechtsgeschäft erteilte Befugnis, für den Vollmachtgeber zu handeln[15].

21 In vielen Fällen aber wird der als Kontoinhaber Vorgeschobene der **Treuhänder** des Vollstreckungsschuldners sein. Dann kann nach *Muster 175* vorgegangen werden.

22 **2.4 Debitorisches Konto:** Übersteigen die Forderungen der Bank gegen den Kunden diejenigen des Kunden gegen die Bank, so hat der Kunde (Vollstreckungsschuldner) keinen Anspruch auf Auszahlung; eine Pfändung nach *Muster 53* ist in Betracht zu ziehen, wird aber nur selten erfolgreich sein.

23 **2.4.1** Ist der **Kredit bereits ausbezahlt,** so wird das Kreditinstitut schon aufgrund des Girovertrages Eingänge auf dem Konto solange verrechnen, bis seine Forderungen gedeckt sind. Darüber hinaus haben Banken nach § 14 (1) der AGB Banken, Sparkassen nach Nr. 21 (1) der AGB Sparkassen ein Pfandrecht an den Kontoguthaben ihrer Kunden. In diesen Fällen kann also die Pfändung des Kontoguthabens nicht greifen.

24 **2.4.2** Hat das Kreditinstitut dem Vollstreckungsschuldner eine **Kreditzusage** gegeben, so kann ihm daraus ein Anspruch gegen das Kreditinstitut auf Gutschrift der Kreditvaluta entstehen. Dieser Anspruch ist pfändbar (vgl. Rn. 6 f. und 9 f. der Erläuterungen bei *Muster 54*).

---

12 BGH in NJW 1982, 2193.
13 BGHZ 93, 322 = NJW 1985, 1218 = JurBüro 1985, 705 = Rpfleger 1985, 201.
14 Wie FN 13 und BGHZ 86, 25.
15 Vgl. *Vortmann* in NJW 1991, 1038 m. w. N.

2.4.3 Zum **Dispositionskredit** und der sogenannten **offenen Kreditlinie** vgl. 25
Rn. 13 der Erläuterungen bei *Muster 54*.

2.4.4 Ansprüche auf **Auszahlung zweckgebundener Kredite** sind nicht abtret- 26
bar und nicht pfändbar, weil die Erreichung des vereinbarten Zwecks vereitelt
würde (§ 399 Abs. 1 BGB i. V. m. § 851 Abs. 1 ZPO).

2.4.5 Trotz Pfändung kann das Kreditinstitut regelmäßig die **Kreditzusage** 27
widerrufen, weil die Pfändung in der Regel eine Verschlechterung der Vermögensverhältnisse des Kreditnehmers darstellt, durch die der Anspruch auf die
Kreditrückzahlung gefährdet wird (§ 610 BGB).

2.5 Sind mehrere Personen zusammen Kontoinhaber, so wird im Girovertrag 28
geregelt, ob jeder von ihnen allein über das Konto verfügen kann („**Oder-Konto**"), oder ob nur alle Inhaber gemeinsam darüber verfügen können („**Und-Konto**").

2.5.1 Zur Pfändung des „**Und-Kontos**" bedarf es eines Titels gegen alle Kon- 29
toinhaber, wie aus §§ 719, 747 BGB folgt. Aus einem nur gegen einen der
Mitinhaber gerichteten Titel kann nur der Anspruch des Vollstreckungsschuldners gegen seine Mitinhaber (Gemeinschafter, Gesellschafter) auf Auseinandersetzung gepfändet werden *(Muster 48)*[16].

2.5.2 Zur Pfändung des „**Oder-Kontos**" dagegen genügt ein nur gegen einen 30
der Kontoinhaber gerichteter Titel, weil die Mitinhaber Gesamtgläubiger sind
und jeder von ihnen allein über das gesamte Konto verfügen kann[17]. Die
Pfändung aus einem nur gegen einen der Kontoinhaber gerichteten Titel hindert aber die anderen Kontoinhaber nicht daran, ihrerseits im vollen Umfang
über das Konto zu verfügen[18].

Allerdings steht das Guthaben (die Forderung gegen die Bank auf Auszahlung) 31
nicht allein im Vermögen des Vollstreckungsschuldners, sondern auch im
Vermögen der anderen Kontoinhaber. Sie haben als Gesamtgläubiger gegen
den Vollstreckungsschuldner einen Anspruch auf Ausgleichung (§§ 429, 430
BGB). Daraus schließt das OLG Koblenz, daß der Vollstreckungsgläubiger den
übrigen Kontomitinhabern ihre Anteile am Guthaben frei- bzw. herausgeben
müsse[19]. Diese Meinung teilen wir nicht: Das Innenverhältnis zwischen den
Kontoinhabern berührt nur diese, nicht aber den Vollstreckungsgläubiger. Die
einzelnen Mitinhaber können bei Pfändung des gesamten Guthabens ihre
Ausgleichsansprüche nur gegen den Vollstreckungsschuldner geltendmachen,
ebenso, wie wenn dieser persönlich das gesamte Guthaben abgehoben und
verbraucht hätte. Es ist kein Grund dafür ersichtlich, warum Eigenverbrauch
durch einen Kontoinhaber anders beurteilt werden sollte als „Verbrauch"
aufgrund einer Pfändung. Der Vollstreckungsgläubiger ist auch nicht ungerechtfertigt bereichert; denn durch die Pfändung und Überweisung des seinem

---

16 OLG Karlsruhe in NJW 1986, 63.
17 BGHZ 93, 321 (vgl. FN 13); BGHZ 95, 187; BGHZ 29, 364.
18 BGHZ 95, 187 entgegen OLG Karlsruhe (FN 16).
19 OLG Koblenz in NJW-RR 1990, 1385; ablehnend *Wagner* in WM 1991, 1145.

Vollstreckungsschuldner tatsächlich zustehenden Anspruchs auf das gesamte Guthaben ist sein Zugriff auf dieses gerechtfertigt.

32 **2.5.3** Ein Mitinhaber allein kann nicht die **Umstellung** eines „Und-Kontos" auf ein „Oder-Konto" bewirken (wenn nicht etwa Gegenteiliges vereinbart sein sollte[20]) und hat keinen Anspruch gegen seine Mitinhaber auf Umwandlung eines „Und-Kontos" in ein „Oder-Konto".

33 **2.6 Drittschuldnerin** ist das Geldinstitut, welches das Konto führt. Nach h. M. kann der Pfändungsbeschluß sowohl der Hauptstelle als auch der Zweigstelle zugestellt werden. Das Konto ist eindeutig zu identifizieren, nicht notwendig durch Angabe der Kontonummer.

34 **2.7** Hat das Geldinstitut auf das gepfändete Konto **Euroschecks** und **Scheckkarten** ausgegeben, so geht sein Pfandrecht nach Nr. 14 der AGB Banken bzw. 21 der AGB Sparkassen dem Pfandrecht des Vollstreckungsgläubigers vor, weil der Rechtsgrund für die Verpflichtung des Instituts zur Einlösung von Euroschecks schon im Zeitpunkt der Aushändigung der Scheckkarte entstanden ist[21]; denn der Schuldner kann sich seiner Euro-Schecks noch begeben, so daß die Bank für jeden von ihnen den garantierten Betrag bezahlen muß. Dafür hat sie als Sicherheit das Pfandrecht. Daher soll dem Schuldner in dem Pfändungs- und Überweisungsbeschluß aufgegeben werden, die Euro-Scheckformulare und die Euro-Scheckkarte herauszugeben. Kommt er dieser Anordnung nicht nach, so ist er dazu nach den Regeln über die Zwangsvollstreckung zur Erwirkung unvertretbarer Handlungen anzuhalten; Titel ist der Pfändungs- und Überweisungsbeschluß.

2.8 Pfändungsschutz für Kontoguthaben

35 Werden **wiederkehrende Einkünfte** der in §§ 850 bis 850b bezeichneten Art auf das Konto des Vollstreckungsschuldners bei einem Geldinstitut überwiesen, so ist eine Pfändung des Guthabens auf Antrag des Vollstreckungsschuldners vom Vollstreckungsgericht insoweit aufzuheben, als das Guthaben dem der Pfändung nicht unterworfenen Teil der Einkünfte von der Zeit der Pfändung bis zum nächsten Zahlungstermin entspricht (§ 850k Abs. 1); nach § 850k Abs. 2 und 3 sind auch Vorabaufhebung und einstweilige Anordnung unter bestimmten Voraussetzungen möglich. Für **einmalige Vergütungen** i. S. d. § 850i wird der Schutz nicht gewährt.

36 Der **Vollstreckungsgläubiger** ist regelmäßig zu **hören**. Der Vollstreckungsschuldner hat die Umstände glaubhaft zu machen, welche für die Gewährung des Schutzes und die Bemessung des pfandfrei zu belassenden Betrages bestimmend sind.

37 Damit der Pfändungsschutz greifen kann, verbietet § 835 Abs. 3 Satz 2 dem Geldinstitut, früher als zwei Wochen nach Zustellung des Pfändungsbeschlusses an den Vollstreckungsschuldner zu zahlen oder zu hinterlegen. Gegen die

---
20 BGH in NJW 1991, 420 mit zahlreichen Nachweisen; BGH in NJW-RR 1993, 233.
21 BGHZ 93, 71 (79).

zusätzlichen **Nachteile** der Kontopfändung für den Vollstreckungsschuldner, daß die Bank etwa die Pfändung der Schufa mitteilt oder die Geschäftsbeziehung beendet, git es keinen wirksamen Schutz.

2.9 Konten, die (auch) im Interesse Dritter geführt werden

2.9.1 Konten, auf denen der Inhaber erkennbar fremdes Vermögen treuhänderisch verwaltet, sind **Treuhandkonten**. Über diese kann nur der Inhaber (Treuhänder) selbst verfügen. Die Gläubiger des Treugebers können deshalb in die Guthaben nicht vollstrecken; sie haben nur die Möglichkeit, den Anspruch des Treugebers gegen den Treuhänder auf Auskehrung der Beträge nach § 829 zu pfänden; dabei ist der Treuhänder Drittschuldner (vgl. *Muster 175*). 38

Bei einem Pfändungszugriff eines Dritten auf das Treuhandkonto bleibt dem Treugeber, dem eigene Rechte gegen die Bank nicht zustehen, nur die – hier problematische – Drittwiderspruchsklage, vgl. Rn. 9 der Erläuterungen bei *Muster 175* (Treuhandschaft). 39

2.9.2 Das **Anderkonto**, eine Unterart des Treuhandkontos, gewährt dem Treugeber mehr Schutz. Die Geldinstitute führen Anderkonten, die nicht den Zwecken des Kontoinhabers dienen, für Rechtsanwälte, Patentanwälte, Notare, Wirtschaftsprüfer, Steuerberater und Wirtschaftsprüfungsgesellschaften. Die Rechtsbeziehungen zwischen den Geldinstituten und den Anwälten und Notaren werden in den Bedingungen für Anderkonten und Anderdepots von Rechtsanwälten und Notaren geregelt, für die wirtschaftsprüfenden und steuerberatenden Berufe in den Bedingungen für Anderkonten und Anderdepots von Angehörigen der öffentlich bestellten, wirtschaftsprüfenden und wirtschafts- und steuerberatenden Berufe – Treuhänder. Nach Ziff. 6 der Bedingungen für Anderkonten den Rechtsanwälte und Notare nimmt das Geldinstitut keine Kenntnis davon, wer bei dem Anderkonto Rechte gegen den Kontoinhaber geltend zu machen befugt ist. Rechte Dritter auf Leistung aus dem Anderkonto bestehen der Bank gegenüber nicht. Nur der Inhaber kann über das Konto verfügen, aber das Guthaben ist dem Vermögen des Treugebers zuzurechnen. Bei Pfändung der Ansprüche des Treuhänders gegen das Geldinstitut werden Anderkonten nur dann als betroffen angesehen, wenn dies aus dem Pfändungsbeschluß ausdrücklich hervorgeht; sonst wird das Geldinstitut das Vorhandensein dieses Kontos des Vollstreckungsschuldners in der Drittschuldnererklärung erwähnen, ohne den Kontostand oder sonstige Einzelheiten bekanntzugeben. 40

Die Drittwiderspruchsklage des Treugebers wird hier relativ leicht zum Erfolg führen, weil bei Anderkonten, die der Treunehmer ordentlich führt, durch Überweisungsbelege und Akten des Treuhänders nachweisbar ist, daß das Guthaben nicht dem Treuhänder, sondern dem Treugeber zusteht[22]. 41

2.9.3 **Sonderkonto** ist ein Konto, das der Inhaber zwar als „sein" Konto einrichtet, in dessen Kontobezeichnung aber neben dem Namen des Inhabers 42

---

22 BGH in NJW 1954, 191.

das Wort „Sonderkonto" und der Name eines Dritten aufgenommen ist. Nach BGH NJW 56, 1953 ist aus den näheren Umständen der Kontoerrichtung, insbesondere daraus, wer der Bank gegenüber als Forderungsberechtigter auftritt, zu entnehmen, ob der Kunde des Geldinstituts, der Dritte oder nur beide zusammen einen Zahlungsanspruch gegen die Bank haben. Danach richtet sich dann, als wessen Vermögen das Guthaben zu betrachten ist, und gegen wen sich ein Titel richten muß, aus dem dieses Guthaben gepfändet werden soll.

43   **2.9.4 Fremdkonto** ist ein Konto, das der Inhaber für Zwecke eines anderen führt, das nach außen aber nicht als Treuhandkonto erkennbar ist. Nur der Kontoinhaber kann darüber verfügen, nicht der Dritte. Zur Pfändung bedarf es eines Titels gegen den Inhaber. Ob dem Dritten ein Recht nach § 771 ZPO zusteht, ist Tatfrage.

44   **2.9.5** Das **Sperrkonto** dient dazu, Gelder bereitzuhalten, die unter gewissen Voraussetzungen zur Erfüllung eines bestimmten Anspruchs ausbezahlt werden sollen. Die Sperre wird entweder dadurch bewirkt, daß die Bank von den Beteiligten angewiesen ist, nur an eine bestimmte Person und gegen einen bestimmten Nachweis zu zahlen, oder dadurch, daß eine Verfügung nur durch mehrere Personen oder mit Zustimmung einer oder mehrerer bestimmten Personen möglich ist. Diese Zweckbindung führt dazu, daß das Guthaben nur zugunsten desjenigen gepfändet werden kann, für den es gesperrt ist. Praktisch scheitert ein Pfändungsversuch regelmäßig daran, daß der Vollstreckungsgläubiger die Voraussetzungen nicht verwirklichen kann, welche für die Aufhebung der Sperre nötig sind[23].

45   **2.10** Zur Abgabe der **Drittschuldnererklärung** ist die Bank trotz des „Bankgeheimnisses" verpflichtet (allg. M.).

46   3. Wegen des **Herausgabeanspruchs des Kontoinhabers bei unwirksamer Pfändung** vgl. BGH in NJW 1986, 2430.

---

23 Vgl. *Canaris* in NJW 1973, 829.

Muster 37

Bauhandwerkerforderung I
Es ist keine Bauhandwerkerhypothek eingetragen

In ein Formblatt (vgl. „Hinweise" Ziff. 5) ist einzusetzen:

Wegen dieser Ansprüche sowie wegen der Kosten dieses Beschlusses und seiner Zustellung

wird die angebliche Forderung des Schuldners

gegen . . . (Name und Adresse) . . . (Drittschuldner)

auf Zahlung der restlichen Vergütung aus dem zwischen Schuldner und Drittschuldner am . . . abgeschlossenen Bauvertrag, auch soweit sie noch nicht fällig ist, gepfändet.

Dem Drittschuldner wird verboten, an den Schuldner zu zahlen.

Dem Schuldner wird geboten, sich jeder Verfügung über die gepfändete Forderung, insbesondere ihrer Einziehung, zu enthalten.

Zugleich wird die gepfändete Forderung dem Gläubiger zur Einziehung überwiesen.

Muster 38

Bauhandwerkerforderung II
Eine Bauhandwerkerhypothek ist eingetragen

In ein Formblatt (vgl. „Hinweise" Ziff. 5) ist einzusetzen:

Wegen dieser Ansprüche sowie wegen der Kosten dieses Beschlusses und seiner Zustellung und der Kosten für die Grundbucheintragung wird die angebliche Forderung des Schuldners

gegen ... (Name und Adresse des Bauherrn/Grundstückseigentümers) ...

(Drittschuldner)

auf Zahlung der Vergütung (des Werklohns) aus dem zwischen dem Schuldner und dem Drittschuldner abgeschlossenen Bau-Werkvertrag bezüglich des Bauvorhabens ... nebst Zinsen seit ... zusammen mit der angeblich zur Sicherung dieser Forderung im Grundbuch des Amtsgerichts ... Gem. ... Band ... Blatt ... in Abt. III und lfd. Nr. ... auf dem Grundstück des Drittschuldners eingetragenen Bauhandwerkerhypothek

gepfändet.

Dem Drittschuldner wird verboten, an den Schuldner zu leisten.

Dem Schuldner wird geboten, sich jeder Verfügung über die Forderung und die Hypothek, insbesondere ihrer Einziehung zu enthalten.

Zugleich wird die gepfändete Forderung samt Hypothek dem Gläubiger zur Einziehung überwiesen.

―――― Erläuterungen ――――

1. Vereinbarung und Sicherung der Werklohnforderung

1 Die Werklohnforderung des Bauhandwerkers richtet sich, wenn nichts anderes vereinbart ist, nach §§ 631 ff. BGB. Häufig wird aber im Bauvertrag vereinbart, daß die Bestimmungen des Teils B der „Verdingungsordnung für Bauleistungen" (VOB) Vertragsinhalt sein sollen. Diese Bestimmungen weichen von denen des BGB über Bauausführung, Gewährleistung und Zahlung der Vergütung ab.

2 U. a. ist häufig vereinbart, daß der Unternehmer Sicherheit für die mangelfreie Fertigstellung dadurch stellen muß, daß der Bauherr einen bestimmten Teil der Vergütung auch über die Fertigstellung des Werks hinaus bis zur Herstellung der Mängelfreiheit oder zur Finanzierung der Ersatzvornahme einbehalten darf.

3 **1.1** Der Bauhandwerker, das ist der Unternehmer eines Bauwerks oder eines einzelnen Teils eines Bauwerks, kann nach näherer Bestimmung in § 648a BGB für seine Vorleistung eine **Sicherheit** i. S. der §§ 232 ff. BGB oder durch

Garantie oder sonstiges Zahlungsversprechen bestimmter Kreditinstitute oder Kreditversicherer verlangen.

1.2 Der Bauhandwerker kann aber statt dessen gemäß § 648 BGB für einen der bereits geleisteten Arbeit entsprechenden Teil seiner Vergütung die Bestellung einer **Sicherheitshypothek** auf dem Grundstück des Bestellers verlangen. Weil diese Hypothek nur tatsächlich schon „verdiente" Forderungsteile sichert und außerdem praktisch immer nachrangig den Finanzierungskrediten sein wird, kommt seit Inkrafttreten des § 648a BGB der Bauhandwerkerhypothek noch weniger praktische Bedeutung zu als schon bisher. 4

2. Pfändung und Verwertung

Zunächst ist festzustellen, ob für die Bauhandwerkerforderung ein Grundpfandrecht besteht. 5

2.1 Besteht kein Grundpfandrecht, so ist die Bauhandwerkerforderung als gewöhnliche Forderung nach §§ 829, 835 zu pfänden und zu überweisen. Die nach § 648a BGB gestellten Sicherheiten sind, soweit sie in Pfandrechten oder einer Bürgschaft bestehen, akzessorisch und sichern die Bauhandwerkerforderung auch nach ihrer Pfändung und Überweisung (§§ 401, 412 BGB). Bei einer „Garantie oder einem sonstigen Zahlungsversprechen" kommt es auf ihre Ausgestaltung an. 6

Hat sich der Sicherungsgeber (etwa die bürgende Bank) das Recht vorbehalten, sein **Versprechen zu widerrufen,** (§ 648a Abs. 1 Satz 3), so kann er den Widerruf auch gegenüber dem Vollstreckungsgläubiger durchsetzen. 7

2.2 Ist für die Forderung ein Grundpfandrecht bestellt, so ist sie nach §§ 830 Abs. 1 Satz 3, Abs. 2 und 3, 837 zu pfänden und zu überweisen, wie in *Muster 38* dargestellt. **Die Pfändung bedarf also zum Wirksamwerden der Eintragung im Grundbuch;** der Eintragungsantrag ist nach *Muster 51* zu stellen. Näheres über die Pfändung und Überweisung einer Buchhypothek ist in den *Mustern 59 bis 62* dargestellt. 8

2.3 Gerade Bauverträge enthalten relativ häufig **Abtretungsverbote** nach § 399 BGB. Sie hindern die Pfändung nicht (§ 851 Abs. 2). Das **Gesetz zur Sicherung von Bauforderungen**[1] ist ohnehin nicht einschlägig. 9

2.4 Verwertet wird nach Rn. 10 bis 14 der Erläuterungen zu *Muster 52*. 10

---

[1] RGBl. 1909, 449; zul. geändert BGBl. I 1974, 469.

Muster 39

Bausparguthaben

In ein Formblatt (vgl. „Hinweise" Ziff. 5) ist einzusetzen:

Wegen dieser Ansprüche sowie wegen der Kosten dieses Beschlusses und seiner Zustellung

werden gepfändet:

1) die angeblichen Ansprüche und Rechte des Schuldners als Bausparer

   gegen . . . (Bausparkasse genau bezeichnen) . . . (Drittschuldnerin)

   a) auf Auszahlung der Bausparsumme oder von Teilen davon,

   b) auf Rückzahlung des Bausparguthabens oder von Teilen davon, einschließlich Zinsen,

   c) auf Auszahlung von Erlösen aus der Verwertung von Sicherheiten,

   d) auf Abtretung von Grundpfandrechten und auf formgerechte Bewilligung der Umschreibung der abgetretenen Grundpfandrechte auf den Schuldner im Grundbuch,

   e) auf Herausgabe der über die unter d) genannten Grundpfandrechte etwa erstellten Briefe,

   f) auf Teilung des Bausparvertrages und/oder Ermäßigung der Bausparsumme,

   g) auf Auskunft über den Forderungsstand,

   h) auf Kündigung;

2) die Eigentümergrundschulden, die dem Schuldner durch frühere Abtretung von Grundpfandrechten entstanden sind oder durch die Abtretung (oben Ziffer 1d) entstehen werden.

Es wird angeordnet, daß der Schuldner dem Gläubiger die Bausparurkunde(n) und die über die ihm abgetretenen Grundpfandrechte erstellten Briefe herauszugeben hat.

Der Drittschuldnerin wird verboten, an den Schuldner zu leisten.

Dem Schuldner wird geboten, sich jeder Verfügung über die gepfändeten Ansprüche und Rechte, insbesondere ihrer Einziehung, zu enthalten.

Zugleich werden die gepfändeten Ansprüche und Rechte dem Gläubiger zur Einziehung überwiesen.

Erläuterungen

1. Der Bausparvertrag

Geregelt im Gesetz über Bausparkassen[1], lautet er auf eine bestimmte Bausparsumme. Diese setzt sich aus dem Bausparguthaben (Bauspareinlage, Zinsen, sonstige gutgeschriebene Beträge) und dem Bauspardarlehen zusammen. Das Bauspardarlehen, nicht aber das Bausparguthaben, ist **Baugeld** i. S. d. Gesetzes über die Sicherung von Bauforderungen[2] und daher zweckgebunden.

Nach den den Bausparverträgen zugrunde zu legenden Allgemeinen Bedingungen (vgl. § 5 Abs. 1d. Gesetzes über Bausparkassen) kann der Bausparer jederzeit kündigen und dann die Auszahlung des Bausparguthabens verlangen; auch die Teilung des Bausparvertrags kann er verlangen.

2. Pfändung und Verwertung

2.1 Der Anspruch auf Auszahlung des Bausparguthabens ist als gewöhnliche Forderung nach §§ 829, 835 zu pfänden; denn er unterliegt keiner Zweckbestimmung.

2.2 Der Anspruch auf Auszahlung des Bauspardarlehens dagegen unterliegt als „Baugeld"[3] der Zweckbindung – nicht nur der Zweckbestimmung – zur Verwendung für Baumaßnahmen und ist außerhalb dieser Zweckbindung nicht übertragbar und **nicht pfändbar**. Eine Pfändung ist nur zugunsten solcher Gläubiger zulässig, die wegen der Vergütung für ihre Leistungen zur Erstellung der Baumaßnahme vollstrecken, z. B. zugunsten des Bauunternehmers, anderer Bauhandwerker, Materiallieferanten, Architekten[4].

Für jedermann pfändbar ist auch der Anspruch auf das Baudarlehen dann, wenn der Bausparer (oder ein Dritter) die Baumaßnahme schon vor Auszahlung des Bauspardarlehens aus anderen Mitteln bezahlt hat; denn dadurch ist die Zweckbindung weggefallen.

2.3 Die Rechte auf Kündigung oder Teilung des Bausparvertrags und auf Ermäßigung der Bausparsumme sind ebenfalls pfändbar. Diese Rechte muß der Vollstreckungsgläubiger mitpfänden lassen, weil er auch durch die Überweisung der Forderung nicht befugt wird, anstelle des Vollstreckungsschuldners das Bauspardarlehen in Anspruch zu nehmen (vgl. Rn. 6 ff. zu *Muster 54*). Durch die Kündigung entsteht aber das Recht des Vollstreckungsschuldners, die Auszahlung der Bausparsumme zu verlangen.

2.4 Wegen der **Rückgewähr von Sicherheiten, insbesondere Grundpfandrechten und Erlösen aus solchen** vgl. Rn. 3 bis 21 zu *Muster 35* und **beachte,** daß die Pfändung so entstandener Eigentümergrundpfandrechte des Vollstrek-

---

1 I. d. F. v. 15. 2. 1991, BGBl. I, 454.
2 S. FN 1 zu *Muster 37*.
3 Zum Begriff: BGH in NJW-RR 1989, 788.
4 RGZ 84, 193; OLG Stuttgart in BB 1965, 1012; *Zöller,* § 829 Rn. 33; *Baumbach/Lauterbach/Albers/Hartmann* vor § 704 Rn. 66; *Stöber,* Rn. 79 ff.

kungsschuldners zum Wirksamwerden bei Briefrechten die Übergabe des Briefs an den Vollstreckungsgläubiger und bei Buchrechten die Eintragung der Pfändung im Grundbuch voraussetzt (§ 830; Näheres in den Erläuterungen zu den *Mustern 42, 46 und insbesondere 75*).

3. Wohnungsbauprämie

8   Nach dem Wohnungsbau-Prämiengesetz[5] können natürliche Personen für im Gesetz einzeln beschriebene Aufwendungen, darunter Bauspareinlagen, Wohnungsbauprämien erhalten. Der Anspruch auf die Prämie ist nach unserer Meinung **pfändbar,** auch ehe die im Gesetz normierte Zweckbindung der Prämie wegefallen ist (bestritten[6]): § 8 Abs. 1 WoPG erklärt § 46 der Abgabenordnung für anwendbar, und dieser ermöglicht ausdrücklich die Pfändung. Das WoPG bestimmt nichts Gegenteiliges, sondern ordnet nur an, daß die Prämie zusammen mit den prämienbegünstigten Aufwendungen zu dem vertragsmäßigen Zweck zu verwenden ist und der Empfänger die Prämie bei vorzeitiger oder zweckwidriger Verwendung zurückzahlen muß (§ 5 Abs. 2[7]; §§ 2 Abs. 5 und 4 Abs. 3). Insbesondere die Verwendung zugunsten eines am Bau beteiligten Gläubigers verstößt ohnehin nicht gegen die Zweckbindung, und die zugunsten des Vollstreckungsgläubigers an die Bausparkasse bezahlte Prämie ist in seinen Anspruch gegen die Bausparkasse auf das Bausparguthaben eingegangen, auch wenn der Vollstreckungsgläubiger den Betrag der erhaltenen Prämie an das Finanzamt zurückzuzahlen haben mag.

Beachte aber: Weil diese Frage bestritten ist, empfiehlt es sich, weder einen Hinweis darauf, daß die Pfändung überwiesene Prämien umfasse, in den Pfändungsantrag aufzunehmen, noch den Anspruch gegen das Finanzamt (untern Rn. 9) in den gleichen Pfändungsantrag einzustellen; denn das könnte, falls der Rechtspfleger den Anspruch für (derzeit) unpfändbar halten sollte, zur Zurückweisung des Antrags oder doch zu Zeitverlust führen.

9   Die Wohnungsbauprämie wird durch das Finanzamt bezahlt. Der Anspruch auf sie ist nach § 46 AO zu pfänden; das Finanzamt gilt als **Drittschuldner.** Der **Pfändungsantrag** ist entsprechend *Muster 171* zu formulieren, die dortigen Erläuterungen sind zu beachten. Das Finanzamt zahlt die Prämie aber nicht an den Vollstreckungsschuldner, sondern für ihn an die Bausparkasse. Daher ist vorsorglich **zugleich der Anspruch gegen die Bausparkasse auf Gutschrift und spätere Auszahlung zu pfänden.**

---

[5] I. d. F. v. 30. 7. 1992, abgedr. in Becks Steuergesetzen als Nr. 52.
[6] A. A. z. B. *Stöber,* Rn. 39b.
[7] Durch Art. 7 des Gesetzes zur Neuregelung der steuerrechtl. Wohneigentumsförderung v. 15. 12. 1995 ist zwar § 5 Abs. 1 gestrichen worden, aber die Absätze sind nicht neu numeriert worden.

Muster 40

Bedienungsgeld

In ein Formblatt (vgl. „Hinweise" Ziff. 5) ist einzusetzen:

Wegen dieser Ansprüche sowie wegen der Kosten dieses Beschlusses und seiner Zustellung

wird die angebliche Forderung des Schuldners

gegen   . . . (Name und Adresse des Wirtes) . . .   (Drittschuldner)

auf Auszahlung des Bedienungsgeldes (Trinkgeldes) aus dem Dienstverhältnis als . . . (z. B. Kellner, Koch, Zimmermädchen) . . . gepfändet, auch soweit sie erst künftig fällig wird. Das Bedienungsgeld ist mit sonstigen Tätigkeitsvergütungen zusammenzurechnen.

Die Pfändung wird gem. § 850c ZPO beschränkt.

Dem Drittschuldner wird, soweit die Pfändung reicht, verboten, an den Schuldner zu zahlen.

Dem Schuldner wird, soweit die Pfändung reicht, geboten, sich jeder Verfügung über die Forderung, insbesondere ihrer Einziehung, zu enthalten.

Zugleich wird die Forderung, soweit sie gepfändet ist, dem Gläubiger zur Einziehung überwiesen.

──────── **Erläuterungen** ────────

1. Bedienungsgeld

Als Bedienungsgeld bzeichnet man sowohl das in der Gaststättenrechnung des Wirtes enthaltene Bedienungsgeld als auch das freiwillige Bedienungsgeld (Trinkgeld) insbesondere für Gaststätten- und Hotelpersonal, Friseure, Taxifahrer usw.

2. Pfändung und Überweisung

2.1 Das **in der Rechnung des Wirtes enthaltene Bedienungsgeld** ist kein Arbeitseinkommen des Kellners, sondern eine vom Gast dem Wirt geschuldete Vergütung[1]. Erst nach Abrechnung zwischen dem Wirt und dem Kellner hat letzterer einen Anspruch auf Auszahlung gegen den Wirt. Diese Forderung ist als Arbeitseinkommen nach §§ 850 ff. pfändbar und von der Pfändung des Arbeitseinkommens umfaßt.

2.2 Das **freiwillige Bedienungsgeld** (Trinkgeld), auf das kein Anspruch besteht, ist kein Arbeitseinkommen. Die Chance, Trinkgeld zu erhalten, ist über-

---
[1] LAG Hamm in BB 1964, 469.

Muster 40 Bedienungsgeld

haupt kein Anspruch und scheidet schon deshalb für eine Pfändung aus. Hat der Kellner (das Zimmermädchen, der Taxifahrer, der Friseur) dieses Trinkgeld (vom Betrag der Rechnung gesondert) eingesteckt, so ist es als Sache der Taschenpfändung und, wenn es auf ein Konto gewandert ist, der Kostenpfändung zugänglich.

4 **2.3** In nicht wenigen Betrieben ist auch das Trinkgeld abzuliefern und kommt in den sogenannten **Tronc,** aus dem es an die Mitarbeiter nach einem vereinbarten Schlüssel verteilt wird. In diesem Fall ist auch das Trinkgeld Arbeitseinkommen und mit diesem zu pfänden.

5 **2.4** Bezieht (wie heute regelmäßig aufgrund tarifvertraglicher Regelung) der Schuldner auch Lohn oder Gehalt, so empfiehlt es sich, Lohn (Gehalt) und Bedienungsgeld **in einem Antrag zusammenzufassen,** wie in *Muster 19* vorgeschlagen.

6 **2.5** Die gegliederte Forderung wird durch Überweisung **verwertet.**

Muster 41

Bezugsrecht auf neue Aktien

In ein Formblatt (vgl. „Hinweise" Ziff. 5) ist einzusetzen:

Wegen dieser Ansprüche sowie wegen der Kosten dieses Beschlusses und seiner Zustellung

wird das angebliche gegenwärtige und künftige Bezugsrecht des Schuldners als Aktionär

gegen . . . (die Aktiengesellschaft, gesetzlich vertreten durch den Vorstand, genau bezeichnen) . . .   (Drittschuldnerin)

auf Zuteilung neuer Aktien gepfändet.

Die Aktien sind nach ihrer Ausstellung an den vom Gläubiger zu beauftragenden Gerichtsvollzieher herauszugeben.

Der Drittschuldnerin wird verboten, an den Schuldner zu leisten.

Dem Schuldner wird geboten, sich jeder Verfügung über das gepfändete Bezugsrecht, insbesondere dessen Ausübung, zu enthalten.

Zugleich wird das gepfändete Bezugsrecht dem Gläubiger zur Einziehung überwiesen.

───────── Erläuterungen ─────────

1. Bezugsrecht

Die Ausgabe neuer Aktien durch die Gesellschaft beeinflußt das Stimmrechts-, Macht- und Gewinnanteilsverhältnis der Aktionäre zueinander. Daher gibt § 186 Abs. 1 AktG im Regelfall jedem Aktionär das Recht, innerhalb einer Frist von mindestens 2 Wochen die Zuteilung eines seinem Anteil am bisherigen Grundkapital entsprechenden Teils der neuen Aktien zu verlangen (Bezugsrecht). Ähnliche Regelungen gelten für die bedingte Kapitalerhöhung (§§ 192 ff. AktG) und für die Kapitalerhöhung aus Gesellschaftsmitteln durch Umwandlung offener Rücklagen in Grundkapital (§§ 207 ff. AktG). 1

2. Pfändung und Verwertung

Das Bezugsrecht hängt zwar vom Besitz einer oder mehrerer Aktien ab, ist aber nicht in der Aktie verkörpert. Daher umfaßt die Sachpfändung der Aktie das Bezugsrecht nicht. Vielmehr ist das **Bezugsrecht selbständig pfändbar,** auch schon vor Zustandekommen des Beschlusses auf Kapitalerhöhung[1]; gepfändet wird nach § 857. 2

---
[1] *Bauer* in JurBüro 1976, 869.

Muster 41 Bezugsrecht auf neue Aktien

3 **Drittschuldnerin** ist die Aktiengesellschaft, gesetzlich vertreten durch ihren Vorstand (§ 78 AktG).

4 Die **Verwertung** des Bezugsrechts geschieht durch Auslieferung der neuen Aktien an den Gerichtsvollzieher, der sie als Sachen verwertet.

Muster 42

Briefhypothek I
Der Schuldner besitzt den Hypothekenbrief

In ein Formblatt (vgl. „Hinweise" Ziff. 5) ist einzusetzen:

Wegen dieser Ansprüche, der Kosten dieses Beschlusses und seiner Zustellung, der Briefwegnahme und der Eintragung im Grundbuch wird die angebliche Forderung des Schuldners

gegen . . . (Name und Adresse dessen, der dem Vollstreckungsschuldner die gepfändete Hypothekenforderung schuldet) . . .   (Drittschuldner)

auf. . . (Forderung genau bezeichnen, z. B.: Rückzahlung der Darlehensvaluta lt. Darlehensvertrag vom . . .) . . . nebst Zinsen seit dem . . . zusammen mit der angeblich für diese Forderung im Grundbuch des Amtsgerichts . . . Gem. . . . Band . . . Blatt . . . in Abt. III unter lfd. Nr. . . . auf dem Grundstück Fl.Nr. . . . des . . . (Name und Adresse des Grundstückseigentümers) . . .
(dinglicher Drittschuldner*)

eingetragenen Briefhypothek zu . . . DM gepfändet.

Es wird angeordnet, daß der Schuldner den über diese Hypothek gebildeten Hypothekenbrief an den Gläubiger herauszugeben hat.

Den Drittschuldnern wird verboten, an den Schuldner zu zahlen.

Dem Schuldner wird aufgegeben, sich jeder Verfügung über die Forderung und die Hypothek, insbesondere ihrer Einziehung, zu enthalten.

Zugleich wird die gepfändete Forderung samt Hypothek dem Gläubiger zur Einziehung überwiesen.

Die Anordnung, daß der Schuldner den Hypothekenbrief herauszugeben hat, wird mit Zustellung dieses Beschlusses an ihn wirksam. Die Pfändung und die Überweisung werden wirksam, sobald der Gläubiger Besitz am Hypothekenbrief erlangt oder der Gerichtsvollzieher den Brief dem Schuldner im Auftrag des Gläubigers wegnimmt.

---
* Persönlicher und dinglicher Drittschuldner werden meistens identisch sein.

Vorbemerkung

1. Zur Pfändung von Grundpfandrechten enthält das Buch eine große Anzahl von Mustern, weil die Pfändungsanträge und Pfändungsbeschlüsse nicht nur bei jeder Art und Unterart des Grundpfandrechts verschieden lauten müssen, sondern auch zu berücksichtigen haben, ob der Vollstreckungsschuldner den Grundpfandrechtsbrief besitzt, und in vielen Fällen auch, ob das Grundpfandrecht valutiert ist.

Muster 42 Briefhypothek I

Grundsätzliches zu allen Grundpfandrechten findet sich in den Erläuterungen bei *Muster 46.*

Die einzelnen Muster sind:

Briefhypothek I–V: *Muster 42–46;*
Buchhypothek I–IV: *Muster 49–52;*
Eigentümerbriefgrundschuld I–IX: *Muster 61–69;*
Eigentümerbuchgrundschuld I–IV: *Muster 70–73;*
Eigentümerbriefhypothek: *Muster 74;*
Eigentümerbuchhypothek: *Muster 75;*
Grundschuld mit Brief I–IV: *Muster 85–88;*
Grundschuld ohne Brief I–III: *Muster 89–91;*
Höchstbetragshypothek I–IV: *Muster 99–102;*
Reallast I–III: *Muster 135–137;*
Rentenschuld mit Brief I und II: *Muster 141 und 142;*
Rentenschuld ohne Brief I und II: *Muster 143 und 144;*
Zur Pfändung des Erlöses für Grundpfandrechte in der Zwangsversteigerung vgl. *Muster 197–201.*

2. Die Muster und Erläuterungen weichen von der Rechtsprechung des BGH insofern ab, als sie den Erlaß des Überweisungsbeschlusses gleichzeitig mit dem Pfändungsbeschluß für zulässig ansehen. Dazu wird Näheres in Rn. 35 und 36 bei *Muster 46* dargelegt.

――――――――――― Erläuterungen ―――――――――――

bei Muster 46

Muster 43

Briefhypothek II
Der Schuldner besitzt den Hypothekenbrief nicht

In ein Formblatt (vgl. „Hinweise" Ziff. 5) ist einzusetzen:

Wegen dieser Ansprüche, der Kosten dieses Beschlusses und seiner Zustellung, der Briefwegnahme und der Eintragung im Grundbuch werden die angebliche Forderung des Schuldners

gegen ... (Name und Adresse dessen, der dem Vollstreckungsschuldner die gepfändete Forderung schuldet) ...   *(Drittschuldner)*

auf ... (Forderung genau bezeichnen, z. B.: Rückzahlung der Darlehensvaluta lt. Darlehensvertrag vom ...) ... *nebst Zinsen seit dem* ... *zusammen mit der angeblich für diese Forderung im Grundbuch des Amtsgerichts* ... *Gem.* ... *Band* ... *Blatt* ... *in Abt. III unter lfd. Nr.* ... *auf dem Grundstück Fl.Nr.* ... *des* ... (Name und Adresse des Grundstückseigentümers) ...
                                                              (dinglicher Drittschuldner*)

eingetragenen Briefhypothek zu ... *DM*

und der angebliche Anspruch des Schuldners

gegen ... (Name und Adresse dessen, der den Hypothekenbrief besitzt) ...
                                                              (weiterer Drittschuldner)

auf Herausgabe des über die gepfändete Hypothek gebildeten Hypothekenbriefs gepfändet.

Den Drittschuldnern wird verboten, an den Schuldner zu leisten.

Dem Schuldner wird geboten, sich jeder Verfügung über die gepfändete Forderung samt Hypothek und über den gepfändeten Herausgabeanspruch, insbesondere der Einziehung, zu enthalten.

Zugleich werden die gepfändete Forderung samt Hypothek und der gepfändete Herausgabeanspruch dem Gläubiger zur Einziehung überwiesen.

Die Pfändung des Anspruchs auf Herausgabe des Hypothekenbriefs wird mit Zustellung dieses Beschlußes wirksam. Im übrigen werden die Pfändung und die Überweisung wirksam, sobald der Gläubiger Besitz am Hypothekenbrief erlangt oder der Gerichtsvollzieher den Brief dem Schuldner im Auftrag des Gläubigers wegnimmt.

---
* Persönlicher und dinglicher Drittschuldner werden meistens identisch sein.

Erläuterungen

bei *Muster 46*

Muster 44

Briefhypothek III
Teilbetrag; der Schuldner besitzt den Hypothekenbrief

In ein Formblatt (vgl. „Hinweise" Ziff. 5) ist einzusetzen:

Wegen dieser Ansprüche, der Kosten dieses Beschlusses und seiner Zustellung, der Briefwegnahme und der Eintragung im Grundbuch und in Höhe dieser Beträge werden die angebliche Forderung des Schuldners

gegen . . . (Name und Adresse dessen, der dem Vollstreckungsschuldner die gepfändete Forderung schuldet) . . .   (persönlicher Drittschuldner)

auf . . . (Forderung genau bzeichnen, z. B. Rückzahlung der Darlehensvaluta lt. Darlehensvertrag vom . . .) . . . nebst Zinsen seit dem . . . zusammen mit der angeblich für diese Forderung im Grundbuch des Amtsgerichts . . . Gem. . . . Band . . . Blatt . . . in Abt. III unter lfd. Nr. . . . auf dem Grundstück Fl.Nr. . . . des . . . (Name und Adresse des Grundstückseigentümers) . . .
(dinglicher Drittschuldner*)

eingetragenen Briefhypothek zu . . . DM

und der angebliche Anspruch des Schuldners auf Erteilung und Aushändigung eines Teilhypothekenbriefs gepfändet. Der gepfändete Teil der Forderung und der Hypothek erhält Vorrang vor dem Rest.

Es wird angeordnet, daß der Schuldner den über diese Hypothek gebildeten Hypothekenbrief an den Gläubiger herauszugeben hat.

Den Drittschuldnern wird, soweit die Pfändung reicht, verboten, an den Schuldner zu leisten.

Dem Schuldner wird geboten, sich jeder Verfügung über den gepfändeten Teil der Forderung samt Hypothek und über den gepfändeten Anspruch, insbesondere der Einziehung, zu enthalten, soweit die Pfändung reicht.

Zugleich werden die gepfändete Forderung samt Hypothek und der gepfändete Anspruch dem Gläubiger zur Einziehung überwiesen.

Die Pfändung des Anspruchs des Schuldners auf Erteilung und Aushändigung eines Teilhypothekenbriefs und die Anordnung, daß der Schuldner den Hypothekenbrief an den Gläubiger herauszugeben hat, werden mit Zustellung wirksam. Im übrigen werden die Pfändung und die Überweisung mit Herausgabe des Hypothekenbriefs an den Gläubiger oder Wegnahme des Hypothekenbriefs durch den Gerichtsvollzieher im Auftrag des Gläubigers wirksam.

---

* Persönlicher und dinglicher Drittschuldner werden meistens identisch sein.

— **Erläuterungen** —

bei *Muster 46*

Muster 45

Briefhypothek IV
Teilbetrag; der Schuldner besitzt den Hypothekenbrief nicht

In ein Formblatt (vgl. „Hinweise" Ziff. 5) ist einzusetzen:

Wegen dieser Ansprüche, der Kosten dieses Beschlusses und seiner Zustellung, der Briefwegnahme und der Eintragung im Grundbuch und in Höhe dieser Beträge wird die angebliche Forderung des Schuldners
gegen . . . (Name und Adresse dessen, der dem Vollstreckungsschuldner die gepfändete Forderung schuldet) . . .   (persönlicher Drittschuldner)
auf . . . (Forderung genau bezeichnen, z. B.: Rückzahlung der Darlehensvaluta lt. Darlehensvertrag vom . . .) . . . nebst Zinsen seit dem . . . zusammen mit der angeblich für diese Forderung im Grundbuch des Amtsgerichts . . . Gem. . . . Band . . . Blatt . . . in Abt. III unter lfd. Nr. . . . auf dem Grundstück Fl.Nr. . . . des . . . (Name und Adresse des Grundstückseigentümers) . . .
(dinglicher Drittschuldner*)
eingetragenen Briefhypothek zu . . . DM gepfändet. Der gepfändete Teil der Forderung und der Hypothek erhält Vorrang vor dem Rest.
Gleichzeitig werden der Anspruch des Schuldners
gegen . . . (Name und Adresse dessen, der den Brief besitzt) . . .
(weiterer Drittschuldner)
auf Vorlage des Hypothekenbriefs zum Zwecke der Umschreibung und der Anspruch des Schuldners auf Erteilung und Aushändigung eines Teilhypothekenbriefes gepfändet.
Den Drittschuldnern wird, soweit die Pfändung reicht, verboten, an den Schuldner zu leisten.
Dem Schuldner wird geboten, sich jeder Verfügung über den gepfändeten Teil der Forderung samt Hypothek und über den gepfändeten Anspruch, insbesondere der Einziehung, zu enthalten.
Zugleich werden die gepfändete Forderung samt Hypothek und der gepfändete Anspruch dem Gläubiger zur Einziehung überwiesen.
Die Pfändung der Ansprüche des Schuldners auf Vorlage des Hypothekenbriefs und auf Erteilung und Aushändigung eines Teilhypothekenbriefs wird mit Zustellung des Beschlusses wirksam. Im übrigen werden die Pfändung und die Überweisung mit der Aushändigung des Teilhypothekenbriefs an den Gläubiger wirksam.

---
* Persönlicher und dinglicher Drittschuldner werden meistens identisch sein.

Erläuterungen

bei *Muster 46*

Muster 46

Briefhypothek V
Antrag auf Eintragung der Pfändung nach Muster 42–45 im Grundbuch

An das Amtsgericht – Grundbuchamt
.....

Betr.: Grundbuch von ... Gem. ... Band ... Blatt ...

In der Zwangsvollstreckungssache
.....   (Gläubiger)

gegen
.....   (Schuldner)

überreiche ich Ausfertigung des Pfändungs- und Überweisungsbeschlusses des Amtsgerichts ... vom ... Az.: ... nebst Zustellungsnachweis und

den Hypothekenbrief Nr. ... und

beantrage

als der im Pfändungsbeschluß legitimierte Vertreter des Vollstreckungsgläubigers die Voreintragung des Vollstreckungsschuldners (§ 39 GBO) und die Eintragung der Pfändung im Grundbuch.

(Unterschrift)

──────── Erläuterungen ────────

1. Grundpfandrechte

1 Grundpfandrechte sichern Geldforderungen durch Belastung von Grundstücken und grundstücksgleichen Rechten (Wohnungs- bzw. Teileigentum, Erbbaurecht), indem sie dem Gläubiger ein Recht geben, sich für seine Forderung (notfalls) durch Verwertung des Grundstücks (grundstücksgleichen Rechts) zu befriedigen; zugleich verpflichten sie den Eigentümer, wegen der gesicherten Forderung die Zwangsvollstreckung in sein Grundstück zu dulden.

Das BGB kennt drei Arten der Grundpfandrechte, nämlich die Hypothek, die Grundschuld und die Rentenschuld.

2 **1.1. Die Hypothek** ist vom Bestand der Forderung weitgehend abhängig, lebt sozusagen in Symbiose mit der Forderung, sie ist „akzessorisch": Ohne zu sichernde Forderung kann die Hypothek nicht begründet werden, sie geht aber nicht mit dem Erlöschen der gesicherten Forderung unter, sondern geht auf den Zahlenden über oder verwandelt sich in eine Grundschuld, welche dem Eigentümer zusteht (§§ 1163 Abs. 1, 1164, 1177 Abs. 1 BGB). Die Hypothek kann ohne die gesicherte Forderung nicht übertragen, verpfändet oder gepfändet werden (§§ 1153, 1274 BGB, 830 ZPO).

Briefhypothek V **Muster 46**

1.2 Grundschuld und Rentenschuld sind Belastungen eines Grundstücks oder grundstücksgleichen Rechts mit dem Inhalt, daß „aus dem Grundstück" Geld zu zahlen ist, das nicht notwendig der Befriedigung einer gesicherten Forderung dienen muß, und daß der Eigentümer wegen der zu zahlenden Geldsumme die Zwangsvollstreckung in das Grundstück dulden muß. Weil bei ihr keine Abhängigkeit von einer zu sichernden Forderung besteht, kann die Grund- oder Rentenschuld von Anfang an für den Eigentümer selbst bestellt werden. Sie sind geregelt in §§ 1191 ff. BGB. 3

Die **Rentenschuld** (§§ 1199 ff. BGB) unterscheidet sich von der Grundschuld dadurch, daß aus ihr nicht ein Kapital, sondern eine Rente zu zahlen ist. 4

1.3 Die Grundpfandrechte unterliegen dem sachrechtlichen **Publizitätserfordernis**. Ihre Entstehung setzt daher Eintragung im Grundbuch voraus (§ 873 BGB). Über ein Grundpfandrecht wird ein „Brief" (Hypothekenbrief, Grundschuldbrief, Rentenschuldbrief) erteilt, wenn die Erteilung nicht bei Bestellung des Rechts oder durch Gesetz (etwa bei der Sicherheits-, Höchstbetrags- oder Schiffshypothek) ausgeschlossen ist (§§ 1116, 1192 BGB). 5

Bei der **Übertragung** eines Buchpfandrechts wird das Publizitätserfordernis dadurch Rechnung getragen, daß die Übertragung zum Wirksamwerden der Eintragung im Grundbuch bedarf, bei der Übertragung eines Briefrechts aber dadurch, daß es zum Wirksamwerden der Übertragung einer schriftlichen Erklärung und der Übergabe des Hypothekenbriefs bedarf (§ 1154 BGB). Entsprechend ist für die Pfändung eines Briefpfandrechts Briefübergabe bzw. Grundbucheintragung Wirksamkeitsvoraussetzung (§ 830 ZPO). 6

2. Pfändung und Verwertung

Nach § 830 kann die Hypothek **nur zusammen mit der gesicherten Forderung** und in einer von § 829 abweichenden Form gepfändet werden, die Pfändung nach § 829 wäre unwirksam. (**Vor** Entstehen der Hypothek allerdings ist nach § 829 zu pfänden). 7

2.1 Die **Pfändung der Briefhypothek** geschieht durch Erlaß eines Pfändungsbeschlusses und Übergabe des Hypothekenbriefs an den Vollstreckungsgläubiger oder Wegnahme des Briefs durch den Gerichtsvollzieher im Auftrag des Vollstreckungsgläubigers; Zustellung an den Drittschuldner ist nicht Wirksamkeitsvoraussetzung, wird aber regelmäßig durchgeführt, schon um die Fiktion des § 830 Abs. 2 zu bewirken. 8

Nur dann bedarf es der Übergabe des Briefes zur Wirksamkeit der Pfändung nicht, wenn sich der **Brief schon vor der Pfändung im unmittelbaren Besitz des Vollstreckungsgläubigers** befindet; in diesem Fall ist die Pfändung mit der Aushändigung des Pfändungsbeschlusses an den Vollstreckungsgläubiger bewirkt. 9

Der Hypothekenbrief muß **für die Dauer der Pfändung im Besitz des Vollstreckungsgläubigers** verbleiben; vorübergehende Überlassung genügt nicht[1]. Gibt 10

---
1 RGZ 92, 266.

der Vollstreckungsgläubiger den Brief an den Vollstreckungsschuldner zurück, so erlischt das Pfandrecht[2].

11 Gibt der Vollstreckungsschuldner den Brief freiwillig heraus, sei es auch nicht im Zusammenhang mit der Pfändung, so wird damit die Pfändung wirksam[3], die Übergabe an den Gerichtsvollzieher für den Vollstreckungsgläubiger genügt.

12 **2.1.1 Gibt der Vollstreckungsschuldner den Brief nicht freiwillig heraus,** so kann der Gerichtsvollzieher im Auftrag des Vollstreckungsgläubigers den Brief nach § 830 Abs. 1 S. 2 im Weg der Hilfsvollstreckung wegnehmen. Den „Titel" zu dieser Hilfsvollstreckung sowie zu der in ihrem Rahmen etwa zu leistenden Offenbarungsversicherung bildet eine Ausfertigung des Pfändungsbeschlusses. Der Pfändungsbeschluß soll deshalb das Herausgabegebot bezüglich des genau bezeichneten Briefes enthalten, wie in *Muster 42 und 44* vorgesehen. Der Pfändungsbeschluß bedarf zwar für die Hilfspfändung keiner Vollstreckungsklausel, muß aber spätestens mit der Vornahme dieser Hilfspfändung dem Vollstreckungsschuldner nach § 750 Abs. 1 zugestellt werden (§ 174 Nr. 2 GVGA). Die Hilfsvollstreckung geschieht nach § 883, indem der Gerichtsvollzieher den Brief dem Vollstreckungsschuldner wegnimmt, um ihn dem Vollstreckungsgläubiger zu übergeben. Mit der Wegnahme wird die Pfändung wirksam, es entsteht das Pfandrecht an der Forderung und an der Hypothek.

13 **Findet der Gerichtsvollzieher den Brief nicht vor,** so ist der Vollstreckungsschuldner auf Antrag des Vollstreckungsgläubigers zur Abgabe der eidesstattlichen Versicherung nach § 883 Abs. 2 verpflichtet.

14 **2.1.2 Ist der Brief im Besitz eines Dritten,** so entsteht das Pfandrecht, wenn dieser den Brief an den Gläubiger herausgibt. Meist wird er das nicht freiwillig tun, weshalb der Vollstreckungsgläubiger den Anspruch des Vollstreckungsschuldners gegen den Besitzer pfänden und sich zur Einziehung überweisen lassen muß (§ 886), um sich für die Herausgabeklage zu legitimieren.

15 Die Pfändung des Herausgabeanspruchs gegen den Dritten ersetzt aber nicht die Briefübergabe. Die Pfändung der Briefhypothek wird vielmehr erst wirksam, wenn der Dritte den Brief wirklich herausgibt. Ist er hierzu trotz Pfändung nicht bereit, so bleibt dem Gläubiger nur übrig, den Besitzer auf Herausgabe zu verklagen und dieses Urteil nach § 883 vollstrecken zu lassen. Aber diese Klage kann nur Erfolg haben, wenn der Vollstreckungsschuldner gegen den Briefbesitzer wirklich einen Herausgabeanspruch hat.

16 **2.1.3 Das Grundbuchamt** darf den in seinem Besitz befindlichen Brief an den Vollstreckungsgläubiger nur dann herausgeben, wenn dem Vollstreckungsschuldner sowohl der öffentlich-rechtliche als auch der privatrechtliche Herausgabeanspruch zusteht. Ersterer ergibt sich aus § 60 GBO, letzterer aus einem verwahrungsähnlichen Rechtsverhältnis zum Justizfiskus[4]. Nur der privatrechtliche Herausgabeanspruch kann gepfändet werden, nicht der öffent-

---

[2] RGZ 92, 268.
[3] OLG Düsseldorf in Rpfleger 1969, 65.
[4] Jahrbuch der Entscheidungen des Kammergerichts 40, 34.

lich-rechtliche[5]. Aber das Grundbuchamt darf wegen § 60 GBO auch den privatrechtlichen Herausgabeanspruch nur dann erfüllen, wenn dem Anspruchsinhaber auch der öffentlich-rechtliche Anspruch zusteht.

Das Grundbuchamt darf wegen § 60 Abs. 2 GBO dem Gläubiger der gesicherten Forderung (dem Vollstreckungsschuldner) den Hypothekenbrief nur im Falle seiner nachträglichen Erteilung oder aufgrund einer durch öffentliche Urkunde oder öffentlich beglaubigte Urkunde nachgewiesenen Bestimmung des Eigentümers herausgeben. Ist der Hypothekenbrief noch im Besitz des Grundbuchamts und fehlt die Bestimmung des Grundstückseigentümers, daß der Brief an den Vollstreckungsschuldner herauszugeben ist, so kann die Pfändung nicht die Hypothek ergreifen, weil diese noch dem Grundstückseigentümer zusteht (§ 1117 BGB). Der Vollstreckungsgläubiger kann in diesem Fall nur den Anspruch des Vollstreckungsschuldners gegen den Grundstückseigentümer auf Abtretung dieser Eigentümerhypothek pfänden und zwar nach § 829. 17

Ist der Brief noch im Besitz des Grundbuchamts, hat aber der Grundstückseigentümer diesem gegenüber schon bestimmt, daß der Brief an den Vollstreckungsschuldner herauszugeben ist, so darf das Grundbuchamt nach Zustellung des Pfändungs- und Überweisungsbeschlusses den Hypothekenbrief nur an den Vollstreckungsgläubiger herausgeben; mit der Herausgabe an ihn entsteht das Pfändungsrecht an der Forderung samt Hypothek. 18

2.1.4 Ein **weiterer Gläubiger** erwirbt ein Pfandrecht an der Forderung samt Hypothek nur, wenn er mindestens Mitbesitz am Brief erlangt oder der Gerichtsvollzieher den Brief für ihn pfändet. 19

2.1.5 Ist der **Brief verloren,** so kann er für kraftlos erklärt und neu gebildet werden. Hierzu muß der Vollstreckungsgläubiger den Anspruch auf Kraftloserklärung und Ausstellung des neuen Hypothekenbriefes pfänden und sich überweisen lassen; vorher ist die Pfändung der Hypothek nicht möglich. Diese Überweisung berechtigt den Vollstreckungsgläubiger, die Kraftloserklärung nach §§ 1003 ff. zu beantragen und sich nach Erlaß des Ausschlußurteils (§ 1017) den neuen Brief vom Grundbuchamt aushändigen zu lassen; diese Aushändigung kommt der Briefübergabe rechtlich gleich. 20

2.2 Mit Wirksamwerden der Pfändung wird das Grundbuch unrichtig, weil es die Pfändung (relatives Verfügungsverbot, §§ 135, 136 BGB) nicht enthält. Der Vollstreckungsgläubiger kann daher **Grundbuchberichtigung** durch Eintragung der Pfändung verlangen (§ 894 BGB), er muß nicht etwa einen Berichtigungsanspruch des Schuldners pfänden. Zur Eintragung der Pfändung in das Grundbuch sind erforderlich: 21

– ein formloser Antrag des Vollstreckungsgläubigers (sein Bevollmächtigter braucht seine Vertretungsbefugnis nicht besonders nachzuweisen, weil sie vom Vollstreckungsgericht überprüft wurde, § 13 GBO),
– Vorlage des Pfändungsbeschlusses und des Hypothekenbriefs,
– Voreintragung des Vollstreckungsschuldners (§ 39 GBO).

---

5 Jahrbuch der Entscheidungen des Kammergerichts 44, 277; AG Neustadt in Rpfleger 1960, 155; RGZ 135, 206.

Muster 46 Briefhypothek V

22 Die Eintragung der Pfändung im Grundbuch ist nur Berichtigung, hat aber keine Bedeutung für die Wirksamkeit der Pfändung. Dagegen ist sie wichtig wegen der Rangwahrung gegenüber Gutgläubigen; daher sollte der Berichtigungsantrag stets gestellt werden.

23 **2.3 Vorpfändung** wird als zulässig angesehen[6], ob sie in das Grundbuch eingetragen werden kann, ist streitig[7].

24 **2.4 Drittschuldner** ist sowohl der persönliche Schuldner der durch die Hypothek gesicherten Forderung als auch der dingliche Schuldner, der Eigentümer des mit der Hypothek belasteten Grundstücks.

25 Meist ist der Schuldner der Forderung zugleich der dingliche Hypothekenschuldner, der Eigentümer des Grundstücks; aber der Eigentümer kann sein Grundstück zur Sicherung einer Forderung zur Verfügung stellen, die nicht gegen ihn, sondern gegen einen anderen besteht.

26 Ist vor Eingang des Antrags auf Eintragung der Pfändung im Grundbuch ein neuer Grundstückseigentümer eingetragen oder auch nur der Antrag auf Umschreibung des Eigentums beim Grundbuchamt eingegangen, so kann die Pfändung nicht eingetragen werden, weil der neue Eigentümer vom Pfändungsbeschluß nicht betroffen ist. War aber der Beschluß dem bisherigen Eigentümer zugestellt, als er noch Eigentümer war, so ist ihm gegenüber (spätere Briefübergabe unterstellt) die Pfändung zwar im Zustellungszeitpunkt nach § 830 Abs. 2 wirksam geworden, aber der vorher eingetragene neue Gläubiger hat die Hypothek frei von dieser Pfändung erworben, wenn er gutgläubig war.

27 **2.5** Wenn im Pfändungsbeschluß der genaue Anfangszeitpunkt für die **Pfändung der Zinsforderung** nicht angegeben ist, so erstreckt sich die Pfändung nur auf die Zinsen vom Zeitpunkt der Briefübergabe an[8], nicht aber auf Zinsrückstände. Rückständige Zinsen werden nicht nach § 830 Abs. 1, sondern nach § 829 gepfändet (§ 830 Abs. 3).

28 **2.6** Die **Verwertung der gepfändeten Hypothek** (genauer der gepfändeten Forderung, für die eine Hypothek besteht) geschieht nach § 837 regelmäßig durch Überweisung.

29 Die **Überweisung zur Einziehung** kann neben der Pfändung nicht im Grundbuch eingetragen werden, die Hypothek geht nicht auf den Vollstreckungsgläubiger über.

30 Die **Überweisung an Zahlungs Statt** ist im Grundbuch einzutragen; diese Eintragung ist Wirksamkeitsvoraussetzung. Der Übergang findet aber nur in Höhe der Vollstreckungsforderung statt, der Vollstreckungsgläubiger gilt damit als befriedigt, ohne Rücksicht darauf, ob er die Hypothekenforderung vom Drittschuldner betreiben kann oder nicht; der Rest der Hypothekenforderung wird frei[9]. Wegen der darin liegenden Gefahr empfiehlt sich die Überweisung

---

6 RGZ 71, 183.
7 Vgl. z. B. *Löscher* in JurBüro 1962, 252 Nr. 15 und *Hintzen* in Rpfleger 1991, 242.
8 OLG Oldenburg in Rpfleger 1970, 100.
9 *Baumbach/Lauterbach/Albers/Hartmann*, § 835 Rn. 23.

Briefhypothek V **Muster 46**

an Zahlungs Statt im allgemeinen nicht. (Anders u. U. bei der Höchstbetragshypothek, s. Rn. 7 der Erläuterungen bei *Muster 102*.)

2.7 Die Überweisung geschieht nach § 837. Sie befugt den Vollstreckungsgläubiger, die Hypothekenforderung anstelle des Vollstreckungsschuldners geltend zu machen. Um sie fällig zu stellen, bedarf es häufig der **Kündigung,** die dem Vollstreckungsgläubiger ebenfalls zusteht. Zahlt der Drittschuldner an den Vollstreckungsschuldner, so ist dieser befugt, **löschungsfähige Quittung** zu erteilen. 31

Verweigert der Drittschuldner die Zahlung und besteht für die Hypothekenforderung kein Titel nach § 794 der auf dem Vollstreckungsgläubiger umgeschrieben werden kann, so ist die **Drittschuldnerklage nicht auf Zahlung, sondern auf Duldung** der Zwangsvollstreckung in das Grundstück wegen dieser Forderung zu richten[10] (§ 1147 BGB); Zinsen und Nebenleistungen sind genau zu bezeichnen. **Die sachliche Zuständigkeit** bestimmt sich nach § 6[11], die **örtliche** nach § 24. 32

§ 1197 BGB steht der Vollstreckung nicht entgegen, weil diese Bestimmung für den Vollstreckungsgläubiger nicht gilt[12]. 33

Aus dem Duldungstitel kann dann die Zwangsvollstreckung gegen den Drittschuldner im Weg der **Zwangsversteigerung oder Zwangsverwaltung nach dem ZVG** betrieben werden (§ 866). 34

2.8 Nach Meinung des IX. Zivilsenats[13] **des BGH soll der Überweisungsbeschluß regelmäßig nicht zugleich mit dem Pfändungsbeschluß erlassen werden dürfen** – Verstoß mache die Überweisung unwirksam –, weil nach dem Wortlaut der §§ 835, 837 nur „die gepfändete Forderung" überwiesen werden könne, die Forderung aber erst bei Eintragung der Pfändung im Grundbuch – die Entscheidung betrifft eine Buchhypothek – wirksam werde. Übertragen auf die Briefhypothek würde das bedeuten, daß die Überweisung erst geschehen dürfte, wenn der Vollstreckungsgläubiger nachweist, daß er (oder für ihn der Gerichtsvollzieher) Besitz am Hypothekenbrief erlangt hat. 35

Mit dieser Entscheidung weicht der BGH von der jahrzehntelang allgemein geübten Rechtsprechung ab: Bisher war auch bei Hypothekenforderungen gleichzeitiger Erlaß von Pfändungs- und Überweisungsbeschluß die Regel. Diese feste Rechtsprechung hätte der BGH nach üblichen Auslegungsregeln[14] berücksichtigen müssen, zumal die neue Meinung keineswegs prozeßökonomisch ist und dogmatisch nicht notwendig: Die Gefahr für den Drittschuldner oder – je nach Fallgestaltung – für den Vollstreckungsschuldner, die dem BGH offenbar zu der neuen Rechtsprechung veranlaßte, kann ohne weiteres durch die Aufnahme entsprechender Hinweise – wie in den Mustern vorgeschla-

---

10 Allg. M., z. B. *Palandt,* § 1147 BGB, Rn. 4.
11 *Zöller,* § 3 Rn. 16 „Duldung"; *Baumbach/Lauterbach/Albers/Hartmann,* Anh. zu § 3 Rn. 3; *Thomas/Putzo,* § 3 Rn. 44.
12 BGHZ 103, 66 ff.
13 In BGHZ 127, 146 = NJW 1994, 3225 = Rpfleger 1995, 119 m. Anm. v. *Riedel.*
14 Z. B. in BGHZ 85, 66; 87, 155; 106, 37.

gen – beseitigt werden. Deshalb ist dieser Meinung des IX. Senats auch mehrfach widersprochen worden[15].

Wir folgen der Meinung des IX. Senats nicht und halten dafür, daß nach wie vor in **einem** Beschluß gepfändet und überwiesen und lediglich ein Hinweis gegeben werden soll. Mit solcher Antragsformulierung läuft der Vollstreckungsgläubiger wohl auch kein Risiko; denn der Rechtspfleger kann, wenn er dem BGH folgen will, nur den (gleichzeitigen) Erlaß des Überweisungsbeschlusses, nicht aber den Erlaß des Pfändungsbeschlusses ablehnen.

36 **2.9** Vielleicht führt die Rechtsprechung des IX. Senats dazu, daß öfter als früher ein Antrag auf Anordnung einer **anderen Art der Verwertung** nach § 844 gestellt werden wird, z. B. im Wege der Versteigerung durch den Gerichtsvollzieher. In diesem Fall würde der Zuschlag durch den Gerichtsvollzieher den dinglichen Übereignungsvertrag ersetzen[16], aber der Ersteigerer würde dennoch erst mit Erlangung des Besitzes am Brief Inhaber der Hypothekenforderung werden. Die Voraussetzungen, von denen § 844 die Anordnung einer anderen Art der Verwertung abhängig macht, werden aber nicht häufig gegeben sein.

3. Teilpfändung

37 Häufig wird die Vollstreckungsforderung samt Kosten niedriger sein als die zu pfändende Hypothek. Hier hilft die Teilpfändung der Hypothek. Der zu pfändende Teilbetrag muß genau benannt sein. Der Anspruch auf künftige Zinsen kann auch hier ohne das Hypothekenkapital gepfändet werden.

38 **3.1** Der gepfändete Teil der Hypothekenforderung und ihr Restbetrag haben unter sich den gleichen **Rang.** Damit aber der Vollstreckungsgläubiger für „seinen" Teil sicherer und schneller befriedigt wird, kann und muß er zusätzlichen beantragen, dem gepfändeten Teil den Vorrang vor dem Rest zuzuerkennen. Diesen Antrag soll der Vollstreckungsgläubiger nie unterlassen.

39 **3.2** Auch die Pfändung eines Teils einer Hypothekenforderung wird erst wirksam mit der Briefübergabe. Da der Hypothekenbrief die ganze Hypothek betrifft, aber nur ein Teil von ihr gepfändet ist, bedarf es der nach §§ 1152 BGB, 61 GBO zulässigen Bildung eines **Teilhypothekenbriefs** durch das Grundbuchamt oder einen Notar; dieser Teilhypothekenbrief tritt für den gepfändeten Hypothekenteil an die Stelle des bisherigen Briefs. Obwohl § 1152 BGB nur die Verpfändung, nicht die Pfändung eines Hypothekenteils erwähnt, kann der Brief nach allgemeiner Meinung auch im Fall der Pfändung gebildet werden; denn sie verändert in gleicher Weise wie die Verpfändung die Beschaffenheit der Hypothekenforderung.

40 Damit der Vollstreckungsgläubiger sich den Teilbrief verschaffen kann, muß er den Anspruch des Vollstreckungsschuldners auf **Herausgabe zum Zwecke der**

---

15 Z. B. *Diepold* in MDR 1995, 455; *Hintzen/Wolf* in Rpfleger 1995, 94; *Riedel* in Rpfleger 1995, 119.
16 BGHZ 55, 25.

Briefhypothek V **Muster 46**

Bildung eines Teilbriefs pfänden lassen. Der Stammbrief muß wegen des darauf nach § 61 Abs. 2 GBO vorzunehmenden Vermerks dem Gericht oder Notar vorgelegt werden. Besitzt der Vollstreckungsschuldner den Stammbrief, wird er ihm vom Gerichtsvollzieher weggenommen.

Ebenso ist zu verfahren, wenn der Grund für die Teilpfändung nicht darin liegt, daß die Vollstreckungsforderung geringer ist als die Hypothek, sondern darin, daß **nur ein Teil der Hypothek valutiert** ist und als solche besteht, während der Rest Eigentümergrundschuld geworden ist. 41

Muster 47

Bruchteilsgemeinschaft I
Miteigentumsanteil an einem Grundstück

In ein Formblatt (vgl. „Hinweise" Ziff. 5) ist einzusetzen:

Wegen dieser Ansprüche sowie wegen der Kosten dieses Beschlusses und seiner Zustellung

werden die angeblichen Ansprüche des Schuldners

gegen ... (Namen und Adressen aller anderen Miteigentümer) ...
(Drittschuldner)

auf Aufhebung der Bruchteilsgemeinschaft am Grundstück Fl.Nr. .... der Gemarkung ..., eingetragen im Grundbuch des Amtsgerichts ... für ... Band ... Blatt ...,

auf Teilung des Erlöses und auf Auszahlung des dem Schuldner gebührenden Anteils am Erlös

gepfändet.

Den Drittschuldnern wird verboten, an den Schuldner zu leisten.

Dem Schuldner wird geboten, sich jeder Verfügung über die gepfändeten Ansprüche, insbesondere ihrer Einziehung, zu enthalten.

Zugleich werden die gepfändeten Ansprüche dem Gläubiger zur Einziehung überwiesen.

Erläuterungen

bei *Muster 48*

Muster 48

Bruchteilsgemeinschaft II
*Gemeinsame Forderung**

In ein Formblatt (vgl. „Hinweise" Ziff. 5) ist einzusetzen:

Wegen dieser Ansprüche sowie wegen der Kosten dieses Beschlusses und seiner Zustellung

werden die angeblichen Ansprüche des Schuldners

gegen ... (Namen und Adressen aller übrigen Gemeinschafter) ...
(Drittschuldner)

auf Aufhebung der Bruchteilsgemeinschaft an der ... (Forderung genau bezeichnen, z. B.: Kaufpreisforderung gegen ... lt. Urkunde Nr. ... des Notars ... vom ...) ..., *auf Teilung des auf diese Forderung eingehenden Betrags und auf Auszahlung des dem Schuldner daran gebührenden Anteils*

sowie der Anteil des Schuldners an der genannten gemeinschaftlichen Forderung

gepfändet.

Den Drittschuldnern wird verboten, an den Schuldner zu leisten.

Dem Schuldner wird geboten, sich jeder Verfügung über die gepfändeten Ansprüche und den gepfändeten Anteil, insbesondere ihrer Einziehung und Übertragung, zu enthalten.

Zugleich werden die gepfändeten Ansprüche und der gepfändete Anteil dem Gläubiger zur Einziehung überwiesen.

---

* Wenn für diese ein Grundpfandrecht besteht, sind insbesondere Rn. 16 und 17 der Erläuterungen zu beachten.

Vorbemerkung

Die Muster 47 und 48 befassen sich mit der Bruchteilsgemeinschaft, die im Miteigentum an einem Grundstück bzw. in der Mitinhaberschaft an einer Forderung besteht. Mit dem Miteigentum an einer beweglichen Sache befaßt sich *Muster 121*, mit der Schiffspart befaßt sich *Muster 155*. Mit Gesamthandsgemeinschaften befassen sich die *Muster 92 und 93* (Gütergemeinschaft), *122 und 123* (Erbengemeinschaft); die Gesellschaften sind jeweils unter ihren Stichwörtern behandelt.

Muster 48 Bruchteilsgemeinschaft II

---- Erläuterungen ----

1. Wesen der Gemeinschaft

1 **Ein teilbares Recht** kann mehreren geteilt zustehen, so insbesondere die teilbare Forderung. In diesem Fall sind die einzelnen Teilrechte voneinander unabhängig.

2 Ein Recht kann aber mehreren auch in der Weise zustehen, daß **jeder am gesamten Recht beteiligt** ist. Ist die Bindung der Teilhaber sehr eng wie in der bürgerlichen Gesellschaft, der offenen Handelsgesellschaft, der Partnerschafts- und der Kommanditgesellschaft, der ehelichen Gütergemeinschaft und der Erbengemeinschaft, so liegt eine Gesamthandsberechtigung vor; man spricht von **Gesamthandsgemeinschaft**. Ist die Bindung weniger eng, so liegt eine **Gemeinschaft nach Bruchteilen** vor (§§ 741 bis 758 BGB), so z. B. zwischen Miteigentümern, deren Miteigentum nicht auf Gesellschaft, Güter- oder Erbengemeinschaft beruht.

3 Jeder Gemeinschafter kann seinen **Anteil an den Früchten** des gemeinsamen Gegenstands und den ihm daran gebührenden **Mitgebrauch** verlangen; er kann auch verlangen, daß die anderen Gemeinschafter ihre Anteile an den Lasten und Kosten tragen, und er kann an der gemeinsamen Verwaltung mitwirken (§§ 743, 748, 744, 745 BGB).

4 Jeder Gemeinschafter kann ferner verlangen, daß die **Gemeinschaft aufgehoben** wird und das gemeinsame Gut je nach Beschaffenheit in natura oder durch Veräußerung und Teilung des Veräußerungserlöses auseinandergesetzt wird; der **Auseinandersetzungsanspruch** kann allerdings (vom Vorliegen wichtiger Gründe abgesehen) auf Zeit oder für immer ausgeschlossen werden (§§ 749 bis 755 BGB).

5 Jeder Teilhaber kann **über seinen Anteil verfügen**. Über den gemeinschaftlichen Gegenstand im ganzen können die Teilhaber nur gemeinschaftlich verfügen (§ 747 BGB).

2. Pfändung und Verwertung

6 Nur diejenigen Ansprüche und sonstigen Rechte sind pfändbar, die übertragbar sind:

7 **2.1** Das **Recht auf Teilnahme an der Verwaltung** ist höchstpersönlich und daher nicht übertragbar (§ 399 BGB) und nicht pfändbar, weil „der geschuldete Gegenstand", das Mitwirken an der Verwaltung, der Pfändung nicht unterworfen ist (§ 851 Abs. 2).

8 **2.2** Das Recht auf **Fruchtgenuß** und auf **Teilhabe am gemeinschaftlichen Gegenstand**, insbesondere der **Aufhebungsanspruch** zusammen mit den daraus folgenden Ansprüchen auf Ausgleichung, sind pfändbar. Mögen diese Ansprüche auch unveräußerlich sein, so kann doch ihre Ausübung einem anderen übertragen werden (§ 857 Abs. 3).

Die Pfändung allein des Aufhebungsanspruchs allerdings bringt dem Vollstreckungsgläubiger kein Geld; es bedarf vielmehr auch der Teilung des Erlöses und der Auszahlung des anteiligen Erlöses. Daher müssen die **Ansprüche auf Teilung und Auszahlung** mitgepfändet werden[1]. 9

Pfändung und Überweisung geben dem Vollstreckungsgläubiger die Befugnis zur Abgabe derjenigen Erklärungen, welche zur Teilung und Auszahlung des Erlöses führen: Der Vollstreckungsgläubiger kann, wenn die Gemeinschaft an einem Grundstück besteht, dessen Teilungsversteigerung nach dem ZVG beantragen und erhält im Verteilungsverfahren seinen Anteil am Erlös[2]. Besteht die Gemeinschaft an teilbaren Sachen oder teilbaren Forderungen, so kann der Vollstreckungsgläubiger sich den Anteil des Vollstreckungsschuldners in natura zuweisen und entsprechend §§ 814, 821, 844 verwerten lassen. Besteht die Gemeinschaft an nicht teilbaren Gegenständen, so kann er die Verwertung – notfalls durch Klage gegen die Drittschuldner – durchsetzen[3]. 10

2.3 Drittschuldner sind alle, die neben dem Vollstreckungsschuldner Teilhaber der Gemeinschaft sind. 11

2.4 Ein etwaiger **vertraglicher Ausschluß des Aufhebungsanspruchs** (§ 749 BGB) hindert die Pfändung und Verwertung dieses Anspruchs und des Anspruchs auf Teilung und Auszahlung des Erlöses nicht, wenn der Schuldtitel nicht bloß vorläufig vollstreckbar ist; auch eine vereinbarte Kündigungsfrist braucht der Vollstreckungsgläubiger dann nicht gegen sich gelten zu lassen (§ 751 Satz 2 BGB). 12

2.5 Besteht die Gemeinschaft an einem **Grundstück** oder einem **eingetragenen Schiff,** so braucht der Vollstreckungsgläubiger nicht die Ansprüche des Vollstreckungsschuldners gegen seine Miteigentümer zu pfänden, er kann vielmehr unmittelbar in den Bruchteilsanteil des Schuldners am Miteigentum vollstrecken. Diese Vollstreckung erfolgt nach § 864 Abs. 2 im Wege der im ZVG näher geregelten Immobiliarvollstreckung, nicht nach §§ 829 ff., 857. Die Vollstreckung unmittelbar in den Miteigentumsanteil des Vollstreckungsschuldners wird dem Vollstreckungsgläubiger aber häufig einen geringeren Erlös bringen als er ihn erzielt hätte, wenn das ganze Objekt versteigert worden wäre und er den Anteil des Vollstreckungsschuldners am Erlös erhalten hätte. 13

Daher wird es sich oft empfehlen – wie in *Muster 47* vorgeschlagen – den Anspruch des Vollstreckungsschuldners gegen seine Miteigentümer auf Aufhebung der Gemeinschaft, Teilung des Erlöses und Auszahlung des dem Vollstreckungsschuldner gebührenden Anteils daran zu pfänden. Die Pfändung und Überweisung befugt den Vollstreckungsgläubiger dann, die Teilungsversteigerung des gesamten Grundstücks zu betreiben und sich den Anteil des Vollstreckungsschuldners am Erlös zuweisen zu lassen[4]. 14

---

1 *Furtner* in NJW 1969, 871; OLG Hamm in NJW-RR 1992, 665.
2 BGH in NJW 1984, 1968.
3 Ausführlich *Gramentz,* Die Aufhebung der Gemeinschaft nach Bruchteilen durch den Gläubiger eines Teilhabers, Bielefeld 1989.
4 BGH in NJW 1984, 1968 (1970), = BGHZ 90, 214.

Muster 48 Bruchteilsgemeinschaft II

Beachte: Anders als beim Miteigentum an einer beweglichen Sache oder bei Mitinhaberschaft an einer Forderung **ist der Miteigentumsanteil des Vollstreckungsschuldners an einer Immobilie nicht mitzupfänden,** weil dem § 864 Abs. 2 entgegensteht[5].

15 **2.6** Besteht die Gemeinschaft an einer **Forderung,** so werden der gepfändete Anteil und die gepfändeten Ansprüche dadurch realisiert, daß der Vollstreckungsgläubiger von den Drittschuldnern (Gemeinschaftern) die Mitwirkung an der Beitreibung der gemeinsamen Forderung, die Teilung des Beigetriebenen und die Auszahlung des auf den Vollstreckungsschuldner treffenden Erlös an den Vollstreckungsgläubiger verlangt und notfalls durch Klage durchsetzt.

16 **2.7** Besteht **für die gemeinschaftliche Forderung eine Hypothek, Grundschuld, Rentenschuld oder Reallast,** so gelten die §§ 830, 857 Abs. 6 auch für die Pfändung des Anteils daran: Die Pfändung des Anteils an der Forderung und an dem Grundpfandrecht ist also erst bewirkt, wenn der Vollstreckungsgläubiger in den Besitz des Hypothekenbriefs gekommen ist (wenn es sich um ein Briefrecht handelt) bzw. wenn die Pfändung im Grundbuch eingetragen ist (wenn es sich um ein Buchrecht handelt). Der Vollstreckungsgläubiger muß also **bei Briefrechten auch die Anordnung beantragen,** daß der Schuldner den Grundpfandbrief dem Gläubiger herauszugeben hat, bzw. **den Anspruch auf Herausgabe des Grundpfandbriefs pfänden.** Weil das Recht mehreren zusteht, wird es der Bildung eines Teilbriefes bedürfen. Im einzelnen wird auf die *Muster 42, 43, 45,* die Erläuterungen zu *Muster 46* und auf *Muster 49* verwiesen.

17 Da jedoch nicht nur der Anteil an dem gesicherten Recht, sondern auch Ansprüche zwischen den Gemeinschaftern gepfändet werden, wird die Pfändung insoweit nur durch Zustellung des Pfändungs- und Überweisungsbeschlusses an alle Drittschuldner wirksam; auch diese ist also zu veranlassen.

18 **2.8** Ist die **Forderung auf Übereignung eines Grundstücks** gesichert, so ist nach *Muster 26* zu verfahren.

---

5 Zur Problematik: *Furtner* in NJW 1969, 871.

Muster 49

Buchhypothek I
Forderung mit der Hypothek

In ein Formblatt (vgl. „Hinweise" Ziff. 5) ist einzusetzen:

Wegen dieser Ansprüche sowie wegen der Kosten dieses Beschlusses und seiner Zustellung und der Kosten für die Grundbucheintragung wird die angebliche Forderung des Schuldners

gegen . . . (Name und Adresse dessen, der dem Vollstreckungsschuldner die gepfändete Hypothekenforderung schuldet) . . .   *(Drittschuldner)*

auf . . . (Forderung genau bezeichnen, z. B.: Rückzahlung der Darlehensvaluta lt. Darlehensvertrag vom . . .) . . . nebst Zinsen seit dem . . . zusammen mit der angeblich zur Sicherung dieser Forderung im Grundbuch des Amtsgerichts . . . Gem. . . . Band . . . Blatt . . . in Abt. III unter lfd. Nr. . . . auf dem Grundstück Fl. Nr. . . . des . . . (Name und Adresse des Grundstückseigentümers) . . .   *(dinglicher Drittschuldner*)*

eingetragenen Buchhypothek zu . . . DM gepfändet.

Den Drittschuldnern wird verboten, an den Schuldner zu leisten.

Dem Schuldner wird geboten, sich jeder Verfügung über die Forderung und die Hypothek, insbesondere ihrer Einziehung zu enthalten.

Zugleich wird die gepfändete Forderung samt Hypothek dem Gläubiger zur Einziehung überwiesen.

Pfändung und Überweisung werden mit Eintragung der Pfändung im Grundbuch wirksam.

---
* Persönlicher und dinglicher Drittschuldner werden meistens identisch sein.

Vorbemerkung

Grundsätzliches zur Pfändung von Grundpfandrechten ist in den Erläuterungen bei *Muster 46* dargestellt; deren Kenntnis wird hier vorausgesetzt. Zur Buchhypothek speziell finden sich

Erläuterungen

bei *Muster 52*

Muster 50

Buchhypothek II
Teilbetrag

In ein Formblatt (vgl. „Hinweise" Ziff. 5) ist einzusetzen:

Wegen dieser Ansprüche, der Kosten dieses Beschlusses und seiner Zustellung und der Kosten der Eintragung im Grundbuch und in Höhe dieser Beträge wird die angebliche Forderung des Schuldners

gegen . . . (Name und Adresse dessen, der dem Vollstreckungsschuldner die gepfändete Hypothekenforderung schuldet) . . .   (Drittschuldner)

auf . . . (Forderung genau bezeichnen, z. B.: Rückzahlung der Darlehensvaluta lt. Darlehensvertrag vom . . .) . . . nebst Zinsen seit dem . . . zusammen mit der angeblich zur Sicherung dieser Forderung im Grundbuch des Amtsgerichts . . . Gem. . . . Band . . . Blatt . . . in Abt. III unter lfd. Nr. . . . auf dem Grundstück Fl. Nr. . . . des . . . (Name und Adresse des Grundstückseigentümers) . . .   (dinglicher Drittschuldner*)

eingetragenen Buchhypothek gepfändet. Dem gepfändeten Teil der Forderung und der Hypothek gebührt der Vorrang vor dem Rest.

Den Drittschuldnern wird, soweit die Pfändung reicht, verboten, an den Schuldner zu zahlen.

Dem Schuldner wird geboten, sich jeder Verfügung über den gepfändeten Teil der Forderung samt Hypothek, insbesondere ihrer Einziehung, zu enthalten.

Zugleich wird die gepfändete Forderung samt Hypothek dem Gläubiger zur Einziehung überwiesen.

Pfändung und Überweisung werden mit Eintragung der Pfändung im Grundbuch wirksam.

---

* Persönlicher und dinglicher Drittschuldner werden meistens identisch sein.

Erläuterungen

bei *Muster 52*

Muster 51

Buchhypothek III
Antrag auf Eintragung der Pfändung nach Muster 49 und 50 im Grundbuch

An das Amtsgericht – Grundbuchamt –
. . . .

Betrifft: Grundbuch von . . . Gem. . . . Band . . . Blatt . . .

In der Zwangsvollstreckungssache

. . . . (Gläubiger)

gegen

. . . . (Schuldner)

überreiche ich eine Ausfertigung des Pfändungs- und Überweisungsbeschlusses des Amtsgerichts . . . vom . . . Az.: . . . nebst Zustellungsnachweis und

beantrage

als der im Pfändungsbeschluß legitimierte Vertreter des Vollstreckungsgläubigers die Voreintragung des Vollstreckungsschuldners (§ 39 GBO) und die Eintragung der Pfändung im Grundbuch.

(Unterschrift)

――――――― Erläuterungen ―――――――

bei *Muster 52*

Muster 52

Buchhypothek IV
Nur rückständige Zinsen

In ein Formblatt (vgl. „Hinweise" Ziff. 5) ist einzusetzen:

Wegen dieser Ansprüche, der Kosten dieses Beschlusses und seiner Zustellung wird die angebliche Forderung des Schuldners

gegen   . . . (Name und Adresse) . . .   (Drittschuldner)

auf Zahlung der bis heute rückständigen Zinsen für . . . (die Forderung genau bezeichnen, z. B.: Rückzahlung der Darlehensvaluta lt. Darlehensvertrag vom . . .) . . . gepfändet.

Dem Drittschuldner wird verboten, die rückständigen Zinsen an den Schuldner zu zahlen.

Dem Schuldner wird geboten, sich jeder Verfügung über die gepfändete Zinsforderung, insbesondere ihrer Einziehung, zu enthalten.

Zugleich wird die gepfändete Zinsforderung dem Gläubiger zur Einziehung überwiesen.

──────────── Erläuterungen ────────────

1. Wesen der Buchhypothek

1   Bei der Buchhypothek ist die Erteilung des Hypothekenbriefes ausgeschlossen; das muß aus dem Grundbuch ersichtlich sein (§ 1116 Abs. 2 S. 2 BGB). Die Sicherungshypothek ist stets Buchhypothek (§ 1185 BGB).

2. Pfändung und Verwertung

2   Zur Pfändung eines Buchrechts sind ein **Pfändungsbeschluß und die Eintragung der Pfändung im Grundbuch** erforderlich (§§ 830 Abs. 1 S. 3, 857 Abs. 6).

3   2.1 Die Eintragung der Pfändung in das Grundbuch geschieht auf **Antrag des Vollstreckungsgläubigers;** er muß seinem Antrag eine Ausfertigung des Pfändungsbeschlusses beigeben (§ 13 GBO). Vorlage des Vollstreckungstitels und Nachweis der Zustellung des Pfändungsbeschlusses sind nicht notwendig; der Antrag bedarf nicht der Form des § 29 GBO. Diese Eintragung beantragt der Vollstreckungsgläubiger aus eigenem Recht, das aus §§ 830, 837 folgt: Der Pfändungs- und Überweisungsbeschluß ist sozusagen „der Titel" für die Eintragung. Es handelt sich nicht um eine Grundbuchberichtigung, weil die Rechtsänderung nicht außerhalb des Grundbuchs, sondern gerade durch die Eintragung im Grundbuch eintritt.

Die etwa notwendige **Voreintragung des Schuldners** (§ 39 GBO) beantragt der   4
Vollstreckungsgläubiger ebenfalls aus eigenem Recht (§§ 13 Abs. 1, 14 GBO).

Insbesondere im Hinblick darauf, daß die Pfändung und die Überweisung erst   5
mit der Eintragung der Pfändung im Grundbuch wirksam werden, und daß
darauf im Pfändungs- und Überweisungsbeschluß hinzuweisen ist[1], empfiehlt
es sich, zuerst unter Vorlage einer Ausfertigung des Pfändungs- (und Überweisungs-) beschlusses die Grundbucheintragung zu beantragen und dann erst die
Zustellung des Beschlusses an den Drittschuldner und den Vollstreckungsschuldner zu veranlassen und dabei **gleichzeitig die Eintragungsmitteilung
des Grundbuchamts (§ 55 GBO) zustellen zu lassen,** um das Wirksamwerden
von Pfändung und Überweisung zu belegen. Das ist möglich und zulässig, weil
die Pfändung ohne Zustellung wirksam geworden ist.

Sobald der Eintragungsantrag des Vollstreckungsgläubigers beim Grundbuch-   6
amt vorliegt, kann der Vollstreckungsschuldner nicht mehr wirksam über die
Hypothek verfügen (§ 17 GBO). Beachtet das Grundbuchamt das nicht, so darf
die Pfändung zwar nicht etwa rückwirkend eingetragen werden, es können
aber dadurch Schadensersatzansprüche gegen den Staat begründet sein[2].

2.2 Die **Arrestpfändung** der Buchhypothek samt Eintragung im Grundbuch ist   7
zwar vor der Zustellung des Arrestbeschlusses an den Arrestschuldner zulässig; die Vollziehung ist aber nicht mehr zulässig, wenn der Arrestbefehl nicht
innerhalb eines Monats seit seiner Verkündung oder Übergabe an den Arrestgläubiger, und innerhalb einer Woche ab Vollstreckung dem Arrestschuldner
zugestellt ist (§ 929). Der Gläubiger hat also alle Hände voll zu tun, um mit den
Fristen zurechtzukommen. Es genügt aber, wenn der Beginn der Zwangsvollstreckung innerhalb der Frist liegt und die Zwangsvollstreckung zügig fortgesetzt wird, selbst wenn der Vollsteckungsversuch erfolglos verläuft[3].

2.3 Wird ausschließlich die Forderung auf **rückständige Zinsen** (Nebenlei-   8
stungen) gepfändet, so ist eine Eintragung im Grundbuch weder nötig noch
zulässig; gepfändet wird vielmehr nach § 829 (§ 830 Abs. 3).

Wird aber neben Rückständen auch die Forderung auf **künftige Zinsen** (Neben-   9
leistungen) gepfändet, so geschieht dies wieder nach § 830 Abs. 1; es bedarf
also der Eintragung. Bezüglich der Rückstände wird die Pfändung aber erst mit
der Zustellung an den Drittschuldner wirksam.

2.4 Die Überweisung geschieht nach § 837. Sie befugt den Vollstreckungs-   10
gläubiger, die Hypothekenforderung anstelle des Vollstreckungsschuldners
geltend zu machen, sobald sie fällig ist; zur Fälligstellung wird er sie häufig
kündigen müssen. Zahlt der Drittschuldner, so ist der Vollstreckungsgläubiger
befugt, **Quittung und Löschungsbewilligung** zu erteilen.

Verweigert der Drittschuldner die Zahlung, und besteht über die Hypotheken-   11
forderung nicht ein Titel, der auf den Vollstreckungsgläubiger umgeschrieben
werden kann, **so ist die Drittschuldnerklage nicht auf Zahlung, sondern auf**

---
1 Näheres Rn. 35 der Erläuterungen bei *Muster 46.*
2 BGH in HRR 1963 Nr. 257.
3 OLG Celle in NJW 1968, 1682; OLG Koblenz in NJW 1958, 387.

Muster 52 Buchhypothek IV

Duldung der Zwangsvollstreckung in das Grundstück wegen dieser Hypothekenforderung nebst genau zu bezeichnenden Zinsen und Nebenleistungen zu richten (§ 1147 BGB)[4]. Die sachliche Zuständigkeit bestimmt sich nach § 6[5], örtlich ist ausschließlich das Gericht zuständig, in dessen Bezirk das Grundstück liegt (§ 24). Aus diesem „dinglichen" Titel kann der Vollstreckungsgläubiger gegen den Drittschuldner vollstrecken, indem er die Zwangsversteigerung oder Zwangsverwaltung des Grundstücks beantragt (§ 866).

12 **2.4.1 Die Überweisung zur Einziehung** wird erst wirksam, wenn die Pfändung der Hypothek im Grundbuch eingetragen und außerdem dem Vollstreckungsgläubiger der Überweisungsbeschluß ausgehändigt ist (§ 837 Abs. 1). Die Überweisung zur Einziehung kann im Grundbuch nicht eingetragen werden und die gepfändete Hypothek kann im Grundbuch nicht auf den Vollstreckungsgläubiger umgeschrieben werden, da dieser durch die Überweisung zur Einziehung nur einziehungsberechtigt wird, nicht aber das volle Gläubigerrecht an der Hypothek erlangt.

13 **2.4.2 Zur Überweisung an Zahlungs Statt ist die Eintragung im Grundbuch erforderlich** (§ 837 Abs. 1 Satz 2). Durch sie erwirbt der Vollstreckungsgläubiger das volle Gläubigerrecht und damit die volle Verfügungsbefugnis über Forderung und Hypothek. Die Überweisung an Zahlungs Statt erfolgt zum Nennwert und wirkt als Befriedigung; sie ersetzt die Abtretungserklärung des Schuldners (§ 1155 BGB, § 836 Abs. 1 ZPO): Der Vollstreckungsgläubiger gilt in Höhe der überwiesenen Forderung gegenüber dem Vollstreckungsgläubiger als befriedigt. Dies kann für den Gläubiger dann ungünstig sein, wenn sich die gepfändete Hypothek später als uneinbringlich erweisen sollte. Der Antrag auf Überweisung an Zahlungs Statt sollte also nur dann gestellt werden, wenn wirklich keine Zweifel an Existenz und Einbringlichkeit der gepfändeten Hypothekenforderung besteht.

14 Die Überweisung an Zahlungs Statt bedarf zu ihrer Wirksamkeit der Eintragung in das Grundbuch (§ 837 Abs. 1). Die Eintragung ist in gleicher Weise zu beantragen wie die Eintragung der Pfändung. Einer Zustellung des Pfändungs- und Überweisungsbeschlusses an die Beteiligten bedarf es zur Wirksamkeit der Überweisung an Zahlungs Statt nicht.

15 **2.5 Drittschuldner** ist der Schuldner der gepfändeten Hypothekenforderung. Ist dieser nicht zugleich Eigentümer des belasteten Grundstücks, so ist auch der Eigentümer dieses Grundstücks (dinglicher) Drittschuldner.

16 **2.6** Auch die **Teilpfändung** einer Buchhypothek ist zulässig.

17 **2.6.1** Der **Teilbetrag** der Hypothek, der gepfändet werden soll, muß im Antrag und im Pfändungsbeschluß genannt sein. Eine Pfändung „wegen und in Höhe" stellt, wenn die Forderung des Vollstreckungsgläubigers niedriger als die gepfändete Hypothekenforderung ist, eine Teilpfändung dar. Ist die Forderungshöhe, weil auch wegen laufender Zinsen gepfändet wird, unbestimmt, so

---
4 *Staudinger*, Rn. 22; *Palandt*, Rn. 4, beide zu § 1147 BGB.
5 *Zöller*, § 3 Rn. 16 „Duldung"; *Baumbach/Lauterbach/Albers/Hartmann*, Anh. zu § 3 Rn. 3; *Thomas/Putzo*, § 3 Rn. 44.

kann die Pfändung als Teilpfändung nicht im Grundbuch eingetragen werden. Deshalb ist in solchen Fällen die Pfändung laufender Zinsen zu unterlassen.

2.6.2 Der gepfändete Teil und der Restbetrag der Hypothek haben untereinander den gleichen **Rang**. Der Gläubiger ist aber daran interessiert, daß „sein" Teil den Vorrang erhalte, damit ihm der erste, auf die Hypothekenforderung gezahlte Teilbetrag zufließt, so daß er ein geringeres Ausfallrisiko hat. Der gepfändete Teil erlangt nur dann Vorrang vor dem nichtgepfändeten Restbetrag, wenn dieser Vorrang im Pfändungsbeschluß auf Antrag zuerkannt wurde. Es soll daher nicht vergessen werden, diesen Antrag zu stellen. 18

3. Die **Wertpapierhypothek** (§§ 1187 BGB) ist eine Sicherungshypothek und damit Buchhypothek (§ 1185 BGB), welche Forderungen aus Inhaberschuldverschreibungen oder indossablen Wertpapieren sichert. Sie geht mit dem Papier auf dessen Erwerber über und wird mit dem Papier nach §§ 821, 831 gepfändet, ohne daß es eines Pfändungsbeschlusses bedürfte; bei indossablen Papieren (insbesondere beim Wechsel) bedarf es aber eines (bloßen) Überweisungsbeschlusses; bei Inhaberpapieren entfällt auch dieser (vgl. § 1153 BGB). 19

§ 837 ist auf die Wertpapierhypothek nicht anzuwenden. 20

Muster 53

Darlehensgewährung (Kreditzusage)

In ein Formblatt (vgl. „Hinweise" Ziff. 5) ist einzusetzen:

Wegen dieser Ansprüche sowie wegen der Kosten dieses Beschlusses und seiner Zustellung wird die angebliche Forderung des Schuldners

gegen   ... (Name und Adresse) ...   (Drittschuldner)

auf Gutschrift und Auszahlung der Darlehensvaluta gemäß der Kreditzusage vom ... gepfändet.

Dem Drittschuldner wird verboten, an den Schuldner zu zahlen.

Dem Schuldner wird geboten, sich jeder Verfügung über die Forderung, insbesondere ihrer Einziehung, zu enthalten.

Zugleich wird die gepfändete Forderung dem Gläubiger zur Einziehung überwiesen.

——————— Erläuterungen ———————

bei *Muster 54*

Muster 54

Darlehensrückzahlung

In ein Formblatt (vgl. „Hinweise" Ziff. 5) ist einzusetzen:

Wegen dieser Ansprüche sowie wegen der Kosten dieses Beschlusses und seiner Zustellung wird die angebliche Forderung des Schuldners

gegen   . . . (Name und Adresse) . . .   (Drittschuldner)

auf die am . . . fällige Rückzahlung des dem Drittschuldner vom Schuldner gewährten Darlehens gemäß Vertrag vom . . . nebst rückständigen und künftigen Zinsen und sonstigen Nebenleistungen gepfändet.

Der Schuldner hat an den vom Gläubiger zu beauftragenden Gerichtsvollzieher die über das Darlehen ausgestellte Urkunde (Schuldschein) herauszugeben.

Dem Drittschuldner wird verboten, an den Schuldner zu zahlen.

Dem Schuldner wird geboten, sich jeder Verfügung über die Forderung, insbesondere ihrer Einziehung, zu enthalten.

Zugleich wird die gepfändete Forderung dem Gläubiger zur Einziehung überwiesen.

──────── **Vorbemerkung** ────────

Hier wird nur das **Gelddarlehen** behandelt. Sind **andere vertretbare Sachen** Gegenstand der Darlehensabrede, so sind die *Muster 53 und 54* entsprechend abzuändern, indem der Anspruch auf Ausreichung oder Rückerstattung des Darlehens anders zu beschreiben ist, z. B.: „auf die am . . . fällige Rückerstattung von 20 Kommentaren von Zöller zur Zivilprozeßordnung, . . . Auflage . . .". Ferner ist vor der Überweisung zur Einziehung einzufügen: „Es wird angeordnet, daß der Schuldner diese Sachen an einen vom Gläubiger beauftragten Gerichtsvollzieher zur Verwertung herauszugeben hat."

Wegen des **Bauspardarlehens** vgl. *Muster 39;* wegen der **Mietvorauszahlung** vgl. *Muster 120.*

──────── **Erläuterungen** ────────

1. Darlehensabrede

Durch die (Darlehensabrede) verpflichtet sich der Darlehensgeber, dem Darlehensnehmer die Darlehensvaluta zu gewähren und auf die bedungene Dauer zu belassen. Bei Fälligkeit hat der Darlehensnehmer die Darlehenssumme samt   1

Muster 54 Darlehensrückzahlung

etwaigen offenen Zinsen zurückzubezahlen. Wer Geld (oder andere vertretbare Sachen) aus einem anderen Grund schuldet, kann mit dem Gläubiger vereinbaren, daß das Geld (oder die anderen Sachen) als Darlehen geschuldet werden soll (§ 607 BGB).

2 Ist für die Rückerstattung nicht ein Zeitpunkt vereinbart, so hängt die Fälligkeit von der Kündigung ab, die in §§ 609, 609 a BGB näher geregelt ist.

2. Pfändung und Verwertung

3 Der **Rückzahlungsanspruch des Darlehensgebers** ist als gewöhnliche Geldforderung nach § 829 zu pfänden und nach § 835 zu überweisen.

4 Über die Darlehensschuld ist häufig eine Urkunde ausgestellt. Dieser **Schuldschein** ist nur Beweisurkunde und hat keine Wertpapierqualität. Aber der Darlehensnehmer kann bei Rückzahlung neben Erteilung der Quittung die Rückgabe des Schuldscheins verlangen (§ 471 BGB), braucht also nur Zug um Zug gegen die Rückgabe zu leisten. Der Vollsteckungsgläubiger benötigt also zur Durchsetzung der ihm überwiesenen Forderung auch den Schuldschein. Daher kann dessen Herausgabe an den Gerichtsvollzieher im Pfändungs- und Überweisungsbeschluß angeordnet werden (§ 836 Abs. 3).

5 Findet der Gerichtsvollzieher schon bei der Sachpfändung einen Schuldschein, so kann er ihn dem Vollstreckungsschuldner wegnehmen und den Vollstreckungsgläubiger davon verständigen. Er muß den Schuldschein allerdings dem Vollstreckungsschuldner wieder zurückgeben, wenn der Vollstreckungsgläubiger nicht binnen zweier Wochen einen Pfändungs- und Überweisungsbeschluß erwirkt hat (§ 156 GVGA).

6 2.2 Der Anspruch des Darlehensnehmers gegen den Darlehensgeber auf **Auszahlung eines zugesagten Kredits** ist in *Muster 53* behandelt; er setzt der Pfändung regelmäßig erhebliche Schwierigkeiten entgegen:

7 2.2.1 Der Theorienstreit darüber, ob der Darlehensvertrag ein Realvertrag sei[1] oder aber ein Konsensualvertrag[2], ist in der Praxis deshalb nicht sehr wichtig, weil nach der Realtheorie das Darlehensversprechen bis zur Auszahlung des Darlehens als Vorvertrag angesehen wird, diese Qualität aber in aller Regel bis unmittelbar vor Auszahlung der Valuta schon deshalb hat, weil die Darlehensbedingungen bis dahin im einzelnen noch nicht feststehen. Insbesondere beim Bankkredit werden die Sicherheiten für die Ansprüche der Bank gegen den Kunden (vgl. Nr. 13–17 der AGB Banken) häufig erst relativ spät im einzelnen vereinbart werden.

8 Ansprüche aus einem Darlehens-Vorvertrag sind nicht übertragbar, weil der Abschluß eines Darlehensvertrages mit einem anderen Darlehensempfänger ein anderer Vertrag wäre, einen anderen Inhalt hätte, als der, zu dessen

---

1 Z. B. RGZ 86, 324; 108, 150; BGH in NJW 1975, 443.
2 Z. B. *Palandt*, Rn. 2 vor § 607 BGB.

Abschluß der Vorvertrag verpflichten sollte. Daher sind Ansprüche aus einem Vorvertrag auch nicht pfändbar (§ 851)[3].

2.2.2 Kreditzusagen haben oft eine **Bedingung** zum Inhalt (z. B., daß die restliche Finanzierung des Vorhabens gesichert sei), oft auch die Abrede, daß das Darlehen für einen bestimmten Zweck verwendet werden muß (z. B. Baugelddarlehen). Ohne Eintritt der Bedingung besteht kein Anspruch auf Ausreichung des Kredites.

9

Ist das Darlehen **zweckgebunden,** so ist der Anspruch auf seine Ausreichung unpfändbar (§§ 399 BGB, 851 ZPO), weil bei Ausreichung an den Vollstreckungsgläubiger statt an den Vollstreckungsschuldner die Zweckbestimmung nicht eingehalten wäre und daher die Leistung nicht ohne Veränderung ihres Inhalts erfolgen könnte.

10

Grundsätzlich aber ist der Anspruch auf Auszahlung der Darlehensvaluta als Geldforderung nach § 829 pfändbar wie andere künftige Forderungen auch[4].

11

Die Pfändung eines Anspruchs aus einer Kreditzusage bleibt meist Theorie: § 610 BGB berechtigt nämlich den Darlehensgeber, die Auszahlung der Darlehensvaluta zu verweigern, wenn eine wesentliche Verschlechterung in den Vermögensverhältnissen des Darlehensnehmers eintritt; das dürfte als Folge der Pfändung regelmäßig anzunehmen sein. Außerdem kann eine kreditgewährende Bank Verstärkung der Sicherheiten verlangen, wenn sich die wirtschaftlichen Verhältnisse des Kreditnehmers „nachteilig" verändert haben oder sich zu verändern drohen (Nr. 13 (2) der Allgemeinen Geschäftsbedingungen der Privatbanken – AGB Banken – bzw. Nr. 22 (1) AGB Sparkassen).

12

2.2.3 Die Pfändung bei eingeräumtem **Dispositionskredit** oder **„in die offene Kreditlinie"** oder **bei vereinbartem Überziehungskredit** kann nur dann den Darlehensgeber zur Auszahlung an den Vollstreckungsgläubiger verpflichten, wenn der Vollstreckungsschuldner den Kredit bereits abgerufen hat oder nach Wirksamwerden der Pfändung abruft; der Abruf ist aber nicht erzwingbar[5].

13

Im Fall **lediglich geduldeter Überziehung**[6] besteht ein Anspruch des Bankkunden auf Überweisung oder Auszahlung des entsprechenden Betrags oder überhaupt auf Einräumung eines Kredits nicht. In diesem Fall geht die Pfändung ins Leere.

14

---

3 Allg. Meinung; sehr eingehend *Wagner* in JZ 1985, 718 mit zahlreichen Nachweisen.
4 LG Itzehoe in NJW-RR 1987, 819.
5 BGHZ 93, 325; OLG Schleswig in NJW 1992, 579; *Wagner* in JZ 1985, 718; abweichend *Nassall* in NJW 1986, 168, der (jedenfalls für Geschäftskonten) annimmt, daß der durch Abruf konkretisierte Anspruch auf Auszahlung zweckgebunden und daher unpfändbar sei, und *Grunsky* in JZ 1985, 490; vgl. auch *Baßlsperger* in Rpfleger 1985, 177; *Koch* in JurBüro 1987, 1761; *Peckert* in ZZP 1986, 1232; LG Hamburg in NJW 1986, 998; *Stein/Jonas*, § 851 Rn. 3.
6 Zur Abgrenzung zum vertraglichen Überziehungskredit, dem Dispositionskredit und der offenen Kreditlinie vgl. OLG Frankfurt in NJW-RR 1994, 878.

Muster 55

Dauerwohnrecht / Dauernutzungsrecht I

In ein Formblatt (vgl. „Hinweise" Ziff. 5) ist einzusetzen:

Wegen dieser Ansprüche sowie wegen der Kosten dieses Beschlusses und seiner Zustellung und wegen der Kosten der Eintragung ins Grundbuch wird das angebliche Dauerwohnrecht[1] des Schuldners an der Wohnung[2] . . . (identifizierbar bezeichnen)[3] . . .,

die dem . . . (Namen und Adresse des Eigentümers) . . . (Drittschuldner)

gehört und eingetragen ist im Grundbuch des Amtsgerichts . . . für . . . Band . . . Blatt . . . in Abt. II lfd. Nr. . . ., gepfändet.

Dem Drittschuldner wird verboten, an den Schuldner zu leisten.

Dem Schuldner wird geboten, sich jeder Verfügung über das Dauerwohnrecht[1] zu enthalten.

Es wird angeordnet, daß das Dauerwohnrecht[1] im Wege der Versteigerung durch den vom Gläubiger zu beauftragenden Gerichtsvollzieher[4] zu verwerten ist.

---
1 Bzw. Dauernutzungsrecht.
2 Bei Dauernutzungsrecht statt „Wohnung": „an der nicht zu Wohnzwecken bestimmten Einheit".
3 Falls das Dauerwohn- bzw. -nutzungsrecht sich auf Teile des Gebäudes außerhalb der Wohnung bzw. Einheit erstreckt, ist das hier anzugeben.
4 Gegebenenfalls eine andere Möglichkeit des § 844 wählen.

———————— Erläuterungen ————————

bei *Muster 58*

Muster 56

Dauerwohnrecht / Dauernutzungsrecht II
Zugleich wird der Mietzins gepfändet

In ein Formblatt (vgl. „Hinweise" Ziff. 5) ist einzusetzen:

Wegen dieser Ansprüche sowie wegen der Kosten dieses Beschlusses und seiner Zustellung und wegen der Kosten der Eintragung ins Grundbuch werden das angebliche Dauerwohnrecht[1] des Schuldners an der Wohnung[2] ... (identifizierbar bezeichnen)[3] ...,

die dem ... (Name und Adresse des Eigentümers) ... (Drittschuldner) gehört und eingetragen ist im Grundbuch des Amtsgerichts ... für ... Band ... Blatt ... in Abt. II lfd. Nr. ...,

und die angebliche Forderung des Schuldners

gegen ... (Name und Adresse des Mieters) ... (weiterer Drittschuldner) auf fortlaufende Zahlung der Mietzinsen für diese Wohnung[1] gepfändet.

Den Drittschuldnern wird verboten, an den Schuldner zu leisten.

Dem Schuldner wird geboten, sich jeder Verfügung über das Dauerwohnrecht[1] und die Mietzinsforderung, insbesondere der Einziehung, zu enthalten.

Die Forderung auf fortlaufende Zahlung des Mietzinses wird dem Gläubiger zur Einziehung überwiesen.

Bezüglich des Dauerwohnrechts[1] wird angeordnet, daß es im Wege der Versteigerung durch den vom Gläubiger zu beauftragenden Gerichtsvollzieher[4] zu verwerten ist.

---
1 Bzw. Dauernutzungsrecht.
2 Bei Dauernutzungsrecht statt „Wohnung": „an der nicht zu Wohnzwecken bestimmten Einheit".
3 Falls das Dauerwohn- bzw. -nutzungsrecht sich auf Teile des Gebäudes außerhalb der Wohnung bzw. Einheit erstreckt, ist das hier anzugeben.
4 Gegebenenfalls eine andere Möglichkeit des § 844 wählen.

Erläuterungen

bei *Muster 58*

Muster 57

Dauerwohnrecht / Dauernutzungsrecht III
Die Wohnung bzw. Einheit ist noch nicht errichtet

In ein Formblatt (vgl. „Hinweise" Ziff. 5) ist einzusetzen:

Wegen dieser Ansprüche sowie wegen der Kosten dieses Beschlusses und seiner Zustellung und wegen der Kosten der Eintragung ins Grundbuch werden das angebliche Dauerwohnrecht[1] des Schuldners an der ... (identifizierbar bezeichnen) ... zu errichtenden Wohnung[2, 3]

die dem ... (Name und Adresse des Käufers der Wohnung) ...
(Drittschuldner)

gehören wird und eingetragen ist im Grundbuch des Amtsgerichts ... für ... Band ... Blatt ... in Abt. II lfd. Nr. ...,

und der angebliche Besitzverschaffungsanspruch des Schuldners gegen den Drittschuldner gepfändet.

Dem Drittschuldner wird verboten, an den Schuldner zu leisten.

Dem Schuldner wird geboten, sich jeder Verfügung über das Dauerwohnrecht[1] und den Besitzverschaffungsanspruch, insbesondere der Einziehung, zu enthalten.

Es wird angeordnet, daß das Dauerwohnrecht[1] samt dem Besitzverschaffungsanspruch im Wege der Versteigerung durch einen vom Gläubiger zu beauftragenden Gerichtsvollzieher[4] verwertet wird.

Der gepfändete Besitzverschaffungsanspruch wird dem Gläubiger zur Einziehung überwiesen.

---

1 Bzw. Dauernutzungsrecht.
2 Bei Dauernutzungsrecht statt „Wohnung": „an der nicht zu Wohnzwecken bestimmten Einheit".
3 Falls das Dauerwohn- bzw. -nutzungsrecht sich auf Teile des Gebäudes außerhalb der Wohnung bzw. Einheit erstreckt, ist das hier anzugeben.
4 Gegebenenfalls eine andere Möglichkeit des § 844 wählen.

─────── Erläuterungen ───────

bei *Muster 58*

Muster 58

Dauerwohnrecht / Dauernutzungsrecht IV
Antrag auf Eintragung der Pfändung nach Muster 55–57 im Grundbuch

An das Amtsgericht – Grundbuchamt –

....

Betr.: Az.: ... Grundbuch von ... Gem. ... Band ... Blatt ...

In der Zwangsvollstreckungssache

....   (Gläubiger)

gegen

....   (Schuldner)

überreiche ich

Pfändungs- u. Überweisungsbeschluß des Amtsgerichts ... vom ... Az.: ... nebst Zustellungsnachweis

und

                    beantrage

als der im Pfändungsbeschluß legitimierte Vertreter des Vollstreckungsgläubigers

a) die Eintragung der Pfändung des Dauerwohnrechts* und

b) soweit notwendig, die Voreintragung des Schuldners (§§ 39, 14 GBO) im Grundbuch.

                    (Unterschrift)

---
* Bzw. Dauernutzungsrechts

──────────── **Erläuterungen** ────────────

1. Dauerwohnrecht

Das Dauerwohnrecht § 31 WEG) ist die dingliche Belastung eines Grundstücks in der Weise, daß der Berechtigte unter Ausschluß des Eigentümers eine bestimmte, auf diesem Grundstück errichtete oder erst noch zu errichtende Wohnung nutzen darf, indem er sie selbst bewohnt, vermietet oder verleiht. Das Dauerwohnrecht unterscheidet sich vom Wohnungsrecht des § 1093 BGB vor allem dadurch, daß letzteres weder unter Lebenden übertragen noch vererbt werden kann. 1

Das **Dauernutzungsrecht** bezieht sich nicht auf eine Wohnung, sondern auf nicht zu Wohnzwecken bestimmte Räume, gleicht aber sonst dem Dauerwohnrecht völlig (§ 31 Abs. 3 WEG). 2

Muster 58 Dauerwohnrecht IV

3 Diese Rechte entstehen wie andere dingliche Rechte am Grundstück nach § 873 Abs. 1 BGB erst mit der Eintragung im Grundbuch, die schon vor Erstellung der Wohnung möglich ist. Ihre Übertragung kann nur wirksam geschehen, wenn sie im Grundbuch eingetragen wird. Das im Grundbuch eingetragene Recht aber kann schon bestehen, ehe mit der Bebauung des Grundstücks begonnen ist, wie schon der Wortlaut von § 31 Abs. 1 Satz 1 („. . . oder zu errichtenden . . .") ergibt. Im folgenden wird das Recht nur als Dauerwohnrecht bezeichnet.

2. Pfändung und Verwertung

4 Das Dauerwohnrecht wird nach § 857 gepfändet. Nach herrschender Meinung bedarf es der **Eintragung der Pfändung im Grundbuch**[1]. Wir empfehlen dem Vollstreckungsgläubiger, sich an diese Meinung zu halten und die Eintragung nach *Muster 58* zu beantragen, auch wenn die abweichende Meinung etwas für sich haben mag.

5 Die Befugnis des Gläubigers, die Eintragung der Pfändung und gegebenenfalls die **Voreintragung des Schuldners** (§ 39 GBO) zu beantragen, ergibt sich aus §§ 13, 14 GBO. Nach herrschender Meinung ist die Zustellung des Pfändungsbeschlusses an den Drittschuldner keine Voraussetzung für das Wirksamwerden der Pfändung, sondern verlegt nur das Wirksamwerden gegenüber dem Drittschuldner auf den Zustellungszeitpunkt vor, wenn die Zustellung vor der Eintragung erfolgt (§ 830 Abs. 2).

6 **2.1 Drittschuldner** sind alle Eigentümer des belasteten Grundstücks und, wenn die Mietzinsforderung mitgepfändet wird *(Muster 56)*, zusätzlich alle Mieter.

7 **2.2** Wenn bei Pfändung die Wohnung noch nicht errichtet ist, so ist das im Antrag und im Beschluß anzugeben. In diesen Fällen besteht auch noch der **Besitzverschaffungsanspruch** des Schuldners gegen den Drittschuldner (Eigentümer). Der Klarheit wegen soll er mitgepfändet werden (hierzu *Muster 57)*.

8 **2.3** Das gepfändete Dauerwohnrecht kann dem Vollstreckungsgläubiger nicht überwiesen werden, sondern wird **nach §§ 857, 844 verwertet.** Welche Art der Verwertung durchgeführt werden soll, ist in dem Pfändungsbeschluß anzuordnen. Der Vollstreckungsgläubiger wird die von ihm gewünschte Art in seinem Antrag bezeichnen. Weder beim freihändigen Verkauf noch bei der Versteigerung bedarf es notarieller Beurkundung, weil § 313 BGB nicht anwendbar ist; es muß nur den formellen Erfordernissen des § 29 GBO Genüge getan werden. Die Versteigerung folgt nicht dem ZVG, sondern §§ 844, 817 ZPO. Der Zuschlag durch den Gerichtsvollzieher bewirkt den Rechtsübergang[2].

---

1 Z. B. *Stein/Jonas*, § 857 Rn. 100, *Stöber*, Rn. 1525; *Weitnauer* in DNotZ 1951, 497. A. A.: BGHZ 62, 133 = NJW 1974, 797 = JurBüro 194, 717 (zum insoweit rechtsähnlichen Nießbrauch).
2 BGHZ 55, 25.

Der Erwerber des Dauerwohnrechts tritt an Stelle des Schuldners in die aus dem Dauerwohnrecht folgenden Rechte und Pflichten ein (§ 38 WEG) und kann einem Mieter entsprechend § 57a ZVG kündigen (§ 37 Abs. 3 S. 2 WEG).

Muster 59

Dienstbarkeit I

In ein Formblatt (vgl. „Hinweise" Ziff. 5) ist einzusetzen:

Wegen dieser Ansprüche sowie wegen der Kosten dieses Beschlusses und seiner Zustellung und wegen der Kosten der Eintragung ins Grundbuch

wird die angeblich zugunsten des Schuldners auf dem Grundstück Fl.Nr. ... der Gem. ... des ... (Name und Adresse des Grundstückseigentümers ...) (Drittschuldner) im Grundbuch des Amtsgerichts ... für ... Band ... Blatt ... in Abt. II lfd. Nr. ... eingetragene beschränkte persönliche Dienstbarkeit ... (näher bezeichnen, z. B. das Recht, dort eine Tankstelle zu betreiben, oder: das Wohnungsrecht an der Wohnung Nr. 26 im 2. Stock links) ...

gepfändet,

deren Ausübung – wie im Grundbuch eingetragen ist* – einem Dritten übertragen werden kann.

Dem Drittschuldner wird verboten, an den Schuldner zu leisten, insbesondere mit ihm Vereinbarungen zu treffen, die dem Recht des Gläubigers nachteilig sind, wie Aufhebungs- oder Verzichtsvertrag.

Dem Schuldner wird geboten, sich jeder Verfügung über die Dienstbarkeit, insbesondere der Aufhebung und des Verzichts sowie der Ausübung und deren Überlassung an Dritte zu enthalten.
– *Zugleich wird die Befugnis zur Ausübung der gepfändeten Dienstbarkeit und zur Überlassung der Ausübung an Dritte dem Gläubiger zur Einziehung überwiesen.***
– *Zugleich wird die Ausübung der Dienstbarkeit dem ... als Verwalter übertragen, der sie entgeltlich an Interessenten zu vergeben hat, bis aus den Entgelten die Ansprüche des Gläubigers befriedigt sein werden. Der Verwalter ist vom Amtsgericht ... (in dessen Bezirk das Grundstück liegt) ... zu bestellen.***

---
* Siehe unbedingt Rn. 8 der Erläuterungen bei *Muster 60*.
** Siehe unbedingt Rn. 12 der Erläuterungen bei *Muster 60*.

──────── Erläuterungen ────────

bei *Muster 60*

Muster 60

Dienstbarkeit II
Antrag auf Eintragung der Pfändung nach Muster 59 im Grundbuch

An das Amtsgericht
....
– *Grundbuchamt* –

In der Zwangsvollstreckungssache
..... *(Gläubiger)*
gegen
..... *(Schuldner)*
überreiche ich eine Ausfertigung des Pfändungs- und Überweisungsbeschlusses des Amtsgerichts ... vom ..... Az.: ... nebst Zustellungsnachweis

und beglaubigte Kopie der Urkunde ..., aus welcher sich ergibt, daß die Überlassung der Ausübung der Dienstbarkeit gestattet ist. Ich

beantrage

als der im Pfändungsbeschluß legitimierte Vertreter des Vollstreckungsgläubigers, die Pfändung der Dienstbarkeit in das Grundbuch einzutragen.

(Unterschrift)

— Erläuterungen —

1. Dienstbarkeiten

Dienstbarkeiten sind beschränkte dingliche Rechte an einem Grundstück. Sie können nur auf ein Dulden der Benutzung des Grundstücks zu bestimmtem Zweck oder auf ein Unterlassen tatsächlicher Handlungen oder auf Ausschluß der Ausübung bestimmter Eigentümerrechte gerichtet sein, nicht auf ein aktives Tun des Grundstückseigentümers oder auf eine Leistung aus dem Grundstück.   1

Es gibt drei Arten von Dienstbarkeiten:

1.1 Nießbrauch: dieser weitestgehende Art der Dienstbarkeit wird in den Mustern *127* und *128* besonders behandelt.   2

1.2 Grunddienstbarkeit: Ein Grundstück kann zugunsten des jeweiligen Eigentümers eines anderen Grundstücks mit einer Dienstbarkeit des Inhalts belastet werden, daß der Berechtigte das Grundstück in einzelnen Beziehungen benutzen darf, oder daß auf dem Grundstück gewisse Handlungen nicht vorgenommen werden dürfen, oder daß die Ausübung eines Rechts ausgeschlossen ist, das sich aus dem Eigentum an dem belasteten Grundstück dem   3

Muster 60 Dienstbarkeit II

anderen Grundstück gegenüber ergibt (§§ 1018, 1019 BGB). Folglich ist die Grunddienstbarkeit wesentlicher Bestandteil des Grundstücks des Berechtigten, des „herrschenden Grundstücks" (§§ 96, 93 BGB), mit diesem also rechtlich unlösbar verbunden und nur mit diesem übertragbar und belastbar: Mit dem Eigentum am herrschenden Grundstück geht die Grunddienstbarkeit ohne weiteres auf den Grundstückserwerber über, andererseits ergreift eine Belastung des herrschenden Grundstücks ohne weiteres die Grunddienstbarkeit.

4   **1.3 Beschränkte persönliche Dienstbarkeit:** Sie hat den gleichen möglichen Inhalt wie die Grunddienstbarkeit, wird aber nicht zugunsten des jeweiligen Eigentümers eines anderen Grundstücks, sondern zugunsten einer bestimmten Person bestellt (§ 1090 BGB) und kann auch in einem Wohnungsrecht (verschieden vom Dauerwohnrecht nach *Muster 55–58!)* bestehen (§ 1093 BGB). Weil sie nicht dem jeweiligen Eigentümer eines Grundstückes zusteht, ist sie auch nicht Bestandteil eines herrschenden Grundstücks, sondern ein selbständiges Recht.

5   Eine beschränkte persönliche Dienstbarkeit ist **nicht übertragbar. Ihre Ausübung kann einem anderen nur überlassen werden, wenn die Überlassung gestattet ist** (§ 1092 BGB). Die Gestattung geschieht durch Rechtsgeschäft zwischen dem Berechtigten und dem Grundstückseigentümer, nicht etwa schon durch einseitige Erklärung des letzteren[1]. Die Gestattung bedarf jedenfalls dann der Eintragung im Grundbuch, wenn sie für Einzelrechtsnachfolger des Berechtigten wirksam sein soll[2].

2. Pfändung und Verwertung

6   **2.1** Zur Pfändung des **Nießbrauchs**, dessen Ausübung grundsätzlich übertragbar ist, vgl. *Muster 127 und 128.*

7   **2.2** Die **Grunddienstbarkeit** als wesentlicher Bestandteil des herrschenden Grundstücks kann nicht Gegenstand besonderer Rechte sein, sondern nur zusammen mit dem herrschenden Grundstück übertragen und belastet werden. Sie kann also nicht gepfändet werden (§ 851), und die Beschlagnahme des herrschenden Grundstücks ergreift ohne weiteres auch die Grunddienstbarkeit.

8   **2.3.** Die **beschränkte persönliche Dienstbarkeit** ist als nicht übertragbar im Grundsatz auch nicht pfändbar (§ 851); ist jedoch ihre Ausübung wirksam (oben 1.3) einem anderen überlassen, so ist die Dienstbarkeit pfändbar (§ 857 Abs. 3)[3]. Gegenstand der Pfändung ist die Dienstbarkeit selbst, nicht die Befugnis zu ihrer Ausübung, wie der Bundesgerichtshof für den analogen Fall des Nießbrauchs mit überzeugender Begründung entschieden hat[4].

---

1 BGH in NJW 1963, 2319.
2 BGH in NJW 1962, 1392; RGZ 159, 204.
3 Wegen des Wohnungsrechts nach § 1093 BGB vgl. auch LG Detmold in RPfleger 1988, 372.
4 In NJW 1974, 796.

Streitig ist, ob Voraussetzung der Pfändbarkeit ist, daß die **Gestattung der** 9
Überlassung im Grundbuch eingetragen ist: Der BGH bemerkt nebenbei, daß
die Eintragung nicht nötig sei[5]; das KG ist der Ansicht, die Pfändung setze die
Eintragung der Überlassungsbefugnis voraus[6]. Uns scheint die Meinung des
KG überzeugender begründet zu sein. Der Gläubiger aber mag, wenn es an
dieser Eintragung mangelt, versuchen, ob er die Pfändung unter Hinweis auf
die BGH-Entscheidung dennoch erreicht; er muß aber dann aus *Muster 59* den
Hinweis auf die Grundbucheintragung streichen.

2.3.1 Die Wirksamkeit der Pfändung soll nicht davon abhängen, daß die 10
Pfändung im Grundbuch eingetragen wird. *Eintragungsantrag zu stellen empfiehlt sich* aber schon deshalb, damit die Dienstbarkeit nicht aufgrund Verzichts des Berechtigten oder Aufhebungsvertrags im Grundbuch gelöscht werden kann; der Eintragungsantrag kann nach *Muster 60* formuliert werden (vgl. Rn. 4 der Erläuterungen zu Muster 128 und die dortigen Fußnoten 1 und 2).

2.3.2 Drittschuldner ist der Eigentümer des mit der Dienstbarkeit belasteten 11
Grundstücks.

2.3.3 Die Dienstbarkeit kann dem Vollstreckungsgläubiger nicht überwiesen 12
werden, weil sie nicht übertragbar ist. Dem Vollstreckungsgläubiger ist daher
die **Ausübungsbefugnis zu überweisen,** die er dann einem Dritten entgeltlich
überlassen kann, bis die Vollstreckungsforderung getilgt sein wird.

Das Vollstreckungsgericht kann auch eine **andere Art der Verwertung** anord- 13
nen und näher regeln, insbesondere eine Verwaltung der Ausübungsbefugnis.
Den Verwalter hat dasjenige Gericht zu bestellen, zu dessen Bezirk das belastete Grundstück gehört. Der Vollstreckungsgläubiger wird im Pfändigungsantrag
die Person vorschlagen, die zum Verwalter bestellt werden soll.

Muster 59 zeigt zwei Alternativen, unter denen der Vollstreckungsgläubiger
wählen muß.

2.4 Wird das **belastete Grundstück zwangsversteigert** und erlischt nach den 14
Versteigerungsbedingungen mit Wirksamwerden des Zuschlags die Dienstbarkeit, so tritt an ihre Stelle der Anspruch des Berechtigten auf Ersatz ihres
Wertes aus dem Versteigerungserlös (§§ 92, 121 ZVG). War die Dienstbarkeit
bei Wirksamwerden des Zuschlags schon gepfändet, erstreckt sich das Pfändungspfandrecht an der Dienstbarkeit auf dieses Surrogat; von der Überweisung aber wird das Surrogat nicht ergriffen, weil nur die Ausübungsbefugnis
überwiesen wurde. Daher empfiehlt es sich, den Anspruch auf Wertersatz zu
pfänden und sich überweisen zu lassen (vgl. *Muster 197*)

2.5 Die Pfändung einer Dienstbarkeit – insbesondere eines Wertungsrechts – 15
bringt häufig nichts (vgl. Rn. 10 bei *Muster 15*), so daß man sich zu ihr nur
entschließen sollte, wenn ausreichendes, sonstiges pfändbares Vermögen des
Vollstreckungsschuldners nicht bekannt ist.

---

5 BGH in NJW 1962, 1392.
6 KG in NJW 1968, 1882 m. w. N.

Muster 61

Eigentümer-Briefgrundschuld I
Der Vollstreckungsschuldner ist als Inhaber der Grundschuld im Grundbuch eingetragen und besitzt den Brief

In ein Formblatt (vgl. „Hinweise" Ziff. 5) ist einzusetzen:

Wegen dieser Ansprüche, der Kosten dieses Beschlusses und seiner Zustellung sowie wegen der Kosten der Briefwegnahme und der Eintragung im Grundbuch

wird die angeblich für den Schuldner im Grundbuch des Amtsgerichts ... Gem. ... Band ... Blatt ... in Abt. III unter lfd. Nr. ... auf seinem Grundstück Fl.Nr. ... eingetragene Eigentümergrundschuld mit Brief samt Zinsen und sonstigen Nebenleistungen gepfändet.

Es wird angeordnet, daß der Schuldner den über die gepfändete Eigentümergrundschuld gebildeten Grundschuldbrief an den Gläubiger herauszugeben hat.

Dem Schuldner wird geboten, sich jeder Verfügung über die gepfändete Eigentümergrundschuld, insbesondere der Einziehung und Übertragung zu enthalten.

Zugleich wird die gepfändete Eigentümergrundschuld dem Gläubiger zur Einziehung überwiesen.

Die Anordnung, daß der Schuldner den Grundschuldbrief herauszugeben hat, wird mit Zustellung dieses Beschlusses an ihn wirksam. Die Pfändung und die Überweisung werden wirksam, sobald der Gläubiger Besitz am Brief erlangt oder der Gerichtsvollzieher den Brief dem Schuldner im Auftrag des Gläubigers wegnimmt.

───────── Vorbemerkung ─────────

Grundsätzliches zur Pfändung von Grundpfandrechten ist in den Erläuterungen bei *Muster 46* dargestellt; jene Darstellung wird hier als bekannt vorausgesetzt. Die *Muster 61 bis 69* zeigen die Pfändung der Eigentümergrundschuld **mit Brief,** die *Muster 70 bis 73* die Pfändung der Eigentümergrundschuld **ohne Brief,** die *Muster 74 und 75* die Pfändung der **Eigentümerhypothek.**

Die zahlreichen Muster entsprechen zahlreichen möglichen Fallgestaltungen. Wegen der aus der **Höchstbetragshypothek** entstehenden Eigentümergrundschuld s. *Muster 102.*

───────── Erläuterungen ─────────

bei *Muster 75*

Muster 62

Eigentümer-Briefgrundschuld II
Der Vollstreckungsschuldner ist als Inhaber der Grundschuld im Grundbuch eingetragen, besitzt aber den Brief nicht

In ein Formblatt (vgl. „Hinweise" Ziff. 5) ist einzusetzen:

Wegen dieser Ansprüche, der Kosten dieses Beschlusses und seiner Zustellung sowie wegen der Kosten der Briefwegnahme und der Eintragung im Grundbuch

werden die angeblich für den Schuldner im Grundbuch des Amtsgerichts ... Gem. ... Band ... Blatt ... in Abt. III unter lfd. Nr. ... auf seinem Grundstück Fl.Nr. ... eingetragene Eigentümergrundschuld mit Brief samt Zinsen und sonstigen Nebenleistungen

und der angebliche Anspruch des Schuldners gegen

... (Name und Adresse des Dritten, der den Grundschuldbrief besitzt) ...
(Drittschuldner)

auf Herausgabe des über die gepfändete Eigentümergrundschuld gebildeten Grundschuldbriefs gepfändet.

Dem Drittschuldner wird verboten, an den Schuldner zu leisten, insbesondere den Grundschuldbrief an den Schuldner herauszugeben.

Dem Schuldner wird geboten, sich jeder Verfügung über die gepfändete Eigentümergrundschuld und den gepfändeten Herausgabeanspruch, insbesondere der Einziehung und Übertragung, zu enthalten.

Zugleich werden dem Gläubiger die gepfändete Eigentümergrundschuld und der gepfändete Herausgabeanspruch zur Einziehung überwiesen.

Pfändung und Überweisung des Anspruchs auf Herausgabe des Grundschuldbriefs werden mit Zustellung dieses Beschlusses an den Drittschuldner wirksam. Pfändung und Überweisung der Eigentümergrundschuld werden mit Eintragung der Pfändung im Grundbuch wirksam.

———— **Erläuterungen** ————

bei *Muster 75*
(Wegen des Antrags auf Eintragung im Grundbuch vgl. *Muster 64*.)

Muster 63

Eigentümer-Briefgrundschuld III
Der Vollstreckungsschuldner ist als Inhaber der Grundschuld im Grundbuch eingetragen; ob er den Brief besitzt, ist nicht bekannt

In ein Formblatt (vgl. „Hinweise" Ziff. 5) ist einzusetzen:

Wegen dieser Ansprüche, der Kosten dieses Beschlusses und seiner Zustellung sowie wegen der Kosten der Briefwegnahme und der Eintragung im Grundbuch

werden die angeblich für den Schuldner im Grundbuch des Amtsgerichts ... Gem. ... Band ... Blatt ... in Abt. III unter lfd. Nr. ... auf seinem Grundstück Fl.Nr. ... eingetragene Eigentümergrundschuld mit Brief nebst Zinsen und sonstigen Nebenleistungen

und der angebliche Anspruch des Schuldners gegen ... (Name und Adresse des Dritten, der den Grundschuldbrief besitzen könnte) ...
(Drittschuldner)

auf Herausgabe des über die vorbezeichnete Eigentümergrundschuld gebildeten Grundschuldbrief gepfändet.

Für den Fall, daß der Schuldner in den Besitz des Briefes gelangt ist oder gelangen wird, wird angeordnet, daß er den Brief an den Gläubiger herauszugeben hat.

Dem Drittschuldner wird verboten, an den Schuldner zu leisten, insbesondere den Grundschuldbrief herauszugeben.

Dem Schuldner wird geboten, sich jeder Verfügung über die gepfändete Eigentümergrundschuld und den gepfändeten Herausgabeanspruch, insbesondere der Einziehung und Übertragung, zu enthalten.

Zugleich werden die gepfändete Eigentümergrundschuld und der gepfändete Herausgabeanspruch dem Gläubiger zur Einziehung überwiesen.

Die Anordnung, daß der Schuldner den Grundschulbrief herauszugeben hat sowie Pfändung und Überweisung des Anspruchs auf Herausgabe des Grundschuldbriefs werden mit Zustellung wirksam. Pfändung und Überweisung der Eigentümergrundschuld werden wirksam, sobald der Gläubiger den Besitz am Brief erlangt oder der Gerichtsvollzieher dem Schuldner den Brief im Auftrag des Gläubigers wegnimmt.

—— Erläuterungen ——

bei *Muster 75*
(Wegen des Antrags auf Eintragung im Grundbuch vgl. *Muster 64.*)

Eigentümer-Briefgrundschuld IV
Antrag auf Eintragung der Pfändung nach Muster 61–63 im Grundbuch

An das Amtsgericht – Grundbuchamt
. . . . .

Betr.: Grundbuch von . . . Gem. . . . Band . . . Blatt . . .

In der Zwangsvollstreckungssache

. . . . .   (Gläubiger)

gegen

. . . . .   (Schuldner)

überreiche ich eine Ausfertigung des Pfändungs- und Überweisungsbeschlusses des Amtsgerichts . . . vom . . . Az.: . . . nebst Zustellungsnachweis und den Grundschuldbrief Nr. . . . und

beantrage

als der im Pfändungsbeschluß legitimierte Vertreter des Vollstreckungsgläubigers die Eintragung der Pfändung und, soweit notwendig, die Voreintragung des Vollstreckungsschuldners (§§ 39, 14 GBO) im Grundbuch.

                                        (Unterschrift)

--- Erläuterungen ---

bei *Muster 75*

Muster 65

Eigentümer-Briefgrundschuld V
Der Vollstreckungsschuldner ist nicht als Inhaber der Grundschuld im Grundbuch eingetragen, besitzt aber den Brief

In ein Formblatt (vgl. „Hinweise" Ziff. 5) ist einzusetzen:

Wegen dieser Ansprüche, der Kosten dieses Beschlusses und seiner Zustellung sowie wegen der Kosten der Briefwegnahme und der Eintragung im Grundbuch

werden die angebliche Eigentümergrundschuld bzw. Eigentümerhypothek des Schuldners, die aus der Briefhypothek entstanden ist, welche zugunsten des ... auf dem Grundstück des Schuldners in ... Fl.Nr. ... der Gem. ... im Grundbuch des Amtsgerichts ... für ... Band ... Blatt ... in Abt. III unter lfd. Nr. ... eingetragen ist, samt Zinsen und sonstigen Nebenleistungen

und der angebliche Grundbuchberichtigungsanspruch des Schuldners bezüglich der Umschreibung der genannten Hypothek in ein Eigentümergrundpfandrecht

gepfändet.

Es wird angeordnet, daß der Schuldner den über die oben bezeichnete Hypothek gebildeten Hypothekenbrief an den Gläubiger herauszugeben hat.

Dem Schuldner wird geboten, sich jeder Verfügung über die gepfändete Eigentümergrundschuld (Eigentümerhypothek) und den gepfändeten Berichtigungsanspruch, insbesondere der Einziehung und Übertragung, zu enthalten.

Zugleich werden die gepfändete Eigentümergrundschuld (Eigentümerhypothek) und der gepfändete Berichtigungsanspruch dem Gläubiger zur Einziehung überwiesen.

Die Anordnung, daß der Schuldner den Hypothekenbrief herauszugeben hat sowie Pfändung und Überweisung des Grundbuchberichtigungsabspruchs werden mit Zustellung wirksam. Pfändung und Überweisung der Eigentümergrundschuld werden wirksam, sobald der Gläubiger den Besitz am Brief erlangt oder der Gerichtsvollzieher dem Schuldner den Brief im Auftrag des Gläubigers wegnimmt.

—— Erläuterungen ——

bei *Muster 75*
(Wegen des Antrags auf Eintragung im Grundbuch vgl. *Muster 69.*)

Muster 66

Eigentümer-Briefgrundschuld VI
Der Vollstreckungsschuldner ist nicht als Inhaber der Grundschuld im Grundbuch eingetragen; er besitzt den Brief nicht

In ein Formblatt (vgl. „Hinweise" Ziff. 5) ist einzusetzen:

Wegen dieser Ansprüche, der Kosten dieses Beschlusses und seiner Zustellung und der Eintragung im Grundbuch

werden gepfändet:

a) *die angebliche Eigentümergrundschuld bzw. Eigentümerhypothek des Schuldners, die aus der Briefhypothek entstanden ist, welche zugunsten des . . . auf dem Grundstück des Schuldners in . . . Fl.Nr. . . . der Gem. . . . im Grundbuch des Amtsgerichts . . . für . . . Band . . . Blatt . . . in Abt. III unter lfd. Nr. . . . eingetragen ist, samt Zinsen und sonstigen Nebenleistungen,*

b) *der angebliche Grundbuchberichtigungsanspruch des Schuldners auf Umschreibung der genannten Hypothek in ein Eigentümerpfandrecht,*

c) *der angebliche Anspruch des Schuldners gegen . . . (Name und Adresse des Dritten, der den Hypothekenbrief besitzt) . . .   (Drittschuldner)*

   auf Herausgabe des zugehörigen Hypothekenbriefs und auf Erteilung einer löschungsfähigen Quittung.

Dem Drittschuldner wird verboten, an den Schuldner zu leisten.

Dem Schuldner wird geboten, sich jeder Verfügung über das gepfändete Eigentümergrundpfandrecht und die gepfändeten Ansprüche, insbesondere der Übertragung und Einziehung, zu enthalten.

Zugleich werden das gepfändete Eigentümerpfandrecht und die gepfändeten Ansprüche dem Gläubiger zur Einziehung überwiesen.

Pfändung und Überweisung des Grundbuchberichtigungsanspruchs sowie des Anspruchs auf Herausgabe des Hypothekenbriefs und Erteilung der löschungsfähigen Quittung werden mit Zustellung wirksam. Pfändung und Überweisung der Eigentümergrundschuld werden wirksam, sobald der Gläubiger den Besitz am Brief erlangt oder der Gerichtsvollzieher dem Schuldner den Brief im Auftrag des Gläubigers wegnimmt.

──────── **Erläuterungen** ────────

bei *Muster 75*

(Wegen des Antrags auf Eintragung im Grundbuch vgl. *Muster 69.*)

Muster 67

Eigentümer-Briefgrundschuld VII
Der Vollstreckungsschuldner ist nicht als Inhaber der Grundschuld im Grundbuch eingetragen; ob er den Brief besitzt, ist nicht bekannt

In ein Formblatt (vgl. „Hinweise" Ziff. 5) ist einzusetzen:

Wegen dieser Ansprüche, der Kosten dieses Beschlusses und seiner Zustellung sowie der Kosten der Briefwegnahme und der Eintragung im Grundbuch

werden gepfändet:

a) die angebliche Eigentümergrundschuld bzw. Eigentümerhypothek des Schuldners, die aus der Briefhypothek entstanden ist, welche zugunsten des ... auf dem Grundstück des Schuldners in Fl.Nr. ... der Gem. ... im Grundbuch des Amtsgerichts ... für ... Band ... Blatt ... in Abt. III unter lfd. Nr. ... eingetragen ist, samt Zinsen und sonstigen Nebenleistungen,

b) der angebliche Grundbuchberichtigungsanspruch des Schuldners bezüglich der Umschreibung der genannten Hypothek in eine Eigentümergrundschuld,

c) der angebliche Anspruch des Schuldners gegen ... (Name und Adresse des Dritten, der die Grundschuld besitzen kann) ... (Drittschuldner) auf Herausgabe des über die oben bezeichnete Hypothek gebildeten Hypothekenbriefs und auf Erteilung einer löschungsfähigen Quittung.

Es wird angeordnet, daß der Schuldner den Brief und die löschungsfähige Quittung an den Gläubiger herauszugeben hat.

Dem Drittschuldner wird verboten, an den Schuldner zu leisten.

Dem Schuldner wird geboten, sich jeder Verfügung über die gepfändete Eigentümergrundschuld (Eigentümerhypothek) und die gepfändeten Ansprüche, insbesondere der Einziehung und Übertragung, zu enthalten.

Zugleich werden die gepfändete Eigentümergrundschuld (Eigentümerhypothek) und die gepfändeten Ansprüche dem Gläubiger zur Einziehung überwiesen.

Die Anordnung, daß der Schuldner den Hypothekenbrief herauszugeben hat sowie Pfändung und Überweisung des Grundbuchberichtigungsanspruchs und des Anspruchs auf Herausgabe des Hypothekenbriefs und Erteilung der löschungsfähigen Quittung werden mit Zustellung wirksam. Pfändung und Überweisung der Eigentümergrundschuld werden wirksam, sobald der Gläubiger den Besitz am Brief erlangt oder der Gerichtsvollzieher dem Schuldner den Brief im Auftrag des Gläubigers wegnimmt.

Eigentümer-Briefgrundschuld VII **Muster 67**

Erläuterungen

bei *Muster 75*
(Wegen des Antrags auf Eintragung im Grundbuch vgl. *Muster 69.*)

Muster 68

Eigentümer-Briefgrundschuld VIII
Die Eigentümergrundschuld ist nur aus einem Teil der Fremdhypothek entstanden und im Grundbuch noch nicht umgeschrieben

In ein Formblatt (vgl. „Hinweise" Ziff. 5) ist einzusetzen:

Wegen dieser Ansprüche, der Kosten dieses Beschlusses und seiner Zustellung und der Kosten der Eintragung im Grundbuch und in Höhe dieser Beträge

wird die angebliche Eigentümergrundschuld bzw. Eigentümerhypothek des Schuldners – unter Einschluß der künftig Eigentümergrundschuld bzw. Eigentümerhypothek werdenden Hypothekenteile – nebst Zinsen und sonstigen Nebenleistungen gepfändet, die (ganz oder teilweise) aus jener Briefhypothek entstanden ist, welche zugunsten des . . . auf dem Grundstück des Schuldners in . . . Fl.Nr. . . . der Gem. . . . im Grundbuch des Amtsgerichts . . . für . . . Band . . . Blatt . . . in Abt. III unter lfd. Nr. . . . eingetragen ist. Der gepfändete Teil des Grundpfandrechts hat Vorrang vor dem Rest.

Ferner werden gepfändet:

a) das angebliche Miteigentum des Schuldners an dem Hypothekenbrief,

b) die angeblichen Ansprüche des Schuldners gegen . . . (Name und Adresse des im Grundbuch eingetragenen Berechtigten und Besitzers des Briefes) . . .   (Drittschuldner)

auf Aufhebung der Gemeinschaft an dem Hypothekenbrief und Vorlage des Briefs an das Grundbuchamt oder einen Notar zur Bildung eines Teilbriefes und auf Aushändigung des Teilbriefes, sowie

c) der angebliche Grundbuchberichtigungsanspruch des Schuldners bezüglich der Umschreibung der genannten Hypothek in ein Eigentümergrundpfandrecht.

Dem Drittschuldner wird verboten, an den Schuldner zu leisten.

Dem Schuldner wird geboten, sich jeder Verfügung über den gepfändeten Teil der Eigentümergrundschuld (Eigentümerhypothek) und über die gepfändeten Ansprüche, insbesondere der Einziehung und Übertragung, zu enthalten.

Zugleich werden die gepfändete Eigentümergrundschuld (Eigentümerhypothek) und die gepfändeten Ansprüche dem Gläubiger zur Einziehung überwiesen.

Pfändung und Überweisung der Ansprüche nach obiger lit. b und c) werden mit Zustellung wirksam. Pfändung und Überweisung der Eigentümergrundschuld und des Miteigentums am Hypothekenbrief werden wirksam mit Aushändigung des neu zu bildenden Teilgrundschuldbriefs.

Eigentümer-Briefgrundschuld VIII **Muster 68**

Erläuterungen

bei *Muster 75*
(Wegen des Antrags auf Eintragung im Grundbuch vgl. *Muster 69*.)

Muster 69

Eigentümer-Briefgrundschuld IX
Antrag auf Eintragung der Pfändung nach Muster 65–68, 71 und 72* und Umschreibung in eine Eigentümergrundschuld im Grundbuch

An das Amtsgericht – Grundbuchamt –
.....

Betr.: Grundbuch von ... Gem. ... Band ... Blatt ...
hier: Antrag auf Eintragung der Pfändung im Grundbuch

In der Zwangsvollstreckungssache
.....   (Gläubiger)

gegen

.....   (Schuldner)

überreiche ich eine Ausfertigung des Pfändungs- und Überweisungsbeschlusses des Amtsgerichts ... vom ... Az.: ... nebst Zustellungsnachweis und den Hypothekenbrief über ... DM Nr. ... sowie die löschungsfähige Quittung des ... (Name und Adresse) und

beantrage

als der Pfändungsbeschluß legitimierte Vertreter des Vollstreckungsgläubigers

a) die Umschreibung der im Pfändungsbeschluß bezeichneten Hypothek in eine Eigentümergrundschuld und

b) die Eintragung ihrer Pfändung.

(Unterschrift)

---
* Zu Muster 70 s. Muster 73.

———— Erläuterungen ————

bei *Muster 75*

Muster 70

Eigentümer-Buchgrundschuld I
Der Vollstreckungsschuldner ist als Inhaber der Grundschuld im Grundbuch eingetragen

In ein Formblatt (vgl. „Hinweise" Ziff. 5) ist einzusetzen:

Wegen dieser Ansprüche, der Kosten dieses Beschlusses und seiner Zustellung sowie der Kosten für die Eintragung im Grundbuch

wird die angeblich für den Schuldner im Grundbuch des Amtsgerichts . . . für . . . Band . . . Blatt . . . in Abt. III . . . unter lfd. Nr. . . . auf seinem Grundstück in . . . Fl.Nr. . . . eingetragene Eigentümergrundschuld ohne Brief samt Zinsen und sonstigen Nebenleistungen gepfändet.

Dem Schuldner wird geboten, sich jeder Verfügung über die gepfändete Eigentümergrundschuld, insbesondere der Einziehung und Übertragung, zu enthalten.

Zugleich wird die gepfändete Eigentümergrundschuld dem Gläubiger zur Einziehung überwiesen.

Pfändung und Verweisung werden mit Eintragung der Pfändung im Grundbuch wirksam.

—— Erläuterungen ——

bei *Muster 75*
(Wegen des Eintragungsantrags vgl. *Muster 73*.)

Muster 71

Eigentümer-Buchgrundschuld II
Der Vollstreckungsschuldner ist nicht als Inhaber der Grundschuld im Grundbuch eingetragen

In ein Formblatt (vgl. „Hinweise" Ziff. 5) ist einzusetzen:

Wegen dieser Ansprüche, der Kosten dieses Beschlusses und seiner Zustellung sowie der Kosten für die Eintragung im Grundbuch

werden gepfändet:

a) die angebliche Eigentümergrundschuld bzw. Eigentümerhypothek des Schuldners samt Zinsen und sonstigen Nebenleistungen, die aus jener Buchhypothek entstanden ist, welche zugunsten des . . . auf dem Grundstück des Schuldners Fl.Nr. . . . der Gem. . . . im Grundbuch des Amtsgerichts . . . für Band . . . Blatt . . . in Abt. III unter lfd. Nr. . . . eingetragen ist,

b) der angebliche Anspruch des Schuldners auf Berichtigung des Grundbuchs hinsichtlich der Umschreibung der oben bezeichneten Hypothek in ein Eigentümerpfandrecht.

Dem Schuldner wird geboten, sich jeder Verfügung über die gepfändete Eigentümergrundschuld und den gepfändeten Anspruch, insbesondere der Übertragung und Einziehung, zu enthalten.

Zugleich werden die gepfändete Eigentümergrundschuld (Eigentümerhypothek) und der gepfändete Berichtigungsanspruch dem Gläubiger zur Einziehung überwiesen.

Die Pfändung des Grundbuchberichtigungsanspruchs wird mit Zustellung wirksam. Pfändung und Überweisung des Eigentümergrundpfandrechts werden mit Eintragung der Pfändung im Grundbuch wirksam.

— **Erläuterungen** —

bei *Muster 75*
(Wegen des Eintragungsantrags vgl. *Muster 69*.)

Muster 72

Eigentümer-Buchgrundschuld III
Nur aus einem Teil einer Fremdhypothek entstanden und im Grundbuch noch nicht umgeschrieben

In ein Formblatt (vgl. „Hinweise" Ziff. 5) ist einzusetzen:

Wegen dieser Ansprüche, der Kosten dieses Beschlusses und seiner Zustellung sowie der Kosten für die Eintragung im Grundbuch und in Höhe dieser Beträge

werden gepfändet:

a) die angebliche Eigentümergrundschuld bzw. Eigentümerhypothek des Schuldners unter Einschluß der künftig Eigentümergrundschuld bzw. Eigentümerhypothek werdenden Hypothekenteile, die in Höhe von . . . DM aus jener Hypothek ohne Brief entstanden ist, welche zugunsten des . . . auf dem Grundstück des Schuldners in . . . Fl.Nr. . . . der Gem. . . . im Grundbuch des Amtsgerichts . . . für . . . Band . . . Blatt . . . in Abt. III unter lfd. Nr. . . . eingetragen ist, samt Zinsen und Nebenleistungen; der gepfändete Teil des Grundpfandrechts hat Vorrang vor dem Rest.

b) der angebliche Anspruch des Schuldners auf Berichtigung des Grundbuchs hinsichtlich der Umschreibung der oben bezeichneten Hypothek in ein Eigentümergrundpfandrecht.

Dem Schuldner wird geboten, sich jeder Verfügung über die gepfändete Eigentümergrundschuld (Eigentümerhypothek) und den gepfändeten Berichtigungsanspruch, insbesondere der Übertragung, der Antragstellung und der Einziehung, zu enthalten.

Zugleich werden die gepfändete Eigentümergrundschuld (Eigentümerhypothek) und der gepfändete Berichtigungsanspruch dem Gläubiger zur Einziehung überwiesen.

Pfändung und Überweisung des Grundbuchberichtigungsanspruchs werden mit Zustellung wirksam. Pfändung und Überweisung der Eigentümergrundschuld werden wirksam mit Eintragung der Pfändung im Grundbuch.

―――――――― Erläuterungen ――――――――

bei *Muster 75*

(Wegen des Eintragungsantrags vgl. *Muster 69.*)

Muster 73

Eigentümer-Buchgrundschuld IV
Antrag auf Eintragung der Pfändung nach Muster 70 im Grundbuch*

An das Amtsgericht – Grundbuchamt –
.....

Betr.: Grundbuch von ... Gem. ... Band ... Blatt ...
In der Zwangsvollstreckungssache
.....   (Gläubiger)
gegen
.....   (Schuldner)
überreiche ich eine Ausfertigung des Pfändungs- und Überweisungsbeschlusses des Amtsgerichts ... vom ... Az.: ... nebst Zustellungsnachweis und

beantrage

als der im Pfändungsbeschluß legitimierte Vertreter des Vollstreckungsgläubigers, die Pfändung im Grundbuch einzutragen.

(Unterschrift)

---

* Wegen der *Muster 71 und 72* s. *Muster 69*.

— Erläuterungen —

bei *Muster 75*

Muster 74

Eigentümer-Briefhypothek

In ein Formblatt (vgl. „Hinweise" Ziff. 5) ist einzusetzen:

Wegen dieser Ansprüche, der Kosten dieses Beschlusses und seiner Zustellung sowie der Kosten für die Briefwegnahme und für die Eintragung im Grundbuch

werden gepfändet:

a) *die auf den Schuldner gemäß § 1143 BGB übergegangene, früher dem ... (Name und Adresse) ...   (Drittschuldner zu 1)*

   zustehende angebliche Forderung auf ... (identifizierend beschreiben) ...

   gegen   ... (Name und Adresse) ...   (Drittschuldner zu 2)

   samt der für diese Forderung auf dem Grundstück des Schuldners, vorgetragen im Grundbuch des Amtsgerichts ... für ... Gem. ... Band ... Blatt ... unter lfd. Nr. ..., angeblich eingetragenen Hypothek, die gem. § 1153 BGB auf den Schuldner übergegangen ist; sofern die Forderung des Drittschuldners zu 1) nicht voll befriedigt und die Hypothek nicht voll auf den Schuldner übergegangen sein sollte, ergreift die Pfändung auch die künftig Eigentümerhypothek bzw. Eigentümergrundschuld werdenden Hypothekenteile;

b) *die angeblichen Ansprüche des Schuldners gegen den Drittschuldner zu 1) auf Herausgabe des Hypothekenbriefs sowie auf Berichtigung des Grundbuchs und auf Aushändigung der dafür notwendigen Urkunden in grundbuchmäßiger Form, insbesondere ...*

c) *und für den Fall der Teilbefriedigung der gepfändeten Forderung das Miteigentum des Schuldners an dem Hypothekenbrief und die Ansprüche des Schuldners gegen den Drittschuldner zu 1) auf Aufhebung der Gemeinschaft am Hypothekenbrief und auf Vorlage des Briefes an das Grundbuchamt oder einen Notar zwecks Bildung eines Teilbriefs sowie auf Aushändigung des Teilbriefs.*

Für den Fall, daß der Schuldner in den Besitz des Briefes gelangt ist oder noch gelangen wird, wird angeordnet, daß er den Brief an den Gläubiger herauszugeben hat.

Den Drittschuldnern wird verboten, an den Schuldner zu leisten.

Dem Schuldner wird geboten, sich jeder Verfügung über die gepfändete Forderung samt Eigentümerhypothek, die gepfändete Eigentümergrundschuld, das gepfändete Miteigentum am Hypothekenbrief und die gepfändeten Ansprüche, insbesondere der Übertragung und Einziehung zu enthalten.

Muster 74 Eigentümer-Briefhypothek

Zugleich werden die gepfändete Forderung samt Eigentümerhypothek, das gepfändete künftige Eigentümergrundpfandrecht, das gepfändete Miteigentum am Hypothekenbrief und die gepfändeten Ansprüche dem Gläubiger zur Einziehung überwiesen.

Pfändung und Überweisung der Ansprüche nach obiger lit. b) und c) werden mit Zustellung wirksam. Pfändung und Überweisung der Forderung samt Grundpfandrecht nach obiger lit. a) werden wirksam mit Aushändigung des neu zu bildenden Teilbriefs an den Gläubiger.

───────── **Erläuterungen** ─────────

bei *Muster 75*

Muster 75

Eigentümer-Buchhypothek

In ein Formblatt (vgl. „Hinweise" Ziff. 5) ist einzusetzen:

Wegen dieser Ansprüche, der Kosten dieses Beschlusses und seiner Zustellung sowie der Kosten der Eintragung im Grundbuch

werden gepfändet:

a) die gemäß § 1143 BGB auf den Schuldner übergegangene früher dem . . . (Name und Adresse des ursprünglichen Gläubigers) . . .

(Drittschuldner zu 1)

zustehende angebliche Forderung auf . . . (identifizierend beschreiben) . . .

gegen . . . (Name und Adresse des ursprünglichen Schuldners) . . .

(Drittschuldner zu 2)

b) die für diese Forderung auf dem Grundstück des Schuldners in . . . Fl. Nr. . . . im Grundbuch des Amtsgerichts . . . für . . . Band . . . Blatt . . . in Abt. III unter lfd. Nr. . . . angeblich eingetragene Hypothek; sofern die unter a) gepfändete Forderung nicht voll befriedigt und die Hypothek nicht voll auf den Schuldner übergegangen ist, sind auch diejenigen Teile der Hypothek gepfändet, welche künftig Eigentümerhypothek bzw. Eigentümergrundschuld werden,

c) der angebliche Anspruch des Schuldners auf Grundbuchberichtigung,

d) der angebliche Anspruch des Schuldners gegen die Drittschuldner auf Aushändigung der zur Grundbuchberichtigung notwendigen Urkunden in grundbuchmäßiger Form, insbesondere . . .

Den Drittschuldnern wird verboten, an den Schuldner zu leisten.

Dem Schuldner wird geboten, sich jeder Verfügung über die gepfändete Forderung, die gepfändeten Eigentümerrechte und die gepfändeten Ansprüche, insbesondere der Einziehung und Übertragung, zu enthalten.

Zugleich werden die gepfändete Forderung, die gepfändeten Eigentümerpfandrechte und die gepfändeten Ansprüche dem Gläubiger zur Einziehung überwiesen.

Pfändung und Überweisung der Ansprüche nach obigen lit. c) und d) werden mit Zustellung wirksam. Pfändung und Überweisung der Forderung samt Grundpfandrecht nach obigen lit. a) und b) werden wirksam mit Aushändigung des neu zu bildenden Teilbriefs an den Gläubiger.

Muster 75 Eigentümer-Buchhypothek

──────────── **Erläuterungen** ────────────

1. Wesen und Entstehung der Eigentümergrundpfandrechte

1 Grundpfandrechte können auch dem Grundstückseigentümer als solches zustehen. Verspricht die Zwangsvollstreckung in das Grundstück als solches deshalb keinen Erfolg, weil die eingetragenen Belastungen den Wert des Grundstücks erreichen oder übersteigen, so bleibt dem Gläubiger die Chance, in etwaige dem Eigentümer selbst zustehende Grundpfandrechte zu vollstrecken.

2 **1.1** Einfach ist das, wenn der **Eigentümer** – etwa um sich für spätere Kreditaufnahmen einen Rang freizuhalten – **für sich selbst** eine oder mehrere **Grundschulden hat eintragen** lassen. Das gestattet § 1196 BGB ausdrücklich und ohne mit der Logik des Gesetzes zu brechen, weil der Grundschuld keine Forderung zugrundeliegen muß.

3 Kaum größere Schwierigkeiten bereitet es, wenn eine Grundschuld (als solche oder als Hypothek) ursprünglich für einen Dritten entstanden und dann von diesem dem Eigentümer abgetreten worden ist und die Abtretung sich aus dem Grundschuldbrief oder dem Grundbuch ergibt. Solche Fälle werden in *Muster 61, 62, 63, 64 und 70* behandelt.

4 **1.2** Häufig aber entstehen **Eigentümergrundpfandrechte aus Fremdhypotheken,** dann nämlich, wenn die Forderung, an welcher die Hypothek haftet, erloschen, auf den Eigentümer übergegangen oder gar nicht entstanden ist: Die Hypothek ist akzessorisch, setzt also das Bestehen – oder wenigstens den gutgläubigen Erwerb (§ 1138 BGB) – der Forderung voraus. Solche Fälle sind behandelt in *Mustern 65, 66, 67, 68, 71 und 72*.

5 **1.2.1** Ist die **Forderung,** für welche die Hypothek bestellt ist, **nicht entstanden,** so steht die Hypothek dem Eigentümer zu (§ 1163 Abs. 1 S. 1 BGB). **Erlischt** die Forderung, so erwirbt der Eigentümer die Hypothek (§ 1163 Abs. 1 S. 2 BGB). Die Briefhypothek steht solange dem Eigentümer zu, bis der Hypothekenbrief dem Hypothekengläubiger übergeben (§ 1163 Abs. 2 BGB) oder die Übergabe durch die Vereinbarung ersetzt ist, daß der Gläubiger berechtigt sein soll, sich den Hypothekenbrief vom Grundbuchamt aushändigen zu lassen (§ 1117 BGB).

6 Befriedigt der persönliche Schuldner den Gläubiger, so geht die Hypothek insoweit auf ihn über, als er von dem Eigentümer oder dessen Rechtsvorgänger Ersatz verlangen kann; im übrigen wird sie Eigentümergrundschuld (§ 1164 BGB). Gleiches gilt bei **Vereinigung von Forderung und Schuld** in einer Person, z. B. durch Erbgang. Ist der Grundstückseigentümer nicht auch persönlicher Schuldner der gesicherten Forderung, so geht die Forderung, soweit er den Gläubiger befriedigt, auf ihn über (§ 1143 BGB), ebenso bei **Verzicht auf die Hypothek** (§ 1168 BGB) und Rechtskraft des **Ausschlußurteils** gegen den unbekannten Gläubiger (§ 1170 Abs. 2 BGB).

7 **1.2.2** Für die **Gesamthypothek** geben §§ 1172 bis 1175 BGB besondere Vorschriften.

1.2.3 Liegen die Voraussetzungen für den Übergang der Hypothek auf den 8
Eigentümer nur in Ansehung eines **Teilbetrages** vor, so geht das Grundpfandrecht auch nur zum entsprechenden Teil auf den Eigentümer über, der den Übergang nicht zum Nachteil des dem Gläubiger verbleibenden Grundpfandrecht geltend machen kann (§ 1176 BGB); solche Fälle sind in *Muster 68 und 72* behandelt.

1.2.4 Ist die **Forderung erloschen,** so **verwandelt sich die Hypothek in der** 9
Hand des Eigentümers zur Grundschuld; in den relativ seltenen Fällen dagegen, in denen die Forderung weiter besteht, aber nunmehr dem Eigentümer zusteht, bleibt das Grundpfandrecht Hypothek (§ 1177 BGB).

1.3 Die **Eintragung des Entstehens des Eigentümergrundpfandrechts im** 10
Grundbuch setzt den Nachweis des Entstehens durch öffentliche oder öffentlich beglaubigte Urkunden voraus (§ 29 GBO). Beruht die Entstehung des Eigentümerrechts darauf, daß der Gläubiger der gesicherten Forderung befriedigt worden ist, geschieht der Nachweis durch Vorlage der löschungsfähigen Quittung, aus der sich ergeben muß, **wer die Forderung getilgt hat und wann.**

2. Pfändung und Verwertung

Grundpfandrechte sind auch dann **pfändbar,** wenn sie dem Eigentümer zustehen. Insbesondere steht der Pfändung nicht § 1197 BGB entgegen[1], auch nicht eine **Löschungsvormerkung** nach § 1179 BGB und auch nicht der gesetzliche **Löschungsanspruch** nach §§ 1179a und 1179b BGB: Zwar kann der Löschungsanspruch auch gegen den Vollstreckungsgläubiger durchgesetzt werden (§§ 1179a Abs. 1, 888 BGB), so daß das gepfändete Eigentümergrundpfandrecht auch ohne Zustimmung des Vollstreckungsgläubigers gelöscht werden kann und die Pfändung so ins Leere geht. Ob der Löschungsanspruch aber geltend gemacht wird und auch durchdringt, kann der Vollstreckungsgläubiger im Pfändungszeitpunkt meist nicht voraussehen. Deshalb empfiehlt es sich, die relativ geringen Vollstreckungskosten in Kauf zu nehmen. (Vor allem wird der Löschungsanspruch dann nicht durchdringen, wenn sogenannte Zwischenrechte bestehen[2].) 11

2.1 Gepfändet wird nach **§§ 830, 857 Abs. 6**[3]. 12

Bei **Briefrechten** geschieht die Pfändung durch Pfändungsbeschluß und Briefübergabe (vgl. die Erläuterungen bei *Muster 46*), bei **Buchrechten** durch Pfändungsbeschluß und Eintragung im Grundbuch (vgl. die Erläuterungen bei *Muster 51*). 13

2.2 Bei der echten Eigentümerhypothek ist der Schuldner der weiterbestehenden Forderung **Drittschuldner.** Bei der Eigentümergrundschuld gibt es keinen Drittschuldner. 14

---
1 BGHZ 103, 36 ff.
2 BGHZ 25, 382 = NJW 1958, 21; BGH in NJW 1963, 1497; *Stöber* in Rpfleger 1977, 425.
3 RG in ständiger Rechtsprechung; auch der BGH geht in NJW 1961, 601 = MDR 1961, 120 davon aus und hat es in NJW 1979, 2045 und in NJW-RR 1989, 637 ausdrücklich ausgesprochen.

15 **2.3** Ob und inwieweit eine Eigentümerhypothek entstanden ist, kann der Vollstreckungsgläubiger oft erst aus der Drittschuldnererklärung ersehen, häufig aber auch dann noch nicht zuverlässig beurteilen. Wenn also das Recht nicht schon für den Eigentümer eingetragen ist, wird der Gläubiger seinen Antrag sicherheitshalber so fassen, daß der **Antrag sowohl die Eigentümerhypothek als auch die Eigentümergrundschuld** erfaßt.

16 **2.4** Daß ein Eigentümergrundpfandrecht entstanden sei, muß im Antrag auf Erlaß des Pfändungs- und Überweisungsbeschlusses nicht nachgewiesen werden.

17 **2.5** Die **Eintragung der Pfändung im Grundbuch** kann Schwierigkeiten bereiten, wenn nicht der Eigentümer schon als Inhaber des Grundpfandrechts eingetragen ist; denn dem Grundbuchamt muß das Entstehen des Eigentümerpfandrechts in der Form des § 29 GBO nachgewiesen werden, und eine Eintragung im Grundbuch soll nur erfolgen, wenn die Person, deren Recht durch die Eintragung betroffen ist, als der Berechtigte im Grundbuch eingetragen ist (§ 39 Abs. 1 GBO). Hier hilft § 14 GBO: Ist das Eigentümergrundpfandrecht gepfändet, steht die Pfändung aber nicht im Grundbuch, so ist das Grundbuch unrichtig; Unrichtigkeiten des Grundbuchs sind zu berichtigen. Den Berichtigungsantrag kann auch der Vollstreckungsgläubiger stellen, ohne auf die Bewilligung des Betroffenen (§ 19 GBO) angewiesen zu sein; denn er weist die Unrichtigkeit des Grundbuchs durch Vorlage des Pfändungsbeschlusses nach (§ 22 Abs. 1 GBO). Der Bestimmtheitsgrundsatz des Grundbuchs verlangt jedoch, daß auch eingetragen werden muß, inwieweit das Eigentümergrundpfandrecht entstanden und gepfändet ist. Der Gläubiger muß also nach § 22 GBO den Nachweis führen, in welcher Höhe ein Eigentümergrundpfandrecht entstanden ist.

18 Daher empfiehlt es sich, auch den **Berichtigungsanspruch** des Vollstreckungsschuldners aus § 894 BGB, der sich auf Eintragung der (teilweisen) Verwandlung des ursprünglichen Grundpfandrechts in eine Eigentümergrundschuld richtet, **pfänden und sich überweisen zu lassen:** Das bewirkt, daß der Vollstreckungsschuldner nach § 836 Abs. 3 die nötigen Auskünfte erteilen und die zugehörigen Unterlagen herausgeben muß, und daß der Drittschuldner zur Drittschuldnererklärung nach § 840 verpflichtet ist, so daß die nötigen Nachweise geführt werden können.

19 Gibt der Vollstreckungsschuldner die **Unterlagen** nicht heraus, so kann der Vollstreckungsgläubiger diese **Herausgabe** durch den Gerichtsvollzieher erwirken, der die Unterlagen dem Schuldner wegnimmt und dem Gläubiger übergibt (§ 836 Abs. 3 S. 2). Sie können verschiedener Art sein, je nach dem Grund, aus welchem das ursprüngliche Fremdrecht zum Eigentümerrecht geworden ist.

20 Die Überweisung gibt dem Vollstreckungsgläubiger auch die Grundlage für die Herausgabeklage gegen den Besitzer dieser Urkunden, wenn der Besitzer zur Herausgabe an den Grundstückseigentümer verpflichtet ist. Die Überweisung bewirkt auch, daß der Vollstreckungsgläubiger im Wege der **einstweiligen Verfügung die Eintragung eines Widerspruchs** gegen die Richtigkeit des

Grundbuchs herbeiführen kann, wenn er die Entstehung des Eigentümerpfandrechts glaubhaft machen kann.

Besitzt der Vollstreckungsschuldner die benötigten Unterlagen, so ist ihm im Beschluß deren Herausgabe an den Vollstreckungsschuldner aufzugeben. 21

2.6 Die Pfändung eines Eigentümer-Briefgrundpfandrechts wird erst mit Briefübergabe wirksam (§§ 857 Abs. 6, 830). **Wenn nur ein Teil der Hypothek Eigentümergrundpfandrecht geworden ist,** kann weder der Vollstreckungsgläubiger noch der Eigentümer (Vollstreckungsschuldner) vom Hypothekengläubiger die Aushändigung des Hypothekenbriefs verlangen (§ 1145 Abs. 1 S. 1 BGB), weil die Hypothek dem ursprünglichen Gläubiger noch teilweise zusteht. Der Hypothekengläubiger ist jedoch verpflichtet, die teilweise Befriedigung seiner Hypothekenforderung auf dem Brief zu vermerken und den Brief zum Zweck der Berichtigung des Grundbuchs dem Grundbuchamt oder zum Zweck der Herstellung eines Teilhypothekenbriefs für den Eigentümer dem Grundbuchamt oder einem Notar vorzulegen (§§ 1145 BGB, 41 Abs. 1 S. 1 und 61 Abs. 1 GBO). Der Eigentümer ist jetzt zwar Miteigentümer am Stammbrief, kann aber nicht die Einräumung des Mitbesitzes am Stammbrief fordern[4]. 22

Nach § 952 BGB ist der Eigentümer, auf den die Hypothek teilweise übergegangen ist, **Miteigentümer des Hypothekenbriefs** und kann nach § 749 BGB die **Aufhebung der Gemeinschaft** verlangen; diese wird durch Bildung zweier Teilbriefe unter Einziehung des Stammbriefs erfolgen müssen. 23

2.7 Die Verwertung des gepfändeten Eigentümergrundpfandrechts geschieht nach §§ 835, 837, 857 Abs. 6 regelmäßig durch Überweisung. 24

Die **Überweisung zur Einziehung** kann neben der Pfändung nicht im Grundbuch eingetragen werden. Das Grundpfandrecht geht nicht auf den Vollstreckungsgläubiger über. 25

Die **Überweisung an Zahlungsstatt** muß zum Wirksamwerden in das Grundbuch eingetragen werden. 26

2.7.1 Die Überweisung befugt den Vollstreckungsgläubiger trotz § 1197 Abs. 1 BGB, seine Befriedigung aus dem Eigentümergrundpfandrecht zu betreiben, weil diese Bestimmung für ihn nicht gilt[5]. 27

2.7.2 Befriedigung seiner Forderung muß sich der Vollstreckungsgläubiger **im Weg der erneuten Zwangsvollstreckung** holen, indem er die **Zwangsversteigerung oder Zwangsverwaltung** des belasteten Grundstücks betreibt (§ 1147 BGB). Dazu benötigt er einen **neuen Titel** gegen den Eigentümer (§ 750), den er sich durch **Klage auf Duldung der Zwangsvollstreckung in das Grundstück** wegen dieses Grundpfandrechts und der genau zu benennenden Zinsen beschaffen muß[6]. Sachliche Zuständigkeit: § 6; örtliche Zuständigkeit: § 24. 28

2.7.3 Der Meinung des IX. Zivilsenats des BGH, daß die Überweisung nicht gleichzeitig mit der Pfändung geschehen dürfe, weil die Überweisung eine 29

---

[4] RGZ 69, 42.
[5] BGHZ 103, 66 ff.
[6] A. A. z. B. *Palandt*, § 1147 BGB Rn. 4.

Muster 75 Eigentümer-Buchhypothek

bereits wirksame Pfändung voraussetze, die Pfändung aber erst mit ihrer Eintragung im Grundbuch (bzw. mit der Briefübergabe) wirksam werde, sind wir schon in Rn. 35 bei *Muster 46* entgegengetreten. Sie ist bei Eigentümergrundpfandrechten schon deshalb abzulehnen, weil hier die den BGH offenbar motivierende Gefahr für den Drittschuldner nicht entstehen kann.

Muster 76

Erbbauzins, Erbbaurecht

In ein Formblatt (vgl. „Hinweise" Ziff. 5) ist einzusetzen:

Wegen dieser Ansprüche sowie wegen der Kosten dieses Beschlusses und seiner Zustellung wird die angebliche Forderung des Schuldners gegen . . . (Name und Adresse des Erbbauberechtigten) . . .
(Drittschuldner)
auf Zahlung des bereits fälligen Erbbauzinses für das im Erbbaugrundbuch des Amtsgerichts . . . für . . . Band . . . Blatt . . . eingetragene Erbbaurecht gepfändet.
Dem Drittschuldner wird verboten, an den Schuldner zu leisten.
Dem Schuldner wird geboten, sich jeder Verfügung über die gepfändete Forderung, insbesondere der Einziehung, zu enthalten.
Zugleich wird die gepfändete Forderung dem Gläubiger zur Einziehung überwiesen.

──────── Erläuterungen ────────

1. Wesen des Erbbaurechts

Das Erbbaurecht ist die dingliche Belastung eines Grundstücks in der Weise, daß dem Erbbauberechtigten das Recht zusteht, auf oder unter der Oberfläche des Grundstücks ein Bauwerk zu haben. Im einzelnen ist das Erbbaurecht in der Verordnung über das Erbbaurecht (ErbbauVO, abgedruckt bei Schönfelder Nr. 41) geregelt. Die Gegenleistung für die Gewährung des Erbbaurechts ist der **Erbbauzins**. 1

2. Pfändung und Verwertung

2.1 Die Zwangsvollstreckung in das Erbbaurecht selbst kann nur als Zwangsvollstreckung in das unbewegliche Vermögen betrieben werden (§ 864 ZPO i. V. m. § 11 ErbbauVO), also durch Eintragung einer Zwangshypothek, durch Zwangsversteigerung oder Zwangsverwaltung des Erbbaurechts (§ 866). 2

Wenn zwischen dem Grundstückseigentümer und dem Erbbauberechtigten vereinbart ist, daß es zur Veräußerung und/oder Belastung des Erbbaurechts der Zustimmung des Grundstückseigentümers bedarf, ist die Zwangsvollstreckung in das Erbbaurecht insoweit beschränkt: Maßnahmen, welche die Rechte des Eigentümers aus solchen Vereinbarungen beeinträchtigen würden, sind unwirksam (§ 8 ErbbauVO). Der Erbbauberechtigte hat unter bestimmten Voraussetzungen einen Anspruch gegen den Grundstückseigentümer auf Ertei-

Muster 76 Erbbauzins, Erbbaurecht

lung dieser Zustimmung; die Zustimmung kann auch durch das Amtsgericht ersetzt werden (§§ 5 bis 8 ErbbauVO). Dieser Anspruch des Erbbauberechtigten auf Zustimmung ist pfändbar und kann dem Vollstreckungsgläubiger zur Einziehung (Ausübung) überwiesen werden[1]; der Vollstreckungsgläubiger kann dann auch die Ersetzung der Zustimmung durch das Amtsgericht beantragen. Der die Versteigerung betreibende Gläubiger hat aber auch ein eigenes Antragsrecht nach § 7 Abs. 3 ErbbauVO[2].

3 **2.2 Der Anspruch des Grunstückseigentümers auf Entrichtung des Erbbauzinses kann in Ansehung noch nicht fälliger Leistungen** nicht von dem Eigentum an dem Grundstück getrennt, also auch **nicht selbständig gepfändet werden**, sondern wird von der Zwangsvollstreckung in das Grundstück selbst erfaßt (§ 9 abs. 2 Satz 4 ErbbauVO)

4 Der Anspruch auf bereits fällige Erbbauzinsen aber ist übertragbar (§ 9 Abs. 1 Satz 2 ErbbauVO i. V. m. §§ 1107, 1159 BGB) und daher auch **pfändbar.** Pfändung und Überweisung geschehen nach den allgemeinen Grundsätzen der §§ 829, 835.

5 **Drittschuldner** ist der Erbbauberechtigte.

6 Der Anspruch auf rückständige Erbbauzinsen **verjährt** in 4 Jahren (§§ 197, 902 Abs. 1 Satz 2, 1107 BGB; § 9 Abs. 1 ErbbauVO).

7 **2.3 Der Anspruch des Erbbauberechtigten auf Entschädigung bei Erlöschen des Erbbaurechts** durch Zeitablauf **ist vor Fälligkeit nicht** abtretbar (§ 27 Abs. 4 ErbbauVO) und daher auch nicht **pfändbar** (§ 851). Die fällige Entschädigungsforderung haftet auf dem Grundstück an Stelle des Erbbaurechts und mit dessen Rang (§ 28 ErbbauVO). Am Erbbaurecht etwa bestehende Hypotheken, Grundschulden, Rentenschulden und Reallasten ruhen seit dem Erlöschen des Erbbaurechts auf der Entschädigungsforderung (§ 29 ErbbauVO).

8 **Die Pfändung des fälligen Rechts erfolgt nach § 857 Abs. 6. Drittschuldner** ist der Grundstückseigentümer.

9 **2.4** Der Anspruch auf **Heimfallentschädigung** (§ 32 Abs. 1 ErbbauVO) **ist** schon vor Fälligkeit abtretbar[3] und **als gewöhnliche Geldforderung pfändbar.** Pfändung und Überweisung erfolgen nach den allgemeinen Grundsätzen der §§ 829, 835.

10 **Drittschuldner** ist der Grundstückseigentümer.

---

1 BGHZ 33, 76 = NJW 1960, 2093; OLG Hamm in Rpfleger 1994, 19.
2 BGHZ 100, 107 = NJW 1987, 1942.
3 BGH in NJW 1976, 895.

Muster 77

Gebrauchsmuster

Das Gebrauchsmuster ist noch nicht in die Rolle eingetragen*

In ein Formblatt (vgl. „Hinweise" Ziff. 5) ist einzusetzen:

Wegen dieser Ansprüche sowie wegen der Kosten dieses Beschlusses und seiner Zustellung werden gepfändet:
1. das angebliche Recht des Schuldners auf das Gebrauchsmuster für den noch anzumeldenden Gegenstand . . ., mit dessen Verwertung auf folgende Weise begonnen ist: . . . (vgl. Rn. 9 der Erläuterungen zu Muster 131) . . .;
2. das durch die Anmeldung beim Patentamt entstehende angebliche Anwartschaftsrecht des Schuldners auf das Gebrauchsmuster für den angemeldeten Gegenstand . . .;
3. das mit Eintragung in die Gebrauchsmusterrolle für den Schuldner entstehende Gebrauchsmuster betreffend . . . mit allen Rechten daran.

Der Schuldner hat die in seinem Besitz befindliche, für die Anmeldung beim Patentamt geeignete Beschreibung und die zugehörige Zeichnung an den Gläubiger herauszugeben.

Dem Schuldner wird geboten, sich jeder Verfügung über die gepfändeten Rechte (insbesondere der Rücknahme der Anmeldung) und das gepfändete Gebrauchsmuster (insbesondere der Veräußerung, Verpfändung oder Erteilung von Lizenzen) zu enthalten.

Zugleich wird die Verwertung der gepfändeten Rechte und des gepfändeten Gebrauchsmusters**
– im Wege der öffentlichen Versteigerung durch den vom Gläubiger beauftragten Gerichtsvollzieher
– durch Erteilung der ausschließlichen, für den Bereich der gesamten Bundesrepublik geltenden Lizenz an den Gläubiger mit der Befugnis, Unterlizenzen zu erteilen, solange, bis aus den Gebühren für die Unterlizenz die Vollstreckungsforderung befriedigt sein wird,

angeordnet.

---
* Wegen des erteilten Gebrauchsmusters s. Rn. 7 der Erläuterungen.
** Unter den folgenden Alternativen ist zu wählen.

Muster 77 Gebrauchsmuster

─────────────── **Erläuterungen** ───────────────

1. Begriff und Schutz der Gebrauchsmuster

1   Als **Gebrauchsmuster** werden **Erfindungen** geschützt, die neu sind, auf einem erfinderischen Schritt beruhen und gewerblich anwendbar sind (§ 1 Gebrauchsmustergesetz[1]; Verfahren werden als Gebrauchsmuster nicht geschützt (§ 2 Nr. 3 a. a. O.).

Erfindungen, für die der Schutz als Gebrauchsmuster verlangt wird, sind beim Patentamt schriftlich in bestimmter Form anzumelden (§ 4 Gebrauchsmustergesetz). Entspricht die Anmeldung den Anforderungen des § 4, so verfügt das Patentamt die Eintragung in die Rolle für Gebrauchsmuster; in der Rolle vermerkt es auch eine Änderung in der Person des Inhabers des Gebrauchsmusters, wenn sie ihm nachgewiesen wird (§ 8 Gebrauchsmustergesetz). Mit der Eintragung in die Rolle entsteht der Schutz: Der Inhaber des Gebrauchsmusters allein ist befugt, den Gegenstand des Gebrauchsmusters zu benutzen; dem stehen Verbote für jeden Dritten gegenüber (§ 11 Gebrauchsmustergesetz). Die Vorschriften des Patentgesetzes über das Recht auf den Schutz (§ 6), über den Anspruch auf Erteilung des Schutzrechts (§ 7 Abs. 1) und andere sind entsprechend anzuwenden.

2   Das Recht auf das Gebrauchsmuster, der Anspruch auf seine Eintragung und das durch die Eintragung begründete Recht gehen auf den Erben über und können beschränkt oder unbeschränkt **auf andere übertragen** werden (§ 22 Gebrauchsmustergesetz).

3   Der Gebrauchsmusterschutz **dauert 3 Jahre** und kann einmal um 3 und einmal um 2 Jahre verlängert werden (§ 23 a. a. O.).

2. Pfändung und Verwertung

4   Das Recht auf das Gebrauchsmuster, das Anwartschaftsrecht auf das Gebrauchsmuster und das Gebrauchsmuster sind **pfändbar** (§ 851 ZPO i. V. m. § 15 Gebrauchsmustergesetz).

5   Wenn der Vollstreckungsgläubiger nicht weiß, ob der Vollstreckungsschuldner das Gebrauchsmuster schon angemeldet hat oder nicht (oder ob es gar schon in die Rolle eingetragen ist), empfiehlt sich die im Muster vorgeschlagene „**Stufenpfändung**": Zwar ist die Meinung weit verbreitet, daß sich das Pfandrecht am Recht auf das Gebrauchsmuster mit der Anmeldung in ein Pfandrecht am Anwartschaftsrecht auf das Gebrauchsmuster und mit der Eintragung in die Rolle auf das Gebrauchsmuster selbst verwandelt[2]. Aber die hier empfohlene stufenweise Pfändung klärt die Lage, und künftige Rechte sind pfändbar.

---

1 BGBl. I 1986, 1456, zuletzt geändert BGBl. I 1993, 367.
2 *Stöber*, Rn. 1721.

Die Pfändung geschieht nach § 857 Abs. 2; es gibt keinen **Drittschuldner**[3]. 6

Im übrigen wird auf die hier entsprechend geltenden Erläuterungen zu *Muster 131* (Patent) verwiesen.

2.2 Ist das Gebrauchsmuster bereits **in die Patentrolle eingetragen,** so ist zu pfänden: 7

„Das angeblich unter Nr. . . . in die Patentrolle beim . . . Patentamt für den Schuldner eingetragene Gebrauchsmuster betreffend . . . zusammen mit allen Rechten aus diesem Gebrauchsmuster."

Das Gebot an den Schuldner ist nur auf das gepfändete Gebrauchsmuster zu beziehen; zur Verwertung ist der Antrag aus dem Muster unverändert zu stellen. 8

---

3 *Stein/Jonas*, § 857 Rn. 98.

Muster 78

Genossenschaft

In ein Formblatt (vgl. „Hinweise" Ziff. 5) ist einzusetzen:

Wegen dieser Ansprüche sowie wegen der Kosten dieses Beschlusses und seiner Zustellung werden die angeblichen Ansprüche des Schuldners gegen ... (genaue Bezeichnung und Adresse der Genossenschaft) ... *vertreten durch den Vorstand,*   (Drittschuldnerin)
- *auf Auszahlung des dem Schuldner bei der Auseinandersetzung mit der Genossenschaft zukommenden Guthabens (Geschäftsguthabens),*
- *auf laufende Auszahlung seiner Gewinnanteile,*
- *auf Auszahlung seines Anteils an einem Reservefonds und*
- *auf Auszahlung seines Anteils am Vermögen der Genossenschaft im Falle der Liquidation*

gepfändet.

Der Drittschuldnerin wird verboten, an den Schuldner zu zahlen.

Dem Schuldner wird geboten, sich jeder Verfügung über die gepfändeten Ansprüche, insbesondere der Einziehung, zu enthalten.

Zugleich werden die gepfändeten Ansprüche dem Gläubiger zur Einziehung überwiesen.

——— Vorbemerkung ———

Wegen der **Jagdgenossenschaft** vgl. *Muster 104.*

——— Erläuterungen ———

1. Wesen der Genossenschaft

1   **Die eingetragene Genossenschaft** (e. G.) ist eine **Gesellschaft von nicht geschlossener Mitgliederzahl** – bei der also Wechsel im Mitgliederbestand durch die Satzung zugelassen sein muß –, welche die Förderung des Erwerbs oder der Wirtschaft ihrer Mitglieder mittels gemeinschaftlichen Geschäftsbetriebs bezweckt. Ihre gesetzliche Regelung – die von der der bürgerlich-rechtlichen Gesellschaft stark abweicht – findet sich im Gesetz betreffend die Erwerbs- und Wirtschaftsgenossenschaften (Genossenschaftsgesetz, GenG).

2   Das **Rechtsverhältnis** zwischen der Genossenschaft und ihren Genossen bestimmt sich in erster Linie nach dem Statut, das vom Gesetz nur soweit abweichen darf, als es das Gesetz ausdrücklich für zulässig erklärt (§ 18 GenG).

Die Genossenschaft hat kein ziffernmäßig festgelegtes Grundkapital; die Genossen sind nicht etwa gesamthänderisch am Genossenschaftsvermögen beteiligt. Ihre vermögensrechtlichen Beziehungen zur Genossenschaft werden im wesentlichen am Geschäftsanteil, an der Mindesteinlage und am Geschäftsguthaben gemessen:

Der **Geschäftsanteil** ist nur eine rechnerische Größe, nämlich der Betrag, bis zu welchem sich die einzelnen Genossen mit Einlagen beteiligen können (§ 7 Nr. 1 GenG). 3

Die **Mindesteinlage** ist diejenige Einzahlung auf den Geschäftsanteil, zu welcher jeder Genosse verpflichtet ist, mindestens $^1/_{10}$ des Geschäftsanteils (§ 7 Nr. 1 GenG). Das Statut kann zulassen, daß sich ein Genosse mit mehr als einem Anteil beteiligt (§ 7a GenG). 4

Das **Geschäftsguthaben** – das Auseinandersetzungsguthaben des ausgeschiedenen Genossen, § 73 GenG – darf dem Genossen nicht ausgezahlt oder „zum Pfand genommen" werden, solange er nicht ausgeschieden ist (§ 22 Abs. 4 GenG). Das Geschäftsguthaben ist übertragbar, wenn die Übertragbarkeit nicht durch Statut ausgeschlossen ist (§ 76 GenG). 5

Die Genossenschaft wird durch ihren **Vorstand** – der aus mindestens zwei Mitgliedern besteht – gerichtlich und außergerichtlich vertreten (§ 24 Abs. 1 u. 2 GenG). Regelmäßig sind die Vorstandsmitglieder nur gemeinschaftlich zur Vertretung befugt; Willenserklärungen gegenüber der Genossenschaft können aber wirksam einem Vorstandsmitglied gegenüber abgegeben werden (§ 25 Abs. 1 GenG). 6

2. Pfändung und Verwertung

2.1 Zur **Vollstreckung gegen die Genossenschaft** muß der gegen sie gerichtete Titel mindestens einem Vorstandsmitglied zugestellt sein (§ 25 Abs. 1 Satz 3 GenG). 7

Der Anspruch der Genossenschaft gegen einen Genossen auf **Einzahlung auf den Geschäftsanteil** und **Leistung anteiliger Fehlbeträge** (§§ 7 Nr. 1 und 73 Abs. 2 GenG) ist – im Gegensatz zum Anspruch auf etwaige zusätzliche Aufnahmegebühr – nach RGZ 135, 5 unpfändbar.

2.2 Für die **Zwangsvollstreckung in das Vermögen des einzelnen Genossen**, soweit es in der Genossenschaft gebunden ist oder in Ansprüchen gegen diese besteht, gilt: 8

2.2.1 Der **Geschäftsanteil** als solcher ist nicht pfändbar, weil er nur eine Rechengröße darstellt (§ 7 Nr. 1 GenG). 9

2.2.2 Der Anspruch auf das **Geschäftsguthaben** ist pfändbar. Die gesetzliche Regelung in § 66 GenG ähnelt derjenigen für die oHG: Unter der Voraussetzung, daß innerhalb der letzten 6 Monate eine Zwangsvollstreckung in das private Vermögen des Genossen fruchtlos versucht ist (nicht notwendig gerade durch diesen Vollstreckungsgläubiger), kann der Vollstreckungsgläubiger das 10

Guthaben pfänden und sich überweisen lassen, das dem Vollstreckungsschuldner bei der Auseinandersetzung mit der Genossenschaft zukommt. Unter der weiteren Voraussetzung, daß der Titel nicht bloß vorläufig vollstreckbar ist, kann der Vollstreckungsgläubiger das **Kündigungsrecht** des Genossen an dessen Stelle ausüben; der Kündigung muß eine beglaubigte Abschrift des Vollstreckungstitels und der Urkunden über die fruchtlose Zwangsvollstreckung beigefügt sein. Das Kündigungsrecht des Genossen ist in § 65 GenG näher bestimmt: Mit statutgemäßer Frist, die mindestens 3 Monate und höchstens 5 Jahre betragen kann, ist die Kündigung mit der Folge zu erklären, daß der kündigende Genosse (der Vollstreckungsschuldner) aus der Genossenschaft ausscheidet; wird die Genossenschaft vor dem Zeitpunkt, zu welchem die Kündigung wirksam wird, aufgelöst, so scheidet er nicht aus.

Gepfändet wird nach **§ 857.**

11 **Drittschuldnerin** ist die Genossenschaft, deren Vorstandsmitgliedern (mindestens einem von ihnen, § 25 Abs. 1 Satz 3 GenG) der Pfändungs- und Überweisungsbeschluß zuzustellen ist.

12 § 66 GenG bestimmt ausdrücklich, daß der gepfändete Anspruch dem Vollstreckungsgläubiger überwiesen werden kann; die **Überweisung erfolgt zur Einziehung** gemäß § 835. Trotz der Pfändung und der vom Vollstreckungsgläubiger zu erklärenden **Kündigung** wird der Vollstreckungsgläubiger nicht Genosse; vielmehr verbleiben die Mitgliedschaftsrechte dem Vollstreckungsschuldner. Durch die Kündigung des Vollstreckungsgläubigers scheidet aber der Vollstreckungsschuldner aus der Genossenschaft aus und hat dann die Auseinandersetzungsansprüche (Geschäftsguthaben) nach § 73 GenG, die dem Vollstreckungsgläubiger überwiesen worden sind.

13 2.2.3 Der Anspruch des Genossen auf **Zuteilung und Auszahlung seines Gewinnanteils** nach § 19 GenG ist als gewöhnliche Geldforderung zu pfänden; **Drittschuldnerin** ist auch hier die Genossenschaft, deren Vorstand (mindestens einem Vorstandsmitglied) der Pfändungs- und Überweisungsbeschluß zuzustellen ist (§ 25 Abs. 1 GenG).

14 2.2.4 Der Anspruch des Genossen auf **Beteiligung am sogenannten Reservefonds** (§ 73 Abs. 3 GenG) ist pfändbar. Die Pfändung dieses Anspruchs umfaßt auch den Gewinnanteil des Genossen, der diesem entgegen § 19 GenG nicht ausgezahlt, sondern nach § 20 GenG von der Verteilung ausgenommen worden ist. Der Anspruch auf Beteiligung am Reservefonds soll neben dem Anspruch auf das Auseinandersetzungsguthaben nach § 66 GenG stets gepfändet werden, weil es zweifelhaft ist, ob die Pfändung des Auseinandersetzungsguthabens den Anspruch auf die Beteiligung am Reservefonds umfaßt.

15 **Drittschuldnerin** ist auch hier die Genossenschaft, deren Vorstandsmitgliedern (mindestens einem von ihnen, § 25 Abs. 1 GenG) der Pfändungs- und Überweisungsbeschluß zuzustellen ist.

16 2.2.5 Um dem Vollstreckungsgläubiger auch für den Fall zu seinem Recht zu verhelfen, daß die Genossenschaft aufgelöst wird und der Vollstreckungsschuldner also nicht aufgrund der Pfändung ausscheidet (§ 65 Abs. 3 GenG),

empfiehlt es sich, auch die Forderung des Vollstreckungsschuldners gegen die Genossenschaft auf Zahlung des **Liquidationsguthabens** zu pfänden, das ihm gemäß § 91 GenG zusteht.

Pfändung und Überweisung erfolgen nach §§ 829, 835; **Drittschuldnerin** ist auch hier die Genossenschaft. 17

Muster 79

Geschmacksmuster

In ein Formblatt (vgl. „Hinweise" Ziff. 5) ist einzusetzen:

Wegen dieser Ansprüche sowie wegen der Kosten dieses Beschlusses und seiner Zustellung

wird das angebliche ausschließliche Recht des Schuldners, das . . . (das Muster genau bezeichnen) . . ., welches als Geschmacksmuster im Musterregister des Deutschen Patentamts unter Nr. . . . eingetragen ist, ganz oder teilweise nachzubilden (das Recht am Geschmacksmuster und das Recht daraus), gepfändet.

Dem Schuldner wird geboten, sich jeder Verfügung über das Recht, insbesondere dessen Übertragung, sowie der Herstellung und Verwertung jeder Nachbildung zu enthalten.

Zugleich wird angeordnet, daß das gepfändete Geschmacksmuster durch den vom Gläubiger beauftragten Gerichtsvollzieher durch öffentliche Versteigerung zu verwerten ist.

──────── Erläuterungen ────────

1. Rechte des Urhebers

1 Das Recht, ein gewerbliches Muster oder Modell ganz oder teilweise nachzubilden, steht dem Urheber desselben ausschließlich zu (§ 1 Abs. 1 Geschmacksmustergesetz[1]). Der Urheber eines Musters oder Modells oder sein Rechtsnachfolger erlangt den Schutz gegen Nachbildung nur, wenn er dieses beim Patentamt zur Eintragung in das Musterregister anmeldet (§ 7 Abs. 1 a. a. O.).

2 Bezüglich des **bereits entstandenen, eingetragenen Geschmacksmusterrechts** bestimmt § 3 a. a. O.: „Das Recht des Urhebers geht auf dessen Erben über. Dieses Recht kann beschränkt oder unbeschränkt durch Vertrag oder durch Verfügung von Todes wegen auf andere übertragen werden." Bei § 7 a. a. O. fehlt eine entsprechende Regelung.

2. Pfändung und Verwertung

3 Das im Musterregister eingetragene Geschmacksmuster ist übertragbar und daher **pfändbar**. Zu pfänden ist nach § 857 Abs. 2 durch Zustellung an den Vollstreckungsschuldner, weil es einen **Drittschuldner** begrifflich nicht geben kann.

---
1 Abgedruckt bei Schönfelder als Nr. 69.

Während das Patentgesetz und das Gebrauchsmustergesetz ausdrücklich bestimmen, daß auch ein durch Anmeldung entstandenes Anwartschaftsrecht und das Recht auf das Patent bzw. Gebrauchsmuster pfändbar seien, fehlt eine solche Bestimmung im Geschmacksmusterrecht. Daraus wird man den Schluß ziehen müssen, daß zwar das Recht am eingetragenen Geschmacksmuster, nicht aber die **Rechte an den Vorstufen** übertrag- und damit pfändbar sind. 4

Die Frage bedarf indessen keiner Vertiefung, weil schon der Wert eines Geschmacksmusters für den Vollstreckungsgläubiger nicht allzu groß ist, während ihm die Pfändung der Vorstufen praktisch nichts brächte: Wirtschaftlich gesehen hat das Geschmacksmuster eigentlich nur eine Abschreckungsfunktion und macht auch die damit versehene Ware besser verkäuflich. Solange aber das Geschmacksmuster nicht besteht, lediglich „erfunden" ist, hat es für einen Dritten höchstens dann irgendeinen Wert, wenn es besonders eigentümlich, originell, hervorstechend oder ästhetisch ansprechend ist. Solche Muster oder Modelle genießen aber regelmäßig zusätzlichen Schutz nach §§ 1, 2 Abs. 1 Nr. 4 des Urheberrechtsgesetzes, so daß der Vollstreckungsgläubiger nur dann zum Erfolg kommen kann, wenn er zugleich nach *Muster 178* pfändet. 5

Muster 80

Gesellschaft des Bürgerlichen Rechts I
Alle Gesellschafter sind Vollstreckungsschuldner

In ein Formblatt (vgl. „Hinweise" Ziff. 5) ist einzusetzen:

Wegen dieser Ansprüche sowie wegen der Kosten dieses Beschlusses und seiner Zustellung werden die angeblichen Ansprüche der Schuldner

gegen ihren Gesellschafter

. . . (Name und Adresse des Einlageschuldners) . . .   (Drittschuldner)

auf Leistung des vereinbarten Gesellschafterbeitrags . . . (möglichst genau bezeichnen) . . . und auf Nachschußleistung gepfändet.

Dem Drittschuldner wird verboten, an die Schuldner zu leisten.

Den Schuldnern wird geboten, sich jeder Verfügung über die gepfändeten Ansprüche, insbesondere ihrer Einziehung, zu enthalten.

Zugleich werden die gepfändeten Ansprüche dem Gläubiger zur Einziehung überwiesen.*

---

* Bei Sacheinlage vgl. Rn. 23 der Erläuterungen bei *Muster 81*.

──────────── Erläuterungen ────────────

bei *Muster 81*

Muster 81

Gesellschaft des Bürgerlichen Rechts II
Ansprüche des Vollstreckungsschuldners als Gesellschafter gegen die übrigen Gesellschafter

In ein Formblatt (vgl. „Hinweise" Ziff. 5) ist einzusetzen:

Wegen dieser Ansprüche sowie wegen der Kosten dieses Beschlusses und seiner Zustellung werden gepfändet:

a) der Anteil des Schuldners am Vermögen der zwischen ihm und ... (Name und Adresse aller übrigen Gesellschafter) ...   (Drittschuldner) bestehenden Gesellschaft Bürgerlichen Rechts ... (die Gesellschaft möglichst genau benennen) ...

b) folgende Ansprüche des Schuldners gegen die Drittschuldner:
– sein Anspruch auf fortlaufende Zuteilung und Auszahlung seines Anteils am Gewinn,
– seine Ansprüche auf Durchführung der Auseinandersetzung, auf das Auseinandersetzungsguthaben und auf Herausgabe ihm bei der Auseinandersetzung zukommender Sachen und Rechte,
– sein Anspruch auf Vergütung, Auslagenersatz oder sonstige Entschädigung für seine Tätigkeit in der Gesellschaft und für die Überlassung des Gebrauchs an Gegenständen; bezüglich einer Vergütung aus abhängigem Dienstverhältnis wird die Pfändung nach § 850 c ZPO beschränkt.

Dem Drittschuldner wird verboten, an den Schuldner zu leisten.

Dem Schuldner wird geboten, sich jeder Verfügung über den gepfändeten Anteil und die gepfändeten Ansprüche, insbesondere der Einziehung, zu enthalten.

Zugleich werden der gepfändete Anteil und die gepfändeten Ansprüche dem Gläubiger zur Einziehung überwiesen.

Ferner wird angeordnet, daß die dem Schuldner zukommenden Sachen an einen vom Gläubiger zu beauftragenden Gerichtsvollzieher zum Zweck der Verwertung herausgegeben werden.*

---

* Siehe hierzu Rn. 16 der Erläuterungen.

── **Vorbemerkung** ──

Das Muster gilt nicht für Anteile an anderen Gesellschaften (vgl. Rn. 6). Für diese (OHG, KG, Partnerschaftsgesellschaft, GmbH, Genossenschaft) sind die *Muster 129* bzw. *108* bzw. *82* bzw. *90* heranzuziehen.

Muster 81 Gesellschaft des Bürgerlichen Rechts II

──────────────── **Erläuterungen** ────────────────

1. Wesen der Gesellschaft

1   Häufig schließen sich mehrere Personen zur Förderung eines wirtschaftlichen oder ideellen Ziels zusammen. Geschehen solche Zusammenschlüsse, ohne daß die einzelnen sich rechtlich binden, so bewirken sie allenfalls die Vergrößerung der Chance, das angestrebte Ziel durchzusetzen, sie haben aber für die Zwangsvollstreckung keine Bedeutung (z. B. Bürgerinitiativen). Für die Zwangsvollstreckung interessieren nur Zusammenschlüsse, die eine rechtliche Bindung und eine mehr oder minder enge Verflechtung der einzelnen Personen bewirken. Hierfür stehen – je nach Bedürfnis – verschiedene Konstruktionen zur Verfügung:

2   **1.1** Korporative Zusammenschlüsse, die **eigene Rechtspersonen** sind, z. B. Vereine, Aktiengesellschaften, Genossenschaften; bei ihnen ist Ausscheiden und Wechsel von Mitgliedern meist nicht von großer Bedeutung und daher auf unkomplizierte Weise durchführbar.

3   **1.2 Nichtkorporative Zusammenschlüsse,** bei denen die persönliche Bindung von Wichtigkeit ist, z. B. Gesellschaft des bürgerlichen Rechts, OHG, die keine juristischen Personen darstellen und bei denen der Austausch von Gesellschaftern regelmäßig der Zustimmung aller Gesellschafter bedarf.

4   **1.3** Zwischenformen wie z. B. die **GmbH.**

5   **1.4** Bei den besonders für das Wirtschaftsleben ausgerüsteten Korporationen, insbesondere der Aktiengesellschaft, ist die Mitgliederzahl häufig groß, so daß ein besonderes Bedürfnis nach leichter Auswechselbarkeit der Mitglieder besteht. Daher sind die **Mitgliedsrechte in Wertpapieren** (Aktien) **verbrieft.** Die Mitgliedschafts- und Anteilsrechte gehen mit dem Eigentum an der Aktie auf den Erwerber über. Diese Mitgliedschaftsrechte und Anteile werden daher nicht wie Forderungen gepfändet: Gepfändet werden die Aktien nach den Regeln der **Pfändung beweglicher Sachen;** die Verwertung erfolgt nach § 821.

6   **1.5** Bei den anderen Gesellschaften fehlt die Verbriefung der Mitgliedschaftsrechte an einem Wertpapier, so daß hier die **Mitgliedschaftsrechte nach den Regeln der §§ 859, 857, 829 ff.** zu pfänden, zu überweisen und zu verwerten sind.

7   **1.6** Die **Gesellschaft des bürgerlichen Rechts** im besonderen liegt vor, wenn sich alle Gesellschafter durch Vertrag gegenseitig verpflichtet haben, die Erreichung eines gemeinsamen Zwecks in der durch den Vertrag bestimmten Weise zu fördern, insbesondere die vereinbarten Beiträge zu leisten (§ 705 BGB), und wenn nicht zusätzlich Merkmale einer anderen Gesellschaftsform gegeben sind; die Gesellschaft bürgerlichen Rechts ist damit in gewisser Weise die Grundform aller Gesellschaften.

2. Pfändung und Verwertung

2.1 Zwangsvollstreckung in das Vermögen eines einzelnen Gesellschafters
(Muster 81)

2.1.1 Ein Gesellschafter kann weder über seinen Anteil am Gesellschaftsvermögen noch über seine Anteile an den einzelnen zum Gesellschaftsvermögen gehörenden Gegenständen verfügen; er ist nicht berechtigt, Teilung zu verlangen (§ 719 BGB). Jedoch unterwirft § 859 Abs. 1 S. 1 den **Gesellschaftsanteil** ausdrücklich der Pfändung, während § 859 Abs. 1 S. 2 die Anteile des Gesellschafters an den einzelnen Gegenständen des Gesellschaftsvermögens unpfändbar bleiben läßt. Also kann die Pfändung eines Geschäftsanteils, in dem sich Grundstücke befinden, nicht ins Grundbuch eingetragen werden, und die Gesellschaft kann weiterhin über ihre Grundstücke verfügen[1].

Gepfändet wird nach §§ 857, 829.

Drittschuldner soll nach Meinung des BGH „die Gesamthand" sein[2]. Diese Ansicht läßt sich allerdings dogmatisch kaum rechtfertigen, weil die bürgerlich-rechtliche Gesellschaft keine juristische Person und folglich nicht rechtsfähig ist. Nach verbreiteter Meinung soll es auch genügen, den Pfändungs- und Überweisungsbeschluß nur den geschäftsführenden Gesellschaftern zuzustellen[3]. **Der Vorsichtige jedoch wird alle Gesellschafter (außer den Vollstreckungsschuldner) als Drittschuldner benennen und den Beschluß allen Gesellschaftern zustellen lassen;** denn weder ist sicher, daß der BGH auf die Dauer bei seiner Meinung bleibt, noch daß ihm alle Instanzgerichte folgen werden.

2.1.2 Der gepfändete Anteil ist dem Vollstreckungsgläubiger zur Einziehung zu überweisen; eine Überweisung an Zahlungs Statt verbietet sich schon deshalb, weil sie den Vollstreckungsgläubiger gegen den Willen der Gesellschafter zum Mitgesellschafter machen würde.

2.1.3 Solange der Vollstreckungstitel nicht rechtskräftig ist, ist der Vollstreckungsgläubiger nur befugt, den Anspruch des Vollstreckungsschuldners auf den Gewinnanteil (und die nicht unmittelbar aus der Anteilsinhabe fließenden Vergütungsansprüche) des Vollstreckungsschuldners geltend zu machen.

Sobald der Vollstreckungstitel rechtskräftig ist, kann der Vollstreckungsgläubiger die Gesellschaft kündigen (§ 725 BGB), ohne eine Kündigungsfrist einhalten zu müssen; gegenteilige Vereinbarungen der Gesellschafter wirken also ihm gegenüber nicht[4]. Die Kündigung muß der Vollstreckungsgläubiger gesondert aussprechen; sie liegt noch nicht in der Pfändung oder Überweisung.

Nach Ansicht des BGH soll es nicht notwendig sein, die Kündigung gegenüber allen anderen Gesellschaftern auszusprechen, vielmehr soll auch die nur ei-

---

1 OLG Hamm in NJW-RR 1987, 723; LG Hamburg in JurBüro 1988, 788 m. Anm. v. *Mümmler; Stöber,* Rn. 1558 m. w. N.; a. A. *Hintzen* in Rpfleger 1992, 260 ff.
2 BGHZ 97, 392 = MDR 1986, 825.
3 BGHZ 97, 395 = MDR 1986, 825; *Zöller,* § 859 Rn. 3; *Baumbach/Lauterbach/Albers/Hartmann,* § 859 Rn. 1; *Stöber,* Rn. 1557.
4 Z. B. *Staudinger,* § 725 Rn. 3.

nem geschäftsführungsbefugten Gesellschafter gegenüber ausgesprochene Kündigung wirksam werden, sobald sie allen anderen Gesellschaftern bekannt geworden ist[5]. Zumindest dogmatisch ist diese Ansicht zu bezweifeln; denn die Entgegennahme der Kündigung wird man kaum als einen Akt der Geschäftsführung ansehen können, so daß die Kündigung als empfangsbedürftige Willenserklärung allen Erklärungsgegnern, also allen Gesellschaftern zugehen muß. **Es ist dringend zu raten, die Kündigung allen Gesellschaftern gegenüber zu erklären, und zwar in nachweisbarer Form,** schon deshalb, weil die Kenntniserlangung sonst kaum bewiesen werden kann.

15 **Durch die Kündigung verwandelt sich das Pfändungspfandrecht am Gesellschaftsanteil in ein Pfandrecht an dem Anspruch des Gesellschafters** auf Durchführung der Auseinandersetzung und Auszahlung des **Auseinandersetzungsguthabens**[6].

16 Was dem Vollstreckungsschuldner bei der Auseinandersetzung nach Kündigung zusteht, bestimmt sich nach vertraglicher Vereinbarung, bei Schweigen des Vertrags nach §§ 731 bis 735 BGB. Soweit dem Vollstreckungsschuldner danach die Herausgabe von Sachen zukommt, sind diese nach §§ 846, 847 dadurch zu verwerten, daß sie an einen vom Gläubiger zu beauftragenden Gerichtsvollzieher herauszugeben sind, der sie wiederum nach den Vorschriften über die Verwertung gepfändeter Sachen zu Geld macht (§ 847).

17 **2.1.4** Die Gesellschafter schützen sich gegen die ihnen nachteiligen Wirkungen der Pfändung eines Geschäftsanteils häufig durch Vorsorge im Gesellschaftsvertrag, indem sie vereinbaren, daß derjenige Gesellschafter, dessen Anteil gepfändet ist, aus der Gesellschaft ausscheidet, die Gesellschaft aber unter den übrigen Gesellschaftern weiter besteht (vgl. § 736 BGB). Diese **Vertragsklausel** wirkt auch gegen den Vollstreckungsgläubiger. Die Drittschuldner werden verpflichtet sein, Existenz und Inhalt einer solchen Vertragsbestimmung in die Drittschuldnererklärung aufzunehmen.

Auch mit dem Ausscheiden des Vollstreckungsgläubigers aufgrund dieser Vertragsklausel entsteht ein Anspruch des Vollstreckungsschuldners gegen die Mitgesellschafter auf Auseinandersetzung und Auszahlung des Auseinandersetzungsguthabens, auf den sich nunmehr das Pfändungspfandrecht des Vollstreckungsgläubigers bezieht. Das Auseinandersetzungsguthaben richtet sich aber hier nach §§ 738 bis 740 BGB.

18 **2.1.5** Während der Vollstreckungsgläubiger bis zum Ausscheiden des Vollstreckungsschuldners zwar die Gesellschaft kündigen, aber von den sich aus dem Gesellschaftsverhältnis ergebenden Rechten des Vollstreckungsschuldners nur den Anspruch auf den Gewinnanteil und die den Vollstreckungsschuldner aus der Geschäftsführung zustehenden Ansprüche geltend machen konnte (§§ 725 Abs. 2, 717 S. 2 BGB), ist er nun befugt, die **Auseinandersetzungsansprüche** des Vollstreckungsschuldners gegen die übrigen Gesellschafter geltend zu machen, also dasjenige zu verlangen, was dem Vollstreckungs-

---

5 In NJW 1993, 1002.
6 *Zöller*, § 859 Rn. 4; BGHZ 116, 222 (227); bisher sehr bestritten.

schuldner infolge seines Ausscheidens gegen die Mitgesellschafter zusteht; das ist, wenn nichts anderes vereinbart ist: der Anspruch auf Rückgabe von Gegenständen, die der Schuldner der Gesellschaft zur Benutzung überlassen hatte (§ 732 BGB), der Anspruch auf Rückerstattung seiner Einlagen bzw. Wertersatz dafür (§ 733 BGB) und der Anspruch auf Verteilung des Überschusses (§ 734 BGB).

Weil der Vollstreckungsgläubiger aber weder Gesellschafter ist, noch die Rechte eines Gesellschafters ausüben kann, steht ihm jedenfalls bis zur Kündigung die Ausübung von Kontrollrechten nicht zu. *Hartmann*[7] und das LG Konstanz[8] kommen zu dem unseres Erachtens richtigen, aber bestrittenen Ergebnis, daß der Vollstreckungsgläubiger anstelle des Vollstreckungsschuldners die Auseinandersetzung und dabei auch die Teilungsversteigerung eines Gesellschaftsgrundstückes betreiben darf, weil das Wesen der Überweisung des Anteils und der zugehörigen Ansprüche gerade darin besteht, diejenigen Erklärungen des Vollstreckungsschuldners zu ersetzen, die notwendig sind, um den Erfolg der Zwangsvollstreckung herbeizuführen, und gerade § 725 BGB indem er dem Vollstreckungsgläubiger sogar den Ausspruch der Kündigung als eigene Erklärung gestattet zeigt, daß der Vollstreckungsgläubiger dort selbst eingreifen darf, wo dies zur Erreichung des Erfolgs notwendig ist; wenn er schon kündigen darf, muß er erst recht die Auseinandersetzung betreiben dürfen. Das meint auch der BGH, läßt aber offen, ob der Vollstreckungsgläubiger sogleich befugt ist, die Teilungsversteigerung zu beantragen[9]. 19

2.1.6 Wenn sich **Grundstücke im Gesellschaftsvermögen** befinden, ändert sich an Pfändung und Überweisung nichts, insbesondere kommen nicht etwa Vorschriften der Immobiliarpfändung zur Anwendung; denn gepfändet werden nicht Einzelgegenstände des Gesellschaftsvermögens, gepfändet wird der Anteil des Vollstreckungsschuldners an der Gesellschaft. 20

2.1.7 Hat der Vollstreckungsschuldner **vergütungspflichtige Tätigkeit für die Gesellschaft** ausgeübt, sei es in der Geschäftsführung, sei es als Angestellter, so kann er Ersatz seiner Auslagen und Vergütung für seine Tätigkeit verlangen. Diese Ansprüche sind als gewöhnliche Forderungen nach §§ 829, 835 zu pfänden und zu überweisen. Sie sind in *Muster 81* berücksichtigt. 21

2.2 Die Pfändung ins Gesellschaftsvermögen *(Muster 80)* 22

Die Gesellschaft Bürgerlichen Rechts ist keine juristische Person, hat kein eigenes Vermögen – das „Gesellschaftsvermögen" steht vielmehr den einzelnen Gesellschaftern zur Gesamthand zu –, kann weder als Gesellschaft klagen noch verklagt werden, einen Titel gegen sie kann es also nicht geben. Deshalb ist zur Zwangsvollstreckung in das Gesellschaftsvermögen ein **gegen alle Gesellschafter ergangener Titel** nötig (§ 736).

---

7 *Baumbach/Lauterbach/Albers/Hartmann,* § 859 Rn. 3.
8 NJW-RR 1987, 1023; *Hintzen* in Rpfleger 1992, 260, 263; a. M. LG Hamburg in Rpfleger 1983, 35 m. abl. Anm. *Behr* in MDR 1982, 1028 = JurBüro 1983, 304 und *Stöber,* Rn. 1572.
9 In BGHZ 116, 227 ff.

Muster 81 Gesellschaft des Bürgerlichen Rechts II

23 Zum Gesellschaftsvermögen gehören auch die **Ansprüche gegen einzelne Gesellschafter auf Leistung ihrer Beiträge und etwaige Nachschüsse.** Mit der Pfändung dieser Ansprüche befaßt sich *Muster 80.* Die Einlageverpflichtung des Vollstreckungsschuldners kann ganz verschiedenen Inhalt haben: Ist sie auf Leistung von Geld gerichtet, so ist sie für die Zwangsvollstreckung am „handlichsten". Ist sie auf Leistung von Sachen gerichtet, so muß die Verwertung des geforderten Anspruchs dadurch geschehen, daß die an die Gesellschaft zu leistenden Sachen an den vom Vollstreckungsgläubiger beauftragten Gerichtsvollzieher herausgegeben werden, der sie im Wege der Pfandverwertung zu Geld macht. Es ist also nicht nur im Pfändungsantrag die Einlageforderung möglichst genau zu beschreiben, es ist auch gegebenenfalls ein die besondere Verwertung betreffender Antrag aufzunehmen; *Muster 80* geht von der Einlageschuld in Geld aus.

24 **Drittschuldner** ist derjenige Mitgesellschafter, der seiner Einlagepflicht nicht genügt hat.

Gesellschaft mit beschränkter Haftung I
Geschäftsanteil, Nebenansprüche, Geschäftsführervergütung eines Gesellschafters

In ein Formblatt (vgl. „Hinweise" Ziff. 5) ist einzusetzen:

Wegen dieser Ansprüche sowie wegen der Kosten dieses Beschlusses und seiner Zustellung

werden gepfändet:

a) Der angebliche Geschäftsanteil des Schuldners an der

... (genaue Bezeichnung der Gesellschaft mit beschränkter Haftung, vertreten durch den zu benennenden Geschäftsführer) ...
(Drittschuldnerin);

hat der Schuldner mehrere Geschäftsanteile, so sind sie alle gepfändet;

b) die angeblichen Ansprüche des Schuldners gegen die vorgenannte Drittschuldnerin
- *auf fortlaufende Auszahlung seines Anteils am Gewinn und auf Auskunftserteilung über die Höhe dieses Anspruchs;*
- *auf Auszahlung dessen, was dem Schuldner bei der Auseinandersetzung zukommt, sei es als Auseinandersetzungsguthaben, Abfindung, Vergütung für den eingezogenen oder kaduzierten Geschäftsanteil oder als Liquidationsquote;*
- *auf Zahlung der dem Schuldner als Geschäftsführer zustehenden Vergütung und auf Ersatz seiner Aufwendungen und auf Vergütung für die Leistung persönlicher Dienste; bezüglich der Vergütung aus einem Dienstverhältnis wird die Pfändung nach § 850c ZPO beschränkt;*
- *auf Rückzahlung von Darlehen und auf deren Verzinsung sowie*
- *auf Herausgabe von Sachen und Rückübertragung von Rechten, die der Schuldner der Gesellschaft zur Nutzung überlassen hat, sowie auf Zahlung einer Vergütung dafür;*

c) das Recht, die Gesellschaft zu kündigen.

Der Drittschuldnerin wird verboten, an den Schuldner zu leisten.

Dem Schuldner wird geboten, sich jeder Verfügung über den/die gepfändete(n) Geschäftsanteil(e), die gepfändeten Ansprüche und das gepfändete Recht, insbesondere der Einziehung, zu enthalten.
- *Zugleich werden die gepfändeten Geschäftsanteile, Ansprüche und Rechte dem Gläubiger zur Einziehung überwiesen; Ziff. ... des Gesellschaftsvertrags (der Satzung) bestimmt die Kündigung der Gesellschaft als weiteren Auflösungsgrund*.*

Muster 82 GmbH I

– Zugleich werden die gepfändeten Ansprüche und Rechte – nicht die gepfändeten Geschäftsanteile – dem Gläubiger zur Einziehung überwiesen und wird angeordnet, daß die Geschäftsanteile im Wege der Versteigerung durch den vom Gläubiger zu beauftragenden Gerichtsvollzieher zu verwerten sind; die Gesellschaft kann durch Kündigung nicht aufgelöst werden.*

---
* Unbedingt Rn. 9 bis 19 der Erläuterungen bei *Muster 84* lesen und zwischen den Alternativen wählen!

──────────── **Erläuterungen** ────────────

bei *Muster 84*

Muster 83

Gesellschaft mit beschränkter Haftung II
Ansprüche der Gesellschaft gegen einen Geschäftsführer

In ein Formblatt (vgl. „Hinweise" Ziff. 5) ist einzusetzen:

Wegen dieser Ansprüche sowie wegen der Kosten dieses Beschlusses und seiner Zustellung werden die angeblichen Schadensersatzansprüche der Schuldnerin

gegen ... (Name und Adresse des Geschäftsführers) ...   (Drittschuldner)

aus Dienstvertrag und unerlaubter Handlung gepfändet, die deswegen entstanden sind, weil der Drittschuldner gegen seine gesetzlichen und vertraglichen Geschäftsführerpflichten verstoßen hat (§ 43 GmbHG); insbesondere werden gepfändet:

a) der Anspruch auf Ersatz des Schadens, welcher der Schuldnerin dadurch entstanden ist, daß der Drittschuldner entgegen § 30 GmbHG Zahlungen an den Gesellschafter oder entgegen § 33 GmbHG den Erwerb eigener Geschäftsanteile der Gesellschaft veranlaßt hat;

b) der Anspruch auf Ersatz von Zahlungen, die nach Eintritt der Zahlungsfähigkeit der Gesellschaft oder nach Feststellung ihrer Überschuldung geleistet worden sind (§ 64 Abs. 2 GmbHG);

c) der Anspruch auf Ersatz desjenigen Schadens, der durch verspätete Konkursanmeldung entstanden ist (§ 64 Abs. 1 GmbHG);

d) der Anspruch auf Ersatzleistungen nach § 9a Abs. 1 und 2 GmbHG und

e) der Anspruch auf Auskunft über den Stand der in a), b), c) und d) genannten Forderungen.

Dem Drittschuldner wird verboten, an die Schuldnerin zu leisten.

Der Schuldnerin wird geboten, sich jeder Verfügung über die gepfändeten Ansprüche, insbesondere ihrer Einziehung, zu enthalten.

Zugleich werden die gepfändeten Ansprüche dem Gläubiger zur Einziehung überwiesen.

―――――― **Erläuterungen** ――――――

bei *Muster 84*

Muster 84

Gesellschaft mit beschränkter Haftung III
Anspruch der Gesellschaft auf Leistung der Stammeinlage

In ein Formblatt (vgl. „Hinweise" Ziff. 5) ist einzusetzen:

Wegen dieser Ansprüche sowie wegen der Kosten dieses Beschlusses und seiner Zustellung wird die angebliche Forderung der Schuldnerin

gegen . . . (Name und Adresse des Gesellschafters) *. . .* (Drittschuldner)

auf Zahlung der Stammeinlage gepfändet.

Dem Drittschuldner wird verboten, an die Schuldnerin zu zahlen.

Der Schuldnerin wird geboten, sich jeder Verfügung über die Forderung, insbesondere der Einziehung, zu enthalten.

Zugleich wird die gepfändete Forderung dem Gläubiger zur Einziehung überwiesen.*
- *Durch die Pfändung wird der Vermögensstand der Gesellschaft nicht verringert.*
- *Der Erhaltung der Kapitalgrundlage der GmbH bedarf es nicht mehr: . . .*

---

* Beide Alternativen können zugleich zutreffen! Der Sachverhalt ist im Antrag näher darzulegen, vgl. Rn. 29 ff. der Erläuterungen.

──────── Erläuterungen ────────

1. Wesen der GmbH

1 **Die Gesellschaft mit beschränkter Haftung** (GmbH) ist eine juristische Person, die durch Abschluß eines notariell beurkundeten Vertrages zwischen den Gesellschaftern und Eintragung der Gesellschaft im Handelsregister entsteht (§§ 2, 11 Abs. 1, 13 Abs. 1 GmbHG). Werden vor dieser Eintragung Verfügungen im Namen der Gesellschaft vorgenommen, so haften dafür die Handelnden persönlich und gesamtschuldnerisch (§ 11 GmbHG); nach Eintragung der Gesellschaft haftet den Gläubigern der Gesellschaft nur das Gesellschaftsvermögen (§ 13 Abs. 2 GmbHG).

2 **1.1** Die Gesellschaft gilt stets als Handelsgesellschaft (§ 13 Abs. 3 GmbHG) und ist damit Vollkaufmann (§§ 6, 4 Abs. 1 HGB). Sie wird durch einen oder mehrere Geschäftsführer **vertreten** (§ 35 HGB). Die Verfassung und Verwaltung der Gesellschaft und ihre Beziehungen zu den Gesellschaftern werden in einer Satzung geregelt.

3 **1.2** Jeder Gesellschafter hat mindestens einen **Geschäftsanteil,** der sich nach dem Betrag der von ihm übernommenen Stammeinlage richtet (§ 14 GmbHG). Die Stammeinlage muß im Gesellschaftsvertrag bestimmt sein (§ 3 Abs. 1

GmbHG). Das Stammkapital muß mindestens 50 000,- DM, eine Stammeinlage muß mindestens 500,- DM betragen (§ 5 Abs. 1 GmbHG).

2. Pfändung und Verwertung

2.1 Zwangsvollstreckung in das Vermögen des einzelnen Gesellschafters
(Muster 82)

Der **Geschäftsanteil** als solcher ist veräußerlich und vererblich (§ 15 GmbHG) und daher auch pfändbar. Ein Gesellschafter kann Inhaber mehrerer (sogar aller) Geschäftsanteile sein. Deshalb empfiehlt sich die Klarstellung, daß alle Geschäftsanteile gepfändet sein sollen. 4

Pfändbar sind auch **sonstige Ansprüche** des Gesellschafters gegen die Gesellschaft. 5

2.1.1 Der Geschäftsanteil wird mangels besonderer gesetzlicher Regelung nach § 857 gepfändet. Machen Gesellschaftsvertrag oder Satzung die Übertragung oder Verpfändung von Geschäftsanteilen von der Genehmigung der Gesellschaft oder der übrigen Gesellschafter abhängig, so steht dies der Pfändung des Geschäftsanteils nicht entgegen (§ 399 BGB, § 851 Abs. 2 ZPO, mindestens analog; BGHZ 65, 24). 6

2.1.1.1 Nach heute ganz herrschender Meinung ist die **GmbH Drittschuldnerin**[1], vertreten durch den (die) Geschäftsführer, deren Namen sich nach § 35a GmbHG aus den Geschäftsbriefen ergeben müssen, die man aber vorsorglich im Handelsregister nachprüft. 7

2.1.1.2 Der Gesellschaftsvertrag kann vorsehen, daß ein Geschäftsanteil eingezogen wird, wenn er gepfändet ist. Weil der Vollstreckungsgläubiger nicht mehr Recht erwerben kann, als der Vollstreckungsschuldner hat, muß er sich mit dieser **Einziehungsmöglichkeit** abfinden. Eine solche Vertragsbestimmung ist nicht etwa deshalb unzulässig, weil der Vollstreckungsschuldner damit vorweg zu Lasten des Vollstreckungsgläubigers über den Geschäftsanteil verfüge (§§ 135, 136, 276 BGB), solange die Satzungsbestimmung nicht darauf angelegt ist, das Recht eines Vollstreckungsgläubigers zu vereiteln[2]. Im Falle der Einziehung tritt die dem Vollstreckungsschuldner dafür zukommende Vergütung an die Stelle des gepfändeten Geschäftsanteils. Der Anspruch auf die Vergütung ist also durch die Pfändung des Geschäftsanteils für den Vollstreckungsgläubiger beschlagnahmt; dieser Anspruch muß allerdings dem Vollstreckungsschuldner zusätzlich überwiesen werden. 8

2.1.2 Die **Verwertung des gepfändeten Geschäftsanteils** kann Schwierigkeiten bereiten: 9

---

[1] Z. B. *Scholz*, § 15 GmbHG Rn. 172; *Baumbach/Hueck*, § 15 GmbHG Rn. 59, beide m. w. N.; *Stein/Jonas*, § 859 Rn. 18; *Zöller*, § 859 Rn. 13; *Baumbach/Lauterbach/Albers/Hartmann*, Anhang nach § 859 Rn. 3; *Thomas/Putzo*, § 857 Rn. 10; *Stöber*, Rn. 1613; a. A. RGZ 57, 415; *Schuler*, in NJW 1960, 1425; *Noack*, in MDR 1970, 891.
[2] BGHZ 65, 22.

10 2.1.2.1 Nach der herrschenden Meinung soll der Geschäftsanteil dem Vollstreckungsgläubiger nicht überwiesen werden können, vielmehr sei nach §§ 857 Abs. 5, 844 die **anderweitige Verwertung im Wege der Veräußerung** durch den Gerichtsvollzieher anzuordnen[3]. (Wegen der Kritik an dieser Meinung siehe unten Rn. 13 ff.). Die öffentliche Versteigerung durch den Gerichtsvollzieher bewirkt nach herrschender Meinung den Übergang des Geschäftsanteils auf den Erwerber auch ohne notarielle Beurkundung des Übertragungsakts (streitig[4]); der gerichtlich angeordnete freihändige Verkauf aber hat diese Wirkung nicht (RGZ 164, 162). Das Verfahren des Gerichtsvollziehers bei der Veräußerung richtet sich nach §§ 816 bis 819 ZPO und 142 bis 149 GVGA.

11 Dieser Verwertung des Geschäftsanteils steht es nicht im Wege, wenn der Gesellschaftsvertrag die Übertragung von Geschäftsanteilen von der Genehmigung der Gesellschaft oder der übrigen Gesellschafter abhängig macht (§ 399 BGB, § 851 Abs. 2 ZPO, mindestens analog; BGHZ 65, 24).

12 Die Verwertung des Geschäftsanteils durch Zwangsverwaltung scheidet schon deshalb aus, weil sie dem Gläubiger nichts anderes bringen könnte als den Anspruch auf Gewinnauszahlung, den er aber nach *Muster 82* ohnehin gepfändet hat.

13 2.1.2.2 Wir halten die herrschende Meinung nicht für überzeugend: Zwar scheidet die Überweisung an Zahlungs Statt schon deshalb aus, weil der Geschäftsanteil keinen Nennwert hat. Einen überzeugenden Grund dafür aber, warum auch die **Überweisung zur Einziehung** unzulässig sei, haben wir in den Kommentaren nicht gefunden. Nur *Stein/Jonas* und *Stöber*[5] sehen den Grund dafür in der Unkündbarkeit der GmbH. Das scheint uns zwar ein denkbarer Grund zu sein, aber er zieht nicht immer:

14 § 60 Abs. 1 GmbHG zählt die gesetzlichen Gründe für die Auflösung der GmbH auf; darunter befindet sich die Kündigung nicht. Wenn die Gesellschaft durch Kündigung nicht aufgelöst werden kann, so kann auch der Vollstreckungsgläubiger, der nicht mehr Rechte erworben hat, als dem Vollstreckungsschuldner zustanden, die Kündigung nicht erklären und damit nicht Zugriff auf dasjenige erlangen, was dem Vollstreckungsschuldner bei der Auflösung zukäme. Damit kann er die Befriedigung seiner Forderung nicht in der Substanz des Anteils finden, den Anteil auf Gewinnauszahlungen aber hat er ohnehin gepfändet. Das rechtfertigt es auch nach unserer Meinung, die Verwertung des Geschäftsanteils durch Überweisung zur Einziehung als unzulässig zu betrachten.

15 Aber § 60 Abs. 2 GmbHG läßt die Festsetzung anderer Auflösungsgründe durch den Gesellschaftsvertrag zu; von dieser Möglichkeit wird nicht selten

---

[3] *Scholz*, § 15 GmbHG Rn. 176 f.; *Baumbach/Hueck*, § 15 GmbHG Rn. 62 und *Stein/Jonas*, § 859 Rn. 20; *Zöller*, § 859 Rn. 13; *Baumbach/Lauterbach/Albers/Hartmann*, Anh. nach § 859 Rn. 4 und KG in OLGZ 10, 329; ohne Erörterung unterstellt in BGHZ 65, 24; differenzierend *Stöber*, Rn. 1625 ff. und LG Berlin in MDR 1987, 592; vgl. auch BGHZ 104, 353.

[4] *Scholz* a. a. O. Rn. 177; *Baumbach/Hueck* a. a. O. Rn. 62; *Stein/Jonas* a. a. O.

[5] *Stein/Jonas*, § 859, Rn. 20; *Stöber*, Rn. 1624, 1625.

Gebrauch gemacht. In diesem Fall kann der Vollstreckungsgläubiger – jedenfalls dann, wenn er, wie im *Muster 82* vorgeschlagen, das Recht, die Gesellschaft zu kündigen, gesondert mitgepfändet hat – die Kündigung erklären, dadurch die Auflösung bewirken und die Liquidation herbeiführen. In der Liquidation sind die Schulden der Gesellschaft aus dem Gesellschaftsvermögen zu decken, und das verbleibende Vermögen ist nach Ablauf des Sperrjahrs an die Gesellschaft zu verteilen (§ 72 GmbHG). Dieser Anspruch auf die Liquidationsquote ist Surrogat des Geschäftsanteils und daher nach herrschender Meinung von der Pfändung umgriffen. (Um einem Streit darüber auszuweichen, ist in *Muster 82* die gesonderte Pfändung der Liquidationsquote vorgeschlagen).

Der Vollstreckungsgläubiger kann in den Registerakten den Gesellschaftsvertrag einsehen und daraus feststellen, ob die Gesellschaft durch Kündigung aufgelöst werden kann oder nicht. Kann sie aufgelöst werden, ist nicht einzusehen, was gegen die Überweisung eines Gesellschaftsanteils zur Einziehung sprechen sollte: Nach § 859 wird auch der Anteil an der Gesellschaft des Bürgerlichen Rechts überwiesen, nach § 135 HGB wird der Anteil an der oHG, nach § 161 HGB der KG-Anteil überwiesen. Zwar kann der Geschäftsanteil an der Genossenschaft – der nur eine rechnerische Größe ist – nicht eingezogen werden, dafür aber der Anspruch des Genossen auf dasjenige, was ihm bei der Auseinandersetzung zukommt (Geschäftsguthaben). Ein Grund, welcher eine andere Behandlung des Geschäftsanteils an der GmbH rechtfertigen könnte, ist nicht zu erkennen. 16

Bei kündbarer GmbH kann also nach unserer Ansicht der Geschäftsanteil zur Einziehung überwiesen werden, bei unkündbarer GmbH nicht. Deshalb sind im *Muster 82* zwei Alternativen vorgesehen, zwischen denen der Vollstreckungsgläubiger zu wählen hat. Dabei empfiehlt sich immer der Hinweis im Antrag, daß die Gesellschaft durch Kündigung aufgelöst werden kann oder daß dies nicht der Fall ist. 17

Beachte: Schließt sich der Vollstreckungsgläubiger unserer Auffassung an und beantragt bei kündbarer GmbH die Überweisung zur Einziehung, so läuft er Gefahr, daß das Gericht sich der herrschenden Meinung anschließt, die Einziehung für unzulässig hält und den Antrag zurückweist oder eine Zwischenverfügung erläßt, so daß Zeit verloren geht. *Deshalb empfehlen wir dem Vollstreckungsgläubiger, der sich unserer Meinung anschließen will, zunächst nur die Pfändung und noch nicht die Überweisung zu beantragen* und auch darauf hinzuweisen, damit nicht wieder durch Rückfragen Zeitverlust entsteht. Durch den Pfändungsbeschluß hat der Vollstreckungsgläubiger seinen Rang gewahrt und kann dann mit dem Vollstreckungsgericht in seinem Überweisungsantrag die Verwertungsart diskutieren. 18

Nach LG Berlin[6] soll regelmäßig nur die Veräußerung zulässig sein, auch wenn die Gesellschaft kündbar ist, weil durch die Überweisung und Kündigung ein Wertverlust des Anteils drohe; nur wenn die Veräußerung im Einzelfall ausscheidet, sei die Überweisung zur Einziehung zulässig. Daher dürfe die Ver- 19

---
6 In MDR 1987, 592.

Muster 84 GmbH III

wertung nicht schon im Pfändungsbeschluß angeordnet werden. Auch diese Meinung teilen wir nicht, weil die Wahl zwischen mehreren Verwertungsarten im Grundsatz dem Vollstreckungsgläubiger und nicht dem Vollstreckungsgericht zustehen muß, wenn beide Verwertungsarten zulässig sind und dem Vollstreckungsschuldner nicht ein außerhalb des Zumutbaren liegender Schaden droht. Schließlich verweist § 857 Abs. 1 zunächst auf die „vorstehenden Vorschriften", also auch auf §§ 835 und 844. Seine Absätze 4 und 5 lassen für gewisse Fallgruppen besondere Anordnungen bezüglich der Verwertung zu, darunter die Verwertung durch Veräußerung, machen sie aber damit dem Vollstreckungsgericht noch nicht zur Pflicht; die Absätze 4 und 5 haben keinen Vorrang vor Absatz 1 und vor § 835. Ein Vorrang kommt ihnen nur dort zu, wo § 835 versagt.

20 **2.1.2.3** Wir empfehlen, neben der Pfändung des Geschäftsanteils nicht nur ausdrücklich auch die Pfändung des **Anspruchs auf die Liquidationsquote,** sondern auch des **Anspruchs auf Gewinnbeteiligung** zu beantragen, weil es streitig ist, ob die bloße Pfändung des Geschäftsanteils diese beiden Ansprüche umfaßt.

21 **2.1.3** Der Vollstreckungsschuldner als Gesellschafter hat **Anspruch auf Teilung und Auszahlung des sich jährlich ergebenden Reingewinns** nach dem Verhältnis der Geschäftsanteile, wenn die Satzung nichts anderes bestimmt (§ 29 GmbHG). Dieser Anspruch kann für sich allein, unabhängig vom Geschäftsanteil gepfändet und überwiesen werden und zwar nach §§ 829, 835. Drittschuldnerin ist hier unstreitig die GmbH, vertreten durch die Geschäftsführer.

22 **2.2 Zwangsvollstreckung in das Vermögen der Gesellschaft**

Gegen die Gesellschaft wird wie gegen jede andere juristische Person des Privatrechts vollstreckt; für sie handeln ihre Organe, sie wird in der Zwangsvollstreckung durch die Geschäftsführer vertreten. Diese sind im Pfändungsantrag (und Pfändungsbeschluß) zu benennen, ihnen ist zuzustellen (§ 171 Abs. 2).

23 *Muster 82 und 84* zeigen die Vollstreckung in zwei typische Forderungen der Gesellschaft.

24 **2.2.1** Forderungen und Rechte der Gesellschaft mit Ausnahme des Anspruchs auf die Einlage (darüber Rn. 29 ff.) bieten für die Vollstreckung keine Besonderheiten. *Muster 83* gibt aber Anregungen zur Pfändung von **Ansprüchen der Gesellschaft gegen einen Geschäftsführer,** die auch gelten, wenn der Geschäftsführer zugleich Gesellschafter ist. Das etwaige Fehlen eines Gesellschafterbeschlusses, daß der Schadensersatzanspruch gegen einen Geschäftsführer geltend zu machen sei (§ 46 Nr. 8 GmbHG), steht nach h. M. der Geltendmachung dieses Anspruchs durch den Vollstreckungsgläubiger nicht im Wege[7]. Die Forderungen sind individualisierend zu beschreiben.

---

7 Vgl. *Scholz,* § 46 GmbHG Rn. 104; *Baumbach/Hueck,* § 46 GmbHG Rn. 41; BGH in NJW 1960, 1667.

Für die **Zustellung** ist zu beachten: Wenn die Gesellschaft außer dem Dritt- 25
schuldner einen weiteren Geschäftsführer hat, empfiehlt es sich, nur diesen als
gesetzlichen Vertreter der Gesellschaft zu benennen; denn die Zustellung an
einen von mehreren gesetzlichen Vertretern genügt (§ 171 Abs. 3). Hat die
Gesellschaft aber nur einen Geschäftsführer, der zugleich Drittschuldner ist, so
bietet zwar die Zustellung an ihn als Drittschuldner keine Schwierigkeiten,
wohl aber erhebt sich die Frage, ob ihm zugleich als gesetzlichen Vertreter der
Schuldnerin zugestellt werden kann:

Wird der Geschäftsführer, dem zugestellt werden soll, in dem Geschäftslokal 26
der GmbH während der gewöhnlichen Geschäftsstunden nicht angetroffen
oder ist er an der Annahme verhindert, so kann die Zustellung an einen
anderen in dem Geschäftslokal anwesenden Bediensteten der GmbH bewirkt
werden (§ 184 Abs. 1); die Zustellung an den Geschäftsführer hat zu unterbleiben, wenn er „an dem Rechtsstreit als Gegner der Partei, an welche die
Zustellung erfolgen soll, beteiligt ist" (§ 185). Das führt zu der Frage, ob eine
Verhinderung des Geschäftsführers an der Annahme auch dann aus § 185
hergeleitet werden könne, wenn der Geschäftsführer Drittschuldner ist:

Der BGH[8] hat entschieden, daß ein Vollstreckungsbescheid, mit welchem eine 27
dem Gläubiger vom Geschäftsführer abgetretene Forderung gegen die GmbH
geltend gemacht wird, wirksam an diesen Geschäftsführer zugestellt werden
kann und Ersatzzustellung nicht nötig ist. *Stein/Jonas* hält die Zustellung an
ihn für zulässig, während *Stöber* und *Hartmann*[9] und das BAG[10] sowie *Hamme*[11] sie für unzulässig halten.

Wir sehen den Geschäftsführer als Drittschuldner nicht als an der Annahme 28
im Sinn des § 185 rechtlich verhindert an, weil eine Gegnerstellung fehlt. Die
Meinung, welche die Zustellung an ihn für unzulässig hält, kommt in den
nicht seltenen Fällen in Schwierigkeiten, in denen die GmbH nur einen Bediensteten, nämlich den einzigen Geschäftsführer hat.

2.2.2 Die **Pfändung der Einlageforderung** weist eine Besonderheit auf: Den 29
Gläubigern der GmbH haftet nur deren Vermögen, nicht auch das Vermögen
der Gesellschafter. Daher sucht das GmbHG dafür zu sorgen, daß die Stammeinlagen auch wirklich eingezahlt werden und nicht zurückfließen; **§ 19
Abs. 2 GmbHG** lautet:

*„Von der Verpflichtung zur Leistung der Einlagen können die Gesellschafter
nicht befreit werden. Gegen den Anspruch der Gesellschaft ist die Aufrechnung nicht zulässig. An dem Gegenstand einer Sacheinlage kann wegen Forderungen, welche sich nicht auf den Gegenstand beziehen, kein Zurückbehaltungsrecht geltendgemacht werden."*

2.2.2.1 § 19 GmbHG ist schon früh sehr streng ausgelegt und Umgehung nicht 30
gestattet worden (z. B. BGHZ 37, 79). Während das Reichsgericht aber ur-

---

[8] In NJW 1984, 57, bestätigt durch BVerfG in NJW 1984, 2567, ihm folgend *Thomas/Putzo*
§ 185 Rn. 3.
[9] In *Zöller*, § 185 Rn. 3; in *Baumbach/Lauterbach/Albers/Hartmann*, § 185 Rn. 2.
[10] In NJW 1981, 1399.
[11] In NJW 1994, 1035 m. w. N.

sprünglich Abtretung, Verpfändung und Pfändung als unzulässig behandelt hatte (RGZ 85, 352), hat es später – und ihm folgend auch der BGH – Abtretung und **Pfändung** nur mehr als **zulässig** angesehen, wenn

- sich dadurch der Vermögensstand der GmbH nicht verringert, weil ihr eine gleichwertige Gegenleistung zufließt,
- wenn der Anspruch des Vollstreckungsgläubigers „vollwertig" ist, was bedeuten soll, daß die Vollstreckungsforderung unbestritten und das Vermögen der GmbH ausreichend und liquid genug sein muß, um alle fälligen Forderungen zu befriedigen[12],
- wenn die Erhaltung der Kapitalgrundlage zugunsten der Gläubiger der GmbH nicht mehr erforderlich ist, beispielsweise weil der Vollstreckungsgläubiger der einzige Gläubiger ist oder weil infolge Ablehnung der Konkurseröffnung mangels Masse nicht mehr mit der Geltendmachung der Einlageforderung zugunsten der GmbH zu rechnen ist und kein Gläubiger Kosten für das Vorgehen gegen die GmbH vorschießt.

31 Diese Ansicht ist heute herrschende Meinung geworden[13]. *Daher muß der Vollstreckungsgläubiger in seinem Antrag schlüssige Tatsachen für die Zulässigkeit der Pfändung vortragen.*

32 **2.2.2.2** Die herrschende Meinung pervertiert allerdings, soweit es die Pfändung betrifft, den Rechtsgedanken des § 19 GmbHG: § 19 GmbHG dient zwar auch den Interessen der GmbH daran, daß ihr Kapital beikommt, aber vor allem den Interessen der Gläubiger daran, daß das versprochene Stammkapital auch zustandekommt; denn ohne eine gewisse Absicherung der Erfüllung der Einlagepflichten wäre es nicht zu vertreten, daß die Haftung der GmbH auf ihr Vermögen beschränkt bleibt und die Gesellschafter nicht haften: Jeder, der sich als Einzelkaufmann oder als offen haftender Gesellschafter ins Wirtschaftsleben begibt, haftet mit seinem vollen Vermögen. Da der Gesetzgeber durch Schaffung der GmbH eine radikale Haftungs- und Risikobeschränkung zuließ, mußte er andererseits dafür sorgen, daß wenigstens die vollen Stammeinlagen den Gesellschaftsgläubigern zur Verfügung stehen.

33 § 19 GmbHG will nicht sozusagen den Konkurs der Gesellschaft vorwegnehmen, indem Einzelzwangsvollstreckung verboten wird, oder das in der Zwangsvollstreckung geltende Prioritätsprinzip beseitigen. Wendet man ihn aber auf die Pfändung so an, wie es die herrschende Lehre tut, so verhindert man gerade, daß der Gläubiger zu seinem Geld kommt. Die Ablehnung der Pfändung bedeutet nichts anderes, als würde man dem Gläubiger sagen: Zwar haftet die GmbH ohnehin nur mit ihrem Gesellschaftskapital und die Gesellschafter haften gar nicht, aber darüber hinaus gibt es nochmals Teile im

---

12 Zum Begriff der Vollwertigkeit s. BGH in NJW 1994, 1478.
13 BGH in NJW 1963, 102; 1970, 469; 1980, 2253; 1992, 2229; zusammenfassend in NJW 1994, 1477; BGHZ 15, 52; 42, 93; 69, 282; 90, 370; pfändungsfreundlicher aber BGHZ 53, 74; OLG Köln in NJW-RR 1989, 354 und ein Teil der Literatur. Fundstellen in den Kommentaren zum GmbHG: *Hachenburg*, § 19 Rn. 67, 71; *Scholz*, § 19 Rn. 145 ff.; *Baumbach/Hueck*, § 19 Rn. 31 und 33; *Rowedder* u. a. 2. Aufl. § 19 Rn. 1, 43, 45, 45; *Lutter/ Hommelhoff*, § 19 Rn. 20 und 22.

Vermögen der Gesellschaft, die nicht gepfändet werden dürfen, nämlich die Einlageforderungen. Kluge Gesellschafter (insbesondere Einmanngesellschafter) hätten es dann in der Hand, die Dinge zu steuern: Wenn sie nur dafür sorgen, daß die GmbH nie in der Lage ist, alle fälligen Forderungen sofort zu befriedigen, und daß nie nur ein einziger Gläubiger vorhanden ist, so würden die Einlageforderungen kaum gepfändet werden können, die Gesellschafter würden sie also nicht erbringen müssen oder sie wieder entnehmen können. *Berger*[14] hat mit guten Gründen dargelegt, daß die Pfändung weder Vollwertigkeit der Vollstreckungsforderung noch Gleichwertigkeit der Gegenleistung des Vollstreckungsgläubigers voraussetzt, und daß dem Vollwertigkeitsprinzip konstruktive, dogmatische und verfahrensrechtliche Bedenken begegnen.

2.2.3 Die Pfändung bleibt möglich, auch wenn die **Gesellschaft beendet** und im Handelsregister gelöscht ist[15]. 34

Die Pfändung ist **nicht von einem Beschluß der Gesellschafter abhängig**, daß die Einlage einzuziehen sei; auch das sogenannte Gleichbehandlungsprinzip der Gesellschafter gilt hier nicht[16]. 35

2.2.4 Im **Drittschuldnerprozeß** ist das Prozeßgericht an den Pfändungs- und Überweisungsbeschluß gebunden; denn dieser ist als staatlicher Hoheitsakt solange als gültig anzusehen, bis er etwa auf Anfechtung durch den Vollstreckungsschuldner hin aufgehoben worden ist[17]. 36

Den Nachweis, daß die Stammeinlage vor der Pfändung bezahlt worden sei, hat der Drittschuldner zu führen; an diesen Nachweis werden sehr hohe Anforderungen gestellt[18]. 37

3. Wer in das Vermögen einer **GmbH & Co** pfänden will oder Ansprüche eines ihrer Gesellschafter an die Gesellschaft pfänden will, muß nach *Muster 108* und *109* verfahren. Dabei muß er aber für die Vertretungsverhältnisse der Gesellschaft als Schuldnerin oder Drittschuldnerin folgendes wissen: Die KG wird durch ihre persönlich haftende Gesellschafterin **vertreten** (§§ 170, 161, 125 HGB), während die GmbH wiederum durch ihre Geschäftsführer vertreten wird. Dabei genügt nach § 171 ZPO die Zustellung an einen von mehreren zur Gesamtvertretung berufenen Geschäftsführer. Die Bezeichnung der GmbH & Co als Schuldnerin oder Drittschuldnerin geschieht also beispielsweise wie folgt: 38

„Trauma GmbH Vertriebs KG, Kappelstraße 4, 43967 Düsseldorf, vertreten durch die persönlich haftende Gesellschafterin Trauma GmbH, ebenda, diese vertreten durch den Geschäftsführer Willo Gschnies, ebenda."

---

14 Zu ZZP 94 (Bd. 107), 43.
15 BGH in DB 1980, 1885.
16 RGZ 149, 301; BGH in NJW 1980, 2253; OLG Köln in NJW-RR 1989, 354; aus der Literatur zum GmbHG (vgl. Fußnote 7): *Hachenburg*, Rn. 17; *Scholz*, Rn. 122; *Baumbach/Hueck*, Rn. 33.
17 Allg. M., z. B. BGH in NJW 1979, 2045, bestätigt in BGHZ 113, 218; BAG in NJW 1989, 2148.
18 BGHZ 51, 157 ff.; OLG Köln in NJW-RR 1989, 354.

Muster 85

Grundschuld mit Brief I
Der Vollstreckungsschuldner ist auch Schuldner der Grundschuld; die Grundschuld ist nicht valutiert; der Vollstreckungsschuldner besitzt den Brief nicht*

In ein Formblatt (vgl. „Hinweise" Ziff. 5) ist einzusetzen:

Wegen dieser Ansprüche, der Kosten dieses Beschlusses und seiner Zustellung sowie wegen der Kosten der Briefwegnahme und der Eintragung im Grundbuch

werden gepfändet:

a) die angeblichen Ansprüche des Schuldners

    gegen   ... (Name und Adresse) ...   (Drittschuldner)

    auf Abtretung der nicht valutierten, im Grundbuch des Amtsgerichts ... für ... Band ... Blatt ... in Abt. III unter lfd. Nr. auf dem Grundstück des Schuldners Fl.Nr. ... der Gem. ... eingetragenen Briefgrundschuld nebst Zinsen und sonstigen Nebenleistungen bzw. auf den Verzicht darauf – zu erklären in der Form des § 29 GBO –

    und auf Aushändigung des zugehörigen Grundschuldbriefs;

b) die durch die Abtretung oder den Verzicht für den Schuldner entstehende Eigentümergrundschuld;

c) der angebliche Anspruch des Schuldners auf Grundbuchberichtigung.

Dem Drittschuldner wird verboten, an den Schuldner zu leisten.

Dem Schuldner wird geboten, sich jeder Verfügung über die gepfändeten Ansprüche und die Eigentümergrundschuld, insbesondere der Einziehung, der Aufhebung und des Löschungsantrags, zu enthalten.

Zugleich werden die gepfändeten Ansprüche und die gepfändete Eigentümergrundschuld dem Gläubiger zur Einziehung überwiesen.

Pfändung und Überweisung der Ansprüche oben lit. a) und c) werden wirksam mit Zustellung dieses Beschlusses an den Drittschuldner. Im übrigen werden Pfändung und Überweisung wirksam, sobald der Gläubiger Besitz am Grundschuldbrief erlangt oder der Gerichtsvollzieher dem Schuldner den Brief im Auftrag des Gläubigers wegnimmt.

---

* Wegen des Antrags auf Eintragung im Grundbuch s. *Muster 88*.

— Erläuterungen —

bei *Muster 91*

Muster 86

Grundschuld mit Brief II

Der Vollstreckungsschuldner ist Gläubiger der Grundschuld und besitzt den Brief; die Grundschuld ist valutiert; gepfändet wird auch die durch die Grundschuld gesicherte Forderung

In ein Formblatt (vgl. „Hinweise" Ziff. 5) ist einzusetzen:

Wegen dieser Ansprüche, der Kosten dieses Beschlusses und seiner Zustellung sowie wegen der Kosten der Briefwegnahme und der Eintragung im Grundbuch

werden gepfändet:

a) die angeblich für den Schuldner im Grundbuch des Amtsgerichts ... für ... Band ... Blatt ... in Abt. III unter lfd. Nr. ... auf dem Grundstück Fl.Nr. ... der Gem. ... des ... (Name und Adresse des Grundstückseigentümers) ... *(Drittschuldner zu 1) eingetragene Briefgrundschuld nebst Zinsen und sonstigen Nebenleistungen,*

b) die angebliche Forderung des Schuldners

gegen ... (Name und Adresse dessen, der die durch die Grundschuld gesicherte Forderung zu zahlen hat)* *(Drittschuldner zu 2)*

aus ... auf ... (die Forderung ist wie bei bloßer Forderungspfändung identifizierend zu beschreiben) ...

Der Schuldner hat den zugehörigen Grundschuldbrief an den Gläubiger herauszugeben.

Den Drittschuldnern wird verboten, an den Schuldner zu leisten.

Dem Schuldner wird geboten, sich jeder Verfügung über die Grundschuld und über die Forderung, insbesondere der Einziehung, der Aufhebung und des Löschungsantrags, zu enthalten.

Zugleich werden die gepfändete Grundschuld und die gepfändete Forderung dem Gläubiger zur Einziehung überwiesen.

Die Anordnung, daß der Drittschuldner den Grundschuldbrief herauszugeben hat, wird mit Zustellung dieses Beschlusses an ihn wirksam. Pfändung und Überweisung des Anspruchs oben lit. b) werden wirksam mit Zustellung dieses Beschlusses an den Drittschuldner. Im übrigen werden Pfändung und Überweisung wirksam, sobald der Gläubiger Besitz am Grundschuldbrief erlangt oder der Gerichtsvollzieher dem Schuldner den Brief im Auftrag des Gläubigers wegnimmt.

---

* Die beiden Drittschuldner werden meist identisch sein.

Erläuterungen

bei *Muster 91*

Muster 87

Grundschuld mit Brief III

*Der Vollstreckungsschuldner ist Gläubiger der Grundschuld,
besitzt den Brief aber nicht; die Grundschuld ist valutiert;
die durch die Grundschuld gesicherte Forderung wird nicht gepfändet;
die Vollstreckungsforderung ist geringer als die Grundschuld*

In ein Formblatt (vgl. „Hinweise" Ziff. 5) ist einzusetzen:

*Wegen dieser Ansprüche, der Kosten dieses Beschlusses und seiner Zustellung sowie wegen der Kosten der Briefwegnahme und der Eintragung im Grundbuch und in Höhe dieser Beträge
werden gepfändet:*

a) die angeblich für den Schuldner im Grundbuch des Amtsgerichts . . . für . . . Bd. . . . Bl. . . . in Abt. III unter lfd. Nr. . . . auf dem Grundstück Fl.Nr. . . . der Gem. . . . des . . . (Name und Adresse des Grundstückseigentümers) . . .   (Drittschuldner zu 1)

eingetragene Briefgrundschuld zu . . . DM,

mit der Maßgabe, daß dem gepfändeten Teil der Grundschuld der Vorrang vor dem Rest gebührt;

b) die Ansprüche des Schuldners

*gegen . . . (Name und Adresse des Briefbesitzers) . . .
                    (Drittschuldner zu 2)*

auf Herausgabe des zugehörigen Grundschuldbriefs sowie auf Bildung und Aushändigung eines Teilgrundschuldbriefs durch das Grundbuchamt.

Den Drittschuldnern wird, soweit die Pfändung reicht, verboten, an den Schuldner zu leisten.

Dem Schuldner wird geboten, sich jeder Verfügung über den gepfändeten Teil der Grundschuld und die gepfändeten Ansprüche, insbesondere ihrer Einziehung, zu enthalten.

Zugleich werden die gepfändete Grundschuld und die gepfändeten Ansprüche dem Gläubiger zur Einziehung überwiesen.

Pfändung und Überweisung der Ansprüche auf Herausgabe des Grundschuldbriefs und auf Bildung und Aushändigung eines Teilgrundschuldbriefs werden wirksam mit Zustellung dieses Beschlusses an den Drittschuldner. Pfändung und Überweisung der Grundschuld werden wirksam mit Aushändigung des Teilgrundschuldbriefs an den Gläubiger.

——— Erläuterungen ———

bei *Muster 91*

Muster 88

Grundschuld mit Brief IV
Antrag auf Eintragung der Pfändung nach Muster 85 im Grundbuch*

An das Amtsgericht
– Grundbuchamt –
.....

Betr.: Grundbuch von ... Gem. ... Band ... Blatt ...
In der Zwangsvollstreckungssache
.....   (Gläubiger)
gegen
.....   (Schuldner)
überreiche ich

a) Ausfertigung des Pfändungsbeschlusses des Amtsgerichts ... vom ... Az.: ... nebst Zustellungsnachweis,

b) Grundschuldbrief Nr. ...,

c) notariell beglaubigte Abtretungserklärung** des bisherigen Grundschuldgläubigers,

d) notariell beglaubigte Annahmeerklärung des Vollstreckungsgläubigers

und

                beantrage

als der im Pfändungsbeschluß legitimierte Vertreter des Vollstreckungsgläubigers die Umschreibung der Grundschuld lfd. Nr. ... in Abt. III in eine Eigentümergrundschuld, die Eintragung ihrer Pfändung und, soweit notwendig, die Voreintragung des Vollstreckungsschuldners (§§ 39, 14 GBO) im Grundbuch.

                (Unterschrift)

---
* Nicht zu verwenden neben *Muster 86* und *87*.
** bzw. Verzichtserklärung.

Erläuterungen

bei *Muster 91*

Muster 89

Grundschuld ohne Brief I
Der Vollstreckungsschuldner ist auch Schuldner der Grundschuld; die Grundschuld ist nicht valutiert*

In ein Formblatt (vgl. „Hinweise" Ziff. 5) ist einzusetzen:

Wegen dieser Ansprüche sowie wegen der Kosten dieses Beschlusses und seiner Zustellung sowie der Eintragung im Grundbuch

werden gepfändet:

a) der angebliche Anspruch des Schuldners

    gegen   ...(Name und Adresse)...   (Drittschuldner)

auf Abtretung der nicht valutierten, im Grundbuch des Amtsgerichts ... für ... Band ... Blatt in Abt. III unter lfd. Nr. ... auf dem Grundstück des Schuldners, Fl.Nr. ... der Gem. ... eingetragenen Buchgrundschuld zu ... DM nebst Zinsen und sonstigen Nebenleistungen bzw. auf den Verzicht darauf – zu erklären in der Form des § 29 GBO – und

b) die durch die Abtretung oder den Verzicht entstehende Eigentümergrundschuld des Schuldners;

c) der angebliche Anspruch des Schuldners auf Grundbuchberichtigung dahin, daß die Grundschuld Eigentümergrundschuld geworden ist.

Dem Drittschuldner wird verboten, an den Schuldner zu leisten.

Dem Schuldner wird geboten, sich jeder Verfügung über diesen Anspruch und die Eigentümerhypothek, insbesondere der Einziehung und des Löschungsantrages, zu enthalten.

Zugleich werden der gepfändete Anspruch und die gepfändete Eigentümergrundschuld dem Gläubiger zur Einziehung überwiesen.

Pfändung und Überweisung des Anspruchs auf Abtretung der Grundschuld werden mit Zustellung dieses Beschlusses an den Drittschuldner wirksam. Pfändung und Überweisung der Eigentümergrundschuld und des Anspruchs auf Grundbuchberichtigung werden mit Eintragung der Pfändung im Grundbuch wirksam.

---
* Wegen des Antrags auf Eintragung ins Grundbuch s. *Muster 91*.

──────── Erläuterungen ────────

bei *Muster 91*

Muster 90

Grundschuld ohne Brief II
Der Vollstreckungsschuldner ist Gläubiger der Grundschuld; die Grundschuld ist valutiert; auch die gesicherte Forderung wird gepfändet

In ein Formblatt (vgl. „Hinweise" Ziff. 5) ist einzusetzen:

Wegen dieser Ansprüche sowie wegen der Kosten dieses Beschlusses und seiner Zustellung sowie der Eintragung im Grundbuch

werden gepfändet:

a) die angeblich für den Schuldner im Grundbuch des Amtsgerichts . . . für . . . Band . . . Blatt . . . in Abt. III unter lfd. Nr. . . . auf dem Grundstück Fl.Nr. . . . der Gem. . . . des . . . (Name und Adresse des Grundstückseigentümers) . . . *(Drittschuldner zu 1)*

eingetragene Buchgrundschuld zu . . . DM nebst Zinsen und sonstigen Nebenleistungen;

b) die angebliche Forderung des Schuldners

gegen . . . (Name und Adresse dessen, der die durch die Grundschuld gesicherte Forderung zu zahlen hat) . . .* *(Drittschuldner zu 2)*

aus . . . auf . . . (die Forderung ist wie bei bloßer Forderungspfändung identifizierend zu beschreiben) . . .

Den Drittschuldnern wird verboten, an den Schuldner zu leisten.

Dem Schuldner wird geboten, sich jeder Verfügung über die Grundschuld und die Forderung, insbesondere ihrer Einziehung, zu enthalten.

Zugleich werden die gepfändete Grundschuld und die gepfändete Forderung dem Gläubiger zur Einziehung überwiesen.

Pfändung und Überweisung der Forderung werden mit Zustellung dieses Beschlusses an den Drittschuldner wirksam. Pfändung und Überweisung der Grundschuld werden mit Eintragung der Pfändung im Grundbuch wirksam.

---
* Die beiden Drittschuldner werden meist identisch sein.

Erläuterungen

bei *Muster 91*

Muster 91

Grundschuld ohne Brief III
Antrag auf Eintragung der Pfändung nach Muster 89 im Grundbuch

An das Amtsgericht
– Grundbuchamt –
.....

Betr.: Grundbuch von ... Gem. ... Band ... Blatt ...

In der Zwangsvollstreckungssache
.....   (Gläubiger)

gegen

.....   (Schuldner)

überreiche ich Ausfertigung des Pfändungsbeschlusses des Amtsgerichts ... vom ... Az.: ... nebst Zustellungsnachweis, Abtretungserklärung des bisherigen Grundschuldgläubigers und Annahmeerklärung des Vollstreckungsgläubigers, beide notariell beglaubigt, und

beantrage

als der im Pfändungsbeschluß legitimierte Vertreter des Vollstreckungsgläubigers die Umschreibung der Grundschuld lfd. Nr. ... in Abt. III in eine Eigentümergrundschuld, die Eintragung ihrer Pfändung und, soweit notwendig, die Voreintragung des Vollstreckungsschuldners (§§ 39, 14 GBO) im Grundbuch.

(Unterschrift)

---- Erläuterungen ----

1. Wesen der Grundschuld

1 Die Hypothek ist **akzessorisch,** also unzertrennlich mit einer Forderung, die sich sichert, verbunden. Daher steht die Hypothek immer im Vermögen des Forderungsinhabers.

2 Die Grundschuld dagegen ist nicht akzessorisch und setzt das Bestehen einer Forderung nicht voraus. **Daher kann die Grundschuld auch im Vermögen des Grundstückseigentümers stehen** (dazu die *Muster 185 ff.*).

3 Sichert die Grundschuld eine Forderung **(valutierte Grundschuld),** so steht sie rechtlich und wirtschaftlich dem Grundschuldgläubiger zu (oder ist von ihm aufgrund schuldrechtlicher Verpflichtung dem Forderungsinhaber zu übertragen).

4 Sichert die Grundschuld eine Forderung nicht, nicht mehr oder noch nicht **(nicht valutierte Grundschuld),** so kann ihr Inhaber schuldrechtlich verpflich-

tet sein, die Grundschuld dem Grundstückseigentümer zu übertragen. **Daher kann im Vermögen des Grundschuldschuldners der Abtretungsanspruch zu pfänden sein.**

Mit der nicht valutierten Grundschuld befassen sich die *Muster 85 und 89*. 5

2. Pfändung und Verwertung

Die Grundschuld kann nach §§ 857 Abs. 6, 830 gepfändet werden, ohne daß 6 zugleich die (etwaige) Forderung gepfändet werden müßte. Aber es können Schwierigkeiten auftreten, wenn nicht zugleich die Forderung gepfändet werden kann, welche durch die Grundschuld gesichert ist; denn dem Vollstreckungsgläubiger können alle Einwendungen entgegengehalten werden, die dem Vollstreckungsschuldner entgegengehalten werden können.

Beachte: **Immer auch die Forderung zu pfänden,** wenn die Möglichkeit dazu 7 besteht (vgl. *Muster 86 und 90*). Dann kann wenigstens vermieden werden, daß nach der Forderungspfändung eine dem Vollstreckungsgläubiger nachteilige, gegen ihn wirksame Vereinbarung oder Verfügung über die Forderung getroffen wird.

Wichtig ist die Unterscheidung zwischen der valutierten und der nichtvalu- 8 **tierten Grundschuld** (s. Rn. 1 ff.).

2.1 Nichtvalutierte Grundschuld *(Muster 85 und 89):* Ihre Pfändung wird 9 häufig deshalb nicht zur Befriedigung des Vollstreckungsgläubigers führen können, weil das der Grundschuldbestellung zugrundeliegende Rechtsverhältnis bestimmt, daß der Vollstreckungsschuldner von seiner Grundschuld nicht Gebrauch machen darf; dies kann der Schuldner der Grundschuld (Drittschuldner) auch dem Vollstreckungsgläubiger entgegenhalten.

Sehr interessant für die Zwangsvollstreckung ist aber die einem Dritten zustehende Grundschuld auf dem Grundstück des Vollstreckungsschuldners, wenn 10 die Zwangsvollstreckung in das Grundstück selbst dem Vollstreckungsgläubiger deshalb keine Chancen bietet, weil die ihm im Rang vorgehenden Belastungen zu hoch sind: Der Vollstreckungsschuldner als Schuldner der Grundschuld hat aus dem der Grundschuldgewährung zugrundeliegenden Rechtsgeschäft einen Anspruch gegen den Grundschuldgläubiger auf Abtretung der Grundschuld, wenn die Forderung, welche gesichert werden sollte, nicht entstanden oder aber erloschen ist. Mit der Abtretung der Grundschuld an den Vollstreckungsschuldner als Grundstückseigentümer entsteht eine Eigentümergrundschuld; auch diese ist zu pfänden (Näheres hierzu in Rn. 7 bis 14 der Erläuterungen zu *Muster 35*).

Nicht selten ist zwischen dem Vollstreckungsschuldner und dem Grund- 11 schuldgläubiger vereinbart, daß bei Tilgung der gesicherten Forderung der Grundschuldgläubiger nicht zur Abtretung der Grundschuld, sondern (nur) zum **Verzicht auf die Grundschuld** und/oder zur Erteilung der Löschungsbewilligung verpflichtet ist. Diese Vereinbarung muß der Gläubiger gegen sich gelten lassen. Auch beim Verzicht erwirbt der Eigentümer die Grundschuld

Muster 91 Grundschuld ohne Brief III

(§§ 1168, 1192 BGB); der Vollstreckungsgläubiger muß aber aufgrund des gepfändeten und ihm überwiesenen Anspruchs auf Erklärung des Verzichts den Grundschuldgläubiger zur formgerechten Erklärung des Verzichts und das Grundbuchamt zu seiner Eintragung veranlassen; sonst wird der Verzicht nicht wirksam (§ 1168 Abs. 2 BGB). Er muß auch die Berichtigung des Grundbuchs dahin, daß die Grundschuld auf den Eigentümer übergegangen ist, bewirken, damit die Pfändung eingetragen werden kann.

12 Sollte zwischen dem Grundstückseigentümer und dem Gläubiger der Grundschuld vereinbart sein, daß dieser bei Erlöschen der gesicherten Forderung weder die Abtretung der Grundschuld noch den Verzicht auf sie, sondern die **Aufhebung** (§ 1183 BGB) zu erklären habe, so hat es keinen Sinn, den Anspruch des Vollstreckungsschuldners auf Abgabe dieser Erklärung zu pfänden; denn bei der Aufhebung der Grundschuld entsteht nicht eine Eigentümergrundschuld, sondern die Grundschuld erlischt. Weil dem Vollstreckungsschuldner aber im Pfändungsbeschluß geboten ist, sich jeder Verfügung über die gepfändete Grundschuld zu enthalten, darf er nach der Pfändung nicht einen Aufhebungsvertrag schließen; ein solcher wäre gegenüber dem Vollstreckungsgläubiger unwirksam.

13 Für den **Antrag auf Eintragung ins Grundbuch** ist zu beachten: Die auf die Pfändung hin geschehene Abtretung oder Verzichtserklärung gegenüber dem Vollstreckungsschuldner muß dem Grundbuchamt in der Form des § 29 GBO nachgewiesen werden, damit die Umschreibung in eine Eigentümergrundschuld und deren Pfändung eingetragen werden können. Die Abtretung geschieht nach §§ 1145, 1192 BGB, der Verzicht geschieht nach §§ 1168 Abs. 2, 1192 BGB.

14 **2.2 Valutierte Grundschuld** *(Muster 86, 87, 90):* Pfändung bloß der Grundschuld (ohne die gesicherte Forderung) ist zwar wirksam, aber die Forderung soll möglichst mitgepfändet werden (vgl. Rn. 7). Die Pfändung zugleich der Grundschuld und der gesicherten Forderung behandeln die *Muster 86 und 90*.

15 Wie der Vollstreckungsgläubiger das Nötige über diese Forderung erfahren kann, ist in Rn. 18 dargestellt. Sollte der Vollstreckungsgläubiger erst nach Pfändung nur der Grundschuld das zur Pfändung der Forderung Nötige erfahren, so ist dringend zu empfehlen, nachträglich noch die Forderung gesondert zu pfänden; denn im Gegensatz zur Hypothek kann die Grundschuld auch ohne die Forderung gepfändet werden.

16 **2.2.1** Wenn die Vollstreckungsforderung geringer ist als der Betrag der Grundschuld, kommt die Pfändung nur **eines Teils der Grundschuld** in Frage. Hierfür gelten im wesentlichen die gleichen Erwägungen wie bei der Pfändung des Teilbetrags einer Hypothek: Es kommt darauf an, daß der gepfändete Teil der Grundschuld durch entsprechenden Ausspruch im Pfändungsbeschluß den Vorrang vor dem Rest der Grundschuld erhält. Dieser Ausspruch ist daher schon mit dem Antrag auf Erlaß eines Pfändungs- und Überweisungsbeschlusses zu beantragen; dieser Antrag ist in *Muster 87* vorgesehen.

Bei der Pfändung eines Teils einer Grundschuld mit Brief ist ein **Teilgrund-** 17
schuldbrief zu bilden; daher sind auch die zugehörigen Ansprüche des Vollstreckungsschuldners zu pfänden, wie in *Muster 87* vorgesehen ist.

2.2.2. Der Vollstreckungsgläubiger hat ein erhebliches Interesse daran, auch 18
die Forderung mitzupfänden, welche durch die Grundschuld gesichert ist
(oben Rn. 6 f.). Um das für die Pfändung dieser Forderung Nötige zu erfahren,
ist der Vollstreckungsgläubiger oft darauf angewiesen, die Eintragungsbewilligung oder andere Stücke bei den **Grundakten einzusehen**; ein Recht auf
Einsicht hat er nur, wenn er ein berechtigtes Interesse dafür dartut (§ 12 GBO).
Er muß also dem Grundbuchamt den Vollstreckungstitel vorzeigen und darlegen, daß er außer der Grundschuld selbst auch die gesicherte Forderung
pfänden will.

Weil es aber dem Vollstreckungsgläubiger dennoch oft nicht möglich sein 19
wird, die gesicherte Forderung zu ermitteln, ist in den *Mustern 87 und 89* die
Forderung als unbekannt unterstellt und daher nicht mitgepfändet worden.

2.2.3 Die valutierte Grundschuld wird nach § 857 Abs. 6 **entsprechend den** 20
Vorschriften über die Zwangsvollstreckung in eine Forderung, für die eine
Hypothek besteht, gepfändet (§ 830). Drittschuldner ist der Grundstückseigentümer.

Voraussetzung für das Wirksamwerden der Pfändung einer **Briefgrundschuld** 21
ist also der Erlaß des Pfändungsbeschlusses und die Briefübergabe; das ist
näher dargestellt in Rn. 8 bis 20 der Erläuterungen zu *Muster 46*.

Voraussetzung für das Wirksamwerden der Pfändung einer **Buchgrundschuld** 22
ist die Eintragung der Pfändung in das Grundbuch; das ist näher dargestellt in
Rn. 2 bis 9 der Erläuterungen zu *Muster 52*.

Nicht nötig ist zum Wirksamwerden der Grundschuldpfändung die **Zustellung** 23
des Beschlusses an den Eigentümer des belasteten Grundstücks als Drittschuldner, es sei denn, die Forderung werde mitgepfändet: Dann ist wegen
§ 829 auch die Zustellung an den Drittschuldner notwendig. In allen Fällen
aber empfiehlt sich, auch dem Drittschuldner den Pfändungsbeschluß zustellen zu lassen, weil diese Zustellung dem Drittschuldner gegenüber die Pfändungswirkung auf den Zeitpunkt der Zustellung vorverlegt (§ 830 Abs. 2).

2.3 Die Verwertung der gepfändeten Grundschuld geschieht regelmäßig 24
durch **Überweisung** (§§ 857 Abs. 6, 837, 835). **Zur Überweisung einer Buch-**
grundschuld an Zahlungs Statt ist die Eintragung der Überweisung ins Grundbuch erforderlich (§ 837 Abs. 1). Sonst bedarf es zum Wirksamwerden der
Überweisung weder der Eintragung – die Überweisung zur Einziehung ist
nicht einmal eintragungsfähig – noch der Zustellung an Drittschuldner oder
Vollstreckungsschuldner (§ 837 Abs. 1 Satz 1).

Die Überweisung befugt den Vollstreckungsgläubiger, die Grundschuld (und 25
die etwa mitgepfändete durch sich gesicherte Forderung) anstelle des Vollstreckungsschuldners geltend zu machen, sobald sie fällig ist; zur Fälligstellung wird er sie häufig **kündigen** müssen. Zahlt der Drittschuldner, so ist der

Vollstreckungsgläubiger befugt, **Quittung und Löschungsbewilligung** zu erteilen.

26 Verweigert der Drittschuldner die Zahlung, so ist **die Drittschuldnerklage nicht auf Zahlung, sondern auf Duldung der Zwangsvollstreckung in das belastete Grundstück** wegen dieser Grundschuld nebst genau zu bezeichnender Zinsen und sonstigen Nebenleistungen zu richten (§ 1147 BGB)[1] Die sachliche Zuständigkeit richtet sich nach § 6[2], örtlich ausschließlich zuständig ist das Gericht, in dessen Bezirk das Grundstück liegt (§ 24). Aus diesem Titel kann der Vollstreckungsgläubiger vollstrecken, indem er die Zwangsversteigerung oder Zwangsverwaltung beantragt.

27 2.4 Nach Meinung des IX. Zivilsenats des BGH[3] **soll der Überweisungsbeschluß regelmäßig nicht zugleich mit dem Pfändungsbeschluß erlassen werden dürfen – Verstoß mache die Überweisung unwirksam –,** weil nach dem Wortlaut der §§ 835, 837 nur „die gepfändete Forderung" überwiesen werden könne, die Forderung aber erst bei Eintragung der Pfändung im Grundbuch – die Entscheidung betrifft eine Buchhypothek – wirksam werde. Die Entscheidung läßt sich auf Briefrechte und auch auf die Grundschuld übertragen und würde auch für diese bedeuten, daß die Überweisung erst geschehen dürfe, wenn der Vollstreckungsgläubiger nachgewiesen hat, daß er im Briefbesitz bzw. die Pfändung im Grundbuch eingetragen sei.

Diese Ansicht ist auf Widerspruch gestoßen, **auch hier wird dieser Meinung nicht gefolgt,** sondern nach wie vor die Meinung vertreten, daß auch bei Grundpfandrechten Pfändung und Überweisung gleichzeitig erfolgen können, wenngleich ein Hinweis im Pfändungs- und Überweisungsbeschluß angezeigt sein mag. Das ist dargestellt in Rn. 35 bei *Muster 46;* in den einzelnen Muster ist der jeweils angezeigte Hinweis enthalten.

---

1 *Staudinger*, Rn. 22; *Palandt*, Rn. 4, beide zu § 1147 BGB.
2 *Zöller*, § 3 Rn. 16 „Duldung"; *Baumbach/Lauterbach/Albers/Hartmann,* Anh. zu § 3 Rn. 3; *Thomas/Putzo,* § 3 Rn. 44.
3 In NJW 1994, 3225.

Muster 92

Gütergemeinschaft I

In ein Formblatt (vgl. „Hinweise" Ziff. 5) ist einzusetzen:

Wegen dieser Ansprüche sowie wegen der Kosten dieses Beschlusses und seiner Zustellung

werden der angebliche Anteil des Schuldners an der durch ...

... (den Beendigungsgrund bezeichnen*) ...

... beendeten Gütergemeinschaft zwischen dem Schuldner

und ... (Name und Adresse des Ehegatten des Schuldners) ...

(Drittschuldner),

sowie der angebliche Anspruch des Schuldners auf Auseinandersetzung gepfändet.

Dem Drittschuldner wird verboten, an den Schuldner zu leisten.

Dem Schuldner wird geboten, sich jeder Verfügung über den gepfändeten Anteil und den gepfändeten Anspruch, insbesondere des Betreibens der Auseinandersetzung und der Einziehung, zu enthalten.

Zugleich werden der gepfändete Anteil und der gepfändete Auseinandersetzungsanspruch dem Gläubiger zur Einziehung überwiesen.

---

* S. Rn. 21 bis 28 der Erläuterungen zu *Muster 93*. Ist die Gütergemeinschaft durch den Tod eines Ehegatten beendet und sind folglich dessen Erben Drittschuldner, so ist auf den Erbgang hinzuweisen.

─────── **Erläuterungen** ───────

bei *Muster 93*

Muster 93

Gütergemeinschaft II
Fortgesetzte Gütergemeinschaft

In ein Formblatt (vgl. „Hinweise" Ziff. 5) ist einzusetzen:

Wegen dieser Ansprüche sowie wegen der Kosten dieses Beschlusses und seiner Zustellung

werden der angebliche Anteil des Schuldners an der durch . . . (den Beendigungsgrund bezeichnen*) . . . beendeten fortgesetzten Gütergemeinschaft zwischen dem Schuldner und . . . (Namen und Adressen aller an der Gütergemeinschaft außer dem Schuldner Beteiligten) . . .   (Drittschuldner),

sowie der angebliche Anspruch des Schuldners auf Auseinandersetzung gepfändet.

Den Drittschuldnern wird verboten, an den Schuldner zu leisten.

Dem Schuldner wird geboten, sich jeder Verfügung über den gepfändeten Anteil und den gepfändeten Anspruch, insbesondere des Betreibens der Auseinandersetzung und der Einbeziehung, zu enthalten.

Zugleich werden der gepfändete Anteil und der gepfändete Auseinandersetzungsanspruch dem Gläubiger zur Einziehung überwiesen.

---
* S. Rn. 21 bis 28 der Erläuterungen.

―――――― Erläuterungen ――――――

1. Güterstände

1   Das geltende deutsche Recht kennt als Güterstände nur noch die Zugewinngemeinschaft, die Gütertrennung und die Gütergemeinschaft und fortgesetzte Gütergemeinschaft. Zugewinngemeinschaft tritt mit der Eheschließung ein, wenn die Eheleute nicht notariell einen anderen Güterstand vereinbaren, oder wenn sie nach Vereinbarung eines anderen Güterstands diesen aufheben. Die Gütertrennung und die Gütergemeinschaft (fortgesetzte Gütergemeinschaft) entstehen nur durch notariell beurkundeten Vertrag zwischen den Eheleuten.

2   **1.1** Damit nicht „exotische" Güterstände Rechtsunklarheit und Unüberschaubarkeit bringen, können Eheleute andere Güterstände (sei es alten oder ausländischen Rechts) nicht mehr bestimmen (§ 1409 Abs. 1 BGB). Haben aber Ehegatten vor dem 1. Juli 1958 die damals noch im BGB vorgesehenen Güterstände der **Errungenschaftsgemeinschaft** oder **Fahrnisgemeinschaft** vereinbart und diese Vereinbarung nicht geändert, so bleiben für sie diejenigen güterrechtlichen Vorschriften maßgebend, die für diese Güterstände vor dem 1. April 1953 gegolten haben (Art. 8 I 7 des Gleichberechtigungsgesetzes). Der

in der ehemaligen DDR bestehende Güterstand der **Eigentums- und Vermögensgemeinschaft** kann nach Art. 234 § 4 EGBGB als Wahlgüterstand beibehalten werden.

Wegen des Güterstandes von **Ausländern** vgl. Art. 15 und 16 EGBGB.

1.2 Haben die Ehegatten den gesetzlichen Güterstand ausgeschlossen oder ihren eingetragenen Güterstand geändert, so können sie hieraus einem Dritten gegenüber Einwendungen gegen ein Rechtsgeschäft, das zwischen einem von ihnen und dem Dritten vorgenommen worden ist, nur herleiten, wenn der Ehevertrag im **Güterrechtsregister** des zuständigen Amtsgerichts eingetragen oder dem Dritten bekannt war, als das Rechtsgeschäft vorgenommen wurde; Einwendungen gegen ein rechtskräftiges Urteil, das zwischen einem der Ehegatten und dem Dritten ergangen ist, sind nur zulässig, wenn der Ehevertrag eingetragen oder dem Dritten bekannt war, als der Rechtsstreit anhängig wurde (§ 1412 BGB).

1.3 Unabhängig vom Güterstand wird zugunsten der Gläubiger des Mannes und der Gläubiger der Frau **vermutet**, daß die im Besitz eines oder beider Ehegatten befindlichen beweglichen Sachen sowie Inhaberpapiere und Orderpapiere, die mit Blankoindossament versehen sind, dem Schuldner gehören, wenn die Ehegatten nicht getrennt leben und der Nichtschuldner die Sachen besitzt; für die ausschließlich zum persönlichen Gebrauch eines Ehegatten bestimmten Sachen wird zugunsten der Gläubiger vermutet, daß die Sachen dem Ehegatten gehören, für dessen Gebrauch sie bestimmt sind (§ 1362 BGB)[1]. Diese Bestimmung wird durch § 739 ZPO ergänzt, wonach bei Vorliegen der Voraussetzungen des § 1362 BGB unbeschadet der Rechte Dritter für die Durchführung der Zwangsvollstreckung nur der Schuldner als Gewahrsamsinhaber und Besitzer gilt. Das bedeutet, daß der andere Ehegatte mit einer Drittwiderspruchsklage nach § 771 ZPO nur durchdringen kann, wenn er sein Eigentum beweist, während ohne die Bestimmung des § 1362 BGB für ihn die Eigentumsvermutung des § 1006 BGB gesprochen hätte. Es bedeutet ferner, daß der andere Ehegatte der Pfändung einer tatsächlich in seinem Gewahrsam befindlichen Sache trotz § 809 ZPO nicht widersprechen kann.

1.4 Ferner verpflichtet für den Regelfall ein Ehegatte nicht nur sich selbst, sondern auch den anderen Ehegatten, wenn er allein Geschäfte zur angemessenen Deckung des Lebensbedarfs für die Familie abschließt (sogenannte **Schlüsselgewalt**, § 1357 BGB); kauft die Ehefrau z. B. Kinderbetten, so kann der Verkäufer den Kaufpreis von Ehefrau und Ehemann als Gesamtschuldner fordern.

1.5 Diese Vorschriften genügen dem **Schutz des Rechtsverkehrs** und dem Schutz der Gläubiger für den Fall, daß die Eheleute im gesetzlichen Güterstand der Zugewinngemeinschaft leben. (Wegen der Zwangsvollstreckung in den Anspruch auf Zugewinnausgleich vgl. *Muster 194.*) Die Vorschriften genügen auch für den Fall, daß die Eheleute durch Ehevertrag **Gütertrennung** verein-

---

[1] Diese Vermutung kann sich auch bei Pfändung des Herausgabeanspruchs des Vollstreckungsschuldners gegen einen Dritten auswirken und konkurriert mit § 1006 BGB (BGH in NJW 1993, 935).

Muster 93 Gütergemeinschaft II

bart haben (§ 1414 BGB); ihre Vermögen sind nämlich dann rechtlich so getrennt wie die Vermögen Unverheirateter.

8   **1.6** Die **Gütergemeinschaft** und **fortgesetzte Gütergemeinschaft** sind in §§ 1415 ff. BGB geregelt. Ihr Wesen besteht darin, daß das Vermögen des Mannes und das Vermögen der Frau durch die Gütergemeinschaft gemeinschaftliches Vermögen beider Ehegatten (Gesamtgut) werden, soweit sie nicht Sondergut oder Vorbehaltsgut sind (§ 1416 BGB).

9   **Sondergut** sind diejenigen Gegenstände, die nicht durch Rechtsgeschäft übertragen werden können (§ 1417 BGB).

10 Das **Vorbehaltsgut** gehört jedem Ehegatten zu alleinigem Vermögen (§ 1418 BGB).

Besonderheiten gibt es nur bei dem **Gesamtgut:** Ein Ehegatte kann nämlich nach § 1419 Abs. 1 BGB nicht über seinen Anteil am Gesamtgut und an den einzelnen Gegenständen, die zum Gesamtgut gehören, verfügen; er ist auch nicht berechtigt, Teilung zu verlangen.

11 Während es also für die Belange der Zwangsvollstreckung keines Eingehens auf das Sondergut und das Vorbehaltsgut bedarf, müssen Vorschriften des materiellen Rechts über das Gesamtgut berücksichtigt werden:

12 Das Gesamtgut untersteht entweder der Verwaltung durch den Mann oder die Frau (darüber §§ 1422 bis 1449 BGB), oder es untersteht der gemeinschaftlichen Verwaltung durch beide Ehegatten (darüber §§ 1450 bis 1470 BGB). Falls im Ehevertrag vereinbart, wird die Gütergemeinschaft nach dem Tod eines Ehegatten zwischen dem überlebenden Ehegatten und den gemeinschaftlichen Abkömmlingen fortgesetzt (§ 1483 BGB), wenn der überlebende Ehegatte dies nicht in bestimmter Form und Frist ablehnt (§ 1484 BGB) oder alle Abkömmlinge in bestimmter Form verzichten (§ 1491 BGB). In der fortgesetzten Gütergemeinschaft hat der überlebende Ehegatte die rechtliche Stellung des Ehegatten, der das Gesamtgut allein verwaltet (§ 1487 BGB).

13 Nach den Vorschriften über die Verwaltung des Gesamtguts richtet sich materiellrechtlich, ob und inwieweit Rechtsgeschäfte eines Ehegatten die Haftung des Gesamtguts für die übernommenen Verpflichtungen auslösen. Damit muß sich jedermann, der mit einer verheirateten Person Rechtsgeschäfte abschließen will, auseinandersetzen. *Es ist zu raten, vor Abschluß des Rechtsgeschäfts das Güterrechtsregister einzusehen.* Wenn dieses im Zeitpunkt des Abschlusses des beabsichtigten Rechtsgeschäfts keinen Eintrag aufweist, kann er sich auf § 1412 BGB berufen.

2. Pfändung und Verwertung

14 Auch hier gelten §§ 1357, 1362 BGB und 739 ZPO.

15 **2.1** Gegenstände des **Sonderguts** sind unübertragbar und häufig unpfändbar (§§ 1417 Abs. 2 BGB, 851 ZPO); soweit sie trotz § 851 pfändbar sind, gelten für die Pfändung keine aus dem Güterrecht folgenden Besonderheiten.

In Gegenstände des **Vorbehaltsguts** (1418 BGB) wird gepfändet, als ob der Schuldner unverheiratet wäre. 16

2.2 Für die Pfändung in Gegenstände des **Gesamtguts** aber regeln die §§ 740 bis 745, **ob ein Titel gegen einen Ehegatten und gegen welchen von ihnen genügt, oder ob ein Titel gegen beide Ehegatten (bei fortgesetzter Gütergemeinschaft gegen den überlebenden Ehegatten und die Abkömmlinge) notwendig ist.** Daran muß der Gläubiger schon vor Prozeßbeginn denken, um den richtigen Titel zu erwirken. 17

2.3 Besonders zu behandeln ist der Fall, daß der Vollstreckungsgläubiger einen Titel gegen einen Ehegatten (oder die Abkömmlinge in der fortgesetzten Gütergemeinschaft) hat und **Ansprüche oder Rechte des Schuldners gegen seinen Ehegatten** (bei fortgesetzter Gütergemeinschaft Ansprüche gegen den überlebenden Elternteil oder die Abkömmlinge) pfänden will: 18

2.3.1 Solche Ansprüche können aus **Verletzung der gegenseitigen Pflichten** entstehen, welche die Gütergemeinschaft den Gemeinschaftern auferlegt (vgl. z. B. §§ 1435, 1463 BGB); sie sind wie andere Ansprüche gleicher Art (z. B. Schadensersatzansprüche) zu pfänden. Es gibt auch Ansprüche, die sich auf **Ausgleich zwischen den „Gütern"** richten. Sie werden mit diesen „Gütern" und wie diese gepfändet. Der Gläubiger wird von ihrer Existenz kaum anders erfahren als durch die Offenbarungsversicherung; die Verfasser haben auch in einer solchen noch nie über diese Ansprüche etwas gefunden. Zudem bestehen an der Pfändbarkeit Zweifel, weil die Ansprüche höchstpersönlich sein können. 19

2.3.2 Den Vollstreckungsgläubiger interessiert im wesentlichen, ob und wie er den **Anteil des Vollstreckungsschuldners am Gesamtgut** pfänden kann: Dieser Anteil ist nach §§ 1419, 1487 BGB unübertragbar, folglich nach § 851 unpfändbar. § 860 Abs. 1 bekräftigt dies für den Anteil am Gesamtgut und den Anteil an den Gegenständen des Gesamtguts. § 860 Abs. 2 macht aber eine Ausnahme für den Anteil am Gesamtgut als ganzem: **Nach der Beendigung der Gemeinschaft** ist der Anteil der Pfändung unterworfen. Dieser Anteil besteht aber nach der Beendigung der Gütergemeinschaft nur solange, bis seine Auseinandersetzung abgeschlossen ist. Nach Abschluß der Auseinandersetzung existiert der Anteil nicht mehr; dann können nur noch die dem Vollstreckungsschuldner bei der Auseinandersetzung zugefallenen Gegenstände aus dem früheren Gesamtgut beim Vollstreckungsschuldner gepfändet werden. 20

2.3.2.1 Die Gütergemeinschaft wird beendet durch den **Tod eines Ehegatten**, wenn nicht Fortsetzung der Gütergemeinschaft mit den Abkömmlingen vereinbart ist (§§ 1482, 1483 BGB). In diesem Fall gehört der Anteil des verstorbenen Ehegatten am Gesamtgut zu seinem Nachlaß; der verstorbene Ehegatte wird nach den allgemeinen Vorschriften beerbt. 21

In den **Nachlaß des verstorbenen Ehegatten** kann nur vollstreckt werden aus einem Titel gegen seine Erben, der auch durch Umschreibung eines Titels gegen den Verstorbenen auf die Erben entstehen kann (§ 727). Den zur Titelumschreibung nötigen Erbschein kann sich der Vollstreckungsgläubiger nach § 792 beschaffen. 22

23 Der **Anteil des länger lebenden Ehegatten** wird nach § 860 Abs. 2 gepfändet. Die Erben des verstorbenen Ehegatten sind **Drittschuldner.** Auf den Erbgang ist im Antrag hinzuweisen.

24 **2.3.2.2** Die Gütergemeinschaft wird weiter beendet durch **Ehevertrag,** durch den sie aufgehoben wird (§ 1408 BGB), durch **rechtskräftige Ehescheidung** (auch Eheaufhebung § 37 EheG), wie sich aus dem Wesen der ehelichen Gütergemeinschaft ergibt und in § 1478 BGB vorausgesetzt wird, und durch **rechtskräftiges Urteil auf Aufhebung** der Gütergemeinschaft (§§ 1447, 1448, 1449, 1469 und 1470 BGB).

25 Nach der Beendigung findet zwischen den bisherigen Gemeinschaftern die Auseinandersetzung statt, die in den §§ 1471 bis 1481 und 1497 bis 1505 BGB näher geregelt ist.

26 **2.3.2.3** Bei der **fortgesetzten Gütergemeinschaft** findet die Beendigung mit der Folge der Auseinandersetzung ferner statt bei **Aufhebung** durch den überlebenden Ehegatten (§ 1492 BGB), bei **Wiederverheiratung** des überlebenden Ehegatten (§ 1493 BGB), bei Tod des überlebenden Ehegatten (§ 1494 BGB). Die Beendigung tritt nicht ein bei Ablehnung durch den überlebenden Ehegatten (§ 1484 BGB; in diesem Falle ist die Bestimmung des § 1482 über die Eheauflösung durch Tod anzuwenden, vgl. § 1484 BGB).

27 Bei Tod eines Abkömmlings gehört sein Anteil nicht zu seinem Nachlaß (§ 1490 BGB).

28 **2.3.3** Voraussetzung für die Pfändbarkeit des Anteils am Gesamtgut ist nach § 860 Abs. 2, daß die Gütergemeinschaft beendet ist. Daher hat der Vollstreckungsgläubiger im Antrag auf Erlaß des Pfändungs- und Überweisungsbeschlusses (und hat das Vollstreckungsgericht in seinem Beschluß) diese Tatsache und zweckmäßigerweise auch den **Grund der Beendigung anzugeben,** also

- entweder: die Gütergemeinschaft ist durch den Tod des Ehegatten des Schuldners beendet,
- oder: Die Gütergemeinschaft ist durch die rechtskräftige Ehescheidung (die rechtskräftige Eheaufhebung) beendet,
- oder: die Gütergemeinschaft ist durch Ehevertrag zwischen dem Schuldner und seinem Ehegatten vom . . . beendet,
- oder: die fortgesetzte Gütergemeinschaft ist infolge Aufhebung durch den überlebenden Ehegatten beendet,
- oder: die fortgesetzte Gütergemeinschaft ist durch Wiederverheiratung des überlebenden Ehegatten beendet.

29 **2.3.4 Drittschuldner** ist bei der Gütergemeinschaft der andere Ehegatte; bei Auflösung durch seinen Tod sind es seine Erben. Bei der fortgesetzten Gütergemeinschaft sind alle an ihr Beteiligten außer dem Schuldner selbst Drittschuldner.

30 **2.3.5** Die **Verwertung** des gepfändeten Anteils kann nicht durch Überweisung an Zahlungs Statt oder Veräußerung nach §§ 844, 857 Abs. 5 geschehen, weil

§ 1419 Abs. 1 BGB weiterhin die Übertragung des Anteils verbietet. Die **Überweisung zur Einziehung** befugt den Vollstreckungsgläubiger, die Auseinandersetzung des Gesamtguts zu betreiben – auch nach §§ 99, 86 FGG – und das ihm daraus Zukommende (§§ 1476, 1477, 1478, 1479, 1498 bis 1507 BGB) zu verlangen. Kommt ihm dabei Geld deutscher Währung zu (z. B. nach § 1476 BGB), so ist seine Vollstreckungsforderung in Höhe des Zuflusses erloschen. Kommen ihm andere Sachen oder Rechte zu (z. B. nach § 1478 BGB), so wird er nicht Eigentümer der Sachen und Inhaber der Rechte, sondern muß diese nach §§ 814, 821 bis 825, 844 verwerten lassen; erst der Zufluß aus dem Erlös dieser Verwertung tilgt die Vollstreckungsforderung.

2.4 Sind **Grundstücke** im Gesamtgut, so kann der Vollstreckungsgläubiger zum Schutz gegen nachteilige Verfügungen die Pfändung im Grundbuch eintragen lassen. (Für eingetragene Schiffe gilt Entsprechendes.) Die Eintragung ist Grundbuchberichtigung nach § 894 BGB, zu der es nach § 22 Abs. 1 GBO nicht der Bewilligung bedarf, wenn die Unrichtigkeit nach § 29 Abs. 1 S. 2 GBO durch öffentliche Urkunden nachgewiesen wird; die Ausfertigung des Pfändungs- und Überweisungsbeschlusses ist eine solche.

3. Für die nach Art. 234 § 4 EGBGB als Wahlgüterstand weiter geltende **Eigentums- und Vermögensgemeinschaft des Familiengesetzbuchs der DDR** bestimmt § 744a die entsprechende Anwendung der §§ 740 bis 744, 774 und 860.

Muster 94

Haftentschädigungsanspruch aus Strafverfolgungsmaßnahmen

In ein Formblatt (vgl. „Hinweise" Ziff. 5) ist einzusetzen:

Wegen dieser Ansprüche sowie wegen der Kosten dieses Beschlusses und seiner Zustellung

wird der angebliche Anspruch des Schuldners

gegen ... (siehe Ziff. 2 der Erläuterungen) ... (Drittschuldner)

auf Zahlung einer Entschädigung*
– für unschuldig erlittene Untersuchungshaft
– für unschuldig erlittene Strafhaft
– für sonstigen Schaden aus ungerechtfertigter strafrechtlicher Verurteilung

gepfändet, der*
– durch Urteil des ... vom ... Az.: ... rechtskräftig festgestellt ist. Es wird angeordnet, daß der Schuldner dem Gläubiger die vollstreckbare Ausfertigung dieses Urteils herauszugeben hat.
– durch Bescheid des ... vom ... Az. ... bestandskräftig festgestellt ist.

Dem Drittschuldner wird verboten, an den Schuldner zu zahlen.

Dem Schuldner wird geboten, sich jeder Verfügung über den gepfändeten Anspruch, insbesondere der Einziehung, zu enthalten.

Zugleich wird der gepfändete Anspruch dem Gläubiger zur Einziehung überwiesen.

---
* Unter den folgenden Alternativen ist zu wählen.

──── Erläuterungen ────

1. Gesetz über die Entschädigung für Strafverfolgungsmaßnahmen

1   Entschädigung für Schaden infolge ungerechtfertigter strafgerichtlicher Verurteilung und für ungerechtfertigt erlittene Strafverfolgungsmaßnahmen wird nach Maßgabe des Gesetzes über die Entschädigung für Strafverfolgungsmaßnahmen (StrEG)[1] dem davon Betroffenen und im gewissen Umfang auch denjenigen Personen, denen durch die Verfolgungsmaßnahme gegen ihren Unterhaltsverpflichteten Unterhalt entgangen ist (§ 11 StrEG), nach näherer Bestimmung der §§ 1 bis 7 StrEG gewährt. Über die Verpflichtung zur Entschädigung entscheidet das Strafgericht, im Verfahren nach dem Gesetz über Ordnungswidrigkeiten die Verwaltungsbehörde (§§ 8, 9 StrEG; § 110 OWiG).

---
[1] Abgedruckt bei *Schönfelder* als Nr. 93.

Ist die Entschädigungspflicht rechtskräftig festgestellt und innerhalb einer 2
Ausschlußfrist geltend gemacht, so entscheidet die Landesjustizverwaltung
bzw. die Verwaltungsbehörde über die Höhe des Anspruchs (§ 10 StrEG).
Gegen deren Bescheid kann der Entschädigungsberechtigte die Zivilgerichte
anrufen (§ 13 Abs. 1 StrEG).

2. Pfändung und Verwertung

Der Entschädigungsanspruch ist bis zur rechtskräftigen Entscheidung über den 3
Antrag nicht übertragbar (§ 13 Abs. 2 StrEG), also **erst ab rechtskräftiger
Feststellung pfändbar** (§ 851); ein etwaiger Anspruch auf Vorschuß ist nicht
pfändbar[2]. Die rechtskräftige Feststellung ist daher im Antrag auf Erlaß des
Pfändungs- und Überweisungsbeschlusses vorzutragen, am besten so präzise
wie im Muster geschehen.

Drittschuldner ist dasjenige Bundesland, dessen Gericht nach §§ 8 oder 9 4
StrEG die Entschädigungspflicht ausgesprochen hat (§ 15 StrEG).

Weil der Vollstreckungsgläubiger dem Drittschuldner gegen Zahlung des Ent- 5
schädigungsbetrages die vollstreckbare Urteilsausfertigung zurückgeben muß,
hat ihm der Vollstreckungsschuldner diese herauszugeben (§ 836 Abs. 3).

Die gepfändete Forderung ist dem Vollstreckungsgläubiger zu überweisen. 6

---

2 OLG Hamm in NJW 1975, 2075.

Muster 95

Heimarbeitsvergütung I
Schuldner arbeitet laufend für den Drittschuldner

In ein Formblatt (vgl. „Hinweise" Ziff. 5) ist einzusetzen:

Wegen dieser Ansprüche sowie wegen der Kosten dieses Beschlusses und seiner Zustellung

wird die angebliche Forderung des Schuldners

gegen ... (Name und Adresse) ... (Drittschuldner)

auf Zahlung der gesamten, auch der erst künftig fällig werdenden Heimarbeitsvergütungen ohne Rücksicht auf deren Benennung oder Berechnungsart gepfändet.

Von der Pfändung ausgenommen sind die in den §§ 850a, 850b und 850e Nr. 1 ZPO genannten und der nach § 850c der unpfändbare Teil der Vergütung.

Dem Drittschuldner wird, soweit die Forderung gepfändet ist, verboten, an den Schuldner zu zahlen.

Dem Schuldner wird geboten, sich jeder Verfügung über die gepfändete Forderung, insbesondere ihrer Einziehung, zu enthalten.

Zugleich wird die gepfändete Forderung dem Gläubiger zur Einziehung überwiesen.

―――――――― Erläuterungen ――――――――

bei *Muster 96*

Muster 96

Heimarbeitsvergütung II
Schuldner arbeitet einmalig für den Drittschuldner

In ein Formblatt (vgl. „Hinweis" Ziff. 5) ist einzusetzen:

Wegen dieser Ansprüche sowie wegen der Kosten dieses Beschlusses und seiner Zustellung

wird die angebliche Forderung des Schuldners

gegen   . . . (Name und Adresse) . . .   (Drittschuldner)

auf Zahlung der gesamten Heimarbeitsvergütung ohne Rücksicht auf deren Benennung oder Berechnungsart, aus dem einmaligen Auftrag vom . . . gepfändet.

Dem Drittschuldner wird verboten, an den Schuldner zu zahlen.

Dem Schuldner wird geboten, sich jeder Verfügung über die gepfändete Forderung, insbesondere ihrer Einziehung, zu enthalten.

Zugleich wird die gepfändete Forderung dem Gläubiger zur Einziehung überwiesen.

―――― Erläuterungen ――――

1. Gesetzliche Regelung

Über die **Vergütung für Heimarbeit** wird die wesentliche Regelung im Heimarbeitsgesetz[1] getroffen. Über die Mindesthöhe dieser Vergütung gibt es in den meisten Fällen besondere tarifähnliche Bestimmungen. 1

2. Pfändung und Verwertung

Das Entgelt der Heimarbeiter oder der ihnen Gleichgestellten ist **wie Arbeitseinkommen** pfändbar (§§ 27 HAG, 850i Abs. 3 ZPO). 2

Diese Vergütung wird in der Regel nicht in gleichen Zeitabständen (Tagen, Wochen, Monaten) gezahlt, sondern jeweils bei **Lieferung der fertigen Heimarbeitserzeugnisse.** Das Entgelt ist deshalb auf den Zeitraum umzurechnen, der in § 850c bestimmt ist: Hat z. B. die Fertigstellung der Erzeugnisse 35 Tage gedauert und ist dafür ein Entgelt von 1500,– DM geschuldet, so ist dieses Entgelt nach Abzug der in § 850e genannten Beträge durch 35 zu dividieren und das Ergebnis mit der Zahl der normalen Arbeitstage des Monats zu multiplizieren. Das so ermittelte monatliche Entgelt ist dann im Rahmen des § 850c pfändbar. 3

―――

[1] HAG, abgedruckt bei *Nipperdey* I als Nr. 450.

Muster 96 Heimarbeitsvergütung II

4   Es ist zumindest zweifelhaft, ob die Heimarbeitsvergütung „fortlaufende Bezüge" im Sinn des § 832 darstellt. Deshalb empfiehlt es sich, wenn nicht die Vergütung aus einem einmaligen Auftrag nach *Muster 96* gepfändet wird, **künftige Vergütungen** ausdrücklich **mitzupfänden.**

5   Bezüglich des **Entgeltes** aus einem einmaligen Auftrag richtet sich der Pfändungsschutz nach § 850i Abs. 1: Dem Schuldner ist auf Antrag soviel zu belassen, wie er während eines angemessenen Zeitraums für seinen notwendigen Unterhalt und den Unterhalt seines Ehegatten, seines früheren Ehegatten, seiner unterhaltsberechtigten Verwandten oder der Mutter eines nichtehelichen Kindes bedarf.

Muster 97

Herausgabeanspruch

In ein Formblatt (vgl. „Hinweise" Ziff. 5) ist einzusetzen:

Wegen dieser Ansprüche sowie wegen der Kosten dieses Beschlusses und seiner Zustellung

wird der angebliche Anspruch des Schuldners

gegen ... (Name und Adresse) ... (Drittschuldner)

auf Herausgabe folgender Sachen: ... (genau bezeichnen) ... aus ... (Rechtsgrund angeben, z. B. Leihvertrag vom ..., Eigentum) ... gepfändet.

Dem Drittschuldner wird verboten, an den Schuldner zu leisten.

Dem Schuldner wird geboten, sich jeder Verfügung über den gepfändeten Anspruch, insbesondere seiner Einziehung, zu enthalten.

Es wird angeordnet, daß der Schuldner diese Sachen an einen vom Gläubiger zu beauftragenden Gerichtsvollzieher zur Verwertung herauszugeben hat.

Zugleich wird der gepfändete Anspruch dem Gläubiger zur Einziehung überwiesen.

──────── Vorbemerkung ────────

Hier sind nur Ansprüche auf Herausgabe **beweglicher Sachen behandelt**; für den Fall, daß die Sache **hinterlegt** ist, vgl. *Muster 98*. Die Ansprüche auf Leistung einer beweglichen Sache aufgrund **Kaufvertrags** oder **Vermächtnisses** sind in den *Mustern 106, 184 und 185* behandelt.

Wegen des Anspruchs auf Herausgabe eines **Grundstücks** vgl. §§ 846 und 848, wegen des Anspruchs auf Herausgabe eines **eingetragenen Schiffs** vgl. § 847a.

──────── Erläuterungen ────────

1. Herausgabeansprüche

Ansprüche auf Herausgabe **von Sachen** können aus ganz verschiedenen Rechtsgründen entstehen, sie können dinglich sein – wie der Anspruch des Eigentümers gegen den Besitzer (§ 985 BGB) oder der Anspruch des Besitzers auf Wiedereinräumung des Besitzes (§ 861 BGB) – oder obligatorisch – wie der Anspruch des Vermieters gegen den Mieter nach Ablauf der Mietzeit (§ 556 BGB).

1

Muster 97 Herausgabeanspruch

2. Pfändung und Verwertung

2 Dingliche und obligatorische Ansprüche auf Herausgabe beweglicher Sachen werden nach § 846 gepfändet und nach §§ 847, 849 verwertet.

3 **2.1** Danach erfolgt die **Pfändung** nach §§ 829 bis 845 mit der Maßgabe, daß zusätzlich die Herausgabe der Sache an den Gerichtsvollzieher anzuordnen ist. Dabei muß die herauszugebende Sache genau bezeichnet werden, damit der Herausgabeanspruch genügend individualisiert ist[1].

4 **2.2 Verwertet** wird der gepfändete Anspruch letztlich, indem der Gerichtsvollzieher die an ihn herausgegebene Sache nach den Bestimmungen über die Verwertung gepfändeter Sachen zu Geld macht und den Nettoerlös an den Vollstreckungsgläubiger abführt.

5 Nach verbreiteter Meinung soll der **Überweisung** keine wesentliche Bedeutung zukommen, weil die Befugnis des Vollstreckungsgläubigers zur – auch klageweisen – Geltendmachung des Herausgabeanspruchs gegen den Drittschuldner schon durch die Anordnung, daß die Sache an den Gerichtsvollzieher herauszugeben ist, entstanden sei[2]. Dennoch wird der Vollstreckungsgläubiger stets die Überweisung zur Einziehung – nicht an Zahlungs Statt (§ 849) – beantragen, nicht nur, weil die Frage streitig ist, sondern auch, weil die Auskunftspflicht des Vollstreckungsschuldners nach § 836 Abs. 3 von der Überweisung abhängt.

6 **2.3 Ist die herauszugebende Sache unpfändbar** (§ 811), so ist auch der auf ihre Herausgabe gerichtete Anspruch unpfändbar[3]. Wegen der Unpfändbarkeit von **Tieren** vgl. §§ 811 Nr. 3 und 4, 811c, 875a Abs. 1 Satz 2: Insbesondere Haustiere sind in vielen Fällen unpfändbar; soweit Tiere pfändbar sind, sind die Bestimmungen über die Sachpfändung anzuwenden.

7 Sachen, die **wesentliche Bestandteile** einer anderen Sache oder **Grundstücksinventar** sind (§§ 93, 94, 98 BGB), können nicht selbständig Gegenstand eines Herausgabeanspruchs oder einer Pfändung sein. Sie teilen vielmehr das Schicksal der Hauptsache.

8 **2.4 Gibt der Drittschuldner die Sache nicht freiwillig an den Gerichtsvollzieher heraus,** so ist dieser nicht etwa zur Wegnahme befugt, weil es an einem Titel gegen den Drittschuldner fehlt. Diesen Titel muß sich der Vollstreckungsgläubiger erst durch Klage gegen den Drittschuldner beschaffen. Mit der freiwilligen oder durch Klage erzwungenen Herausgabe der Sache an den Gerichtsvollzieher hat dann der Drittschuldner nicht nur seiner Verpflichtung aus dem Pfändungsbeschluß genügt, sondern auch den Herausgabeanspruch des Vollstreckungsschuldners getilgt.

9 Bei **mehrfacher Pfändung des Herausgabeanspruchs** ist nach §§ 854, 856 zu verfahren.

---

1 Z. B. *Stöber*, Rn. 2016.
2 So *Stöber*, Rn. 2026 m. w. N., anders aber bei *Zöller*, § 847 Rn. 7.
3 Das folgt schon aus mangelndem Rechtsschutzbedürfnis, weil die Sache nicht verwertet werden dürfte.

2.5 Bei der Pfändung des Herausgabeanspruchs eines **Ehegatten gegen einen Dritten** ist die Eigentumsvermutung des § 1362 Abs. 1 BGB in gleicher Weise anzuwenden, wie wenn einer der Ehegatten oder beide von ihnen im Zeitpunkt der Pfändung noch Besitz an der Sache gehabt hätten[4].

10

---

[4] BGH in NJW 1993, 935, auch zur Konkurrenz zwischen § 1362 BGB und § 1006 BGB.

Muster 98

Hinterlegung

In ein Formblatt (vgl. „Hinweise" Ziff. 5) ist einzusetzen:

Wegen dieser Ansprüche sowie wegen der Kosten dieses Beschlusses und seiner Zustellung

wird die angebliche Forderung des Schuldners gegen* ... (Drittschuldner) auf**
– *Auszahlung der (auch) zugunsten des Schuldners unter Az.: ... in Sachen ... hinterlegten Geldbeträge und auf Herausgabe anderer hinterlegter Sachen, auch bezüglich derjenigen Beträge und Sachen, die erst künftig hinterlegt werden,*
– *Herausgabe der vom Schuldner unter Az.: ... in Sachen ... hinterlegten oder künftig hinterlegt werdenden Geldbeträge und sonstiger Sachen, nachdem der Schuldner das Rücknahmerecht geltend gemacht hat,*

gepfändet.

Die hinterlegten Sachen (nicht Beträge) sind zum Zweck der Verwertung an einen vom Gläubiger zu beauftragenden Gerichtsvollzieher herauszugeben.

Dem Drittschuldner wird verboten, an den Schuldner zu leisten.

Dem Schuldner wird geboten, sich jeder Verfügung über die gepfändete Forderung, insbesondere ihrer Einziehung, zu enthalten.

Zugleich wird die gepfändete Forderung dem Gläubiger zur Einziehung überwiesen.

---

* S. Rn. 6 der Erläuterungen.
** Unter den folgenden Alternativen ist zu wählen.

── **Erläuterungen** ──

1. Die Hinterlegung

1 Aus verschiedenen Gründen, z. B. wegen Schwierigkeiten bei der Erfüllung einer Forderung (vgl. §§ 372 ff. BGB), zur Sicherheitsleistung oder aufgrund einer Parteivereinbarung, können Geld, Wertpapiere, sonstige Urkunden und Kostbarkeiten bei der Hinterlegungsstelle des Amtsgerichts nach näherer Bestimmung der Hinterlegungsordnung hinterlegt werden. Geschieht die Hinterlegung gem. §§ 372 ff. BGB, so hat der Hinterleger das Recht, die hinterlegten Sachen zurückzunehmen (§ 376 Abs. 1 BGB), wenn nicht einer der in § 376 Abs. 2 BGB aufgeführten Fälle vorliegt.

2 **Hinterleger** ist nicht etwa der, aus dessen Mitteln das Hinterlegungsgut stammt, auch nicht der, der gemäß den Vorschriften des materiellen Rechts

einen Anspruch hat, sondern der, der gegenüber der Hinterlegungsstelle als Hinterleger aufgetreten, also im Antrag als Hinterleger bezeichnet ist, ohne daß eine etwaige Vertretereigenschaft kenntlich gemacht worden ist[1].

2. Pfändung und Verwertung

2.1 Bei der Hinterlegung nach §§ 372 ff. BGB ist **das Recht des Hinterlegers zur Rücknahme** der hinterlegten Sache der Pfändung nicht unterworfen (§ 377 Abs. 1 BGB). Die Bestimmung trifft aber nur die Befugnis des Hinterlegers, gem. § 376 Abs. 1 BGB auf das Hinterlegungsrechtsverhältnis einzuwirken; durch das Pfändungsverbot soll ein Eingriff in den mit der Hinterlegung begonnenen Vorgang der Befriedigung des Gläubigers durch Zwangsvollstreckungsmaßnahmen Dritter vermieden werden. Hat der Hinterleger aber durch Erklärung gegenüber der Hinterlegungsstelle sein Rücknahmerecht wirksam ausgeübt, so ist dadurch entstandener Herausgabeanspruch pfändbar. Auch ergreift § 377 Abs. 1 BGB nicht Ansprüche des Hinterlegers auf Ausfolgung des Hinterlegungsobjekts, die ihm – z. B. bei fehlender Hinterlegungsvoraussetzungen – ohne Geltendmachung des Rücknahmerechtes zustehen (allg. Meinung). 3

2.2 In zahlreichen Fällen steht der Anspruch auf Ausfolgung des Hinterlegungsgutes nicht dem Hinterleger sondern dem (einem der) von ihm benannten Begünstigten zu. Der **Anspruch eines Begünstigten** ist als gewöhnliche Forderung pfändbar. 4

2.3 Pfändung und Überweisung geschehen nach §§ 829, 835. Durch die Pfändung und Überweisung erlangt der Vollstreckungsgläubiger die Befugnis, die Rechte des an der Hinterlegung beteiligten Vollstreckungsschuldners (bis auf die Befugnis, die Rücknahme zu verlangen) an dessen Stelle auszuüben und die Herausgabe des Hinterlegungsguts an sich zu verlangen. 5

2.4 Drittschuldner ist das Bundesland, bei dessen Amtsgericht die Hinterlegungsstelle eingerichtet ist; denn die Hinterlegungsstelle selbst ist keine Rechtsperson, kann also nicht Drittschuldnerin sein. Dem Landesrecht obliegt die Bestimmung darüber, wer der gesetzliche Vertreter des Drittschuldners ist. 6

2.5 Bei **wiederkehrenden Hinterlegungen** (z. B. von Mietzinszahlungen), ist es zweckmäßig, in den Antrag auch künftig zu hinterlegende Beträge aufzunehmen, damit auch diese von der Pfändung erfaßt werden. 7

Das festzustellen, kann im Einzelfall schwierig werden: Der Freistaat Bayern z. B. wird bei Hinterlegung von Geld durch den Leiter der Landesjustizkasse Bamberg (Schranne 2, 96049 Bamberg), bei Hinterlegung anderer Sachen durch die Hinterlegungsstelle vertreten (§ 5 Abs. 1 lit. b bzw. § 6 Abs. 1 Nr. 1 VertrVO, abgedruckt bei Ziegler-Tremel als Nr. 880).

Beachte: Bei **wiederkehrenden Hinterlegungen** (z. B. von Mietzinszahlungen) ist in den Antrag auf Erlaß des Pfändungs- und Überweisungsbeschlusses ausdrücklich aufzunehmen, daß auch künftig zu hinterlegende Geldbeträge gepfändet sind; sonst werden sie von der Pfändung nicht erfaßt. 8

---
1 OLG Frankfurt in NJW-RR 1988, 1408.

Muster 99

Höchstbetragshypothek I
Forderung und Hypothek

In ein Formblatt (vgl. „Hinweise" Ziff. 5) ist einzusetzen:

Wegen dieser Ansprüche sowie wegen der Kosten dieses Beschlusses, seiner Zustellung und der Eintragung im Grundbuch

wird die angebliche Forderung des Schuldners

gegen . . . (Name und Adresse des persönlichen Schuldners der gepfändeten Forderung) . . .   (Drittschuldner)

aus dem . . .-Vertrag . . . vom . . . auf Zahlung von . . . DM nebst . . . Zinsen seit dem . . . zusammen mit der angeblich zur Sicherung dieser Forderung im Grundbuch des Amtsgerichts . . . Gem. . . . Band . . . Blatt . . . in Abt. III unter lfd. Nr. . . . auf dem Grundstück . . . Fl.Nr. . . . des . . . (Grundstückseigentümers) . . . eingetragenen Höchstbetragshypothek

gepfändet.

Dem Drittschuldner wird verboten, an den Schuldner zu zahlen.

Dem Schuldner wird geboten, sich jeder Verfügung über die Forderung und die Hypothek, insbesondere ihrer Einziehung, zu enthalten.

Zugleich wird die gepfändete Forderung samt Höchstbetragshypothek dem Gläubiger zur Einziehung überwiesen.

Pfändung und Überweisung werden wirksam mit Eintragung der Pfändung im Grundbuch.

Vorbemerkung

Grundsätzliches über die Pfändung von Grundpfandrechten ist in den Erläuterungen bei *Muster 46* dargelegt. Deren Kenntnis wird hier vorausgesetzt.

Erläuterungen

bei *Muster 102*

Muster 100

Höchstbetragshypothek II
Antrag auf Eintragung der Pfändung nach Muster 99 im Grundbuch

An das Amtsgericht – Grundbuchamt –
....

Grundbuch vom ... Gem. ... Band ... Blatt ...

In der Zwangsvollstreckungssache
....   (Gläubiger)

gegen

....   (Schuldner)

überreiche ich Ausfertigung des Pfändungs- und Überweisungsbeschlusses des Amtsgerichts ... vom ... Az. ... nebst Zustellungsnachweis

und

beantrage

als der im Pfändungsbeschluß legitimierte Vertreter des Vollstreckungsgläubigers die Eintragung der Pfändung und, soweit notwendig, die Voreintragung des Vollstreckungsschuldners (§§ 39, 14 GBO) im Grundbuch.

(Unterschrift)

--- Erläuterungen ---

bei *Muster 102*

Muster 101

Höchstbetragshypothek III
Forderung ohne Hypothek

In ein Formblatt (vgl. „Hinweise" Ziff. 5) ist einzusetzen:

Wegen dieser Ansprüche sowie wegen der Kosten dieses Beschlusses und seiner Zustellung

wird die angebliche Forderung des Schuldners

gegen   . . . (Name und Adresse) . . .   (Drittschuldner)

aus dem . . . -Vertrag . . . vom . . . auf Zahlung von . . . DM nebst . . . % Zinsen seit dem . . .

gepfändet.

Die Forderung wird gepfändet ohne die zu ihrer Sicherung im Grundbuch des Amtsgerichts . . . Gem. . . . Band . . . Blatt . . . in Abt. III unter lfd. Nr. . . . auf dem Grundstück . . . Fl.St. . . . des . . . (Grundstückseigentümers) . . . eingetragene Höchstbetragshypothek in Höhe von . . . DM.

Dem Drittschuldner wird verboten, an den Schuldner zu zahlen.

Dem Schuldner wird geboten, sich jeder Verfügung über die Forderung, insbesondere ihrer Einziehung, zu enthalten.

Zugleich wird die gepfändete Forderung dem Gläubiger an Zahlungs Statt überwiesen.

― **Erläuterungen** ―

bei *Muster 102*

Muster 102

Höchstbetragshypothek IV
Aus einer Höchstbetragshypothek entstandene Eigentümergrundschuld

In ein Formblatt (vgl. „Hinweise" Ziff. 5) ist einzusetzen:

Wegen dieser Ansprüche sowie wegen der Kosten dieses Beschlusses, seiner Zustellung und der Eintragung im Grundbuch

werden die angebliche Eigentümergrundschuld des Schuldners, die aus der im Grundbuch des Amtsgerichts ... Gem. ... Band ... Blatt ... in Abt. III unter lfd. Nr. ... auf seinem Grundstück Fl.Nr. ... eingetragenen Höchstbetragshypothek zu ... DM entstanden ist,

und der Anspruch auf Grundbuchberichtigung

gepfändet.

Dem Schuldner wird geboten, sich jeder Verfügung über die gepfändete Eigentümergrundschuld – insbesondere der Aufhebung durch Rechtsgeschäft und der Übertragung – und über den gepfändeten Berichtigungsanspruch, zu enthalten.

Zugleich werden die gepfändete Eigentümergrundschuld und der gepfändete Berichtigungsanspruch dem Gläubiger zur Einziehung überwiesen.

Pfändung und Überweisung des Anspruchs auf Grundbuchberichtigung werden mit Zustellung dieses Beschlusses an den Schuldner wirksam. Pfändung und Überweisung der Eigentümergrundschuld werden mit Eintragung der Pfändung im Grundbuch wirksam.

— Erläuterungen —

1. Wesen der Höchstbetragshypothek

Die „normale" Hypothek ist für die Sicherung von Forderungen, deren Höhe wechselt, insbesondere für die Sicherung von Forderungen aus laufender Geschäftsverbindung und Kontokorrent, schlecht geeignet; denn sie ist auf eine ihrem Betrag nach feststehende Forderung zugeschnitten. Für die **Sicherung solcher Forderungen, deren Höhe wechselt,** eignet sich die Höchstbetragshypothek[1] (§ 1190 BGB) besser. Sie ist eine Sicherungshypothek und begrenzt die Haftung des Grundstücks für die Forderung nach oben. Die Erteilung des Hypothekenbriefes ist ausgeschlossen, ohne daß dies im Grundbuch vermerkt werden müßte (§§ 1190 Abs. 3, 1185 Abs. 1 BGB).

1

---

1 Auch Maximal-, Kontokorrent- oder Kautionshypothek genannt.

Muster 102 Höchstbetragshypothek IV

2. Pfändung und Verwertung

2   2.1 Die Höchstbetragshypothek kann übertragen und verpfändet werden, jedoch nicht ohne die zugehörige Forderung. Wohl aber kann die zugehörige Forderung ohne die Höchstbetragshypothek nach den für die Übertragung gewöhnlicher Geldforderungen geltenden Vorschriften (§§ 398 ff. BGB, also nicht nach § 1154 BGB) übertragen werden (§ 1190 Abs. 3 BGB).

3   **2.2 Die Forderung kann auch ohne die Höchstbetragshypothek gepfändet werden,** jedoch nur, wenn der Vollstreckungsgläubiger die Überweisung der Forderung ohne die Hypothek an Zahlungs Statt beantragt (§ 837 Abs. 3). Damit geht die Forderung in Höhe der Pfändung auf den Vollstreckungsgläubiger über und wird von der Hypothek getrennt; die Höchstbetragshypothek wird daher in dieser Höhe zur Eigentümergrundschuld.

4   Die Pfändung der Forderung ohne die Höchstbetragshypothek geschieht nach §§ 829, 835, wird also ohne Grundbucheintragung und mit Zustellung an den Drittschuldner wirksam; die Pfändung ist auch nicht eintragungsfähig. Die Trennung von Forderung und Höchstbetragshypothek soll der Klarheit wegen im Pfändungs- und Überweisungsbeschluß zum Ausdruck kommen.

5   2.3 Die **Forderung mit der Höchstbetragshypothek** wird wie eine „normale" Buchhypothek gepfändet und verwertet (vgl. die Erläuterungen zu *Muster 52*).

6   Vor der Feststellung der Forderung durch Vertrag oder Urteil ist die Höchstbetragshypothek in ihrem durch eine Forderung jeweils nicht ausgefüllten Teil eine **Eigentümergrundschuld,** die durch das Entstehen der Forderung auflösend bedingt ist[2]. Das Verhältnis zwischen Hypothek und Eigentümergrundschuld ändert sich mit jedem Wechsel in der Höhe der gesicherten Forderung.

7   Daher wird es sich oft empfehlen, die Forderung ohne die Hypothek zu pfänden (oben Rn. 2) und die Überweisung an Zahlungs Statt in Kauf zu nehmen, weil die Pfändung mit der Zustellung des Beschlusses an den Drittschuldner wirksam wird, also oft einen günstigeren Rang erhält.

8   **2.4 Drittschuldner** ist der persönliche Schuldner der Forderung.

9   **2.5 Bei dem Grundstückseigentümer als Vollstreckungsschuldner** kann die aus der Höchstbetragshypothek entstandene Eigentümergrundschuld nach §§ 830 Abs. 1, 857 Abs. 6 gepfändet werden, aber auch nicht wirksam werden, solange der Stand der gesicherten Forderung nicht feststeht; denn erst diese Feststellung ermöglicht es, das Verhältnis zwischen der (restlichen) Höchstbetragshypothek und der Eigentümergrundschuld zu bestimmen. Erst wenn diese Feststellung getroffen und in der Form des § 29 GBO dargetan werden kann, kann auf Grund des **mitzupfändenden Grundbuchberichtigungsanspruchs** die **Eigentümergrundschuld** und deren Pfändung eingetragen werden. **Erst mit dieser Eintragung wird die Pfändung der Eigentümergrundschuld wirksam.**

10   3. Auch die **Arresthypothek** ist Höchstbetragshypothek und als solche einzutragen (§ 932 Abs. 1). Sie ist eine besondere Art der Zwangshypothek und stellt

---

2 RGZ 120, 110; 125, 136. *Palandt*, § 1190 Rn. 10.

nur eine vorläufige Sicherung dar, die sich durch Aufhebung des Arrestes zum Eigentümerrecht umwandeln würde. Als Sicherungs-Höchstbetragshypothek ist die Arresthypothek eine durch die Feststellung der Höhe der gesicherten Forderung bedingte Hypothek, die im Zwangsversteigerungsverfahren nach §§ 14, 119, 120 ZVG zu behandeln ist. Die Feststellung der Höhe geschieht im Streitfall durch ein Urteil, das die Forderung nach Grund und Höhe bestimmt. Die Arresthypothek wird nur auf Antrag im Grundbuch eingetragen (§ 867 Abs. 1), der nicht der öffentlichen Beurkundung oder Beglaubigung bedarf; § 29 GBO ist nicht anzuwenden. Als Vollmacht für die Eintragung genügt die Prozeßvollmacht. Der Eintragungsantrag muß wegen der für den Arrest geltenden Vollzugsfrist innerhalb eines Monats beim Grundbuchamt eingehen (§§ 929 Abs. 2, 932 Abs. 3); der Eingang beim Grundbuchamt wahrt die Frist. Der Eintragungsantrag kann schon vor Zustellung des Arrestbeschlusses an den Schuldner gestellt werden, aber die Zustellung muß binnen einer Woche nach Eingang des Antrags beim Grundbuchamt (§ 13 Abs. 1 GBO) geschehen (§ 929 Abs. 3). Erst mit der Eintragung entsteht die Arresthypothek.

Der Inhaber der Arresthypothek kann in von einem anderen Gläubiger betriebenen Zwangsversteigerungsverfahren Anspruch anmelden. Selbst betreiben kann er ein solches Verfahren nur, wenn er sich einen dinglichen Titel beschafft hat und diesen dem Versteigerungsgericht vorlegt (§§ 1147 BGB, 750 ZPO).

Muster 103

Jagdrecht I
Jagdpachtrecht

In ein Formblatt (vgl. „Hinweise" Ziff. 5) ist einzusetzen:

Wegen dieser Ansprüche sowie wegen der Kosten dieses Beschlusses und seiner Zustellung

wird das angebliche Jagdrecht des Schuldners bezüglich des Reviers ..., das der Schuldner durch Jagdpachtvertrag vom ... mit ...

... (Name und Adresse des Verpächters) ...   (Drittschuldner)

erworben hat und bei dem ihm die Unterverpachtung gestattet ist,

gepfändet.

Dem Drittschuldner wird verboten, an den Schuldner zu leisten.

Dem Schuldner wird geboten, sich jede Verfügung über das gepfändete Recht, insbesondere der Jagdausübung, zu enthalten.

Dem Gläubiger wird gestattet, das gepfändete Pachtrecht an einen Dritten, der im Besitze eines Jagdscheins ist, unterzuverpachten. Die Pachtzinsen stehen solange dem Gläubiger zu, bis seine Vollstreckungsforderung befriedigt sein wird.

—— **Erläuterungen** ——

bei *Muster 104*

Muster 104

Jagdrecht II
Nutzungsrecht der Genossenschaft

In ein Formblatt (vgl. „Hinweise" Ziff. 5) ist einzusetzen:

Wegen dieser Ansprüche sowie wegen der Kosten dieses Beschlusses und seiner Zustellung

wird das Recht der Schuldnerin, die Jagd im Revier ... zu nutzen

gepfändet.

Dem Gläubiger wird gestattet, das gepfändete Recht an einen Dritten, der im Besitz eines Jagdscheins ist, unterzuverpachten. Die Pachtzinsen stehen solange dem Gläubiger zu, bis seine Vollstreckungsforderung befriedigt sein wird.

────────── Erläuterungen ──────────

1. Wesen des Jagdrechts

Das Jagdrecht steht dem Eigentümer auf seinem Grund und Boden zu; es ist untrennbar mit dem Eigentum am Grund und Boden verbunden und kann als selbständiges dingliches Recht nicht begründet werden. Ausgeübt werden darf das Jagdrecht nur in sogenannten Jagdbezirken (§ 3 des Bundesjagdgesetzes[1]). Es gibt **Eigenjagdbezirke**, nämlich zusammenhängende Grundflächen von bestimmter Größe, die im Eigentum ein und derselben Person oder einer Personengemeinschaft stehen (§§ 4, 7 BJagdG), und **gemeinschaftliche Jagdbezirke**, nämlich alle Grundflächen einer Gemeinde oder abgesonderten Gemarkung, die nicht zu einem Eigenjagdbezirk gehören und im Zusammenhang eine bestimmte Mindestgröße haben (§§ 4, 8 BJagdG).   1

Im Eigenjagdbezirk übt der Eigentümer die Jagd aus, im gemeinschaftlichen Jagdbezirk übt die Jagdgenossenschaft – gebildet aus den Eigentümern der Grundflächen, die zu dem gemeinschaftlichen Jagdbezirk gehören – die Jagd aus (§ 9 BJagdG). Die Genossenschaft ist nicht Inhaberin des Jagdrechts, sondern „nutzt die Jagd", sei es, indem sie diese durch Genossen oder andere angestellte Jäger ausüben läßt oder daß sie das Jagdrecht verpachtet; sie kann es auch ruhen lassen (§ 10 BJagdG).   2

2. Pfändung und Verwertung

2.1 Das **Jagdrecht selbst** als wesentlicher Bestandteil des Grundstücks kann nicht selbständig gepfändet werden, sondern wird von der Zwangsvollstreckung in das Grundstück umfaßt (§ 870).   3

---
1 BGBl. I 1976, 2849.

4 2.2 Ob das **Jagdpachtrecht** pfändbar ist, hängt davon ab, ob zwischen dem Verpächter und dem Pächter (Drittschuldner und Vollstreckungsschuldner) vereinbart ist, daß der Pächter die Ausübung des Rechts einem Dritten überlassen darf (§ 857 Abs. 3)[2].

5 **Drittschuldner** ist der Verpächter.

6 2.3 Das **Nutzungsrecht der Genossenschaft** kann einem anderen durch Verpachtung überlassen werden und ist daher pfändbar.

7 Hier gibt es keinen **Drittschuldner.**

8 2.4 Die **Verwertung** sowohl des Jagdpachtrechts als auch des Nutzungsrechts kann nicht durch Überweisung erfolgen, weil das Jagdpachtrecht als höchst persönliches Recht und das Nutzungsrecht der Genossenschaft unveräußerliche Rechte sind. Weil deren Ausübung einem anderen überlassen werden kann (§§ 10 und 11 BJagdG), kann das Vollstreckungsgericht im Pfändungsbeschluß die Verwaltung der Jagd durch einen Jagdberechtigten anordnen, einen solchen als Verwalter bestellen und zugleich bestimmen, daß der Reinerlös dem Vollstreckungsgläubiger zufließt; es kann auch dem Vollstreckungsgläubiger die Unterverpachtung gestatten und ihm bis zur Tilgung der Vollstreckungsforderung deren Erlös zuteilen (§ 857 Abs. 4).

9 Eine Verpachtung muß für mindestens 9 Jahre erfolgen (§ 11 Abs. 4 BJagdG); das gilt auch für eine Unterverpachtung. In den Mustern ist die Verwertung durch Unterverpachtung vorgeschlagen.

---

2 *Stein/Jonas*, § 857 Rn. 29; *Baumbach/Lauterbach/Albers/Hartmann*, § 864 Rn. 4; *Stöber*, Rn. 1645.

Muster 105

Kaufvertrag I
Kaufpreisforderung aus Grundstückskaufvertrag

In ein Formblatt (vgl. „Hinweise" Ziff. 5) ist einzusetzen:

Wegen dieser Ansprüche sowie wegen der Kosten dieses Beschlusses und seiner Zustellung

werden die angeblichen Forderungen des Schuldners

gegen ... (Name und Adresse des Käufers) ...   *(Drittschuldner zu 1)*

auf Zahlung des (Rest-)Kaufpreises aus dem Kaufvertrag ... (möglichst genau bezeichnen) ...

und gegen den Notar ... (Name und Adresse) ...   *(Drittschuldner zu 2)*

auf Herausgabe des zugunsten des Schuldners hinterlegten oder treuhänderisch gehaltenen Kaufpreises

gepfändet.

Den Drittschuldnern wird verboten, an den Schuldner zu leisten.

Dem Schuldner wird geboten, sich jeder Verfügung über die gepfändeten Forderungen, insbesondere ihrer Einziehung, zu enthalten.

Zugleich werden die gepfändeten Forderungen dem Gläubiger zur Einziehung überwiesen.

—— **Erläuterungen** ——

bei *Muster 107*

Muster 106

Kaufvertrag II
Erfüllungsanspruch des Käufers einer beweglichen Sache

(Es besteht kein Eigentumsvorbehalt*)

In ein Formblatt (vgl. „Hinweise" Ziff. 5) ist einzusetzen:

Wegen dieser Ansprüche sowie wegen der Kosten dieses Beschlusses und seiner Zustellung

wird der angebliche Anspruch des Schuldners

gegen ... (Name und Adresse) ... (Drittschuldner)

aus dem Kaufvertrag vom ...

auf Übergabe und Übereignung folgender Sachen: ... (Sachen genau beschreiben) ...

gepfändet.

Dem Drittschuldner wird verboten, an den Schuldner zu leisten.

Dem Schuldner wird geboten, sich jeder Verfügung über den gepfändeten Anspruch, insbesondere seiner Einziehung, zu enthalten.

Es wird angeordnet, daß der Drittschuldner die genannten Sachen an einen vom Gläubiger zu beauftragenden Gerichtsvollzieher zur Verwertung herauszugeben hat.

Zugleich wird der gepfändete Anspruch dem Gläubiger zur Einziehung überwiesen.

---
* Bei Eigentumsvorbehalt ist nach *Muster 17* zu verfahren.

——— Erläuterungen ———

bei *Muster 107*

Muster 107

Kaufvertrag III
Erfüllungsanspruch des Käufers eines Rechts, hier einer Geldforderung

In ein Formblatt (vgl. „Hinweise" Ziff. 5) ist einzusetzen:

Wegen dieser Ansprüche sowie wegen der Kosten dieses Beschlusses und seiner Zustellung

werden der angebliche Anspruch des Schuldners

gegen ... (Name und Adresse) ... (Drittschuldner zu 1),

aus Kaufvertrag vom ..., gerichtet auf Abtretung der dem Schuldner gegen ... (Name und Adresse) ..., zustehenden Forderung auf ... (die verkaufte Forderung ist eindeutig nach Art der Leistung und Schuldgrund zu bezeichnen, z. B.: Rückzahlung eines am ... gewährten Darlehens zu ... DM)

und die dem Vollstreckungsschuldner nach Abtretung durch den Drittschuldner zu 1)

gegen ... (Name und Adresse des Schuldners der abzutretenden Forderung) ... (Drittschuldner zu 2),

zustehende obengenannte Forderung

gepfändet.

Den Drittschuldnern wird verboten, an den Schuldner zu leisten.

Dem Schuldner wird geboten, sich jeder Verfügung über den Anspruch und die Forderung, insbesondere deren Einziehung, zu enthalten.

Zugleich werden der gepfändete Anspruch und die gepfändete Forderung dem Gläubiger zur Einziehung überwiesen.

——————— Erläuterungen ———————

1. Der Kaufvertrag

Aufgrund des Kaufvertrages kann der Verkäufer vom Käufer den **Kaufpreis** verlangen. Der Käufer einer Sache kann vom Verkäufer deren **Übereignung**, der Käufer eines Rechts aber die formgerechte **Verschaffung des gekauften Rechts** verlangen. Die Ansprüche der Kaufvertragsparteien sind im Grundsatz übertragbar.   1

2. Pfändung und Verwertung

2.1 Der **Anspruch auf den Kaufpreis** ist als gewöhnliche Forderung pfändbar, jedoch genießt der Landwirt bezüglich seiner Kaufpreisforderungen für landwirtschaftliche Erzeugnisse einen beschränkten Pfändungsschutz nach § 851a.   2

3 Bei **Verkauf unbeweglicher Sachen** ist die Abwicklung der Kaufpreiszahlung häufig kompliziert:

4 **2.1.1** Ist gemäß dem Inhalt des notariellen Vertrags der **Kaufpreis beim Notar hinterlegt,** so stellt sich die Frage, ob durch diese Hinterlegung die Kaufpreisschuld etwa schon getilgt ist und ihre Pfändung daher ins Leere ginge. Der BGH hat entschieden, daß mangels anderweitiger Vereinbarung in der Hinterlegung noch nicht die Erfüllung liegt; § 378 BGB ist nicht anwendbar[1]. Folglich ist der Anspruch des Käufers auf Zahlung des Kaufpreises trotz Hinterlegung des Kaufpreises beim Notar zu pfänden; **Drittschuldner** bleibt der Käufer. Die Unterrichtung des Notars von der Pfändung unter Vorlage eines beglaubigten Pfändungs- und Überweisungsbeschlusses ist dem Vollstreckungsgläubiger dringend zu empfehlen.

Weil der Vollstreckungsgläubiger nicht sicher wissen kann, ob die Kaufpreisforderung (aufgrund besonderer Vereinbarung) als durch die Hinterlegung getilgt gilt, empfiehlt es sich, auch die Forderung des Vollstreckungsschuldners (Verkäufers) gegen den Notar als Drittschuldner auf Auskehrung des hinterlegten Betrages zu pfänden. Ob dieser Anspruch trotz seiner öffentlichrechtlichen Natur pfändbar ist – und wenn ja, ob er als gewöhnliche Geldforderung nach § 829 oder als anderes Vermögensrecht nach § 857 gepfändet werden kann – und ob der gepfändete Anspruch einklagbar oder nur über die Beschwerde gegen den Notar nach § 15 der Bundesnotarordnung durchsetzbar ist, ist umstritten[2]. Jedenfalls ist der Anspruch des Verkäufers gegen den Notar auf Auszahlung des ohne Erlöschenswirkung hinterlegten Kaufpreises allein nicht wirksam zu pfänden; es bedarf auch der Pfändung des Anspruchs des Vollstreckungsschuldners (Verkäufers) gegen den Käufer auf Kaufpreiszahlung[3].

5 Ist vereinbart, daß der **Kaufpreis** zur Erfüllung des Kaufpreisanspruchs **an den Notar als Treuhänder** zu bezahlen ist, und ist der Notar angewiesen, den Kaufpreis bei Eintritt bestimmter Voraussetzungen (z. B. der Eintragung des Käufers im Grundbuch) an den Verkäufer weiterzuleiten, so ist mit der Bezahlung des Kaufpreises an den Notar zwar die Kaufpreisforderung gegen den Käufer erloschen, aber aus dem Treuhandvertrag ein Anspruch des Verkäufers gegen den Notar auf Auszahlung des Kaufpreises bei Eintritt der Bedingungen entstanden. Dieser Anspruch ist nach *Muster 105* zu pfänden und bei *Muster 175* näher erläutert.

6 **2.1.2** Häufig ist im Kaufvertrag vereinbart, daß der **Kaufpreis ganz oder teilweise zur Wegfertigung der Belastungen** zu verwenden ist. Diese Vereinbarung muß der Vollstreckungsgläubiger gegen sich gelten lassen mit der Folge, daß er nur Anspruch auf den verbleibenden Teil des Kaufpreises hat[4].

---

1 BGH in DNotZ 1965, 343; BGHZ 87, 156 = NJW 1983, 1605 und NJW 1994, 1404.
2 Vgl. OLG Hamm in DNotZ 1983, 61; OLG Celle in DNotZ 1984, 256 m. abl. Anm.; *Rupp/Fleischmann* in NJW 1983, 2368; *Märker* in Rpfleger 1992, 52.
3 BGHZ 105, 60 = NJW 1989, 230.
4 BGH in NJW 1985, 1157 li. Sp.

2.2 Der Anspruch des Käufers auf **Übereignung und Herausgabe der Kaufsache** ist regelmäßig pfändbar. 7

2.2.1 Bei **Immobilienkauf** ist nach den *Mustern 26 bis 33* zu verfahren. 8

2.2.2 Bei **Kauf einer beweglichen Sache** ist nach §§ 829, 847 zu pfänden; mit diesem Fall befaßt sich *Muster 106*. 9

Ist die Kaufsache unpfändbar, so ist nach h. M. auch der Herausgabe- und Übereignungsanspruch unpfändbar[5]. 10

Hat sich der Verkäufer das **Eigentum an der Kaufsache vorbehalten,** so hat der Käufer eine Anwartschaft auf die Übereignung. Diese Anwartschaft ist nicht nach *Muster 106*, sondern nach *Muster 17* zu pfänden; es bedarf zusätzlich der Sachpfändung oder der Pfändung des Anspruchs auf Übergabe, wie in *Muster 17* gezeigt ist. 11

2.3 Bei **Kauf eines Rechts** richtet sich der Anspruch des Käufers auf Verschaffung des gekauften Rechts nach der Form, die das Gesetz für die Übertragung des verkauften Rechts vorschreibt. 12

2.3.1 Häufig wird sich bei Pfändung dieses Anspruchs empfehlen, eine **andere Art der Verwertung** zu wählen: Der Vollstreckungsgläubiger wird durch Pfändung und Überweisung nicht selbst Inhaber des Rechts, kann also nur dadurch befriedigt werden, daß das Recht zu Geld gemacht, also z. B. versteigert wird, oder daß es ihm durch das Vollstreckungsgericht zum Schätzwert übertragen und damit die Vollstreckungsforderung in Höhe des Schätzwertes befriedigt wird. 13

2.3.2 Der **Forderungskauf** im besonderen: 14

Der Verkäufer einer Forderung erfüllt seine vertragliche Schuld durch Abtretung der verkauften Forderung an den Käufer. Die Abtretung wird meist gleichzeitig mit dem Abschluß des Forderungskaufs (des Grundgeschäfts) vorgenommen, so daß der Verkäufer seine Verpflichtung gleichzeitig mit ihrer Begründung erfüllt; damit ist der Anspruch des Käufers (= Vollstreckungsschuldners) auf Abtretung der Forderung erloschen und dem Pfändungszugriff entzogen; aber die abgetretene Forderung selbst ist jetzt beim Vollstreckungsschuldner zu pfänden.

Wird aber die Verpflichtung des Verkäufers der Forderung nicht gleichzeitig mit ihrer Entstehung erfüllt, so ist der Anspruch des Käufers gegen den Verkäufer auf die Abtretung pfändbar, wenn die abgetretene Forderung selbst pfändbar (§ 400 BGB) und abtretbar ist oder zugunsten des Vollstreckungsgläubigers § 851 Abs. 2 BGB eingreift. 15

Schwierigkeiten kann aber die **Verwertung** bringen:

2.3.3 Richtet sich die gepfändete **Forderung nicht auf Zahlung von Geld,** so gilt: Der Vollstreckungsschuldner bleibt Inhaber des gepfändeten Abtretungsanspruchs, aber der Drittschuldner darf nicht mehr an ihn leisten. Möglich ist 16

---

5 *Zöller*, § 847 Rn. 1; *Baumbach/Lauterbach/Albers/Hartmann,* § 847 Rn. 1; *Thomas/Putzo,* § 847 Rn. 1.

Verwertung durch Versteigerung der Forderung durch den Gerichtsvollzieher, wenngleich gute Erlöse nicht zu erwarten sind. Auch die Überweisung an Zahlungs Statt kommt in Frage: Wird dem Vollstreckungsgläubiger z. B. die gepfändete Forderung auf Übereignung eines Hundes zum Schätzwert überwiesen, so wird der Vollstreckungsgläubiger nach Durchsetzung der gepfändeten Forderung Eigentümer des Hundes und gilt in Höhe des Schätzwertes für seine Vollstreckungsforderung als befriedigt.

17 **2.3.4** Richtet sich die **Forderung auf Zahlung von Geld,** so gilt: Der Vollstreckungsgläubiger erwirbt durch die Pfändung nicht die abzutretende Geldforderung, sondern nur ein Pfandrecht am Anspruch auf die Abtretung dieser Forderung. Abzutreten ist aber an den Vollstreckungsschuldner, weil sich das gepfändete Recht durch die Pfändung und Überweisung zur Einziehung nicht ändert. Mit der Abtretung wird also der Vollstreckungsschuldner Inhaber der Geldforderung.

18 Mit der Abtretung und als deren Folge erwirbt der Vollstreckungsgläubiger ein Pfandrecht an der abgetretenen Forderung (§ 1287 BGB)[6]. Der Klarheit wegen empfiehlt es sich aber, zugleich mit dem Abtretungsanspruch die dem Vollstreckungsschuldner durch die Abtretung erwachsende Forderung zu pfänden und sich überweisen zu lassen. Das ist möglich, weil auch künftige Forderungen gepfändet werden können.

19 Einfacher wäre es freilich, wenn der Anspruch auf Abtretung dem Vollstreckungsgläubiger an Zahlungs Statt überwiesen werden könnte, weil diese den Forderungsübergang auf den Gläubiger bewirkt. Es ist aber zweifelhaft, ob die Überweisung an Zahlungs Statt zulässig ist, weil § 835 Abs. 2 sie nur für Geldforderungen zuläßt, während hier ein Anspruch auf Abtretung in Frage steht und die analoge Ausweitung der Ausnahmevorschrift des § 835 Abs. 2 sich wohl verbietet. Außerdem ist die Überweisung an Zahlungs Statt gefährlich, weil sie bewirkt, daß die Vollstreckungsforderung in Höhe des Nennwerts der an Zahlungs Statt überwiesenen Forderung auch dann als getilgt gilt, wenn die überwiesene Forderung nicht beigetrieben werden kann.

20 Man könnte auch an die Anwendung des § 844 denken und – ähnlich wie beim Herausgabeanspruch nach §§ 846, 847 – anordnen, daß der Drittschuldner die gepfändete Forderung an einen vom Gläubiger zu beauftragenden Gerichtsvollzieher abzutreten hat; weiter müßte der Gerichtsvollzieher angewiesen werden, die ihm übertragene Forderung außergerichtlich geltend zu machen und bei Mißerfolg den Gläubiger zu ermächtigen, im eigenen Namen Klage auf Zahlung an den Gerichtsvollzieher zu erheben. Aber einerseits fragt sich wieder, ob im Wege der Analogie dasjenige, was §§ 846, 847 für Herausgabeansprüche anordnen, auf einen Abtretungsanspruch ausweitbar ist, und zum anderen ist dieser Weg zu umständlich.

---

[6] Näheres bei *Stöber,* Rn. 68.

Muster 108

Kommanditgesellschaft I
Kommanditanteil

In ein Formblatt (vgl. „Hinweise" Ziff. 5) ist einzusetzen:

Wegen dieser Ansprüche sowie wegen der Kosten dieses Beschlusses und seiner Zustellung

werden gepfändet:

a) der angebliche Anteil des Schuldners am Vermögen der . . . (genaue Firma und Adresse der KG), . . . vertreten durch den/die persönlich haftenden Gesellschafter . . . (Name und Adresse) . . .   (Drittschuldnerin)

b) seine angeblichen Ansprüche gegen die Drittschuldnerin auf fortlaufende Ermittlung, Zuteilung und Auszahlung seines Gewinnanteils, auf Feststellung und Auszahlung seines Auseinandersetzungsguthabens, auf Ersatz von Aufwendungen, auf Rückzahlung von Darlehen und auf sonstige Guthaben des Schuldners, gleich, ob sie auf Kapitalkonto, Privatkonto, Verrechnungskonto, Darlehenskonto oder einem sonstigen Konto des Schuldners gebucht sind.

Der Drittschuldnerin wird verboten, an den Schuldner zu leisten.

Dem Schuldner wird geboten, sich jeder Verfügung über den gepfändeten Anteil und die gepfändeten Ansprüche, insbesondere ihrer Einziehung, zu enthalten.

Zugleich werden der gepfändete Gesellschaftsanteil und die gepfändeten Ansprüche dem Gläubiger zur Einziehung überwiesen.

Vorbemerkung

Grundsätzliches zum Gesellschaftsrecht findet sich in den Erläuterungen bei *Muster 81*.

Muster 108 befaßt sich mit der Vollstreckung in das Vermögen eines Kommanditisten.

Muster 109 befaßt sich mit der Vollstreckung in das Vermögen der Kommanditgesellschaft.

In **das Vermögen eines Komplementärs** ist zu vollstrecken wie in das Vermögen des Gesellschafters einer offenen Handelsgesellschaft *(Muster 129).*

Wegen der **GmbH & Co. KG** vgl. Rn. 38 der Erläuterungen bei *Muster 84*.

Erläuterungen

bei *Muster 109*

Muster 109

Kommanditgesellschaft II
Einlageforderung gegen einen Kommanditisten

In ein Formblatt (vgl. „Hinweise" Ziff. 5) ist einzusetzen:

Wegen dieser Ansprüche sowie wegen der Kosten dieses Beschlusses und seiner Zustellung

wird die angebliche Forderung der Schuldnerin

gegen ihren Kommanditisten ... (Name und Adresse) ... (Drittschuldner)

auf Zahlung der Kommanditeinlage

gepfändet.

Dem Drittschuldner wird verboten, an die Schuldnerin zu zahlen.

Der Schuldnerin wird geboten, sich jeder Verfügung über die gepfändete Forderung, insbesondere ihrer Einziehung, zu enthalten.

Zugleich wird die gepfändete Forderung dem Gläubiger zur Einziehung überwiesen.

―――――――― Erläuterungen ――――――――

1. Wesen der Kommanditgesellschaft

1 Die Kommanditgesellschaft (KG) ist in §§ 161 bis 177a HGB geregelt. Sie unterscheidet sich von der offenen Handelsgesellschaft (OHG) dadurch, daß bei einem oder mehreren, nicht aber bei allen Gesellschaftern der Kommanditgesellschaft die Haftung gegenüber den Gesellschaftsgläubigern auf den Betrag einer bestimmten Vermögenseinlage beschränkt ist; diese Gesellschafter werden Kommanditisten genannt. Auf die KG finden die für die OHG geltenden Vorschriften Anwendung, soweit §§ 162 bis 177a HGB nichts anderes bestimmen (§ 161 Abs. 2 HGB).

2 _Beachte:_ Die in Rn. 15 der Erläuterungen zu *Muster 130* für die OHG gegebene Empfehlung, die Klage stets nicht nur gegen die Gesellschaft, sondern auch gegen alle ihre Gesellschafter zu richten, um ins Vermögen sowohl der Gesellschaft als auch eines jeden einzelnen Gesellschafters vollstrecken zu können, gilt bei der KG so nicht: Außer der KG sind deren offen haftende Gesellschafter und nur diejenigen Kommanditisten zu verklagen, die ihre Vermögenseinlage in der im Handelsregister eingetragenen Höhe ganz oder teilweise nicht einbezahlt oder wieder entnommen haben; denn der Kommanditist, dessen Einlage nicht offensteht, haftet den Gesellschaftsgläubigern nicht persönlich (§§ 171 bis 176 HGB).

2. Pfändung und Verwertung

2.1 Vollstreckung in das Vermögen eines Kommanditisten

2.1.1 Das in Rn. 4 bis 14 der Erläuterungen bei *Muster 130* zur Pfändung in den Anteil an der OHG Ausgeführte gilt auch hier. Weil aber der Kommanditist nach § 164 HGB von der Geschäftsführung und nach § 170 HGB von der Vertretung der KG ausgeschlossen ist, kann er **keine Ansprüche aus der Geschäftsführung gegen die Gesellschaft** haben und kann ihm nicht als Vertreter der KG der Pfändungs- und Überweisungsbeschluß zugestellt werden.

2.1.2 Der Kommanditist kann jedoch als **Arbeitnehmer** bei der Gesellschaft eingestellt sein und diese als Prokurist vertreten. Dieses Arbeitseinkommen ist nach *Muster 19* zu pfänden. Die Pfändung des Arbeitseinkommens kann mit der Pfändung des Gesellschaftsanteils in einem einzigen Antrag und Beschluß verbunden werden.

2.1.3 Für die Pfändung des **Kommanditanteils** gelten die Ausführungen zur Pfändung des Anteils der OHG (Rn. 4 bis 12 der Erläuterungen bei *Muster 129*) entsprechend.

2.2 Vollstreckung in das Vermögen der Gesellschaft

Forderungen und Rechte der KG sind so zu pfänden und zu verwerten wie diejenigen eines jeden anderen Vollstreckungsschuldners. Die **Zustellung des Pfändungs- und Überweisungsbeschlusses** muß an einen vertretungsberechtigten Komplementär, bei Gesamtvertretung an mehrere Vertretungsberechtigte erfolgen.

Abgehandelt wird hier die Pfändung des **Anspruchs der KG auf die Zahlung der Kommanditeinlage**. Dieser Anspruch kann (jedenfalls) auf einen Gesellschaftsgläubiger übertragen werden, weil die Gesichtspunkte, die bei Kapitalgesellschaften für eine beschränkte Abtretbarkeit der Einlageforderung sprechen, für die Personengesellschaften des Handelsrechts nicht zutreffen: Solche Bestimmungen sind angesichts der persönlichen Haftung und der Ausgestaltung, die die Kommanditistenhaftung in den §§ 171 ff. HGB erfahren hat, nicht erforderlich, so daß auch für eine entsprechende Anwendung jener Vorschriften kein Anlaß besteht[1].

Daher ist die Einlageforderung **pfändbar.** Der Pfändung steht auch § 399 BGB erste Alternative nicht entgegen[2]; gegen vertraglichen Ausschluß der Abtretung schützt § 851 Abs. 2 den Vollstreckungsgläubiger.

Drittschuldner ist der säumige Kommanditist.

Für die sogenannte **Publikums-KG** gilt hinsichtlich der Zwangsvollstreckung keine Besonderheit.

---

1 BGHZ 63, 338 = NJW 1975, 1022; BGH in NJW 1982, 35.
2 BGH in NJW 1982, 35.

Muster 110

Kontokorrent
(ohne Bankkontokorrent)

In ein Formblatt (vgl. „Hinweise" Ziff. 5) ist einzusetzen:

Wegen dieser Ansprüche sowie wegen der Kosten dieses Beschlusses und seiner Zustellung

werden folgende Forderungen des Schuldners

gegen   . . . (Firma, Adresse) . . .   (Drittschuldner)

gepfändet:

a) die angebliche Forderung . . . (Einzelforderung genau bezeichnen) . . ., falls eine wirksame Kontokorrentabrede nicht besteht oder ihr diese Forderung nicht unterfällt,

b) die angeblichen Forderungen aus Kontokorrentabrede . . . (wenn möglich näher bezeichnen) . . ., insbesondere
- *der Anspruch auf Einstellung aller Forderungen des Schuldners in das Kontokorrent,*
- *der Anspruch des Schuldners auf den gegenwärtigen und jeden künftigen Aktivsaldo, wie er sich bei der Saldoziehung im Augenblick der Zustellung dieses Beschlusses an den Drittschuldner ergibt und jeweils im Zeitpunkt des Abschlusses künftiger Rechenperioden ergeben wird,*
- *der Anspruch auf Auskunft über den gegenwärtigen Forderungsstand,*
- *das Recht auf Kündigung der Kontokorrentabrede.*

Dem Drittschuldner wird verboten, an den Schuldner zu leisten.

Dem Schuldner wird geboten, sich jeder Verfügung über die gepfändeten Forderungen und Ansprüche, insbesondere ihrer Einziehung, zu enthalten.

Zugleich werden die gepfändeten Forderungen und Ansprüche dem Gläubiger zur Einziehung überwiesen.

——— **Vorbemerkung** ———

Das Bankkontokorrent ist in *Muster 36* behandelt. Damit befaßt sich vorliegendes Muster nicht mehr, sondern nur mit dem **Kontokorrent unter Kaufleuten**.

Im Prinzip gilt für das kaufmännische Kontokorrent nichts anderes als für das Bankkontokorrent, jedoch fehlt hier der von den Geldinstituten mit ihrem Kontokorrentkunden regelmäßig abgeschlossene Girovertrag mit seinen Auswirkungen, insbesondere der Pfändbarkeit eines jeden Tagessaldos und der dienstvertraglichen Verpflichtung zur Abwicklung von Geldgeschäften für den Kunden.

―――――――――――――― Erläuterungen ――――――――――――――

1. Kontokorrent

Das in §§ 355 bis 357 HGB geregelte **Kontokorrent** (laufende Rechnung) dient der Vereinfachung des Abrechnungsverkehrs zweier Parteien (regelmäßig zweier Kaufleute), die miteinander in ständiger Geschäftsverbindung stehen: Sie vereinbaren, daß die aus der Verbindung entspringenden beiderseitigen Ansprüche und Leistungen nebst Zinsen in Rechnung gestellt und in regelmäßigen Zeitabschnitten (sofern nichts anderes vereinbart ist, jährlich) durch **Verrechnung und Feststellung** des für den einen oder anderen Teil **sich ergebenden Überschusses** ausgeglichen werden. Nach ständiger Rechtsprechung[1] besteht das Wesen der Kontokorrentabrede darin, daß die in die laufende Rechnung aufgenommenen beiderseitigen Ansprüche und Leistungen am Tag des periodischen Rechnungsabschlusses durch Anerkennung des Saldos als Einzelforderungen untergehen; übrig bleibt dann nur ein Anspruch aus dem Saldoanerkenntnis, der als neue, auf einem selbständigen Verpflichtungsgrund beruhende, vom früheren Schuldgrund losgelöste Forderung an die Stelle der bisherigen Einzelforderungen tritt. 1

Die in das Kontokorrent eingehenden **Einzelposten** sind zunächst nichts anderes als einzelne Forderungen oder Tilgungen; sie bleiben das bis zur Schuldumschaffung durch den jeweiligen Rechnungsabschluß. Ist eine Forderung kontokorrentgebunden, weil die Parteien sie der Kontokorrentabrede unterstellt haben, so tritt die Kontokorrentbindung – nicht aber die Schuldumschaffung – mit der Entstehung des Anspruchs ein[2]. 2

1.1 Es kommt auch die Vereinbarung vor, daß der Rechnungsabschluß jeweils sofort bei jedem neuen Geschäftsvorfall stattzufinden habe. Dieses sogenannte **Staffelkontokorrent** führt zum Rechnungsabschluß jeweils bei jeder einzelnen Buchung, so daß auch die Schuldumschaffung jeweils bei jedem Geschäftsvorfall stattfindet. 3

1.2 Die **Kontokorrentabrede** ist nicht formbedürftig und kommt häufig durch wiederholte Anerkennung eines Saldos zustande. Damit aber Staffelkontokorrent angenommen werden könne, bedarf es eindeutiger, wenn auch nicht ausdrücklicher Erklärungen. 4

2. Pfändung und Verwertung

Der Vollstreckungsgläubiger weiß häufig nicht, ob eine Kontokorrentabrede besteht, ob sie wirksam ist und auf welche Leistungen sie sich beziehen soll. 5

2.1 Die **kontokorrentgebundenen Einzelforderungen** unterliegen nicht der Pfändung[3]. Die Pfändung der einzelnen Forderungen aus dem einzelnen Ge- 6

---
1 BGHZ 80, 176; 84, 330, 376; 93, 323.
2 BGH in NJW 1982, 1150 = JurBüro 1982, 835.
3 BGHZ 80, 172 = NJW 1981, 1611 = JurBüro 1981, 1325; BGH in NJW 1982, 1150.

Muster 110 Kontokorrent

schäftsvorfall (z. B. die Pfändung der Kaufpreisforderung für die Lieferung von 20 t Getreide) bliebe also erfolglos.

7   Andererseits würde die Pfändung des Anspruchs aus dem Kontokorrent ins Leere gehen, wenn eine Kontokorrentabsprache nicht bestünde oder diese Forderung nicht ergriffe. Weil das Kontokorrent häufig ist, wird empfohlen, wie im Muster vorgesehen, sowohl die Einzelforderung als auch den Kontokorrentsaldo zu pfänden.

8   **2.2** Über die Pfändung des **Kontokorrentsaldos** bestimmt § 357 HGB: „*Hat der Gläubiger eines Beteiligten die Pfändung und Überweisung des Anspruchs auf dasjenige erwirkt, was seinem Schuldner als Überschuß aus der laufenden Rechnung zukommt, so können dem Gläubiger gegenüber Schuldposten, die nach der Pfändung durch neue Geschäfte entstehen, nicht in Rechnung gestellt werden. Geschäfte, die aufgrund eines schon vor der Pfändung bestehenden Rechtes oder einer schon vor diesem Zeitpunkt bestehenden Verpflichtung des Drittschuldners vorgenommen werden, gelten nicht als neue Geschäfte im Sinne dieser Vorschrift.*"

9   **2.3** Wenn nur der **gegenwärtige Aktivsaldo** gepfändet ist, so erstreckt sich die Pfändung nur auf diesen, und zwar nicht etwa auf den Saldo im Zeitpunkt des nächstfälligen Rechnungsabschlusses, sondern auf den Saldo im Zeitpunkt der Zustellung des Pfändungs- und Überweisungsbeschlusses an den Drittschuldner[4]: § 357 HGB macht für den Fall der Pfändung eine Ausnahme vom Grundsatz der periodischen Verrechnung.

10 **2.4** Zur Pfändung **künftiger Salden** hat der BGH entschieden[5], daß § 357 HGB nicht angewendet werden kann; auf die zutreffende Begründung wird verwiesen. Danach ist – jedenfalls beim Bankenkontokorrent – geklärt, daß auch der künftige Saldo gepfändet werden kann, daß es allerdings des ausdrücklichen Hinweises darauf im Pfändungsbeschluß bedarf.

11 **2.5** Die Kontokorrentabrede kann mangels entgegenstehender Vereinbarung auch während der Dauer einer Rechnungsperiode jederzeit mit der Wirkung gekündigt werden, daß derjenige, welchem nach der Rechnung ein Überschuß gebührt, dessen Zahlung beanspruchen kann (§ 355 Abs. 3 HGB). Die Kündigungsmöglichkeit kann für den Vollstreckungsgläubiger in Einzelfällen von Interesse sein. Weil seit RGZ 140, 242 angenommen wird, daß die Pfändung nicht als Kündigung wirkt und für sich allein den Vollstreckungsgläubiger nicht zur Kündigung befugt, ist – wie im Muster vorgesehen – das **Recht auf Kündigung** mitzupfänden.

---

4 Wie FN 3.
5 Wie FN 3.

Muster 111

Kreditkarten I
Forderung eines Lieferanten gegen das Kreditkarten-Unternehmen

In ein Formblatt (vgl. „Hinweise" Ziff. 5) ist einzusetzen:

Wegen dieser Ansprüche sowie wegen der Kosten dieses Beschlusses und seiner Zustellung

werden die angeblichen Forderungen des Schuldners

gegen ... (Kreditkartenunternehmen benennen) ... (Drittschuldnerin) *auf Zahlung der Kaufpreise für Warenverkäufe und auf Vergütung für Dienstleistungen an Inhaber von Kreditkarten der Drittschuldnerin und auf Abrechnung*

gepfändet,

gleich, ob sie derzeit bestehen oder erst durch künftige Verkäufe und Dienstleistungen zustandekommen werden. Die gepfändeten Forderungen beruhen auf vertraglich übernommener Zahlungsverpflichtung der Drittschuldnerin.

Der Drittschuldnerin wird verboten, an den Schuldner zu zahlen.

Dem Schuldner wird geboten, sich jeder Verfügung über die gepfändeten Forderungen, insbesondere ihrer Einziehung, zu enthalten.

Zugleich werden die gepfändeten Forderungen dem Gläubiger zur Einziehung überwiesen.

—— Erläuterungen ——

bei *Muster 112*

Muster 112

Kreditkarten II
Zahlungsanspruch des Kunden gegen das Kreditkarten-Unternehmen

In ein Formblatt (vgl. „Hinweise" Ziff. 5) ist einzusetzen:

Wegen dieser Ansprüche sowie wegen der Kosten dieses Beschlusses und seiner Zustellung

wird die angebliche Forderung des Schuldners

gegen ... (Kreditkartenunternehmen benennen) ... (Drittschuldnerin)

auf Zahlung von Guthaben, die für den Schuldner bei der Drittschuldnerin bei Abwicklung ihrer Geschäftsverbindung über Kreditkarten entstanden sind und künftig entstehen werden, und auf Abrechnung

gepfändet.

Der Drittschuldnerin wird verboten, an den Schuldner zu leisten.

Dem Schuldner wird geboten, sich jeder Verfügung über die gepfändete Forderung, insbesondere ihrer Einziehung, zu enthalten.

Zugleich wird die gepfändete Forderung dem Gläubiger zur Einziehung überwiesen.

──────────── Erläuterungen ────────────

1. Kreditkarten-Unternehmen

1   Kreditkarten-Unternehmen verpflichten sich ihren Kunden gegenüber, für diese **Rechnungen zu begleichen,** so daß die Kunden bargeldlos einkaufen oder Dienstleistungen in Anspruch nehmen können. Die Kreditkarten-Unternehmen geben an ihre Kunden Kreditkarten aus. Mit Handels- und Dienstleistungsunternehmen vereinbart das Kreditkartenunternehmen, daß diese Unternehmen den Karteninhabern gegen Vorweis der Karte ohne Bezahlung Waren oder Dienstleistungen abgeben und mit dem Kreditkarten-Unternehmen abrechnen. Das Kreditkarten-Unternehmen belastet dann das Konto des Karteninhabers entsprechend.

2   Die Handels- und Dienstleistungsunternehmen erwerben also eigene Forderungen gegen das Kreditkarten-Unternehmen (und zugleich gegen den Karteninhaber).

3   Der Kreditkarteninhaber hat regelmäßig keinen Anspruch gegen den Kartenausgeber auf Zahlung an sich selbst. Aber es kann – z. B. wegen Stornierung eines Kaufs und Zahlung des Kaufpreises durch den Kartenausgeber und Rückzahlung des Kaufpreises durch den Lieferanten – ein Guthaben des Karteninhabers entstehen.

2. Pfändung und Verwertung

Sowohl die Forderung des Lieferanten als auch die Forderungen des Kunden gegen den Kreditkarten-Unternehmer sind als gewöhnliche Forderungen pfändbar; die Muster bringen Formulierungsvorschläge. 4

Muster 113

Lebensversicherung I*

In ein Formblatt (vgl. „Hinweise" Ziff. 5) ist einzusetzen:

Wegen dieser Ansprüche sowie wegen der Kosten dieses Beschlusses und seiner Zustellung

werden sämtliche Ansprüche und Rechte des Schuldners einschließlich der Gestaltungsrechte

gegen . . . (Name und Adresse der Versicherungsgesellschaft) . . .
(Drittschuldnerin)

aus allen Lebensversicherungsverträgen, insbesondere aus dem Vertrag vom . . ., Versicherungsnummer . . .

gepfändet, namentlich

   der Anspruch auf Zahlung der Versicherungssumme,

   der Anspruch auf Zahlung des Rückkaufswertes (Prämienreserve),

   der Anspruch auf Auszahlung von Dividende, Bonus, Gewinnanteil und anderen zusätzlichen Leistungen,

   das Recht zur Kündigung,

   das Recht zum Widerruf der Bezugsberechtigung und zur Bestimmung von Bezugsberechtigten,

   das Recht auf Aushändigung des zu jeder der Versicherungen gehörenden Versicherungsscheines.

*Es wird angeordnet, daß der Schuldner die Versicherungsscheine** (den Versicherungsschein) an den Gläubiger herauszugeben hat.*

Der Drittschuldnerin wird verboten, an den Schuldner zu leisten.

Dem Schuldner wird geboten, sich jeder Verfügung über die gepfändeten Ansprüche und Rechte einschließlich der Gestaltungsrechte, insbesondere ihrer Einziehung, zu enthalten.

Zugleich werden die gepfändeten Ansprüche und Rechte dem Gläubiger zur Einziehung überwiesen.

---
* Unbedingt auch *Muster 114* beachten!
** Ist der Versicherungsfall durch Tod des Versicherten eingetreten, ist auch die Herausgabe einer begl. Abschrift der Sterbeurkunde anzuordnen.

——————— **Erläuterungen** ———————

bei *Muster 114*

Muster 114

Lebensversicherung II
Widerruf der Bezugsberechtigung

Einschreiben/Rückschein

*An die
Lebensversicherungsgesellschaft . . .*

*Betr.: Lebensversicherungs-Nr. . . .
Versicherungsnehmer . . .*

Sehr geehrte Damen und Herren,

Ihnen ist bezüglich dieser Versicherung der Pfändungs- und Überweisungsbeschluß des Amtsgerichts . . . vom . . . Az.: . . . am . . . zugestellt worden. Legitimiert durch diesen Beschluß

widerrufe ich hiermit

jede Ihnen bisher mitgeteilte Bezugsberechtigung und

bestimme,

daß ausschließlich und unwiderruflich ich selbst bezugsberechtigt sein soll. Zugleich bitte ich um Mitteilung, wie hoch der Rückkaufswert dieser Versicherung derzeit ist.

(Unterschrift)

Erläuterungen

1. Abgrenzung zur Sozialversicherung

Die Lebensversicherung dient der wirtschaftlichen Sicherung des Alters und der Hinterbliebenen des Versicherungsnehmers. Während aber für die Alters-, Berufsunfähigkeits- und Hinterbliebenenrenten der Sozialversicherung ein sehr weitgehender Pfändungsschutz besteht, fehlt ein solcher Schutz bei der Lebensversicherung fast ganz.   1

Im Gegensatz zur Sozialversicherung beruht die Lebensversicherung auf einem privatrechtlichen Vertrag. Der Versicherer verpflichtet sich zur Zahlung des vereinbarten Kapitals oder der vereinbarten Rente bei Eintritt des Versicherungsfalls, und zwar an denjenigen, welchem nach der Ausgestaltung des Vertrages die Versicherungsleistung zusteht. Es gelten Allgemeine Lebensversicherungsbedingungen (ALB).   2

1.1 Der Versicherungsfall tritt ein: in der **Todesfallversicherung** bei Tod der versicherten Person. Dabei gibt es auch Gestaltungen, in welchen die Versicherungssumme nur dann ausbezahlt wird, wenn der Versicherte vor einem im Versicherungsvertrag bestimmten Tag stirbt **(Risikolebensversicherung);**   3

Muster 114 Lebensversicherung II

4   – in der **Erlebensversicherung** nur dann, wenn der Versicherte den im Vertrag bestimmten Tag (z. B. die Vollendung des 65. Lebensjahres) erlebt;

5   – In der sog. **gemischten Kapitalversicherung**, einer Mischform aus der Todesfall- und der Erlebensversicherung, entweder bei Tod des Versicherten oder am vereinbarten Stichtag. Erlebt der Versicherte zwar den Stichtag, stirbt aber vor Auszahlung, so steht die Versicherungssumme seinen Erben zu, auch dann, wenn er einen anderen unwiderruflich begünstigt haben sollte.

6   – Wegen Versicherung verbundener Leben, Unfallzusatzversicherung, Unfallversicherung und Insassenversicherung, vgl. Rn. 19 ff.

7   **1.2** Über den Versicherungsvertrag hat der Versicherer einen **Versicherungsschein** auszustellen; dieser kann auch auf den Inhaber lauten, ist aber nur ein Legitimationspapier[1] (näheres Rn. 31).

8   **1.3** Keineswegs ist es notwendig, daß das **Recht auf die Versicherungssumme** in der Lebensversicherung gerade dem Versicherungsnehmer zusteht. Dieser kann vielmehr bestimmen, daß ein anderer berechtigt sein soll. Dieser Berechtigte wird „**Bezugsberechtigter**" oder „**Begünstigter**" genannt. Regelmäßig ist der Versicherungsnehmer befugt, ohne Zustimmung des Versicherers und ohne Zustimmung des bisherigen Bezugsberechtigten die Bezugsberechtigung zu widerrufen und an die Stelle des bisherigen Begünstigten einen anderen zu setzen.

9   Der Bezugsberechtigte erwirbt, wenn der Versicherungsnehmer nichts anderes bestimmt hat, das Recht auf die Leistung des Versicherers erst mit dem Versicherungsfall, also im Zeitpunkt des Todes des Versicherungsnehmers, oder, wenn die Begünstigung auch für den Erlebensfall gilt, am hierfür vereinbarten „Stichtag" (§ 166 VVG).

10 Nach § 15 ALB kann aber der Versicherungsnehmer bestimmen, daß der Bezugsberechtigte das Recht auf die Versicherungssumme sofort erwerben soll, daß das Bezugsrecht des Begünstigten unwiderruflich sein soll. In diesem Fall erwirbt der Begünstigte ein sofort wirksames Recht, bei Eintritt des Versicherungsfalles die Zahlung der Versicherungsleistung an sich selbst zu verlangen. Ihm steht auch der Rückkaufswert, die Prämienreserve zu. Die Rechte aus der Versicherung unterliegen in diesem Fall nicht mehr der Verfügung des Versicherungsnehmers. Dieser kann insbesondere nicht die Bezugsberechtigung widerrufen, keinen anderen Bezugsberechtigten benennen; auch den Anspruch auf den Versicherungsschein hat in diesem Fall der Begünstigte.

11 Wegen des sogenannten eingeschränkten unwiderruflichen Bezugsrechts vgl. BAG in NJW 1991, 717.

12 **1.4** Ist **kein Bezugsberechtigter benannt**, so ist die Versicherungsleistung im Erlebensfall an den Versicherungsnehmer, im Todesfall an seine Erben zu bezahlen.

---

1 Vgl. §§ 3 und 4 des Gesetzes über den Versicherungsvertrag (VVG), abgedruckt bei *Schönfelder* als Nr. 62, und §§ 808 ff. BGB.

Sind die **Erben des Versicherungsnehmers als Bezugsberechtigte** benannt und 13
nicht näher bezeichnet, so sind im Zweifel diejenigen (unter sich nach dem
Verhältnis ihrer Erbteile zueinander) bezugsberechtigt, die im Todeszeitpunkt
– kraft Testaments, kraft Erbvertrags oder kraft Gesetzes – als Erben berufen
sind, **auch wenn sie die Erbschaft ausschlagen** (§ 167 VVG).

1.5 Die **Abtretung des Anspruchs gegen den Versicherer** durch den Vollstrek- 14
kungsschuldner ist gemäß § 13 Abs. 3 ALB (Musterbedingungen für die Groß-
lebensversicherung) absolut unwirksam, solange der Anspruchsinhaber (Versicherungsnehmer, Begünstigter) dies dem Versicherer nicht schriftlich angezeigt hat[2]; solange also steht der Anspruch des Zedenten diesem noch zu und
ist bei ihm zu pfänden, die Drittwiderspruchsklage des Zessionars ist unbegründet.

2. Pfändung und Verwertung

Der Anspruch auf die **Versicherungsleistung** ist grundsätzlich als gewöhnliche 15
Geldforderung nach § 829 zu pfänden und nach § 835 zu überweisen; Ausnahmen werden in Rn. 28 behandelt.

Drittschuldner ist die Versicherungsgesellschaft. Zweckmäßig wird der Pfän- 16
dungs- und Überweisungsbeschluß an deren Hauptniederlassung zugestellt,
obwohl RGZ 109, 267 die Zustellung an die „Filialdirektion", bei der die
Versicherung geführt wird, genügen läßt. Zustellung an eine Generalagentur
genügt nicht[3].

Es empfiehlt sich, die Ansprüche aus allen Versicherungsverträgen auch dann 17
zu pfänden, wenn nur ein Versicherungsvertrag bekannt ist, und die Versiche-
rungsnummern bekannter Verträge anzugeben, um zu vermeiden, daß die
Pfändung etwa mit der Begründung als unwirksam angesehen werden könnte,
daß die gepfändete Forderung nicht genügend bestimmt sei[4].

Nach herrschender Meinung sind die **Gestaltungsrechte** (Recht auf Kündi- 18
gung, auf Umwandlung in eine prämienfreie Versicherung, Recht auf Bestimmung oder Widerruf einer Bezugsberechtigung) als Nebenrechte nicht selbständig pfändbar[5], werden aber – auch ohne ausdrückliche Anordnung im
Pfändungsbeschluß – von der Pfändung erfaßt, wenn klargestellt ist, daß alle
Rechte aus dem Versicherungsverhältnis gepfändet sein sollen. Weil dies aber
vereinzelt bezweifelt wird, empfiehlt sich, den Pfändungsantrag ausdrücklich
auf die Nebenrechte auszudehnen; im Muster ist das vorgesehen.

2.1 Aufgrund des Überweisungsbeschlusses kann der Vollstreckungsgläu- 19
biger vom Vollstreckungsschuldner nicht nur die nötigen **Auskünfte** verlangen –
auch über etwaige Bezugsberechtigungen – sondern auch die **Herausgabe des**

---

2 BGH in NJW 1991, 559 m. w. N.
3 *Heilmann* in NJW 1950, 135.
4 Vgl. LG Frankfurt/Main in NJW-RR 1989, 1466.
5 Insbes. BGHZ 45, 162 und *Stöber*, Rn. 194.

Versicherungsscheins (§ 836 Abs. 3); ist dieser im Besitz eines Dritten, so ist der (etwaige) Herausgabeanspruch zu pfänden.

20 2.2 Der Vollstreckungsgläubiger hat das Recht, auch gegen den Willen des Versicherungsnehmers und des Versicherers den **Versicherungsvertrag durch Fortzahlung der Prämien aufrechtzuerhalten**, so daß er im Versicherungsfall die volle Versicherungsleistung erhält; sein Pfandrecht kann er dann auch wegen der von ihm bezahlten Beiträge und ihrer Zinsen geltend machen (§ 35a VVG).

21 2.3 Falls die Prämie für 3 Jahre bezahlt ist, kann der Vollstreckungsgläubiger auch die Versicherung kündigen und die **Herausgabe der Prämienreserve** (den sog. Rückkaufswert) verlangen (§§ 173, 176 VVG).

22 2.4 Es ist keineswegs sicher, daß die Ansprüche gegen den Versicherer gerade dem Versicherungsnehmer zustehen:

23 2.4.1 Die Ansprüche aus dem Versicherungsvertrag stehen dann dem **Versicherungsnehmer** zu, wenn kein Bezugsberechtigter benannt ist und wenn er den Anspruch nicht abgetreten und die Abtretung dem Versicherer angezeigt hat (vgl. Rn. 14).

24 2.4.2 Ist zwar ein **Bezugsberechtigter** benannt, ist die Benennung aber **nicht unwiderruflich**, so kann ebenfalls der Versicherungsnehmer über die Ansprüche aus dem Versicherungsvertrag verfügen, so daß diese Ansprüche auch in diesem Fall zu seinem Vermögen gehören und bei ihm gepfändet werden können. Aber **der Vollstreckungsgläubiger muß gegenüber dem Versicherer die Bezugsberechtigung schriftlich widerrufen und sich selbst als Bezugsberechtigten benennen**; dazu ist er durch Pfändung und Überweisung befugt (vgl. Muster 114).

25 Der widerruflich Begünstigte erwirbt einen eigenen Anspruch gegen den Versicherer erst mit Eintritt des Versicherungsfalls. Dann jedoch hat der Bezugsberechtigte allein Anspruch auf die Versicherungsleistung; dieser Anspruch gehört daher zu seinem Vermögen und kann bei ihm, aber nicht bei dem Versicherungsnehmer oder bei seinen Erben gepfändet werden.

26 Sind die Erben des Versicherungsnehmers als Bezugsberechtigte benannt, so entsteht ihr Anspruch auf die Versicherungsleistung kraft Versicherungsrechts, nicht kraft Erbrechts; der Anspruch ist also vom Erbgang unabhängig[6].

27 2.4.3 Ist ein **Bezugsberechtigter unwiderruflich** benannt, so hat dieser das Recht auf die Versicherungsleistung bereits mit der Benennung erworben; der Versicherungsnehmer kann über die Versicherungsrechte nicht mehr verfügen. Der Anspruch auf die Versicherungsleistung gehört daher zum Vermögen des unwiderruflich Bezugsberechtigten und ist nur bei diesem und dessen Gläubigern zu pfänden. Wegen des sogenannten eingeschränkt unwiderruflichen Bezugsrechts vgl. BAG in NJW 1991, 717.

---

6 BGHZ 13, 232 und 32, 47.

2.5 Eintrittsrecht des Bezugsberechtigten

Die Lebensversicherung dient regelmäßig nicht nur dem Schutz des Versicherungsnehmers, sondern auch dem ihm nahestehender Personen, insbesondere der Bezugsberechtigten. Deshalb gibt § 177 VVG den namentlich bezeichneten Bezugsberechtigten – und, wenn kein Bezugsberechtigter namentlich bezeichnet ist, dem Ehegatten und den Kindern des Versicherungsnehmers – das Recht, mit Zustimmung des Versicherungsnehmers in den Versicherungsvertrag einzutreten. Wer vom **Eintrittsrecht** Gebrauch macht, hat die Forderung des Vollstreckungsgläubigers bis zur Höhe des Rückkaufwerts zu befriedigen (§ 177 Abs. 1 und 2 VVG). Der Eintritt ist allerdings nur möglich und wirksam, wenn seine Anzeige innerhalb eines Monats, nachdem der Eintrittsberechtigte von der Pfändung Kenntnis erlangt hat, dem Versicherer mitgeteilt ist (§ 177 Abs. 3 VVG). Wenn die Versicherung aber bei Eintritt schon gekündigt und der Rückkaufswert fällig geworden ist, oder wenn die Versicherungssumme gar schon bezahlt ist, ist der Eintritt nicht mehr möglich. 28

2.6 Pfändungsschutz

Ist die Lebensversicherung nur auf den Todesfall des Versicherungsnehmers abgeschlossen und **übersteigt die Versicherungssumme nicht 4140,– DM**, so ist der Anspruch darauf nur bedingt pfändbar (§ 850b Abs. 1 Nr. 4). Der Pfändungsschutz greift also nicht ein, wenn die Versicherungssumme auch im Erlebensfall ausbezahlt wird (sog. gemischte Kapitalversicherung). Streitig ist, was gilt, wenn die Versicherungssumme der reinen Todesfallversicherung 4140,– DM übersteigt: Entgegen *Münzberg*[7] wird man mit *Stöber* und *Berner*[8] wegen des Wortlauts der Bestimmung annehmen müssen, daß die ganze Versicherung pfändbar ist, wenn die Versicherungssumme 4140,– DM übersteigt, selbst dann, wenn der Rückkaufswert 4140,– DM nicht übersteigt. 29

Ganz streitig ist, was gilt, wenn mehrere Todesfallversicherungen abgeschlossen sind, die zusammen den Betrag von 4140,– DM übersteigen[9].

Besteht die Versicherungsleistung in einer Rente, und ist der Versicherungsvertrag zur Versorgung des Versicherungsnehmers oder seiner unterhaltsberechtigten Angehörigen eingegangen, so wird die **Versicherungsrente** wie Arbeitseinkommen geschützt (§ 850 Abs. 3 lit. b)[10]. 30

2.7 Der Versicherungsschein (die Police) ist eine Urkunde über den Versicherungsvertrag, die der Versicherer auszustellen und dem Versicherungsnehmer auszuhändigen hat (§ 3 VVG). Er enthält wesentliche Angaben über Inhalt, Umfang und Bedingung der Versicherung, deren Kenntnis z. B. für die Entschließung des Vollstreckungsgläubigers, ob er den Eintritt des Versicherungs- 31

---

7 *Stein/Jonas*, § 850b Rn. 22.
8 *Stöber*, Rn. 1021; *Berner* in Rpfleger 1957, 197 und 1964, 68.
9 Vgl. z. B. OLG Hamm in MDR 1962, 611 und *Berner* a. a. O.
10 Ansprüche aus einem Lebensversicherungsvertrag, der zur anderweitigen Regelung des Versorgungsausgleichs geschlossen ist, sollen nach LG Freiburg in DGVZ 1987, 90 dem für Unterhaltsrenten geltenden Vollstreckungsschutz unterliegen.

Muster 114 Lebensversicherung II

falls abwarten oder lieber sich sogleich den „Rückkaufswert" auszahlen lassen will, von Bedeutung sein können.

Außerdem ergibt sich aus den Versicherungsbedingungen ganz regelmäßig, daß **der Versicherer die Versicherungssumme nur gegen Rückgabe des Versicherungsscheins zahlen muß.** Daher muß der Vollstreckungsgläubiger im Pfändungs- und Überweisungsbeschluß die Herausgabe des Versicherungsscheins anordnen und für den seltenen Fall, daß sich dieser gerade bei dem Versicherer befindet, den Herausgabeanspruch pfänden lassen. Auch die Herausgabe einer beglaubigten **Sterbeurkunde** ist anzuordnen, weil der Versicherer deren Vorlage verlangen kann.

3. Ähnliche Versicherungen

32   3.1 Von einer **Versicherung verbundener Leben** spricht man, wenn Eheleute zusammen einen Lebensversicherungsvertrag abschließen, nach welchem die Versicherungssumme beim Ableben des zuerst Sterbenden der beiden Eheleute an den Überlebenden, spätestens aber an einem bestimmten Tag, fällig ist. Es ist streitig, ob im Innenverhältnis der Eheleute eine Gemeinschaft oder eine Gesellschaft vorliegt; in beiden Fällen jedoch kann der Vollstreckungsgläubiger die Ansprüche seines Schuldners aus dem Versicherungsverhältnis pfänden und – bei Gemeinschaft – Mitwirkung des anderen Ehegatten bei der Kündigung der Versicherung verlangen (§ 751 BGB), bzw. – bei der Gesellschaft – diese kündigen und die Auseinandersetzung erreichen (vgl. Rn. 4 bis 6 der Erläuterungen zu *Muster 48* und Rn. 18 der Erläuterungen zu *Muster 81*).

33   3.2 Bei der **Unfallzusatzversicherung** handelt es sich um eine besondere Form der Lebensversicherung, nach der eine zusätzliche Versicherungssumme gezahlt wird, wenn der Tod auf einen Unfall zurückgeht. Für die Pfändung gilt nichts Besonderes.

34   3.3 **Unfallversicherung** (s. *Muster 176*) kann für Unfälle genommen werden, die dem Versicherungsnehmer selbst oder einem anderen zustoßen. Besteht die Versicherungsleistung in Kapitalzahlung, so gelten auch hier die Bestimmungen über die Bezugsberechtigung bei der Lebensversicherung (§ 180 VVG), jedoch ist Versicherungsfall nicht ein bestimmter Stichtag, den der Versicherte erleben muß, auch nicht dessen Tod, sondern der Eintritt des Unfalls.

35   Ist die Versicherung gegen Unfälle, die den Versicherungsnehmer treffen, eingegangen, so gelten keine Besonderheiten gegenüber der Pfändung einer Lebensversicherung.

36   Ist die Unfallversicherung gegen die einem anderen zustoßenden Unfälle genommen, so ist sie für die Rechnung des anderen geschlossen, wenn nicht klargestellt ist, daß sie von dem Versicherungsnehmer für eigene Rechnung genommen ist und der andere (die „Gefahrenperson") dazu schriftlich eingewilligt hat (§ 179 Abs. 2 und 3 VVG).

3.4 Insassen-Unfallversicherung ist ein Unterfall der Unfallversicherung gegen Unfälle, die einem anderen zustoßen.[11]

3.5 Berufsunfähigkeitsversicherung

Renten aus dieser privaten Versicherung sind nach § 850 b bedingt pfändbar[12], jedoch ohne die Erleichterung, welche § 850 c Abs. 3 Satz 2 für Arbeitseinkommen gewährt[13].

---

11 Vgl. auch BGH in MDR 1960, 381 und OLG Oldenburg in MDR 1965, 300.
12 BGHZ 70, 206 ff. = NJW 1978, 950 f.; OLG Oldenburg in MDR 1994, 257 = NJW-RR 1994, 479.
13 Näheres *Hülsmann* in NJW 1995, 1521 m. z. N.

Muster 115

Leibrente
Zwei Berechtigte als Gesamtgläubiger

In ein Formblatt (vgl. „Hinweise" Ziff. 5) ist einzusetzen:

Wegen dieser Ansprüche sowie wegen der Kosten dieses Beschlusses und seiner Zustellung werden gepfändet:

a) der angebliche Anspruch des Schuldners

    gegen   ... *(Name und Adresse)* ...   *(Drittschuldner zu 1)*

aus Leibrentenversprechen auf fortlaufende Zahlung von Geld und Leistung von Naturalien und anderen vertretbaren Sachen ... *(möglichst genau bezeichnen)* ... ,

b) der angebliche Ausgleichsanspruch des Schuldners nach § 430 BGB

    gegen   ... *(Name und Adresse)* ...   *(Drittschuldner zu 2),*

der daraus entstanden ist oder entstehen wird, daß der Drittschuldner zu 1) Leibrentenleistungen nicht an den Schuldner, sondern an den Drittschuldner zu 2) erbringt.

Es wird angeordnet, daß der Drittschuldner zu 1) die als Leibrente zu leistenden Sachen nicht an den Schuldner, sondern an den vom Gläubiger beauftragten Gerichtsvollzieher herauszugeben hat.

Den Drittschuldnern wird verboten, an den Schuldner zu leisten.

Dem Schuldner wird geboten, sich jeder Verfügung über die gepfändeten Ansprüche, insbesondere ihrer Einziehung, zu enthalten.

Zugleich werden die gepfändeten Ansprüche dem Gläubiger zur Einziehung überwiesen.

Erläuterungen

1. Wesen der Leibrente

1 **Die Leibrente,** geregelt in §§ 759 bis 761 BGB, **ist ein einheitliches Recht** (Stammrecht), aus welchem der Berechtigte vom Verpflichteten – grundsätzlich lebenslänglich und in gleichbleibender Höhe – **wiederkehrende Geld- oder Sachleistungen** verlangen kann[1]; das Leibrentenversprechen bedarf zu seiner Wirksamkeit der Schriftform.

---
[1] RGZ 67, 204 und 150, 391; BGH in WM 1980, 593.

2. Pfändung und Verwertung

Gepfändet wird das Stammrecht selbst nach §§ 829, 832; **verwertet** wird es durch Überweisung und bezüglich der Sachleistungen nach § 847.

Die aus Fürsorge oder Freigebigkeit gewährte Leibrente kann **Pfändungsschutz** genießen (§ 850b Abs. 1 Nr. 3).

Steht eine Leibrente **mehreren Personen** (z. B. Eheleuten) zu, so ist im Zweifel jeder Leibrentengläubiger nur zu einem gleichen Anteil berechtigt (§ 420 BGB), seine Forderung ist also ohne Rücksicht auf den Mitberechtigten pfändbar. Sind die mehreren Leibrentengläubiger berechtigt die Leibrente in der Weise zu fordern, daß jeder die ganze Leistung fordern kann, der Schuldner die Leistung aber nur einmal zu bewirken verpflichtet ist, so sind sie **Gesamtgläubiger,** und der Leibrentenschuldner kann nach seinem Belieben an jeden von ihnen leisten (§ 428 BGB). Das wird man häufig annehmen müssen, wenn im Leibrentenversprechen bestimmt ist, daß die Leistungen auch nach dem Tod eines der Berechtigten in gleicher Höhe an den Überlebenden weiterzuzahlen sind. Den Gesamtgläubigern steht aber nicht nur eine einzige Forderung zu; vielmehr besteht für jeden von ihnen eine selbständige, allein abtretbare und daher allein pfändbare Forderung[2]. Daraus folgt, daß der Vollstreckungsgläubiger die Forderung eines der Gesamtgläubiger (seines Vollstreckungsschuldners) auf die gesamte Forderung pfänden und sich überweisen lassen kann. Dann darf der Drittschuldner nicht mehr an den Vollstreckungsschuldner zahlen, wohl aber an den anderen Gesamtgläubiger. Dagegen kann sich der Vollstreckungsgläubiger nicht wehren, weil er ja die Rechtsstellung des Drittschuldners nicht verschlechtern darf. Er kann aber die **Ausgleichsforderung,** die dem Vollstreckungsschuldner gegen den anderen Gläubiger nach § 430 BGB zustehen kann, zugleich mit der Leibrentenforderung des Vollstreckungsschuldners pfänden. **Dieser Fall ist im Muster behandelt.**

---

[2] BGHZ 29, 364 m. w. N. (zur Darlehensforderung von Gesamtgläubigern); *Palandt,* § 428 Rn. 1.

Muster 116

Lizenz

In ein Formblatt (vgl. „Hinweise" Ziff. 5) ist einzusetzen:

Wegen dieser Ansprüche sowie wegen der Kosten dieses Beschlusses und seiner Zustellung

wird der angebliche Anspruch des Schuldners

gegen . . . (Name und Adresse des Lizenzgebers) . . . (Drittschuldner) aus dem Lizenzvertrag vom . . . auf die Nutzung des . . . (das Recht, an dem die Lizenz besteht, möglichst genau beschreiben) . . . gepfändet.

Es wird angeordnet, daß der Schuldner die Lizenzvertragsurkunde an einen vom Gläubiger zu beauftragenden Gerichtsvollzieher herauszugeben hat.

Dem Drittschuldner wird verboten, an den Schuldner zu leisten.

Dem Schuldner wird geboten, sich jeder Verfügung über die gepfändeten Ansprüche, insbesondere ihrer Einziehung, zu enthalten.

Es wird angeordnet, daß die gepfändete Lizenz durch einen vom Gläubiger zu beauftragenden Gerichtsvollzieher versteigert wird*.

---

* Vgl. Rn. 6 der Erläuterungen.

──────── **Erläuterungen** ────────

1. Wesen der Lizenz

1 Die **Lizenz** ist ein **Nutzungsrecht an** einem **Recht**, z. B. an einem Patent oder einem Gebrauchsmuster; auch das Recht zur Ausnützung eines Films ist in der Regel Lizenz[1].

2 Der Inhaber des Rechts vergibt die Lizenz durch Vertrag an den Lizenznehmer. Der **Lizenzvertrag** ist gesetzlich nicht besonders geregelt. Art, Umfang und Übertragbarkeit einer Lizenz bestimmen sich nach dem Lizenzvertrag.

3 Es gibt mehrere **Arten von Lizenzen:** Einfache oder ausschließliche, beschränkte oder unbeschränkte; die Lizenz kann die Herstellung oder den Vertrieb oder beide gestatten. Regelmäßig ist die Lizenz örtlich beschränkt, auf einen Kontinent, auf ein Land, auf einen Bezirk.

---

1 RGZ 106, 365.

2. Pfändung und Verwertung

Eine Lizenz ist insoweit pfändbar, als sie übertragbar ist; ob sie übertragbar ist, ergibt sich aus dem Lizenzvertrag, oft nur durch Auslegung. So ist z. B. das Aufführungsrecht des Lichtspieltheaters meist unübertragbar und daher unpfändbar. Insbesondere die Unpfändbarkeit wegen Unübertragbarkeit anzunehmen, wenn die Lizenz nach dem Vertragszweck gerade an den bestimmten, lizenznehmenden Betrieb gebunden sein soll.

Gepfändet wird nach § 857. Drittschuldner ist der Lizenzgeber.

2.1 Die Lizenz kann nicht durch Überweisung **verwertet** werden, weil die Zwangsvollstreckung dem Vollstreckungsgläubiger Geld bringen soll, nicht aber ein Recht, das er erst durch eigene Veranstaltungen nutzen müßte, ohne daß dann feststellbar wäre, wieviel von den Lizenzeinnahmen auf die überwiesene Lizenz und wieviel auf die eigenen Veranstaltungen trifft, in welcher Höhe also die Vollstreckungsforderung getilgt ist. Es ist die anderweitige Verwertung, wie etwa Versteigerung der Lizenz durch den Gerichtsvollzieher, oder die Verwaltung nach §§ 857 Abs. 4 und 5, und 844 anzuordnen. Im Muster ist die Veräußerung als Beispiel gewählt; es muß aber in jedem Einzelfall überlegt werden, welche Art der Verwertung gerade für diese Lizenz beantragt werden soll.

In vielen Fällen wird der Vollstreckungsgläubiger das Original des Lizenzvertrages brauchen, z. B. um einem Erwerbsinteressenten die Berechtigungskette nachzuweisen. Er kann sich diese Urkunde nach § 836 Abs. 3 verschaffen.

2.2 Der Lizenzgeber erwirbt durch den Lizenzvertrag in aller Regel einen Anspruch auf **Vergütung** in Geld. Dieser Anspruch ist als gewöhnliche Forderung nach § 829 zu pfänden und nach § 835 zu überweisen.

Muster 117

Marke

In ein Formblatt (vgl. „Hinweise" Ziff. 5) ist einzusetzen:

Wegen dieser Ansprüche sowie wegen der Kosten dieses Beschlusses und seiner Zustellung

wird das Recht des Schuldners an der für ihn unter Nr. . . . in dem bei dem Deutschen Patentamt geführten Register eingetragenen Marke . . . (individualisierend beschreiben) . . . gepfändet.

Dem Schuldner wird geboten, sich jeder Verfügung über das gepfändete Recht, insbesondere seiner Übertragung oder des Verzichts nach § 48 MarkenG, zu enthalten.

Zugleich wird angeordnet, daß das gepfändete Recht im Weg des freihändigen Verkaufs durch einen vom Gläubiger zu beauftragenden Gerichtsvollzieher verwertet wird.

──────── Erläuterungen ────────

1. Markenschutz

1 Marken, geschäftliche Bezeichnungen (Name, Firma, „Etablissementsbezeichnung") und geographische Herkunftsangaben werden durch das Markengesetz[1] geschützt. Hier wird der Markenschutz behandelt; wegen der geschäftlichen Bezeichnungen und der Herkunftsangaben wird auf Rn. 17 und 18 verwiesen.

2 **1.1** § 3 MarkenG definiert die Marke als Zeichen, das geeignet ist, Waren oder Dienstleistungen eines Unternehmens von denjenigen anderer Unternehmen zu unterscheiden.

3 Der Markenschutz entsteht entweder durch Eintragung des Zeichens als Marke in das beim Patentamt geführte Register oder durch geschäftliche Benutzung eines Zeichens mit Verkehrsgeltung oder durch „notorische Bekanntheit" des Zeichens (§ 4 MarkenG). Auf die **Eintragung der Marke im Register** besteht bei Vorliegen der Voraussetzungen ein Anspruch (§ 33 MarkenG).

4 **Inhaber** der Marke kann eine natürliche oder juristische Person und eine einer solchen angenäherte Gesellschaft sein (§ 7 MarkenG). Es ist nicht nötig, daß der Inhaber ein Gewerbe betreibt, so daß z. B. der „Erfinder" des Zeichens sich die Marke eintragen lassen kann, um sie einem Interessenten gewinnbringend verkaufen zu können.

5 **1.2** Die Eintragung als Marke gewährt ein **ausschließliches Recht,** das alle anderen weitgehend von der geschäftlichen Benutzung des Zeichens ohne Zustimmung des Markeninhabers ausschließt und dem Inhaber bei Verletzung

---
[1] MarkenG abgedr. bei *Schönfelder* als Nr. 72.

seines Rechts Unterlassungs- und Schadensersatzansprüche gibt (§§ 14 bis 19 MarkenG). Der Inhaber kann auf das Recht verzichten und seine Löschung im Register beantragen (§ 48 MarkenG).

1.3 Teil 2 Abschn. 5 des Markengesetzes befaßt sich mit „**Marken als Gegenstand des Vermögens**". (Für geschäftliche Bezeichnungen und geographische Herkunftsangaben enthält das Gesetz keine vergleichbaren Bestimmungen.) Das **bereits entstandene Markenrecht** kann auf andere übertragen werden; der Rechtsübergang ist auf Antrag im Register einzutragen (§ 27 MarkenG). Die Rechtswirksamkeit des Überganges hängt von der Eintragung nicht ab, aber es wird vermutet, daß der Eingetragene der Inhaber sei (§ 28 MarkenG). 6

Das bereits entstandene Markenrecht kann Gegenstand der Zwangsvollstreckung sein (§ 29 MarkenG), und die nachgewiesene Pfändung ist auf Antrag **im Register einzutragen** (§ 29 MarkenG). Der Markeninhaber kann **Lizenzen erteilen** (§ 30 MarkenG). 7

2. Pfändung und Verwertung

2.1 § 29 MarkenG erklärt zwar das bereits entstandene Markenrecht für pfändbar, verhält sich aber nicht über das mögliche Anwartschaftsrecht, das als Folge der Anmeldung des Zeichens, die zum Eintragungsanspruch führt, entstehen könnte. Daraus wird man wohl e contrario schließen können, daß **zwar das entstandene Recht pfändbar ist, nicht aber ein Anwartschaftsrecht**. Man braucht dieser Frage aber nicht nachzugehen, weil auch das nicht eingetragene Zeichen mit Verkehrsgeltung als Marke entstanden ist, das nicht eingetragene, unbekannte Zeichen aber regelmäßig ohne einen den Vollstreckungsversuch rechtfertigenden Wert sein wird. 8

2.2 Gepfändet wird nach § 857 Abs. 1, 2, 5. Es gibt keinen **Drittschuldner**; insbesondere kommt das Patentamt nicht als solcher in Frage, weil es dem Vollstreckungsschuldner nichts schuldet. Die Pfändung wird also **wirksam mit Zustellung des Beschlusses an den Vollstreckungsschuldner**. Die Wirksamkeit der Pfändung hängt nicht von ihrer **Eintragung im Register** ab. Dennoch wird der Vollstreckungsschuldner diese Eintragung beantragen; denn sie bewirkt, daß das Patentamt ohne Zustimmung des Vollstreckungsschuldners über das Markenrecht einträgt, noch auf seinen Verzicht (§ 48 MarkenG) hin die Marke löscht[2]. 9

Informationen kann sich der Vollstreckungsgläubiger durch die **Einsicht in das Register** und die zugehörigen Akten verschaffen (§ 62 MarkenG). 10

Die Pfändung **ergreift nicht Ansprüche aus Lizenz oder auf Schadensersatz wegen Verletzung des Markenrechts.** 11

2.3 Verwertung

2.3.1 Überweisung zur Einziehung kommt in Frage, weil sie den Vollstreckungsgläubiger zur Vergabe von entgeltlichen Lizenzen befugt. Weil er aber 12

---
2 Vgl. Bescheid d. Präs. d. DPA v. 11. 2. 1950 in GRUR 1950, 294 zum Warenzeichenrecht.

Muster 117 Marke

Lizenzen nur für die Zeit vergeben darf, die zur Tilgung der Vollstreckungsforderung durch Lizenzgebühren nötig ist, wird er keinen Interessenten finden.

13 **Überweisung an Zahlungs Statt** zum Schätzwert dürfte ebenfalls zulässig sein[3], ist aber auch nicht realistisch: Was soll der Vollstreckungsgläubiger mit der Marke, wenn er sie nicht für eigene Waren oder Dienstleistungen nutzen kann? Außerdem wird der Schätzwert einer durchgesetzten Marke sehr häufig deutlich höher sein als die Vollstreckungsforderung, so daß der Vollstreckungsgläubiger dem Vollstreckungsschuldner die Wertdifferenz bar auszahlen müßte.

14 Praktisch kommt nur die **anderweitige Verwertung** durch freihändigen Verkauf oder durch Versteigerung in Frage.

15 2.3.2 Der Erwerber kann sich von der Befugnis des Verwerters durch **Registereinsicht** vergewissern und den Rechtsübergang auf sich durch die Erwerbsurkunde, z. B. das Protokoll des Gerichtsvollziehers, dem Patentamt nachweisen und die Eintragung des Rechtsübergangs in das Register erreichen.

3. Kollektivmarken, geschäftliche Bezeichnungen, geographische Herkunftsangaben

16 **3.1 Kollektivmarken** (§§ 97 ff. MarkenG) sind für die Zwangsvollstreckung uninteressant: Nach § 97 Abs. 2 sind zwar die Vorschriften dieses Gesetzes anzuwenden, soweit in den folgenden Paragraphen nichts anderes bestimmt ist, woraus auf die Pfändbarkeit geschlossen werden könnte. Aber Inhaber von Kollektivmarken können nur gewisse Verbände sein (§ 98 MarkenG). Die Kollektivmarke ist nur für diesen Inhaber (und noch mehr für seine Mitglieder) von Interesse und gewährt auch nur einen geringeren Schutz, so daß sich kein Erwerber für sie finden wird.

17 **3.2 Geschäftliche Bezeichnungen** (§ 5 MarkenG): Das MarkenG äußert sich zu deren Pfändbarkeit nicht. Daraus läßt sich schließen, daß es diesbezüglich keine Änderung der bei seinem Erlaß bestehenden Rechtslage beabsichtigt. Das bedeutet, daß geschäftliche Bezeichnungen **unpfändbar** sind: Der Name ist nicht im Sinn des § 851 übertragbar, die Firma kann nicht ohne das Handelsgeschäft, für das sie geführt wird, übertragen werden (§ 23 HGB), und im übrigen verweist die Gesetzesbegründung zu § 5 auf die Rechtsprechung zum (aufgehobenen) § 16 UWG, die übernommen werden soll[4].

18 **3.3 Geographische Herkunftsangaben** (§§ 126 ff. MarkenG) dienen im geschäftlichen Verkehr zur Kennzeichnung der geographischen Herkunft von Waren oder Dienstleistungen (§ 126 MarkenG). Der Schutzinhalt ist nur ein bewehrtes Verbot gesetzwidriger Benutzung (§ 127 MarkenG), nicht aber die Verleihung eines Rechts an eine Person, das gepfändet werden könnte.

---

[3] *Repenn* in NJW 1994, 175.
[4] Zum Titelschutz vgl. BGH in NJW 1993, 1465.

Muster 118

Mietvertrag, Pachtvertrag

In ein Formblatt (vgl. „Hinweise" Ziff. 5) ist einzusetzen:

Wegen dieser Ansprüche sowie wegen der Kosten dieses Beschlusses und seiner Zustellung

wird die angebliche Forderung des Schuldners

gegen . . . (Name und Adresse des Mieters bzw. Pächters) . . .
                                                        (Drittschuldner)

– *aus Mietvertrag*
– *aus Pachtvertrag*

über . . . (Miet- bzw. Pachtobjekt bezeichnen) . . . auf Zahlung von rückständigen, fälligen und künftig fällig werdenden

– *Mietzinsen*
– *Pachtzinsen*

gepfändet.

Dem Drittschuldner wird verboten, an den Schuldner zu zahlen.

Dem Schuldner wird geboten, sich jeder Verfügung über die gepfändete Forderung, insbesondere ihrer Einziehung, zu enthalten.

Zugleich wird die gepfändete Forderung dem Gläubiger zur Einziehung überwiesen.

――――――――― Erläuterungen ―――――――――

1. Wesen des Mietvertrages

Der Mietvertrag (Pachtvertrag) verpflichtet den Vermieter (Verpächter), dem Mieter (Pächter) **den Gebrauch der vermieteten Sache** bzw. des verpachteten Gegenstands auf die Vertragsdauer **zu überlassen.** Dieser Anspruch des Mieters (Pächters) ist nur dann übertragbar, wenn die Übertragbarkeit vertraglich vereinbart ist. Die Miet- bzw. Pachtzinsforderung des Vermieters (Verpächters) dagegen ist übertragbar, wenn nicht Unübertragbarkeit vereinbart ist.

2. Pfändung und Verwertung

2.1 Ansprüche auf Gebrauchsüberlassung sind nur dann pfändbar, wenn ihre Übertragbarkeit vertraglich vereinbart oder der Mieter (Pächter) zur Untervermietung befugt ist[1]. **Gepfändet wird nach § 857 Abs. 1, verwertet nach § 857 Abs. 4.**

Muster 118 Mietvertrag, Pachtvertrag

3 **Drittschuldner** ist der Vermieter (Verpächter).

4 **2.2 Die Mietzinsforderung (Pachtzinsforderung)** ist als gewöhnliche Geldforderung nach §§ 829, 835 pfändbar. **Nur sie wird im folgenden behandelt.** Wegen des Anspruchs des Vermieters (Verpächters) auf Rückgabe der Mietsache (des Pachtgegenstands) vgl. *Muster 97*.

5 **2.2.1 Künftig fällig werdende Miet- bzw. Pachtzinsen** sollen ausdrücklich mitgepfändet werden; denn es ist streitig, ob sie von § 832 erfaßt werden, also der Vorratspfändung unterliegen[2]. Nach unserer Meinung verbietet sich eine solche Ausweitung des § 832 aus seinem Wortlaut.

6 Die Pfändung künftiger Mietzinsforderungen ist unseres Erachtens als **Dauerpfändung** möglich: Wie die Vorratspfändung umfaßt diese – jedenfalls bei ausdrücklicher Erwähnung im Beschluß – auch künftige Mietzinsen, jedoch mit der aus § 751 Abs. 1 folgenden Einschränkung, daß die Pfändung jeder einzelnen Rate **erst mit Fälligkeit der Rate wirksam wird, also den Rang nicht wahrt.** Seit dem Urteil des BGH zur Hypothekenforderung[3] müßte man, wenn man der dort vertretenen Meinung folgt, auch den gleichzeitigen Erlaß des Überweisungsbeschlusses für unzulässig ansehen, mit der Folge, daß bei jeder Fälligkeit ein neuer Überweisungsbeschluss beantragt und erlassen werden müßte. Das ist nicht hinnehmbar, es genügt vielmehr, wie wir auch bei der Hypothekenpfändung ausgeführt haben, ein Hinweis auf das verzögerte Wirksamwerden im Pfändungs- und Überweisungsbeschluß. **Auch diesen Hinweis haben wir in das Muster nicht aufgenommen,** weil wir meinen, daß er im Antrag nicht erscheinen sollte; denn der Vollstreckungsgläubiger soll sich nicht selbst die Chance nehmen, daß der Rechtspfleger nicht unserer Meinung, sondern der Gegenmeinung folgt, nach welcher Mietzinsforderungen der Vorratspfändung nach § 832 unterliegen. Diese Meinung, welche zu praktischeren Ergebnissen führt als die unsere, ist bei den Vollstreckungsgerichten weit verbreitet. Trotz unserer dogmatischen Bedenken hoffen wir, daß sich die „praktische" Gegenmeinung allgemein durchsetzen wird.

7 **2.2.2 Das gesetzliche Pfandrecht** an den eingebrachten Sachen geht als unselbständiges Nebenrecht mit der Überweisung der Mietzins- bzw. Pachtzinsforderung an Zahlung Statt gemäß §§ 401, 402 BGB auf die Vollstreckungsgläubiger über; denn § 412 BGB ist auch auf den Forderungsübergang kraft Hoheitsakts anzuwenden[4]. Bei der Überweisung zur Einziehung geht das Pfandrecht nicht auf den Vollstreckungsgläubiger über, jedoch bleibt die gepfändete Forderung auch weiterhin durch das Vermieterpfandrecht gesichert.

8 **2.2.3** Bei Vermietung (Verpachtung) eines **Grundstücks** wird **Vollstreckungsschutz** nach § 851b gewährt: Das Vollstreckungsgericht hat die Pfändung insoweit aufzuheben, als die Mietzinsen (Pachtzinsen) für den Vollstreckungs-

---
1 Vgl. KG in NJW 1968, 1882 zum dingl. Wohnungsrecht, bei dem sich die Frage ähnlich stellt.
2 Wie hier *Zöller*, § 832 Rn. 2; *Stöber*, Rn. 223, 691, 692, 966; a. A. z. B. *Stein/Jonas*, § 832 Rn. 4; *Thomas/Putzo*, § 832 Rn. 1; wohl herrschende Meinung.
3 Vgl. Rn. 21 der Erläuterungen bei *Muster 46*.
4 BAG in NJW 1971, 2094.

schuldner zur laufenden Unterhaltung des Grundstücks, für notwendige Instandsetzungsarbeiten und zur Befriedigung derjenigen Ansprüche unentbehrlich sind, die bei einer Zwangsvollstreckung in das Grundstück dem Anspruch des Vollstreckungsgläubigers nach § 10 ZVO vorgehen würden. Dieser Vollstreckungsschutz umfaßt auch Barmittel und Guthaben, die aus Miet- oder Pachtzinsen herrühren. Unentbehrlich für die in § 851b genannten Zwecke sind die Miet- bzw. Pachteinkünfte dann, wenn der Schuldner für jene Zwecke auch keine Mittel aus anderen Einnahmequellen einsetzen kann[5]. Dieser Vollstreckungsschutz wird nur auf Antrag gewährt, es sei denn, daß seine Voraussetzungen offensichtlich vorliegen. Das Verfahren richtet sich nach §§ 851b Abs. 2, 813a Abs. 2, 3 und 5. Insbesondere ist also der Antrag ohne sachliche Prüfung zurückzuweisen, wenn er nicht binnen einer Frist von 2 Wochen ab Pfändung gestellt wird und das Vollstreckungsgericht der Überzeugung ist, der Antrag sei aus Verschleppungsabsicht oder grober Nachlässigkeit nicht früher gestellt worden. (Rechtsmittel: sofortige Beschwerde nach § 793 und gegebenenfalls weitere Beschwerde nach §§ 568 Abs. 2, 577).

Zugunsten des **Untervermieters** kommt Vollstreckungsschutz nach § 851b BGB deshalb nicht in Betracht, weil der Untermieter den Untermietzins nicht zur Grundstücksunterhaltung, Grundstücksinstandsetzung oder zur Befriedigung vorrangiger Ansprüche benötigt. 9

2.3 Die **Beschlagnahme des Grundstücks** in der Zwangsverwaltung – nicht auch in der Zwangsversteigerung! – ergreift auch Miet- und Pachtzinsforderungen (§§ 21 Abs. 2, 148 ZVG). Eine vor Zustellung des Pfändungsbeschlusses angeordnete Zwangsverwaltung macht die Pfändung also erfolglos. 10

Grundpfandrechte erstrecken sich auf die Miet- und Pachtzinsforderungen, so daß deren Pfändung bei Bestehen solcher Rechte erfolglos bleibt (§§ 1123 Abs. 1, 1192, 1200 BGB; dabei gilt der zeitliche Rahmen nach §§ 1123 Abs. 2, 1124 BGB)[6]. 11

---

5 KG in NJW 1969, 1860.
6 Vgl. *Hintzen,* Immobilienzwangsvollstreckung, 2. Auflage, 1995, Rn. 547 ff. (mit Beispielen).

Muster 119

Mietvorauszahlung I
Anspruch auf Leistung der Mietvorauszahlung

In ein Formblatt (vgl. „Hinweise" Ziff. 5) ist einzusetzen:

Wegen dieser Ansprüche sowie wegen der Kosten dieses Beschlusses und seiner Zustellung

wird die angebliche Forderung des Schuldners

gegen seinen Mieter   . . . (Name und Adresse) . . .   (Drittschuldner)

auf Zahlung der vereinbarten Mietvorauszahlung für die Wohnung . . . laut Vertrag vom . . .

gepfändet.

Dem Drittschuldner wird verboten, an den Schuldner zu zahlen.

Dem Schuldner wird geboten, sich jeder Verfügung über die gepfändete Forderung, insbesondere ihrer Einziehung, zu enthalten.

Zugleich wird die gepfändete Forderung dem Gläubiger zur Einziehung überwiesen.

──────── Erläuterungen ────────

bei *Muster 120*

Muster 120

Mietvorauszahlung II
Anspruch auf Rückzahlung der Mietvorauszahlung

In ein Formblatt (vgl. „Hinweise" Ziff. 5) ist einzusetzen:

Wegen dieser Ansprüche sowie wegen der Kosten dieses Beschlusses und seiner Zustellung
wird die angebliche Forderung des Schuldners
gegen ... (Name und Adresse des [früheren] Vermieters) ...
(Drittschuldner)
auf Rückzahlung nicht verbrauchter Mietvorauszahlung für die Wohnung ...
gepfändet.
Dem Drittschuldner wird verboten, an den Schuldner zu zahlen.
Dem Schuldner wird geboten, sich jeder Verfügung über die gepfändete Forderung, insbesondere ihrer Einziehung, zu enthalten.
Zugleich wird die gepfändete Forderung dem Gläubiger zur Einziehung überwiesen.

―――― Erläuterungen ――――

1. Nicht selten wird zwischen Vermieter und Mieter, insbesondere bei Vermietung zu gewerblichen Zwecken, vereinbart, daß der Mieter – nicht als Kaution – einen gewissen Betrag oder eine gewisse Anzahl von Monatsmieten vorauszahlt, und daß ihm diese **Vorauszahlung** in monatlichen Teilbeträgen auf die künftig zu erbringenden Mietzinsen angerechnet wird.

2. **Pfändung und Verwertung**

Die Forderung des Vermieters auf Leistung dieser Vorauszahlung ist als gewöhnliche Geldforderung nach § 829 zu pfänden und nach § 835 zu überweisen.
Drittschuldner ist der Mieter.

Endet das Mietverhältnis, ehe die Mietvorauszahlung durch Verrechnung in Teilbeträgen auf laufenden Mietzins verbraucht ist, so steht dem Mieter der Anspruch auf **Rückzahlung des nicht verbrauchten Teils** der Mietvorauszahlung zu. Auch diese Forderung ist als gewöhnliche Geldforderung nach § 829 zu pfänden und nach § 835 zu überweisen. Vollstreckungsschutz besteht hier nicht. **Drittschuldner** ist der Vermieter.

5   3. Die **Kaution** ist eine Sicherheitsleistung des Mieters für künftige Ansprüche des Vermieters aus dem Mietverhältnis; sie wird regelmäßig durch Überlassung eines Geldbetrages erbracht.

6   Der Anspruch des Vermieters auf Kautionszahlung und Zinsen und der Anspruch des Mieters auf Rückzahlung sind pfändbar.

7   Für den Wohnungsmietvertrag gibt § 550b BGB mieterschützende Sondervorschriften. Ist diese Kaution auf offenem Treuhandkonto des Vermieters angelegt, so kann der Mieter der Pfändung des Guthabens beim Vermieter mit der Drittwiderspruchsklage begegnen[1]; vgl. Rn. 38 und 40 der Erläuterungen zu *Muster 36*.

---

1 BayObLG in NJW 1988, 1796.

Muster 121

Miteigentum an einer beweglichen Sache

In ein Formblatt (vgl. „Hinweise" Ziff. 5) ist einzusetzen:

Wegen dieser Ansprüche sowie wegen der Kosten dieses Beschlusses und seiner Zustellung

werden gepfändet:

a) Der angebliche Miteigentumsanteil des Schuldners an . . . (die Sache genau bezeichnen)

der/die/das ihm zusammen mit . . .

. . . (Namen und Adressen aller Miteigentümer) . . . (Drittschuldner) gehört,

b) die Ansprüche des Schuldners gegen den/die Drittschuldner auf Aufhebung und Auseinandersetzung dieser Bruchteilsgemeinschaft, auf Teilung des Erlöses und Auszahlung des anteiligen Erlöses.*

Dem Drittschuldner wird verboten, an den Schuldner zu leisten.

Dem Schuldner wird geboten, sich jeder Verfügung über den gepfändeten Miteigentumsanteil und die gepfändeten Ansprüche, insbesondere ihrer Einziehung, der Aufhebung oder Auseinandersetzung zu enthalten.

Zugleich werden der gepfändete Anteil und die gepfändeten Ansprüche dem Gläubiger zur Einziehung überwiesen.

---

* <u>Beachte:</u> Ist die im Miteigentum stehende Sache teilbar, so ist der Antrag gem. Rn. 10 der Erläuterungen zu formulieren.

——————— **Erläuterungen** ———————

1. Miteigentum

Wegen des Miteigentums **an einem Grundstück** vgl. *Muster 47*, wegen der **Bruchteilsgemeinschaft** an einer Forderung vgl. *Muster 48*; wegen Miteigentums am Binnenschiff vgl. Rn. 21 f. der Erläuterungen zu *Muster 155*.   1

2. Pfändung und Verwertung

Nur aus einem Titel, der gegen alle Miteigentümer gerichtet ist, kann in die gemeinschaftliche Sache als ganze vollstreckt werden. Aus einem Titel gegen einen Miteigentümer aber kann dessen **Anteil** gepfändet wer-   2

Muster 121 Miteigentum

den; denn der Miteigentumsanteil ist übertragbar (§ 747 S. 1 BGB, § 851 Abs. 1)¹.

3   **2.1** Die Pfändung des Miteigentumsanteils geschieht nach § 857. Sie ergreift nach herrschender Meinung den **Auseinandersetzungsanspruch** und den **Anspruch auf Teilung des Erlöses.** Es ist aber sicherer und klarer, diese Ansprüche ausdrücklich mitzupfänden.

4   **2.2** Der Vollstreckungsgläubiger kann ohne Rücksicht auf eine etwaige Vereinbarung unter den Gemeinschaftern, durch welche die Aufhebung der Gemeinschaft ausgeschlossen oder dafür eine Kündigungsfrist bestimmt wird, die **Aufhebung der Gemeinschaft** verlangen, sofern der Schuldtitel nicht bloß vorläufig vollstreckbar ist (§ 751 Abs. 2 BGB). Das Aufhebungsverlangen soll nach verbreiteter Meinung in der Pfändung und Überweisung des Anspruchs auf Aufhebung der Gemeinschaft schlüssig erblickt werden können, ohne daß es einer ausdrücklichen Geltendmachung bedürfte. Wir empfehlen aber, den Anspruch nach Überweisung gegenüber den Gemeinschaftern ausdrücklich geltend zu machen, schon um im Drittschuldnerprozeß der Gefahr der Kostentragungspflicht nach § 93 sicher zu entgehen.

5   Der Pfandgläubiger übt die Rechte aus, die sich aus der Gemeinschaft der Miteigentümer in Ansehung der Verwaltung der Sache und der Art ihrer Benutzung ergeben (§ 1258 Abs. 1 BGB). Der Vollstreckungsgläubiger, dem der Miteigentumsanteil zur Einziehung überwiesen ist, ist also auch zur Geltendmachung der Verwaltungsrechte des Vollstreckungsschuldners befugt. (Eine entgegenstehende Bestimmung fehlt im Recht der Gemeinschaft, während sie für die Gesellschaft in §§ 717, 725 Abs. 2 BGB besteht.)

6   **2.3** Die im Miteigentum stehende Sache ist so **genau zu bezeichnen,** daß sie von anderen Sachen zweifelsfrei zu unterscheiden ist².

7   **2.4 Drittschuldner** sind alle Miteigentümer (außer dem Vollstreckungsschuldner).

8   **2.5** Bei der Pfändung ist danach zu unterscheiden, ob die im Miteigentum stehende Sache teilbar ist oder nicht:

9   **2.5.1** Ist die **Sache nicht teilbar,** so erfolgt die Aufhebung der Gemeinschaft durch Veräußerung der Sache und Teilung des Erlöses; auf diesen Fall ist das Muster zugeschnitten.

10 **2.5.2** Ist die **Sache teilbar** (z. B. eine Waggonladung Weizen), so erfolgt die Aufhebung der Gemeinschaft durch Teilung in Natur (§ 752 BGB); jeder Miteigentümer bekommt also seinen Anteil an der Waggonladung Weizen. Auf diesen Fall paßt das Muster nicht: Statt der dort unter lit. b formulierten Pfändung des Aufhebungsanspruchs ist zu formulieren:

b) Der Drittschuldner hat denjenigen Teil der gemeinsamen Sache, welcher nach § 752 BGB bei der Aufhebung der Gemeinschaft dem Schuldner ge-

---

1 BGH in NJW 1993, 937; *Furtner* in NJW 1969, 871; *Stein/Jonas*, § 808 Rn. 1; *Stöber*, Rn. 1548 m. w. N.; ganz herrschende Meinung.
2 BGH in JurBüro 1965, 617 = Rpfleger 1965, 365.

bührt, an einen vom Gläubiger zu beauftragenden Gerichtsvollzieher herauszugeben.

Der Gerichtsvollzieher verwertet diesen Teil zugunsten des Vollstreckungsgläubigers, regelmäßig durch Versteigerung. 11

Der teilbaren Sache stehen mehrere gemeinschaftliche Sachen gleich, wenn sie sich ohne Verminderung des Wertes in gleichartige, den Anteilen der Teilhaber entsprechende Teile zerlegen lassen. 12

2.6 Der Vollstreckungsgläubiger kann die **Auseinandersetzung, Teilung** und **Auszahlung** des Erlöses gegen die Miteigentümer durch Klage gegen sie vor dem Prozeßgericht durchsetzen. 13

3. Soweit Miteigentumsrechte in **Anteilsscheinen an Fonds wie z. B. Investmentzertifikate** verbrieft sind, kann weder der Anteilsinhaber noch sein Vollstreckungsgläubiger die Aufhebung der Gemeinschaft oder die Auseinandersetzung verlangen (§ 11 Abs. 1 KAGG[3]). Es sind auch nicht Miteigentümerrechte zu pfänden, sondern die Anteilsscheine, die **Wertpapiere** sind, nach §§ 821, 822, 831; Näheres dazu ist in Rn. 22 f. der Erläuterungen bei Muster 191 dargestellt. 14

---

3 Gesetz über Kapitalgesellschaften i. d. F. v. 14. 1. 1970, zuletzt geändert BGBl. I 1994, 1770.

Muster 122

Miterbenanteil I

In ein Formblatt (vgl. „Hinweise" Ziff. 5) ist einzusetzen:

Wegen dieser Ansprüche sowie wegen der Kosten dieses Beschlusses und seiner Zustellung

werden gepfändet:

a) Der angebliche Erbteil des Schuldners am Nachlaß des am . . . in . . . verstorbenen . . . (Name des Erblassers) . . .,

b) die Ansprüche des Schuldners

    gegen . . . (Name und Adresse aller Miterben) . . .   (Drittschuldner*)

    und den

    – Testamentsvollstrecker
    – Nachlaßverwalter

    . . . (Name und Adresse)   (weiterer Drittschuldner*)

auf Auseinandersetzung des Nachlasses und Teilung der Nachlaßmasse sowie auf Auskunft über den Bestand des Nachlasses.

Den Drittschuldnern wird verboten, an den Schuldner zu leisten.

Dem Schuldner wird geboten, sich jeder Verfügung über den Erbteil, insbesondere der Einziehung und Auseinandersetzung, zu enthalten.

Zugleich werden der gepfändete Erbteil und die gepfändeten Ansprüche dem Gläubiger zur Einziehung überwiesen.

Ferner wird angeordnet, daß die dem Schuldner bei der Auseinandersetzung zukommenden beweglichen Sachen an einen vom Gläubiger beauftragten Gerichtsvollzieher zum Zwecke der Verwertung durch öffentliche Versteigerung herauszugeben sind.**

---

* Siehe Rn. 5 der Erläuterungen bei *Muster 123.*
** Siehe Rn. 11 bis 13 der Erläuterungen bei *Muster 123.*

———— Erläuterungen ————

bei *Muster 123*

Muster 123

Miterbenanteil II
Antrag auf Eintragung der Pfändung nach Muster 122 im Grundbuch

An das Amtsgericht – Grundbuchamt –
...
Betr.: Grundbuch von ... Gem. ... Band ... Blatt ...
In der Zwangsvollstreckungssache
...   (Gläubiger)
gegen
...   (Schuldner)
überreiche ich eine Ausfertigung des Pfändungs- und Überweisungsbeschlusses des Amtsgerichts ... vom ... Az.: ... nebst Zustellungsnachweis sowie eine
– Ausfertigung des Erbscheins des Amtsgerichts ... vom ... Az.: ...*
– amtlich beglaubigte Abschrift des notariellen Testaments vom ... mit Eröffnungsniederschrift des ... vom ...*

und beantrage

a) das Grundbuch durch Eintragung der Miterben in Erbengemeinschaft als Eigentümer zu berichtigen,
b) die Pfändung des Miterbenanteils des Vollstreckungsschuldners an dem ungeteilten Nachlaß ins Grundbuch einzutragen.

(Unterschrift)

---
* Unter diesen Alternativen ist zu wählen.

--- **Erläuterungen** ---

1. Erbengemeinschaft

Die Erbengemeinschaft (§§ 2032 ff. BGB) **ist eine Gesamthandsgemeinschaft.** 1
Der einzelne Miterbe kann zwar – wie der Gesellschafter einer Gesellschaft nach BGB – nicht über seinen Anteil an den einzelnen Nachlaßgegenständen, wohl aber – im Gegensatz zum Gesellschafter – über seinen Anteil am Nachlaß im Ganzen verfügen (§ 2033 BGB).

2. Pfändung und Verwertung

Der Anteil des Miterben an dem (noch) nicht auseinandergesetzten Nachlaß – 2
nicht aber sein Anteil an einzelnen Nachlaßgegenständen – **kann zusammen mit dem Auseinandersetzungsanspruch gepfändet werden** (§ 859 Abs. 2). Die

Muster 123 Miterbenanteil II

Pfändung geschieht nach § 857, auch wenn Grundstücke zum Nachlaß gehören[1].

3 Vor dem Tod des Erblassers bestehen kein Nachlaß, kein Erbteil, keine Anwartschaft; mit Beendigung der Erbauseinandersetzung gehen die Erbteile unter. Eine Anteilspfändung kommt also nur in der Zeit zwischen Erbfall und Beendigung der Auseinandersetzung in Betracht.

4 **2.1 Testamentsvollstreckung**[2], **Nachlaßverwaltung** und **Nacherbschaft** hindern die Pfändung nicht.

5 **2.2 Drittschuldner** sind sämtliche Miterben; die Pfändung wird erst mit Zustellung des Beschlusses an den letzten von ihnen wirksam. Ist ein **Testamentsvollstrecker** oder **Nachlaßverwalter** bestellt, so ist auch er als Drittschuldner zu behandeln. Die herrschende Meinung hält den Testamentsvollstrecker – vorausgesetzt, daß er zur Teilung (Auseinandersetzung) befugt ist – für den alleinigen Drittschuldner[3].

6 Weil das bestritten ist und der Vollstreckungsgläubiger selten sicher weiß, welche Befugnisse der Testamentsvollstrecker hat, gebietet die Vorsicht, die Miterben und den Testamentsvollstrecker als Drittschuldner zu behandeln. Entsprechendes gilt für den Nachlaßverwalter.

7 **2.3** Mit der Pfändung des Erbteils erwirbt der Vollstreckungsgläubiger zwar schon ein **Pfandrecht** an den bei der (späteren) Teilung auf den Vollstreckungsschuldner entfallenden Gegenständen (nicht an einzelnen Gegenständen des ungeteilten Nachlasses!), die Stellung eines Miterben aber erlangt er nicht[4]. Pfändung und Überweisung des Erbteils befugen den Vollstreckungsgläubiger, die Auseinandersetzung zu betreiben (§ 2042 Abs. 1 BGB, § 86 FGG) oder die **anderweitige Verwertung** (§§ 844, 857) zu beantragen[5]; der Vollstreckungsschuldner kann nunmehr weder die freiwillige noch die zwangsweise Auseinandersetzung des gepfändeten Erbteils betreiben[6]; er kann auch seinen Erbteil nicht mehr abtreten.

8 **2.4** Die Pfändung und die Überweisung hindern den Vollstreckungsschuldner aber nicht, die Erbschaft auszuschlagen; mit der **Ausschlagung** wird die Pfändung gegenstandslos.

9 **2.5** Gehört ein **Grundstück** zum Nachlaß, so kann die Pfändung als Verfügungsbeschränkung der Eigentümer im Wege der Berichtigung ins Grundbuch eingetragen werden, obwohl dem Pfandrecht nur der Anteil am ungeteilten Nachlaß unterliegt, nicht auch der einzelne Nachlaßanteil[7]. Die Eintragung stellt sicher, daß eine gemeinschaftliche Verfügung der Miterben über das

---

1 BGHZ 52,99.
2 BayObLG in DB 1983, 708.
3 Z. B. RGZ 86, 294; *Zöller*, § 859 Rn. 16, a. A. z. B. *Schlegelberger*, FGG, § 86 Rn. 15.
4 BayObLG in MDR 1973, 1029; *Zöller*, § 859 Rn. 17.
5 *Palandt*, § 2033 Rn. 15; *Zöller*, § 859 Rn. 17.
6 OLG Hamburg in MDR 1958, 45; *Stöber* in Rpfleger 1963, 337; *Ripfel* in NJW 1958, 692; *Zöller*, § 859 Rn. 17.
7 RGZ 90, 236; BayObLG in Rpfleger 1960, 157; OLGZ 77, 283; *Hintzen* in Rpfleger 1992, 260 ff. (Anm. zu BGII).

Grundstück nur mit Zustimmung des Vollstreckungsgläubigers wirksam ist. Für den ebenfalls nach § 859 zu pfändenden Anteil an der bürgerlich-rechtlichen Gesellschaft dagegen wird die Eintragung der Pfändung im Grundbuch abgelehnt (vgl. Rn. 4 der Erläuterungen bei *Muster 81*). Der Grund für diese unterschiedliche Behandlung liegt darin, daß der Miterbe über seinen Anteil verfügen kann (§ 2033 BGB), der Gesellschafter aber nicht (§ 719 BGB).

Ist im Grundbuch noch der Erblasser als Eigentümer eingetragen, so ist vor Eintragung der Pfändung die Eintragung der Erben als Eigentümer in Erbengemeinschaft notwendig (§ 39 GBO). Der Vollstreckungsgläubiger ist durch den Pfändungs- und Überweisungsbeschluß befugt, diese Grundbuchberichtigung zu beantragen (§ 14 GBO). Hierzu muß er den Erbgang durch Vorlage des Erbscheins nachweisen (§ 22 GBO); den Erbschein kann sich der Vollstreckungsgläubiger nach § 792 beschaffen. Beruht die Erbfolge auf einem notariell beurkundeten Testament, so genügt zum Nachweis regelmäßig die Vorlage dieser Urkunde (oder einer notariell beglaubigten Abschrift davon) zusammen mit der Eröffnungsniederschrift (§ 35 Abs. 1 GBO). 10

2.6 Die **Verwertung** des gepfändeten Miterbenanteils kann entweder durch Überweisung zur Einziehung oder eine Anordnung des Vollstreckungsgerichts auf anderweitige Verwertung, z. B. durch Versteigerung des gesamten Erbteils (§§ 857, 844), erfolgen. 11

Das Pfändungspfandrecht erstreckt sich auf die dem Vollstreckungsschuldner zukommenden einzelnen aus der Auseinandersetzung fließenden Ansprüche gegen die Miterben, nach häufig vertretener Meinung auch auf die danach dem Vollstreckungsschuldner zuzuteilenden Sachen. Letzteres bestreitet *Liermann* in NJW 1962, 2189 mit der Begründung, eine nochmalige Surrogation des Pfandrechts auf die Sachen sei nicht nötig, weil dem die spezielle Vorschrift des § 847 entgegenstehe. Deshalb empfiehlt er, schon im Pfändungsbeschluß die Herausgabe an den Gerichtsvollzieher anordnen zu lassen; weil das der vorsichtigste Weg ist, ist diese Anordnung im Muster berücksichtigt. 12

Häufig benötigt der Vollstreckungsgläubiger **Auskünfte des Testamentsvollstreckers,** um seine Gläubigerrechte durchsetzen zu können. Der Auskunftsanspruch gegen den Testamentsvollstrecker (§ 2218 BGB i. V. m. §§ 666, 259 BGB) steht jedem einzelnen Miterben, also auch dem Vollstreckungsschuldner, zu, richtet sich aber auf Erteilung der Auskunft an alle Erben. Er kann nicht für sich allein gepfändet werden, ist aber von der Pfändung des Erbteils ohne weiteres erfaßt[8]. 13

2.7 Wegen der **Mit-Nacherbschaft** siehe *Muster 125*. 14

---

8 BGH in NJW 1965, 296; *Palandt,* § 2218, Rn. 3.

Muster 124

Nacherbschaft I
Vollstreckungsschuldner ist alleiniger Nacherbe

In ein Formblatt (vgl. „Hinweise" Ziff. 5) ist einzusetzen:

Wegen dieser Ansprüche sowie wegen der Kosten dieses Beschlusses und seiner Zustellung

werden gepfändet:

a) das angebliche Anwartschaftsrecht des Schuldners als alleiniger Nacherbe nach . . . (Name, letzte Adresse und nach Möglichkeit Sterbetag des Erblassers) . . .,

b) sein Anspruch gegen den Vorerben . . . (Name und Adresse des Vorerben) . . . (Drittschuldner)

auf Herausgabe der Erbschaft.

Dem Drittschuldner wird verboten, an den Schuldner zu leisten.

Dem Schuldner wird geboten, sich jeder Verfügung über das gepfändete Anwartschaftsrecht und den gepfändeten Anspruch, insbesondere der Einziehung, zu enthalten.

Es wird angeordnet, daß die Erbschaft an einen vom Gläubiger beauftragten Gerichtsvollzieher herauszugeben ist.

Zugleich werden das gepfändete Recht und der gepfändete Anspruch dem Gläubiger zur Einziehung überwiesen.

Erläuterungen

bei *Muster 126*

Muster 125

Nacherbschaft II
Vollstreckungsschuldner ist einer von mehreren Nacherben

In ein Formblatt (vgl. „Hinweise" Ziff. 5) ist einzusetzen:

Wegen dieser Ansprüche sowie wegen der Kosten dieses Beschlusses und seiner Zustellung

werden gepfändet:

a) das angebliche Anwartschaftsrecht des Schuldners als Mitnacherbe des . . . (Name, letzte Adresse und nach Möglichkeit Sterbetag des Erblassers) . . . ,

b) sein angeblicher Anspruch gegen seine Mitnacherben . . . (Namen und Adressen aller anderen Mitnacherben). . .   (Drittschuldner)

und den

– *Testamentsvollstrecker*
– *Nachlaßverwalter*

. . . (Name und Adresse) . . .   (weiterer Drittschuldner*)

auf Auseinandersetzung des Nachlasses und Teilung der Nachlaßmasse.

Den Drittschuldnern wird verboten, an den Schuldner zu leisten.

Dem Schuldner wird geboten, sich jeder Verfügung über das gepfändete Anwartschaftsrecht und den gepfändeten Anspruch, insbesondere der Einziehung zu enthalten.

Zugleich werden das gepfändete Recht und der gepfändete Anspruch dem Gläubiger zur Einziehung überwiesen.

Ferner wird angeordnet, daß die dem Schuldner bei der Auseinandersetzung zukommenden Sachen an einen vom Gläubiger beauftragten Gerichtsvollzieher zum Zweck der Verwertung herauszugeben sind.**

* S. Rn. 4 und 5 der Erläuterungen bei *Muster 123.*
** S. Rn. 11 bis 13 der Erläuterungen bei *Muster 123.*

—— Erläuterungen ——

bei *Muster 126*

Muster 126

Nacherbschaft III
Antrag auf Eintragung der Pfändung nach Muster 124 und 125 im Grundbuch

An das
Amtsgericht – Grundbuchamt –
.....

Betr.: Grundbuch von ... Gem. ... Band ... Blatt ...
In der Zwangsvollstreckungssache
.....   (Gläubiger)
gegen
.....   (Schuldner)

überreiche ich eine Ausfertigung des Pfändungs- und Überweisungsbeschlusses des Amtsgerichts ... vom ... Az.: ... nebst Zustellungsnachweis und

beantrage

als der im Pfändungs- und Überweisungsbeschluß legitimierte Vertreter des Vollstreckungsgläubigers

a) den Nacherbenvermerk nach § 51 GBO einzutragen und

b) das Grundbuch durch Eintragung der Pfändung des (Mit-)Nacherbrechts des Schuldners zu berichtigen.

(Unterschrift)

--- Erläuterungen ---

1. Wesen der Nacherbschaft

1   Der Erblasser kann einen Erben in der Weise einsetzen, daß dieser erst Erbe wird, nachdem zunächst ein anderer Erbe geworden ist (Nacherbe, § 2100 BGB). Der Nacherbe erwirbt ein **Anwartschaftsrecht** bereits bei Eintritt des Erbfalls, das übertragbar ist, wie das Vollrecht[1]. Vor dem Erbfall hat der als Nacherbe Bedachte weder ein Recht noch eine Anwartschaft.

2   Den **Umfang des Nacherbenrechts** bestimmen §§ 2110 und 2111 BGB. Mit dem Eintritt der Nacherbfolge hört der Vorerbe auf, Erbe zu sein, die Erbschaft fällt dem Nacherben an (§ 2139 BGB) und der Vorerbe ist nunmehr verpflichtet, dem Nacherben die Erbschaft in dem Zustand herauszugeben, der sich bei einer bis zur Herausgabe fortgesetzten ordnungsmäßigen Verwaltung ergibt; auf Verlangen hat der Vorerbe Rechenschaft zu legen (§ 2130 BGB).

---
1 BGHZ 37, 323, 326; 87, 369.

Mehrere Nacherben sind untereinander Miterben, nicht aber im Verhältnis zum Vorerben. 3

Der **Schlußerbe nach dem sogenannten Berliner Testament** (§ 2269 BGB) ist nicht Nacherbe; er hat vor dem Tod des längerlebenden der Testatoren kein übertragbares Anwartschaftsrecht². 4

2. Pfändung und Verwertung

Das **Anwartschaftsrecht** des Nacherben ist pfändbar. 5

2.1 Ist **nur ein Nacherbe** berufen, so erfolgt die Pfändung nach § 857. Dabei ist bestritten, ob der Vorerbe **Drittschuldner** ist oder ob es keinen Drittschuldner gibt³. Sicherer ist es, den Vorerben als Drittschuldner zu benennen und ihm und dem Vollstreckungsschuldner den Pfändungs- und Überweisungsbeschluß zuzustellen. Am sichersten ist es, auch den Anspruch des Nacherben gegen den Vorerben auf Herausgabe der Erbschaft zu pfänden; denn bezüglich dieses Anspruchs jedenfalls ist der Vorerbe Drittschuldner. 6

2.2 Sind **mehrere als Nacherben** berufen, ist aber nur einer von ihnen Vollstreckungsschuldner, so ist nach § 859 Abs. 2 zu pfänden. In diesem Fall sind die übrigen Nacherben **Drittschuldner**. Der Vorerbe dagegen ist nicht Drittschuldner; denn dem einzelnen Nacherben fallen selbständig geltend zu machende Ansprüche gegen den Vorerben erst mit der Auseinandersetzung unter den Nacherben zu. Es ist zunächst das Miterbenrecht des Schuldners zu pfänden, damit sein Anteil aus der Gesamthandsgemeinschaft mit seinen Mit-Nacherben durch Auseinandersetzung getrennt werden kann. Zugleich kann sein Anwartschaftsrecht gepfändet werden. Das alles ist streitig⁴. 7

2.3 Gehört ein **Grundstück** zum Nachlaß, so kann die Pfändung im Wege der Berichtigung ins Grundbuch eingetragen werden, obwohl dem Pfandrecht nur ein Anteil an der ungeteilten Nacherbschaft unterliegt, nicht auch das einzelne Recht des Nacherben⁵. Die Eintragung stellt sicher, daß eine gemeinschaftliche Verfügung der Mit-Nacherben über das Grundstück nach Eintritt des Nacherbfalls nur mit Zustimmung des Vollstreckungsgläubigers wirksam ist. Die Eintragung der Pfändung des Nacherbenrechts setzt die Eintragung des Nacherbvermerks im Grundbuch (§ 51 GBO) voraus. Der Nacherbenvermerk ist in das Grundbuch schon bei Eintragung des Vorerben einzutragen. Falls dies unterblieben sein sollte, ist auch die Eintragung des Nacherbenvermerks zu beantragen, weil sonst die Pfändung nicht eingetragen werden kann (§ 39 GBO). Der Vollstreckungsgläubiger ist durch den Pfändungs- und Überweisungsbeschluß befugt, diese Grundbuchberichtigung zu beantragen (§ 14 GBO). Ist der Nacherbvermerk, wie ganz regelmäßig, eingetragen, so braucht nach § 22 GBO nur 8

---

2 BGHZ 37, 323.
3 Vorerbe ist Drittschuldner: z. B. *Stein/Jonas*, § 857 Rn. 97; *MünchKomm.*, § 2100 Rn. 32; *Stöber*, Rn. 1657; dagegen z. B. *Palandt*, vor § 2100 Rn. 6; *Baumbach/Lauterbach/Albers/Hartmann*, Grundz. vor § 704 Rn. 96.
4 Vgl. insbesondere *MünchKomm.*, § 2100 Rn. 32.
5 RGZ 90, 236; BayObLG in Rpfleger 1960, 157; OLGZ 77, 283.

noch die Tatsache der Pfändung nachgewiesen zu werden; dies geschieht durch Vorlage des Pfändungsbeschlusses. Sollte der Nacherbenvermerk ausnahmsweise nicht eingetragen sein, so ist die Nacherbschaft durch Vorlage des Erbscheins nachzuweisen, den sich der Vollstreckungsgläubiger nach § 792 beschaffen kann, der aber regelmäßig schon bei den Grundakten sein wird.

9 **2.4** Die **Verwertung** des gepfändeten Nacherbenrechts kann vor Eintritt der Erbfolge nur nach §§ 857 Abs. 5, 844 geschehen. Diese Verwertung wird keinen hohen Erlös bringen. Dem Vollstreckungsgläubiger ist zu empfehlen, mit der Verwertung bis zum Eintritt der Nacherbfolge zu warten: Dann ist der Nacherbe als Erbe des Erblassers Inhaber des Nachlaßvermögens (oder seines Anteils daran) und das Pfändungspfandrecht setzt sich an dem Herausgabeanspruch des Nacherben gegen den Vorerben fort. Die Herausgabe von Sachen wird dabei nach §§ 846 ff. verfolgt.

Muster 127

Nießbrauch I

In ein Formblatt (vgl. „Hinweise" Ziff. 5) ist einzusetzen:

Wegen dieser Ansprüche sowie wegen der Kosten dieses Beschlusses und seiner Zustellung
wird der angeblich für den Schuldner an dem Grundstück des
... (Name und Adresse des Grundstückseigentümers) ... (Drittschuldners)
Fl.Nr. ... im Grundbuch des Amtsgerichts ... Gem. ... Band ... Blatt ... in Abt. II unter lfd. Nr. ... eingetragene Nießbrauch,
gepfändet.
Dem Drittschuldner wird verboten, an den Schuldner zu leisten.
Dem Schuldner wird geboten, sich jeder Verfügung über den gepfändeten Nießbrauch, insbesondere der Ausübung oder Aufhebung, der Überlassung an Dritte und der Einziehung (auch einzelner daraus folgender Ansprüche) zu enthalten.
– Zugleich wird dem Gläubiger die Befugnis zur Ausübung der aus dem Nießbrauch folgenden Rechte überwiesen.*
– Zum Zwecke der Ausübung des Nießbrauchs durch den Gläubiger wird die Verwaltung des Nießbrauchs angeordnet. Zum Verwalter wird ... bestellt.*

---
* Unter diesen Alternativen ist zu wählen.

─────── **Erläuterungen** ───────

bei *Muster 128*

Muster 128

Nießbrauch II
Antrag auf Eintragung der Pfändung nach Muster 127 im Grundbuch

An das Amtsgericht – Grundbuchamt –
...

Betr.: Grundbuch von ... Gem. ... Band ... Blatt ...
In der Zwangsvollstreckungssache
...   (Gläubiger)
gegen
...   (Schuldner)
überreiche ich eine Ausfertigung des Pfändungs- und Überweisungsbeschlusses des Amtsgerichts ... vom ... Az.: ... nebst Zustellungsnachweis und

beantrage

als der im Pfändungs- und Überweisungsbeschluß legitimierte Vertreter des Vollstreckungsgläubigers, die Pfändung des Nießbrauchs im Grundbuch einzutragen.

(Unterschrift)

Erläuterungen

1. Wesen des Nießbrauchs

1   **Nießbrauch** ist das nicht übertragbare und nicht vererbliche **dingliche Recht**, sämtliche Nutzungen des dem Nießbrauch unterliegenden Gegenstands nach den Regeln der ordnungsgemäßen Wirtschaft zu ziehen, jedoch ohne Eingriff in die Substanz.

2   Der Nießbrauch ist **nicht übertragbar**, aber **seine Ausübung kann einem anderen überlassen** werden (§ 1059 BGB). Der einer juristischen Person zustehende Nießbrauch ist unter gewissen Voraussetzungen übertragbar (§ 1059a BGB).

3   **Gegenstand** des Nießbrauchs kann sowohl ein Grundstück als auch eine bewegliche Sache oder ein Recht sein (§§ 1030, 1068 BGB); am Vermögen einer Person oder an einer Erbschaft kann ein Nießbrauch nur in der Weise bestellt werden, daß der Nießbraucher den Nießbrauch an den einzelnen zum Vermögen bzw. der Erbschaft gehörenden Gegenständen erlangt (§§ 1085, 1089 BGB).

2. Pfändung und Verwertung

4   Der Nießbrauch als unveräußerliches Recht ist, falls seine Ausübung einem anderen überlassen werden kann, nach § 857 Abs. 3 **pfändbar**, und zwar das

dingliche Nießbrauchsrecht selbst, nicht nur das obligatorische Recht auf seine Ausübung[1]. Die Wirksamkeit der Pfändung hängt nicht von ihrer Eintragung im Grundbuch ab; ob diese zulässig ist, ist streitig[2]. Wir empfehlen dringend, die Eintragung im Grundbuch nach *Muster 128* zu beantragen, um zu verhindern, daß der Nießbrauch ohne Mitwirkung des Vollstreckungsgläubigers gelöscht werden kann; dieser Gesichtspunkt ist in BGHZ 62, 139 nicht erörtert.

2.1 Die **Überlassung der Nießbrauchsausübung kann vertraglich ausgeschlossen werden**, auch mit dinglicher Wirkung. Dieser Ausschluß steht aber der Pfändung nicht entgegen (§ 851 Abs. 2)[3]. 5

Eine Vereinbarung dagegen, daß der Nießbrauch erlischt, wenn er gepfändet wird, muß der Vollstreckungsgläubiger gegen sich gelten lassen. Weil in diesem Fall die Pfändung dem Vollstreckungsgläubiger keinen Vorteil, dem Vollstreckungsschuldner aber Nachteile brächte, liegt es nahe, dem Vollstreckungsschuldner Schutz nach § 765a zu gewähren[4].

Der Nießbrauch, welcher einer **juristischen Person** zusteht, kann übertragbar sein, wird aber nicht infolge der Übertragbarkeit pfändbar (§§ 1059a und 1059b BGB). 6

Beim Nießbrauch an **verbrauchbaren Sachen** (§ 1067 BGB) sind die dem Nießbrauch unterliegenden Sachen nach §§ 803 ff. durch den Gerichtsvollzieher zu pfänden. 7

Ist der Vollstreckungsschuldner Besteller des Nießbrauchs, so ist seine Forderung auf **Wertersatz** nach § 1039 BGB als gewöhnliche Forderung pfändbar. 8

2.2 Ist der Vollstreckungsschuldner nicht Nießbraucher, hat sich aber der Nießbraucher ihm gegenüber verpflichtet, ihm die Ausübung des Nießbrauchs zu überlassen, dann hat der Vollstreckungsschuldner gegenüber dem Nießbraucher als Drittschuldner einen **obligatorischen Anspruch auf Überlassung der Nießbrauchsausübung**; dieser Anspruch ist pfändbar[5]. 9

2.3 Drittschuldner ist der Eigentümer der mit dem Nießbrauch belasteten Sache bzw. der Inhaber des mit dem Nießbrauch belasteten Rechts, bei Pfändung des Anspruchs auf Wertersatz dagegen der Nießbraucher. 10

2.4 Die **Verwertung** des Nießbrauchs kann nicht durch Überweisung geschehen, weil der Nießbrauch unveräußerlich ist. Daher sind zur Verwertung besondere Anordnungen zu erlassen (§ 857 Abs. 4). Als solche kommen wegen der Unveräußerlichkeit des Nießbrauchs auch die Versteigerung oder der freihändige Verkauf nicht in Betracht. Empfehlen wird sich insbesondere die Anordnung der Verwaltung des Nießbrauchs. 11

---

1 Streitig: Wie hier BGHZ 62, 136; *Zöller*, § 857 Rn. 12; *Stöber*, Rn. 1710; dagegen z. B. *Palandt*, § 1059 Rn. 6.
2 BGHZ 62, 139 f., *Zöller*, § 857 Rn. 12; *Stöber*, Rn. 1714; *Palandt*, § 1059 Rn. 6; LG Bonn in Rpfleger 1979, 343; *Hintzen* in JurBüro 1991, 755 ff.
3 BGH in NJW 1985, 2827 = BGHZ 95, 99.
4 OLG Frankfurt in JurBüro 1980, 1899.
5 BGHZ 62, 137 f.

12 Allerdings kann sich der Vollstreckungsgläubiger die Befugnis zur Ausübung des Nießbrauchs zur Einziehung überweisen lassen. Nach RGZ 56, 390 soll er aber dann auch die Verpflichtungen des Nießbrauchs zu tragen haben.

13 Hat der Vollstreckungsschuldner als Nießbraucher die Sache einem Dritten, insbesondere einem Mieter, überlassen, so tut der Vollstreckungsgläubiger gut daran, dem Dritten eine beglaubigte Abschrift des Pfändungsbeschlusses zustellen zu lassen und ihn aufzufordern, den Mietzins nunmehr an den Vollstreckungsgläubiger zu zahlen. Zahlt der Dritte nicht, so kann der Vollstreckungsgläubiger sein Recht nur im Wege der Klage holen.

14 **2.5** Mit dem **Tod des Nießbrauchers** erlischt der Nießbrauch (§ 1061 BGB) und mit ihm auch das Pfandrecht daran.

15 Der Nießbrauch erlischt aber auch, wenn der Nießbraucher ihn aufhebt (§§ 1062, 1064, 1071 BGB). Bei Grundstücken wird die **Aufhebung** nur wirksam, wenn der Nießbrauch im Grundbuch gelöscht wird (§ 875 BGB). Die Aufgabe des Nießbrauchs durch den Nießbraucher nach Wirksamwerden der Pfändung ist dem Vollstreckungsgläubiger gegenüber wegen des im Pfändungsbeschluß enthaltenen Veräußerungsverbots unwirksam (§§ 135, 136 BGB). Weil aber Dritte gem. §§ 892, 893 BGB das Eigentum nach Aufhebung des Nießbrauchs lastenfrei erwerben könnten, wenn sie von der Pfändung nichts wissen, ohne dabei grob fahrlässig zu sein, muß sich der Vollstreckungsgläubiger dadurch schützen, daß er die Pfändung des Nießbrauchs im Grundbuch eintragen läßt. Diese Überlegung scheint der BGH nicht angestellt zu haben, als er aussprach, die Pfändung sei nicht einzutragen (s. Fußnote 1).

3. Einzelnes

16 **3.1** Für die **Pfändung des mit dem Nießbrauch belasteten Gegenstandes** gilt: Beim Nießbrauch an einer (einzelnen) Sache oder an einem (einzelnen) Recht müssen sowohl persönliche Gläubiger als auch nachrangige dingliche Gläubiger des Eigentümers oder Rechtsinhabers den Nießbrauch gegen sich gelten lassen. Beim Nießbrauch an einem Vermögen oder einem Nachlaß aber ist die Zwangsvollstreckung in das Vermögen bzw. in den Nachlaß ohne Rücksicht auf den Nießbrauch dann zulässig, wenn die Forderung des Vollstreckungsgläubigers vor der Nießbrauchsbestellung entstanden ist (§§ 737 ZPO, 1086, 1089 BGB). Der Vollstreckungsgläubiger braucht zusätzlich zum Leistungstitel gegen den Vollstreckungsschuldner einen **Duldungstitel gegen den Nießbraucher;** ob er diesen erhält, bestimmt sich nach § 1086 BGB.

17 **3.2** Beim **Leasingvertrag** ist die Pfändung des Nutzungsrechts des Leasingnehmers in ähnlicher Weise möglich wie die Pfändung des Nießbrauchs: Auch hier ist nach § 857 Abs. 3 zu pfänden, und zwar das Nutzungsrecht selbst. Bei vertraglichem Ausschluß der Gebrauchsüberlassung, der sehr häufig vereinbart ist, ist das Nutzungsrecht – im Gegensatz zum Nießbrauch – allerdings unpfändbar, weil infolge des auf den Leasingvertrag analog anwendbaren § 549 Abs. 1 Satz 1 die Gebrauchsüberlassung untersagt ist[6].

---
6 OLG Düsseldorf in NJW 1988, 1676.

Offene Handelsgesellschaft I
Vollstreckungsschuldner ist ein Gesellschafter

Ist ein Formblatt (vgl. „Hinweise" Ziff. 5) ist einzusetzen:

Wegen dieser Ansprüche sowie wegen der Kosten dieses Beschlusses und seiner Zustellung werden gepfändet:

a) der angebliche Anteil des Schuldners als Gesellschafter an der . . . (genaue Firma und Adresse oder OHG) . . ., vertreten durch den (die) Gesellschafter . . . (Namen und Adressen) . . .,

(Drittschuldnerin)*

b) der angebliche Anspruch des Schuldners auf sein Auseinandersetzungsguthaben, soweit er sich gegen diese Drittschuldnerin richtet,

c) die angeblichen Ansprüche des Schuldners gegen die übrigen Gesellschafter, nämlich . . . (Namen und Adressen aller Mitgesellschafter) . . .

(weitere Drittschuldner)

– *auf sein Auseinandersetzungsguthaben, soweit es sich gegen diese Drittschuldner richtet,*
– *auf Ermittlung, Zuteilung und Auszahlung seiner Gewinnanteile, auch für vergangene Jahre,*
– *auf Vergütung für Geschäftsführertätigkeit und sonstige Dienstleistungen,*
– *auf Ersatz von Aufwendungen für die Gesellschaft,*
– *auf Rückzahlung von Darlehen,*
– *auf Auszahlung sonstiger Guthaben, gleich ob sie auf Kapitalkonto, Privatkonto, Verrechnungskonto, Darlehenskonto oder einem sonstigen Konto des Schuldners gebucht sind.*

Den Drittschuldnern wird verboten, an den Schuldner zu leisten.

Dem Schuldner wird verboten, sich jeder Verfügung über den gepfändeten Anteil und die gepfändeten Ansprüche, insbesondere ihrer Einziehung, zu enthalten.

Zugleich werden der gepfändete Anteil und die gepfändeten Ansprüche dem Gläubiger zur Einziehung überwiesen.

---

* Beachte Rn. 6, 7 und 8 der Erläuterungen bei *Muster 130*.

Erläuterungen

bei *Muster 130*

Muster 130

Offene Handelsgesellschaft II
Vollstreckungsschuldnerin ist die OHG

In ein Formblatt (vgl. „Hinweise" Ziff. 5) ist einzusetzen:

Wegen dieser Ansprüche sowie wegen der Kosten dieses Beschlusses und seiner Zustellung

wird die angebliche Forderung der Schuldnerin

gegen ihren Gesellschafter ... (Name und Adresse) ...   (Drittschuldner)

auf Zahlung der von ihm im Gesellschaftsvertrag versprochenen Geldeinlage

gepfändet.

Dem Drittschuldner wird verboten, an den Schuldner zu zahlen.

Der Schuldnerin wird geboten, sich jeder Verfügung über die Forderung, insbesondere ihrer Einziehung, zu enthalten.

Zugleich wird die gepfändete Forderung dem Gläubiger zur Einziehung überwiesen.

--- Erläuterungen ---

1. Die offene Handelsgesellschaft

1   Für die offene Handelsgesellschaft (OHG) gelten die Bestimmungen über die **bürgerliche Gesellschaft,** soweit sich nicht aus §§ 105 bis 160 HGB etwas anderes ergibt; insoweit wird auf die Erläuterungen bei *Muster 81* verwiesen. Im Gegensatz zur bürgerlichen Gesellschaft kann die OHG unter ihrer Firma Rechte erwerben und Verbindlichkeiten eingehen, vor Gericht klagen und verklagt werden (§ 124 Abs. 1 HGB); sie ist dennoch nicht eine juristische Person.

2   Jeder Gesellschafter haftet unbeschränkt für die Gesellschaftsschulden.

3   Ein Gesellschafter kann weder über seinen Anteil am Gesellschaftsvermögen noch über seinen Anteil an den einzelnen zugehörigen Gegenständen verfügen (§§ 105 HGB, 719 BGB).

2. Pfändung und Verwertung

4   **2.1** *Muster 129* befaßt sich mit der **Zwangsvollstreckung in das Vermögen eines Gesellschafters,** soweit es in der Gesellschaft gebunden ist. Weil der Anteil eines Gesellschafters an der Gesellschaft nicht übertragbar ist, wäre er auch nicht pfändbar (§ 851). § 135 HGB bestimmt jedoch, daß die Pfändung

des Gesellschaftsanteils zulässig ist, wenn zwei Voraussetzungen gegeben sind:

Wie bei der bürgerlichen Gesellschaft darf der Vollstreckungstitel nicht bloß vorläufig vollstreckbar sein, und die Zwangsvollstreckung in das bewegliche Privatvermögen des Vollstreckungsschuldners (Gesellschafters) muß – nicht notwendig vom jetzigen Vollstreckungsgläubiger – innerhalb der **letzten 6 Monate vor der Pfändung** versucht worden sein; auf die Reihenfolge zwischen Rechtskraft, Erlaß des Pfändungs- und Überweisungsbeschlusses und den anderweitigen Vollstreckungsversuchen kommt es nicht an[1]. 5

2.1.1 Gepfändet wird nach §§ 857, 859. 6

Drittschuldner sind alle anderen Gesellschafter, weil die OHG keine juristische Person ist und für sie mangels abweichender Bestimmungen in den §§ 105 bis 160 HGB insoweit die Vorschriften über die bürgerliche Gesellschaft gelten. Vielfach[2] aber wird die OHG als Drittschuldnerin angesehen und die Zustellung des Pfändungs- und Überweisungsbeschlusses an sie als genügend erachtet; man will dies dem § 124 Abs. 1 HGB entnehmen. Zustellung auch an die einzelnen Gesellschafter ist aber jedenfalls unschädlich. Der Vorsichtige wird auch sie veranlassen und zur Vermeidung weiterer Zweifelsfragen auch bezüglich der Anteilspfändung selbst sowohl die OHG als auch die Gesellschafter als Drittschuldner erfassen; das ist im Muster berücksichtigt.

Es muß einem Vertretungsbefugten zugestellt werden. Zur Vertretung der OHG ist nach § 125 HGB jeder Gesellschafter für sich allein befugt; jedoch können durch Gesellschaftsvertrag einzelne (nicht alle!) Gesellschafter von der Vertretung ausgeschlossen, oder es kann bestimmt sein, daß nur mehrere (alle) Gesellschafter gemeinsam oder Gesellschafter zusammen mit Prokuristen vertreten können. Gesamtvertretung braucht den Vollstreckungsgläubiger zwar nicht zu interessieren, weil nach § 125 Abs. 2 und 3 HGB die Zustellung an nur einen der zur Mitwirkung bei der Vertretung befugten Gesellschafter genügt. Aber der Zustellungsempfänger muß eben zur Mitwirkung bei der Vertretung befugt sein, so daß die Zustellung an einen von der Vertretung ausgeschlossenen Gesellschafter nicht genügt. Der Ausschluß eines Gesellschafters von der Vertretung ist in das Handelsregister einzutragen (§ 125 Abs. 4 HGB) und kann sonst dem Vollstreckungsgläubiger nicht entgegengesetzt werden, es sei denn, daß er ihm bekannt war (§ 15 Abs. 1 HGB)[3]. 7

Jedoch ist nicht gerade an den Vollstreckungsschuldner als Vertreter der Gesellschaft zuzustellen, weil dessen Vertretungsbefugnis im konkreten Fall der Rechtsgedanke des § 181 BGB entgegensteht[4]. Man wird also einen anderen der nicht von der Vertretung ausgeschlossenen Gesellschafter, ist ein 8

---

1 BGH in NJW 1982, 2773.
2 BGHZ 96, 396; ferner *Stein/Jonas*, § 859 Rn. 12 und *Thomas/Putzo*, § 859 Rn. 3; wie hier aber *Zöller*, § 859 Rn. 7; *Stöber*, Rn. 1584 m. w. N.
3 § 15 Abs. 1 HGB gilt auch im sogenannten Prozeßverkehr, insbesondere zugunsten des Vollstreckungsgläubigers.
4 Vgl. Rn. 25 der Erläuterungen bei *Muster 84*.

solcher nicht vorhanden, einen (bei Gesamtprokura mehrere) Prokuristen als Vertreter der Drittschuldnerin benennen; auch die Prokuristen sind im Handelsregister eingetragen.

9 2.1.2 Der gepfändete Gesellschaftsanteil ist dem Vollstreckungsgläubiger **zur Einziehung zu überweisen.** Einziehung an Zahlungs Statt scheidet nach der Natur der Sache aus, weil der Vollstreckungsgläubiger nicht Gesellschafter werden kann.

10 2.1.3 Die **Wirkung der Pfändung** ergibt sich aus § 135 HGB: Der Vollstreckungsschuldner bleibt Gesellschafter mit allen Rechten und Pflichten; der Vollstreckungsgläubiger kann Gesellschafterrechte nicht ausüben (vgl. im einzelnen die Erläuterungen zu *Muster 81*). Der Vollstreckungsgläubiger kann die Gesellschaft **kündigen,** jedoch nur unter Einhaltung einer Frist von 6 Monaten zum Ende des Geschäftsjahrs. Der Vollstreckungsgläubiger kündigt also zum nächst zulässigen Zeitpunkt; wann dieser ist, muß sich aus der Drittschuldnererklärung ergeben (§ 840 Abs. 1 Nr. 1 ... „inwieweit" ...). Die Kündigung hat die Auflösung der Gesellschaft zur Folge (§ 131 Nr. 6 HGB); dem Vollstreckungsgläubiger gebührt nunmehr dasjenige, was dem Vollstreckungsschuldner als Auseinandersetzungsguthaben zukommt (§§ 145, 155, 158 HGB).

11 2.1.4 Wenn die übrigen Gesellschafter die Auflösung ihrer Gesellschaft infolge der Kündigung durch den Vollstreckungsgläubiger vermeiden wollen, können sie aufgrund eines von ihnen gefaßten Beschlusses dem Vollstreckungsgläubiger erklären, daß die **Gesellschaft** unter ihnen **fortbestehen** solle; in diesem Fall scheidet der Vollstreckungsschuldner gem. § 14 HGB mit dem Ende des Geschäftsjahrs aus der Gesellschaft aus. (Bei der Partnerschaft bewirkt die Kündigung gem. § 9 PartGG[5] von vornherein nur das Ausscheiden des Vollstreckungsschuldners, vgl. Rn. 18). Die Gesellschafter können aber schon im Gesellschaftsvertrag vereinbaren, daß bei Kündigung der Gesellschaft durch den Vollstreckungsgläubiger die Gesellschaft fortbestehen soll; auch in diesem Falle scheidet der Vollstreckungsschuldner zu dem Zeitpunkt, zu dem die Kündigung wirksam wird, aus der Gesellschaft aus (vgl. § 138 HGB). Auch diese Vereinbarung ist vom Vollstreckungsgläubiger hinzunehmen.

12 Der Anteil des aus der Gesellschaft ausgeschiedenen Vollstreckungsschuldners wächst den übrigen Gesellschaftern zu; diese aber sind verpflichtet, dem Vollstreckungsschuldner diejenigen Gegenstände, die er der Gesellschaft zur Benutzung überlassen hat, zurückzugeben, ihn von den gemeinschaftlichen Schulden zu befreien und ihm dasjenige zu zahlen, was er bei der Auseinandersetzung erhalten würde, wenn die Gesellschaft zur Zeit seines Ausscheidens aufgelöst worden wäre (§ 738 BGB). Dieses **Auseinandersetzungsguthaben** gebührt nunmehr dem Vollstreckungsgläubiger.

13 2.1.5 Häufig ist im Gesellschaftsvertrag vereinbart, daß das **Auseinandersetzungsguthaben** eines Gesellschafters im Falle der Kündigung durch Privatgläubiger **gekürzt** wird. Eine solche Vereinbarung kann im Einzelfall als Kne-

---

5 Partnerschaftsgesellschaftsgesetz, abgedruckt bei *Schönfelder* als Nr. 50b.

belung oder Schuldnerbenachteiligung nichtig sein, wirkt aber sonst auch gegen den Vollstreckungsgläubiger.

2.1.6 Regelmäßig werden bei Handelsgesellschaften für die Gesellschafter nicht nur ihre Kapitalkonten geführt, sondern auch **Sonderkonten,** die häufig als Darlehenskonto, Kapitalkonto II, Privatkonto, Verrechnungskonto bezeichnet werden. Auf diesen Konten werden den Gesellschaftern ihre **Gewinnanteile,** Darlehens- und sonstigen Forderungen gegen die Gesellschaft gutgeschrieben, ausgezahlte Gewinnanteile, Entnahmen und Forderungen der Gesellschaft gegen die einzelnen Gesellschafter belastet. 14

2.2 Zur **Zwangsvollstreckung in das Vermögen der Gesellschaft ist ein Titel gegen die Gesellschaft notwendig (§ 124 Abs. 2 HGB),** ein Titel gegen alle Gesellschafter reicht dazu nicht aus. *Beachte:* Für die Gesellschaftsschulden haften neben der Gesellschaft auch alle Gesellschafter persönlich, aber gegen sie kann nicht aus einem Titel gegen die Gesellschaft vollstreckt werden. Daher ist es dringend anzuraten, auch einen Titel gegen die Gesellschafter persönlich zu erwirken, um sowohl in das Vermögen der Gesellschaft als auch in die Vermögen der einzelnen Gesellschafter vollstrecken zu können. 15

Ansprüche der Gesellschaft gegen ihre Gesellschafter auf Leistung der vereinbarten Beiträge (§§ 706 ff. BGB) sind im Grundsatz als gewöhnliche Forderung zu pfänden; **Drittschuldner** ist derjenige Gesellschafter, der seine Einlage nicht erbracht hat. 16

Gesellschaftsbeiträge sind vermögenswerte Leistungen, nicht notwendig aber (ausschließlich) Geld- oder Sacheinlagen; in Frage kommen z. B. auch Gebrauchsüberlassung oder die Leistung von Diensten. Folglich ergeben sich nach §§ 399 BGB, 851 **Ausnahmen von der Pfändbarkeit:** So ist etwa der Anspruch der Gesellschaft gegen einen ihrer Gesellschafter, ihr einen Raum in seiner Wohnung unentgeltlich zur Nutzung als Büro zu überlassen, unpfändbar. 17

3. Die Partnerschaft ist eine Gesellschaft, in der sich Angehörige freier Berufe zur Berufsausübung zusammenschließen können, und für die grundsätzlich die Vorschriften des BGB über die Gesellschaft gelten (§ 1 PartGG[6]). Jedoch nähern die Einzelbestimmungen des PartGG die Partnerschaft sehr stark der OHG an: 18

Die **Vertretung** richtet sich nach §§ 125 Abs. 1 und 2, 126, 127 HGB (§ 7 Abs. 3 PartGG). Auf das **Ausscheiden** eines Partners und die **Auflösung** der Partnerschaft sind die §§ 131 bis 144 HGB anzuwenden, jedoch mit der Maßgabe, daß der Tod oder der Konkurs eines Partners sowie die **Kündigung durch den Vollstreckungsgläubiger** nicht die Auflösung der Partnerschaft, sondern das Ausscheiden des Vollstreckungsschuldners bewirkt (§ 9 PartGG; vgl. oben Rn. 11). Im übrigen richtet sich das Rechtsverhältnis der Partner untereinander, soweit hier von Interesse, nach §§ 110 ff. HGB (§ 6 PartGG). 19

Die *Muster 129 und 130* lassen sich also auch auf die Partnerschaft anwenden.

---

6 Partnerschaftsgesetz, abgedruckt bei *Schönfelder* als Nr. 53.

Muster 131

Patent
Das Patent ist noch nicht erteilt*

In ein Formblatt (vgl. „Hinweise" Ziff. 5) ist einzusetzen:

Wegen dieser Ansprüche sowie wegen der Kosten dieses Beschlusses und seiner Zustellung

werden gepfändet:

1. *das angebliche Recht des Schuldners als Erfinder auf das Patent bzw. Gebrauchsmuster***
   – *für den noch anzumeldenden Gegenstand . . .*
   – *für das noch anzumeldende Verfahren . . .,*
   mit dessen Verwertung auf folgende Weise begonnen ist:
   . . . (vgl. Ziff. 2.1 der Erläuterungen) . . .;

2. *das durch die Anmeldung bei dem Deutschen oder Europäischen Patentamt entstehende angebliche Anwartschaftsrecht des Schuldners auf das Patent bzw. das hilfsweise beantragte Gebrauchsmuster***
   – *für den angemeldeten Gegenstand . . .*
   – *für das angemeldete Verfahren . . .;*

3. *das mit Eintragung in die Rolle für den Schuldner entstehende Patent bzw. Gebrauchsmuster, betreffend . . ., mit allen Rechten daraus.*

Die Pfändung umfaßt jeweils den ergänzenden Schutz nach § 16 a PatG.

Dem Schuldner wird geboten, sich jeder Verfügung über die gepfändeten Rechte (insbesondere der Rücknahme der Anmeldung) und das gepfändete Patent bzw. Gebrauchsmuster (insbesondere der Veräußerung, Verpfändung oder Erteilung von Lizenzen) zu enthalten.

Zugleich wird die Verwertung der gepfändeten Rechte und des gepfändeten Patents bzw. Gebrauchsmusters**
– *im Wege der öffentlichen Versteigerung durch den vom Gläubiger beauftragten Gerichtsvollzieher*
– *durch Erteilung der ausschließlichen, für den Bereich der gesamten Bundesrepublik geltenden Lizenz an den Gläubiger mit der Befugnis, Unterlizenzen zu erteilen, so lange, bis aus den Gebühren für die Unterlizenz die Vollstreckungsforderung befriedigt sein wird,*

angeordnet.

---
* Wegen Pfändung des erteilten Patents s. Rn. 19 der Erläuterungen.
** Unter den folgenden Alternativen ist zu wählen.

Patent **Muster 131**

———————————— **Erläuterungen** ————————————

1. Aus dem Patentrecht

Europäische Staaten haben Übereinkommen über gewerbliche Schutzrechte geschlossen, um effektiveren Rechtsschutz zu gewährleisten (z. B. Übereinkommen vom 15. Dezember 1975 über das Europäische Patent). Der Erfinder kann wählen, ob er ein deutsches oder ein europäisches Patent beantragen will. (Selbstverständlich kann er auch bei ausländischen Patentämtern die Erteilung ausländischer Patente beantragen; solche ausländischen Patente werden hier nicht behandelt, vgl. hierzu *Schramm* in GRUR 1958, 480). Das europäische Patent gewährt Priorität in allen Ländern, aber weder ein Gemeinschaftspatent noch einzelne Patente. Der Bewerber muß nun erklären, für welche Länder er Patente erteilt haben will.   1

1.1 Aufgrund des Gemeinschaftspatentgesetzes[1] ist das Patentgesetz am 16. Dezember 1980 neu gefaßt worden[2]. Patente werden für **Erfindungen** erteilt, die neu sind, auf einer erfinderischen Tätigkeit beruhen und gewerblich anwendbar sind (§ 1 PatG). Das Recht auf das Patent hat der Erfinder oder sein Rechtsnachfolger (§ 6 PatG). Das (erteilte) Patent hat die Wirkung, daß allein der Patentinhaber befugt ist, die patentierte Erfindung zu nutzen, während es jedem Dritten verboten ist, den patentierten Gegenstand herzustellen, anzubieten, in Verkehr zu bringen, zu gebrauchen oder zu solchen Zwecken einzuführen oder zu besitzen, bzw. das patentgegenständliche Verfahren anzuwenden oder zur Anwendung anzubieten, das durch dieses Verfahren unmittelbar hergestellte Erzeugnis anzubieten, in Verkehr zu bringen, zu gebrauchen oder einzuführen (§ 9 PatG).   2

1.2 Der Erfinder hat zunächst das bloße Recht aus der Erfindung, welches § 15 PatG als „**Recht auf das Patent**" bezeichnet. Dieses Recht ist ein reines Persönlichkeitsrecht, bis der Erfinder damit zur wirtschaftlichen Nutzung nach außen hervortritt.   3

Mit der Anmeldung des Patents beim Patentamt erwirbt der Anmelder (auch wenn er nicht der Erfinder sein sollte, § 7 PatG) ein **Anwartschaftsrecht**, das § 15 PatG als „Anspruch auf Erteilung des Patents" bezeichnet.   4

Mit der Eintragung des Patents in die Patentrolle erwirbt der Anmelder das **Patent** (§ 15 PatG).   5

Das Recht auf das Patent, das Anwartschaftsrecht auf das Patent und das Patent können beschränkt oder unbeschränkt auf andere übertragen, und an diesen Rechten können ausschließliche oder nicht ausschließliche Lizenzen gewährt werden (§ 15 PatG).   6

---

1 Vom 26. 7. 1979, BGBl. I, 1269.
2 BGBl. I 1981, 2, zuletzt geändert BGBl. I 1993, 366.

Muster 131 Patent

2. Pfändung und Verwertung

7 Das Recht auf das Patent, das Anwartschaftsrecht auf das Patent und das Patent sind **pfändbar** (§ 851 i. V. m. § 15 PatG)[3].

Das Muster behandelt den Fall, daß das Patent noch nicht erteilt, noch nicht in die Patentrolle eingetragen ist. **Wegen des eingetragenen Patents vgl. Rn. 19.**

8 Wenn der Vollstreckungsgläubiger nicht weiß, ob der Vollstreckungsschuldner das Patent schon angemeldet hat oder nicht oder ob das Patent gar schon erteilt ist, empfiehlt sich die „**Stufenpfändung**". Zwar ist die Meinung weit verbreitet, daß sich das Pfandrecht am Recht auf das Patent mit der Patentanmeldung in ein Pfandrecht am Anwartschaftsrecht auf das Patent und mit dessen Erteilung am Patent selbst verwandle[4], aber die hier empfohlene stufenweise Pfändung klärt die Lage, und künftige Rechte sind pfändbar.

9 2.1 Das **Recht auf das Patent** als Persönlichkeitsrecht wird erst pfändbar, wenn es diese Qualität verloren, also der Erfinder mit der wirtschaftlichen Verwertung begonnen hat[5], wenn er beispielsweise über Verkauf des Rechts oder Lizenzvergabe verhandelt[6]. Das ist im Pfändungsantrag darzulegen (und im Erinnerungsverfahren zu beweisen).

10 **Die Pfändung befugt den Vollstreckungsgläubiger, das Patent anzumelden.**

11 2.2 Mit Anmeldung des Patents entsteht ein **Anwartschaftsrecht auf das Patent.** Dieses ist zu pfänden, nicht der – öffentlich-rechtliche – Anspruch auf Prüfung des Antrags und Erteilung des Patents[7]. Das Patentamt wird das Patent bei Nachweis der Pfändung dem Vollstreckungsschuldner und dem Vollstreckungsgläubiger gemeinsam erteilen. Wird aber das Patent dem Vollstreckungsschuldner allein erteilt, so ist bei Pfändung mit dem im Muster vorgeschlagenen Text auch das Patent gepfändet, aber die Pfändung ist für Dritte nicht aus der Rolle ersichtlich.

12 Die Pfändung bewirkt auch, daß der Vollstreckungsschuldner die Patentanmeldung ohne Mitwirkung des Vollstreckungsgläubigers nicht mehr zurücknehmen kann[8].

13 2.3 Auch das **erteilte Patent** ist zu pfänden (vgl. Rn. 19). Das Pfandrecht am Patent ergreift aber nicht **Forderungen aus Lizenzen,** die vor der Pfändung bereits erteilt waren. Forderungen auf Lizenzgebühren sind also gegebenenfalls ausdrücklich mitzupfänden (vgl. *Muster 116*).

14 2.4 Die Pfändung geschieht **in allen Fällen nach § 857 Abs. 1 und 2**, wird also mit Zustellung an den Vollstreckungsschuldner wirksam, weil ein **Drittschuldner** fehlt; insbesondere ist das Patentamt nicht Drittschuldner[9]. Die

---

3 Vgl. BGH in NJW 1994, 3199 = BGHZ 125, 334.
4 BGH in NJW 1994, 3099; *Stöber,* Rn. 1719.
5 BGHZ 16, 175; BGH in GRUR 1978, 200; *Stein/Jonas,* Rn. 20 zu § 857; *Stöber,* Rn. 1720.
6 *Stein/Jonas,* Rn. 20 zu § 857.
7 Präsident d. Deutschen Patentamts in GRUR 1950, 294 und 1951, 46; *Tetzner* in JR 1951, 166; zweifelnd BGH in NJW 1994, 3100 = BGHZ 125, 334.
8 *Stein/Jonas,* Rn. 20 zu § 857.
9 *Stein/Jonas,* Rn. 97 zu § 857.

Pfändung wird nicht in die Patentrolle eingetragen, weil die Eintragung nicht Voraussetzung für die Wirksamkeit der Pfändung ist[10].

2.5 Die **Verwertung** des gepfändeten Rechts geschieht nicht durch Überweisung, weil diese nach dem Wesen dieser Rechte nicht zulässig ist[11]. Regelmäßig wird der Vollstreckungsgläubiger mit der Verwertung warten, bis das Patent erteilt ist, er muß das aber nicht. 15

Nach *Hartmann*[12] soll nur eine Lizenz als Verwertungsmöglichkeit in Frage kommen, weil damit „das Nötige getan und der Schuldner möglichst vor Schaden bewahrt" worden sei. Das ist indessen nicht einzusehen: Der Vollstreckungsgläubiger darf eine Lizenz nur für die Dauer vergeben, die nötig ist, um die Vollstreckungsforderung zu befriedigen. Ist diese niedrig, so kann die Lizenz nur für kurze Zeit angeboten werden. Interessenten für kurzzeitige Lizenzen werden dünn gesät, Lizenzvergütungen dafür niedrig sein. 16

Die Verwertung kann vielmehr auch durch Veräußerung des Rechts geschehen (§ 857 Abs. 4). *Beachte:* Das Patentrecht selbst bleibt bis zur Veräußerung beim Vollstreckungsschuldner. Durch die Pfändung verliert er zwar die Befugnis zur Verfügung über das Recht, aber das Recht zur Eigennutzung des Patents wird bis zur Pfandverwertung ebenso wenig eingeschränkt wie der Fortbestand vor der Pfändung vergebener Lizenzen[13]. **Ansprüche des Vollstreckungsschuldners aus Lizenzvergabe sind daher ggf. zusätzlich zu pfänden.** 17

2.6 Die **Herausgabe der Patenturkunde** kann nach § 836 Abs. 3 betrieben werden. 18

2.7 Ist das Patent bereits **in die Patentrolle eingetragen,** so ist zu pfänden: 19

„das angeblich unter Nr. . . . beim . . . Patentamt für den Schuldner eingetragene Patent betreffend . . . zusammen mit den Rechten aus diesem Patent; die Pfändung erfaßt auch den ergänzenden Schutz nach § 16 a PatG".

Der ergänzende Schutz ist nach unserer Meinung ohnehin von der Pfändung umfaßt. Weil aber der ergänzende Schutz erst durch Gesetz vom 23. 3. 1993 geschaffen wurde, ist die Frage, ob er von der Pfändung umfaßt sei, noch nicht ausgekocht und der Hinweis zweckmäßig.

Das Gebot an den Schuldner ist nur auf das gepfändete Patent zu beziehen; zur Verwertung ist der Antrag aus dem Muster unverändert zu stellen.

3. Vor Antrag auf Erlaß eines Pfändungsbeschlusses muß der Vollstreckungsgläubiger folgende Überlegungen anstellen: 20

---

10 *Stöber,* Rn. 1724; *Staudinger,* Rn. 16 zu § 1274 BGB und verschiedene Kommentatoren des Patentgesetzes meinen, die Eintragung sei zwar zur Wirksamkeit der Pfändung nicht nötig, dürfe aber dennoch nicht verweigert werden. Diese Meinung hat an Gewicht gewonnen, seit das MarkenG die Eintragung der Pfändung einer Marke vorsieht.
11 *Stein/Jonas,* Rn. 110 zu § 857.
12 *Baumbach/Lauterbach/Albers/Hartmann,* Grundz. vor § 704 Rn. 76.
13 BGH in NJW 1994, 3990.

Muster 131 Patent

3.1 Rentiert sich die Pfändung?

21 3.1.1 Nicht jedes Schutzrecht, das beantragt wird, wird auch erteilt. Hat der Vollstreckungsgläubiger das vor der Anmeldung bestehende Recht auf das Patent gepfändet, so wird der Vollstreckungsschuldner vielleicht nicht mehr bereit sein, das Patent anzumelden; also muß der Vollstreckungsgläubiger das Patent anmelden, wenn er zum Ziel kommen will. Die **Anmeldung ist teuer:** Es entstehen die Gebühren des Patentanwalts und die Gebühren des Patentamts; 10 000,– DM können ohne weiteres zusammenkommen. Wird die Eintragung des Schutzrechts versagt, so war das Unternehmen des Vollstreckungsgläubigers ein sehr teurer Spaß.

22 3.1.2 Es gibt genügend eingetragene Patente, die niemand erwerben und ausnützen will. Daher muß sich der Vollstreckungsgläubiger auch ein Bild davon machen, wie es mit der **Verwertbarkeit des Patents** steht. Auch diese Frage wird er zweckmäßig mit einem Patentanwalt prüfen. Ob diese Kosten als Vollstreckungskosten erstattbar sind, ist zumindest sehr zweifelhaft.

23 3.1.3 Hat der Vollstreckungsgläubiger das Recht auf das Patent gepfändet, will er aber die Kosten für die Anmeldung nicht aufwenden, so kann er immerhin versuchen, das **Recht auf das Patent zu verwerten, ohne es anzumelden.** Weil dann aber der potentielle Erwerber die geschilderten Risiken trägt, wird kein Erlös erzielt werden, der zum Jubeln veranlassen könnte.

3.2 Wird das beantragte Patent tatsächlich erteilt werden?

24 Um für den Fall der Nichterteilung wenigstens nicht leer auszugehen, empfiehlt es sich, **hilfsweise ein Gebrauchsmuster zu beantragen.** Meldet der Vollstreckungsgläubiger, der das Recht auf das Patent gepfändet hat, das Patent an, so ist auch ihm die hilfsweise Anmeldung als Gebrauchsmuster zu empfehlen.

Muster 132

Pflichtteilsanspruch

In ein Formblatt (vgl. „Hinweise" Ziff. 5) ist einzusetzen:

Wegen dieser Ansprüche sowie wegen der Kosten dieses Beschlusses und seiner Zustellung

werden gepfändet:

a) die angebliche Forderung des Schuldners

    gegen   ... (Name und Adresse des Erben) ...   (Drittschuldner zu 1)

    auf Zahlung des Pflichtteils aus dem Nachlaß des am ... in ... verstorbenen ... und auf Auskunft über den Bestand des Nachlasses und Ermittlung seines Wertes (§ 2314 BGB), die – wie durch den anliegenden ... bewiesen wird* –
    – unter Az.: ... vor dem ... Gerichts rechtshängig
    – durch Urteil des ...gerichts, Az.: ... vom ... rechtskräftig festgestellt
    – durch ... anerkannt

ist;

b) der angebliche Anspruch des Schuldners gegen ... als Testamentsvollstrecker im genannten Nachlaß ...   (Drittschuldner zu 2)

    auf Duldung der Zwangsvollstreckung in die seiner Verwaltung unterliegenden Nachlaßgegenstände.

Den Drittschuldnern wird verboten, an den Schuldner zu leisten.

Dem Schuldner wird geboten, sich jeder Verfügung über die gepfändete Forderung und den gepfändeten Anspruch, insbesondere ihrer Einziehung, zu enthalten.

Zugleich werden die gepfändete Forderung und der gepfändete Anspruch dem Gläubiger zur Einziehung überwiesen.

---

* Unter folgenden Alternativen ist zu wählen.
** Die Überweisung unterbleibt, wenn oben weder Rechtshängigkeit noch Rechtskraft noch Anerkennung der Forderung dargelegt werden konnte (vgl. Rn. 10 der Erläuterungen).

Muster 132 Pflichtteilsanspruch

――――――――――― **Erläuterungen** ―――――――――――

1 **1. Der Pflichtteilsanspruch** ist eine Geldforderung in Höhe des halben Verkehrswerts (ausnahmsweise des halben Ertragswerts, § 2312 BGB) des Erbteils (§ 2303 BGB). Sozusagen Unterarten des Pflichtteilsanspruchs sind der Anspruch auf den **Zusatzpflichtteil**, der **Pflichtteilsergänzungsanspruch** und der **Anspruch des von der fortgesetzten Gütergemeinschaft ausgeschlossenen Abkömmlings** nach § 1511 Abs. 2 BGB. Wegen des etwas andersartigen Anspruchs des Berechtigten gegen den Beschenkten s. u. Rn. 13.

2 Der Pflichtteilsanspruch **entsteht mit dem Erbfall, ausnahmsweise mit der Ausschlagung** (§§ 2317, 2306 Abs. 1 Satz 2, 2307 Abs. 1 Satz 2, 1371 Abs. 3 BGB). Er ist **unbeschränkt abtretbar (§ 2317 Abs. 2 BGB)**.

2. Pfändung und Verwertung

3 2.1 Bis zur Entscheidung des BGH vom 8. 7. 1993[1] wurde nahezu einhellig angenommen, daß vor Anerkennung oder Rechtshängigkeit der Pflichtteilsforderung ihre Pfändung unzulässig sei und allenfalls durch Eintritt einer dieser Voraussetzungen geheilt werden könne[2].

4 **Das sieht der BGH jetzt anders;** er gibt dem Urteil vom 8. 7. 1993 folgende Leitsätze:

„*1. Ein Pflichtteilsanspruch kann vor seiner vertraglichen Anerkennung oder Rechtshängigkeit als in seiner zwangsweisen Verwertbarkeit aufschiebend bedingter Anspruch gepfändet werden.*

2. Bei einer derart eingeschränkten Pfändung erwirbt der Pfändungsgläubiger bei Eintritt der Verwertungsvoraussetzung ein vollwertiges Pfandrecht, dessen Rang sich nach dem Zeitpunkt der Pfändung bestimmt.

3. . . .".

5 Die Entscheidung wird aus dem Normzweck des § 852 Abs. 1 begründet, der dahin gehe, es mit Rücksicht auf Familienbindungen allein dem Berechtigten zu überlassen, ob sein Pflichtteilsanspruch durchgesetzt werden soll oder nicht; es sei aber nicht Normzweck, die Pflichtteilsforderung den Gläubigern des Berechtigten zu entziehen. Daher verbiete § 852 Abs. 1 lediglich eine Pfändung, die ein umfassendes Pfändungspfandrecht begründet und so die Entscheidungsfreiheit des Berechtigten ausschaltet. Zulässig sei dagegen eine – unbedingte! – Pfändung, welche unter Wahrung dieser Entschließungsfreiheit ein Pfandrecht nur für den Fall begründet, daß eine der Voraussetzungen des § 852 Abs. 1 eintritt. So werde auch erreicht, daß der Berechtigte nicht einen Beliebigen bevorzugen kann, indem er ihm die Pflichtteilsforderung durch unbeschränkt zulässige Abtretung zuwendet.

---
[1] In BGHZ 123, 183 = MDR 1994, 203 = NJW 1993, 2876, dazu *Kuchinke* in NJW 1994, 1769.
[2] *Stein/Jonas*, § 852 Rn. 5 und 6 und Vorbem. vor § 704 Rn. 128 ff.; weit. Nachw. in NJW 1993, 2876.

Dieses Urteil des BGH führt nicht etwa zum gleichen Ergebnis wie die Meinung, eine „vorzeitige" Pfändung werde durch Eintritt ihrer Voraussetzungen geheilt; denn die Heilung gäbe der Pfändung nur den Rang nach ihrem Zeitpunkt, nicht nach dem der Pfändung. Das Urteil führt oben zu erheblichen Schwierigkeiten, insbesondere hinsichtlich der Reichweite der Pfandverstrikkung[3].

2.2 Weil noch nicht abzusehen ist, ob die Instanzgerichte dem BGH uneingeschränkt folgen werden, ist zu empfehlen, zutreffendenfalls den Eintritt einer der Voraussetzungen des § 852 Abs. 1 im Pfändungsantrag darzulegen. Zugleich wird dadurch die Verwertung erleichtert (s. u. Rn. 10).

2.3 Drittschuldner sind alle Erben, nicht jedoch der Testamentsvollstrecker.

Beachte: Dennoch ist auch der Testamentsvollstrecker mit dem Antrag zu verklagen, daß er die Zwangsvollstreckung in den seiner Verwaltung unterliegenden Nachlaß dulden muß (§ 2213 Abs. 3 BGB).

2.4 Vor Entstehung des Pflichtteilsanspruchs besteht kein pfändbares Anwartschaftsrecht.

2.5 Zur **Verwertung** äußert sich der BGH im Urteil v. 8. 7. 1993 (Fußn. 1) nicht. Sie geschieht regelmäßig wie bei anderen Geldforderungen auch durch Überweisung zur Einziehung, wird aber erst zulässig, wenn der Vollstreckungsgläubiger ihre Voraussetzungen, nämlich Anerkennung oder Rechtshängigkeit, nachweist. Kann er diesen Nachweis schon bei Antragstellung führen, kann der Überweisungsbeschluß zugleich mit dem Pfändungsbeschluß ergehen, im anderen Fall ist er erst bei Eintritt der Beweisbarkeit zu beantragen und zu erlassen. Die Rechtslage ist hier anders als bei Grundpfandrechten, die von Anfang an voll pfändbar sind, deren Pfändung aber von der Eintragung im Grundbuch bzw. der Erlangung des Briefes abhängt (vgl. Rn. 35 bei *Muster 46*).

2.6 Rechtshängigkeit ist in § 261 definiert; sie tritt ein mit Zustellung der Klage (§ 253 Abs. 1) oder der Klageerweiterung bzw. der Antragstellung über letztere (§ 261 Abs. 2) oder mit Zustellung des Mahnbescheids (wenn die Sache alsbald an das zuständige Gericht abgegeben oder Vollstreckungsbescheid erlassen wird (§§ 696 Abs. 3, 700 Abs. 2); beachte auch die Sonderregelungen in §§ 302 Abs. 4 letzter Satz, 600 Abs. 2, 717 Abs. 2 letzter Satz und Abs. 3 letzter Satz und 1042c.

Die **vertragliche Anerkennung** bedarf keiner Form, muß auch nicht ausdrücklich geschehen; es genügt vielmehr jegliche auf Feststellung des Anspruchs zielende Einigung zwischen dem Erben und dem Pflichtteilsberechtigten[4].

2.7 Der **Anspruch des Pflichtteilsberechtigten gegen den Beschenkten** § 2329 BGB ist nur dann eine gewöhnliche Geldforderung, wenn Geld geschenkt war. Sonst sind zusätzlich §§ 846, 847 zu beachten.

---

3 Näheres *Kuchinke*, NJW 1994, 1796.
4 H.M. z. B. *Zöller*, § 852 Rn. 2; *Baumbach/Lauterbach/Albers/Hartmann*, § 852 Rn. 1.

Muster 133

Postbank I
Girokonto

In ein Formblatt (vgl. „Hinweise" Ziff. 5) ist einzusetzen:

Wegen dieser Ansprüche sowie wegen der Kosten dieses Beschlusses und seiner Zustellung

wird die angebliche Forderung des Schuldners

gegen die Deutsche Postbank AG, Sitz Bonn, vertreten durch den Vorstand

(Drittschuldnerin)

auf Auszahlung der gegenwärtigen und aller künftiger Guthaben auf sämtlichen Konten – mit Ausnahme der Sparkonten –, insbesondere auf dem Girokonto Nr. . . . bei der Niederlassung . . .

gepfändet.

Der Schuldner hat die Euroscheckkarten und Euroscheckformulare, die sich auf die gepfändeten Forderungen beziehen, an den Gläubiger herauszugeben.

Der Drittschuldnerin wird verboten, an den Schuldner zu zahlen.

Dem Schuldner wird geboten, sich jeder Verfügung über die gepfändete Forderung, insbesondere ihrer Einziehung, zu enthalten.

Zugleich wird die gepfändete Forderung dem Gläubiger zur Einziehung überwiesen.

— Erläuterungen —

1 *Beachte:* Dieses Muster und die Erläuterungen dazu gelten in dieser Form nur bis 31. 12. 1997, weil mit Ablauf dieses Tages das Postgesetz außer Kraft tritt (Abs. 6 Nr. 26 des Postneuordnungsgesetzes BGBl. I 1994, 2371).

1. Deutsche Postbank AG

2 Durch das Postumwandlungsgesetz[1] ist am 1. 1. 1995 die Deutsche Postbank AG mit dem Sitz in Bonn als Nachfolgeunternehmen der „Deutschen Bundespost" „POSTBANK" entstanden. Die zwischen dieser Aktiengesellschaft und ihren Kunden bestehenden Geschäftsverbindungen unterliegen dem Privatrecht, jedoch mit der Maßgabe, daß noch bis 31. 12. 1997 das Postgesetz anzuwenden ist, aus dem in diesem Zusammenhang nur die §§ 23 und 6 von Bedeutung sind; die bisherigen Postgirokonten werden jetzt als Kontokorrentkonten weitergeführt.

---
1 BGBl. I 1994, 2339.

2. Pfändung und Verwertung

2.1 Durch Abs. 6 Nr. 19 des PostUmwG ist § 23 des Postgesetzes dahin geändert worden, daß er sich nunmehr auf die Aktiengesellschaften, also auch auf die Deutsche Postbank AG bezieht; mit dieser Maßgabe blieb er aufrecht erhalten, bis das Postgesetz am 31. 12. 1997 außer Kraft treten oder der Gesetzgeber ihn sonst ändern oder aufheben wird. **Die Pfändung sowohl von Girokonten als auch von Sparkonten bei der Deutschen Postbank AG richtet sich also derzeit noch nach § 23 Abs. 3 und 4 PostG.**

Die Abs. 3 und 4 des § 23 PostG lauten in der ab 1. 1. 1995 gültigen Fassung ziemlich unzeitgemäß:

„(3) Der Anspruch des Postgiroteilnehmers auf Auszahlung des Guthabens kann nur abgetreten werden, wenn gleichzeitig das Postgirokonto übertragen wird. Der Anspruch des Postgiroteilnehmers auf Auszahlung kann gepfändet werden. Der Anspruch des Postgiroteilnehmers auf Lösung seines Postgirokontos ist der Pfändung nicht unterworfen. Die Verpfändung des Guthabens ist ausgeschlossen.

(4) Der Anspruch des Postsparers auf Auszahlung seines Guthabens kann abgetreten und gepfändet werden. Die Verpfändung des Guthabens ist ausgeschlossen. Die Abtretung ist dem Nachfolgeunternehmen der Deutschen Bundespost POSTBANK gegenüber nur wirksam, wenn sie von einem Postsparkassenamt, einem Postgiroamt oder einem Notar beurkundet und das Postsparbuch der beurkundenden Stelle übergeben worden ist. Für die Pfändung des Guthabens oder eines Teils des Guthabens gelten die Vorschriften über die Pfändung von Forderungen aus Wechseln und anderen Papieren, die durch Indossament übertragen werden, entsprechend."

Auf die Gültigkeit des Postgesetzes im Verhältnis zwischen ihr und ihren Kunden verweist die Deutsche Postbank AG in Ziff. 1 (1) ihrer derzeit gültigen Allgemeinen Geschäftsbedingungen.

§ 23 PostG bringt also in praxi keine Besonderheit für die Pfändung von Girokonten bei der „Postbank", wie sich die Deutsche Postbank AG kurz nennt (wohl aber für die Pfändung von Sparguthaben bei ihr, über die ein Postsparbuch ausgestellt ist, vgl. *Muster 134*). Pfändung und Verwertung von Giroguthaben bei der Postbank geschehen also nach *Muster 36* unter Beachtung der folgenden Hinweise:

2.2 Drittschuldnerin ist die Deutsche Postbank AG, vertreten durch den Vorstand; Zustellung an nur ein Vorstandsmitglied genügt (§§ 78 AktG, 171 Abs. 3 ZPO). Durch Art. 13 § 1 des Postneuordnungsgesetzes[2] ist § 6 Abs. 2 des Postverfassungsgesetzes, auf dem die Vertretungsregelung durch die Allgemeine Geschäftsordnung vom 24. 12. 1994 beruhte, aufgehoben worden. Die Postgiroordnung und die Postsparkassenordnung sind durch § 65 des Postverfassungsgesetzes aufgehoben worden.

---

[2] BGBl. I 1994, 2396.

Muster 133 Postbank I

Die Deutsche Postbank AG betreibt ihre Geschäfte nun privatrechtlich; für sie gelten die Bestimmungen des Aktiengesetzes.

8 Die **Niederlassungen** der Deutschen Postbank AG, bei denen die Konten geführt werden, sind nicht rechtsfähig und können daher nicht Drittschuldnerinnen sein, auch wenn sie im Handelsregister eingetragen sein werden. An die kontoführende Niederlassung kann aber der Pfändungs- und Überweisungsbeschluß **zugestellt** werden; denn sie ist ein „besonderes Geschäftslokal" im Sinn des § 183.

9 2.3 Trotz des Postgeheimnisses ist die Deutsche Postbank AG zur Abgabe der **Drittschuldnererklärung** verpflichtet (§ 6 PostG).

10 2.4 **Verwertet** wird die gepfändete Forderung durch Überweisung zur Einziehung.

11 2.5 Im übrigen wird auf Muster 36 samt Erläuterungen und wegen Einzelheiten auf *Stöber* in Rpfleger 1995, 277 verwiesen.

Muster 134

Postbank II
Sparkonto

Ein Formblatt (vgl. „Hinweise" Ziff. 5) ist nicht zu verwenden, weil der Erlaß eines Pfändungsbeschlusses nicht beantragt wird.

Wegen dieser Ansprüche sowie wegen der Kosten dieses Beschlusses, seiner Zustellung und der Gerichtsvollzieherkosten laut anliegendem Protokoll des Gerichtsvollziehers ... vom ...

wird die angebliche Forderung des Schuldners gegen die Deutsche Postbank AG ... Bonn, vertreten durch ihren Vorstand,

auf Auszahlung des Guthabens samt Zinsen

auf dem Sparkonto Nr. ... bei der Niederlassung ... dem Gläubiger zur Einziehung überwiesen. Das zugehörige Postsparbuch hat der Gerichtsvollzieher ... in ... laut Protokoll vom ... am ... durch Inbesitznahme gepfändet.

Erläuterungen

<u>Beachte:</u> Dieses Muster und die Erläuterungen dazu gelten nur bis 31. 12. 1997, weil mit Ablauf dieses Tages das Postgesetz außer Kraft tritt (Art. 6 Nr. 26 des Postneuordnungsgesetzes BGBl. I 1994, 2371).   1

1. Deutsche Postbank AG

Durch das Postumwandlungsgesetz[1] ist am 1. 1. 1995 die Deutsche Postbank AG mit dem Sitz in Bonn als Nachfolgeunternehmen der „Deutschen Bundespost" „POSTBANK" entstanden. Die zwischen dieser Aktiengesellschaft und ihren Kunden bestehenden Geschäftsverbindungen unterliegen dem Privatrecht, jedoch mit der Maßgabe, daß noch bis 31. 12. 1997 das Postgesetz anzuwenden ist, aus dem in diesem Zusammenhang nur die §§ 23 und 6 von Bedeutung sind.   2

Die Deutsche Postbank AG hat – wie jede andere AG (§ 78 AktG) – einen **Vorstand,** der die Geschäfte führt (§ 9 PostUmwG). Ihre Rechtsverhältnisse werden durch Satzung bestimmt, die in § 11 des Gesetzes festgestellt ist[2]. Der Vorstand, der aus mindestens 2 Personen besteht und sich eine Geschäftsordnung gibt (§ 6 der Satzung), vertritt die AG gesetzlich, wie in § 7 der Satzung näher geregelt ist. Aus § 78 Abs. 1 Satz 2 AktG ergibt sich, daß für Willenserklärungen gegenüber der Gesellschaft die Abgabe gegenüber einem Vorstandsmitglied genügt; aus § 171 Abs. 3 ZPO ergibt sich, daß auch die Zustellung an einen von ihnen genügt.   3

---
1 BGBl. I 1994, 2339.
2 BGBl. I 1994, 2346.

Muster 134 Postbank II

2. Pfändung und Verwertung

4   2.1 Durch Art. 6 Nr. 19 des PostUmwG ist § 23 des Postgesetzes dahin geändert worden, daß er sich nunmehr auf die Aktiengesellschaften, also auch auf die Deutsche Postbank AG bezieht; mit dieser Maßgabe bleibt er aufrecht erhalten, bis das Postgesetz am 31. 12. 1997 außer Kraft tritt oder der Gesetzgeber ihn sonst ändern oder aufheben wird. **Die Pfändung sowohl von Girokonten als auch von Sparkonten bei der Deutschen Postbank AG richtet sich also derzeit noch nach § 23 Abs. 3 und 4 PostG;** der Text ist abgedruckt in *Muster 133* Rn. 4.

5   Auf die Gültigkeit des Postgesetzes im Verhältnis zwischen ihr und ihren Kunden verweist die „Postbank" (wie sich die Deutsche Postbank AG kurz nennt) in Ziff. 1 (1) ihrer derzeit gültigen Allgemeinen Geschäftsbedingungen. Postsparbücher i. S. des § 23 PostG gibt sie nach wie vor aus.

6   **Das Guthaben „auf Postsparbuch" wird also nach § 831 dadurch gepfändet, daß der Gerichtsvollzieher das Buch in Besitz nimmt (§§ 808, 809); eine Pfändung nach § 829 wäre unwirksam.**

7   **2.1.1 Besitzt ein Dritter das Postsparbuch,** ist der (etwaige) Herausgabeanspruch gegen ihn nach §§ 846, 847 zu pfänden. Erst mit der Herausgabe des Postsparbuchs an den Vollstreckungsgläubiger (oder für ihn an den Gerichtsvollzieher) entsteht das Pfändungspfandrecht.

8   **2.1.2 Ist das Postsparbuch verloren gegangen,** kann der Vollstreckungsgläubiger den Anspruch des Vollstreckungsschuldners auf Ausstellung eines Ersatzbuches pfänden und das Ersatzbuch durch den Gerichtsvollzieher entgegennehmen lassen; mit der Aushändigung des Buchs an den Gerichtsvollzieher entsteht das Pfändungspfandrecht.

9   **2.1.3 Drittschuldnerin** ist die Deutsche Postbank AG, vertreten durch den Vorstand; der Überweisungsbeschluß (unten Rn. 11) kann der Hauptstelle, Sitz Bonn, oder der kontoführenden Niederlassung **zugestellt** werden (Näheres in Rn. 7 und 8 der Erläuterungen zu *Muster 133*).

10 Trotz des Postgeheimnisses ist die Deutsche Postbank AG zur Abgabe der **Drittschuldnererklärung** verpflichtet.

11 **2.2 Verwertet** wird die durch Buchwegnahme gepfändete Forderung durch **Überweisung zur Einziehung.** Der Vollstreckungsgläubiger muß dem Antrag auf Erlaß des (bloßen) Überweisungsbeschlusses das Protokoll des Gerichtsvollziehers über die Wegnahme des Postsparbuchs beilegen, weil Voraussetzung für den Erlaß des Überweisungsbeschlusses der Nachweis der Pfändung ist, und weil sich aus dem Protokoll die Kosten der Pfändung ergeben. Nach Zustellung des Überweisungsbeschlusses an die Drittschuldnerin leitet der Vollstreckungsgläubiger den Beschluß mit Zustellungsurkunde dem Gerichtsvollzieher zu, der daraufhin das Postsparbuch der Drittschulderin übergibt. Diese zahlt nun an den Vollstreckungsgläubiger.

12 **2.3 Ergänzend** wird auf die *Muster 166 und 167* verwiesen.

Muster 135

Reallast I
Subjektiv-persönliche Reallast selbst samt der Forderung auf die Einzelleistungen

In ein Formblatt (vgl. „Hinweise" Ziff. 5) ist einzusetzen:

Wegen dieser Ansprüche sowie wegen der Kosten dieses Beschlusses, seiner Zustellung und der Eintragung im Grundbuch

werden gepfändet:

a) die angeblich für den Schuldner im Grundbuch des Amtsgerichts . . . Gem. . . . Band . . . Blatt . . . in Abt. II unter lfd. Nr. . . . auf dem Grundstück . . . Fl.Nr. . . . des . . . (Name und Adresse des Grundstückseigentümers) . . .   (Drittschuldner)

eingetragene Reallast,

b) die angebliche Forderung des Vollstreckungsschuldners gegen den Drittschuldner auf bereits fällige (rückständige) und künftige Einzelleistungen aus dieser Reallast.

Dem Drittschuldner wird verboten, an den Schuldner zu leisten.

Dem Schuldner wird geboten, sich jeder Verfügung über die gepfändete Reallast und die gepfändete Forderung zu enthalten.

Zugleich werden die gepfändete Reallast und die gepfändete Forderung dem Gläubiger zur Einziehung überwiesen.

Pfändung und Überweisung werden wirksam mit Eintragung der Pfändung im Grundbuch.

―――――― **Erläuterungen** ――――――

bei *Muster 137*

Muster 136

Reallast II
Anspruch auf Einzelleistungen

In ein Formblatt (vgl. „Hinweise" Ziff. 5) ist einzusetzen:

Wegen dieser Ansprüche sowie wegen der Kosten dieses Beschlusses, seiner Zustellung und der Eintragung im Grundbuch

wird die angebliche Forderung des Schuldners

gegen . . . (Name und Adresse des Grundstückseigentümers) . . .

(Drittschuldner)

auf bereits fällige (rückständige) und künftige Einzelleistungen aus der Reallast, die angeblich für den Schuldner im Grundbuch des Amtsgerichts . . . Gem. . . . Band . . . Blatt . . . in Abt. II unter lfd. Nr. . . . auf dem Grundstück . . . Fl.Nr. . . . des Drittschuldners eingetragen ist,

gepfändet.

Dem Drittschuldner wird verboten, an den Schuldner zu zahlen.

Dem Schuldner wird geboten, sich jeder Verfügung über die gepfändete Forderung, insbesondere der Einziehung, zu enthalten.

Zugleich wird die gepfändete Forderung dem Gläubiger zur Einziehung überwiesen.

Pfändung und Überweisung werden wirksam mit Eintragung der Pfändung im Grundbuch.

Erläuterungen

bei *Muster 137*

Muster 137

Reallast III
Antrag auf Eintragung der Pfändung nach Muster 135 und 136 im Grundbuch

An das
Amtsgericht – Grundbuchamt –
. . . . .

Betr.: Grundbuch von . . . Gem. . . . Band . . . Blatt . . .
In der Zwangsvollstreckungssache
. . . . .   (Gläubiger)
gegen
. . . . .   (Schuldner)
überreiche ich eine Ausfertigung des Pfändungsbeschlusses des Amtsgerichts . . . vom . . . Az.: . . . samt Zustellungsnachweis und

beantrage

als der im Pfändungsbeschluß legitimierte Vertreter des Vollstreckungsgläubigers, die Pfändung im Grundbuch einzutragen.

(Unterschrift)

Erläuterungen

1. Wesen der Reallast

Die Reallast ist die Belastung eines Grundstücks in der Weise, daß an den Berechtigten **wiederkehrende Leistungen „aus dem Grundstück"** zu erbringen sind, und zwar in Form des positiven Tuns und/oder Gebens, nicht etwa in Form des Unterlassens (§ 1105 BGB). Oft sichert die Reallast ein Altenteil. Sie wird im Abt. II des Grundbuchs eingetragen. Es gibt keine Reallast mit Brief. Meist steht die Reallast einer bestimmten Person zu, ist „subjektiv-persönlich" und ein selbständiges Recht. Sie kann aber auch dem jeweiligen Eigentümer eines anderen Grundstücks zustehen, „subjektiv-dinglich" sein, und ist dann kein selbständiges Recht, sondern Bestandteil des „herrschenden" Grundstücks. 1

Die **subjektiv-persönliche** Reallast ist übertragbar, es sei denn, der Anspruch auf die Einzelleistungen sei nicht übertragbar (§ 1111 Abs. 2 BGB). Die **subjektiv-dingliche** Reallast kann von dem herrschenden Grundstück nicht getrennt werden und teilt dessen Schicksal (§ 1110 BGB). 2

357

Muster 137 Reallast III

2. Pfändung und Verwertung

3 **2.1 Die subjektiv-dingliche Reallast** als wesentlicher Bestandteil des herrschenden Grundstücks ist unübertragbar und daher **unpfändbar** (§ 851 Abs. 1). Der **Anspruch auf Einzelleistungen aber ist pfändbar,** weil auf sie die für Hypothekenforderungen geltenden Vorschriften entsprechend anwendbar sind (§ 1107 BGB).

4 **2.2 Die subjektiv-persönliche Reallast und der Anspruch auf Einzelleistungen daraus sind grundsätzlich pfändbar;** Unpfändbarkeit der Einzelleistungen (etwa nach §§ 399, 400 BGB) ergreift aber auch die Reallast selbst.

5 **2.3 Verfahren:** Pfändung und Verwertung richten sich nach §§ 857 Abs. 6, 830. Deshalb kann auf die Erläuterungen zur Brief- bzw. Buchhypothek verwiesen werden. Bei der Reallast kommt aber relativ häufig die **Pfändung lediglich rückständiger Leistungen** in Frage. Diese erfolgt nicht nach § 830 Abs. 1, sondern nach § 829 (§ 830 Abs. 3), bedarf also weder der Besitzerlangung am Brief noch der Eintragung im Grundbuch, wohl aber der Zustellung an den Drittschuldner.

6 **Drittschuldner** ist der Grundstückseigentümer.

7 **Die Verwertung gepfändeter Naturalleistungsansprüche** jedoch läßt sich nicht wie die von Geldzahlungsansprüchen mittels Zwangsversteigerung des Grundstücks nach §§ 1107, 1147 BGB bzw. ZVG durchführen. Diese Ansprüche müssen vielmehr vor Erhebung der Drittschuldnerklage nach § 326 BGB in Geldzahlungsansprüche umgewandelt werden.

Muster 138

Rechtsanwaltsgebühren I
Vergütung aufgrund Anwaltsvertrags

In ein Formblatt (vgl. „Hinweise" Ziff. 5) ist einzusetzen:

Wegen dieser Ansprüche sowie wegen der Kosten dieses Beschlusses und seiner Zustellung

wird die angebliche Forderung des Schuldners

gegen . . . (Name und Anschrift des Mandanten) . . .   (Drittschuldner)

auf Zahlung der gesetzlichen Gebühren und Auslagen und eines vereinbarten Honorars für die Anwaltstätigkeit des Schuldners für den Drittschuldner . . . (diese beschreiben, z. B.: Im Rechtsstreit gegen . . . vor dem . . . Gericht, Az.: . . ., oder für laufende, auch künftige Rechtsberatung) . . .

gepfändet.

Dem Drittschuldner wird verboten, an den Schuldner zu zahlen.

Dem Schuldner wird geboten, sich jeder Verfügung über die gepfändete Forderung, insbesondere ihrer Einziehung zu enthalten.

Zugleich wird die gepfändete Forderung dem Gläubiger zur Einziehung überwiesen.
– Der Gläubiger ist Rechtsanwalt.*
– Die Forderung ist rechtskräftig festgestellt, ein erster Vollstreckungsversuch ist fruchtlos ausgefallen und der Schuldner hat die ausdrückliche schriftliche Einwilligung des Drittschuldners zur Abtretung eingeholt.*

* Unter diesen Alternativen ist zu wählen.

Erläuterungen

bei *Muster 139*

Muster 139

Rechtsanwaltsgebühren II
Vergütung aufgrund Beiordnung im Weg der Prozeßkostenhilfe und als Pflichtverteidiger

In ein Formblatt (vgl. „Hinweise" Ziff. 5) ist einzusetzen:

Wegen dieser Ansprüche sowie wegen der Kosten dieses Beschlusses und seiner Zustellung

werden die Forderungen gepfändet, die dem Schuldner angeblich zustehen

*1. gegen ... (s. Rn. 8) ...   (Drittschuldner zu 1)
auf Vergütung aus der Staatskasse gemäß §§ 121, 124 BRAGO, weil er ***

– im Wege der Prozeßkostenhilfe
– nach § 11a des ArbGG

*im Rechtsstreit des ... (Namen der Klagepartei) ... gegen den ... (Name der beklagten Partei) ... vor dem ...gericht ...***

– der Klagepartei
– der beklagten Partei

beigeordnet worden ist;

*2. gegen ... (Name und Adresse der Gegenpartei des in Ziff. 1 genannten Rechtsstreits) ...   (Drittschuldner zu 2)
auf Zahlung der dem Schuldner gegen den Drittschuldner gemäß § 126 ZPO zustehenden Gebühren und Auslagen;*

*3. gegen ... (s. Rn. 6) ...   (Drittschuldner zu 3)
auf Zahlung der dem Schuldner als Pflichtverteidiger des Drittschuldners zu 4) im Strafverfahren Az. ... vor dem ...gericht zustehenden Vergütung aus der Staatskasse;*

*4. gegen ...(Name und Adresse dessen, dem der Vollstreckungsschuldner als Pflichtverteidiger beigeordnet war) ...   (Drittschuldner zu 4)
auf Zahlung der dem Schuldner gegen den Drittschuldner zu 4) als Beschuldigten in dem in Ziff. 3 genannten Strafverfahren zustehenden Gebühren und Auslagen.*

Dem Drittschuldner wird verboten, an den Schuldner zu zahlen.

Dem Schuldner wird geboten, sich jeder Verfügung über die gepfändeten Forderungen, insbesondere ihrer Einziehung, zu enthalten.

*Zugleich werden die gepfändeten Forderungen dem Gläubiger zur Einziehung überwiesen.***

---

* Unter den folgenden Alternativen ist zu wählen.

– Der Gläubiger ist Rechtsanwalt.
– Die Forderung ist rechtskräftig festgestellt, ein erster Vollstreckungsversuch ist fruchtlos ausgefallen, und der Schuldner hat die ausdrückliche, schriftliche Einwilligung des Drittschuldners eingeholt.

---------- Erläuterungen ----------

1. **Rechtsgrund und Abtretbarkeit des Vergütungsanspruchs**

Der Vergütungsanspruch des Rechtsanwalts beruht entweder auf Anwaltsvertrag (§ 675 BGB) oder auf einem Gerichtsbeschluß, durch den der Rechtsanwalt im Zivil-, Verwaltungs- oder Strafprozeß einer Partei bzw. einem Beschuldigten oder Angeklagten beigeordnet wird. Der Anwaltsvertrag verpflichtet den Mandanten, dem Anwalt die gesetzlichen oder vereinbarten Gebühren zu bezahlen. Durch Beiordnung entsteht dem Rechtsanwalt ein Vergütungsanspruch gegen die Staatskasse, u. U. auch gegen die Gegenpartei (§§ 121 bis 130 ZPO) oder den Verteidigten (§§ 97 bis 103 BRAGO).

1.1 Der BGH hat mehrfach entschieden, daß die Vergütungsforderung des Rechtsanwalts regelmäßig **nicht wirksam abgetreten werden könne**; denn durch die Abtretungsvereinbarung entstehe „untrennbar verbunden" die Auskunftspflicht des Rechtsanwalts nach § 402 BGB, es sei denn, sie sei vertraglich abbedungen worden. Wenn die Auskunft nicht ohne Verletzung des die Schweigepflicht normierenden § 203 Abs. 1 Nr. 3 StGB erteilt werden kann, verstoße der gesamte Abtretungsvertrag gegen dieses **Gesetz und die Abtretung sei daher nichtig (§ 134 BGB)**[1], auch wenn sie an einen Rechtsanwalt erfolgt[2]. Die Ansicht, man müsse zwischen der Abtretung als solcher und der Auskunftspflicht trennen, hat der BGH abgelehnt[3].

1.2 Diese Rechtsprechung ist durch die Einfügung des § 49b Abs. 4 in die BRAO[4] teilweise überholt; diese Bestimmung lautet:

„Der Rechtsanwalt, der eine Gebührenforderung erwirbt, ist in gleicher Weise zur Verschwiegenheit verpflichtet wie der beauftragte Rechtsanwalt. Die Abtretung von Gebührenforderungen oder die Übertragung ihrer Einziehung auf einen nicht als Rechtsanwalt zugelassenen Dritten ist unzulässig, es sei denn, die Forderung ist rechtskräftig festgestellt, ein erster Vollstreckungsversuch fruchtlos ausgefallen, und der Rechtsanwalt hat die ausdrückliche, schriftliche Einwilligung des Mandanten eingeholt."

Entgegen der BGH-Rechtsprechung ist also die Abtretung der Gebührenforderung an einen (anderen) Rechtsanwalt wirksam, die **Abtretung** an einen **Nichtanwalt** aber ist **nur wirksam, wenn**

---
1 In NJW 1993, 1638 und 1912 = MDR 1993, 912 und NJW 1993, 2759.
2 In NJW 1993, 1912 = MDR 1993, 912.
3 In NJW 1993, 2759.
4 G. v. 24. 6. 1994, BGBl. I, 2272.

Muster 139 Rechtsanwaltsgebühren II

– ein rechtskräftiger Titel vorliegt und
– ein Vollstreckungsversuch erfolglos war und
– der Mandant seinem Rechtsanwalt gegenüber ausdrücklich und schriftlich zugestimmt hat.

2. Pfändung und Verwertung

5   2.1 Während nach der „abtretungsfeindlichen" Rechtsprechung des BGH die Pfändung der Vergütungsforderung noch als wirksam angesehen werden konnte mit der Maßgabe, daß die Auskunftspflicht des Vollstreckungsschuldners nach § 836 Abs. 3 nicht entstand[5], läßt sich diese Meinung jetzt nicht mehr vertreten:

6   Weil die Honorarforderung an **einen Rechtsanwalt abgetreten** werden kann, ist sie für einen Rechtsanwalt auch pfändbar, und zu **seinen Gunsten entsteht** auch die Auskunftspflicht nach § 836 Abs. 3. Ebenso ist die Honorarforderung zugunsten eines Nichtanwalts pfändbar, wenn die Voraussetzungen für ihre Abtretung an ihn gegeben sind.

7   Die Abtretung an einen Nichtanwalt ist bei Fehlen dieser Voraussetzungen aber „unzulässig". Gleich, ob diese Formulierung einen Ausschuß der Abtretbarkeit (wie etwa in § 400 BGB), eine allgemeine Beschränkung der gesetzlichen, rechtlichen Gestaltungsbefugnis (wie etwa in § 137 Satz 1 BGB) oder ein gesetzliches Verbot nach § 134 BGB – das sich seinem Zweck nach gegen beide Vertragspartner richtet – bedeutet: § 851 Abs. 1 erklärt die Honorarforderung als nicht der Pfändung unterworfen[6].

Der Gesetzgeber hat also – wohl ungewollt – für Rechtsanwälte einen Pfändungsschutz durch die Hintertür geschaffen.

Der Vollstreckungsgläubiger muß also in seinem Pfändungsantrag das Vorliegen einer der beiden Voraussetzungen für die Pfändbarkeit vortragen.

8   2.2 Die Vergütungsforderung ist mit dieser Maßgabe nach §§ 829, 835 zu pfänden und zu überweisen.

9   **Drittschuldner** ist im Fall des Anwaltsvertrags der Mandant, bei Beiordnung nach den Vorschriften der ZPO die Staatskasse – im Verfahren vor Bundesgerichten die Bundeskasse, im Verfahren vor Landesgerichten die Landeskasse – (§§ 121) und ggf. die Gegenpartei (§ 126), bei Bestellung als Pflichtverteidiger in gleicher Weise die Staatskasse (§ 103 StPO) und der Verteidigte (§§ 103, 100 StPO).

10   **2.3 Vollstreckungsschutz** wird nach §§ 850i, 850 f. gewährt.

11   **2.4 Verfahrensrechtliches:** Die dem Rechtsanwalt für seine Tätigkeit in einem Rechtsstreit zustehenden Gebühren können nach § 19 BRAGO festgesetzt wer-

---

5 *Diepold* in MDR 1993, 235 und OLG Stuttgart in NJW 1994, 2838.
6 *Diepold* in MDR 1995, 23; a. A. *Berger* in NJW 1995, 1406 und *Wurz/Bergmann*, Die Abtretung von Honorarforderungen schweigepflichtiger Gläubiger, S. 226 f.

den, wenn der Mandant nicht Einwendungen außerhalb des Gebührenrechts erhebt. Wenn diese Festsetzung möglich ist, fehlt einer Gebührenklage das Rechtsschutzinteresse. **Das gilt auch für den Vollstreckungsgläubiger.**

Die Gebühren des beigeordneten Rechtsanwalts gegen die Staatskasse werden durch den Urkundsbeamten festgesetzt. Der Vollstreckungsgläubiger kann den Festsetzungsantrag anstelle des Vollstreckungsschuldners stellen. 12

3. Nach Meinung des LG München II[7] soll das Verbot der Abtretung von Honorarforderungen auch für „verkammerte" **Rechtsbeistände** gelten, obwohl auf diese § 203 StGB weder unmittelbar noch entsprechend anzuwenden sei; denn ihre Verschwiegenheitspflicht beruhe – wie die der Rechtsanwälte – auf Gewohnheitsrecht. 13

---

7 In NJW-RR 1994, 437.

Muster 140

Rechtsanwaltsversorgung

In ein Formblatt (vgl. „Hinweise" Ziff. 5) ist einzusetzen:

Wegen dieser Ansprüche sowie wegen der Kosten dieses Beschlusses und seiner Zustellung
wird die angebliche Forderung des Schuldners
gegen ... (s. Rn. 3) ... (Drittschuldner)
gepfändet, welche auf Zahlung des fortlaufenden Altersruhegeldes, der fortlaufenden Rente wegen Berufs- oder Erwerbsunfähigkeit oder sonstiger fortlaufender Renten gerichtet ist.
Die Pfändung wird gemäß § 850c ZPO beschränkt.
Dem Drittschuldner wird, soweit die Pfändung reicht, verboten, an den Schuldner zu zahlen.
Dem Schuldner wird, soweit die Pfändung reicht, geboten, sich jeder Verfügung über die gepfändete Forderung, insbesondere ihrer Einziehung, zu enthalten.
Zugleich wird die gepfändete Forderung dem Gläubiger zur Einziehung überwiesen.

―――― **Vorbemerkung** ――――

Die Regelung der öffentlich-rechtlichen Versorgung von **Freiberuflern** gehört zur Gesetzgebungskompetenz der Länder, die davon Gebrauch gemacht haben, teils, indem sie sich durch Staatsverträge den Versorgungseinrichtungen eines anderen Landes angeschlossen haben.

Nicht für alle Freiberufler gibt es solche Versorgungseinrichtungen. Manche Freiberufler, wie Künstler und Publizisten, sind der Sozialversicherung angeschlossen. Wegen der Verschiedenartigkeit der Gesetze der Länder kann im folgenden nur beispielhaft die Regelung in Bayern dargestellt werden. Die **Grundsätze der Pfändung** sind aber **in allen Ländern die gleichen,** weil das Recht der Zwangsvollstreckung Bundesrecht ist. Sollte ein Land in seinen Versorgungs-(Versicherungs-)gesetzen etwa die Unabtretbarkeit von Versorgungsansprüchen normieren, so könnte dies vor dem Grundgesetz keinen Bestand haben, weil die Ungleichbehandlung mit den – meist deutlich niedrigeren – Sozialrenten auf der Hand läge.

In Bayern z. B. gibt es folgende Versorgungsanstalten für Freiberufler:

die *Bayerische Ärzteversorgung* für Ärzte, Zahnärzte und Tierärzte,
die *Bayerische Apothekerversorgung,*

die *Bayerische Architektenversorgung,*
die *Bayerische Ingenieurversorgung,*
die *Bayerische Rechtsanwaltsversorgung,*

die alle **Anstalten des öffentlichen Rechts** sind und von der Bayerischen Versorgungskammer gesetzlich vertreten werden.

――――――――――― **Erläuterungen** ―――――――――――

1. Rechtsgrundlage der Versorgungsansprüche am Beispiel Bayerns

Die **Versorgung von Freiberuflern** gehört zur Gesetzgebungskompetenz der Länder (Art. 70 ff. GG). Die einzelnen Landesgesetze regeln die Materie nicht immer auf gleiche Weise. Regelungen über Übertragbarkeit und Verpfändbarkeit von Versorgungsansprüchen finden sich in diesen Gesetzen häufig, haben aber keine Auswirkung auf die Pfändbarkeit (unten Rn. 3). Wir handeln die Pfändung von Versorgungsansprüchen am Beispiel Bayerns ab. 1

Das Bayerische Gesetz über das öffentliche Versorgungswesen (VersoG)[1] nimmt Bezug auf die bei seinem Erlaß bereits bestehenden Versorgungsanstalten öffentlichen Rechts[2] und bestimmt als gemeinsames Geschäftsführungs- und Vertretungsorgan dieser Anstalten die Versorgungskammer, welche alle diese Anstalten gerichtlich und außergerichtlich vertritt (Art. 1, 2, 6). Nach Art. 24 gewähren die Versorgungsanstalten den Mitgliedern und deren Hinterbliebenen nach Maßgabe der Satzung u. a. laufende Leistungen zur Alters-, Berufsunfähigkeits- und Hinterbliebenenversorgung. Ansprüche auf diese Leistungen können wie Arbeitseinkommen übertragen und verpfändet werden (Art. 17). 2

2. Pfändung und Verwertung

2.1 Die Pfändung ist in dem VersoG, Art. 17, nach dem Vorbild des § 54 SGB I geregelt. 3

Versorgungsansprüche sind auch dann pfändbar, wenn ihre Übertragung in der Satzung einer Anstalt des öffentlichen Rechts ausgeschlossen wäre[3]. 4

2.2. Gepfändet und überwiesen wird also nach §§ 829, 835, auf die auch § 54 SGB I verweist. 5

Drittschuldnerin ist die jeweilige Versorgungseinrichtung, nämlich: 6

Versorgungswerk der Rechtsanwälte in *Baden-Württemberg* – Körperschaft öffentlichen Rechts –, Hohe Str. 16, 70174 Stuttgart, Tel.-Nr. 07 11 / 2 99 10 51 / 52, Fax-Nr. 07 11 / 2 99 16 50

---

1 V. 25. 6. 1994, BayGBl., 466, geänd. a. a. O. S. 606.
2 Sie wurden durch Art. 49 VersoG aus der Bayer. Versicherungskammer ausgegliedert.
3 OLG München in MDR 1991, 453 = Rpfleger 1991, 262.

Muster 140 Rechtsanwaltsversorgung

Bayerische Rechtsanwaltsversorgung, Anstalt des öffentlichen Rechts, Arabellastraße 33, 81925 München, Tel.-Nr. 0 89 / 21 60-0, Fax-Nr. 0 89 / 21 60 - 86 73

Versorgungswerk der Rechtsanwälte im Lande *Hessen* – Körperschaft des öffentlichen Rechts –, Myliusstr. 15, 60323 Frankfurt am Main, Tel.-Nr. 0 69 / 72 22 52, Fax-Nr. 0 69 / 17 37 83

Versorgungswerk der Rechtsanwälte in *Mecklenburg-Vorpommern* – Körperschaft des öffentlichen Rechts –, Lübecker Straße 185, 19059 Schwerin, Tel.-Nr. 03 85/76 06 00

Niedersächsisches Versorgungswerk der Rechtsanwälte – Körperschaft des öffentlichen Rechts –, Bahnhofstr. 5, 29221 Celle, Tel.-Nr. 0 51 41 / 2 80 92-93, Fax-Nr. 0 51 41 / 2 44 01

Versorgungswerk der Rechtsanwälte im Lande *Nordrhein-Westfalen* – Körperschaft des öffentlichen Rechts –, Immermannstr. 65, 40210 Düsseldorf, Tel.-Nr. 02 11 / 35 38 45, Fax-Nr. 02 11 / 35 02 64

Versorgungswerk der *Rheinland-Pfälzischen* Rechtsanwaltskammern – Körperschaft des öffentlichen Rechts –, Schloßstr. 10, 56068 Koblenz, Tel.-Nr. 02 61 / 1 57 75, Fax-Nr. 02 61 / 1 47 35

Versorgungswerk der Rechtsanwaltskammer des *Saarlandes* – Sondervermögen der Rechtsanwaltskammer –, Am Schloßberg 5, 66119 Saarbrücken, Tel.-Nr. 06 81 / 58 20 48, Fax-Nr. 06 81 / 58 10 47

Sächsisches Rechtsanwaltsversorgungswerk – Körperschaft des öffentlichen Rechts, Bärensteiner Straße 16–18, 01277 Dresden, Tel.-Nr. 03 51 / 3 36 08 97, Fax-Nr. 03 51 / 3 36 08 99

Versorgungswerk der Rechtsanwälte in *Sachsen-Anhalt* – Körperschaft des öffentlichen Rechts –, noch im Gründungsstadium (Stand: Dezember 1995), Ansprechpartner ist die Rechtsanwaltskammer *Sachsen-Anhalt*, Lübecker Straße 21a, 39124 Magdeburg, Tel.-Nr. 03 91/22 24 13

Schleswig-Holsteinisches Versorgungswerk für Rechtsanwälte – Körperschaft des öffentlichen Rechts –, Gottorfstr. 13, 24837 Schleswig, Tel.-Nr. 0 46 21 / 3 43 11, Fax-Nr. 0 46 21 / 3 15 96

7 Die Versorgungswerke sind selbständige Körperschaften des öffentlichen Rechts mit Ausnahme des Versorgungswerks im Saarland, das in die dortige Rechtsanwaltskammer eingegliedert ist.

Die **Vertretung der Versorgungseinrichtungen,** auch in ihrer Eigenschaft als Drittschuldner, obliegt bei der Mehrzahl dieser Versorgungswerke dem Vorsitzenden des Vorstands (Baden-Württemberg, Hessen; Nordrhein-Westfalen; Präsident) oder des Verwaltungsausschusses (Niedersachsen; Schleswig-Holstein; Rheinland-Pfalz). Die bayerische Rechtsanwaltsversorgung wird durch die Bayerische Versorgungskammer gesetzlich vertreten (oben Rn. 2). Das saarländische Versorgungswerk wird durch den Präsidenten der Rechtsanwaltskammer Saarbrücken gesetzlich vertreten.

Muster 141

Rentenschuld mit Brief I
Der Vollstreckungsschuldner besitzt den Brief

In ein Formblatt (vgl. „Hinweise" Ziff. 5) ist einzusetzen:

Wegen dieser Ansprüche sowie wegen der Kosten dieses Beschlusses, seiner Zustellung, der Briefwegnahme und der Eintragung im Grundbuch werden gepfändet:

a) die angeblich für den Schuldner im Grundbuch des Amtsgerichts . . . Gem. . . . Band . . . Blatt . . . in Abt. III unter lfd. Nr. . . . auf dem Grundstück Fl.Nr. . . . des . . . . . . (Name und Adresse des Grundstückseigentümers) . . . (Drittschuldner)

eingetragene Rentenschuld mit Brief,

b) die angeblichen Ansprüche des Schuldners gegen den Drittschuldner auf rückständige und künftig fällige Geldleistungen aus dem Grundstück und auf die Ablösungssumme.

Der Schuldner hat den über die gepfändete Rentenschuld gebildeten Rentenschuldbrief an den Gläubiger herauszugeben.

Dem Drittschuldner wird verboten, an den Schuldner zu leisten.

Dem Schuldner wird geboten, sich jeder Verfügung über die gepfändete Rentenschuld und die gepfändeten Ansprüche, insbesondere der Einziehung, zu enthalten.

Zugleich werden die gepfändete Rentenschuld und die gepfändeten Ansprüche dem Gläubiger zur Einziehung überwiesen.

Die Anordnung, daß der Schuldner den Rentenschuldbrief herauszugeben hat, wird mit Zustellung dieses Beschlusses an ihn wirksam. Pfändung und Überweisung werden wirksam, sobald der Gläubiger Besitz am Rentenschuldbrief erlangt oder der Gerichtsvollzieher dem Schuldner den Brief im Auftrag des Gläubigers wegnimmt.

— Erläuterungen —

bei *Muster 144*

Muster 142

Rentenschuld mit Brief II
Der Vollstreckungsschuldner besitzt den Brief nicht

In ein Formblatt (vgl. „Hinweise" Ziff. 5) ist einzusetzen:

Wegen dieser Ansprüche sowie wegen der Kosten dieses Beschlusses, seiner Zustellung und der Eintragung im Grundbuch werden gepfändet:

a) die angeblich für den Schuldner im Grundbuch des Amtsgerichts . . . Gem. . . Band . . . Blatt . . . in Abt. III unter lfd. Nr. . . . . auf dem Grundstück Fl.Nr. . . . . des . . . (Name und Adresse des (Grundstückseigentümers) . . .   (Drittschuldner zu 1)

eingetragene Rentenschuld mit Brief,

b) die angeblichen Ansprüche des Schuldners gegen den Drittschuldner auf rückständige und künftig fällige Geldleistungen aus dem Grundstück und auf die Ablösungssumme,

c) der angebliche Anspruch des Schuldners gegen . . .
                                  (Drittschuldner zu 2)*

auf Herausgabe des über die gepfändete Rentenschuld gebildeten Rentenschuldbriefes.

Den Drittschuldnern wird verboten, an den Schuldner zu leisten.

Dem Schuldner wird geboten, sich jeder Verfügung über die gepfändete Rentenschuld und die gepfändeten Ansprüche, insbesondere der Einziehung, zu enthalten.

Zugleich werden die gepfändete Rentenschuld und die gepfändeten Ansprüche dem Gläubiger zur Einziehung überwiesen.

Pfändung und Überweisung des Anspruchs auf Herausgabe des Rentenschuldbriefs werden wirksam mit Zustellung dieses Beschlusses an den Drittschuldner. Im übrigen werden Pfändung und Überweisung wirksam, sobald der Gläubiger Besitz am Rentenschuldbrief erlangt oder der Gerichtsvollzieher dem Schuldner den Brief im Auftrag des Gläubigers wegnimmt.

---
* Wenn dieser mit dem Grundstückseigentümer identisch ist, genügt die Formulierung: „gegen den Drittschuldner".

――――――― Erläuterungen ―――――――

bei *Muster 144*

Muster 143

Rentenschuld ohne Brief I

In ein Formblatt (vgl. „Hinweise" Ziff. 5) ist einzusetzen:

Wegen dieser Ansprüche sowie wegen der Kosten dieses Beschlusses, seiner Zustellung und der Eintragung im Grundbuch werden gepfändet:

a) Die angeblich für den Schuldner im Grundbuch des Amtsgerichts . . . Gem. . . . Band . . . Blatt . . . in Abt. III unter lfd. Nr. . . . auf dem Grundstück Fl.Nr. . . . des . . . (Name und Adresse des Grundstückseigentümers) . . .   (Drittschuldner)

eingetragene Rentenschuld ohne Brief*,

b) seine angeblichen Ansprüche auf rückständige und künftig fällig werdende Geldleistungen aus dem Grundstück und auf die Ablösungssumme.

Dem Drittschuldner wird verboten, an den Schuldner zu leisten.

Dem Schuldner wird geboten, sich jeder Verfügung über die gepfändete Rentenschuld und die gepfändeten Ansprüche, insbesondere der Einziehung, zu enthalten.

Zugleich werden die gepfändete Rentenschuld und die gepfändeten Ansprüche dem Gläubiger zur Einziehung überwiesen.

Pfändung und Überweisung werden wirksam mit Eintragung der Pfändung im Grundbuch.

---

* Achtung! Unbedingt die Pfändung ins Grundbuch eintragen lassen (dazu *Muster 144*), sonst kann sie nicht wirksam werden (§ 830).

──────── **Erläuterungen** ────────

bei *Muster 144*

Muster 144

Rentenschuld ohne Brief II
Antrag auf Eintragung der Pfändung nach Muster 143 im Grundbuch

An das Amtsgericht – Grundbuchamt –
......

Betr.: Grundbuch von ... Gem. ... Band ... Blatt ...

In der Zwangsvollstreckungssache

...   (Gläubiger)

gegen

...   (Schuldner)

überreiche ich eine Ausfertigung des Pfändungs- und Überweisungsbeschlusses des Amtsgerichts ... vom ... Az.: ... und

beantrage

als der im Pfändungsbeschluß legitimierte Vertreter des Vollstreckungsgläubigers, die Pfändung der bezeichneten Rentenschuld im Grundbuch einzutragen.

(Unterschrift)

———— Erläuterungen ————

1. Wesen der Rentenschuld

1 Eine Rentenschuld ist eine **Grundschuld**, die in der Weise bestellt ist, daß zu regelmäßig wiederkehrenden Terminen eine bestimmte Geldsumme aus dem Grundstück zu zahlen ist; bei der Bestellung der Rentenschuld muß der – im Grundbuch anzugebende – Betrag bestimmt werden, durch dessen Zahlung die Rentenschuld abgelöst werden kann (§ 1199 BGB). Durch die Rentenschuld ist also das Grundstück mit einer Rente belastet. Der Grundstückseigentümer hat das Recht, die Rentenschuld durch Zahlung der hierfür bestimmten Ablösungssumme abzulösen, nachdem er vorher – regelmäßig mit einer Frist von 6 Monaten – gekündigt hat; der Gläubiger kann die Ablösung nicht verlangen (§§ 1201, 1202 BGB). Von der Reallast unterscheidet sich die Rentenschuld durch die Ablösungsmöglichkeit und durch die Möglichkeit der Umwandlung in eine Grundschuld. Die Rentenschuld ist eine Form des Grundkredits.

2. Pfändung und Verwertung

2 Auf die Zwangsvollstreckung in eine Rentenschuld sind ebenso wie auf die Zwangsvollstreckung in eine Grundschuld die Vorschriften über die Zwangs-

vollstreckung in eine Forderung, für die eine Hypothek besteht, entsprechend anzuwenden (§ 857 Abs. 6).

Wegen der Vollstreckung in die Rentenschuld selbst wird daher auf die Erläuterungen bei *Muster 91*, wegen der Vollstreckung in Ansprüche auf fällige und künftige Einzelleistungen auf *Muster 136* verwiesen. 3

Beachte: Die Eintragung der Pfändung im Grundbuch ist unbedingt zu beantragen (hierzu *Muster 144*), bei der Rentenschuld mit Brief ist der Brief dem Antrag beizugeben. 4

Muster 145

Sachversicherung

In ein Formblatt (vgl. „Hinweise" Ziff. 5) ist einzusetzen:

Wegen dieser Ansprüche sowie wegen der Kosten dieses Beschlusses und seiner Zustellung werden die angeblichen Ansprüche des Schuldners

gegen . . . (genaue Bezeichnung der Versicherungsgesellschaft und ihrer gesetzlichen Vertretung) . . .
(Drittschuldnerin)

aus dem . . .versicherungsvertrag* Versicherungsnummer . . ., insbesondere die Ansprüche auf Zahlung der Versicherungssumme und auf Aushändigung des Versicherungsscheines

gepfändet.

Der Schuldner hat den Versicherungsschein an den Gläubiger herauszugeben.

Der Drittschuldnerin wird verboten, an den Schuldner zu leisten.

Dem Schuldner wird geboten, sich jeder Verfügung über die gepfändeten Ansprüche, insbesondere ihrer Einziehung zu enthalten.

Zugleich werden die gepfändeten Ansprüche und Rechte dem Gläubiger zur Einziehung überwiesen.

---
* Versicherungsart benennen, z. B. Kaskoversicherungsvertrag.

──────── Erläuterungen ────────

1. Inhalt der Sachversicherung

1 „Sachversicherung" nennt man solche Versicherungen, welche den Versicherungsnehmer für **Verlust** oder **Beschädigung** von Sachen entschädigen sollen, z. B. Hagel-, Hausrat-, Kaskoversicherung.

2 Der Sachversicherer leistet nach Eintritt des Versicherungsfalles im Rahmen des Versicherungsvertrages Ersatz in Geld, höchstens aber in Höhe der Versicherungssumme (§§ 49, 50 VVG).

3 Ist der Versicherer nach den Versicherungsbestimmungen nur verpflichtet, die Entschädigungssumme zur Wiederherstellung des versicherten Gebäudes zu zahlen, so kann der Versicherungsnehmer die Zahlung erst verlangen, wenn die bestimmungsmäßige Verwendung des Geldes gesichert ist (§ 97 VVG). Diese Zweckbindung bewirkt, daß die Forderung des Versicherungsnehmers auf die Entschädigungssumme vor der Wiederherstellung des Gebäudes nur an den Erwerber des Grundstücks oder an solche Gläubiger des Versicherungs-

nehmers übertragen werden kann, welche Arbeiten oder Lieferungen zur Wiederherstellung des Gebäudes übernommen oder bewirkt haben. Eine Übertragung an Gläubiger des Versicherungsnehmers, die bare Vorschüsse zur Wiederherstellung gegeben haben, ist wirksam, wenn die Verwendung der Vorschüsse zur Wiederherstellung erfolgt (§ 98 VVG).

2. Pfändung und Verwertung

Der Anspruch des Versicherungsnehmers ist nach §§ 829 ff. pfändbar; soweit der Anspruch gegen den Versicherer nicht abtretbar ist (siehe vorstehend Rn. 1 ff.), ist er unpfändbar (§ 851). 4

Gibt der Schuldner trotz der Anordnung im Beschluß (hierzu § 836 Abs. 3 Satz 1) den Versicherungsschein nicht heraus, so nimmt ihn der Gerichtsvollzieher im Auftrag des Gläubigers dem Schuldner weg und übergibt ihn dem Gläubiger (§ 883 Abs. 1). Als „Titel" für diese Hilfspfändung dient der Pfändungs- und Überweisungsbeschluß. 5

Muster 146

Sachverständigenentschädigung

In ein Formblatt (vgl. „Hinweise" Ziff. 5) ist einzusetzen:

Wegen dieser Ansprüche sowie wegen der Kosten dieses Beschlusses und seiner Zustellung wird der angebliche Anspruch des Schuldners

gegen ... (vgl. Rn. 2 der Erläuterung) ... (Drittschuldner)

auf Bezahlung der Sachverständigenentschädigung für die Zuziehung in dem Verfahren ... (Bezeichnung der Parteien und Angabe des Aktenzeichens) ... vor dem ... (Gericht bezeichnen) ...

gepfändet.

Dem Drittschuldner wird verboten, an den Schuldner zu zahlen.

Dem Schuldner wird geboten, sich jeder Verfügung über den gepfändeten Anspruch, insbesondere der Einziehung, zu enthalten.

Zugleich wird der gepfändete Anspruch dem Gläubiger zur Einziehung überwiesen.

──────── Erläuterungen ────────

1. Vergütung

1 **Sachverständige, Dolmetscher und Übersetzer, die von dem Gericht oder dem Staatsanwalt zu Beweiszwecken herangezogen werden,** werden nach dem Gesetz über die Entschädigung von Zeugen und Sachverständigen[1] „entschädigt", jedoch nur „auf Verlangen" binnen einer Frist; die Vergütung wird durch Gerichtsbeschluß festgesetzt (§§ 1, 17, 15, 3, 16 ZSEG). Dem Sachverständigen kann bei Bedarf nach näherer Regelung in § 14 ZSEG ein Vorschuß bewilligt werden.

2. Pfändung und Überweisung

2 Der Vergütungsanspruch ist als **gewöhnliche Geldforderung** nach §§ 829, 835 zu pfänden und zu überweisen. **Drittschuldner** ist das Bundesland, das den Sachverständigen (Dolmetscher, Übersetzer) herangezogen hat.

3 Die Überweisung erlaubt dem Vollstreckungsgläubiger, anstelle des Vollstreckungsschuldners **das Verlangen nach § 15 Abs. 1 ZSEG** zu stellen.

Beachte: Das Verlangen ist ohne jeden Verzug zu stellen, um das Erlöschen des Vergütungsanspruchs nach § 15 Abs. 2 ZSEG zu vermeiden.

---

1 ZSEG, abgedruckt bei *Schönfelder* als Nr. 116.

Der Anspruch auf **Vorschuß** ist, wie sich aus § 14 ZSEG ergibt, zweckgebunden und daher **unpfändbar**. 4

Die Vergütung wird häufig Arbeitseinkommen sein und genießt dann **Vollstreckungsschutz** nach § 850i. 5

Muster 147

Schadensersatzanspruch wegen Vollstreckung aus einem später aufgehobenen Titel

In ein Formblatt (vgl. „Hinweise" Ziff. 5) ist einzusetzen:

Wegen dieser Ansprüche sowie wegen der Kosten dieses Beschlusses und seiner Zustellung wird die angebliche Forderung des Schuldners nach § 717 ZPO

gegen . . . (Name und Adresse dessen, der seinerzeit vollstreckt hatte) . . .

(Drittschuldner)

–* auf Ersatz des Schadens gepfändet, der dem Schuldner deswegen entstanden ist,
– – weil der Drittschuldner aus dem Urteil des Amtsgerichts/Landgerichts . . ., Az.: . . . vom . . . vollstreckt hat;
– – weil der Schuldner die Vollstreckung aus dem Urteil des Amtsgerichts/Landgerichts . . ., Az.: . . . vom . . ., die der Drittschuldner betrieb, abgewendet hat;
– auf Herausgabe dessen gepfändet, was der Schuldner aufgrund des Urteils des Oberlandesgerichts . . ., Az.: . . ., vom . . . geleistet hat.

Dem Drittschuldner wird verboten, an den Schuldner zu zahlen.

Dem Schuldner wird geboten, sich jeder Verfügung über den gepfändeten Anspruch, insbesondere der Einziehung, zu enthalten.

Zugleich wird der gepfändete Anspruch dem Gläubiger zur Einziehung überwiesen.

---

* Unter den jeweiligen Alternativen ist zu wählen.

—————— Erläuterungen ——————

1. Der Schadensersatzanspruch nach § 717 ZPO

1 § 704 Abs. 1 läßt die Vollstreckung auch aus Entscheidungen zu, die noch nicht rechtskräftig, sondern nur für vorläufig vollstreckbar erklärt sind. Diese Vergünstigung für den Vollstreckungsgläubiger kann zu erheblichen Nachteilen für den Vollstreckungsschuldner führen, wenn das Urteil im Instanzenzug als unrichtig aufgehoben wird. Zum Interessenausgleich bestimmt die ZPO: Mit der Verkündung der aufhebenden oder abändernden Entscheidung tritt die vorläufig vollstreckbare Entscheidung insoweit außer Kraft, als die Aufhebung oder Abänderung reicht (§ 717 Abs. 1); die Zwangsvollstreckung ist insoweit einzustellen (§ 775 Nr. 1), bereits getroffene Vollstreckungsmaßregeln sind aufzuheben (§ 776 S. 1). Ferner bestimmen die Abs. 2 und 3 des

§ 717, daß und wie der vor der Vollstreckung bestehende Zustand wieder herzustellen und in welchen Fällen dem ehemaligen Vollstreckungsschuldner Schadensersatz zu leisten ist:

1.2 Wer aus einem streitigen **Urteil eines Oberlandesgerichts** vollstreckt hat, muß lediglich das aufgrund der Entscheidung Geleistete nach den Vorschriften über die Herausgabe einer ungerechtfertigten Bereicherung erstatten, nicht aber Schadensersatz leisten.

1.3 Wer aus einer vorläufig vollstreckbaren **erstinstanziellen Entscheidung** vollstreckt hat, muß der anderen Partei **jeden Schaden im Sinne der §§ 249 ff. BGB,** der durch die Vollstreckung oder ihre Abwendung entstanden ist, ersetzen, beispielsweise Gerichts- und Gerichtsvollzieherkosten, Kosten der Rückschaffung von Pfandsachen, Kosten der Reparatur von auf dem Transport beschädigten Pfandsachen, Kosten zum Zweck der Abwendung der Vollstreckung[1], entgangene oder für die Mittelbeschaffung aufzuwendende Zinsen usw.

Die Schadensersatzpflicht hängt nicht von **Verschulden** ab. Die geschädigte Partei muß aber den entstehenden Schaden im zumutbaren Rahmen geringhalten (§ 254 BGB).

1.4 Der Anspruch **verjährt** nach § 852 BGB in 3 Jahren.

2. Pfändung und Verwertung

Sie geschehen nach §§ 829, 835.

2.1 In die Bezeichnung der Beteiligten gerät hier leicht Verwirrung: Der jetzige **Vollstreckungsgläubiger** war an jenem Rechtsstreit, in dem ein vorläufig vollstreckbares Urteil ergangen war, aber in der höheren Instanz aufgehoben oder abgeändert worden ist, nicht beteiligt. **Vollstreckungsschuldner** ist jetzt derjenige, gegen welchen in jenem Rechtsstreit das vorläufig vollstreckbare, später aufgehobene oder abgeänderte Urteil ergangen ist. **Drittschuldner** ist jetzt derjenige, der seinerzeit aus dem zu seinen Gunsten vorläufig vollstreckbaren, später aufgehobenen Urteil vollstreckt hat.

2.2 Hatte der jetzige Drittschuldner zum Zwecke der damaligen Vollstreckung aus dem vorläufig vollstreckbaren Urteil **Sicherheit durch Hinterlegung** geleistet, so ist dem jetzigen Vollstreckungsschuldner ein Pfandrecht an der Forderung auf Rückerstattung entstanden (§ 233 BGB). Dieses Pfandrecht geht mit Übertragung der gesicherten Forderung auf den neuen Gläubiger über, und dieser kann daher die Herausgabe des hinterlegten Geldes verlangen (§§ 1250, 1251, 1273 Abs. 2 BGB). Bei Überweisung an Zahlungs Statt geht folglich das Pfandrecht an der Hinterlegungssumme auf den Vollstreckungsgläubiger über. Die Überweisung zur Einziehung dagegen macht den Vollstreckungsgläubiger nicht zum Inhaber der gepfändeten und durch das Pfandrecht gesicherten Forderung, sondern befugt ihn nur zur Geltendmachung der Forderung und des Pfandrechts.

---

1 Sie unterfallen nicht dem § 788 Abs. 2 (OLG Köln in OLGZ 94, 250).

Beachte: Im Falle der Hinterlegung sollte also auch der Herausgabeanspruch gegen den Landesfiskus gepfändet werden (vgl. *Muster 98*).

9 **2.3 Entfällt das aufhebende Urteil,** auf dem der gepfändete Schadensersatzanspruch beruhte, so „entfällt" auch die Pfändung, wie an einem Beispiel erläutert werden soll:

Der Kläger und (spätere) Drittschuldner erstreitet gegen den Beklagten und (späteren) Vollstreckungsschuldner ein Versäumnisurteil über 10.000 DM und vollstreckt daraus; das Versäumnisurteil wird durch Endurteil aufgehoben. Nun pfändet der Vollstreckungsgläubiger den dadurch entstandenen Schadensersatzanspruch des Beklagten (seines Vollstreckungsschuldners). Das Berufsgericht hebt das erstinstanztielle Endurteil auf und verurteilt den Beklagten, wie es auch im Versäumnisurteil geschehen war, zur Zahlung von 10.000 DM. Damit ist „die Aufhebung des Versäumnisurteils aufgehoben", so daß der gepfändete Schadensersatzanspruch nur scheinbar (oder bedingt?) entstanden war. Die Pfändung ist daher ins Leere gegangen.

10 Nach einer Entscheidung des RG[2], der sich *Stöber*[3] und *Hartmann*[4] angeschlossen haben, entfällt der Schadensersatzanspruch auch, wenn die Beseitigung des ihn auslösenden Aufhebungsurteils nicht durch Urteil, sondern durch **Vergleich** geschieht. Dem wird man beipflichten müssen, weil durch den Vergleich nicht über die gepfändete Forderung verfügt wird, wozu es der Mitwirkung des Vollstreckungsgläubigers bedürfte, sondern über die zeitlich, logisch und rechtlich vorhergehende Forderung.

---

2 RGZ 145, 328, 332.
3 In *Stöber*, Rn. 304 und in *Zöller,* § 717 Rn. 11.
4 *Baumbach/Lauterbach/Albers/Hartmann,* § 717 Rn. 12.

Muster 148

Scheckforderung I
Orderscheck

Das Formblatt (vgl. „Hinweise" Ziff. 5) ist nicht zu verwenden, weil der Erlaß eines Pfändungsbeschlusses nicht beantragt wird.

Wegen dieser Ansprüche sowie wegen der Kosten dieses Beschlusses und seiner Zustellung und wegen der Gerichtsvollzieherkosten für die Pfändung des Schecks in Höhe von DM . . . lt. anliegendem Beleg

wird die angebliche Forderung des Schuldners

gegen . . . (Name und Adresse dessen, der den Scheck ausgestellt hat) . . .
(Drittschuldner)

auf Zahlung von DM . . . gegen Vorlage des auf die . . . Bank ausgestellten Orderschecks Nr. . . . vom . . . dem Gläubiger in Höhe vorstehender Beträge zur Einziehung überwiesen.

Diesen Orderscheck hat der Gerichtsvollzieher nach § 831 ZPO lt. seiner anliegenden Mitteilung durch Inbesitznahme gepfändet.

—— Erläuterungen ——

bei *Muster 149*

379

Muster 149

Scheckforderung II
Überbringerscheck

An das Amtsgericht – Vollstreckungsgericht –
....   EILT SEHR!
In der Zwangsvollstreckungssache
....   (Gläubiger)
gegen
....   (Schuldner)
überreiche ich

die Pfändungsmitteilung des Gerichtsvollziehers . . . und den Vollstreckungstitel . . . (genau bezeichnen) . . .
und

beantrage

als der im Überweisungsbeschluß legitimierte Vertreter des Vollstreckungsgläubigers, nach § 825 ZPO die Verwertung des beim Schuldner gepfändeten, auf die . . . Bank gezogenen Überweisungsschecks Nr. . . . im Wege der Einlösung durch den Gerichtsvollzieher und Auszahlung des Erlöses an den Gläubiger anzuordnen.

Wegen der Vollstreckungsforderung von . . . DM nebst . . . hat der Gerichtsvollzieher lt. seiner anliegenden Mitteilung beim Schuldner den im Antrag genannten Überbringerscheck gepfändet. Eine Verwertung dieses Schecks gem. § 821 oder § 831 ZPO käme zu spät und würde höchstens einen sehr geringen Versteigerungserlös bringen.

Wegen der Frist von acht Tagen zur Scheckvorlegung nach Art. 29 ScheckG ist die Sache sehr eilig.

(Unterschrift)

─────── **Erläuterungen** ───────

1. Wesen des Schecks

1 Der Scheck ist eine **Anweisung** an ein Kreditinstitut, bei dem der Aussteller ein Konto hat, über das er gemäß einer ausdrücklichen oder stillschweigenden Vereinbarung mittels Schecks verfügen darf (Art. 3 ScheckG). Der Scheck ist streng formgebunden (Art. 1, 2 ScheckG).

2 1.1 Nach der Vorstellung des Gesetzes kann der Scheck ein **Orderpapier,** das durch Indossament übertragen werden kann, oder ein **Namenspapier,** das nicht indossiert werden kann, weil es den Vermerk „nicht an Order" trägt,

oder ein **Inhaberpapier** sein (Art. 5 Abs. 1, Art. 14 ScheckG). In der Wirklichkeit kommt jedenfalls als Inlandsscheck fast nur der Inhaberscheck vor, als welcher insbesondere auch der Scheck gilt, in dem als Zahlungsempfänger eine bestimmte Person mit dem Zusatz „oder Überbringer" bezeichnet oder niemand benannt ist (Art. 5 Abs. 2 und 3 ScheckG). Nach den Geschäftsbedingungen der deutschen Banken gilt eine Streichung des Zusatzes *„oder Überbringer"* als nicht erfolgt.

1.2 Für die **Einlösung** des Schecks haftet scheckrechtlich der Aussteller (Art. 12 ScheckG), abdingbar auch jeder Indossant (Art. 18, 20 ScheckG). 3

Das bezogene Kreditinstitut ist aber dem Scheckinhaber nicht zur Zahlung verpflichtet; es kann auch keine scheckrechtliche Zahlungspflicht übernehmen (Art. 4, 15 Abs. 3, 25 Abs. 2 ScheckG). Der auf die Bundesbank gezogene, von dieser **bestätigte Scheck** bildet hiervon die Ausnahme: Die Deutsche Bundesbank verpflichtet sich durch einen Bestätigungsvermerk auf einem auf sie gezogenen Scheck gegenüber dem Scheckinhaber zur Einlösung. Diese Verpflichtung der Bundesbank erlischt, wenn der Scheck nicht binnen 8 Tagen nach der Ausstellung zur Zahlung vorgelegt wird; sie verjährt in 2 Jahren vom Ablauf der Vorlagefrist an. 4

1.3 Der **Verrechnungsscheck** trägt den Vermerk „nur zur Verrechnung" oder einen sinngleichen Vermerk und darf nicht bar, sondern nur durch Gutschrift auf einem Konto eingelöst werden (Art. 39 ScheckG). 5

1.4 Der **Blankoscheck** ist bei der Begebung durch den Aussteller unvollständig ausgefüllt, meist ist die Schecksumme nicht genannt; zwischen dem Aussteller und dem Schecknehmer ist vereinbart, daß und wie dieser den Scheck vervollständigen darf (Art. 13 ScheckG). Durch diese Ermächtigung erlangt der Schecknehmer ein Ausfüllungsrecht. 6

2. Pfändung und Verwertung

Ein **Anspruch** aus **dem Scheck** entsteht erst, wenn der Scheck „begeben" worden ist. (In gewissen Fällen entsteht die Scheckverpflichtung infolge Erzeugung eines Rechtsscheins auch ohne Begebung.) Ein Scheck, den der Schuldner selbst ausgestellt, aber noch nicht begeben hat, repräsentiert daher keine Forderung und ist deshalb nicht pfändbar (§ 803 Abs. 2). 7

Der begebene Scheck gibt gegen den Aussteller den Anspruch nach § 12 ScheckG: Der Aussteller haftet dafür, daß die bezogene Bank den Scheck bezahlt. Dieser Anspruch des Schuldners ist pfändbar. 8

Drittschuldner ist der Aussteller des Schecks (Ausnahme s. unten Rn. 16). 9

2.1 Die Forderung aus einem **Orderscheck** wird nach § 831 dadurch gepfändet, daß der Gerichtsvollzieher den Scheck in Besitz nimmt; §§ 808 ff. gelten entsprechend. 10

Die Verwertung geschieht, wie die systematische Stellung des § 831 ergibt, nach §§ 835, 836. Bis dahin verwahrt der Gerichtsvollzieher den Scheck 11

Muster 149 Scheckforderung II

(§ 175 Ziff. 1 und 4 GVGA) und legt ihn innerhalb der Vorlegungsfrist der bezogenen Bank vor; dem Gläubiger übersendet er eine Abschrift des Pfändungsprotokolls, damit dieser den Überweisungsbeschluß beantragen kann. Auch den Schuldner setzt er von der Pfändung in Kenntnis (§ 808 Abs. 3).

12   **2.2** Den **Namensscheck** pfändet der Gerichtsvollzieher als Sache um ihn dann nach § 821 zu verwerten. Das Vollstreckungsgericht kann den Gerichtsvollzieher ermächtigen, den Namensscheck auf den Namen des Erwerbers umzuschreiben, so daß dieser den Scheck beim Kreditinstitut einlösen kann (§ 822). Den hierzu nötigen Antrag an das Vollstreckungsgericht kann der Gerichtsvollzieher stellen (§ 155 Nr. 3 GVGA).

13   **2.3 Inhaber- oder Überbringerschecks** können indossiert werden, aber das Indossament überträgt nicht die Rechte aus dem Scheck, sondern bewirkt nur die Mithaftung des Indossanten. Daher ist der Inhaber- oder Überbringerscheck nicht nach § 831, sondern als Sache zu pfänden und nach § 821 zu verwerten[1]. Das ist schon wegen der Vorlegungsfrist ein aussichtsloses Unterfangen, zumal der Scheckschuldner den Scheck nach Ablauf dieser Frist bindend widerrufen kann (Art. 32 ScheckG). Hier hilft nur der Antrag auf anderweitige Verwertung nach § 825, damit das Vollstreckungsgericht den Gerichtsvollzieher anweist, den Scheck der bezogenen Bank vorzulegen und aus dem Erlös den Gläubiger zu befriedigen. *Stein/Jonas*[2] und das LG Göttingen[3] nehmen an, daß der Gerichtsvollzieher den gepfändeten Scheck ohne weiteres der bezogenen Bank vorlegen und den Erlös an den Vollstreckungsgläubiger auszahlen könne. Das ist wegen der kurzen Vorlegungsfrist vernünftig, zumal § 175 Nr. 5 GVGA den Gerichtsvollzieher anweist, für die rechtzeitige Scheckvorlage zu sorgen, wenn eine gerichtliche Entscheidung über die Verwertung nicht ergangen ist, bevor der Scheck zahlbar wird.

14   **2.4** Für **Verrechnungsschecks** gelten in der Vollstreckung keine Besonderheiten.

15   **2.5 Blankoschecks** können nicht ohne weiteres verwertet werden, weil die Schecksumme nicht eingesetzt ist, die Urkunde daher nicht als Scheck gilt (Art. 1 Ziff. 2, Art. 2 Abs. 1 ScheckG) und die nach Art. 13 ScheckG mögliche Ausfüllung nur dem dazu vom Aussteller ermächtigten Schecknehmer gestattet ist. Wie beim Wechsel kommt man wohl mit Hilfspfändung des Ausfüllungsrechts weiter (vgl. Rn. 14 bei *Muster 191*).

16   **2.6** Für den **bankbestätigten Scheck** gelten für Pfändung und Verwertung keine Besonderheiten mit Ausnahme der, daß Drittschuldnerin die Deutsche Bundesbank ist.

---
1 Streitig; dazu *Geißler* in DGVZ 1986, 110 m. w. N.; wie hier *Stöber*, Rn. 2100.
2 § 821 Rn. 87.
3 In NJW 1983, 635.

Muster 150

Schenkung I
Rückforderung einer Sache wegen Verarmung des Schenkers

In ein Formblatt (vgl. „Hinweise" Ziff. 5) ist einzusetzen:

Wegen dieser Ansprüche sowie wegen der Kosten dieses Beschlusses und seiner Zustellung wird der angebliche Anspruch des Schuldners aus § 528 BGB

gegen   ...(Name und Adresse des Beschenkten)...   (Drittschuldner)

auf Herausgabe und Rückübereignung folgender vom Schuldner dem Drittschuldner geschenkter Sachen ... (diese einzeln individualisierend aufführen) ... bzw. auf Zahlung des Abwendungsbetrages

gepfändet.

Der gepfändete Anspruch ist*
- durch Vertrag vom ... anerkannt,
- durch Urteil des ... Gerichts ... vom ... Az.: ... rechtskräftig festgestellt,
- durch Zustellung der bei dem ... Gericht in ... eingereichten Klageschrift vom ... am ... rechtshängig geworden,
- durch Zustellung des Mahnbescheides des Amtsgerichts ... vom ... Az.: ... rechtshängig geworden, weil die Streitsache nach Erhebung des Widerspruchs alsbald an das zuständige Prozeßgericht abgegeben worden ist,
- durch Erlaß des Vollstreckungsbescheides des Amtsgerichts ... vom ... Az.: ... rechtshängig geworden.

Dem Drittschuldner wird verboten, an den Schuldner zu leisten.

Dem Schuldner wird geboten, sich jeder Verfügung über den gepfändeten Anspruch, insbesondere seiner Einziehung, zu enthalten.

Zugleich wird der gepfändete Anspruch dem Gläubiger zur Einziehung überwiesen.

Es wird angeordnet, daß die oben bezeichneten Sachen an einen vom Gläubiger beauftragten Gerichtsvollzieher zum Zwecke der Verwertung durch Pfandversteigerung herauszugeben sind.

- Eventuell: Vortrag zur Unterhaltsberechtigung des Vollstreckungsgläubigers gegenüber dem Schenker (vgl. Rn. 11 bis 14 bei Muster 152).

---

* Unter den folgenden Alternativen ist zu wählen; sie können u. U. alle entfallen, s. Rn. 8 bis 10 bei *Muster 152*.

Erläuterungen

bei *Muster 152*

Muster 151

Schenkung II
Rückforderung eines Rechts wegen Verarmung des Schenkers

In ein Formblatt (vgl. „Hinweise" Ziff. 5) ist einzusetzen:

Wegen dieser Ansprüche sowie wegen der Kosten dieses Beschlusses und seiner Zustellung wird der angebliche Anspruch des Schuldners aus § 528 BGB

gegen ... (Name und Adresse des Beschenkten) ... (Drittschuldner)

auf Rückübertragung des ... (das geschenkte Recht individualisierend bezeichnen; z. B. Patent-Nr. 12345678, erteilt vom Deutschen Patentamt am ...) ... bzw. auf Zahlung des Abwendungsbetrages

gepfändet.

Der gepfändete Anspruch ist*
– *durch Vertrag vom ... anerkannt,*
– *durch Urteil des ... Gerichts ... vom ... Az.: ... rechtskräftig festgestellt,*
– *durch Zustellung der bei dem ... Gericht in ... eingereichten Klageschrift vom ... am ... rechtshängig geworden,*
– *durch Zustellung des Mahnbescheides des Amtsgerichts ... vom ... Az.: ... rechtshängig geworden, weil die Streitsache nach Erhebung des Widerspruchs alsbald an das zuständige Prozeßgericht abgegeben worden ist,*
– *durch Erlaß des Vollstreckungsbescheides des Amtsgerichts ... vom ... Az.: ... rechtshängig geworden.*

Dem Drittschuldner wird verboten, an den Schuldner zu leisten.

Dem Schuldner wird geboten, sich jeder Verfügung über den gepfändeten Anspruch, insbesondere seiner Einziehung, zu enthalten.

Zugleich wird angeordnet, daß ... (das gepfändete Recht wie oben bezeichnen; z. B. das oben genannte Patent Nr. 12345678) ... durch einen vom Gläubiger beauftragten Gerichtsvollzieher im Wege der öffentlichen Versteigerung zu verwerten ist.

– *Eventuell: Vortrag zur Unterhaltsberechtigung des Vollstreckungsgläubigers gegenüber dem Schenker (vgl. Rn. 11 bei Muster 152).*

---

* Unter den folgenden Alternativen ist zu wählen; sie können u. U. entfallen, vgl. Rn. 8 bis 10 zu *Muster 152*. Trifft keine zu, ist der auf Verwertung gerichtete Antrag (noch) nicht zu stellen.

— **Erläuterungen** —

bei *Muster 152*

Muster 152

Schenkung III
Rückforderung wegen groben Undanks des Beschenkten

In ein Formblatt (vgl. „Hinweise" Ziff. 5) ist einzusetzen:

Wegen dieser Ansprüche sowie wegen der Kosten dieses Beschlusses und seiner Zustellung wird der angebliche Anspruch des Schuldners

gegen . . . (Name und Adresse des Beschenkten) . . . (Drittschuldner)

auf Herausgabe und Rückübereignung folgender vom Drittschuldner dem Schuldner geschenkten Sachen . . . (diese individualisierend aufzählen) . . ., der durch Widerruf der Schenkung seitens des Schenkers gem. § 530 BGB entstanden ist,

gepfändet.

Dem Drittschuldner wird verboten, an den Schuldner zu leisten.

Dem Schuldner wird geboten, sich jeder Verfügung über den gepfändeten Anspruch, insbesondere seiner Einziehung, zu enthalten.

Zugleich wird der gepfändete Anspruch dem Gläubiger zur Einziehung überwiesen.

Es wird angeordnet, daß die oben bezeichneten Sachen an einen vom Gläubiger beauftragten Gerichtsvollzieher zum Zwecke der Verwertung durch Pfandversteigerung herauszugeben sind.

Erläuterungen
---

1. Rückforderungsansprüche des Schenkers

Der Schenker wird in der Regel davon ausgehen, daß er sich die **Schenkung leisten könne** und der **Beschenkte sie auch würdigen werde.** Für den Fall, daß eine dieser Vorstellungen unzutreffend war, gibt das Gesetz dem Schenker im engen Rahmen Rückforderungsansprüche. 1

1.1 Bei **grobem Undank** des Beschenkten kann der Schenker die Schenkung widerrufen und dann die Herausgabe des Geschenks nach den Vorschriften über die ungerechtfertigte Bereicherung verlangen (§§ 520 bis 534 BGB). Die Entstehung des Herausgabeanspruchs setzt also eine rechtsgestaltende Erklärung des Schenkers, nämlich den Widerruf, voraus. 2

1.2 Vollzieht der Beschenkte schuldhaft eine ihm gemachte Auflage nicht, so kann der Schenker nach näherer Maßgabe des § 527 BGB die Herausgabe der Schenkung nach den Vorschriften über die ungerechtfertigte Bereicherung verlangen. Dieser Anspruch hängt nicht von der Abgabe einer rechtsgestaltenden Willenserklärung ab. 3

Muster 152 Schenkung III

4   **1.3 Soweit der Schenker nach Vollziehung der Schenkung außerstande ist, seinen angemessenen Unterhalt zu bestreiten** oder gesetzliche Unterhaltsansprüche zu erfüllen, kann er vom Beschenkten nach näherer Regelung in §§ 528, 529 BGB die **Herausgabe des Geschenks** fordern. Dieser Anspruch geht mit dem Tod des Schenkers unter, es sei denn, der Schenker habe ihn abgetreten oder die Sozialbehörde habe ihn nach § 90 BSHG auf sich übergeleitet[1]. Ob dieser Anspruch an andere als an Unterhaltsberechtigte des Schenkers oder an solche Dritte, die mit dem Unterhalt in Vorlage getreten sind, abgetreten werden kann, oder ob einer **Abtretung** an andere Zessionare § 400 BGB entgegensteht, ist streitig[2].

2. Pfändung und Verwertung

5   Die Ansprüche nach § 530 BGB einerseits und diejenigen nach §§ 527 und 528 BGB andererseits sind verschieden zu behandeln:

Die *Muster 150 und 151* befassen sich mit der Rückforderung wegen Verarmung des Schenkers (§§ 528, 529 BGB); Muster 151 kann bei Schenkung eines Rechts analog herangezogen werden. Beide Muster können auch für die Rückforderung der Schenkung wegen Nichterfüllung einer Auflage herangezogen werden, jedoch ist statt des Anspruchs aus § 528 BGB der Anspruch aus § 527 BGB zu pfänden.

Muster 152 befaßt sich mit der Rückforderung einer geschenkten Sache nach Widerruf der Schenkung (§ 530 BGB).

6   **2.1 Die Befugnis des Schenkers, den Widerruf der Schenkung wegen groben Undanks** zu erklären, ist als höchstpersönlich nicht pfändbar (§§ 399 BGB, 851 ZPO). Der durch die Widerrufserklärung entstandene Herausgabeanspruch ist nicht höchstpersönlich und daher nach §§ 829 ff, ggf. §§ 846 ff. zu pfänden; § 852 Abs. 2 greift nicht ein, weil der Schenker seinen „höchstpersönlichen Willen", die Schenkung zu widerrufen, bereits ausgeübt hat.

7   **2.2 Der Rückforderungsanspruch des verarmten Schenkers** (§§ 528, 529 BGB) entsteht, ohne daß es dazu einer rechtsgestaltenden Willenserklärung bedürfte, kraft Gesetzes, aber es steht dem Schenker frei, ihn geltend zu machen oder nicht, einen Streit mit dem Beschenkten, der ihm zudem oft nahestehen wird, in Kauf zu nehmen oder nicht. Diese Willensfreiheit schützt § 852 Abs. 2, indem er den Anspruch nur dann „der Pfändung unterwirft", wenn er anerkannt worden oder rechtshängig geworden ist. (Pfändungsschutz nach § 850b Abs. 1 Nr. 2 dagegen wird nicht gewährt, weil der Anspruch nicht auf einer durch Gesetz auferlegten Unterhaltspflicht beruht.) Die häufigsten Umstände, welche die Rechtskraft herbeiführen, sind in den *Mustern 150 und 151* aufgeführt.

---

1 BGH in NJW 1995, 324 (m. w. N.); OLG Düsseldorf in FamRZ 1984, 883; OLG Frankfurt in NJW 1994, 1805.
2 BGH in NJW 1995, 323 = BGHZ 127, 354; vgl. OLG München in NJW-RR 1993, 250.

2.2.1 Die Bedeutung des Ausdrucks: „der Pfändung unterworfen" in § 852 war von der Rechtsprechung dahin verstanden worden, daß die Pfändung unzulässig und unwirksam sei, wenn sie vor Abtretung oder Eintritt der Rechtskraft erfolgt. Nach der Entscheidung des BGH v. 8. 7. 1993 kann aber ein Pflichtteilsanspruch vor Anerkennung und Rechtshängigkeit als in seiner Verwertbarkeit aufschiebend bedingter Anspruch gepfändet werden; durch diese Pfändung erwirbt der Vollstreckungsgläubiger bei Eintritt der Vollstreckungsveraussetzungen ein vollwertiges Pfandrecht, dessen Rand sich nach dem Zeitpunkt der Pfändung bestimmt. 8

Wegen des Wortlauts des § 852 Abs. 2: „Das gleiche gilt ..." wird man annehmen müssen, daß auch die Pfändung – nicht die Verwertung – des Herausgabeanspruchs mit dem in Rn. 4 bis 7 zu Muster 132 behandelten Erwägungen **schon vor Eintritt einer der Voraussetzungen nach § 852 wirksam** ist. Auf Rn. 10 der Erläuterungen zu Muster 132 wird verwiesen. 9

Allerdings ist derzeit weder abzusehen, ob die Vollstreckungsgerichte dem BGH ohne weiteres folgen werden, noch ob der BGH seine Rechtsprechung zum Pflichtteilsanspruch auf vergleichbare Ansprüche ausdehnen wird. **Daher wird empfohlen**, zutreffendenfalls den Eintritt der Voraussetzungen nach § 852 im Pfändungsantrag vorzutragen. 10

2.2.2 Ferner ist zu überlegen, **ob die Pfändung etwa nur zugunsten der Unterhaltsberechtigten des Schenkers zulässig ist:** 11
Die von manchen angenommene Beschränkung der Abtretbarkeit (oben Rn. 4) kann wegen § 851 Abs. 1 auch zu beschränkter Pfändbarkeit führen, trotz § 851 Abs. 2, der sich nicht mit der 1. Alternative des § 399 BGB befaßt.

Der **BGH** hat diese Frage noch nicht abschließend entschieden. Der IV. Zivilsenat neigt aber im Urteil vom 9. 11. 1994[3] zu der Meinung, § 852 gehe „für das Vollstreckungsrecht" (?) von der Abtretbarkeit dieses Anspruchs aus; denn „sonst hätte es insoweit keiner Ergänzung des § 851 ZPO (gemeint: durch § 852) bedurft". § 852, der nur die Entscheidungsfreiheit des Anspruchsberechtigten schützen wolle, mache den Anspruch noch nicht zu einem höchstpersönlichen. 12

Offen bleibt auch die Frage, ob die Abtretung **an andere als an Unterhaltsberechtigte** des Schenkers wegen Verstosses gegen eine aus § 528 BGB etwa folgende Zweckbestimmung unwirksam sei (§ 399 Alt. 1 BGB); eine Abtretung sei jedenfalls dann wirksam, wenn sie „nur deshalb erfolgt, weil der Zessionar mit dem Unterhalt für den Zedenten bereits in Höhe des abgetretenen Betrags in Vorlage getreten ist und dessen Unterhalt weiterhin sicherstellt". 13

Es bleibt also eine erhebliche Unsicherheit, ob die Pfändung zugunsten anderer Gläubiger zulässig ist oder nicht. **Deshalb empfiehlt sich der Vortrag entweder zur Anerkennung bzw. Rechtshängigkeit oder zur Unterhaltsberechtigung bzw. -vorleistung.** 14

---

[3] NJW 1995, 323.

15 **2.2.3** Bei **Tod des Schenkers** erlischt sein Rückforderungsanspruch, wenn er nicht abgetreten oder übergeleitet war (oben Rn. 4), so daß die Pfändung ins Leere geht.

16 **2.3 Drittschuldner** ist in allen Fällen der Beschenkte.

17 **2.4 Verwertet** wird die Forderung durch Überweisung zur Einziehung und Anordnung der Herausgabe der geschenkten Sache an den Gerichtsvollzieher (§ 847) bzw. durch Anordnung einer anderen Verwertungsart bezüglich eines geschenkten Rechts (§ 844).

Muster 153

Schiffshypothek I

In ein Formblatt (vgl. „Hinweise" Ziff. 5) ist einzusetzen:

Wegen dieser Ansprüche sowie wegen der Kosten dieses Beschlusses, seiner Zustellung und der Eintragung im Schiffsregister

wird die angebliche Forderung des Schuldners

gegen ... (Name und Adresse) ... (Drittschuldner)

aus ... auf Zahlung von ... sowie die zur Sicherung dieser Forderung im Schiffsregister* des Amtsgerichts ... am Schiff ... eingetragene Schiffshypothek in Höhe von ... gepfändet.

Dem Drittschuldner wird verboten, an den Schuldner zu zahlen.

Dem Schuldner wird geboten, sich jeder Verfügung über die gepfändete Forderung und die gepfändete Hypothek, insbesondere der Einziehung, zu enthalten.

Zugleich wird die gepfändete Forderung samt der gepfändeten Hypothek dem Gläubiger zur Einziehung überwiesen.

Pfändung und Überweisung werden wirksam mit Eintragung der Pfändung im Schiffsregister.

---

* Nach Möglichkeit angeben: Seeschiffsregister, Schiffsbauregister oder Binnenschiffsregister.

―――――― **Erläuterungen** ――――――

bei *Muster 154*

Muster 154

Schiffshypothek II
Antrag auf Eintragung der Pfändung im Schiffsregister

An das
Amtsgericht – Schiffsregister –
. . . . .

Betr.: Schiff . . . ,
 – Schiffsregister . . .*
 – Schiffsbauregister . . .*
 – Binnenschiffsregister . . .*

In der Zwangsvollstreckungssache
. . . . .   (Gläubiger)
gegen
. . . . .   (Schuldner)
überreiche ich eine Ausfertigung des Pfändungs- und Überweisungsbeschlusses des Amtsgerichts . . . vom . . . Az.: . . . mit Zustellungsnachweis und

beantrage

als der im Pfändungsbeschluß legitimierte Vertreter des Vollstreckungsgläubigers die Pfändung in das
 – Schiffsregister . . .*
 – Schiffsbauregister . . .*
 – Binnenschiffsregister . . .*

einzutragen.

Wegen der Bezeichnung der Eintragungsstelle im Register nehme ich auf den übergebenen Pfändungs- und Überweisungsbeschluß Bezug.

                                        (Unterschrift)

---
* Unter diesen Alternativen ist zu wählen.

—————— Erläuterungen ——————

1. Begriff und sachenrechtliche Regelungen des Schiffes

1 Den Begriff des Schiffes hat der BGH in NJW 1952, 1135 definiert. **Schiffsbauwerk** ist ein auf einer Schiffswerft im Bau befindliches Schiff. Eine Schiffshypothek kann auch an einem Schiffsbauwerk bestellt werden.

2 Während Grundstücke im Grundbuch registriert sein müssen, können Seeschiffe, Schiffsbauwerke und Binnenschiffe im Schiffsregister, Schiffsbauregister bzw. Binnenschiffsregister registriert werden.

Nicht eingetragene Schiffe werden als bewegliche Sachen behandelt, **eingetragene Schiffe** werden ähnlich wie Grundstücke behandelt. 3

Das materielle Schiffs-Sachenrecht ist in § 929a BGB, im **Schiffsrechtegesetz** 4
(SchiffsRG)[1] geregelt.

Das formelle Schiffs-Sachenrecht ist geregelt in der **Schiffsregisterordnung**[2]. 5
Es gibt getrennte Register für Seeschiffe, Binnenschiffe und Schiffsbauwerke
(§§ 3 Abs. 1, 65 Abs. 1 SchiffsRegO). Die SchiffsRegO regelt auch, welche
Schiffe (auf Antrag des Eigentümers, § 9) eingetragen werden können (§§ 3,
10). Das formelle Schiffs-Sachenrecht ist weitgehend dem formellen Grundbuchrecht nachgebildet.

2. Pfändung und Verwertung

2.1 Die Zwangsvollstreckung in ein **nicht eingetragenes Schiff** richtet sich 6
nach den Regeln der Pfändung und Verwertung beweglicher Sachen; sie wird
im folgenden nicht mehr erörtert.

2.2 Die Zwangsvollstreckung in ein **eingetragenes Schiff** erfolgt nach § 870a 7
Abs. 1 durch Eintragung einer Schiffshypothek oder durch Zwangsversteigerung des Schiffes (vgl. §§ 162 bis 165 ZVG), nicht durch Zwangsverwaltung.
Die Anordnung der Zwangsversteigerung ist nicht zulässig, wenn das Schiff
sich auf der Reise befindet und nicht in einem Hafen liegt (§ 482 HGB).

2.3 Die Zwangsvollstreckung in die **Schiffspart** ist in *Muster 155* behandelt. 8

2.4 In *Muster 153 und 154* geht es ausschließlich um die Vollstreckung in die 9
vertraglich oder zwangsweise **bereits entstandene Schiffshypothek.**

2.4.1 Die Schiffshypothek ist stets **Buchhypothek** (§ 8 Abs. 1 SchiffsRG). Ihre 10
Pfändung ist in § 830a entsprechend derjenigen in eine Grundstücks-Buchhypothek geregelt: Sie erfolgt durch Pfändungs- und Überweisungsbeschluß und
Eintragung der Pfändung in das Schiffsregister.

Regelmäßig ist ein Schiff nach § 4 der Schiffsregisterverordnung i. d. F. 11
v. 26. Mai 1994 (SchiffsRegO) in das Schiffregister seines Heimathafens oder
Heimatorts einzutragen. **Einsicht** in dieses Register ist jedem gestattet, der ein
berechtigtes Interesse glaubhaft macht (§ 8 SchiffsRegO), z. B. durch Vorlage
eines Vollstreckungstitels. Der Vollstreckungsgläubiger ist befugt, die Berichtigung des Schiffregisters zu beantragen, z. B. wenn der Vollstreckungsschuldner (noch) nicht als Eigentümer des Schiffs eingetragen ist (§ 46 SchiffsRegO).
Die Bestimmungen der SchiffsRegO stimmen, soweit hier von Bedeutung,
weitgehend mit denen der Grundbuchordnung überein; daher wird im einzelnen auf die Erläuterungen bei *Muster 52* verwiesen.

Die Absätze Abs. 1 und 2 des § 830a sind nicht anzuwenden, soweit es sich 12
um Forderungen auf Zahlung rückständiger Zinsen und anderer Nebenleistungen, Kündigungs- und Rechtsverfolgungskosten sowie Ersatzansprüche des

---

1 V. 15. 11. 1940, BGBl. III Nr. 403–4, zul. geänd. 28. 8. 1969, BGBl. I, 1513.
2 I. d. F. v. 26. 5. 1994, BGBl. I, 1133.

Gläubigers aus einer Entrichtung von Versicherungsprämien und anderen Zahlungen an den Versicherer handelt – solche Forderungen sind nach § 829 zu pfänden –, und auch nicht, wenn bei einer Schiffshypothek für eine Forderung aus einer Schuldverschreibung auf den Inhaber, aus einem Wechsel oder einem anderen durch Indossament übertragbaren Papier die Hauptforderung gepfändet wird; in diesem Fall genügt zur Pfändung der Schiffshypothek die Pfändung der Hauptforderung nach §§ 831, 821 (§ 830a Abs. 3): Zur Pfändung einer **Schiffshypothek, die für eine Forderung aus einer Schuldverschreibung auf den Inhaber bestellt** ist, genügt also die Pfändung des Wertpapiers durch den Gerichtsvollzieher, welche zugleich die Pfändung der Hypothek bewirkt. Der Gerichtsvollzieher nimmt das Wertpapier in Besitz und verwertet es nach § 821 durch Verkauf aus freier Hand bzw. durch Versteigerung. Die Pfändung der **für eine Forderung aus einem Wechsel oder anderen indossablen Papieren bestellte Schiffshypothek** geschieht zusammen mit der Pfändung der Forderung selbst dadurch, daß der Gerichtsvollzieher das Papier in Besitz nimmt; jedoch ist ein zusätzlicher Überweisungsbeschluß erforderlich (vgl. *Muster 191*).

13 **2.4.2** Die **Höchstbetragsschiffshypothek** des § 75 SchiffsRG ist der Höchstbetragshypothek des § 1190 BGB nachgebildet; wegen ihrer Pfändung wird daher auf *Muster 99 bis 102* verwiesen.

14 **2.4.3** Erfolgt die Pfändung der Schiffshypothek nach **§ 830a** Abs. 1, so entsteht das Pfändungspfandrecht zwar auch dann, wenn der Pfändungsbeschluß dem Drittschuldner nicht zugestellt wird; die Zustellung an den Drittschuldner verlegt aber diesem gegenüber die Pfändungswirkung vor auf den Zeitpunkt der Zustellung (§ 830a Abs. 2).

15 **2.5** Die **Überweisung** der Schiffshypothekenforderung ist in § 837a in enger Anlehnung an die Überweisung der Grundstücks-Buchhypothek geregelt; es wird auf Rn. 10 der Erläuterungen zu *Muster 52* verwiesen.

16 Auf die Schiffshypothek wird sich die Entscheidung des IX. Zivilsenats des **BGH** vom 22. 9. 1994 zur Pfändung der Buchgrundschuld übertragen lassen, wonach der Überweisungsbeschluß nicht gleichzeitig mit dem Pfändungsbeschluß erlassen werden dürfe, weil die Pfändung erst mit ihrer Eintragung im Grundbuch wirksam wird[3]. Dieser Entscheidung folgen wir nicht, sondern meinen, es genüge ein Hinweis auf den Zeitpunkt des Wirksamwerdens im Pfändungs- und Überweisungsbeschluß; das ist näher dargelegt in Rn. 35 bei *Muster 46*.

---

3 In NJW 1994, 3225.

Muster 155

Schiffspart

In ein Formblatt (vgl. „Hinweise" Ziff. 5) ist einzusetzen:

Wegen dieser Ansprüche sowie wegen der Kosten dieses Beschlusses, seiner Zustellung und der Eintragung im Register

werden gepfändet:

a) die angebliche Schiffspart des Schuldners an der Reederei . . . (genau bezeichnen) . . . zur Verwendung des gemeinschaftlichen Schiffs . . . (Name) . . . zum Erwerb durch die Seefahrt,

b) der Anspruch des Schuldners gegen die Mitreeder . . . (Namen und Adressen) . . . und den Korrespondentreeder . . . (Name und Adresse)

Drittschuldner*

auf fortlaufende Auszahlung der Gewinnanteile (Nutzungen).

Den Drittschuldnern wird verboten, an den Schuldner zu leisten.

Dem Schuldner wird geboten, sich jeder Verfügung über die gepfändete Schiffspart und den gepfändeten Anspruch, insbesondere der Einziehung, zu enthalten.

Es wird die Verwertung der gepfändeten Schiffspart im Wege der Versteigerung durch den Gerichtsvollzieher angeordnet.

Zugleich wird der gepfändete Anspruch auf fortlaufende Auszahlung der Gewinnanteile dem Gläubiger zur Einziehung überwiesen.

---
* Achtung: Zustellung veranlassen an Reederei, Korrespondentreeder und Mitreeder sowie an den Vollstreckungsschuldner, vgl. Rn. 8.

──────────── **Erläuterungen** ────────────

1. Die Partenreederei

Die Reederei ist im 5. Buch des HGB, Seehandel geregelt. § 484 HGB definiert den Reeder als Eigentümer eines ihm zum Erwerb durch die **Seefahrt** dienenden Schiffs. Nach § 489 HGB „besteht eine Reederei" – sie wird auch **Partenreederei** genannt –, wenn von mehreren Personen ein ihnen „gemeinschaftlich zustehendes" Schiff zum Erwerb durch die Seefahrt für gemeinschaftliche Rechnung verwendet wird; „der Fall, wenn das Schiff einer **Handelsgesellschaft** gehört, wird durch die Vorschriften über die Reederei nicht berührt".

1

Muster 155 Schiffspart

2   Daraus folgt einmal, daß gemeinsames Eigentum an einem **Binnenschiff** eine Reederei nicht begründen kann[1], und zum anderen, daß eine Reederei nicht besteht, wenn das Schiff einer **Handelsgesellschaft** gehört.

3   **Die Schiffspart ist der Anteil eines Mitreeders.** Ein Mitreeder kann mehrere Parten innehaben. Mehrere Personen können sich eine Part teilen.

4   **1.1** Die Mitreeder können durch Beschluß einen **Korrespondentreeder** (Schiffsdirektor, Schiffsdisponent) **bestellen,** der den Reedereibetrieb führt und die Reederei **gerichtlich und außergerichtlich vertritt,** aber nicht befugt ist, das Schiff zu verkaufen oder zu verpfänden (§§ 492 ff. HGB).

5   **1.2** Die Mitreeder, die Schiffsparten und der Korrespondentreeder werden in das **Schiffsregister** eingetragen (§ 11 der Schiffsregisterordnung).

6   **1.3** Jeder Mitreeder kann seine Schiffspart jederzeit und ohne Einwilligung der übrigen Mitreeder ganz oder teilweise **veräußern.** Die Veräußerung bedarf der **Eintragung in das Schiffregister** (§ 503 Abs. 1 HBG); der Zustimmung aller Mitreeder zur Veräußerung bedarf es dann, wenn durch die Veräußerung das Schiff das Recht verlieren würde, die Bundesflagge zu führen (§ 503 Abs. 2 HGB). Für die **Belastung einer Schiffspart** gelten die Vorschriften über die Belastung von Rechten (§ 503 Abs. 3 HGB).

7   Der Mitreeder kann also über seine Part und über einen rechnerischen Bruchteil davon, nicht aber über einzelne Gegenstände des Reedereivermögens oder seiner Part verfügen.

2. Pfändung und Verwertung

8   Die Schiffspart ist als Bruchteilsanteil eines Miteigentümers pfändbar (§ 864 Abs. 2). Die Pfändung geschieht durch **Pfändungs- und Überweisungsbeschluß** nach § 858.

9   **Ausschließlich zuständig** ist dasjenige Gericht, bei dem das Register für das Schiff geführt wird (§§ 858 Abs. 2, 802), regelmäßig also das Gericht des Heimathafens (§§ 480 HGB; 4 SchiffsRegO).

10 **2.2** Wirksam wird die Pfändung mit ihrer **Eintragung in das Schiffsregister,** die aufgrund des Pfändungsbeschlusses erfolgt (§ 858 Abs. 3 S. 1).

11 **2.3** Streitig ist, ob die übrigen Mitreeder als **Drittschuldner** anzusehen sind: *Stöber*[2] meint, ein Drittschuldner fehle, ohne das allerdings irgendwie zu begründen. *Stein/Jonas*[3] meint, der Korrespondentreeder sei Drittschuldner. Nach *Hartmann*[4] soll es zur Wirksamkeit der Pfändung weder der Zustellung an den Vollstreckungsschuldner noch an Korrespondent- oder Mitreeder bedürfen. Wir meinen zwar, daß der Wortlaut des § 858 Abs. 3 die Meinung nahelegt, die Zustellung sei nicht zum Wirksamwerden der Pfändung erforder-

---

1 Vgl. auch LG Würzburg in JurBüro 1977, 1289.
2 *Stöber*, Rn. 1746.
3 *Stein/Jonas*, § 858 Rn. 2.
4 *Baumbach/Lauterbach/Albers/Hartmann*, § 858 Rn. 2.

lich, halten aber aus Vorsichtsgründen die Zustellung an den Vollstreckungsschuldner jedenfalls dann für angezeigt, wenn man der Meinung folgt, es gebe keinen Drittschuldner. Die Zustellung an den Korrespondentreeder „soll" nach § 858 Abs. 3 Satz 2 geschehen, ist also nur Ordnungsvorschrift und berührt die Wirksamkeit der Pfändung nicht. Ausdrücklich jedenfalls bestimmt § 858 nichts über die Notwendigkeit der Zustellung an die Mitreeder.

Jedoch ist bei der Pfändung von Miteigentumsanteilen sonst – handle es sich um bewegliche Sachen oder um Immobilien – unstreitig, daß alle weiteren Miteigentümer Drittschuldner sind. *Der Vorsichtige wird sämtliche Mitreeder als Drittschuldner betrachten und ihnen und dem Vollstreckungsschuldner, natürlich auch dem Korrespondentreeder zustellen lassen.* Der Hinweis dagegen, dem Schuldner müsse entgegen § 857 Abs. 2 der Pfändungsbeschluß deshalb nicht zugestellt werden, weil Eintragung ins Schiffsregister notwendig ist und die Rechtslage die gleiche wie bei Pfändung einer Buchhypothek sei, ist nicht überzeugend; denn die Pfändung der Part erfolgt gerade nicht nach den Vorschriften über die Pfändung der Buchhypothek. 12

Die Zustellung an den Korrespondentreeder bewirkt, daß ihm gegenüber die Vorwirkung des § 830 Abs. 3 eintritt (§ 858 Abs. 3 Satz 2), sonst nichts. 13

2.4 Ob die Pfändung von Geschäftsanteilen, also auch der Schiffspart, den **Anspruch auf fortlaufende Auszahlung der Gewinnanteile** umfaßt, ist streitig[5]. Deshalb empfiehlt es sich, diesen Anspruch zusätzlich zu pfänden, wie im Muster vorgesehen; **hier sind die Mitreeder sicher Drittschuldner.** 14

2.5 Die **Verwertung** der Schiffspart erfolgt nicht durch Überweisung sondern durch **Veräußerung** (§ 858 Abs. 4). Deren Anordnung hat der Vollstreckungsgläubiger – zweckmäßig zugleich mit der Pfändung – zu beantragen und dem Antrag einen Auszug aus dem Schiffsregister beizufügen, der alle das Schiff und die Schiffspart betreffenden Eintragungen enthält und nicht älter als eine Woche ist. Die Meinung, daß statt der Vorlage dieses Auszugs dann die Bezugnahme auf das Register genüge, wenn das Registergericht zugleich Vollstreckungsgericht ist[6], hat sich nicht durchgesetzt. Nach dem Wortlaut des § 858 Abs. 4 Satz 4 ist der Auszug beizufügen, so daß die Beifügung wohl Voraussetzung für die Anordnung der Veräußerung ist[7]. 15

Die Veräußerung geschieht regelmäßig durch den **Gerichtsvollzieher** (§§ 844, 814). 16

Zeigt der Registerauszug **Pfandrechte Dritter** an der Schiffspart, so hat das Vollstreckungsgericht zugleich mit der Veräußerung die Hinterlegung des Erlöses zur Verteilung im Verteilungsverfahren anzuordnen (§§ 858 Abs. 5; 873 ff.). 17

---

5 Vgl. z. B. *Stöber*, Rn. 175 und zur GmbH *Baumbach/Hueck*, § 15 GmbHG Rn. 61 m. w. N.; *Zöller*, § 859 Rn. 13; *Baumbach/Lauterbach/Albers/Hartmann*, § 859 Rn. 2.
6 So *Stein/Jonas*, § 858 Rn. 6 und *Wieczorek*, (1958) § 858 Anm. B Ia.
7 So auch *Zöller*, § 858 Rn. 4 und *Baumbach/Lauterbach/Albers/Hartmann*, § 858 Rn. 2 a. E.

18 Der Antrag auf Veräußerung der Schiffspart kann gleichzeitig mit dem Pfändungsantrag gestellt werden; das ist im Muster vorgesehen.

19 **2.6** Sind **sowohl das Schiff** selbst – als Sache – **als auch die Part gepfändet,** oder besteht ein gesetzliches Pfandrecht für Schiffsgläubiger nach §§ 754 ff. HGB, so besteht zwischen den beiden Pfandrechten kein Rangverhältnis; vielmehr wird die Part und damit das Pfändungspfandrecht an ihr wertlos, wenn das Schiff versteigert wird.

20 **2.7** Der **Antrag auf Eintragung der Pfändung** im Schiffsregister ist wie *Muster 154* zu formulieren, nur der Betreff ist anzupassen.

3. Miteigentum am Binnenschiff

21 Sind mehrere Personen Eigentümer eines Binnenschiffs, so kann das keine Reederei begründen (oben Rn. 2).

22 Ist das Schiff **nicht im Schiffregister eingetragen,** so ist es eine bewegliche Sache und der Miteigentumsanteil ist nach *Muster 121* zu pfänden und zu verwerten.

23 Ist das Schiff **im Schiffregister eingetragen,** so ist entsprechend *Muster 47* zu verfahren.

Muster 156

Schmerzensgeld I
als Kapital

In ein Formblatt (vgl. „Hinweise" Ziff. 5) ist einzusetzen:

Wegen dieser Ansprüche sowie wegen der Kosten dieses Beschlusses und seiner Zustellung wird die angebliche Forderung des Schuldners

gegen ... (Name und Adresse des Schädigers) ... *(Drittschuldner) auf Schmerzensgeld, die dem Schuldner deshalb zusteht, weil* ... (die unerlaubte Handlung des Drittschuldners individualisierend bezeichnen oder auf ein etwaiges Urteil Bezug nehmen) ... *gepfändet.*

Dem Drittschuldner wird verboten, an den Schuldner zu zahlen.

Dem Schuldner wird geboten, sich jeder Verfügung über die gepfändete Forderung, insbesondere ihrer Einziehung, zu enthalten.

Zugleich wird die gepfändete Forderung dem Gläubiger zur Einziehung überwiesen.

— Erläuterungen —

bei *Muster 157*

Muster 157

Schmerzensgeld II
als Rente

In ein Formblatt (vgl. „Hinweise" Ziff. 5) ist einzusetzen:

Wegen dieser Ansprüche sowie wegen der Kosten dieses Beschlusses und seiner Zustellung wird die angebliche Forderung des Schuldners

gegen ... (Name und Adresse des Schädigers) ... (Drittschuldner) auf Schmerzensgeld in Rentenform gepfändet, und zwar sowohl die Forderung auf Zahlung der Rückstände als auch die Forderung auf jeden künftigen Betrag solange, bis der Gläubiger befriedigt sein wird. Die Forderung beruht auf ... (die unerlaubte Handlung des Drittschuldners individualisierend bezeichnen oder auf ein etwaiges Urteil Bezug nehmen) ...

Dem Drittschuldner wird verboten, an den Schuldner zu zahlen.

Dem Schuldner wird geboten, sich jeder Verfügung über die gepfändete Forderung, insbesondere ihrer Einziehung zu enthalten.

Zugleich wird die gepfändete Forderung dem Gläubiger zur Einziehung überwiesen.

Erläuterungen

1. Anspruch auf Schmerzensgeld

1 Der Schmerzensgeldanspruch ist eine in Geld zu berichtigende Forderung auf Ersatz von Schaden, der nicht Vermögensschaden ist; der Anspruch setzt eine unerlaubte Handlung, nämlich eine Körperverletzung, Freiheitsentziehung, ein Sittlichkeitsdelikt gegenüber einer Frau oder eine Verletzung des Persönlichkeitsrechts voraus (§ 847 BGB). Seit 1. 7. 1990 ist dieser Anspruch frei übertragbar.

2 Der Anspruch kann sich auf einmalige Kapitalzahlung, auf Rentenzahlung oder beide Zahlungen zugleich richten.

2. Pfändung und Überweisung

3 Der Anspruch ist als gewöhnliche Forderung nach §§ 829, 835 zu pfänden und zu überweisen.

4 Das gilt auch für die Schmerzensgeldrente, deren einzelne Beträge als künftige Forderungen pfändbar sind; denn sie sind nach Bestand und Drittschuldner eindeutig bestimmt.

5 **Pfändungsschutz** nach § 850d besteht auch für die Schmerzensgeldrente nicht.

Muster 158

Sicherungsübereignung I
Der Drittschuldner besitzt die Sache

In ein Formblatt (vgl. „Hinweise" Ziff. 5) ist einzusetzen:

Wegen dieser Ansprüche sowie wegen der Kosten dieses Beschlusses und seiner Zustellung werden die angeblichen Rechte und Ansprüche des Schuldners

gegen ... (Name und Adresse des Sicherungsnehmers) ...
(Drittschuldner)

aus dem Vertrag vom ..., durch den Schuldner dem Drittschuldner folgende Sachen ... (Sachen so genau wie möglich bezeichnen) ..., sicherungsübereignet hat, die der Drittschuldner auch besitzt,

gepfändet,

insbesondere

a) das Recht auf Rückfall des Eigentums bei voller Zahlung der gesicherten Schuld,

b) der Anspruch auf Rückübereignung bei voller Zahlung der gesicherten Schuld,

c) der Anspruch auf Herausgabe der Sachen,

d) das Recht zum Widerspruch nach § 267 Abs. 2 BGB,

d) der Anspruch auf Auskunft über den Forderungsstand,

f) der Anspruch auf Auszahlung des bei der Verwertung des Sicherheitsguts verbliebenen Überschusses.

Der Drittschuldner hat die sicherungsübereigneten Sachen an den vom Gläubiger beauftragten Gerichtsvollzieher herauszugeben.

Dem Drittschuldner wird verboten, an den Schuldner zu leisten.

Dem Schuldner wird geboten, sich jeder Verfügung über die gepfändeten Ansprüche und Rechte, insbesondere ihrer Einziehung, zu enthalten.

Zugleich werden die gepfändeten Ansprüche und Rechte dem Gläubiger zur Einziehung überwiesen.

— Erläuterungen —

bei *Muster 159*

Muster 159

Sicherungsübereignung II
Der Vollstreckungsschuldner besitzt die Sache

In ein Formblatt (vgl. „Hinweise" Ziff. 5) ist einzusetzen:

Wegen dieser Ansprüche sowie wegen der Kosten dieses Beschlusses und seiner Zustellung werden die angeblichen Rechte und Ansprüche des Schuldners

gegen . . . (Name und Adresse des Sicherungsnehmers) . . .
(Drittschuldner)

aus dem Vertrag vom . . ., durch den der Schuldner dem Drittschuldner folgende Sachen . . . (Sachen so genau wie möglich bezeichnen) . . . sicherungsübereignet hat,

gepfändet,

insbesondere

a) das Recht auf Rückfall des Eigentums bei voller Zahlung der gesicherten Schuld,

b) der Anspruch auf Rückübereignung bei voller Zahlung der gesicherten Schuld,

c) das Recht des Schuldners zum Widerspruch nach § 267 Abs. 2 BGB,

d) der Anspruch auf Auskunft über den Forderungsstand.

Dem Drittschuldner wird verboten, an den Schuldner zu leisten.

Dem Schuldner wird geboten, sich jeder Verfügung über die gepfändeten Ansprüche und Rechte, insbesondere ihrer Einziehung, zu enthalten.

Zugleich werden die gepfändeten Ansprüche und Rechte dem Gläubiger zur Einziehung überwiesen.

— Erläuterungen —

1. Ansprüche des Sicherungsgebers gegen den Sicherungsnehmer

1   Wie die „normale" Übereignung kann auch die Sicherungsübereignung entweder nach § 929 BGB unter **Übergabe der Sache** an den Sicherungsnehmer oder (bei nicht eingetragenen Schiffen nach § 929a BGB) nach § 930 BGB durch **Vereinbarung eines Besitzkonstituts** ohne Besitzübergabe geschehen.

2   Wenn der Sicherungszweck entfallen ist, insbesondere bei voller Tilgung der gesicherten Forderung, steht dem Sicherungsnehmer kein Recht auf das Sicherungsgut mehr zu, er hat vielmehr dem Sicherungsgeber das Eigentum und ggf. den Besitz an der Sache zurückzugewähren.

Im Sicherungsvertrag ist häufig vereinbart, daß die Sicherungsübereignung durch das Erlöschen der zu sichernden Forderung **auflösend bedingt** sein soll. In diesem Fall hat der Sicherungsgeber ein **echtes Anwartschaftsrecht** auf den automatischen Rückfall des Eigentums an ihn[1] und – bei Sicherungsübereignung nach § 929 BGB – auf Herausgabe der Sache. 3

Fehlt diese Vereinbarung, so hat der Sicherungsgeber gegen den Sicherungsnehmer – außer dem etwaigen Herausgabeanspruch – einen **Anspruch aus dem Sicherungsvertrag auf Rückübereignung** der Sache. 4

2. Pfändung und Verwertung

Das Anwartschaftsrecht ist nach § 851, der Übereignungsanspruch und der Herausgabeanspruch sind nach § 847 zu pfänden. 5

Das Anwartschaftsrecht und die beiden Ansprüche sind dem Vollstreckungsgläubiger zur Einziehung zu **überweisen.** 6

Für den Fall, daß der Sicherungsnehmer die übereignete Sache bis zum Wirksamwerden der Pfändung schon verwertet haben sollte, ist vorsorglich der **Anspruch auf Auszahlung des Erlösüberschusses** zu pfänden. 7

Das **Widerspruchsrecht des Vollstreckungsschuldners nach § 267 BGB** soll der Vollstreckungsgläubiger mitpfänden lassen, um auch gegen den Willen des Vollstreckungsschuldners einen etwaigen Rest der gesicherten Forderung an den Drittschuldner zurückzahlen zu können. Das kann für ihn wichtig sein, weil vor völliger Tilgung weder das Eigentum automatisch auf den Vollstreckungsschuldner zurückfällt noch seine Ansprüche geltend gemacht werden können. 8

Beachte: Ist der Vollstreckungsschuldner im Besitz der sicherungsübereigneten Sache, so muß der Vollstreckungsgläubiger **zusätzlich die Sache selbst durch den Gerichtsvollzieher nach §§ 808 ff. pfänden lassen,** weil sonst der Vollstreckungsschuldner über die Sache verfügen oder ein Dritter sie pfänden könnte. 9

---

1 BGH in NJW 1984, 1184.

Muster 160

Soldatenbezüge I
Berufssoldaten

In ein Formblatt (vgl. „Hinweise" Ziff. 5) ist einzusetzen:

Wegen dieser Ansprüche sowie wegen der Kosten dieses Beschlusses und seiner Zustellung werden die angeblichen Forderungen des Schuldners

gegen die Bundesrepublik Deutschland (Bundesminister der Verteidigung), vertreten durch das Wehrbereichsgebührnisamt . . . (s. Rn. 10 der Erläuterungen zu Muster 163) . . ., dieses vertreten durch seinen Leiter

(Drittschuldnerin),

auf Zahlung der sich aus dem Dienstverhältnis des Schuldners bei der Bundeswehr ergebenden Bezüge, insbesondere der Dienstbezüge (einschließlich des Geldwertes der Sachbezüge, Unterkunft und Dienstbekleidung gemäß der jeweiligen Festsetzung des Bundesministers der Verteidigung), der Versorgungsbezüge, deren Kapitalabfindung, des Unterhaltsbetrages gemäß § 36 SVG, des Übergangsgeldes (§ 37 SVG), des einmaligen Ausgleichs für vorzeitigen Ruhestand und des Ausbildungszuschusses

gepfändet.

Die Pfändung der Forderungen auf Ausgleich für vorzeitigen Ruhestand und für Kapitalabfindung ist unbeschränkt, die Pfändung der übrigen Ansprüche ist nach § 850c ZPO beschränkt; die Forderungen auf einmalige Unfallentschädigung, auf einmalige Entschädigung und auf Sterbegeld sind von der Pfändung nicht erfaßt.

Der Drittschuldnerin wird, soweit die Pfändung reicht, verboten, an den Schuldner zu zahlen.

Dem Schuldner wird geboten, sich jeder Verfügung über diese Forderungen, soweit sie gepfändet sind, insbesondere ihrer Einziehung, zu enthalten.

Zugleich werden die Forderungen, soweit sie gepfändet sind, dem Gläubiger zur Einziehung überwiesen.

---- Erläuterungen ----

bei *Muster 163*

Muster 161

Soldatenbezüge II
Zeitsoldaten

In ein Formblatt (vgl. „Hinweise" Ziff. 5) ist einzusetzen:

Wegen dieser Ansprüche sowie wegen der Kosten dieses Beschlusses und seiner Zustellung werden die angeblichen Forderungen des Schuldners

gegen die Bundesrepublik Deutschland (Bundesminister der Verteidigung) vertreten durch das Wehrbereichsgebührnisamt . . . (s. Rn. 10 der Erläuterungen zu Muster 163) . . ., dieses vertreten durch seinen Leiter

(Drittschuldnerin),

auf Zahlung der sich aus dem Dienstverhältnis des Schuldners bei der Bundeswehr ergebenden Bezüge, insbesondere auf Zahlung der Dienstbezüge (einschließlich des Geldwertes der Sachbezüge, Unterkunft und Dienstbekleidung gemäß der jeweiligen Festsetzung des Bundesministers der Verteidigung), der Übergangsgebührnisse, der Ausgleichsbezüge sowie eines Ausbildungszuschusses

gepfändet.

Die Pfändung wird nach § 850c ZPO beschränkt.

Der Drittschuldnerin wird, soweit die Pfändung reicht, verboten, an den Schuldner zu zahlen.

Dem Schuldner wird geboten, sich jeder Verfügung über diese Forderungen, soweit sie gepfändet sind, insbesondere ihrer Einziehung zu enthalten.

Zugleich werden die Forderungen, soweit sie gepfändet sind, dem Gläubiger zur Einziehung überwiesen.

Erläuterungen

bei *Muster 163*

Muster 162

Soldatenbezüge III
Hinterbliebene von Berufssoldaten oder Zeitsoldaten

In ein Formblatt (vgl. „Hinweise" Ziff. 5) ist einzusetzen:

Wegen dieser Ansprüche sowie wegen der Kosten dieses Beschlusses und seiner Zustellung wird die angebliche Forderung des Schuldners

gegen die Bundesrepublik Deutschland (Bundesminister der Verteidigung), vertreten durch das Wehrbereichsgebührnisamt ... (siehe Rn. 10 der Erläuterungen zu Muster 163) ..., dieses vertreten durch seinen Leiter

(Drittschuldnerin),

auf Zahlung der sich aus dem ehemaligen Dienstverhältnis des ... (Name und Adresse des verstorbenen Soldaten) ... bei der Bundeswehr ergebenden Hinterbliebenenbezüge ohne Rücksicht auf deren Benennung mit Ausnahme des Sterbegeldes

gepfändet.

Die Pfändung wird gemäß § 850c ZPO beschränkt.

Der Drittschuldnerin wird im Umfang der Pfändung verboten, an den Schuldner zu zahlen.

Dem Schuldner wird geboten, sich jeder Verfügung über diese Forderung, soweit sie gepfändet ist, insbesondere ihrer Einziehung, zu enthalten.

Zugleich wird die Forderung, soweit sie gepfändet ist, dem Gläubiger zur Einziehung überwiesen.

——— Erläuterungen ———

bei *Muster 163*

Muster 163

Soldatenbezüge IV
Wehrpflichtige

In ein Formblatt (vgl. „Hinweise" Ziff. 5) ist einzusetzen:

Wegen dieser Ansprüche sowie wegen der Kosten dieses Beschlusses und seiner Zustellung werden die angeblichen Forderungen des Schuldners

gegen die Bundesrepublik Deutschland (Bundesminister der Verteidigung), vertreten durch . . . (den zuständigen Wirtschaftstruppenteil, nämlich Bataillon, selbständige Einheit usw., siehe Rn. 10 der Erläuterungen) . . ., dieses vertreten durch seinen Kommandeur   (Drittschuldnerin),

auf Zahlung der sich aus dem Wehrdienstverhältnis des Schuldners ergebenden Bezüge ohne Rücksicht auf deren Benennung, insbesondere Wehrsold, Übungsgeld, Dienstgeld, Entlassungsgeld, einschließlich des Geldwertes der Sachbezüge, wie Verpflegung, Unterkunft, Dienstkleidung, die nach den ortsüblichen Sätzen zu berechnen sind,

gepfändet.

Die Pfändung der Forderung auf Entlassungsgeld ist unbeschränkt, die Pfändung der übrigen Forderungen ist nach § 850c ZPO beschränkt.

Der Drittschuldnerin wird im Umfang der Pfändung verboten, an den Schuldner zu zahlen.

Dem Schuldner wird geboten, sich jeder Verfügung über diese Forderungen, soweit sie gepfändet sind, insbesondere ihrer Einziehung, zu enthalten.

Zugleich werden diese Forderungen, soweit sie gepfändet sind, dem Gläubiger zur Einziehung überwiesen.

Erläuterungen

1. Anspruch auf Geld- und Sachbezüge

§ 1 Soldatengesetz[1] unterscheidet zwischen **Wehrpflichtigen, Berufssoldaten und Soldaten auf Zeit.** Nach § 30 dieses Gesetzes hat der Soldat Anspruch auf Geld- und Sachbezüge, Heilfürsorge, Versorgung, Reise- und Umzugskostenvergütung nach Maßgabe besonderer Gesetze. Solche besonderen Gesetze sind für Berufssoldaten und Soldaten auf Zeit insbesondere das Bundesbesoldungsgesetz[2] und das Soldatenversorgungsgesetz[3], für Wehrpflichtige das Wehrsold- 1

---
[1] SG vom 19. 8. 1975, BGBl. I, 2273, neugefaßt am 15. 12. 1995, BGBl. I, 1737.
[2] BBesG, abgedruckt bei Sartorius I als Nr. 230.
[3] SVG vom 5. 3. 1987, BGBl. I, 843, zuletzt geändert BGBl. I 1995, 1726.

Muster 163 Soldatenbezüge IV

gesetz[4] und das Unterhaltssicherungsgesetz[5], für Zivildienstleistende das Zivildienstgesetz[6].

2 **1.1 Berufssoldaten** haben zusätzlich Anspruch auf Übergangsgeld und einmaligen Ausgleich für vorzeitigen Ruhestand (§§ 37, 38 SVG); an Sachbezügen erhalten sie unentgeltlich Unterkunft und Dienstbekleidung, nicht aber Verpflegung; denn sie zahlen (im Gegensatz zum Wehrpflichtigen) Verpflegungsgeld.

3 **1.2 Zeitsoldaten** haben zusätzlich Anspruch auf Übergangsgebührnisse, Ausgleichsbezüge und Übergangsbeihilfe (§§ 11 bis 33 SVG); für Naturalbezüge gilt das bei Rn. 2 Gesagte.

4 **1.3 Wehrpflichtige** erhalten nach §§ 2–6 Wehrsoldgesetz Wehrsold, Verpflegung, Unterkunft, Dienstbekleidung, Heilfürsorge und Entlassungsgeld. Nach dem Unterhaltssicherungsgesetz erhalten zur Erfüllung der Wehrpflicht einberufene Wehrpflichtige und ihre Familienangehörigen Leistungen zur Sicherung des Lebensbedarfs nach näherer Bestimmung der §§ 2–13a dieses Gesetzes. Wehrpflichtige erhalten als Naturalleistung zusätzlich unentgeltliche Verpflegung.

5 **1.4** Für **Zivildienstleistende** gilt nach § 35 Zivildienstgesetz im wesentlichen das gleiche wie für Wehrpflichtige.

6 **1.5** Soldaten und Zivildienstpflichtige haben Anspruch auf **Ausgleich für Dienstbeschädigungen** und auf Heilfürsorge.

7 **1.6 Hinterbliebenen** von Berufs- und Zeitsoldaten stehen Versorgungsansprüche zu.

2. Pfändung und Verwertung

8 Im Grundsatz sind die Bezüge aller Soldaten und ihrer Hinterbliebenen als **Einkommen** zu pfänden, so daß auf die Erläuterungen zu *Muster 19* verwiesen werden kann, jedoch sind folgende Hinweise veranlaßt:

9 **2.1** Für die **örtliche Zuständigkeit des Vollstreckungsgerichts** (§§ 828 Abs. 2, 802, 13) ist zu beachten, daß ein Soldat seinen Wohnsitz an seinem Standort hat, wenn er nicht nur aufgrund der Wehrpflicht Wehrdienst leistet oder nicht selbständig einen Wohnsitz begründen kann; hat der Soldat im Inland keinen Standort, so gilt der letzte inländische Standort als sein Wohnsitz (§§ 9, 8 BGB).

10 **2.2 Drittschuldnerin** ist die Bundesrepublik Deutschland. Sie wird gemäß der Verwaltungsanordnung über die Vertretung des Bundes als Drittschuldner im Bereich des Bundesministers der Verteidigung[7] vertreten

---

4 I. d. F. v. 30. 3. 1993, BGBl. I, 422, geänd. a. a. O. S. 1394.
5 USG vom 9. 9. 1980, BGBl. I, 1685, wesentlich geändert BGBl. I, 1987, 2614, zuletzt geändert BGBl. I, 1994, 1014.
6 ZDG, abgedruckt bei Sartorius I als Nr. 625.
7 Vom 20. 11. 1981, BAnz. 1982 Nr. 9.

– durch den für den Soldaten zuständigen Wirtschaftstruppenteil (Bataillon, selbständige Einheit usw.), wenn Bezüge eines Wehrpflichtigen gepfändet sind, jedoch durch das Bundesamt für Wehrverwaltung, wenn der Soldat einer Dienststelle im Ausland angehört,

– durch dasjenige Wehrbereichsgebührnisamt, das die Zahlung anzuordnen hat, wenn Bezüge von Berufs- oder Zeitsoldaten gepfändet sind.

Der „Wirtschaftstruppenteil" wird durch seinen Kommandeur vertreten, das Wehrbereichsgebührnisamt durch seinen Leiter; ihnen ist der Beschluß zuzustellen. 11

Es ist die Erfahrung gemacht worden, daß Gerichtsvollzieher, wenn sie diesen Vertreter nicht antreffen, z. B. einem Wachhabenden außerhalb der Dienstzeit zustellen; dann läuft die **Zustellung** vielfach schief. Daher empfehlen wir, den Gerichtsvollzieher im Zustellungsauftrag auf folgendes hinzuweisen: 12

„Wenn Sie den Kommandeur nicht antreffen, stellen Sie nicht irgendeinem Diensthabenden zu, sondern an Stelle des Kommandeurs an seinen ständigen Stellvertreter, falls ein solcher nicht vorzufinden ist, an einen Beamten der Truppenverwaltung oder an den Kompaniechef",

bzw.: *„Falls Sie den Leiter des Wehrbereichsgebührnisamts nicht antreffen, stellen Sie bitte an den Sachgebietsleiter für Pfändungen und Abtretungen zu".*

Adressen:
Bundesamt für Wehrverwaltung	Bonner Talweg 177, 53129 Bonn
Wehrbereichsgebührnisamt I	Rostocker Str. 18/20, 24106 Kiel
Wehrbereichsgebührnisamt II	Fliegerstr. 11, 30197 Hannover
Wehrbereichsgebührnisamt III	Wilhelm-Raabe-Str. 46, 40470 Düsseldorf
Wehrbereichsgebührnisamt IV	Abraham-Lincoln-Str. 13, 65189 Wiesbaden
Wehrbereichsgebührnisamt V	Königstr. 58, 70173 Stuttgart
Wehrbereichsgebührnisamt VI	Dachauer Str. 128, 80636 München
Wehrbereichsgebührnisamt VII	Schnellerstr. 1–5, 12439, Berlin-Niederschöneweide.

2.3 Pfändungsschutz: Bundesbesoldungsgesetz, Wehrsoldgesetz, Unterhaltssicherungsgesetz und Zivildienstgesetz enthalten keine Bestimmungen über Pfändungsschutz. Sie sind auch nicht nötig, weil diese Vergütungen wie Einkommen zu pfänden sind, so daß die §§ 850 ff. anzuwenden sind (übrigens auch § 832). Einmalig zu zahlende Beträge, wie das Entlassungsgeld, werden nur auf Antrag des Schuldners gem. § 850i geschützt. 13

Das **Soldatenversorgungsgesetz** enthält in § 48 folgende Regelung: 14

(1) Ansprüche auf Versorgungsbezüge können, wenn bundesgesetzlich nichts anderes bestimmt ist, nur insoweit abgetreten oder verpfändet werden, als sie der Pfändung unterliegen.

(2) Ansprüche auf Übergangsbeihilfe, Sterbegeld, einmalige Unfallentschädigung und auf einmalige Entschädigung können weder gepfändet noch abgetreten, noch verpfändet werden. Ansprüche auf einen Ausbildungszuschuß, auf Übergangsgebührnisse und aufgrund einer Bewilligung einer Unterstützung nach § 42 können weder abgetreten noch verpfändet werden...

Muster 163 Soldatenbezüge IV

15 Der Anspruch auf Ausgleich für Dienstbeschädigungen ist nach § 85 Abs. 5 SG, der Anspruch auf Heilfürsorge nach § 85l unpfändbar.

16 **2.4 Naturalleistungen:** Der Bundesminister der Verteidigung setzt für den Fall, daß das Vollstreckungsgericht in seinem Beschluß keinen Geldwert der Naturalbezüge festlegt, die Sätze der Sachbezüge zentral fest, weil die Soldaten bundesweit gleichwertige Sachbezüge erhalten. Der Grundsatzerlaß, datiert von 1968, bestimmt, daß die Höhe der Bezüge fast jährlich mit Änderungserlassen der wirtschaftlichen Entwicklung angepaßt werden.

17 **2.5** Die Angabe der **Personenkennziffer** oder des **Geburtsdatums** des Soldaten im Pfändungsbeschluß erleichtert dem Wehrbereichsgebührnisamt die Identifizierung des Vollstreckungsschuldners sehr.

Muster 164

Sozialleistungen I

In ein Formblatt (vgl. „Hinweise" Ziff. 5) ist einzusetzen:

Wegen dieser Ansprüche sowie wegen der Kosten dieses Beschlusses und seiner Zustellung wird die angebliche Forderung des Schuldners

gegen . . . (wegen der Person des Drittschuldners vgl. Ziff. 2.4 der Erläuterungen und §§ 18 bis 29 SGB I) . . . *(Drittschuldner)*

auf Zahlung der bereits fälligen und künftig fällig werdenden laufenden Geldleistungen, insbesondere . . . (die zu pfändende Sozialleistung möglichst genau benennen) . . .

gepfändet.

Die Pfändung wird gemäß § 850c ZPO beschränkt.

Dem Drittschuldner wird, soweit die Forderung gepfändet ist, verboten, an den Schuldner zu zahlen.

Dem Schuldner wird geboten, sich insoweit jeder Verfügung über die gepfändete Forderung, insbesondere der Einziehung, zu enthalten.

Zugleich wird die gepfändete Forderung dem Gläubiger zur Einziehung überwiesen.

Erläuterungen

bei *Muster 165*

Muster 165

Sozialleistungen II
insbesondere künftige Altersrente

In ein Formblatt (vgl. „Hinweise" Ziff. 5) ist einzusetzen:

Wegen dieser Ansprüche sowie wegen der Kosten dieses Beschlusses und seiner Zustellung

wird die angebliche Forderung des Schuldners gegen . . . (wegen des Drittschuldners vgl. Rn. 65 f. der Erläuterungen) . . .   (Drittschuldnerin)

auf künftige Zahlung einer laufenden Rente wegen Alters oder Erwerbsunfähigkeit gepfändet; die Pfändung ist nach § 850c ZPO beschränkt.

Dem Drittschuldner wird, soweit die Forderung gepfändet ist, verboten, an den Schuldner zu zahlen.

Dem Schuldner wird geboten, sich insoweit jeder Verfügung über die gepfändete Forderung, insbesondere ihrer Einziehung, zu enthalten.

Zugleich wird die gepfändete Forderung im Umfang der Pfändung dem Gläubiger zur Einziehung überwiesen.

──────── Vorbemerkungen ────────

Renten Selbständiger werden hier nicht behandelt; sie sind häufig auch keine „echten" Sozialleistungen. Wegen der **Ärzte** vgl. *Muster 13*, wegen der **Rechtsanwälte** vgl. *Muster 140*, wegen der **Apotheken, Architekten** und **Bauingenieure** vgl. die Vorbemerkungen bei *Muster 13*. **Selbständige Künstler und Publizisten** sind nach §§ 1–4 des Künstlersozialversicherungsgesetzes vom 27. 7. 1981 (BGBl. I, 705, zuletzt geändert siehe BGBl. I 1994, 1890) in der Rentenversicherung der Angestellten versichert.

──────── Erläuterungen ────────

1. Leistungsarten und Leistungsträger

1   **Das Recht des Sozialgesetzbuchs** soll zur Verwirklichung sozialer Gerechtigkeit und sozialer Sicherheit Solzialleistungen gestalten und soziale Dienste und Einrichtungen zur Verfügung stellen (§ 1 SGB I)[1]. Zu diesem Zweck normiert es soziale Rechte und Leistungen und bestimmt, wer für die Erbringung der Leistungen zuständig ist.

---

1 Sozialgesetzbuch Allgemeiner Teil (abgekürzt: SGB-AT), abgedruckt bei Sartorius I als Nr. 408.

1.1. Ansprüche auf Sozialleistungen entstehen, sobald ihre gesetzlich bestimmten Voraussetzungen vorliegen, bei Ermessensleistungen mit Bekanntgabe der Entscheidung über die Leistung (§ 40 SGB I).

1.2 Die Arten der Sozialleistungen und die für ihre Erbringung Zuständigen, **die Leistungsträger,** werden in §§ 19 bis 29 SGB I bestimmt.

1.3 Es werden folgende Leistungsarten von folgenden Leistungsträgern erbracht:

1.3.1 Leistungen der **Ausbildungsförderung** nach dem Bundesausbildungsgesetz (BaföG). Zuständig sind die Ämter und die Landesämter für Ausbildungsförderung nach näherer Bestimmung des BaföG. Die Geldleistungen liegen meist unterhalb der Grenzen des § 850c.

1.3.2 Leistungen der **Arbeitsförderung, Vorruhestandsleistungen, Leistungen bei gleitendem Übergang älterer Arbeitnehmer in den Ruhestand** nach dem Arbeitsförderungsgesetz (AFG) und den Sondergesetzen. Für die Pfändung sind besonders das Arbeitslosengeld, die Arbeitslosenhilfe und das Konkursausfallgeld von Interesse (Näheres Rn. 38 und 55). Zuständig sind die Arbeitsämter und die sonstigen Dienststellen der Bundesanstalt für Arbeit.

1.3.3 Zusätzliche Leistungen für **Schwerbehinderte.** Zuständig sind die Arbeitsämter und Hauptfürsorgestellen. Pfändbare Geldleistungen werden nicht erbracht.

1.3.4 Leistungen der **gesetzlichen Krankenversicherung** und der sozialen Pflegeversicherung. Für die Pfändung ist von besonderem Interesse das Krankengeld. (Näheres Rn. 38). Zuständig sind die Orts-, Betriebs- und Innungskrankenkassen, die See-Krankenkasse, die Landwirtschaftlichen Krankenkassen, die Bundesknappschaft und die Ersatzkassen, für die Pflegeversicherung die bei den Krankenkassen gebildeten Pflegekassen.

1.3.5 Leistungen der **gesetzlichen Unfallversicherung.** Zuständig sind nach näherer Bestimmung des § 22 Abs. 2 SGB I die Berufsgenossenschaften und eine Reihe anderer Leistungsträger.

1.3.6 Leistungen der **gesetzlichen Rentenversicherung** einschließlich der **Altershilfen für Landwirte.** Zuständig sind die Landesversicherungsanstalten, die Bundesversicherungsanstalt für Angestellte, die Bundesknappschaft, die Bundesbahnversicherungsanstalt, die See-Kasse, die bei den landwirtschaftlichen Berufsgenossenschaften errichteten landwirtschaftlichen Alterskassen (Näheres unten Rn. 56 und 65).

1.3.7 Versorgungsleistungen bei **Gesundheitsschäden,** insbesondere nach dem Bundesversorgungsgesetz, dem Soldatenversorgungsgesetz und dem Opferentschädigungsgesetz. Für die Pfändung sind besonders die Renten wegen Minderung der Erwerbsfähigkeit, die Hinterbliebenenrente und die Kapitalabfindung von Interesse. Zuständig sind, soweit es hier interessiert, die Versorgungsämter und die Landesversorgungsämter.

1.3.8 Kindergeld, Erziehungsgeld, Leistungen der Jugendhilfe (Näheres unten Rn. 46 f. und 50).

Muster 165 Sozialleistungen II

13 **1.3.9 Wohngeld** nach dem Wohngeldgesetz (abgedruckt bei *Sartorius* I als Nr. 385). Sein Zweck ist die wirtschaftliche Sicherung angemessen und familiengerechten Wohnens. Zuständig sind die durch Landesrecht bestimmten Behörden.

14 **1.3.10** Leistungen der **Sozialhilfe,** die nach § 4 Abs. 1 Satz 2 des Bundessozialhilfegesetzes unpfändbar sind.

15 **1.3.11** Leistungen nach dem **Opferentschädigungsgesetz,** für Opfer des Nationalsozialismus im Beitrittsgebiet (BGBl. I 1992, 906). Die Entschädigungsrente ist nach Maßgabe des § 54 SBG I pfändbar.

16 **1.4** Bezüglich der Leistungen im einzelnen und der Ansprüche auf ihre Erbringung wird auf die einschlägigen Gesetze verwiesen. Der Vollstreckungsgläubiger wird die Art der Sozialleistung, auf die der Vollstreckungsschuldner Anspruch hat, häufig aus dem **Protokoll über die Abgabe der eidesstattlichen Versicherung** ersehen und kann dann den Leistungsträger aus den §§ 18 bis 29 SGB I ermitteln.

17 **1.5** Ansprüche auf Sozialleistungen können auch Personen zustehen, die selbst nicht hilfebedürftig sind, nämlich deren **Rechtsnachfolgern** (Näheres unten Rn. 19) oder einem **Arbeitgeber** (vgl. § 19 Abs. 1 Nr. 3 SGB I).

18 **1.6** § 11 SGB I unterteilt die Sozialleistungen in **Dienstleistungen, Sachleistungen** und **Geldleistungen.** Zu den Sachleistungen gehört z. B. Heilbehandlung. Geldleistungen können in der einmaligen oder in der laufenden Zahlung von Geldbeträgen liegen. Diese Einteilung ist von Bedeutung für Übergang, Übertragung, Verpfändung und Pfändung von Sozialleistungen:

19 **1.6.1** Mit dem **Tod des Berechtigten** erlischt der Anspruch auf Dienst- und Sachleistungen. Ansprüche auf eine einmalige Geldleistung werden nach den Vorschriften des BGB vererbt (§ 58 SGB I). Ansprüche auf laufende Geldleistungen stehen beim Tode des Berechtigten in den Fällen des § 56 SGB I Ehegatten, Kindern, Eltern oder Haushaltsführer zu; soweit dies nicht zutrifft, werden sie ebenfalls nach den Bestimmungen des BGB vererbt (§ 58 SGB I).

20 **1.6.2** Ansprüche auf Dienst- und Sachleistungen können nicht **übertragen und verpfändet** werden, Ansprüche auf Geldleistungen können in gewissen Fällen übertragen werden, soweit sie den für das Arbeitseinkommen geltenden unpfändbaren Betrag übersteigen (§ 53 SGB I); Übertragung und Verpfändung geschehen nach §§ 398 ff., 1278 BGB.

2. Pfändung und Verwertung

21 Ob und inwieweit Ansprüche auf Sozialleistungen pfändbar sind, regeln die **§§ 54 und 55 SGB I;** sie lauten:

§ **54 Pfändung.** (1) Ansprüche auf Dienst- und Sachleistungen können nicht gepfändet werden.

(2) Ansprüche auf einmalige Geldleistungen können nur gepfändet werden, soweit nach den Umständen des Falles, insbesondere nach den Einkommens- und Vermögensverhältnissen

des Leistungsberechtigten, der Art des beizutreibenden Anspruchs sowie der Höhe und der Zweckbestimmung der Geldleistung, die Pfändung der Billigkeit entspricht.

(3) Unpfändbar sind Ansprüche auf

1. Erziehungsgeld und vergleichbare Leistungen der Länder,
2. Mutterschaftsgeld nach § 13 Abs. 1 des Mutterschutzgesetzes, soweit das Mutterschaftsgeld nicht aus einer Teilzeitbeschäftigung während des Erziehungsurlaubs herrührt oder anstelle von Arbeitslosenhilfe gewährt wird, bis zur Höhe des Erziehungsgeldes nach § 5 Abs. 1 des Bundeserziehungsgesetzes,
3. Geldleistungen, die dazu bestimmt sind, den durch einen Körper- oder Gesundheitsschaden bedingten Mehraufwand auszugleichen.

(4) Im übrigen können Ansprüche auf laufende Geldleistungen wie Arbeitseinkommen gepfändet werden.

(5) Ein Anspruch des Leistungsberechtigten auf Geldleistungen für Kinder (§ 48 Abs. 1 Satz 2) kann nur wegen gesetzlicher Unterhaltsansprüche eines Kindes, das bei der Festsetzung der Geldleistungen berücksichtigt wird, gepfändet werden. Für die Höhe des pfändbaren Betrages bei Kindergeld gilt:

1. Gehört das unterhaltsberechtigte Kind zum Kreis der Kinder, für die dem Leistungsberechtigten Kindergeld gezahlt wird, so ist eine Pfändung bis zu dem Betrag möglich, der bei gleichmäßiger Verteilung des Kindergeldes auf jedes dieser Kinder entfällt. Ist das Kindergeld durch die Berücksichtigung eines weiteren Kindes erhöht, für das einer dritten Person Kindergeld oder dieser oder dem Leistungsberechtigten eine andere Geldleistung für Kinder zusteht, so bleibt der Erhöhungsbetrag bei der Bestimmung des pfändbaren Betrages des Kindergeldes nach Satz 1 außer Betracht.
2. Der Erhöhungsbetrag (Nummer 1 Satz 2) ist zugunsten jedes bei der Festsetzung des Kindergeldes berücksichtigten unterhaltsberechtigten Kindes zu dem Anteil pfändbar, der sich bei gleichmäßiger Verteilung auf alle Kinder, die bei der Festsetzung des Kindergeldes zugunsten des Leistungsberechtigten berücksichtigt werden, ergibt.

§ 55 Kontenpfändung und Pfändung von Bargeld. (1) Wird eine Geldleistung auf das Konto des Berechtigten bei einem Geldinstitut überwiesen, ist die Forderung, die durch die Gutschrift entsteht, für die Dauer von sieben Tagen seit der Gutschrift der Überweisung unpfändbar. Eine Pfändung des Guthabens gilt als mit der Maßgabe ausgesprochen, daß sie das Guthaben in Höhe der in Satz 1 bezeichneten Forderung während der sieben Tage nicht erfaßt.

(2) Das Geldinstitut ist dem Schuldner innerhalb der sieben Tage zur Leistung aus dem nach Absatz 1 Satz 2 von der Pfändung nicht erfaßten Guthaben nur soweit verpflichtet, als der Schuldner nachweist oder als dem Geldinstitut sonst bekannt ist, daß das Guthaben von der Pfändung nicht erfaßt ist. Soweit das Geldinstitut hiernach geleistet hat, gilt Absatz 1 Satz 2 nicht.

(3) Eine Leistung, die das Geldinstitut innerhalb der sieben Tage aus dem nach Absatz 1 Satz 2 von der Pfändung nicht erfaßten Guthaben an den Gläubiger bewirkt, ist dem Schuldner gegenüber unwirksam. Das gilt auch für eine Hinterlegung.

(4) Bei Empfängern laufender Geldleistungen sind die in Absatz 1 genannten Forderungen nach Ablauf von sieben Tagen seit der Gutschrift sowie Bargeld insoweit nicht der Pfändung unterworfen, als ihr Betrag dem unpfändbaren Teil der Leistungen für die Zeit von der Pfändung bis zum nächsten Zahlungstermin entspricht.

Die §§ 54 und 55 SGB I müssen allerdings vorrangigen Vorschriften im Zweiten bis Neunten Buch des Sozialgesetzbuchs weichen (§ 37 SGB I). Unter 22 diesen sind die **Pfändungsverbote des Arbeitsförderungsgesetzes** (AFG, abgedruckt bei *Nipperdey* I als Nr. 700) und des **Bundessozialhilfegesetzes** (BSHG, abgedruckt bei *Sartorius* I als Nr. 410) von Bedeutung; sie lauten:

§ 141l AFG (1) Der Anspruch auf Konkursausfallgeld kann selbständig nicht verpfändet oder übertragen werden, bevor das Konkursausfallgeld beantragt worden ist. Eine Pfändung des Anspruches auf Konkursausfallgeld vor diesem Zeitpunkt gilt als mit der Maßgabe ausgesprochen, daß sie den Anspruch auf Konkursausfallgeld erst von diesem Zeitpunkt an erfaßt.

(2) Der Anspruch auf Konkursausfallgeld kann wie der Anspruch auf Arbeitseinkommen gepfändet, verpfändet oder übertragen werden, nachdem das Konkursausfallgeld beantragt worden ist.

§ 4 BSHG (1) Auf Sozialhilfe besteht ein Anspruch, soweit dieses Gesetz bestimmt, daß die Hilfe zu gewähren ist. Der Anspruch kann nicht übertragen, verpfändet oder gepfändet werden.

(2) Über Form und Maß der Sozialhilfe ist nach pflichtmäßigem Ermessen zu entscheiden, soweit dieses Gesetz das Ermessen nicht ausschließt.

23 Streitig ist, ob die Pfändungsbeschränkungen der §§ 54 und 55 SGB I für den auf **Sonderrechtsnachfolger** oder auf **Erben** übergegangenen Anspruch noch anwendbar sind: Die Kommentare zum Sozialgesetzbuch verneinen das Weiterbestehen des Schutzes oder unterscheiden zwischen den Erben und dem Sonderrechtsnachfolger. Wir meinen, daß der Schutz für den Erben weiterbesteht, weil er in die unveränderte Rechtsposition des Erblassers eintritt, während dem Sonderrechtsnachfolger der Schutz der §§ 54, 55 SGB I nicht zukommt, weil sich der Schutzzweck dieser Bestimmungen nicht auf ihn richtet.

24 §§ 54 und 55 SGB I und die einschlägigen Bestimmungen in den Besonderen Teilen des SGB sind gegenüber den die Pfändbarkeit regelnden Bestimmungen der ZPO Spezialgesetze, schließen also bei Konkurrenz die Bestimmungen der ZPO aus.

25 Das Vollstreckungs**verfahren** richtet sich nach der ZPO, weil das SGB einschlägige Vorschriften nicht enthält[2].

2.1 Dienst- und Sachleistungen

26 Sie sind unpfändbar (§ 54 Abs. 1 SGB I).

2.2 Einmalige Geldleistungen

27 Sie können gepfändet werden, soweit die Pfändung der Billigkeit entspricht (§ 54 Abs. 2 SGB I).

28 Die **Billigkeitsprüfung** hat zu klären, ob die Pfändung nach den Umständen des Einzelfalls, insbesondere nach den Einkommens- und Vermögensverhältnissen des Vollstreckungsschuldners, nach der Art der Vollstreckungsforderung, nach Höhe und Zweckbestimmung der zu pfändenden Geldforderung der Billigkeit entspricht. Diese Prüfung obliegt nicht dem Leistungsträger

---
2 Wegen einzelner Streitfragen vgl. *Krasney* in NJW 1988, 2646.

(Drittschuldner), sondern dem Vollstreckungsgericht. Kann es nicht mit hinreichender Bestimmtheit feststellen, daß die Pfändung der Billigkeit entspricht – z. B. weil die Sozialleistung unter der Freigrenze des § 850c ZPO liegt oder die Höhe der Vollstreckungsforderung deutlich unter den Rechtsverfolgungskosten liegt –, so weist es den Vollstreckungsantrag ab[3]. Hält das Vollstreckungsgericht die Pfändung aus den von ihm getroffenen Feststellungen für billig, so erläßt es den Pfändungs- und Überweisungsbeschluß und legt darin seine Billigkeitserwägungen dar. Vgl. zur Billigkeitsprüfung insbes. *Kohte* in NJW 1992, 393 ff.

Der Vollstreckungsgläubiger muß im Antrag **Tatsachen anführen,** welche die Billigkeit der Pfändung ergeben. Dazu genügen allgemeine Floskeln nicht, es ist auf den Einzelfall abzustellen. Der Vollstreckungsgläubiger wird also seine Einkommens- und Vermögensverhältnisse und diejenigen des Vollstreckungsschuldners, Tatsachen dafür, daß er auf die Beitreibung der Forderung besonders angewiesen ist, während der Vollstreckungsschuldner den Betrag nicht nötig braucht, vortragen und darauf hinweisen, welche anderen Vollstreckungsversuche erfolglos geblieben sind und daß weitere Vermögensbestandteile des Vollstreckungsschuldners nicht bekannt sind. 29

2.3 Laufende Geldleistungen

Die am 18. 6. 1994 in Kraft getretene Neufassung des § 54 SGB I hat bewirkt, daß Ansprüche auf laufende Geldleistungen auch aus Zahlungstiteln, die nicht auf Unterhaltsleistung gerichtet sind, wie Arbeitseinkommen gepfändet werden können, ohne daß noch zu prüfen wäre, ob die Pfändung der Billigkeit entspricht oder ob der Vollstreckungsschuldner durch die Pfändung hilfebedürftig wird. 30

2.3.1 Bezüglich laufender Geldleistungen **mit Lohnersatzfunktion** gelten also die Regeln der Lohnpfändung. 31

2.3.2 Laufende Geldleistungen **ohne Lohnersatzfunktion** sollten dagegen einer **Zweckbestimmung** unterliegen, wie das z. B. für das Wohngeld angenommen wird[4]. Riedel meint[5], daß dadurch die Pfändbarkeit solcher Ansprüche beschränkt sei, was er aus der Verfügungsbeschränkung in § 53 Abs. 2 herleiten will. Wir meinen dagegen, daß aus der speziellen Regelung in § 54 Abs. 1 und 4 und daraus, daß die Zweckbestimmung bei der – neuerdings gerade beseitigten – Billigkeitsprüfung eine erhebliche Rolle gespielt hatte, und aus dem Wortlaut des jetzigen Abs. 3 des § 54 SGB I („Im übrigen . . .") zu schließen sei, daß dort, wo es an einer besonderen Vorschrift fehlt, eine Zweckbestimmung nicht zu einer Pfändungsbeschränkung führe[6]. 32

Sämtliche laufenden Ansprüche sind **uneingeschränkt** pfändbar. 33

---

3 BAG in NJW 1990, 2696.
4 Z. B. *Hornung* in Rpfleger 1989, 1 m. w. N.
5 In NJW 1994, 2812.
6 Vgl. *Hintzen* in ZAP 1994, 1003.

34 **2.3.3** Weil laufende Geldleistungen, insbesondere Renten, Krankengeld, Arbeitslosengeld „wie Arbeitseinkommen" gepfändet werden können, sind auch die **Vorratspfändung** nach § 850b Abs. 3 (Näheres in Rn. 8 der Erläuterungen zu Muster 20) und die **Dauerpfändung** nach § 832 (Näheres in Rn. 13 zu Muster 20) zulässig[7].

2.4 Drittschuldner

35 Die **Feststellung** des Drittschuldners ist nicht immer einfach:

36 **2.4.1** Im Bereich des **Arbeitsförderungsgesetzes** (AFG) besteht Klarheit:

37 **2.4.1.1** Bei Pfändung eines **Geldleistungsanspruchs,** insbesondere des Arbeitslosengelds, des Kurzarbeitergelds und des Schlechtwettergelds, gilt der Direktor des Arbeitsamts als Drittschuldner, der über den Anspruch auf die Geldleistung entschieden oder zu entscheiden hat (§ 148 AFG).

38 **2.4.1.2** Bezüglich des **Konkursausfallgeldes** gilt: Soweit die Ansprüche auf Arbeitsentgelt vor Stellung des Antrags auf Konkursausfallgeld gepfändet worden sind, ergreift die Pfändung auch das Konkursausfallgeld, so daß also deswegen nicht erneut gepfändet und ein Drittschuldner bestimmt werden muß (§ 141k Abs. 2 AFG).

39 Ist der **Antrag** auf Konkursausfallgeld **bereits gestellt,** sind aber die Ansprüche auf Arbeitsentgelt in diesem Zeitpunkt noch nicht gepfändet, so kann der Anspruch auf Konkursausfallgeld wie der Anspruch auf Arbeitseinkommen gepfändet werden (§ 141l Abs. 2 AFG).

40 Ist im Pfändungszeitpunkt der **Antrag noch nicht gestellt,** so erfaßt die Pfändung den Anspruch erst für die Zeit ab Antragstellung (§ 141l Abs. 1 AFG).

41 **2.4.2** Klarheit bezüglich des Drittschuldners besteht auch bei den Leistungen der gesetzlichen **Krankenversicherung,** der sozialen Pflegeversicherung, der gesetzlichen **Unfallversicherung,** der gesetzlichen **Rentenversicherung** einschließlich der Alterssicherung für Landwirte; denn für diese Leistungen sind Leistungsträger bestimmt, die als juristische Personen selbst Träger von Rechten und Pflichten und also auch Drittschuldner sein können (Näheres unten Rn. 65 f.).

42 **2.4.3** Nach § 4 Abs. 1 des Gesetzes über die Entschädigung für **Opfer von Gewalttaten**[8] ist je nach Sachlage ein bestimmtes Bundesland oder die Bundesrepublik Drittschuldner (Näheres Rn. 58).

43 **2.4.4** In den übrigen Fällen aber sind staatliche Behörden als zuständig benannt, die keine eigene Rechtspersönlichkeit haben, und es ist nicht ein Drittschuldner fingiert. Also muß das **Land, dessen Behörde für diese Leistungen zuständig** ist, Drittschuldner sein. (Die Formulierung des § 148 AFG, daß der Direktor des Arbeitsamts in den dort genannten Fällen als Drittschuldner „gilt", geht offenbar auch von diesem Gedankengang aus.)

---

7 BSG in BB 1982, 1614 und MDR 1989, 187.
8 Vom 7. 1. 1985, BGBl. I 1985, 1.

2.5 Abtretung, Aufrechnung, Verrechnung

Die Pfändung kann ins Leere gehen, nicht nur wenn der Anspruch auf die Sozialleistung vor Zustellung des Pfändungsbeschlusses abgetreten worden ist, sondern auch, wenn der Leistungsträger vor oder nach Zustellung des Pfändungsbeschlusses gegen den Anspruch auf die Geldleistung die Aufrechnung oder Verrechnung nach § 51 SGB I erklärt. 44

2.6 Zusammenrechnung

Nach § 850e Nr. 2a ZPO (in der Fassung des Jahressteuerergänzungsgesetzes 1996 vom 18. 12. 1995, BGBl. I 1959) sind auf Antrag Ansprüche auf laufende Geldleistungen nach dem Sozialgesetzbuch mit Arbeitseinkommen zusammenzurechnen. 45

2.7 Einzelne ausgewählte Sozialleistungen

2.7.1 Kindergeld: Das **Jahressteuergesetz 1996** und das **Jahressteuerergänzungsgesetz 1996** haben u.a. auch den Familienlastenausgleich ab dem 1. 1. 1996 völlig neu geregelt. Bis dahin erhielten Eltern für ihr Kind den steuerlichen Kinderfreibetrag und daneben das Kindergeld. Nunmehr erhalten die Eltern entweder Kindergeld oder einen Kinderfreibetrag. 46

Nach § 54 Abs. 5 SGB I bzw. § 76 EStG n.F. kann Kindergeld nur wegen gesetzlicher Unterhaltsansprüche von bei der Festsetzung des Kindergeldes berücksichtigten Kindern gepfändet werden. 47

Wer **Drittschuldner**[9] ist, ist zweifelhaft: Die Vorschriften über den neuen Familienlastenausgleich sind im Einkommensteuergesetz zusammengefaßt worden. Das neue Bundeskindergeldgesetz gilt nur noch für in Deutschland nicht steuerpflichtige Eltern. 48

Nach § 67 Abs. 1, § 70 EStG n.F. erfolgt die Festsetzung des Kindergeldes durch die Familienkasse (bisherige Kindergeldkasse beim Arbeitsamt). Das Kindergeld wird Arbeitnehmern in der von der Familienkasse festgesetzten und bescheinigten Höhe durch den Arbeitgeber monatlich ausgezahlt, § 73 EStG n.F. 49

Bei Angehörigen des öffentlichen Dienstes übernimmt diese Aufgabe der Dienstherr, § 72 Abs. 1 EStG n.F., die entsprechenden juristischen Personen sind insoweit Familienkasse. 49a

Für Beamte und Versorgungsempfänger der Deutschen Post AG, der Deutschen Postbank AG und der Deutschen Telekom AG sind diese Firmen selbst zuständig, § 72 Abs. 2 EStG n.F. 49b

Eltern, die nicht Arbeitnehmer sind (also Freiberufler, Gewerbetreibende, Landwirte usw.), erhalten das Kindergeld direkt von der Familienkasse. 49c

---

9 Zur Bundesanstalt für Arbeit vgl. OLG Karlsruhe in Rpfleger 1982, 387 = MDR 1982, 943.

Muster 165 Sozialleistungen II

49d Im übrigen ist nach § 13 BKGG n.F.[10] das Arbeitsamt als Familienkasse zuständig.

50 **2.7.2** Der Anspruch auf **Erziehungsgeld** nach den Erziehungsgeldgesetzen ist unpfändbar (§ 54 Abs. 3 Nr. 1 SGB I). Dieses Erziehungsgeld ist nicht identisch mit den „Erziehungsgeldern" des § 850a Nr. 7.

51 **2.7.3 Mutterschaftsgeld** nach dem Mutterschutzgesetz[11] hat Lohnersatzfunktion. Nach § 12 MuSchG erhalten im Familienhaushalt beschäftige Frauen nach Auflösung ihres Arbeitsverhältnisses eine Sonderunterstützung, die (zu Lasten des Bundes) von ihrer Krankenkasse, sonst von der AOK ihres Wohnorts, notfalls von der Landkrankenkasse gezahlt wird. Frauen, die Mitglied einer Krankenkasse sind, erhalten Mutterschaftsgeld von der Krankenkasse (§ 13 Abs. 1 MuSchG). Frauen, die nicht Mitglied einer Krankenkasse sind, erhalten unter bestimmten Voraussetzungen Mutterschaftsgeld bis höchstens insgesamt 400,– DM vom Bundesversicherungsamt (§ 13 Abs. 2 MuSchG); das Bundesversicherungsamt ist eine selbständige Bundesoberbehörde mit Sitz in Berlin, die dem Bundesminister für Arbeit und Sozialordnung untersteht (§ 94 SGB IV). Nach § 14 MuSchG erhalten Frauen unter gewissen Voraussetzungen einen Zuschuß zum Mutterschaftsgeld vom Arbeitgeber (§ 14 MuSchG).

52 Daraus folgt, daß **Drittschuldner** je nach Lage des Falles die Krankenkasse, die Bundesrepublik, vertreten durch den Leiter des Bundesversicherungsamts Berlin, oder der Arbeitgeber ist.

53 Bezüglich des Mutterschaftsgeldes nach § 13 Abs. 1 MuSchG gilt die Pfändungsbeschränkung nach § 54 Abs. 3 Nr. 2 SGB I. Bezüglich des vom Arbeitgeber zu zahlenden Zuschusses zum Mutterschaftsgeld aber gelten §§ 850 ff. ZPO, weil er nicht eine Sozialleistung, sondern Teil des Arbeitsentgelts ist.

54 Der Zuschlag zum Mutterschaftsgeld ist auf Antrag des Vollstreckungsgläubigers mit dem Mutterschaftsgeld zusammenzurechnen (§ 850e Nr. 2a).

55 **2.7.4 Arbeitslosengeld** und **Arbeitslosenhilfe:** Als **Drittschuldner** gilt der Direktor des Arbeitsamtes, welches über den Anspruch auf Arbeitslosengeld oder Arbeitslosenhilfe entscheidet oder entschieden hat (§ 148 AFG).

56 **2.7.5** Das Gesetz **über die Alterssicherung der Landwirte** (ALG)[12] gilt nach Art. II § 1 Nr. 8 SGB I als besonderer Teil des Sozialgesetzbuchs. Zuständig sind nach §§ 49, 50 ALG die Landwirtschaftlichen Alterskassen; diese sind errichtet bei den landwirtschaftlichen Berufsgenossenschaften, diese also **Drittschuldner,** jeweils vertreten durch den Geschäftsführer.

57 Nach dem Gesetz zur Förderung der Einstellung der landwirtschaftlichen Erwerbstätigkeit[13] können landwirtschaftliche Unternehmer die das 58. Lebensjahr vollendet haben, sowie ihre Witwen oder Witwer unter bestimmten Voraussetzungen auf Antrag eine **Produktionsaufgabe-Rente** erhalten; Arbeit-

---

10 Abgedruckt bei Nipperdey I als Nr. 130.
11 Abgedruckt bei Nipperdey I als Nr. 400.
12 Vom 29. 7. 1994, BGBl. I, 1891.
13 FELEG vom 21. 2. 1989, BGBl. I 1989, 233, zuletzt geändert durch G. v. 29. 7. 1994, BGBl. I, 1891.

nehmer und Familienangehörige des landwirtschaftlichen Unternehmers erhalten unter bestimmten Voraussetzungen ein Ausgleichsgeld. Zuständig sind die Landwirtschaftlichen Alterskassen (§ 16 ALG), die also **Drittschuldner** sind. Auch für die Produktionsaufgabe-Rente und das Ausgleichsgeld gelten die für die Altershilfe für Landwirte maßgebenden Vorschriften des SGB I entsprechend (§ 18 ALG), so daß sowohl für die Altershilfe als auch für die Produktionsaufgabe-Rente und das Ausgleichsgeld die §§ 54 und 55 SGB I anzuwenden sind.

2.7.6 Nach dem Gesetz über die **Entschädigung für Opfer von Gewalttaten** (OEG)[14] kann dem durch eine Gewalttat an der Gesundheit Geschädigten auf Antrag Versorgung in entsprechender Anwendung der Vorschriften des Bundesversorgungsgesetzes (BVG) gewährt werden. Das BVG ist Besonderer Teil des Sozialgesetzbuchs[15], so daß auch hier §§ 54, 55 SGB I anzuwenden sind; für Kapitalabfindungen gilt zusätzlich **§ 78 BVG**, der lautet:

58

„Innerhalb der in § 76 Abs. 1 vorgesehenen Frist ist ein der ausgezahlten Abfindung gleichkommender Betrag an Geld, Wertpapieren und Forderungen der Pfändung nicht unterworfen."

Drittschuldner ist das Land, in dem die Schädigung eingetreten ist, hilfsweise das Land des Wohnsitzes bzw. Aufenthalts des Vollstreckungsschuldners (§ 4 Abs. 1 OEG).

59

2.7.7 Leistungen der **Sozialhilfe** sind unpfändbar (§ 4 Abs. 1 Satz 2 BSHG).

60

2.7.8 Renten, Rentenanwartschaften

2.7.8.1 Zahlungsansprüche auf Rente, welche der Vollstreckungsschuldner im Pfändungszeitpunkt bezieht, sind als laufende Geldleistungen pfändbar nach Maßgabe von Rn. 30; das gilt auch für die erst künftig fällig werdenden Beträge.

61

2.7.8.2 Die **Rentenanwartschaft,** das Rentenstammrecht als solche sind nicht übertragbar und daher auch nicht pfändbar: Das Rentenstammrecht erwächst einer bestimmten Person und geht nicht – auch nicht im Erbweg – auf eine andere Person über. (Witwen- und Waisenrenten beruhen auf eigenem Recht der Witwen und Waisen, nicht darauf, daß der verstorbene Ehepartner eine Rentenanwartschaft vererbt hätte.)

62

2.7.8.3 Begrifflich davon zu trennen ist der **künftige Rentenanspruch:** Der Rentenversicherte wird einen Anspruch auf die Rente bei Eintreten des Rentenereignisses haben (§ 40 SGB I). Ob dieser Anspruch pfändbar ist, ehe das Rentenereignis eingetreten ist, war bis zur Änderung des SGB sehr umstritten[16].

63

---

14 BGBl. I 1985, 1, zuletzt geänd. durch Gesetz v. 28. 5. 1994, BGBl. I, 1053.
15 Art. II § 1 Nr. 11 SGB I.
16 Vgl. dazu *David* in NJW 1991, 2615; *Danzer* in NJW 1992, 1026, alle noch zur alten Fassung des § 54 SGB I; *Hintzen* in ZAP 1994, 1003 zur Neuregelung.

Muster 165 Sozialleistungen II

64 Bis zur Neufassung des § 54 SGB I hatten diejenigen, welche die Pfändbarkeit des künftigen Rentenanspruchs leugneten, das relativ gute Argument, daß im Pfändungszeitpunkt nicht festgestellt werden könne, ob die Pfändung im Zeitpunkt des Beginns der Rentenzahlung der Billigkeit entsprechen und der Vollstreckungsschuldner durch die Pfändung hilfebedürftig werde. Dieses Argument ist ihnen durch die Neufassung des § 54 SGB I abhanden gekommen, so daß der Streit sich wohl im Sinne der Pfändbarkeit erledigt hat[17].

2.7.8.4 Drittschuldner

65 Die Leistungen für Renten ergeben sich aus §§ 23 ff. SGB I i. V. m. §§ 33 ff. SGB VI und aus dem Gesetz über eine Alterssicherung der Landwirte (ALG):

66 **Angestellte** sind regelmäßig bei der Bundesversicherungsanstalt für Angestellte (BfA) versichert: 10704 Berlin.

Für Angestellte des Bundeseisenbahnvermögens und der Deutschen Bahn AG ist die Bahnversicherungsanstalt zuständig (§§ 125, 128, 135 SGB VI); Drittschuldner ist somit: Bahnversicherungsanstalt, Karlstr. 4–6, 60329 Frankfurt a. M.;

Arbeiter sind bei folgenden Leistungsträgern versichert:

– Arbeiter des Bundesbahnvermögens und der Deutschen Bahn AG bei der Bahnversicherungsanstalt (s. o.). Diese Versicherung wird aber nicht bei der BfA oder der LVA geführt. Hier ist Drittschuldner: Bahnversicherungsanstalt s. o.;

– **Seeleute,** Küstenschiffer und Küstenfischer sind bei der Seekasse versichert (§ 135 SGB VI): Reimerstwiete 2 in 20457 Hamburg;

– **Bergleute** bei der Bundesknappschaft (§§ 136 ff. SGB VI): Hauptverwaltung in Pieperstr. 14–28, 44789 Bochum;

– **andere Arbeiter** bei der örtlich zuständigen Landesversicherungsanstalt (§ 130 SGB VI);

– **Landwirte,** deren Ehefrauen und mitarbeitende Familienangehörige bei den Landwirtschaftlichen Alterskassen (s. o. Rn. 56).

2.8 Pfändungsschutz für Konten und Bargeld

67 Der Leistungsträger wird seine Geldleistungen regelmäßig auf ein Konto des Empfängers bei einem Geldinstitut überweisen (§ 47 SGB I). Daher kann eine **Kontenpfändung** die bereits **auf dem Konto gutgeschriebene Sozialleistung erfassen,** ohne daß der Pfändungsschutz des § 54 SGB I noch eingreifen könnte; denn diese Bestimmung schützt den Anspruch auf eine Sozialleistung, der mit Gutschrift des Betrages auf dem Bankkonto des Berechtigten erfüllt und damit erloschen ist. Hier wird Schutz durch § 55 SGB I gewährt, welcher eine Sondervorschrift gegenüber § 850k ist.

---

17 Vgl. bereits LG Paderborn in JurBüro 1995, 270; LG Berlin in Rpfleger 1995, 307.

Danach ist das Kontoguthaben des Vollstreckungsschuldners für die Dauer von 7 Tagen seit der Gutschrift der Geldleistung in Höhe dieser Geldleistung unpfändbar; die Pfändung des Guthabens gilt als mit der Maßgabe ausgesprochen, daß sie das Guthaben in dieser Höhe während der 7 Tage nicht erfaßt. Während dieser 7-Tage-Frist kann der Vollstreckungsschuldner von seinem gepfändeten Konto den Betrag der überwiesenen Geldleistung ohne Rücksicht auf die Pfändung abheben; allerdings muß ihm das Geldinstitut diesen Betrag nur aushändigen, wenn ihm bekannt oder nachgewiesen wird, daß es sich um eine Sozialleistung handelt.

Ein etwa nach Ablauf der 7-Tage-Frist nicht abgehobener Teil von laufenden Geldleistungen genießt auch nach Ablauf dieser Frist in dem Umfang Pfändungsschutz, in dem der Betrag bei der Pfändung des Anspruchs selbst unpfändbar wäre. 68

Gleiches gilt für das **abgehobene Bargeld**. 69

2.9 Vorpfändung

Die Vorpfändung ist in gleicher Weise wie bei Pfändung des Arbeitsentgelts zulässig und hat die gleichen Wirkungen wie dort. 70

2.10 Drittschuldnererklärung

§ 35 SGB I gewährt zwar jedem einen Anspruch darauf, daß seine Geheimnisse von den Leistungsträgern und sonstigen befaßten Behörden gewahrt werden. Aber § 71 Abs. 1 Satz 2 SGB X stellt klar, daß Erklärungspflichten als Drittschuldner, welche das Vollstreckungsrecht vorsieht, „durch die Bestimmungen dieses Gesetzbuches nicht berührt" werden. 71

3. Rechtsweg; unmittelbarer Zugriff auf die Sozialleistung

3.1 Klagen des Vollstreckungsgläubigers gegen den Drittschuldner auf Bewirkung der für ihn gepfändeten und ihm überwiesenen Leistung sind auf dem **Rechtsweg** geltend zu machen, welchen der Vollstreckungsschuldner beschreiten müßte, wenn er den nunmehr gepfändeten Anspruch selbst geltend machen würde. Das wird meistens der Weg zu den Sozialgerichten sein, die nach § 51 SGG öffentlich-rechtliche Streitigkeiten sozialrechtlicher Art zu entscheiden haben. Ist ein öffentlich-rechtlicher Anspruch nicht den Sozialgerichten (oder einem anderen Gericht) ausdrücklich zugewiesen, so entscheidet das Verwaltungsgericht (§ 40 VwGO). Vor die ordentlichen Gerichte gehören dagegen nur bürgerliche Rechtsstreitigkeiten, für die nicht aufgrund Bundesgesetzes die Zuständigkeit anderer Gerichte bestimmt ist. Die Geltendmachung von Ansprüchen auf Sozialleistungen durch Klage begründet aber keine bürgerliche Rechtsstreitigkeit. 72

3.2 Unmittelbarer Zugriff auf die Sozialleistung: Wegen einer Forderung auf gesetzlichen Unterhalt ist es manchmal nicht nötig, eine Sozialleistung zu 73

Muster 165 Sozialleistungen II

pfänden, weil § 48 SGB I dem Gläubiger eine einfachere und billigere Möglichkeit gibt, an diese Sozialleistung zu gelangen; **§ 48 SGB I** lautet:

(1) Laufende Geldleistungen, die der Sicherung des Lebensunterhalts zu dienen bestimmt sind, können in angemessener Höhe an den Ehegatten oder die Kinder des Leistungsberechtigten ausgezahlt werden, wenn er ihnen gegenüber seiner gesetzlichen Unterhaltspflicht nicht nachkommt. Kindergeld, Kinderzuschläge und vergleichbare Rentenbestandteile (Geldleistungen für Kinder) können an Kinder, die bei der Festsetzung der Geldleistungen berücksichtigt werden, bis zur Höhe des Betrages, der sich bei entsprechender Anwendung des § 54 Abs. 5 Satz 2 ergibt, ausgezahlt werden. Für das Kindergeld gilt dies auch dann, wenn der Kindergeldberechtigte mangels Leistungsfähigkeit nicht unterhaltspflichtig ist oder nur Unterhalt in Höhe eines Betrages zu leisten braucht, der geringer ist als das für die Auszahlung in Betracht kommende Kindergeld. Die Auszahlung kann auch an die Person oder Stelle erfolgen, die dem Ehegatten oder den Kindern Unterhalt gewährt.

(2) Absatz 1 Satz 1, 2 und 4 gilt entsprechend, wenn unter Berücksichtigung von Kindern, denen gegenüber der Leistungsberechtigte nicht kraft Gesetzes unterhaltspflichtig ist, Geldleistungen erbracht werden und der Leistungsberechtigte diese Kinder nicht unterhält.

74 Zweck der Vorschrift ist es, bei wesentlicher Verletzung der Unterhaltspflicht ohne den zeitraubenden Umweg über Erkenntnis- und Vollstreckungsverfahren in geeigneten Einzelfällen schnell helfen zu können. Der Leistungsträger muß aber auch die Belange des Leistungsberechtigten und im Rahmen seines pflichtgemäßen Ermessens die Interessen aller Beteiligten, die wirtschaftlichen Verhältnisse, den Zweck der einzelnen Leistung und die einzelnen Umstände berücksichtigen. Voraussetzung für die Anwendung des § 48 SGB I ist eine Verletzung der Unterhaltspflicht, die schwerwiegend sein muß (BT-Drucksache 7/868); strafbar allerdings muß die Verletzung der Unterhaltspflicht nicht sein.

75 Der Unterhaltsgläubiger sollte in geeigneten Fällen diesen Weg gehen, ohne den Weg der Pfändung zu meiden.

Muster 166

Sparguthaben I
Der Vollstreckungsschuldner besitzt das Sparbuch

In ein Formblatt (vgl. „Hinweise" Ziff. 5) ist einzusetzen:

Wegen dieser Ansprüche sowie wegen der Kosten dieses Beschlusses und seiner Zustellung werden die angeblichen Forderungen und Rechte des Schuldners

gegen . . . (Kreditinstitut genau bezeichnen) . . . (Drittschuldnerin)

aus dem Sparbuch zu Konto Nr. . . . gepfändet, auch wenn der Sparvertrag prämienbegünstigt sein sollte;

insbesondere werden gepfändet:

a) Die Forderung auf Auszahlung des jetzigen und jeden künftigen Guthabens an den Schuldner selbst oder an Dritte,

b) der Anspruch auf Auskunft über den Forderungsstand,

c) das Recht zur Kündigung der Sparverträge.

Es wird angeordnet, daß der Schuldner das zu dem gepfändeten Konto gehörende Sparbuch bzw. die sonstigen Sparurkunden an den vom Gläubiger zu beauftragenden Gerichtsvollzieher herauszugeben hat. Der Gläubiger hat das Sparbuch bzw. die Sparurkunden unverzüglich nach Befriedigung der Vollstreckungsforderung an den Schuldner zurückzugeben, falls es nicht von der Drittschuldnerin einbehalten wird.

Der Drittschuldnerin wird verboten, an den Schuldner zu leisten.

Dem Schuldner wird geboten, sich jeder Verfügung über die gepfändeten Forderungen und Rechte, insbesondere der Einbeziehung, zu enthalten.

Zugleich werden die gepfändeten Forderungen und Rechte dem Gläubiger zur Einziehung überwiesen.

——————— **Vorbemerkung** ———————

Die *Muster 166 und 167* passen nicht für **Bauspareinlagen** (dazu *Muster 39*) **und bis 1. 1. 1998 nicht für Sparguthaben bei der Deutschen Postbank AG** (dazu *Muster 134*).

——————— **Erläuterungen** ———————

bei *Muster 167*

Muster 167

Sparguthaben II
Der Vollstreckungsschuldner besitzt das Sparbuch nicht

In ein Formblatt (vgl. „Hinweise" Ziff. 5) ist einzusetzen:

Wegen dieser Ansprüche sowie wegen der Kosten dieses Beschlusses und seiner Zustellung werden die angeblichen Forderungen und Rechte des Schuldners

gegen . . . (Kreditinstitut genau bezeichnen) . . .   (Drittschuldnerin)

aus dem Sparvertrag zu Konto Nr. . . . gepfändet.

Insbesondere werden gepfändet:

a) Die Forderung auf Auszahlung des jetzigen und jeden künftigen Guthabens an den Schuldner selbst oder an Dritte,

b) der Anspruch auf Auskunft über den Forderungsstand,

c) das Recht zur Kündigung der Sparverträge.

Ferner wird der angebliche Anspruch des Schuldners

gegen . . . (Name desjenigen Dritten, der das Sparbuch besitzt) . . .
(weiterer Drittschuldner)

auf Herausgabe des (der) zu dem gepfändeten Konto gehörenden Sparbuchs (Sparurkunde) gepfändet.

Der Drittschuldnerin wird verboten, an den Schuldner zu leisten.

Dem Schuldner wird geboten, sich jeder Verfügung über die gepfändeten Forderungen und Rechte, insbesondere der Einbeziehung, zu enthalten.

Zugleich werden die gepfändeten Forderungen und Rechte dem Gläubiger zur Einziehung überwiesen.

───── Erläuterungen ─────

1. Gesetzliche Regelung

1   **Spareinlagen** finden ihre gesetzliche Regelung seit dem 1. 7. 1993 nicht mehr im Gesetz über das Kreditwesen, sondern in § 21 Abs. 4 der Verordnung über die Rechnungslegung der Kreditinstitute[1]: Danach sind Spareinlagen unbefristete Gelder, die durch Aushändigung einer Urkunde als Spareinlagen gekennzeichnet und nicht für den Zahlungsverkehr bestimmt sind, eine Kündigungsfrist von mindestens drei Monaten haben und nur von inländischen natürlichen Personen und einzelnen, genau bestimmten juristischen Personen gehalten werden können.

---
1 BGBl. I 1992, 203, geänd. BGBl. I 1993, 924.

1.1 Weil Spareinlagen nicht dem laufenden Zahlungsverkehr dienen, **werden sie vom Girovertrag** (vgl. Rn. 2 zu *Muster 36*) **nicht erfaßt**.

Die Kreditinstitute haben – nicht einheitliche – „**Bedingungen für den Sparverkehr**" geschaffen.
Wegen der Sparguthaben bei der Deutschen Postbank AG s. *Muster 134.*

Bei Sparkonten ist relativ häufig nicht ohne weiteres für den Vollstreckungsgläubiger ersichtlich, wer **Inhaber des Kontos** ist, wem also die Auszahlungsforderung gegen das Kreditinstitut zusteht. Insbesondere steht die Forderung gegen das Geldinstitut auf das Guthaben nicht notwendig dem Besitzer des Sparbuchs – dem auch die Vermutung des § 1006 BGB nicht zur Seite steht – zu, auch nicht demjenigen, der die Einzahlungen vorgenommen hat, und auch nicht dem, auf dessen Namen das Sparbuch lautet; entscheidend ist der Wille dessen, der das Konto errichtet hat, im Zeitpunkt der Errichtung[2].

2. Pfändung und Verwertung

Sie geschehen nach **§§ 829, 835**; Ausnahme s. *Muster 134.*

2.1 Die **Wegnahme des Sparbuchs** (der Sparurkunden, im folgenden stets: Sparbuch) **durch den Gerichtsvollzieher** bewirkt keine Pfändung des Guthabens, ist aber dennoch notwendig, um dem Vollstreckungsgläubiger die Legitimation zu verschaffen: Das Geldinstitut muß nämlich das Guthaben nur gegen Vorlage des Sparbuchs auszahlen. Das Sparbuch ist aber nicht selbständiger Träger eines Rechts, also nicht Wertpapier im engeren Sinn, sondern ein qualifiziertes Legitimationspapier (vgl. Rn. 21 der Erläuterungen zu *Muster 191*), also auch nicht Gegenstand einer selbständigen Pfändung; denn das Recht des Vollstreckungsschuldners an der Forderung erstreckt sich auf das Sparbuch (§ 952 BGB). Das Sparbuch ist zur Legitimation des Vollstreckungsgläubigers dem Vollstreckungsschuldner durch den Gerichtsvollzieher gemäß § 836 Abs. 3 wegzunehmen. Die Pfändung des Sparguthabens kann vor oder nach dieser Wegnahme erfolgen. Der Vollstreckungsgläubiger sollte aber zur Sicherheit dafür Sorge tragen, daß das Sparbuch dem Vollstreckungsschuldner möglichst bald weggenommen wird.

Dem Gerichtsvollzieher sind zur Durchführung der Wegnahme der **Schuldtitel** und eine **Ausfertigung des Pfändungs- und Überweisungsbeschlusses** vorzulegen. Der Pfändungs- und Überweisungsbeschluß muß die wegzunehmende Urkunde bestimmt bezeichnen und nach § 750 dem Vollstreckungsschuldner spätestens bis zum Beginn der Zwangsvollstreckungstätigkeit des Gerichtsvollziehers zugestellt sein; bei ungenügender Bezeichnung ist Vervollständigung oder Ergänzung beim Vollstreckungsgericht zu beantragen (vgl. §§ 156, 174 und 179 ff. GVGA). Findet der Gerichtsvollzieher das Sparbuch nicht vor,

---

[2] Vgl. BGH in NJW 1956, 1953; 1967, 101; 1970, 1181; 1972, 2269; NJW-RR 1990, 178 und 1994, 931; OLG Koblenz in NJW 1989, 2545; OLG Zweibrücken in NJW 1989, 2546; OLG Düsseldorf in NJW-RR 1992, 625.

so ist der Vollstreckungsschuldner zur Versicherung an Eides Statt nach § 883 Abs. 2 verpflichtet[3].

8 *Beachte:* Der Vollstreckungsgläubiger muß dem Gerichtsvollzieher innerhalb von **zwei Wochen nach Wegnahme des Sparbuchs den Pfändungs- und Überweisungsbeschluß vorlegen;** sonst gibt der Gerichtsvollzieher das Sparbuch an den Vollstreckungsschuldner zurück (§ 156 GVGA).

9 Nach Befriedigung seiner Forderung muß der Vollstreckungsgläubiger das **Sparbuch** unverzüglich dem Vollstreckungsschuldner **zurückgeben**.

10 **2.2** Ist ein **Dritter im Besitz des Sparbuchs,** muß der Vollstreckungsgläubiger versuchen, sich dieses zu verschaffen, indem er den Herausgabeanspruch pfändet. Ob diese Pfändung erfolgreich sein wird, hängt davon ab, aus welchem Grund der Dritte das Sparbuch besitzt: Verwahrt er es unentgeltlich für den Vollstreckungsschuldner, so kann dieser die Herausgabe jederzeit verlangen, und der Gläubiger kann dieses Recht kraft Überweisung ausüben. Besitzt der Dritte aber das Sparbuch beispielsweise zur Sicherung einer eigenen Forderung, so ist er zur Herausgabe nicht verpflichtet; vielmehr geht sein etwa durch Verpfändung entstandenes Pfandrecht demjenigen des Vollstreckungsgläubigers vor.

11 **2.3 Drittschuldnerin** bezüglich des Guthabens ist das Geldinstitut, bei welchem das Sparkonto geführt wird; Drittschuldner bezüglich des Anspruchs auf Herausgabe des Sparbuchs ist dessen Besitzer[4].

3. Vermögenswirksame Leistungen und Arbeitnehmer-Sparzulage

12 **3.1** Das 5. Gesetz zur Vermögensbildung der Arbeitnehmer (5. VermBG) i. d. F. d. Bekanntm. v. 4. März 1994[5] fördert die **Vermögensbildung** von Arbeitnehmern, Beamten, Richtern, Berufs- und Zeitsoldaten und gewissen Mitgliedern des Zivilschutzkorps (§ 1). Die Arten der vermögenswirksamen Leistungen und die Anlageformen werden in §§ 2 bis 11 genau beschrieben; dazu gehört auch ein **Sparvertrag** zwischen dem Arbeitnehmer und einem Kreditinstitut, wie er in § 8 näher beschrieben ist. § 2 legt vor allem die Voraussetzungen fest, von denen die Förderung der vermögensbildenden Leistungen abhängt.

13 Nach § 2 Abs. 7 sind vermögenswirksame Leistungen arbeitsrechtlich **Bestandteil des Lohns oder Gehalts;** der Anspruch auf vermögenswirksame Leistungen ist nach dieser Bestimmung **nicht übertragbar.** Daraus folgt, daß der **Anspruch auf diese Leistungen nicht pfändbar** ist (§ 851).

14 **3.2** Hat der Arbeitgeber den Anspruch auf solche Leistungen erfüllt, indem er die entsprechenden Beträge unmittelbar auf das Anlageinstitut oder -unternehmen überwiesen hat, so sind die Beträge in das Vermögen des Arbeitnehmers übergegangen und werden unter bestimmten Voraussetzungen steuerlich

---
3 OLG Frankfurt in JurBüro 1977, 885.
4 Vgl. *Stöber,* Rn. 335, 336.
5 BGBl. I 1994, 406.

gefördert. Die hier interessante Voraussetzung ist die Einhaltung der **Sperrfrist**. Rückzahlung, Abtretung des Rückzahlungsanspruchs oder seine **Beleihung** während der Sperrfrist beseitigen die Förderung. **Dennoch ist der Rückzahlungsanspruch pfändbar**, weil keine Zweckbindung vorliegt; in besonders gelagerten Fällen kann § 765a greifen.

3.3 Nach § 13 des 5. VermBG haben Arbeitnehmer, deren Einkommen eine bestimmte Höhe nicht übersteigt, für bestimmte vermögenswirksame Anlagen, zu denen der Sparvertrag nicht gehört, einen Anspruch auf eine steuerfreie **Arbeitnehmer-Sparzulage** von jährlich höchstens 93,60 DM, die **nicht Bestandteil des Lohns oder Gehalts** ist; der Anspruch **ensteht** mit Ablauf des Kalenderjahrs, in dem die vermögenswirksamen Leistungen angelegt sind und entfällt mit Wirkung für die Vergangenheit, wenn die Sperrfrist nicht eingehalten wird. Der Anspruch wird **fällig** nach Ablauf der Sperrfrist, mit Zuteilung des Bausparvertrags und in den Fällen unschädlicher Verfügung (§ 14 Abs. 4d 5. VermBG).   15

Die Arbeitnehmer-Sparzulage wird auf Antrag durch das für die Einkommensbesteuerung des Arbeitnehmers zuständige Finanzamt festgesetzt und bezahlt; auf sie sind die für Steuervergütungen geltenden Vorschriften der Abgabenordnung anzuwenden (§ 14). Daraus folgt: Der Anspruch auf die Zulage ist **pfändbar, aber ein Pfändungsbeschluß darf erst erlassen werden, wenn der Anspruch entstanden ist** (§ 46 AO; Näheres in Rn. 4 zu *Muster 171*). Weil der Anspruch jeweils mit Ablauf eines Kalenderjahrs entsteht, ist die Pfändung zu begrenzen, indem nur die Ansprüche für die der Pfändung vorhergehenden Kalenderjahre gepfändet werden. Als **Drittschuldner** gilt das zuständige Finanzamt (§ 46 Abs. 7 AO)[6].   16

Problematisch ist die **Pfändung vor Ablauf der Sperrfrist**: Sieht man nämlich die Pfändung als schädliche Verfügung nach § 13 Abs. 5 des 5. VermBG an, so entfällt jeder bisher entstandene Anspruch auf die Zulage. Die Pfändung hat zwar tatsächlich eine ähnliche wirtschaftliche Wirkung wie die Abtretung oder Beleihung. Da sie aber nicht von Zulageberechtigten ausgeht, bewirkt sie nach unserer Meinung nicht den Wegfall des Anspruchs; die Rechtsprechung hat diese Frage noch nicht geklärt.   17

---

[6] Die abweichende Entscheidung des BAG in NJW 1977, 55 ist durch Gesetzesänderung überholt.

Muster 168

Stahlkammerfach/Banksafe

In ein Formblatt (vgl. „Hinweise" Ziff. 5) ist einzusetzen:

Wegen dieser Ansprüche sowie wegen der Kosten dieses Beschlusses und seiner Zustellung werden die angeblichen Ansprüche des Schuldners gegen ... (Geldinstitut genau benennen) ... (Drittschulderin) auf Zugang zum Stahlkammerfach ..., (möglichst genau bezeichnen, z. B. Nr. 272 in der Filiale Dünnbierstraße in Wunsiedel) ... und auf Mitwirkung der Drittschuldnerin bei der Öffnung dieses Safes gepfändet. Der Zugang ist einem vom Gläubiger beauftragten Gerichtsvollzieher zum Zweck der Pfändung des Inhalts des Faches zu gewähren.

Der Drittschuldnerin wird verboten, an den Schuldner zu leisten, insbesondere, ihm Zutritt zu dem Stahlkammerfach zu gewähren.

Dem Schuldner wird geboten, sich jeder Verfügung über die gepfändeten Ansprüche, insbesondere der Öffnung des Stahlkammerfachs, zu enthalten.

Zugleich werden die gepfändeten Ansprüche dem Gläubiger zur Einziehung überwiesen.

――――――――――― Erläuterungen ―――――――――――

1. Unterbringung von Wertsachen und Urkunden

1   **Schließfächer im Tresorraum** (Stahlkammer) der Bank (Safe, Stahlkammerfächer) dienen zur Unterbringung von Wertsachen und Urkunden der Bankkunden. Nach den Allgemeinen Geschäftsbedingungen der Banken und den Sonderbedingungen für die Vermietung von Schrankfächern stehen diese Stahlkammerfächer in der Regel im eigenen Verschluß des Mieters und dem Mitverschluß der Bank, so daß sie nur vom Kunden und einem Bankbediensteten gemeinsam geöffnet werden können. Mitbesitz besteht nur am Fach selbst, an dessen Inhalt aber hat der Mieter Alleinbesitz[1]. Der Bankkunde hat also keinen Herausgabeanspruch bezüglich des Inhalts seines Stahlkammerfachs, sondern einen **Anspruch gegen die Bank auf Zutritt zum Fach** und auf Mitwirkung der Bank bei dessen Öffnung. Die Bank nimmt vom Inhalt des Faches keine Kenntnis.

---
1 Zur Übereignung des Inhalts eines Fachs vgl. OLG Oldenburg in NJW 1977, 1780.

2. Pfändung und Verwertung

Die Ansprüche des Vollstreckungsschuldners auf Zutritt zum Stahlkammerfach und auf Mitwirkung der Bank bei dessen Öffnung werden nach § 857 gepfändet; es besteht kein nach § 846 pfändbarer Herausgabeanspruch.

2

2.1 Den **Schlüssel** zum Stahlkammerfach kann sich der Gerichtsvollzieher, ohne daß es dazu einer Anordnung des Vollstreckungsgerichts bedürfte, nach § 758 beschaffen. Findet er den Schlüssel nicht und läßt sich auch kein Ersatzschlüssel beschaffen, so kann der Gerichtsvollzieher das Fach gewaltsam öffnen lassen; die dadurch entstehenden Kosten sind Vollstreckungskosten[2].

3

Beachte: Weil der **Inhalt des Fachs** im Alleingewahrsam des Vollstreckungsschuldners steht, ist dieser Inhalt der Sachpfändung durch den Gerichtsvollzieher unterworfen. Dieser übt nach Pfändung und Überweisung der Zutrittsrechte für den Vollstreckungsgläubiger diese Rechte aus, entnimmt den Inhalt und verwertet ihn wie unmittelbar nach § 808 gepfändete Sachen, **vorausgesetzt, er ist mit der Pfändung beauftragt;** dieser Pfändungsauftrag muß also spätestens mit dem Auftrag, das Fach zu öffnen, erteilt werden.

4

---

[2] *Quardt* in JurBüro 1959, 395.

Muster 169

Steuererstattungsanspruch I
Lohnsteuerjahresausgleich durch das Finanzamt

In ein Formblatt (vgl. „Hinweise" Ziff. 5) ist einzusetzen:

Wegen dieser Ansprüche sowie wegen der Kosten dieses Beschlusses und seiner Zustellung werden gepfändet:

1. *der angebliche Anspruch des Schuldners*

    gegen das Finanzamt . . . (vgl. Rn. 15 ff. zu Muster 171) . . .
    (Drittschuldner zu 1)

    auf Durchführung des Lohnsteuerjahresausgleichs für das abgelaufene Kalenderjahr und frühere Erstattungszeiträume im Veranlagungsweg und auf Auszahlung der danach dem Schuldner zustehenden Beträge,

2. *der Anspruch des Schuldners*

    gegen seinen Arbeitgeber . . . (vgl. Rn. 11 ff. der Erläuterungen zu Muster 171) . . .
    (Drittschuldner zu 2)

    auf Herausgabe der Lohnsteuerkarte mit Lohnsteuerbescheinigung für das abgelaufene Jahr.

Der Schuldner hat die Lohnsteuerkarte für das abgelaufene Kalenderjahr sowie die Unterlagen und Belege, welche für die Begründung des Anspruchs auf Lohnsteuerausgleich benötigt werden, insbesondere Belege über die Dauer der Nichtbeschäftigung (wie Meldekarten oder Atteste), Fahrtkosten, Beiträge zu Berufsverbänden, Versicherungsbeiträge aller Art, Steuerberatungskosten, Unterhaltszahlungen und sonstige besondere Belastungen an den Gläubiger herauszugeben*.

Den Drittschuldnern wird verboten, an den Schuldner zu leisten.

Dem Schuldner wird geboten, sich jeder Verfügung über die gepfändeten Ansprüche, insbesondere ihrer Einziehung, zu enthalten.

Zugleich werden die gepfändeten Ansprüche dem Gläubiger zur Einziehung überwiesen.

---
* Vgl. unbedingt Rn. 18 bis 21.

———— Erläuterungen ————

bei *Muster 171*

Muster 170

Steuererstattungsanspruch II
Lohnsteuerjahresausgleich durch den Arbeitgeber

In ein Formblatt (vgl. „Hinweise" Ziff. 5) ist einzusetzen:

Wegen dieser Ansprüche sowie wegen der Kosten dieses Beschlusses und seiner Zustellung werden die angeblichen Ansprüche des Schuldners

gegen . . . (Name und Adresse des Arbeitgebers, vgl. Rn. 11 ff. bei *Muster 171*) . . .   *(Drittschuldner)*

auf Durchführung des Lohnsteuerjahresausgleichs für abgelaufene Kalenderjahre, für das laufende Kalenderjahr und für künftige Kalenderjahre und auf Auszahlung der danach dem Schuldner zu erstattenden Beträge gepfändet.

Es wird angeordnet, daß der Schuldner die Lohnsteuerkarten für abgelaufene und künftige Jahre sowie für das laufende Jahr an einen vom Gläubiger beauftragten Gerichtsvollzieher zur Vorlage an den Drittschuldner herauszugeben hat.

Dem Drittschuldner wird verboten, an den Schuldner zu leisten.

Dem Schuldner wird geboten, sich jeder Verfügung über den gepfändeten Anspruch, insbesondere seiner Einziehung zu enthalten.

Zugleich wird der gepfändete Anspruch dem Gläubiger zur Einziehung überwiesen.

--- **Erläuterungen** ---

bei *Muster 171*

Muster 171

Steuererstattungsanspruch III
Einkommensteuer

In ein Formblatt (vgl. „Hinweise" Ziff. 5) ist einzusetzen:

Wegen dieser Ansprüche sowie wegen der Kosten dieses Beschlusses und seiner Zustellung wird die angebliche Forderung des Schuldners

gegen das Finanzamt . . . (vgl. Rn. 6 und 7 der Erläuterungen) . . .
(Drittschuldner)

auf Erstattung derjenigen Beträge, die sich für das abgelaufene und alle früheren Kalenderjahre durch Verrechnung der auf Einkommensteuern anzurechnenden Beträge mit den geschuldeten Einkommensteuern zugunsten des Schuldners ergeben,

gepfändet.

Der Schuldner hat an den Gläubiger die Unterlagen und Belege, welche für die Begründung des Anspruchs auf Steuerausgleich benötigt werden, insbesondere Belege über die Dauer der Nichtbeschäftigung (wie Meldekarten oder Atteste), Fahrtkosten, Beiträge zu Berufsverbänden, Versicherungsbeiträge aller Art, Steuerberatungskosten, Unterhaltszahlungen und sonstige besondere Belastungen, herauszugeben*.

Dem Drittschuldner wird verboten, an den Schuldner zu zahlen.

Dem Schuldner wird geboten, sich jeder Verfügung über die gepfändete Forderung, insbesondere ihrer Einziehung, zu enthalten.

Zugleich wird die gepfändete Forderung dem Gläubiger zur Einziehung überwiesen.

---

* Vgl. unbedingt Rn. 18 bis 21 und 25.

──────────── Erläuterungen ────────────

1. Steuerschuldverhältnis

1 **Ansprüche auf Erstattung und Vergütung von Steuern,** Haftungsbeträgen und steuerlichen Nebenleistungen sind öffentlich-rechtliche Ansprüche aus einem Steuerschuldverhältnis. Geregelt sind sie in der Abgabenordnung und in Einzelsteuergesetzen.

2 Der **Erstattungsanspruch entsteht,** sobald der Tatbestand verwirklicht ist, an den das Gesetz die Leistungspflicht des Staates knüpft (§ 38 AO). Für die Erstattung der Einkommensteuer (Lohnsteuer) ergibt sich aus § 36 Abs. 4 Einkommensteuergesetz (EStG), daß die für das abgelaufene Kalenderjahr zuviel entrichteten Steuern erstattet werden; der Erstattungsanspruch entsteht hier also (regelmäßig) am ersten Tag des Folgejahres.

Erstattungsberechtigt ist regelmäßig derjenige, für dessen Rechnung die Steuer bezahlt worden ist (§ 37 Abs. 2 AO). 3

2. Pfändung und Verwertung

Ansprüche auf Steuererstattung können gepfändet werden (§ 46 Abs. 1 AO), jedoch darf ein Pfändungs- und Überweisungsbeschluß **nicht erlassen werden, bevor der Anspruch entstanden ist;** ein Verstoß dagegen macht den Beschluß (unheilbar) nichtig (§ 46 Abs. 6 AO). 4

Folglich ist auch eine **Vorpfändung** vor Entstehung des Anspruchs unzulässig und nichtig. 5

Als **Drittschuldner** gilt die Finanzbehörde, die über den Anspruch entschieden oder zu entscheiden hat (§ 46 Abs. 7 AO); anders allerdings beim Lohnsteuerausgleich durch den Arbeitgeber (unten Rn. 11). 6

Die **örtliche Zuständigkeit** der Finanzbehörden ergibt sich aus §§ 17 ff. AO und Einzelsteuergesetzen. Für die Einkommensteuer gelten §§ 19 und 20 AO. (Für die Erbschaftsteuer gilt § 35 ErbStG, der für inländische Erblasser auf §§ 19, 20 AO verweist.) 7

2.1 Der Lohnsteuerjahresausgleich: Die Lohnsteuer ist eine Form der Einkommensteuer. Der Arbeitnehmer und der Beamte schuldet für das Kalenderjahr einen bestimmten Betrag an Lohnsteuer, der sich deshalb erst am Jahresende errechnen läßt, weil erst dann der tatsächliche Jahreslohn zuverlässig ermittelt werden kann: Lohn oder Gehalt können im Lauf des Jahres steigen, sinken oder ganz entfallen. Die Lohnsteuer wird aber durch Abzug von Arbeitslohn an jedem Zahltag erhoben (§ 38 Abs. 1 und Abs. 2 Satz 2 EStG), also jeweils in der Höhe, wie sie sich für den Lohnzeitraum errechnet. Das führt in vielen Fällen zur Nachzahlungspflicht des Lohnempfängers, in anderen Fällen zu einem Erstattungsanspruch des Lohnempfängers. 8

Dieser „Lohnsteuerausgleich" wird bei gegebener Voraussetzung vom Arbeitgeber vorgenommen (§ 42b EStG) und, wenn dies nicht geschieht, vom Finanzamt im Veranlagungsverfahren. 9

2.1.1 Durchführung durch den Arbeitgeber: Unter den Voraussetzungen des § 42b EStG ist der Arbeitgeber berechtigt, und u. U. auch verpflichtet, den Lohnsteuerjahresausgleich vorzunehmen, also, „die für das Ausgleichsjahr einbehaltene Lohnsteuer insoweit zu erstatten, als sie die auf den Jahresarbeitslohn entfallende Jahreslohnsteuer übersteigt". Er darf den Ausgleich frühestens mit der letzten Lohnabrechnung im Ausgleichsjahr, spätestens im März des Folgejahres durchführen. 10

Es kann dahinstehen, ob der Arbeitgeber mit der Erstattung des Ausgleichsbetrages eine eigene Verpflichtung oder den öffentlich-rechtlichen Anspruch nach § 37 Abs. 1 AO erfüllt: Er ist jedenfalls **Drittschuldner.** Weil § 46 Abs. 6 AO nur auf das Finanzamt, nicht auf den Arbeitgeber anzuwenden ist, wird überwiegend angenommen, daß der Anspruch gegen den Arbeitgeber auch für kommende Jahre als **künftiger Anspruch** gepfändet werden kann. 11

433

Muster 171 Steuererstattungsanspruch III

12 *Beachte:* Beschäftigt der Arbeitgeber am 31. 12. des Ausgleichsjahres weniger als zehn Arbeitnehmer, so ist er zur Durchführung des Ausgleichs nicht verpflichtet, so daß gegen ihn kein pfändbarer Anspruch besteht; außerdem darf er den Ausgleich nicht durchführen, wenn „der Arbeitnehmer es beantragt" (§ 42b Abs. 1 Satz 4 Nr. 1 EStG). Daher empfiehlt es sich i. d. R., die Ansprüche gegen das Finanzamt und den Arbeitgeber gleichzeitig durch Kombination der *Muster 169 und 170* zu pfänden.

13 Die Pfändung des Anspruchs gegen den Arbeitgeber begegnet einer praktischen Schwierigkeit: Während der Anspruch gegen das Finanzamt kein Teil des Lohnanspruchs ist, ist es fraglich, ob der Anspruch gegen den Arbeitgeber zum Arbeitseinkommen gehört, also von der Lohnpfändung umfaßt ist. Pfändet der Vollstreckungsgläubiger gleichzeitig Arbeitseinkommen (und gehen ihm keine Dritten im Rang vor), so geht es allerdings nur um den Pfändungsschutz. Der Arbeitgeber jedenfalls rechnet regelmäßig für das Jahresende so ab, daß er vom letzten Lohn oder Gehalt nur den Rest der Jahreslohnsteuer abzieht und so einfach einen höheren Netto-Arbeitsverdienst auszahlt.

14 Zu pfänden sind der **Anspruch auf Durchführung** des Ausgleichs und der **Anspruch auf Auszahlung** des Erstattungsbetrages. Weil Voraussetzung für den Lohnsteuer-Jahresausgleich ist, daß dem Arbeitgeber die (ausgefüllte) **Lohnsteuerkarte** vorliegt (§ 42b Abs. 1 Satz 3 EStG), ist anzuordnen, daß der Vollstreckungsschuldner sie herauszugeben hat (§ 836).

15 **2.1.2 Durchführung durch das Finanzamt:** Liegen die Voraussetzungen für die Durchführung des Lohnsteuerausgleichs durch den Arbeitgeber nicht vor, so ist er, wenn der Arbeitnehmer es beantragt, durch das Finanzamt im **Veranlagungsverfahren** durchzuführen (§ 46 Abs. 2 Nr. 8 EStG). Dabei wird die geschuldete Jahressteuer festgestellt und abgerechnet. Der sich ergebende Erstattungsanspruch ist pfändbar, sobald das Ausgleichsjahr abgelaufen ist (§ 46 Abs. 6 EStG).

Als **Drittschuldner** gilt das Finanzamt, welches den Anspruch feststellt oder festzustellen hat (§ 46 Abs. 7 AO; oben Rn. 6). Der Anspruch gehört nicht zum Arbeitseinkommen, wird also durch Lohnpfändung nicht erfaßt und genießt keinen Vollstreckungsschutz nach §§ 850 ff.[1].

16 **Zu pfänden sind** der Anspruch auf Durchführung des Ausgleichs, auf Zahlung des Erstattungsbetrags und – **gegen den Arbeitgeber als Drittschuldner** – der Anspruch auf Herausgabe der Lohnsteuerkarte.

17 Auch ist **anzuordnen,** daß der Vollstreckungsschuldner die **Lohnsteuerkarte** und die sonst für die Berechnung nötigen Unterlagen an den Vollstreckungsgläubiger herauszugeben hat **(streitig! s. auch Rn. 18 bis 21).**

18 **Ungeklärt ist derzeit die Frage,** ob der Vollstreckungsgläubiger durch die Pfändung und Überweisung befugt wird, an Stelle des Vollstreckungsschuldners den **Antrag auf Lohnsteuerausgleich** nach § 46 Abs. 2 Nr. 8 EStG zu stellen:

---

[1] H. M., z. B. *Zöller,* § 850 Rn. 16; *Thomas/Putzo,* § 850 Rn. 12; *Quardt* in NJW 1959, 518; *Schall* in NJW 1959, 520.

Bis zum Inkrafttreten des Steuerrechtsänderungsgesetzes 1992 nahm man an, daß der Vollstreckungsgläubiger zur Antragstellung befugt sei. Dieses Gesetz löste jedoch den Streit aus; auch *Stöber* vertrat deswegen in der 10. Auflage erstmals den gegenteiligen Standpunkt, obwohl BT-Dr. 12/1505 S. 380 und Abschn. 149 Abs. 7 der Lohnsteuerrichtlinien 1993 den Schluß nahelegten, daß der Gesetzgeber den bisherigen vollstreckungsrechtlichen Rechtszustand nicht ändern wollte. Wohl die meisten[2] blieben aber bei der Ansicht, daß der Vollstreckungsgläubiger den Antrag nach § 46 Abs. 2 Nr. 8 EStG stellen könne; insbesondere behandelten die Finanzämter solche Anträge regelmäßig als zulässig.

In die Lohnsteuerrichtlinien 1996[3] wurde aber als Abschnitt 149 Abs. 7 Satz 7 aufgenommen: 19

„Durch einen Pfändungs- und Überweisungsbeschluß wird der Pfändungsgläubiger eines angeblichen Erstattungsanspruchs **nicht** ermächtigt, den Antrag auf Veranlagung nach § 46 Abs. 2 Nr. 8 EStG für den Schuldner zu stellen; **das Finanzamt hat ihm jedoch mitzuteilen, ob und in welcher Höhe sich aus der Veranlagung ein Ersatzanspruch ergeben hat, sowie ob und in welcher Höhe auf Grund der Pfändung an ihn zu leisten ist.**"

Die Bedeutung dieses Textes ist dunkel, soweit er nicht nur auf die Verpflichtung des Finanzamts zur Abgabe der Drittschuldnererklärung hinweist; denn die Lohnsteuerrichtlinien (LStR) als bloße Verwaltungsverordnung können die durch Gesetze (§§ 829 ff. ZPO, 46 AO) bestimmte Pfändbarkeit des Anspruchs nicht ändern und die Befugnisse, die der Vollstreckungsgläubiger durch die Überweisung erhält, nicht beschränken. Wie immer diesbezüglich die Rechtslage vor Erlaß der LStR gewesen sein mag: Sie hat sich durch deren Erlaß nicht geändert.

Aber die LStR binden die Finanzämter. Diese werden deshalb, **solange diese Fassung der LStR Bestand hat,** von Vollstreckungsgläubigern gestellte Anträge als gegenstandslos betrachten und nicht behandeln. Der Vollstreckungsgläubiger mag dann versuchen, die Bescheidung seines Antrags durch Klage zum Finanzgericht zu erzwingen, aber selbst wenn ihm Erfolg beschieden sein würde, wird bis dahin die Zahlungsverjährung nach §§ 228 ff. AO abgelaufen sein. Ferner mag der Vollstreckungsgläubiger in seinen Antrag auf Erlaß des Pfändungs- und Überweisungsbeschlusses auch den zusätzlichen Antrag aufnehmen, daß ihn das Gericht ermächtige, den Veranlagungsantrag an Stelle des Vollstreckungsschuldners zu stellen. Aber es ist nicht nur sehr fraglich, ob der Rechtspfleger dem Zusatzantrag stattgeben wird, sondern auch, ob das Finanzamt einem etwaigen stattgebenden Beschluß des Vollstreckungsgerichts mehr Gewicht beilegen wird als den LStR des Finanzministers. **Dennoch soll der Vollstreckungsgläubiger den Anspruch auch dann pfänden lassen, wenn der Vollstreckungsschuldner (noch) keinen Erstattungsantrag gestellt hat:** Der Vollstreckungsschuldner könnte vernünftig genug sein, den Erstattungsantrag trotz der Pfändung zu stellen, „damit das Finanzamt seine Schulden zahlt".   20

---

2 **Für** die Befugnis: *Baumbach/Lauterbach/Albers/Hartmann,* § 829 Rn. 8; BFH BStBl. II 1992, 327; *Behr/Spring* in NJW 1994, 2357; *Urban* in DGVZ 1994, 101; LG Berlin in NJW 1994, 3303; LG Marburg, LG Münster in Rpfleger 1996, 36. **Gegen** die Befugnis: *Stöber,* 10. Aufl. Rn. 387; *David* in MDR 1993, 412; LG Koblenz in DGVZ 1994, 57.
3 BStBl. I 1995, 2.

Muster 171 Steuererstattungsanspruch III

Stellt der Vollstreckungsschuldner den Erstattungsantrag hartnäckig nicht, wird sich der Vollstreckungsgläubiger aber, **solange Abschn. 149 Abs. 7 Satz 7 Bestand hat,** gründlich überlegen müssen, ob er den oben geschilderten Aufwand zur Durchsetzung des gepfändeten Anspruchs auf sich nehmen will, obwohl der Erfolg alles andere als sicher ist. Unterläßt er die Durchsetzung, oder bleibt sie erfolglos, so spart sich das Finanzamt eine an sich geschuldete Zahlung. Dieses Ergebnis kann nur den Bundesfinanzminister befriedigen.

21 Wenn der Vollstreckungsschuldner den Erstattungsantrag noch nicht gestellt hat, und der Vollstreckungsgläubiger beabsichtigt, ihn an Stelle des Vollstreckungsschuldners zu stellen, muß er in den Pfändungsantrag den zusätzlichen Antrag aufnehmen, **die Herausgabe der den Erstattungsantrag rechtfertigenden Unterlagen anzuordnen.** Auch dieser Antrag bereitet Schwierigkeiten: Es bedarf dafür zwar keines besonderen Titels, die Herausgabe kann vielmehr nach § 836 durchgesetzt werden, aber die notwendige genügend individualisierende Bezeichnung der herauszugebenden Unterlagen im Pfändungsantrag wird dem Vollstreckungsgläubiger oft nicht möglich sein.

22 **2.2 Einkommensteuererstattung:** Die Einkommensteuer entsteht – von wenigen, im EStG enthaltenen Ausnahmen abgesehen – nach Ablauf des Kalenderjahres (§§ 36 Abs. 1, 25 EStG). Auf die Steuer sind zur Tilgung geeignete Beträge (§ 36 Abs. 2 EStG) anzurechnen. Wenn sich nach der Abrechnung ein Überschuß zugunsten des Steuerpflichtigen ergibt, wird ihm dieser nach Bekanntgabe des Steuerbescheids ausgezahlt (§ 36 Abs. 4 Satz 2 EStG).

23 Der Anspruch auf diese Auszahlung ist pfändbar (§ 46 Abs. 1 AO), jedoch erst, wenn er entstanden ist (§ 46 Abs. 6 AO). Entstanden ist er, sobald der Tatbestand verwirklicht ist, an den das Gesetz die Leistungspflicht knüpft (§ 38 AO i. V. m. § 37 Abs. 1 AO). Diesen Tatbestand umschreibt § 36 Abs. 2 EStG. Der Anspruch entsteht also (durch Verrechnung) am Ende des Kalenderjahres, so daß regelmäßig nur Ansprüche auf Erstattung **für abgelaufene Kalenderjahre** gepfändet werden können. Ausnahmen gelten, wenn die Steuerpflicht vor Ablauf des Kalenderjahres endet (§ 25 Abs. 2 EStG). In diesem Fall ist eine Pfändung vom Zeitpunkt des Wegfalls der Steuerpflicht wirksam. Den Grund für den Wegfall hat die Vollstreckungsgläubigerin im Pfändungsantrag darzulegen.

24 Werden **Eheleute zusammen veranlagt,** so werden ihre Einkünfte zusammengezählt und ihnen gemeinsam zugerechnet; die Ehegatten werden sodann gemeinsam als Steuerpflichtiger behandelt (§ 26b EStG). Der Erstattungsbetrag ist ihnen auszuzahlen. Dabei wirkt die Auszahlung des Betrages durch das Finanzamt an einen Ehegatten auch für und gegen den anderen, so daß die Zahlung an einen Ehegatten auch die Schuld des Finanzamts gegen den anderen tilgt (§ 36 Abs. 4 Satz 3 EStG). Gläubiger des Erstattungsanspruchs gegenüber dem Finanzamt ist der Ehegatte, der gezahlt hat, bzw. für dessen Rechnung bezahlt worden ist. Sind Steuern für Rechnung zusammen veranlagter Eheleute bezahlt worden, bestimmt sich für jeden von ihnen die Höhe des Anspruchs nach dem Verhältnis der bei ihnen einbehaltenen Lohnsteuern. Insoweit also hängt die Beantwortung der Frage, ob der Vollstreckungsschuld-

ner (ganz oder teilweise) auch Inhaber des zu pfändenden Anspruchs ist, von der Lage des Einzelfalls ab. Von der Pfändung erfaßt wird nur der Anspruch, der dem Vollstreckungsschuldner zusteht, aber die Eheleute sind nicht Gesamtgläubiger[4].

2.3 Dazu, ob die Überweisung des gepfändeten Erstattungsanspruchs den Vollstreckungsgläubiger befugt, an Stelle des Vollstreckungsschuldners den **Antrag auf Lohnsteuererstattung** (= Antrag auf Veranlagung nach § 46 Abs. 2 Nr. 8 EStG) zu stellen, vgl. oben Rn. 18 bis 20.   25

Streitig ist, ob die Pfändung des **Anspruchs auf Lohnsteuer-Jahresausgleich auch den Anspruch auf Erstattung veranlagter Einkommensteuer** umfaßt, oder ob wenigstens Pfändungsantrag und Pfändungsbeschluß entsprechend umgedeutet werden können: *Stöber*[5] verneint die Frage, das OLG Stuttgart[6] bejaht sie. Wir raten wie *Globig*[7], diese Ansprüche im Zweifel alternativ zu pfänden.   26

2.4 Rechtsweg: Für die Klage gegen den Arbeitgeber als Drittschuldner ist das Arbeitsgericht zuständig. Für die Klage gegen das Finanzamt als Drittschuldnerin ist das Finanzgericht zuständig[8].   27

3. Andere Steuern

Bei der Einkommen-, Lohn- und Körperschaftsteuer ist der Zeitpunkt des Entstehens des Erstattungsanspruchs relativ leicht feststellbar. Bei manchen anderen Steuern trifft dies keineswegs zu, so daß die Pfändung solcher Erstattungsansprüche in der Praxis sehr erschwert ist, wie am Beispiel der **Kraftfahrzeugsteuer** gezeigt wird: Die Steuerpflicht für ein Kraftfahrzeug dauert regelmäßig von seiner Zulassung bis zu seiner endgültigen Außerbetriebsetzung; sie wird durch „Steuerabmeldung" durch den Halter oder „Zwangsabmeldung" durch die Behörde nur unterbrochen. Mit dem Fahrzeug geht auch die Steuerpflicht auf den Erwerber über. Erst mit dem Erwerb des Fahrzeugs durch den (ersten oder späteren) Eigentümer (Vollstreckungsschuldner) entsteht der Erstattungsanspruch für ihn. Da der Vollstreckungsgläubiger diesen Zeitpunkt regelmäßig nicht kennt, kann er auch nicht feststellen, wann ein Erstattungsanspruch entstanden und pfändbar geworden ist. Der Vollstreckungsgläubiger ist auch nicht befugt, den Anspruch durch Steuerabmeldung zur Entstehung zu bringen, weil diese öffentlich-rechtliche Befugnis nur dem Steuerschuldner (regelmäßig also dem Halter) zusteht. Diese Befugnis kann auch nicht im Wege der Hilfspfändung gepfändet und dem Vollstreckungsgläubiger überwiesen werden; denn sie ist kein pfändbarer „Anspruch", ihre Ausübung bedeutet vielmehr den Verzicht auf die Benutzung des Fahrzeugs im öffentlichen Verkehr.   28

---
4 Vgl. *Globig* in NJW 1982, 915; OLG Karlsruhe in NJW-RR 1991, 200; BFH in NJW 1983, 1448 und 1990, 2491; LG Stuttgart in NJW-RR 1992, 646.
5 Rn. 367.
6 MDR 1979, 324 = JurBüro 1979, 284.
7 In NJW 1982, 915.
8 BFH in NJW 1988, 1407 und BFHE 110, 26.

Muster 172

Stille Gesellschaft I
Anspruch des Unternehmers auf die Einlage

In ein Formblatt (vgl. „Hinweise" Ziff. 5) ist einzusetzen:

Wegen dieser Ansprüche sowie wegen der Kosten dieses Beschlusses und seiner Zustellung wird die angebliche Forderung des Schuldners

gegen . . . (Name und Adresse des stillen Gesellschafters) . . .

(Drittschuldner)

auf Zahlung der im Vertrag über eine stille Gesellschaft vom . . . versprochenen Geldeinlage gepfändet.

Dem Drittschuldner wird verboten, an den Schuldner zu zahlen.

Dem Schuldner wird geboten, sich jeder Verfügung über die gepfändete Forderung, insbesondere ihrer Einziehung, zu enthalten.

Zugleich wird die gepfändete Forderung dem Gläubiger zur Einziehung überwiesen.

——— Erläuterungen ———

bei *Muster 173*

Muster 173

Stille Gesellschaft II
Anspruch des stillen Gesellschafters aus seiner Beteiligung

In ein Formblatt (vgl. „Hinweise" Ziff. 5) ist einzusetzen:

Wegen dieser Ansprüche sowie wegen der Kosten dieses Beschlusses und seiner Zustellung werden die angeblichen Ansprüche des Schuldners

gegen . . . (Name und Adresse des Unternehmers, des Inhabers des Handelsgeschäfts) *. . .*   *(Drittschuldner)*

aus seiner Beteiligung als stiller Gesellschafter an dem vom Drittschuldner unter der Firma . . . (Firmenbezeichnung, Sitz) *. . . betriebenen Handelsgewerbe, gerichtet auf fortlaufende Zahlung des Gewinnanteils und auf Auszahlung des dem Schuldner bei der Auseinandersetzung zukommenden Guthabens,*

gepfändet.

Dem Drittschuldner wird verboten, an den Schuldner zu zahlen.

Dem Schuldner wird geboten, sich jeder Verfügung über die gepfändete Forderung, insbesondere ihrer Einziehung, zu enthalten.

Zugleich werden die gepfändeten Ansprüche dem Gläubiger zur Einziehung überwiesen.

--- **Erläuterungen** ---

1. Wesen der stillen Gesellschaft

Die stille Gesellschaft ist als Unterart der **Gesellschaft des bürgerlichen Rechts** in §§ 230 bis 237 HGB geregelt. Der stille Gesellschafter hat eine Einlage zu erbringen, die in das Vermögen des Inhabers des Handelsgeschäfts übergeht; letzterer allein wird aus den in dem Betrieb geschlossenen Geschäften berechtigt und verpflichtet (§ 230 HGB). Die stille Gesellschaft hat gewisse Parallelen zum Darlehen, es gibt sogar Mischformen zwischen den beiden. Die stille Gesellschaft wird von der Gesellschaft des bürgerlichen Rechts dadurch geschieden, daß bei ersterer das Fehlen des Gesamthandsvermögens zwingend vorgeschrieben ist. Vom (regelmäßigen) Darlehen unterscheidet sie sich dadurch, daß dem stillen Gesellschafter ein **Anteil am Gewinn** zustehen muß (§ 231 HGB). 1

Obwohl der stille Gesellschafter keinen Anteil am Vermögen hat, steht ihm doch nach Auflösung der Gesellschaft ein **Auseinandersetzungsguthaben** zu, bezüglich dessen § 235 HGB nur sehr allgemeine Regeln gibt, die durch den Gesellschaftsvertrag ergänzt werden. 2

Muster 173 Stille Gesellschaft II

2. Pfändung und Verwertung

Die stille Gesellschaft, die keine juristische Person ist, einer solchen auch nicht gleichsteht, reine Innengesellschaft ist und kein Gesamthandsvermögen kennt, kann selbst nicht Vollstreckungsschuldner sein.

2.1 Die Forderung des Unternehmers gegen den stillen Gesellschafter auf **Leistung der Einlage** ist als gewöhnliche Geldforderung nach § 829 zu pfänden und nach § 835 zu überweisen; **Drittschuldner** ist der stille Gesellschafter.

2.2 Die **Ansprüche des stillen Gesellschafters gegen den Unternehmer** sind nach § 829 zu pfänden. **Drittschuldner** ist der Inhaber des Handelsgeschäfts, der Unternehmer.

Die **Verwertung** der gepfändeten Forderung geschieht regelmäßig durch Überweisung zur Einziehung. Wie bei der offenen Handelsgesellschaft wird der Vollstreckungsgläubiger durch Pfändung und Überweisung zur **Kündigung der Gesellschaft** befugt, wenn sein Titel nicht bloß vorläufig vollstreckbar ist und die Zwangsvollstreckung in das bewegliche Privatvermögen des Vollstreckungsschuldners – nicht notwendig vom jetzigen Vollstreckungsgläubiger – innerhalb der letzten 6 Monate vor der Pfändung versucht worden ist (§§ 234, 135 HGB); auf die Reihenfolge zwischen Rechtskraft, Erlaß des Pfändungs- und Überweisungsbeschlusses und den anderweitigen Vollstreckungsversuchen kommt es nicht an[1].

Diese Kündigung führt zur **Auflösung der Gesellschaft,** wie sich aus § 234 HGB trotz unklarer Verweisung ergibt; die Auflösung der Gesellschaft bringt den Auseinandersetzungsanspruch des stillen Gesellschafters zum Entstehen (§ 235 HGB). Kündigungsfristen ergeben sich entweder aus dem Vertrag (der vorrangig ist) oder aus § 132 HGB. Der Vollstreckungsgläubiger kündigt also zweckmäßig zum nächst zulässigen Termin und muß aus der Drittschuldnererklärung entnehmen, wann dieser Termin ist (§ 840 Abs. 1 Nr. 1 ... „inwieweit" ...).

Weil es keinen Anteil des Vollstreckungsgläubigers am Gesellschaftsvermögen gibt, besteht das **Auseinandersetzungsguthaben** des stillen Gesellschafters nur aus seinem (durch den Vertrag geregelten) Anspruch auf Beteiligung an Gewinn und auf Rückzahlung seiner Einlage.

2.3 Wird nur der **Anspruch auf fortlaufende Zahlung des Gewinnanteils** gepfändet[2], so bedarf es keiner Kündigung.

---
1 BGH in NJW 1982, 2773.
2 Dazu BGH in NJW 1976, 189 = MDR 1976, 207.

Muster 174

Taschengeldanspruch

In ein Formblatt (vgl. „Hinweise" Ziff. 5) ist einzusetzen:

Wegen dieser Ansprüche sowie wegen der Kosten dieses Beschlusses und seiner Zustellung wird der angebliche Anspruch des Schuldners

gegen seinen Ehegatten ... (Name und Adresse) ... (Drittschuldner) auf Zahlung des Taschengeldes gepfändet, und zwar in Höhe von monatlich ...

Dem Drittschuldner wird verboten, an den Schuldner zu leisten.

Dem Schuldner wird geboten, sich jeder Verfügung über den gepfändeten Anspruch, insbesondere der Einziehung, zu enthalten.

Der gepfändete Anspruch wird dem Gläubiger zur Einziehung überwiesen.

Billigkeitsvortrag ... siehe Rn. 6 der Erläuterungen ...

─────── **Erläuterungen** ───────

1. Begründung des Taschengeldanspruchs

Der Taschengeldanspruch des geschiedenen oder **getrenntlebenden Vollstreckungsschuldners** gegen seinen (früheren) Ehegatten ist Teil seines auf Leistung einer Geldrente gerichteten Unterhaltsanspruchs. 1

Der Taschengeldanspruch des mit seinem Ehegatten in **häuslicher Gemeinschaft lebenden Vollstreckungsschuldners** ist Teil von dessen Anspruch gegen den Ehepartner auf angemessenen Beitrag zum Familienunterhalt. 2

Das Taschengeld ist ein Geldbetrag, über den der Berechtigte zur Befriedigung seiner Privatinteressen ohne Rechenschaftspflicht verfügen kann. Seine **Höhe** ist nach den Verhältnissen des Einzelfalles zu ermitteln; Kriterien sind insbesondere Vermögen, Einkommen und Lebensstil der Eheleute. Meist werden etwa 5–7% des nach unterhaltsrechtlichen Grundsätzen bereinigten Einkommens des Verpflichteten als übliches Taschengeld angesehen[1]. 3

2. Pfändung und Verwertung

Die Pfändung des Unterhalts eines geschiedenen oder getrenntlebenden Ehegatten *(Muster 177)* umfaßt auch ohne besondere Erwähnung den Taschengeldanspruch. Das Muster befaßt sich mit der Pfändung des Taschengeldan- 4

---

[1] Z. B. *Palandt,* § 1360a Rn. 4; OLG Hamm in NJW-RR 1990, 1224; OLG Celle in NJW 1991, 1960; LG Würzburg in JurBüro 1994, 406.

Muster 174 Taschengeldanspruch

spruchs eines mit seinem Ehegatten **in häuslicher Gemeinschaft** lebenden Vollstreckungsschuldners.

5   Die Pfändbarkeit dieses Anspruchs kann heute bejaht werden[2]. Nach herrschender Meinung ist der Taschengeldanspruch in Anwendung der §§ 850b, 850c, 850d, 850e Nr. 3 pfändbar[3]; die Individualisierung des Anspruchs bezüglich seines Umfangs ist jedoch problematisch[4].

6   **2.2** Weil die zu pfändende Forderung ein Unterhaltsanspruch ist, muß der Vollstreckungsgläubiger darlegen, daß und warum die Pfändung der **Billigkeit** entspricht[5]. Die Pfändung des vollen Taschengeldes wird regelmäßig der Billigkeit nicht entsprechen; ein angemessener Teil des Taschengeldes wird auch dann, wenn der gesamte Unterhaltsanspruch so hoch ist, daß er schon ohne das Taschengeld die Pfändungsgrenze überschreitet, unpfändbar bleiben müssen[6].

7   **2.3** Wegen § 850c wäre selten ein Teil des Taschengeldanspruchs pfändbar, wollte man diesen Anspruch isoliert betrachten. Da aber der Taschengeldanspruch nur Teil des Anspruchs auf Familienunterhalt ist, ist er für die Ermittlung des pfändungsfreien Betrages **mit dem Anspruch auf sonstigen Unterhalt zusammenzurechnen**[7].

8   **2.4** Zwar sind **Einwendungen** gegen die Zulässigkeit der Pfändung im Prozeß des Vollstreckungsschuldners gegen den Drittschuldner auf Zahlung des Taschengelds an ihn nicht mehr zu beachten[8], aber der Vollstreckungsgläubiger wird regelmäßig vor der Schwierigkeit stehen, die Höhe des Einkommens des Drittschuldners zu beweisen, von der die Höhe des gesamten Unterhaltsanspruchs und damit die Frage, ob ein die Pfändungsgrenze übersteigender Betrag verbleibt, sowie die Höhe des Taschengeldanspruchs abhängen. Deshalb hat das OLG Köln[9] entschieden, daß der Vollstreckungsschuldner in der Offenbarungsversicherung auch die Berechnungsgrundlagen für den Taschengeldanspruch angeben muß.

9   **2.5 Lebt** der Vollstreckungsschuldner **getrennt** oder **ist er geschieden**, so ist das Taschengeld Teil der Unterhaltsrente. Das Taschengeld unterliegt also nicht selbständig der Pfändung, sondern wird von der Unterhaltspfändung ohne weiteres umfaßt.

---

2   Die verschiedenen Meinungen sind bei *Soergel*, § 1360a Rn. 8 zusammengestellt; vgl. auch: *Stein/Jonas*, § 850b Rn. 12; *Zöller*, § 850b Rn. 4; *Baumbach/Lauterbach/Albers/Hartmann*, § 850b Rn. 4; *Stöber*, Rn. 1015; *Hintzen/Wolf*, Rn. 674; *Smid* in JurBüro 1988, 1105; OLG München in NJW-RR 1988, 894; OLG Hamm in Rpfleger 1965, 201 und in NJW-RR 1989, 516; OLG Stuttgart in JurBüro 1983, 347; zuletzt OLG Köln in NJW 1993, 3335.
3   Z. B. OLG München in NJW-RR 1988, 894; OLG Celle in NJW 1991, 1960; OLG Frankfurt in FamRZ 1991, 727; OLG Köln in NJW 1993, 3335; OLG Köln in FamRZ 1995, 309.
4   Näheres *Mayer* in Rpfleger 1990, 281.
5   Vgl. Rn. 27 der Erläuterungen zu *Muster 165* und OLG München in NJW-RR 1988, 894.
6   OLG Celle in NJW 1991, 1960; OLG Frankfurt in FamRZ 1991, 727.
7   OLG Celle in NJW 1991, 1960; *Stöber*, Rn. 1015.
8   *Soergel*, § 1360a Rn. 8; *Palandt*, § 1360a Rn. 4; OLG München in FamRZ 1981, 449; OLG Hamm in FamRZ 1978, 602 und in NJW-RR 1990, 1224.
9   In NJW 1993, 3335.

Muster 175

Treuhandschaft

In ein Formblatt (vgl. „Hinweise" Ziff. 5) ist einzusetzen:

Wegen dieser Ansprüche sowie wegen der Kosten dieses Beschlusses und seiner Zustellung

werden gepfändet:

1) die Ansprüche des Schuldners

gegen   . . . (Name und Adresse) . . .   (Drittschuldner)

aus Treuhandvertrag vom . . . auf

   a) Auskunft über den Stand der Treuhandgeschäfte und Rechnungslegung bei Beendigung des Treuhandverhältnisses;

   b) Herausgabe aller Werte, die der Drittschuldner zur Ausführung seines Treuhandauftrages erhalten oder aus seiner treuhänderischen Geschäftsordnung erlangt hat, insbesondere auf

   – Herausgabe vereinnahmter Beträge,

   – Rückübereignung und Herausgabe dem Schuldner zustehender Sachen,

   – Rückübertragung von Forderungen, die der Schuldner dem Drittschuldner treuhänderisch übertragen hatte,

   – Abtretung von Forderungen und sonstigen Ansprüchen gegen Dritte, insbesondere aus Guthaben bei Banken und/oder Sparkassen,

   – Zahlung von Zinsen nach § 668 BGB,

   – Schadensersatz wegen Verletzung des Treuhandvertrages . . . (näher darstellen) . . .;

2) das Anwartschaftsrecht des Schuldners auf Wiedererlangung des Eigentums an Sachen und der Inhaberschaft an Forderungen und anderen Rechten bei Eintritt der auflösenden Bedingung, unter welcher die Übereignung und Abtretung an den Drittschuldner standen.

Dem Drittschuldner wird verboten, an den Schuldner zu leisten.

Dem Schuldner wird geboten, sich jeder Verfügung über die gepfändeten Ansprüche und das gepfändete Anwartschaftsrecht, insbesondere ihrer Einziehung, zu enthalten.

Zugleich werden die gepfändeten Ansprüche und das gepfändete Anwartschaftsrecht dem Gläubiger zur Einziehung übertragen.

Muster 175 Treuhandschaft

──────────────── Erläuterungen ────────────────

1. Wesen und Formen der Treuhand

1   **Der Treuhänder** übt die Treuhandschaft für eine oder mehrere andere Personen in deren Interesse (in manchen Fällen zugleich in seinem eigenen Interesse) aus, regelmäßig aufgrund eines Treuhandvertrages. Wesentlich für die Treuhand ist, daß dem Treuhänder vom Treugeber Sachen oder Rechte (unter Umständen ein ganzes Vermögen) übertragen worden sind, und daß der Treuhänder die übertragenen Rechte **im eigenen Namen,** (auch) **jedoch im Interesse des Treugebers** auszuüben hat. Im Außenverhältnis steht das Treuhandvermögen dem Treuhänder zu, im Innenverhältnis zum Treugeber ist der Treuhänder diesem gegenüber verpflichtet, von seinen „Außenrechten" nur im Rahmen des Treuhandverhältnisses Gebrauch zu machen.

2   1.1 Hat sich der Treuhänder nicht nur seinem Mandanten gegenüber, sondern auch gegenüber dessen Gläubigern verpflichtet, mit dem Treugut in bestimmter Weise zu verfahren, so können sowohl der Schuldner als auch die Gläubiger Treugeber sein („**doppelseitige Treuhand**").

3   1.2 Neben der sog. uneigennützigen Treuhand steht die sogenannte **eigennützige Treuhand,** bei welcher der Treuhänder vorwiegend eigene Interessen verfolgt. Der Hauptfall dürfte die Sicherungsübereignung von Sachen oder die Sicherungsabtretung von Rechten sein: Auch hier gehen die betroffenen Vermögenswerte ins Vermögen des Sicherungsnehmers über, damit er für eine Forderung gesichert werde, aber mit der Abrede, daß er den übertragenen Wert nur dann für sich verwerten darf, wenn die gesicherte Forderung ihm nicht bezahlt wird; das gibt dem Sicherungsnehmer eine gewisse Treuhänderstellung. Die **Sicherungsübereignung** wird nicht hier, sondern in den *Mustern 158 und 159* behandelt.

4   1.3 Die Rechte und Pflichten der Parteien des Treuhandvertrages sind meistens durch den Vertrag ziemlich genau bestimmt. Soweit Vertragsbestimmungen fehlen, wird meist ein entgeltlicher **Geschäftsbesorgungsvertrag nach § 675 BGB** zugrunde liegen, so daß sich die Ansprüche des Treugebers gegen den Treuhänder im wesentlichen nach Auftragsrecht, insbesondere nach §§ 666, 667, 668 BGB richten. Verletzt der Treuhänder den Vertrag, so haftet er nach §§ 276, 278 (unter Umständen §§ 826, 823), 249 ff. BGB dem Treugeber auf Schadensersatz.

5   1.4 Insbesondere bei der eigennützigen Treuhand ist nicht selten vereinbart, daß der **Rückfall des Treuguts** auf den Treugeber nicht erst durch Rückübertragungsakt des Treuhänders zu bewerkstelligen ist, sondern bei Wegfall des Treuhandzwecks (z. B. bei Tilgung der gesicherten Forderung) automatisch geschieht. Das den Rückfall des Vermögensbestandteils an den Treugeber bewirkende Ereignis stellt dann den Eintritt einer auflösenden Bedingung dar, unter welcher die treuhänderische Übertragung stand (§ 158 Abs. 2 BGB). Schon vor dem Eintritt dieser Bedingung hat der Treugeber ein **Anwartschaftsrecht auf den Rückfall.**

2. Pfändung und Verwertung

2.1 Der **Anspruch des Treuhänders auf Vergütung** ist als gewöhnliche Forderung pfändbar; Pfändungsschutz wird ggf. nach § 850i gewährt. 6

2.2 Unterhält der Treuhänder für diese Treuhandschaft besondere Konten **(Treuhandkonten, Anderkonten),** so gelten für deren Pfändung die Ausführungen in Rn. 38 f. der Erläuterungen zu *Muster 36* und BGH in NJW 1954, 191, 192. 7

2.3 Wird eine dem **Treuhänder übereignete,** im Besitz des Treugebers gebliebene Sache aus einem **Titel gegen den Treugeber** gepfändet, so stehen dem Treuhänder nicht die Klagen aus §§ 771, 805 zu, weil die Übertragung nicht in seinem Interesse erfolgt war[1]. 8

2.4 Werden Sachen und Forderungen, die auf den Treuhänder übertragen sind, aus einem **Titel gegen den Treuhänder** gepfändet, so kann sich der Treugeber gegen diese Pfändung durch die Klage nach §§ 771, 805 wehren, wenn entweder ein Anderkonto gepfändet wurde oder die Forderungen, die den Zahlungen auf das Treuhandkonto zugrunde liegen, nicht in der Person des Treuhänders entstanden waren, sondern unmittelbar in der Person des Treugebers (auch wenn das Treuhandkonto nicht als solches offengelegt war)[2], oder wenn auf dem Konto Kautionen von Wohnungsmietern angesammelt sind[3]. 9

2.5 Die Ansprüche des Treugebers gegen den Treuhänder (oben Rn. 4) sind pfändbar und zwar als gewöhnliche Geldforderung nach §§ 829, 835 oder als Herausgabeanspruch nach §§ 846, 847, oder als Anspruch auf Abtretung von Forderungen oder anderen Rechten analog *Muster 107* zusammen mit der zurückzuübertragenden Forderung selbst. Ob ein für den Treuhänder bestehendes **Aufrechnungsverbot** zum Zug kommt, hängt vom Sicherungszweck und vom Inhalt des Treuhandvertrags im Einzelfall ab[4]. 10

3. Ansprüche aus Auftrag oder Geschäftsführung ohne Auftrag (§§ 662 ff., 681, 684, 687 BGB) können entsprechend diesem Muster gepfändet werden. 11

---

1 BGH in NJW 1954, 191.
2 BGH in NJW 1959, 1223 und 1993, 2622.
3 BayObLG in NJW 1988, 1796.
4 Vgl. OLG Köln in NJW-RR 1994, 883 m. w. N.

Muster 176

Unfallversicherung

In ein Formblatt (vgl. „Hinweise" Ziff. 5) ist einzusetzen:

Wegen dieser Ansprüche sowie wegen der Kosten dieses Beschlusses und seiner Zustellung werden die angeblichen Ansprüche und Rechte des Schuldners

gegen . . . (Name und Adresse der Versicherungsgesellschaft . . .
(Drittschuldnerin)
aus Unfallversicherungsverträgen, insbesondere aus dem Vertrag zu Versicherungsnummer . . ., namentlich der Anspruch auf Zahlung der Versicherungssumme als Kapital oder Rente sowie auf Prämienrückgewähr und auf Aushändigung der bzw. des Versicherungsschein(e)s

gepfändet.

Der Schuldner hat den bzw. die in seinem Besitz befindlichen Versicherungsschein(e) an den Gläubiger herauszugeben.

Der Drittschuldnerin wird verboten, an den Schuldner zu leisten.

Dem Schuldner wird geboten, sich jeder Verfügung über die gepfändeten Ansprüche und Rechte, insbesondere ihrer Einziehung, zu enthalten.

Zugleich werden die gepfändeten Ansprüche dem Gläubiger zur Einziehung überwiesen.

──────── Erläuterungen ────────

bei *Muster 114*, insbes. Rn. 34 und 37.

Muster 177

Unterhaltsansprüche von Ehegatten

In ein Formblatt (vgl. „Hinweise" Ziff. 5) ist einzusetzen:

Wegen dieser Ansprüche sowie wegen der Kosten dieses Beschlusses und seiner Zustellung wird der angebliche Anspruch des Schuldners

gegen*
- *seine geschiedene*
- *von ihm getrenntlebende*

Ehefrau   ... (Name und Adresse) ...   (Drittschuldnerin)

auf Zahlung einer Unterhaltsrente

gepfändet; die Pfändung wird gemäß § 850c ZPO beschränkt.

Der Drittschuldnerin wird, soweit die Pfändung reicht, verboten, an den Schuldner zu leisten.

Dem Schuldner wird geboten, sich jeder Verfügung über den gepfändeten Anspruch zu enthalten.

Zugleich wird der gepfändete Anspruch dem Gläubiger zur Einziehung überwiesen.

Vortrag zur Billigkeit: ... (siehe Rn. 10 der Erläuterungen) ...

---

* Unter den folgenden Alternativen ist zu wählen.

Erläuterungen

1. Regelungen der Unterhaltsansprüche

Das BGB regelt die **Unterhaltsansprüche zwischen Eheleuten verschieden,** je 1
nachdem, ob die **Eheleute zusammenleben** (§§ 1360 bis 1360b BGB), getrennt leben (§ 1316 BGB) oder **geschieden sind** (§§ 1569 ff. BGB).

1.1 Die Unterhaltsansprüche **getrennt lebender oder geschiedener Ehegatten** 2
richten sich auf Zahlung einer Geldrente (§ 1361 Abs. 4, § 1585 Abs. 1 BGB), die dazu bestimmt ist, den Lebensbedarf des Berechtigten ganz oder teilweise zu befriedigen.

1.2 Bei Bestehen der Ehe und **Zusammenleben** aber hat jeder der Eheleute 3
unabhängig vom Güterstand einen klagbaren Anspruch gegen den anderen auf einen angemessenen Beitrag zum Familienunterhalt (§ 1360 BGB), auf den er für die Zukunft wirksam nicht verzichten kann, auch nicht teilweise und auch nicht durch Ehevertrag (§§ 1360a Abs. 3, 1614 BGB); Vereinbarungen über die

Muster 177 Unterhaltsansprüche

Art und Weise, insbesondere über die Höhe der Unterhaltsgewährung können die Eheleute aber wirksam treffen[1].

4 **1.3** Der Umfang der Unterhaltspflicht ist insbesondere in § 1360a BGB geregelt: Der **angemessene Familienunterhalt** umfaßt alles, was nach den Verhältnissen der Ehegatten erforderlich ist, um die Kosten des Haushalts und die persönlichen Bedürfnisse der Ehegatten und den Lebensbedarf der gemeinsam unterhaltsberechtigten Kinder zu befriedigen. Zum Familienunterhalt gehören also insbesondere: das Wirtschaftsgeld, das für die Ausgaben des täglichen Bedarfs bestimmt ist, der Aufwand für Wohnungseinrichtung, Kleidung, Krankheitskosten, Urlaub; ferner hat jeder Ehegatte einen Anspruch auf einen angemessenen Teil des Gesamteinkommens zur Verwendung als Taschengeld (vgl. *Muster 174*).

2. Pfändung und Verwertung

5 Wegen seiner **höchstpersönlichen Natur** und seiner Zweckbestimmung ist ein Unterhaltsanspruch regelmäßig nicht übertragbar, daher auch nicht verpfändbar und nicht pfändbar (§§ 1274 Abs. 2 BGB, 851 ZPO). § 850b Abs. 1 Nr. 2 erklärt Unterhaltsrenten, die (wie die hier zu behandelnden) auf gesetzlicher Vorschrift beruhen, auch grundsätzlich für unpfändbar. Unterhaltsansprüche zwischen Eheleuten beruhen auch dann auf gesetzlicher Vorschrift, wenn über ihre Höhe eine Vereinbarung getroffen ist[2]. § 850b Abs. 2 gestattet aber unter bestimmten Voraussetzungen ihre Pfändung nach den für Arbeitseinkommen geltenden Vorschriften.

6 **2.1** Relativ unkompliziert sind die Dinge bei **Unterhaltsrenten Getrenntlebender oder Geschiedener,** kompliziert wird es beim Anspruch auf Beitrag zum Familienunterhalt; denn dieser ist nicht einfach durch eine Geldrente zu erbringen. Insbesondere ist das **Wirtschaftsgeld** nicht pfändbar, das dem Unterhalt der gesamten Familie, nicht einem der Ehegatten, dient. Pfändbar ist nur das Taschengeld, der Teil des in Geld zu berichtigenden Familienunterhalts, der speziell den Bedürfnissen eines der Ehegatten zu dienen bestimmt ist[3] (*Muster 174*).

7 **2.2** § 850b Abs. 1 Nr. 2 umfaßt **rückständige, fällige und zukünftige** Beträge.

8 **2.3 Die Pfändbarkeit hat folgende Voraussetzungen,** die im Pfändungsantrag schlüssig vorzutragen und im Drittschuldnerprozeß zu beweisen sind:

9 **2.3.1** Die Zwangsvollstreckung in das sonstige bewegliche Vermögen des Schuldners darf vollständige Befriedigung des Gläubigers nicht versprechen; das wird regelmäßig durch das Protokoll des Gerichtsvollziehers über **versuchte Sachpfändung** glaubhaft gemacht.

10 **2.3.2** Die Pfändung muß der **Billigkeit** entsprechen. Ob dies zutrifft, richtet sich nach den Umständen des Falles, insbesondere nach der Art des beizutrei-

---
1 *Palandt,* § 1360 Rn. 5.
2 BGHZ 31, 210, 218.
3 OLG Bamberg in DB 1988, 882.

benden Anspruchs und der Höhe der Unterhaltsrente; immer kommt es auf den jeweiligen Einzelfall an (Näheres Rn. 28 bei *Muster 165*).

2.3.3 Liegen diese Voraussetzungen vor, so erfolgt die Pfändung innerhalb der **durch §§ 850c und 850e gezogenen Schranken.** 11

2.4 Wird an Stelle der Unterhaltsrente eine **Kapitalabfindung** gewährt (§ 1585 Abs. 2 BGB), so unterliegt diese nicht dem Pfändungsschutz[4], wohl aber ein Schadensersatzanspruch wegen Entziehung der Unterhaltsrente. 12

2.5 Der Anspruch auf **Prozeßkostenvorschuß** ist Ausfluß des Unterhaltsanspruchs[5]. Wegen seiner Zweckbestimmung ist er nur zugunsten desjenigen Rechtsanwalts pfändbar, der den vorschußberechtigten Ehegatten in dem zu bevorschussenden Prozeß vertritt (streitig)[6]. 13

---

4 *Zöller*, § 850b Rn. 6.
5 BGHZ 56, 95 = NJW 1971, 1263.
6 BGH in NJW 1985, 2263; *Zöller*, § 850b Rn. 5.

Muster 178

Urheberrecht
Zwangsvollstreckung gegen den Erben des Urhebers

In ein Formblatt (vgl. „Hinweise" Ziff. 5) ist einzusetzen:

Wegen dieser Ansprüche sowie wegen der Kosten dieses Beschlusses und seiner Zustellung

werden alle angeblichen Nutzungs- und Verwertungsrechte, insbesondere die Befugnis zur Vervielfältigung und Verbreitung gepfändet, die dem Schuldner als Alleinerben des ... (Name des Autors ...) ... aus dem Urheberrecht an dem*

- *im Verlag ... (Firma und Sitz des Verlags benennen) ... bereits erschienenen Werk ... (möglichst genau benennen) ... zustehen,*
- *noch nicht erschienenen Werk ... (möglichst genau benennen) ... zustehen; die Erklärung, durch welche der Schuldner der Pfändung zustimmt, liegt an.*

Dem Schuldner wird geboten, sich jeder Verfügung über die gepfändeten Rechte, insbesondere der Vergabe von Verwertungsrechten an Dritte, zu enthalten.*
- *Zugleich werden die gepfändeten Rechte dem Gläubiger zur Einziehung überwiesen.*
- *Zugleich wird das gepfändete Recht dem ... (Name und Adresse) ... als Verwalter treuhänderisch übertragen, der die Nutzungen bis zur Befriedigung des Gläubigers an diesen abzuführen hat.*
- *Zugleich wird angeordnet, daß die gepfändeten Rechte durch einen vom Gläubiger beauftragten Gerichtsvollzieher freihändig zu verkaufen sind.*

---
* Unter den folgenden Alternativen ist zu wählen.

──────── Erläuterungen ────────

1. Aus dem Urheberrecht

1 Wer eigenständige Werke schafft, Erfindungen macht, neue Vorrichtungen und Gestaltungen ersinnt, kann gebührenden Nutzen aus dieser Leistung nur ziehen, wenn ihm ein Schutzrecht zur Seite steht, das allen anderen verbietet, an seiner Leistung ohne seine Zustimmung wirtschaftlich zu partizipieren. Infolge der Verschiedenheit der zu schützenden Leistungen muß auch das Schutzrecht verschiedene Gestalt haben.

2 **Erfindungen** werden als Patent oder Gebrauchsmuster geschützt, nichtkünstlerische Formen als Geschmacksmuster; vgl. dazu Muster *131, 77, 79.*

Werke der Literatur, Musik, Wissenschaft und Kunst sowie Computerprogramme (s. u. Rn. 17) werden durch das Gesetz über Urheberrecht und verwandte Schutzrechte (Urheberrechtsgesetz[1]) geschützt. Für **ausübende Künstler,** wie Schauspieler, Sänger, Musiker gelten §§ 73 bis 84 UrhG; bei ihnen kommen für eine Pfändung insbesondere Rechte nach § 75 UrhG und Vergütungsansprüche (§§ 75 Abs. 3 i. V. m. 27, 76 und 77 UrhG) sowie Schadensersatzansprüche aus der Verletzung ihrer Rechte in Betracht. 3

Das Urheberrecht ist **vererblich,** kann von einem Miterben aus der Erbengemeinschaft erworben und aufgrund eines Vermächtnisses übertragen werden; im übrigen ist es nicht übertragbar (§§ 28, 29 UrhG). Der Urheber oder derjenige, der das Unterheberrecht erworben hat, kann aber in verschiedenem Umfang Nutzungsrechte einräumen (§§ 31 ff. UrhG). 4

2. Pfändung und Verwertung

Die Pfändung in Rechte des Urhebers oder seines Rechtsnachfolgers i. S. v. §§ 28, 29 UrhG ist im Rahmen und unter den Voraussetzungen der §§ 112 ff. UrhG zulässig; diese Bestimmungen befassen sich nur mit der Vollstreckung wegen Geldforderungen gegen den Urheber, nicht etwa mit der Vollstreckung eines Titels, der den Urheber zur (vertragsmäßigen) Einräumung eines Nutzungsrechts verurteilt. Sie befassen sich auch nur mit der Zwangsvollstreckung gegen den Urheber und seinen Rechtsnachfolger, nicht etwa mit der Zwangsvollstreckung gegen einen Dritten, der ein Nutzungsrecht erworben hat wie der Verleger (dazu *Muster 181*). 5

2.1 Die Vollstreckung **gegen den Urheber selbst** kann nicht ins Urheber-Persönlichkeitsrecht und nur mit seiner **Einwilligung** und insoweit erfolgen, **als er Nutzungsrechte einräumen kann** (§§ 113, 118, 31 UrhG). Weil die Einwilligung Zulässigkeitsvoraussetzung für die Pfändung ist, muß sie im Pfändungsantrag dargelegt werden. Der Urheber kann seine Einwilligung verweigern oder beschränken, z. B. auf gewisse Nutzungsrechte oder eine gewisse Art der Verwertung. Er kann die Einwilligung persönlich oder durch einen bevollmächtigten Vertreter, nicht aber durch einen gesetzlichen Vertreter erklären (§ 113 UrhG). Seine Einwilligung wäre nichtig, wenn er geschäftsunfähig sein sollte; das würde die Pfändung unzulässig machen. Die Einschränkung in § 113, wonach die Pfändung nur insoweit zulässig ist, als der Urheber Nutzungsrechte einräumen kann, beschränkt den Gläubiger auch bei der Verwertung. 6

Das Original des Werkes (z. B. das Manuskript, die Form für Porzellanfiguren) ist eine Sache, wäre also durch den Gerichtsvollzieher nach §§ 808 ff. wegzunehmen und zu verwerten. Aber das Original ist ähnlich geschützt wie das Urheberrecht (§ 114 UrhG). Dieser Schutz des Originals gegen Sachpfändung ist notwendig, weil der Urheber einerseits das Original zur Ausübung seiner Leistung braucht, andererseits allein bestimmen soll, ob, wann, wie und durch wen sein Werk veröffentlicht wird. Aus diesem Zweck der Bestimmung folgt, 7

---
1 UrhG, abgedruckt bei *Schönfelder* als Nr. 65.

daß § 114 UrhG wie die Sache selbst (das Original) auch den Anspruch auf Herausgabe des Originals durch einen Dritten gegen eine Pfändung schützt. So ist z. B. der Anspruch eines Schriftstellers gegen ein Schreibbüro auf Rückgabe des handschriftlichen Manuskripts und Lieferung der Maschinenschrift davon nicht der Pfändung unterworfen. Jedoch läßt § 114 UrhG die Zwangsvollstreckung in das Original und in den Anspruch auf seine Herausgabe ohne Zustimmung des Urhebers nach näherer Maßgabe des Absatzes 2 in Ausnahmefällen zu.

8 **Vorrichtungen zur Vervielfältigung** ausschließlich eines bestimmten Werkes (und Ansprüche auf ihre Herausgabe) können nur für einen Gläubiger gepfändet werden, der dieses Werk mittels dieser Vorrichtung nutzen darf (§ 119 UrhG).

9 2.2 Für die Zwangsvollstreckung **gegen den Rechtsnachfolger des Urhebers** eines unveröffentlichten Werks gelten die oben abgehandelten Bestimmungen ebenfalls. Ist das Werk veröffentlicht, so bedarf es der Einwilligung des Rechtsnachfolgers in die Zwangsvollstreckung nicht (§§ 115, 116, 117 UrhG).

10 2.3 Gepfändet wird nach § 857. Es gibt **keinen Drittschuldner.** Die Pfändung ist mit der Zustellung des Pfändungsbeschlusses an den Vollstreckungsschuldner bewirkt.

11 2.4 Die **Verwertung** geschieht entweder durch Überweisung zur Einziehung (nicht an Zahlungs Statt, weil das Recht keinen Nennwert hat), oder auf andere Weise (§ 857 Abs. 4); in Frage kommen insbesondere die Anordnung treuhänderischer Verwaltung und die Veräußerung durch den Gerichtsvollzieher, sei es freihändig oder im Wege der Zwangsversteigerung. Die etwa nötige Einwilligung des Vollstreckungsschuldners wird vielleicht erreichbar sein, wenn eine ihm genehme Verwertungsart gewählt wird.

12 Die Überweisung zur Einziehung ermächtigt den Vollstreckungsgläubiger, die Rechte des Urhebers (oder seines Rechtsnachfolgers) solange auszuüben, bis er daraus genügend erlöst hat, um die Vollstreckungsforderung zu befriedigen. Sie ist meist recht unpraktisch: Der Vollstreckungsgläubiger muß Nutzungsrechte im Rahmen des § 31 UrhG an Dritte einräumen und dies zeitlich beschränken.

13 2.5 Für **ausländische Urheberrechte** gilt nichts anderes als für deutsche. Jedoch kann die deutsche Gerichtsbarkeit nur im Inland ausgeübt werden. Hat der Schuldner keinen deutschen Gerichtsstand (vgl. § 828 Abs. 2), so kann gegen ihn nicht in Deutschland vollstreckt werden.

14 2.6 **Vergütungsansprüche** des Urhebers und des ausübenden Künstlers werden nach allgemeinen Vorschriften gepfändet. Sind sie nicht regelmäßig wiederkehrend, so richtet sich der Pfändungsschutz nach § 850i.

15 Nach dem Gesetz über die Wahrnehmung von Urheberrechten und verwandten Schutzrechten werden die Interessen der Schutzrechtsinhaber in vielen Bereichen von **Verwertungsgesellschaften**[2] wahrgenommen, welche in Inter-

---

2 UrheberrechtswahrnehmungsG v. 9. 9. 1965, BGBl. I, 469, zul. geänd. durch G. v. 19. 12. 1985, BGBl. I, 2355. Wichtige Verwertungsgesellschaften sind: GEMA Ges. f. musikalische

essenwahrung der Berechtigten erhobene „Gebühren" nach einem Verteilungsplan an die Berechtigten ausschütten. **Ansprüche des Urhebers gegen eine Verwertungsgesellschaft** sind wie Vergütungsansprüche zu pfänden.

Vergütungsansprüche gegen den Verleger werden in *Muster 182* behandelt. 16

3. Computerprogramme werden im wesentlichen wie Sprachwerke geschützt 17 (§§ 69a ff. UrhG). Für die Pfändung des Urheberrechts daran gelten die obigen Ausführungen; es kommt nicht darauf an, ob die Gestaltungshöhe des Programms etwa so niedrig ist, daß sie bei einer anderen Werkart die Annahme einer persönlichen geistigen Schöpfung i. S. des § 2 Abs. 2 UrhG nicht rechtfertigen würde[3].

Ein Urheberrecht an Software kann bei Pfändung von Hardware Komplikationen bringen[4]. 18

Aufführungs- und mechanische Vervielfältigungsrechte, Rosenheimer Str. 11, 81667 München, und Verwertungsgesellschaft WORT, vereinigt mit Verwertungsgesellschaft WISSENSCHAFT, Goethestr. 49, 80336 München.
3 OLG Karlsruhe in NJW-RR 1995, 176.
4 Vgl. *Roy* und *Palm* in NJW 1995, 690.

Muster 179

Verkehrsunfall I
Schadensersatz wegen Körperverletzung und Sachbeschädigung

In ein Formblatt (vgl. „Hinweise" Ziff. 5) ist einzusetzen:

Wegen dieser Ansprüche sowie wegen der Kosten dieses Beschlusses und seiner Zustellung

wird die angebliche Schadensersatzforderung samt Zinsen gepfändet, die dem Schuldner

gegen ... (Name und Adresse des KFZ-Halters) ... (Drittschuldner zu 1),

und ... (Name und Adresse des KFZ-Fahrers) ... (Drittschuldner zu 2),

und ... (Bezeichnung der Haftpflichtversicherungsgesellschaft und der Vertretungsverhältnisse) ... (Drittschuldner zu 3),

aus dem Verkehrsunfall vom ... in ... zusteht; die Pfändung umfaßt insbesondere die Ansprüche auf Ersatz von Sachschäden am Fahrzeug des Schuldners, auf Ersatz von Heilungskosten und Verdienstausfall und auf Zahlung eines Schmerzensgeldes.

Soweit die Pfändung Schadensersatz für fortlaufendes Arbeitseinkommen und Rückstände daraus ergreift, wird sie gem. § 850c ZPO beschränkt.

Den Drittschuldnern wird verboten, an den Schuldner zu zahlen.

Dem Schuldner wird geboten, sich jeder Verfügung über die gepfändete Forderung, insbesondere ihrer Einziehung, zu enthalten.

Zugleich wird die gepfändete Forderung dem Gläubiger zur Einziehung überwiesen.

―――― Erläuterungen ――――

bei *Muster 180*

Muster 180

Verkehrsunfall II
Schadensersatz infolge Tötung einer Person

In ein Formblatt (vgl. „Hinweise" Ziff. 5) ist einzusetzen:

Wegen dieser Ansprüche sowie wegen der Kosten dieses Beschlusses und seiner Zustellung

wird die angebliche Forderung auf Zahlung von Schadensersatz samt Zinsen gepfändet, die dem Schuldner

gegen ... (Name und Adresse des KFZ-Halters) ...   (Drittschuldner zu 1)

und ... (Name und Adresse des KFZ-Fahrers) ...   (Drittschuldner zu 2)

und ... (Bezeichnung der Haftpflichtversicherungsgesellschaft und der Vertretungsverhältnisse) ...   (Drittschuldner zu 3)

aus dem Verkehrsunfall vom ... in ... zusteht; die Pfändung umfaßt insbesondere die Ansprüche auf Ersatz für die Kosten der Beerdigung des bei dem Unfall Getöteten ... und*
- *auf Zahlung einer Geldrente als Ersatz für den vom Getöteten dem Schuldner zu leistenden Unterhalt; insoweit wird die Pfändung nach § 850c ZPO beschränkt.*
- *auf Zahlung einer Geldrente als Ersatz für die dem Schuldner entgehenden Dienste des ... (Vor- und Zuname) ...*

Den Drittschuldnern wird verboten, an den Schuldner zu zahlen.

Dem Schuldner wird geboten, sich jeder Verfügung über die gepfändete Forderung, insbesondere ihrer Einziehung, zu enthalten.

Zugleich wird die gepfändete Forderung dem Gläubiger zur Einziehung überwiesen.

Bisherige Vollstreckungsversuche waren erfolglos.

Die Pfändung entspricht der Billigkeit, weil ... (siehe Rn. 10 der Erläuterungen) ...

---

* Unter den folgenden Alternativen ist zu wählen.

Muster 180 Verkehrsunfall II

——————————— Erläuterungen ———————————

1. Ansprüche aus einem Verkehrsunfall

1   Wer einen anderen im Straßenverkehr rechtswidrig und schuldhaft schädigt, haftet diesem nach § 823 aus unerlaubter Handlung auf Schadensersatz, auch auf Schmerzensgeld. Der **Kraftfahrzeugführer** haftet für den materiellen Schaden (nicht für das Schmerzensgeld) auch nach § 18 StVG. Der **Kraftfahrzeughalter** haftet für den materiellen Schaden (gesamtverbindlich mit dem Kraftfahrzeugführer) auch, wenn ihn kein Verschulden trifft, solange er nicht beweist, daß der Kraftfahrzeugführer den Unfall auf keine zumutbare Weise vermeiden konnte und daß der Unfall auch nicht auf einem Fehler des Fahrzeugs beruht (§ 7 StVG). Nach § 3 Pflichtversicherungsgesetz kann der Geschädigte seine Ansprüche aus dem Verkehrsunfall auch gegen den **Versicherer** geltend machen; dieser hat den Schadensersatz in Geld zu leisten und haftet samtverbindlich mit Halter und Führer.

2. Pfändung und Verwertung

2   Die Ansprüche des Geschädigten sind mit den unten genannten Einschränkungen **pfändbar;** die Pfändung geschieht nach §§ 829, 835.

3   Obwohl die Ansprüche gegen den Versicherer nach § 3 Abs. 4 der Allgemeinen Bedingungen für die Kraftfahrtversicherung vor ihrer endgültigen Feststellung ohne ausdrückliche Genehmigung des Versicherers nicht abgetreten und nicht verpfändet werden können, sind sie doch von Anfang an pfändbar, weil der geschuldete Gegenstand, das zu zahlende Geld, der Pfändung unterworfen ist (§ 851 Abs. 2).

4   2.1 Ersatzforderungen für **Sachschäden** unterliegen der Pfändung selbst dann, wenn die zerstörte Sache unpfändbar gewesen wäre[1].

5   2.2 Ersatzforderungen für **Beerdigungskosten** sind pfändbar: Nur unmittelbar zur Verwendung für die Bestattung gedachte Sachen sind nach § 811 Ziff. 13 unpfändbar, nicht dagegen Schadensersatzforderungen.

6   2.3 Schadensersatzforderungen wegen **Verdienstausfalls** sind verschieden zu behandeln, je nachdem, ob der Geschädigte selbständig ist oder nicht:

7   Schadensersatzforderungen **nicht selbständiger Arbeitnehmer oder Beamter** wegen unfallbedingten Verdienstausfalls genießen wie Arbeitseinkommen den Pfändungsschutz der §§ 850 ff.[2]. Wegen Kapitalabfindung vgl. unten Rn. 11.

8   Schadensersatzansprüche von **Freiberuflern und anderen Selbständigen** wegen Erwerbseinbuße oder entgangenen Gewinns unterliegen nur dem Pfän-

---
[1] So richtig *Krebs* in VersR 1962, 389, aber nicht unbestritten. Wegen Einzelheiten vgl. *Baumbach/Lauterbach/Albers/Hartmann*, § 811 Rn. 11.
[2] *Zöller*, § 850 Rn. 15; *Krebs* in VersR 1962, 390.

dungsschutz des § 850i, der nur auf Antrag des Schuldners und nur dann eingreift, wenn die Erwerbseinbuße oder der entgangene Gewinn darauf zurückzuführen ist, daß der Verletzte infolge des Unfalls von ihm persönlich zu erbringende Arbeit oder Dienste nicht leisten konnte.

2.4 Wegen des Anspruchs auf **Schmerzensgeld** wird auf *Muster 156 und 157* verwiesen. 9

2.5 Schadensersatzrenten wegen Minderung der Erwerbsfähigkeit, wegen entgangenen Unterhalts und wegen entgangener Dienstleistungen nach §§ 843, 844, 845 BGB, §§ 5 ff. Haftpflichtgesetz, §§ 35–38 Luftverkehrsgesetz, §§ 10–12 Straßenverkehrsgesetz sind nach § 850b Abs. 1 Nr. 1 und Nr. 2 Abs. 2 bedingt pfändbar. Voraussetzung für die Pfändbarkeit ist Fruchtlosigkeit sonstiger Vollstreckungsversuche ins bewegliche Vermögen und ein Sachverhalt, der ergibt, daß die Pfändung der Billigkeit entspricht. Dies hat der Gläubiger im Antrag vorzutragen und bei Bestreiten glaubhaft zu machen[3]. Hierzu wird auf Rn. 28 und 29 bei *Muster 165* verwiesen. 10

2.6 Kapitalabfindungen für Verdienstausfall und für Schadensersatzrenten unterliegen dem Schutz des § 850b insoweit, als sie für rückständige Rentenbeträge bezahlt werden, nicht aber insoweit, als sie zur Abfindung künftig fällig werdender Beträge bezahlt werden[4]. 11

---

[3] *Stein/Jonas*, § 850b Rn. 4, 26 und 28; *Zöller*, § 850b Rn. 13; *Baumbach/Lauterbach/Albers/Hartmann*, § 850b Rn. 12 und 13; a. A.: *Thomas/Putzo*, § 850b Rn. 4, der vollen Beweis verlangt.

[4] *Stein/Jonas*, § 850b Rn. 10; *Baumbach/Lauterbach/Albers/Hartmann*, § 850b Rn. 2.

Muster 181

Verlagsvertrag I
Rechte des Verlegers

In ein Formblatt (vgl. „Hinweise" Ziff. 5) ist einzusetzen:

Wegen dieser Ansprüche sowie wegen der Kosten dieses Beschlusses und seiner Zustellung

werden gepfändet:

1. *das Recht des Schuldners zur Vervielfältigung und Verbreitung des Werkes . . . (möglichst genau bezeichnen) . . ., das ihm aus dem Verlagsvertrag vom . . . mit dem Autor . . . (Name und Adresse) . . .*
(Drittschuldner)
zusteht,

2. *sein Anspruch gegen den Drittschuldner auf Zustimmung zur Übertragung dieses Rechts auf einen Dritten,*

3. *sein Anspruch gegen den Drittschuldner auf Ablieferung des Werkes in einem zur Vervielfältigung geeigneten Zustand.*

Dem Drittschuldner wird verboten, an den Schuldner zu leisten.

Dem Schuldner wird geboten, sich jeder Verfügung über das gepfändete Recht und die gepfändeten Ansprüche, insbesondere der Verbreitung des Werkes und der Einziehung, zu enthalten.

Zugleich werden die gepfändeten Ansprüche dem Gläubiger zur Einziehung überwiesen.

Ferner wird angeordnet, daß das gepfändete Recht im Wege des*
– freihändigen Verkaufs
– der Versteigerung

durch einen vom Gläubiger beauftragten Gerichtsvollzieher zu verwerten ist.

---
* Unter den folgenden Alternativen ist zu wählen.

—— Erläuterungen ——

bei *Muster 182*

Muster 182

Verlagsvertrag II
Vergütungsanspruch des Autors

In ein Formblatt (vgl. „Hinweise" Ziff. 5) ist einzusetzen:

Wegen dieser Ansprüche sowie wegen der Kosten dieses Beschlusses und seiner Zustellung

wird die Honorarforderung des Schuldners

gegen . . . (den Verleger genau bezeichnen; wenn er eine Handelsgesellschaft ist, Vertretungsverhältnisse genau angeben) . . .   (Drittschuldner)

aus dem Verlagsvertrag vom . . . über das Werk . . . (möglichst genau bezeichnen) . . .

gepfändet. Ist es in – periodischen oder nichtperiodischen – Teilbeträgen fällig, so sind alle Teilbeträge solange gepfändet, bis die Vollstreckungsforderung vollständig getilgt sein wird.

Dem Drittschuldner wird verboten, an den Schuldner zu zahlen.

Dem Schuldner wird geboten, sich jeder Verfügung über die gepfändete Forderung, insbesondere ihrer Einziehung, zu enthalten.

Zugleich wird die gepfändete Forderung dem Gläubiger zur Einziehung überwiesen.

Erläuterungen

1. Rechte aus dem Verlagsvertrag

Durch den Verlagsvertrag über ein Werk der Literatur oder der Tonkunst wird der **Verfasser verpflichtet,** dem Verleger **das Werk zur Vervielfältigung und Verbreitung** für eigene Rechnung **zu überlassen** und ihm hierzu das Werk (Manuskript) abzuliefern (§§ 1, 10 des Gesetzes über das Verlagsrecht[1]. Der Verleger wird verpflichtet, das Werk zu verbreiten und dem Verfasser die vereinbarte, gegebenenfalls die angemessene Vergütung bei Fälligkeit zu bezahlen (§§ 1, 22, 23, 24 VerlG).   1

Der **Vergütungsanspruch** ist übertragbar.   2

Darüber, ob die **Verlagsrechte** abtretbar sind, bestimmen in erster Linie die Vertragspartner: Zwischen der Vereinbarung völliger Unübertragbarkeit bis zur Vereinbarung freier Übertragbarkeit ist jede Gestaltung denkbar und zulässig. Für den Fall, daß eine Vereinbarung fehlt, bestimmt **§ 28 VerlG:**   3

„(1) Die Rechte des Verlegers sind übertragbar, soweit nicht die Übertragung durch Vereinbarung zwischen dem Verfasser und dem Verleger ausgeschlossen ist. Der Verleger kann jedoch

---
1 VerlG, abgedruckt bei *Schönfelder* als Nr. 66.

Muster 182 Verlagsvertrag II

durch einen Vertrag, der nur über einzelne Werke geschlossen wird, seine Rechte nicht ohne Zustimmung des Verfassers übertragen. Die Zustimmung kann nur verweigert werden, wenn ein wichtiger Grund vorliegt. Fordert der Verleger den Verfasser zur Erklärung über die Zustimmung auf, so gilt diese als erteilt, wenn nicht die Verweigerung von dem Verfasser binnen zwei Monaten nach dem Empfange der Aufforderung dem Verleger gegenüber erklärt wird.

(2) Die dem Verleger obliegende Vervielfältigung und Verbreitung kann auch durch den Rechtsnachfolger bewirkt werden . . ."

4 Das bedeutet: Mangels einer Parteivereinbarung ist der Verleger **ohne Zustimmung des Verfassers** berechtigt, seinen ganzen Verlag oder eine bestimmte geschlossene Abteilung daran (z. B. die Abt. Belletristik oder die Abt. Unterhaltungsmusik) und damit die Verlegerrechte an den in der verkauften Abteilung verlegten Werken zu übertragen. Übertragen werden können „die Rechte des Verlegers", also seine Befugnis zur Vervielfältigung und Verbreitung und sein Anspruch auf Ablieferung des Werkes. Die Rechte des Verlegers an einzelnen Werken aber können nur übertragen werden, wenn der Verfasser zustimmt, seine Zustimmung als erteilt gilt oder ohne wichtigen Grund verweigert wird.

2. Pfändung und Verwertung

5 Das Verlagsrecht ist nur insoweit pfändbar, wie es übertragen werden kann (§ 851).

6 **2.1** Also sind die Verlagsrechte unpfändbar, wenn zwischen dem Autor und dem Verlag vereinbart ist, daß sie nicht übertragbar sind. Sie sind pfändbar, wenn freie Übertragbarkeit vereinbart ist. Wenn und soweit die Zustimmung des Verfassers zur Übertragung nötig ist, ist sie auch zur Pfändung nötig.

7 Ein **Anspruch auf Erteilung der Zustimmung** kann allenfalls aus dem Verlagsvertrag abgeleitet werden, steht also nicht dem Vollstreckungsgläubiger als Dritten zu. Der Vollstreckungsgläubiger kann folglich die etwa geschuldete Zustimmung des Urhebers nicht erzwingen und die Zulässigkeit der Pfändung nicht herbeiführen, es sei denn, er pfände auch den Anspruch auf Zustimmung und dieser Anspruch sei pfändbar.

8 Hierzu findet sich in der vollstreckungsrechtlichen Literatur wenig. In der verlagsrechtlichen Literatur herrscht Streit. Wir meinen, daß der Anspruch übertragbar und daher pfändbar sei, weil er nicht höchstpersönlich ist, weil die Zustimmung auch dem neuen Gläubiger gegenüber erteilt werden kann, ohne daß sich ihr Inhalt dadurch ändern würde, und weil der Schutz des Urhebers nach § 28 VerlG ausreicht: Der Urheber braucht nicht zuzustimmen, wenn ihm ein wichtiger Grund zur Seite steht. Die Frage ist aber von geringer praktischer Bedeutung, weil einerseits in vielen Verlagsverträgen freie Übertragbarkeit vereinbart ist und andererseits dem Autor fast stets ein wichtiger Grund für die Versagung der Zustimmung zur Seite steht.

9 Die Wirksamkeit der Pfändung hängt von der Zustimmung ab; der Autor hat sich zu ihr in der Drittschuldnererklärung zu äußern. Verweigert er die Zu-

stimmung und nimmt der Vollstreckungsschuldner das hin, so sind die Verlegerrechte nicht wirksam gepfändet. Will der Vollstreckungsgläubiger die Pfändung durchsetzen, so muß er den für ihn gepfändeten und ihm überwiesenen Anspruch auf Zustimmung im Klageweg geltend machen. Das rechtskräftige Urteil gegen den Autor ersetzt dessen Zustimmung (§ 894), die rechtskräftige Abweisung der Klage macht die Pfändung endgültig unwirksam.

2.2 Gepfändet wird nach § 857; **Drittschuldner** ist der Autor. 10

2.3 Die **Verwertung** kann durch Überweisung zur Einziehung geschehen, aber was hat der Vollstreckungsgläubiger davon? Er wird kaum die Organisation aufziehen, die Herstellungs- und Vertriebskosten tragen und als Unbedarfter das Verlegerrisiko übernehmen wollen. Also ist anderweitige Verwertung nach § 857 Abs. 4 angezeigt. Verwaltung bringt kaum etwas, weil das Recht dann beim Verleger bleibt, der dieses Werk nicht mit seinem Herzblut tränken und mit seinem schwachen Kapital stärken wird. Also empfiehlt sich wohl die Veräußerung durch den Gerichtsvollzieher. Interessiert sich ein guter Verleger für den Erwerb, so wird der Autor seine Zustimmung vielleicht doch noch erteilen. 11

2.4 Der Vergütungsanspruch, die **Honorarforderung des Autors**, ist nach §§ 829, 835 zu pfänden. Pfändungsschutz ist auch dann nur nach § 850i zu gewähren, wenn die Vergütung in Teilbeträgen (etwa je nach Ablieferung von Manuskriptteilen oder nach Quartalsabrechnung) bezahlt wird; denn auch die ratenweise Vergütung des Autors ist nicht von der Definition „fortlaufend" in § 850 Abs. 2 erfaßt, ist aber i. S. d. § 850i „nicht wiederkehrend zahlbar", weil für *ein* Werk *eine* Vergütung, wenn auch in Raten, geschuldet ist. Das braucht der Gläubiger im Vollstreckungsantrag nicht zu berücksichtigen, weil die Anwendung der Bestimmung einen Antrag des Schuldners voraussetzt. 12

Drittschuldner ist der Verleger. 13

Muster 183

Verlöbnis

In ein Formblatt (vgl. „Hinweise" Ziff. 5) ist einzusetzen:

Wegen dieser Ansprüche sowie wegen der Kosten dieses Beschlusses und seiner Zustellung

werden die angeblichen Forderungen der Schuldnerin

gegen ... (Name und Adresse des Verlobten) ... (Drittschuldner),

aus Auflösung des Verlöbnisses gepfändet, die gerichtet sind auf:

a) Ersatz des Schadens, welcher der Schuldnerin durch Aufwendungen oder Eingehung von Verbindlichkeiten in Erwartung der Ehe und dadurch entstanden ist, daß sie in Erwartung der Ehe sonstige, ihr Vermögen oder ihre Erwerbsstellung berührende Maßnahme getroffen hat,

b) Herausgabe der Verlobungsgeschenke, insbesondere ... (die Geschenke benennen) ... einschließlich der gezogenen Nutzungen und der Surrogate, und auf Wertersatz dafür im Fall der Unmöglichkeit der Herausgabe,

c) Schadensersatz nach § 1300 BGB („Kranzgeld"), der*
– durch Vertrag vom ... anerkannt,
– durch Urteil des ... Gerichts in .. vom ... Az.: ... rechtskräftig festgestellt,
– durch Zustellung der bei dem ... Gericht in ... eingereichten Klageschrift vom ... am ... rechtshängig geworden,
– durch Zustellung des Mahnbescheids des Amtsgerichts ... vom ... am ... rechtshängig geworden; denn die Streitsache ist nach Erhebung des Widerspruchs alsbald an das zuständige Prozeßgericht abgegeben worden,
– durch Erlaß des Vollstreckungsbescheids des Amtsgerichts ... vom ... Az.: ... rechtshängig geworden
ist.

Dem Drittschuldner wird verboten, an die Schuldnerin zu leisten.

Der Schuldnerin wird geboten, sich jeder Verfügung über die gepfändeten Forderungen, insbesondere ihre Einziehung, zu enthalten.

Zugleich werden die gepfändeten Forderungen dem Gläubiger zur Einziehung überwiesen.

---
* Unter den folgenden Alternativen ist zu wählen.

Verlöbnis **Muster 183**

─────────────── **Erläuterungen** ───────────────

1. Das Verlöbnis (§§ 1297 ff. BGB) ist ein vertragliches gegenseitiges Eheversprechen, aus dem nicht auf Eingehung der Ehe geklagt werden kann, und das auch keine güterrechtlichen Wirkungen äußert. Das BGB regelt lediglich die vermögensrechtlichen Folgen seiner Auflösung: 1

1.1 Jeder Verlobte kann von dem anderen die Herausgabe der **Geschenke** verlangen (§ 1301 BGB). 2

1.2 Der schuldhaft verlassene Verlobte kann von dem anderen den Ersatz von Schäden verlangen, die ihm aus seinem Vertrauen auf das Eheversprechen entstanden sind (näher geregelt in §§ 1298, 1299 BGB). 3

1.3 Eltern und an deren Stelle handelnde Dritte haben wie der schuldhaft Verlassene den Ersatzanspruch nach § 1298 Abs. 1 Satz 1 BGB. 4

1.4 Die schuldhaft verlassene **unbescholtene Verlobte,** die ihrem Verlobten die Beiwohnung gestattet hat, kann auch wegen des Schadens, der nicht Vermögensschaden ist, eine billige Entschädigung in Geld (**„Kranzgeld"**) verlangen. Dieser Anspruch ist **nicht übertragbar** und geht nicht auf den Erben über, **es sei denn,** daß er durch Vertrag anerkannt worden oder rechtshängig geworden ist (§ 1300 BGB). 5

Ob diese, heute etwas peinlich anmutende Bestimmung gegen die Gleichberechtigung der Geschlechter verstößt, oder ob sie mit dem Grundgesetz vereinbar ist, ist zweifelhaft: BVerfG und BGH[1] haben die Bestimmung als nicht verfassungswidrig angesehen, aber das BVerfG hat eine gegenteilige Entscheidung des AG Münster im Jahr 1993 nicht beanstandet[2]. 6

Zudem ist die – an der Minderung der Heiratschancen zu messende – Forderungshöhe schwer zu bemessen. **Wer Kranzgeld einklagt, trägt also ein hohes Prozeßrisiko.**

1.5 Die Ansprüche aus Verlöbnis **verjähren** in zwei Jahren. 7

2. Pfändung und Verwertung

Die Forderungen werden nach §§ 829, 835, 847 gepfändet und überwiesen; herauszugebende Sachen werden durch den Gerichtsvollzieher wie üblich, meist also durch öffentliche Versteigerung – verwertet. 8

Der Kranzgeldanspruch, der ohnehin problematisch ist (oben Rn. 5), ist wegen § 851 Abs. 1 ZPO, 1300 Abs. 2 BGB jedenfalls **nur dann pfändbar,** wenn er durch Anerkennung oder Rechtshängigkeit übertragbar geworden ist. (Die in Rn. 3 ff. der Erläuterungen zu Muster 132 dargestellte Rechtsprechung zur Pfändbarkeit des Pflichtteilsanspruchs läßt sich nicht auf das Kranzgeld übertragen: Während der Pflichtteilsanspruch frei veräußerbar und nach § 852 9

---
1 BVerfG in NJW 1972, 571; BGHZ 62, 282.
2 NJW 1993, 1720 und FamRZ 1993, 662.

463

Muster 183 Verlöbnis

Abs. 1 lediglich einer Pfändungsbeschränkung unterworfen ist, ist die Kranzgeldforderung vor Anerkennung oder Rechtshängigkeit weder übertragbar noch vererblich.)

Muster 184

Vermächtnis I
Geldvermächtnis und Verschaffungsvermächtnis

In ein Formblatt (vgl. „Hinweise" Ziff. 5) ist einzusetzen:

Wegen dieser Ansprüche sowie wegen der Kosten dieses Beschlusses und seiner Zustellung werden die angeblichen Forderungen des Schuldners

gegen ... (Name und Adresse d. Beschwerten) ... *(Drittschuldner)*
aus dem im *
- *Testament vom* ...
- *Erbvertrag des Notars* ... *vom* ...

zugunsten des

Schuldners enthaltenen Vermächtnis des am ... *in* ... *verstorbenen* ...
(Name des Erblassers) ...

auf a) Zahlung von ... *DM,*
    b) Verschaffung*
        – *folgender Sache* ... (vermächtnisgemäß beschreiben) ...
        – *folgenden Rechts* ... (vermächtnisgemäß beschreiben) ...
    oder Entrichtung ihres/seines Werts

gepfändet.

Dem Drittschuldner wird verboten, an den Schuldner zu leisten.

Dem Schuldner wird geboten, sich jeder Verfügung über die gepfändeten Forderungen, insbesondere der Einziehung zu enthalten.

Zugleich werden die gepfändeten Forderungen dem Gläubiger zur Einziehung überwiesen.

Es wird angeordnet, daß die zu verschaffende Sache an einen vom Gläubiger beauftragten Gerichtsvollzieher herauszugeben ist**.

---

  * Unter diesen Alternativen ist zu wählen.
** Bezüglich des zu verschaffenden Rechts eventuell anderweitige Verwertung beantragen, vgl. Rn. 13 der Erläuterungen bei Muster 107.

Erläuterungen

bei *Muster 185*

Muster 185

Vermächtnis II
Sachvermächtnis und Wahlvermächtnis

In ein Formblatt (vgl. „Hinweise" Ziff. 5) ist einzusetzen:

Wegen dieser Ansprüche sowie wegen der Kosten dieses Beschlusses und seiner Zustellung werden die angeblichen Forderungen des Schuldners

gegen   ... (Name und Adresse des Beschwerten) ... (Drittschuldner)

aus dem im*
– Testament vom ...
– Erbvertrag des Notars ... vom ...

zugunsten des Schuldners enthaltenen Vermächtnis des am ... in ... verstorbenen ... (Name des Erblassers) ...

auf a) Übereignung folgender Sache ... (vermächtnisgemäß beschreiben) ...

b) Übertragung entweder von ... oder von ... (vermächtnisgemäß beschreiben) ...

gepfändet.

Dem Drittschuldner wird verboten, an den Schuldner zu leisten.

Dem Schuldner wird geboten, sich jeder Verfügung über die gepfändeten Forderungen, insbesondere der Einziehung, zu enthalten.

Zugleich werden die gepfändeten Forderungen dem Schuldner zur Einziehung überwiesen.

Es wird angeordnet, daß die zu übereignende Sache an einen vom Gläubiger beauftragten Gerichtsvollzieher zur Verwertung herauszugeben ist**.

---

* Unter diesen Alternativen ist zu wählen.
** Bezüglich der herauszugebenden Sache eventuell anderweitige Verwertung beantragen, vgl. Rn. 13 der Erläuterungen bei *Muster 107*.

──────── Erläuterungen ────────

1. Abgrenzung Vermächtnisnehmer-Erbe

1   Das **Vermächtnis** ist in § 1939 BGB wie folgt definiert: „Der Erblasser kann durch Testament einem anderen, ohne ihn als Erben einzusetzen, einen Vermögensvorteil zuwenden." (Der Erblasser kann das natürlich auch durch Erbvertrag tun.) Damit ist der Vermächtnisnehmer in deutlichen Gegensatz zum Allein- oder Miterben gestellt: Auf den/die Erben geht das gesamte Vermögen des Erblassers über, der Vermächtnisnehmer erhält ein Forderungsrecht gegen den mit dem Vermächtnis Beschwerten, ohne Anteil am Vermögen des Erblas-

sers zu erhalten (§ 2174 BGB). Beschwerter kann der/ein Erbe oder ein (anderer) Vermächtnisnehmer sein (§ 2147 BGB; vgl. auch § 2161 BGB).

1.1 Die Forderung des Vermächtnisnehmers entsteht frühestens mit dem Erbfall (§§ 2176, 2177 BGB); **Fällig** kann sie mit dem Erbfall oder später werden (vgl. §§ 2176, 2177 BGB). 2

1.2 „Vermögensvorteil" ist nicht notwendig eine Forderung auf Geldzahlung, Übereignung einer Sache oder Übertragung eines Rechts, er kann in jedem geldwerten Vorteil bestehen, z. B. in der Befugnis, ein zum Nachlaß gehörendes Grundstück gegen Vergütung zu verwalten. Der Vermächtnisgegenstand kann also äußerst vielgestaltig sein, und jedem Vermächtnis können auch noch Besonderheiten „aufgeladen" werden (vgl. z. B. das gemeinsame Vermächtnis nach §§ 2151, 2171, das Ersatzvermächtnis nach § 2150, das Nachvermächtnis nach § 2191, das Vorausvermächtnis nach § 2150 BGB). Daher gibt das BGB zahlreiche **Auslegungsvorschriften**, mit denen sich **der Vollstreckungsgläubiger** allerdings meist erst **vor Erhebung der Drittschuldnerklage** befassen muß. 3

2. Pfändung und Verwertung

2.1 Vor dem Tod des Erblassers besteht weder ein Recht noch eine Anwartschaft des Vermächtnisnehmers (Drittschuldners), sondern nur eine tatsächliche Aussicht[1]. **Eine Pfändung vor dem Tod des Erblassers scheidet also aus.** Ist das Vermächtnis **aufschiebend bedingt oder befristet**, so „erfolgt der Anfall des Vermächtnisses mit dem Eintritt der Bedingung oder des Termins" (§ 2177 BGB); in diesem Fall soll mit dem Anfall ein **übertragbares und pfändbares Anwartschaftsrecht** entstehen[2]. 4

2.2 Für die Pfändung einer entstandenen Vermächtnisforderung gelten im Regelfall keine Besonderheiten: Steht dem Vermächtnisnehmer z. B. eine Forderung auf einen bestimmten Geldbetrag zu, so ist seine Forderung als **gewöhnliche Geldforderung ohne Pfändungsschutz** zu pfänden und zu überweisen; steht ihm ein Anspruch auf Übereignung einer unbeweglicher oder beweglichen Sache oder ein Anspruch auf Übertragung einer Forderung zu, so ist nicht anders zu verfahren, als wären diese Forderungen aus einem Kaufvertrag entstanden. Daher wird auf Rn. 7 der Erläuterungen bei Muster 33 und Rn. 9 bis 17 der Erläuterungen bei Muster 107 verwiesen. 5

Besonderheiten sind aber bei dem Verschaffungsvermächtnis und bei dem Wahlvermächtnis zu beachten:

2.2.1 Das Verschaffungsvermächtnis (§ 2170 BGB) ist auf einen Gegenstand gerichtet, der nicht zum Nachlaß gehört; es gibt dem Bedachten den Anspruch gegen den Beschwerten, ihm den vermachten Gegenstand zu verschaffen, gleich ob er sich im Vermögen des Beschwerten befindet oder nicht. Muß der Beschwerte den Gegenstand selbst erst anschaffen und ist ihm das subjektiv unmöglich, so muß er den Wert entrichten; erfordert die Anschaffung unver- 6

---
1 BGHZ 12, 115.
2 BGHZ 87, 369.

Muster 185 Vermächtnis II

hältnismäßige Aufwendungen, so kann sich der Beschwerte durch Wertersatz befreien. Ist die Verschaffung von Anfang an unmöglich oder gesetzlich verboten, so ist das Vermächtnis nichtig (§ 2171 BGB). Wird dem Beschwerten die Erfüllung nachträglich unmöglich, ohne daß er das zu vertreten hat, so wird er entweder von seiner Verpflichtung frei, oder er muß dem Vermächtnisnehmer das ihm aus dem Untergang erwachsene Surrogat herausgeben (§§ 275, 281, BGB). Das alles muß der Vollstreckungsgläubiger vor Erhebung der Drittschuldnerklage bedenken und sein **Auskunftsbegehren gegen den Vollstreckungsschuldner** auf alle diese Fragen richten.

7 **2.2.2 Das Wahlvermächtnis (§ 2154 BGB)** weist die Besonderheit auf, daß der Bedachte von mehreren Gegenständen nur den einen oder den anderen erhalten soll. Hat der Erblasser nichts anderes bestimmt, steht die Wahl dem Beschwerten zu (§ 262 BGB). Übt dieser sein Wahlrecht nicht aus, so geht es nicht etwa auf den Bedachten über, sondern der Bedachte ist befugt, die Zwangsvollstreckung auf die ihm genehme Leistung zu richten (§ 264 BGB). Der Vermächtnisnehmer bzw. an dessen Stelle der Vollstreckungsschuldner muß also gegen den Beschwerten (Drittschuldner) Leistungsklage mit alternativem Antrag erheben. Ist dagegen infolge Bestimmung des Erblassers **der Bedachte (Vollstreckungsschuldner) wahlberechtigt,** so kann der Vollstreckungsgläubiger die Wahl an seiner Statt ausüben.

8 Damit muß sich der Vollstreckungsschuldner zwar erst bei Erhebung der Drittschuldnerklage im einzelnen auseinandersetzen, aber er muß darauf **bei Formulierung seines Pfändungsantrags schon Rücksicht nehmen.**

9 **2.3 Drittschuldner** ist stets der mit dem Vermächtnis Beschwerte (oben Rn. 1).

Vermögenswerte Ost, Vermögensgesetz

Anspruch auf Rückübertragung eines Grundstücks

In ein Formblatt (vgl. „Hinweise" Ziff. 5) ist einzusetzen:

Wegen dieser Ansprüche, der Kosten dieses Beschlusses und der Eintragung im Grundbuch werden die Ansprüche des Schuldners gegen . . . (genaue Benennung des Verfügungsberechtigten) . . .   Drittschuldner

auf Rückübertragung des Grundstücks . . ., eingetragen im Grundbuch von . . . für . . . Band . . ., Blatt . . ., Seite . . . aufgrund des Vermögensgesetzes

und auf Grundbuchberechtigung durch Eintragung des Schuldner als Eigentümer

gepfändet.

Dem Drittschuldner wird verboten, an den Schuldner zu leisten.

Dem Schuldner wird geboten, sich jeder Verfügung über die gepfändeten Ansprüche, insbesondere ihrer Einziehung und der Rücknahme seines Antrags nach § 30 VermG zu enthalten.

Zugleich werden die gepfändeten Ansprüche dem Gläubiger zur Einziehung überwiesen.

Das Grundbuchamt . . . wird gemäß § 34 Abs. 2 VermG ersucht, zugunsten des Gläubigers eine Sicherungshypothek nach § 1187 BGB gleichrangig mit der Eintragung des Schuldners als Eigentümer einzutragen.

Erläuterungen

1. Das Vermögensgesetz

Das Vermögensgesetz i. d. F. v. 2. 12. 1994[1] gibt eine komplizierte, von zahlreichen Ausnahmen durchbrochene Regelung, die darauf abzielt, **„Vermögenswerte"** (§ 2 Abs. 2 VermG), welche in der DDR den Rechtsinhabern rechtsstaatswidrig entzogen worden waren (§ 1 VermG), den „Berechtigten" (§ 2 Abs. 1 VermG) wieder zu verschaffen, indem es ihnen gegen den „Verfügungsberechtigten" (§ 2 Abs. 3 VermG) einen **Anspruch auf Rückübertragung**, Rückgabe oder Entschädigung (§ 3 VermG) gibt.

1.1 Einzelheiten hierzu können in diesem Rahmen nicht dargestellt werden, insbesondere nicht zu den Ausnahmen von dieser Regelung, dem Ausgleich für zwischenzeitlich geschehene Belastungen oder Wertverbesserungen und dem Vorkaufsrecht von Mietern und Nutzern nach §§ 20 und 20a VermG.

---

[1] BGBl. I 1994, 3611, geändert durch Gesetz v. 4. 7. 1995, BGBl. I, 895.

Muster 186 Vermögenswerte Ost

Hier wird als Beispiel der wohl wichtigste Anspruch auf Rückübereignung eines Grundstücks behandelt.

3 **1.2 Die Durchführung des Vermögensgesetzes** obliegt den „neuen" Ländern (§ 22 VermG), die Ämter und Landesämter zur Regelung offener Vermögensfragen errichten und bei den Landesämtern Widerspruchsausschüsse bilden (§§ 23 ff. VermG); das Bundesamt zur Regelung offener Vermögensfragen (§ 29 VermG) hat in diesem Zusammenhang wenig Bedeutung.

4 Die **Ämter zur Regelung offener Vermögensfragen** werden auf Antrag, der jederzeit zurückgenommen werden kann, tätig und entscheiden bei Scheitern einer einvernehmlichen Regelung als 1. Instanz (§ 30 VermG). Über einen nach § 33 VermG dagegen zulässigen Widerspruch entscheidet das Landesamt (§ 36 VermG), und gegen dessen Entscheidung steht dem Beschwerten der Antrag auf richterliche Entscheidung zu, die dann endgültig ist (§ 37 VermG).

2. Pfändung und Verwertung

5 **2.1** Der Rückübertragungsanspruch ist **pfändbar** (§ 3 Abs. 1 VermG); er wird durch Überweisung zur Einziehung **verwertet.** Mit der Pfändung entsteht ein Pfandrecht des Vollstreckungsgläubigers an dem Anspruch, der folglich vertraglich nur noch mit Zustimmung des Vollstreckungsgläubigers aufgehoben werden kann (§ 1276 BGB), und den der Vollstreckungsschuldner auch nicht mehr zurücknehmen darf. Der Drittschuldner darf nur an den Vollstreckungsgläubiger und den Vollstreckungsschuldner gemeinsam leisten (§ 1281 BGB), wodurch der Vollstreckungsschuldner das Eigentum an dem Grundstück und der Vollstreckungsgläubiger eine gleichrangige Sicherheitshypothek an dem Grundstück in Höhe seiner Vollstreckungsforderung erwirbt (§ 1287 BGB).

6 **2.2 Die Überweisung befugt** den Vollstreckungsgläubiger bei dem Grundbuchamt die **Eintragung seiner Hypothek** und die Voreintragung des Vollstreckungsschuldners als Eigentümer zu beantragen; vgl. hierzu *Muster 32.* Zugleich soll das Vollstreckungsgericht das Grundbuchamt analog § 34 Abs. 2 VermG um die Eintragung ersuchen.

7 **2.3 Befriedigung aus der Sicherungshypothek** erlangt der Vollstreckungsgläubiger wie in Rn. 16 der Erläuterungen zu *Muster 33* dargelegt.

Muster 187

Versteigerungserlös aus der Mobiliarversteigerung I
Titulierte Forderung des Vollstreckungsschuldners, für die ein Pfändungspfandrecht bereits besteht, vor Verwertung der Pfandsachen

In ein Formblatt (vgl. „Hinweise" Ziff. 5) ist einzusetzen:

Wegen dieser Ansprüche sowie wegen der Kosten dieses Beschlusses und seiner Zustellung

werden die angeblichen Forderungen des Schuldners

gegen   ...(Name und Adresse)...   (Drittschuldner)

a) auf Zahlung von Hauptsache und Zinsen gem. dem ... (Hauptsachetitel genau bezeichnen)...

b) auf Erstattung von Prozeßkosten aufgrund des ... (Kostentitel genau bezeichnen)...

gepfändet.

Dem Drittschuldner wird verboten, an den Schuldner zu zahlen.

Dem Schuldner wird geboten, sich jeder Verfügung über die gepfändeten Forderungen, insbesondere ihrer Einziehung, zu enthalten.

Zugleich werden die gepfändeten Forderungen dem Gläubiger zur Einziehung überwiesen.

---- **Erläuterungen** ----

bei *Muster 188*

Muster 188

Versteigerungserlös aus der Mobiliarversteigerung II
Anspruch des Vollstreckungsschuldners gegen den Gerichtsvollzieher auf Auszahlung des Erlöses nach Versteigerung der Pfandsache

In ein Formblatt (vgl. „Hinweise" Ziff. 5) ist einzusetzen:

Wegen dieser Ansprüche sowie wegen der Kosten dieses Beschlusses und seiner Zustellung

wird der angebliche Anspruch des Schuldners

gegen . . . (Name und Adresse des Gerichtsvollziehers) . . . (Drittschuldner) auf Auszahlung des die Versteigerungskosten übersteigenden Erlöses (Überschusses) aus der Versteigerung der Pfandstücke in der Zwangsvollstreckungssache . . . gegen . . . DR. Nr. . . .

gepfändet.

Dem Drittschuldner wird verboten, an den Schuldner zu zahlen.

Dem Schuldner wird geboten, sich jeder Verfügung über den gepfändeten Anspruch, insbesondere seiner Einziehung, zu enthalten.

Zugleich wird der gepfändete Anspruch dem Gläubiger zur Einziehung überwiesen.

——— **Erläuterungen** ———

1. Akzessorietät von Pfandrechten

1   **Das** Pfandrecht an beweglichen Sachen und an Rechten als unselbständiges Nebenrecht ist akzessorisch (§ 1250 Abs. 1 Satz 1 BGB), kann also nicht für sich allein übertragen werden, sondern nur zusammen mit der Hauptforderung, gleich ob diese durch Rechtsgeschäft, kraft Gesetzes oder kraft gerichtlichen Beschlusses übertragen bzw. überwiesen wird.

2. Pfändung und Verwertung

2   Daher ist das Pfandrecht selbst nicht pfändbar. Pfändbar ist die Forderung, für die es bestellt ist, als Hauptrecht. Welche Folgen die Pfändung einer schon durch ein Pfändungspfandrecht gesicherten Forderung hat, wird an zwei Beispielen dargestellt, wobei G den jetzigen Vollstreckungsgläubiger bezeichnet, S den jetzigen Vollstreckungsschuldner, zu dessen Gunsten der Gerichtsvollzieher bei dem Drittschuldner D für eine Forderung von 1000,– DM eine Sache gepfändet hat.

3   **2.1 Die Pfandsache ist noch nicht verwertet:** Pfändung und Überweisung der Forderung des S gegen den D zugunsten des G bewirkt, daß das Pfandrecht des

S an der Pfandsache nunmehr zugunsten des G fortbesteht, weil das Pfandrecht akzessorisch ist, und daß der künftige Erlös aus der Pfandverwertung bis zur vollen Deckung seiner Vollstreckungsforderung dem G zusteht. Damit der Gerichtsvollzieher dies berücksichtigen kann, muß ihm G den Pfändungs- und Überweisungsbeschluß übersenden und Auszahlung des Versteigerungserlöses an sich beantragen.

2.2 Der Gerichtsvollzieher hat die Pfandsache schon verwertet und (über die Kosten hinaus) 1500,- DM erlöst: Das ursprünglich an der Pfandsache entstandene Pfandrecht besteht am Erlös fort (§ 1212 BGB analog)[1]. Daher ist nunmehr G befugt, die Auszahlung des Erlöses in Höhe seiner Forderung von 1000,- DM vom Gerichtsvollzieher zu verlangen, während D einen Anspruch auf die „übriggebliebenen" 500,- DM hat. Also ist der Gerichtsvollzieher **Drittschuldner**. Obwohl das sehr bestritten ist[2], wird empfohlen, den Gerichtsvollzieher als Drittschuldner zu bezeichnen, um die rechtliche Ungewißheit zu umschiffen.

2.3 Der Gerichtsvollzieher hat die Pfandsache verwertet und den Erlös hinterlegt: Der Erlös ist damit in das Vermögen des Staates übergegangen, so daß nur noch eine Pfändung des Auszahlungsanspruchs nach *Muster 98* möglich ist. **Drittschuldner** ist das entsprechende Bundesland.

2.4 Wenn der Vollstreckungsgläubiger nicht beurteilen kann, ob die Pfandsache bei Wirksamwerden seiner eigenen Pfändung schon verwertet sein wird oder nicht, kann er *Muster 187* und *Muster 188* kombinieren und beide möglichen Forderungen pfänden lassen.

---

1 *Zöller*, § 804 Rn. 7; *Stein/Jonas*, § 857 Rn. 42.
2 Vgl. *Stein/Jonas*, § 857 Rn. 42.

Muster 189

Vertreterprovision

In ein Formblatt (vgl. „Hinweise" Ziff. 5) ist einzusetzen:

Wegen dieser Ansprüche sowie wegen der Kosten dieses Beschlusses und seiner Zustellung

werden die angebliche Forderung des Schuldners auf Zahlung fälliger und künftig fällig werdender Provisionen und sein angeblicher Anspruch auf Abrechnung und Auskunftserteilung gepfändet, welche ihm*

– aus Handelsvertretervertrag

– aus Versicherungsvertretervertrag

gegen . . . (Name und Adresse des Unternehmers, für den der Vertreter tätig ist) . . .   (Drittschuldner)

zustehen.

Dem Drittschuldner wird verboten, an den Schuldner zu leisten.

Dem Schuldner wird geboten, sich jeder Verfügung über die gepfändete Forderung und den gepfändeten Anspruch, insbesondere ihrer Einziehung, zu enthalten.

Zugleich werden die gepfändete Forderung und der gepfändete Anspruch dem Gläubiger zur Einziehung überwiesen.

---
* Unter den folgenden Alternativen ist zu wählen.

──────── Erläuterungen ────────

1. Begriff des Handelsvertreters

1 Handelsvertreter ist, wer als selbständiger Gewerbetreibender ständig damit betraut ist, für einen anderen Unternehmer (der seinerseits wiederum Handelsvertreter sein kann) Geschäfte zu vermitteln oder in dessen Namen abzuschließen. Selbständig ist, wer im wesentlichen frei seine Tätigkeit gestalten und seine Arbeitszeit bestimmen kann. Wer, ohne selbständig zu sein, mit den genannten Aufgaben betraut ist, gilt als Angestellter (§ 84 HGB).

2 Ein Handelsvertreter, der damit beauftragt ist, Versicherungsverträge zu vermitteln oder abzuschließen, ist **Versicherungsvertreter.** Für das Vertragsverhältnis zwischen ihm und dem Versicherer gelten ganz ähnliche Bestimmungen wie für das Vertragsverhältnis zwischen dem Handelsvertreter und dem Unternehmer (§ 92 HGB).

Für Handelsvertreter, die vertraglich nur für einen Unternehmer tätig werden dürfen oder nach Art und Umfang der von ihnen verlangten Tätigkeit nicht für weitere Unternehmer tätig sein können, können Mindestvergütungen festgesetzt werden (§ 92a HGB).

2. Pfändung und Verwertung

2.1 Bei den **nicht selbständigen Vertretern** ist das Gehalt zu pfänden wie in den *Mustern 19, 20, 24 und 25.*

2.2 Auch der **selbständige Handelsvertreter** erhält meist regelmäßig wiederkehrende Vergütungen; denn seine Provisionen werden in bestimmten Zeitabschnitten abgerechnet, wenn auch ihre Höhe, die vom Umfang der vom Vertreter vermittelten oder abgeschlossenen Geschäfte abhängt, jedesmal verschieden ausfallen kann. Aber selbst wenn die Provisionen nicht in regelmäßiger Wiederkehr ausbezahlt werden, stellen sie dennoch Arbeitseinkommen dar, wenn die Vertreterleistungen die Erwerbstätigkeit des Vollstreckungsschuldners vollständig oder zu einem wesentlichen Teil in Anspruch nehmen (§ 850 Abs. 2).

Hier aber richtet sich der **Pfändungsschutz** nach § 850i: Die Pfändung ergreift die Provisionsforderung in voller Höhe; erst auf Antrag des Vollstreckungsschuldners bestimmt das Vollstreckungsgericht, welcher Teil der gepfändeten Forderung dem Vollstreckungsschuldner zu belassen ist.

Ist der selbständige Vertreter für mehrere Unternehmer jeweils in erheblichem Umfang tätig, und werden **mehrere Provisionsansprüche gegen verschiedene Drittschuldner** gepfändet, so sind sie auf Antrag des Vollstreckungsgläubigers zusammenzurechnen; der pfändbare Betrag ist aus dem Gesamtbetrag zu bestimmen (§ 850e Nr. 2).

2.3 Die Pfändung (und Überweisung) kann nicht nur die fälligen (rückständigen), sondern auch **künftig fällig werdende Provisionsbeträge** umfassen. Das soll aber ausdrücklich ausgesprochen werden, weil es nicht ganz eindeutig ist, ob § 832 auf die Vertreterprovision anzuwenden ist.

2.4 Der **Ausgleichsanspruch des Handelsvertreters** nach § 89b HGB ist pfändbar; Pfändungsschutz wird nach § 850i gewährt.

3. Prozessuales: Der Handelsvertreter i. S. d. § 92a HGB gilt als Arbeitnehmer, wenn er nicht mehr als einen bestimmten Betrag verdient (§ 5 Abs. 3 ArbGG). In diesem Falle ist für die Drittschuldnerklage das Arbeitsgericht funktionell zuständig.

Muster 190

Vorkaufsrecht

In ein Formblatt (vgl. „Hinweise" Ziff. 5) ist einzusetzen:

Wegen dieser Ansprüche sowie wegen der Kosten dieses Beschlusses und seiner Zustellung

wird das angebliche, kraft Vereinbarung übertragbare, Vorkaufsrecht des Schuldners am Grundstück Fl.Nr. .... der Gemarkung ..... des ...... (Name und Adresse) ....   (Drittschuldner),

eingetragen im Grundbuch des Amtsgerichts ... von ... Band ... Blatt ....

gepfändet.

Dem Drittschuldner wird verboten, an den Schuldner zu leisten.

Dem Schuldner wird geboten, sich jeder Verfügung über das Vorkaufsrecht, insbesondere dessen Ausübung und Übertragung, zu enthalten.

Zugleich wird das gepfändete Vorkaufsrecht dem Gläubiger zur Einziehung überwiesen.

Der Drittschuldner hat das genannte Grundstück Zug um Zug gegen Zahlung des Kaufpreises an den vom Amtsgericht .... (grundbuchführendes Amtsgericht) ... zu bestellenden Sequester herauszugeben und an diesen als Vertreter des Schuldners aufzulassen.

——— Erläuterungen ———

1. Wesen des Vorkaufsrechts

1   Vom Vorkaufsrecht sind das **Ankaufsrecht** und das **Wiederkaufsrecht zu unterscheiden.**

2   **1.1** Das **Vorkaufsrecht** entsteht kraft Gesetzes (z. B. §§ 24 ff. BauGB, §§ 2034 ff. BGB, § 27 ArbnEG) oder durch Vertrag zwischen dem Berechtigten und dem Verpflichteten. Das Vorkaufsrecht ist der Anspruch, einen Gegenstand käuflich dadurch zu erwerben, daß der Vorkaufsberechtigte in einen zwischen dem Verkäufer und einem Dritten geschlossenen Vertrag eintritt (§ 504 BGB). Übt der Berechtigte das Vorkaufsrecht aus, so kommt durch diese einseitige Erklärung der zwischen dem Verkäufer und einem Dritten geschlossene Kaufvertrag nunmehr zwischen dem Verkäufer und dem Vorkaufsberechtigten zustande, ohne daß sich der Vertragsinhalt im übrigen ändern würde.

3   **Ausgeübt** wird das Vorkaufsrecht durch **Erklärung des Berechtigten** gegenüber dem Verkäufer; sie bedarf nicht der Form des Kaufvertrages (§ 505 BGB).

Das vertragliche Vorkaufsrecht kann ein schuldrechtliches oder ein dingliches sein.

1.1.1 Gegenstand des **schuldrechtlichen Vorkaufsrechts** (§§ 504 ff. BGB) kann alles sein, was Gegenstand eines Kaufvertrages sein kann, also unbewegliche Sachen, bewegliche Sachen, Rechte, Inbegriffe von Sachen und Rechten. Die gesetzlichen Bestimmungen sind durch Vertrag weitgehend abdingbar. Als Verpflichteter wird derjenige bezeichnet, der das Vorkaufsrecht gewährt hat. §§ 504 ff. BGB sind auf die gesetzlichen Vorkaufsrechte und ergänzend auf das dingliche Vorkaufsrecht anzuwenden. 4

1.1.2 Für das **dingliche Vorkaufsrecht** (§§ 1094 ff. BGB) gelten die §§ 504 ff. BGB entsprechend. Das dingliche Vorkaufsrecht kann jedoch nur an einem Grundstück, an einer Eigentumswohnung oder einem Miteigentumsanteil daran bestellt werden und erstreckt sich auf das Zubehör (§§ 1094, 1095, 1096 BGB, § 10 WEG). Das dingliche Vorkaufsrecht kann zugunsten einer bestimmten Person (**subjektiv-persönliches** Vorkaufsrecht) oder zugunsten des jeweiligen Eigentümers eines anderen Grundstücks (**subjektiv-dingliches** Vorkaufsrecht) bestellt werden. 5

1.1.3 Das Vorkaufsrecht kann nur innerhalb bestimmter **Fristen** ausgeübt werden (Ausnahme: das schuldrechtliche Vorkaufsrecht, wenn es als fristloses vereinbart ist): Der Verpflichtete hat dem Berechtigten den Inhalt des mit dem Dritten geschlossenen Vertrages unverzüglich anzuzeigen; vom Zugang dieser Anzeige ab kann das schuldrechtliche Vorkaufsrecht nur innerhalb einer Woche, das dingliche nur innerhalb von zwei Monaten geltend gemacht werden, wenn nicht eine andere Frist vereinbart ist (§ 510 BGB). 6

1.1.4 Das Vorkaufsrecht ist **nicht übertragbar** und geht nicht auf die Erben des Berechtigten über, sofern nicht ein anderes bestimmt ist. Ist das Recht auf eine bestimmte Zeit beschränkt, so ist es im Zweifel vererblich (§ 514 BGB); das Vorkaufsrecht der Miterben ist vererblich, aber nicht übertragbar (§ 2034 Abs. 2 BGB). 7

Dagegen sind die durch Ausübung des Vorkaufsrechts entstandenen Rechte übertragbar. 8

1.2 Das sogenannte **Ankaufsrecht** – dazu *Muster 16* – entsteht durch Vertrag und unterscheidet sich vom schuldrechtlichen Vorkaufsrecht dadurch, daß der Berechtigte nicht in einen mit einem Dritten bereits geschlossenen Vertrag eintreten muß, sondern unter den vertraglich vereinbarten Voraussetzungen (sei es z. B. der Verkauf an einen Dritten wie im Vorkaufsrecht, sei es bloße Verkaufsabsicht) verlangen kann, daß der Verpflichtete an ihn den dem Ankaufsrecht unterliegenden Gegenstand zu vereinbarten Konditionen, z. B. zu einem fest vereinbarten Preis oder zum Schätzpreis, verkaufe. Soweit es an besonderen Vereinbarungen fehlt, sind auf dieses modifizierte Vorkaufsrecht die §§ 504 ff. BGB entsprechend anzuwenden. 9

1.3 Das **Wiederkaufsrecht** – dazu *Muster 192* – ist die Befugnis des Verkäufers, die verkaufte Sache zurückzukaufen und zwar mangels anderer Vereinbarungen zum ursprünglichen Kaufpreis. Auch der Wiederkauf kommt durch Erklärung des Berechtigten gegenüber dem Verpflichteten, die nicht der Form des Kaufvertrages bedarf, zustande (§ 497 BGB). Mangels abweichender Vereinbarung kann das Wiederkaufsrecht bei Grundstücken nur bis zum Ablauf 10

Muster 190 Vorkaufsrecht

von 30 Jahren, bei anderen Gegenständen nur bis zum Ablauf von 3 Jahren nach Zustandekommen des Wiederkaufvorbehalts ausgeübt werden (§ 503 BGB).

11 Das Wiederkaufsrecht ist übertragbar, auf eine vertragliche Beschränkung ist § 399 BGB anzuwenden.

2. Pfändung und Verwertung

12 Die Pfändung dieser Rechte ist für den Vollstreckungsgläubiger regelmäßig ziemlich uninteressant:

2.1 Weil das **Vorkaufsrecht** nur bei entsprechender Vereinbarung übertragbar ist und solche Vereinbarungen kaum vorkommen, ist es regelmäßig unpfändbar (§ 851 Abs. 1). Die gesetzlichen Vorkaufsrechte sind zudem wegen ihrer Zweckbestimmung nicht pfändbar.

13 **Das subjektiv-dingliche Vorkaufsrecht** (§ 1094 Abs. 2 BGB) ist zudem kein selbständiges Recht, sondern Bestandteil des herrschenden Grundstücks und deshalb nur mit diesem veräußerlich (§§ 1103, 96, 93 BGB), also nicht selbständig pfändbar.

14 Praktisch verhindert schon die Kürze der Ausübungsfrist die rechtzeitige Ausübung des Vorkaufsrechts durch den Vollstreckungsgläubiger.

15 Der Vollstreckungsgläubiger gewönne durch Pfändung des Vorkaufsrechts wenig: Er wird nämlich durch die Überweisung des Vorkaufsrechts nicht selbst Vorkaufsberechtigter, sondern nur befugt, anstelle des Vollstreckungsschuldners dessen Vorkaufsrecht auszuüben (§ 836 Abs. 1), der dadurch zum Käufer wird und den Kaufpreis zahlen müßte; die Kaufsache wäre ihm zu übereignen und herauszugeben. Der Vollstreckungsschuldner wird auf die Pfändung hin den Kaufpreis kaum zahlen, so daß dem Vollstreckungsgläubiger nichts anderes übrigbleibt, als den Kaufpreis selbst zu erlegen und dann zu versuchen, ihn als notwendige Kosten der Vollstreckung wieder beizutreiben. Nunmehr setzt sich das Pfandrecht des Vollstreckungsgläubigers am Anspruch des Vollstreckungsschuldners auf Herausgabe und Übereignung des Vorkaufsgegenstandes fort, so daß der weitere Verlauf sich nach §§ 846 bis 849 richtet: Der Drittschuldner hat bewegliche Sachen an den Gerichtsvollzieher herauszugeben, damit er sie als gepfändete Sachen verwertet, unbewegliche Sachen aber dem Sequester aufzulassen und herauszugeben. Der Sequester hat dann die Eintragung der kraft Gesetzes für den Vollstreckungsgläubiger entstandenen Sicherungshypothek zu bewilligen. Mit der Eintragung dieser Sicherungshypothek ist die Zwangsvollstreckung aus dem Vollstreckungstitel beendet (§§ 866, 867).[1]

16 Nun muß der Vollstreckungsgläubiger erst eine Klage zum Prozeßgericht erheben, um aus seiner Hypothek einen neuen, sogenannten dinglichen Titel zu erwirken. Erst aus diesem Titel kann er dann die Zwangsversteigerung des

---
[1] So auch OLG Düsseldorf in MDR 1975, 1026.

Grundstücks betreiben, in der Hoffnung, daß er aus dem Versteigerungserlös mehr als seine sehr hohen Vollstreckungsaufwendungen erhalte.

2.2 Für das **Ankaufsrecht** (*Muster 16*) gelten diese Überlegungen auch, allenfalls mag die Vollstreckung deshalb reizvoller sein, weil der jetzt erzielbare Versteigerungserlös den (vielleicht vor langer Zeit) vereinbarten Ankaufspreis übersteigt.   17

2.3 Für das **Wiederkaufsrecht** *(Muster 192)* bestimmt das Gesetz keine Beschränkung seiner Übertragbarkeit, so daß es auch ohne weiteres pfändbar ist; vertraglich vereinbarte Unübertragbarkeit wäre für die Vollstreckung unschädlich (§§ 399 BGB, 851 Abs. 2). Der Leidensweg des Vollstreckungsgläubigers nach Pfändung gleicht aber auch hier dem bei Pfändung des Vorkaufsrechts. Allerdings wird beim Wiederkaufsrecht nicht selten der Wiederkaufspreis erheblich geringer sein als der bei Pfandverwertung erzielbare Erlös.   18

2.4 Hat der **Vollstreckungsschuldner sein Vorkaufs-, Ankaufs- oder Wiederkaufsrecht bereits ausgeübt,** so sind die ihm dadurch entstandenen Ansprüche auf Übereignung der betroffenen Sache pfändbar[2]. Auf diese Pfändung sind die Erläuterungen zu dem die Auflassung betreffenden Mustern entsprechend anzuwenden.   19

2.5 Drittschuldner ist der **Verkäufer. Gepfändet und verwertet** wird nach §§ 857, 835.   20

3. Die sogenannte **Option** ist ein Vorrecht ähnlich dem Ankaufsrecht, jedoch hängt es lediglich vom Berechtigten ab, ob er durch seine einseitige Erklärung einen Kaufvertrag zu bestimmten Bedingungen zustande bringen will. Regelmäßig handelt es sich also um ein bindendes Angebot des Optionsverpflichteten, das ohne seine weitere Mitwirkung zum Kaufvertrag führt, wenn der aus der Option Berechtigte dieses Angebot – gegebenenfalls innerhalb der vereinbarten Frist – annimmt. Für die Pfändung gilt also im wesentlichen das zum Ankaufs- und Wiederkaufsrecht Gesagte.   21

---

2 RGZ 108, 114; 115, 176; 163, 153; *Palandt,* § 514 BGB Rn. 4.

Muster 191

Wechsel und andere indossable Wertpapiere
ohne Scheck

Achtung!

Das Formblatt (vgl. „Hinweise" Ziff. 5) ist hier nicht zu verwenden, weil nur der Erlaß eines Überweisungsbeschlusses beantragt wird. Dieses Muster paßt nur auf den gezogenen Wechsel genau. Wegen nichtindossabler Papiere vgl. Rn. 7 und 17 ff. der Erläuterungen.

Wegen dieser Ansprüche sowie wegen der Kosten dieses Beschlusses und seiner Zustellung werden die angeblichen Ansprüche des Schuldners

gegen . . . (Name und Adresse des Bezogenen) . . . (Drittschuldner)

aus dem vom Gerichtsvollzieher . . . gepfändeten gezogenen Wechsel über . . . DM, der am . . . von . . . ausgestellt, vom Drittschuldner als dem Bezogenen angenommen und am . . . in . . . zahlbar ist,

dem Gläubiger in Höhe der oben genannten Beträge sowie der Gerichtsvollzieherkosten lt. anliegendem Beleg zur Einziehung überwiesen.

―――― Erläuterungen ――――

1. Die Forderungen aus indossablen Papieren

1 **1.1** Der **Wechsel** ist ein schuldrechtliches Wertpapier, in welchem – unbedingt und losgelöst vom Schuldgrund – die Zahlung einer bestimmten Geldsumme versprochen wird. Es muß in bestimmter Form ausgestellt sein und unterliegt besonderen Normen, welche sicherstellen, daß der Wechselschuldner dem aus dem Wechsel Berechtigten nur solche Einwendungen entgegenhalten kann, die sich aus dem Wechsel selbst ergeben, und daß der Wechselschuldner einem raschen Gerichtsverfahren unterworfen ist. Diese Regelungen finden sich im Wechselgesetz[1] und im fünften Buch der ZPO (§§ 592–605a). Es gibt zwei Wechselformen: Den gezogenen Wechsel und den eigenen Wechsel.

2 **1.1.1** Der **gezogene Wechsel (Tratte)** ist eine Zahlungsanweisung an den sogenannten Bezogenen, der an den aus dem Wechsel Berechtigten die Wechselsumme zahlen soll. Indem der Bezogene diese Anweisung (durch „Querschreiben") annimmt, verpflichtet er sich jedem Wechselberechtigten gegenüber zur Zahlung; er heißt nun „Akzeptant". Am gezogenen Wechsel sind also notwendig mindestens 3 Personen beteiligt: der Aussteller, der Bezogene (Akzeptant) und der Wechselnehmer (Remittent), der ursprünglich aus dem Wechsel Berechtigte.

3 **1.1.2** Der **eigene Wechsel (Solawechsel)** ist das Zahlungsversprechen des Ausstellers an den Wechselnehmer (Remittenten); es gibt keinen Bezogenen.

---
1 Abgedruckt bei *Schönfelder* als Nr. 54.

1.1.3 Sowohl der gezogene als auch der eigene Wechsel kann **durch Indossament übertragen** werden, es sei denn, der Aussteller habe dies in der Wechselurkunde (meist durch die Worte: „nicht an Order") ausgeschlossen (Art. 11 WG). Der Wechsel ist also regelmäßig Orderpapier. Das Indossament hat die Wirkung, alle Rechte aus dem Wechsel auf einen anderen zu übertragen (sogenannte Transportfunktion) und den Indossanten für den Wechsel ebenso haftbar zu machen wie den Aussteller (sogenannte Garantiefunktion, ausschließbar durch Vermerk des Ausstellers auf dem Wechsel); alle Wechselverpflichteten haften gesamtschuldnerisch (Art. 11, 14, 15, 47 WG).

4

Der „Wechsel nicht an Order" kann nur in der Form und mit den Wirkungen einer gewöhnlichen Abtretung übertragen werden (Art. 11 Abs. 2 WG).

1.1.4 Der gezogene Wechsel ist weitaus häufiger als der eigene Wechsel; meist kommt er als **„Wechsel an eigene Order"** vor: Der Aussteller weist den Bezogenen an, an den Aussteller selbst zu zahlen, er überträgt den Wechsel dann durch Indossament auf einen Dritten, der den Wechsel ebenso an beliebig viele andere weiter indossieren kann.

5

1.1.5 Auch der **Wechselbürge** (Art. 30, 31, 32 WG) haftet mit den anderen Wechselverpflichteten gesamtschuldnerisch (Art. 47 WG).

6

1.2 Andere indossable Papiere sind insbesondere die in § 363 HGB genannten Papiere, nämlich die kaufmännische Anweisung, der kaufmännische Verpflichtungsschein, das Konnossement, der Ladeschein des Frachtführers, der kaufmännische Lagerschein, der Bodmereibrief und die Transportversicherungspolice. Auch Anteilscheine an Fonds, die auf den Namen lauten; denn sie können nach § 18 des Gesetzes über Kapitalgesellschaften[2] i. V. m. § 68 AktG durch Indossament übertragen werden; Näheres unten Rn. 22 und 25.

7

Wegen des **Schecks** vgl. *Muster 148 und 149.*

2. Pfändung und Verwertung

Die Pfändung von Forderungen aus Wechseln und anderen indossablen Papieren wird dadurch bewirkt, daß der **Gerichtsvollzieher diese Papiere in Besitz nimmt** (§ 831); zur Pfändung bedarf es keines Beschlusses des Vollstreckungsgerichts; ein solcher Beschluß wäre ohne Wirkung[3]. Es kann also keinen **Drittschuldner** geben.

8

Die Pfändung erfolgt durch den Gerichtsvollzieher auch dann in der geschilderten Weise, wenn sich das Wertpapier im Gewahrsam des Vollstreckungsgläubigers oder eines zur Herausgabe bereiten Dritten befindet (§ 809). Hat ein nicht zur Herausgabe bereiter Dritter Gewahrsam an dem Wertpapier, so ist zunächst der Herausgabeanspruch des Vollstreckungsschuldners nach § 829 zu pfänden, s. unten Rn. 13.

---

2 I. d. F. v. 14. 1. 1970, BGBl. I, 127, zuletzt geändert BGBl. I 1994, 1770.
3 RGZ 61, 331.

9 Mit der Inbesitznahme des Wertpapiers durch den Gerichtsvollzieher sind darin verbriefte Forderungen aber nur gepfändet. Zur **Verwertung** bedarf es zusätzlich eines Überweisungsbeschlusses des Vollstreckungsgerichts nach § 835.

10 2.1.1 Für die Pfändung macht es keinen Unterschied, ob es sich um eine Tratte oder einen Solawechsel handelt, ob der Wechsel fällig ist, protestiert oder gar eingeklagt ist oder nicht, ob der Wechsel vor oder nach Verfall oder gar erst nach Protest indossiert worden ist.

Unzulässig ist jedoch die Pfändung eines **Wechsels, den der Vollstreckungsschuldner auf sich selbst gezogen** hat, der aber noch keine weiteren Unterschriften trägt; denn in diesem Stadium ist noch keine Wechselforderung entstanden.

11 2.1.2 Richtet sich die durch ein indossables Papier ausgewiesene **Forderung auf Herausgabe von Sachen,** so ist bei der Überweisung die Herausgabe an einen vom Vollstreckungsgläubiger zu beauftragenden Gerichtsvollzieher anzuordnen (§ 847); erst mit ihrer Herausgabe an den Gerichtsvollzieher wird die herauszugebende Sache von der Pfändung erfaßt.

12 2.1.3 Ist das **Papier abhanden gekommen,** so hat sein Eigentümer, der Vollstreckungsschuldner, einen Anspruch auf Kraftloserklärung des Papiers im Aufgebotsverfahren[4] (§ 946 ff.). Derjenige, der das Ausschlußurteil erwirkt hat, ist dem aus dem Wertpapier Verpflichteten gegenüber berechtigt, die Rechte aus dem Wertpapier geltend zu machen (§ 1018). Der Vollstreckungsgläubiger kann das Recht des Vollstreckungsschuldners, im Aufgebotsverfahren die Kraftloserklärung zu beantragen und das Ausschlußurteil zu erwirken, nach § 857 pfänden und es sich überweisen lassen; dabei gibt es **keinen Drittschuldner.** Nun kann der Vollstreckungsgläubiger das Ausschlußurteil selbst erwirken und gegenüber den aus dem Wertpapier Verpflichteten die Rechte aus dem Papier geltend machen. Gehen diese Rechte auf Zahlung von Geld, so befriedigt sich der Vollstreckungsgläubiger aus diesem Betrag; gehen die Rechte auf Herausgabe von Sachen, so sind diese an den vom Vollstreckungsgläubiger beauftragten Gerichtsvollzieher herauszugeben, der sie nach den Grundsätzen der Sachpfändung verwertet.

13 2.2 Ist das **Wertpapier im Gewahrsam eines Dritten,** der zur Herausgabe verpflichtet, aber nicht bereit ist, so muß der Vollstreckungsgläubiger zunächst den Herausgabeanspruch mit der Maßgabe pfänden, daß das Wertpapier an den Gerichtsvollzieher herauszugeben ist (§§ 846, 847). Das Pfandrecht an der Forderung aus dem Wertpapier entsteht in diesem Fall erst, wenn der Gerichtsvollzieher das Wertpapier tatsächlich erhält. Gibt der Besitzer des Papiers es an den Gerichtsvollzieher nicht freiwillig heraus, so bleibt dem Vollstreckungsgläubiger nur die Klage gegen ihn als Drittschuldner. Deshalb muß sich der Vollstreckungsgläubiger den Herausgabeanspruch zugleich mit der Pfändung nach § 835 zur Einziehung überweisen lassen, um sich für diese Klage zu legitimieren.

---

4 *Schmalz* in NJW 1964, 141; *Feudner* in NJW 1963, 1239; *Weimar* in MDR 1965, 20.

2.3 Auch ein **Blankowechsel** kann nach § 831 gepfändet und die Forderung daraus dem Vollstreckungsgläubiger nach § 835 überwiesen werden. Diese Pfändung umfaßt nach herrschender Meinung auch das Recht auf Ausfüllung des Wechsels (§§ 837, 831)[5]. Der Vollstreckungsgläubiger erhält also die Befugnis zur Ausfüllung des Rechts mit der Überweisung der Wechselforderung an ihn. Mit der Ausfüllung des Wechsels entsteht ein Vollwechsel, für den hinsichtlich der Verwertung keine Besonderheiten gelten. Schwierigkeiten macht allerdings die Frage, in welcher Höhe der Wechselbetrag eingesetzt werden darf: Das richtet sich nach den Abmachungen zwischen dem Wechselschuldner und dem Vollstreckungsgläubiger. Der Vollstreckungsgläubiger ist verpflichtet, hierüber dem Gläubiger Auskunft zu erteilen und ihm etwa darüber bestehende Urkunden herauszugeben (§ 836 Abs. 3).

2.4 Die indossablen Wertpapiere werden nicht durch Versteigerung nach § 814[6], sondern **durch Überweisung nach §§ 835 ff.**, in besonderen Fällen nach §§ 844, 846, 847, 847a, 849 **verwertet**.

2.5 Der **Gerichtsvollzieher verwahrt das weggenommene Papier** so lange, bis das Vollstreckungsgericht es einfordert oder dem Gerichtsvollzieher ein Beschluß des Vollstreckungsgerichts vorgelegt wird, durch den die Überweisung der Forderung an den Vollstreckungsgläubiger ausgesprochen oder eine andere Art der Verwertung der Forderung angeordnet wird (§ 175 Nr. 4 GVGA). Wird ein gepfändeter Wechsel vor Erlaß eines solchen Beschlusses fällig, so sorgt der Gerichtsvollzieher für seine rechtzeitige Vorlegung, evtl. auch für die Protesterhebung. Wird der Wechsel bezahlt, so hinterlegt der Gerichtsvollzieher den bezahlten Betrag und benachrichtigt den Vollstreckungsgläubiger und den Vollstreckungsschuldner hiervon (§ 175 Nr. 5 GVGA). Das Pfandrecht des Vollstreckungsgläubigers setzt sich an dem Hinterlegungsbetrag fort; **für diesen Fall ist die Überweisung auf den Hinterlegungsbetrag zu beziehen.**

3. Nichtindossable Wertpapiere

3.1 Bei **Inhaberpapieren** (z. B. Inhaberaktien, Investmentzertifikaten auf den Inhaber, unten Rn. 22 und 25, Schuldverschreibungen auf den Inhaber, ausländische Banknoten, Lotterielose) steht das im Papier verkörperte Recht dem Eigentümer des Papiers zu, das Recht aus dem Papier folgt also dem Recht am Papier. Inhaberpapiere werden als Sachen gepfändet und nach § 821 verwertet; anderweitige Verwertung kann nach § 825 angeordnet werden. Wegen des **Inhaberschecks** siehe *Muster 149.*

3.2 **Namenspapiere** (Rektapapiere) sind Wertpapiere, in denen eine bestimmte Person als Berechtigter bezeichnet ist; die Berechtigung kann nach allgemeinen Regeln übertragen werden, nicht aber durch bloße Übereignung des Papiers. Beispiel ist die Namensaktie, wenn die Übertragung durch Indossament ausgeschlossen ist (§§ 67, und 68 AktG).

---

5 *Schmalz* in NJW 1964, 141.
6 RGZ 35, 75.

Muster 191 Wechsel/Wertpapiere

19 Namenspapiere pfändet der Gerichtsvollzieher als Sachen und läßt sich gem. § 822 durch das Vollstreckungsgericht ermächtigen, die Umschreibung auf den Namen des Käufers zu erwirken und die hierzu erforderlichen Erklärungen an Stelle des Schuldners abzugeben. Dann verkauft er das Papier aus freier Hand zum Tageskurs, wenn es einen Börsen- oder Marktpreis hat (§ 821); im anderen Falle versteigert er es nach § 814.

20 **3.3 Mitgliedspapiere** sind Wertpapiere, die ein Mitgliedschaftsrecht verbriefen, wie Aktie und Kux. Der Eigentümer der Aktie ist Mitglied der Aktiengesellschaft, der Eigentümer des Kuxes ist Mitglied der bergrechtlichen Gewerkschaft. Mitgliedspapiere werden wie Sachen gepfändet und je nach ihrer Ausgestaltung wie Inhaber- oder Namenspapiere verwertet. Eine Pfändung und/oder Überweisung der Mitgliedschaftsrechte wäre unzulässig und wirkungslos.

21 **3.4 Legitimationspapiere,** die nur eine Forderung beweisen, sind nicht Wertpapiere im echten Sinn; sie werden deshalb nicht wie diese gepfändet und nicht wie Sachen verwertet. Vielmehr ist die Forderung, welche durch das Papier bewiesen wird, nach §§ 829 ff. zu pfänden und nach § 835 ff. zu überweisen. Das Pfandrecht an der Forderung erstreckt sich auf das Papier (§ 952 BGB; das Recht am Papier folgt dem Recht aus dem Papier). Weil das Papier zur Geltendmachung der gepfändeten Forderung benötigt wird, nimmt der Gerichtsvollzieher es im Weg der Hilfspfändung dem Vollstreckungsschuldner weg (§§ 883, 886; § 156 GVGA). Legitimationspapiere sind z. B. der Schuldschein, der Pfandschein, und die Lebensversicherungspolice. Sogenannte qualifizierte Legitimationspapiere sind zugleich Namenspapiere, z. B. Sparbuch.

22 **3.5 Anteile an Wertpapier- Geldmarkt- und Immobilienfonds:** Kapitalanlagegesellschaften sind Unternehmen in der Rechtsform von Aktiengesellschaften oder Gesellschaften mit beschränkter Haftung, die bei ihnen eingelegtes Geld in Sondervermögen (Fonds) anlegen und die sich daraus ergebenden Rechte der Einleger in Urkunden, **Anteilscheine** oder **Investmentzertifikate** genannt, verbriefen, die **auf den Inhaber** oder **auf Namen** lauten können. Lauten sie auf Namen, so ist § 68 AktG entsprechend anwendbar, so daß sie **durch Indossament übertragen werden können.**

23 Die zum Fondsvermögen gehörenden Gegenstände können nach Maßgabe der zwischen der Gesellschaft und den Einlegern geltenden Vertragsbedingungen im treuhänderischen Eigentum der Kapitalanlagegesellschaft oder – wenn es sich nicht um einen Immobilienfonds handelt – im Miteigentum der Einleger stehen. Für die im letzteren Fall bestehende Bruchteilsgemeinschaft gelten die §§ 741 ff. BGB mit der Maßgabe, daß weder ein Anteilsinhaber noch sein Vollstreckungsgläubiger die Aufhebung der Gemeinschaft verlangen kann.

24 Die gesetzliche Regelung hierzu findet sich, soweit in unserem Belang interessant, im Gesetz über Kapitalgesellschaften[7].

---

7 KAGG i. d. F. v. 14. Jan. 1970, BGBl. I, 127, mehrfach geändert, zuletzt in BGBl. I 1994, 1770.

Die Anteilsscheine (Investmentzertifikate) sind echte Wertpapiere[8] **und als** 25
solche zu pfänden, Namenszertifikate also, weil sie durch Indossament nach
diesem Muster übertragen werden können, Inhaberzertifikate nach obiger
Rn. 17[9]. Die Meinung *Röders*[10], daß die Pfändung durch Pfändungs- und Überweisungsbeschluß zu geschehen habe und die Depotbank Drittschuldnerin sei,
teilen wir nicht; *Röder* verkennt, daß die Anteilscheine echte Wertpapiere
sind.

---

8 So auch *Hueck-Canaris,* Recht der Wertpapiere, 12. Aufl. 1986, § 29 und *Zöllner,* Wertpapierrecht, 14. Aufl. 1987, § 30.
9 So auch *Baumbach/Lauterbach/Albers/Hartmann,* vor § 704 Rn. 79 und *Stöber,* Rn. 2102 m. w. N.
10 In DGVZ 1995, 110.

Muster 192

Wiederkaufsrecht (Rückkaufsrecht)

In ein Formblatt (vgl. „Hinweise" Ziff. 5) ist einzusetzen:

Wegen dieser Ansprüche sowie wegen der Kosten dieses Beschlusses und seiner Zustellung

wird das dem Schuldner angeblich

gegen . . . (Name und Adresse) . . . (Drittschuldner)

nach dem Kaufvertrag vom . . . zustehende Wiederkaufsrecht an . . . (Sache, auf die sich das Wiederkaufsrecht bezieht, individualisierend benennen) . . .

gepfändet.

Dem Drittschuldner wird verboten, an den Schuldner zu leisten.

Dem Schuldner wird geboten, sich jeder Verfügung über das Wiederkaufsrecht, insbesondere seiner Geltendmachung oder Übertragung, zu enthalten.

Zugleich wird das Wiederkaufsrecht dem Gläubiger zur Einziehung überwiesen.

Es wird angeordnet, daß der Drittschuldner bei Ausübung des Wiederkaufsrechts durch den Gläubiger die Wiederkaufssache Zug um Zug gegen Zahlung des Wiederkaufspreises an einen vom Gläubiger zu beauftragenden Gerichtsvollzieher zum Zwecke der Verwertung herauszugeben hat.

──────── Erläuterungen ────────

bei *Muster 190*

Muster 193

Zeugenentschädigung

In ein Formblatt (vgl. „Hinweise" Ziff. 5) ist einzusetzen:

Wegen dieser Ansprüche sowie wegen der Kosten dieses Beschlusses und seiner Zustellung

wird der angebliche Anspruch des Schuldners

gegen   . . . (vgl. Rn. 5 der Erläuterungen) . . .   (Drittschuldner)

auf Zahlung der Zeugengebühren für die Zuziehung in dem Verfahren . . . (Bezeichnung der Parteien und Angabe des Aktenzeichens) . . . vor dem . . . Gericht

gepfändet.

Dem Drittschuldner wird verboten, an den Schuldner zu zahlen.

Dem Schuldner wird geboten, sich jeder Verfügung über den gepfändeten Anspruch, insbesondere der Einziehung, zu enthalten.

Zugleich wird der gepfändete Anspruch dem Gläubiger zur Einziehung überwiesen.

───── Erläuterungen ─────

1. Der Entschädigungsanspruch

Anspruch auf **Zeugenentschädigung** haben natürliche Personen, die von einem Gericht oder einer Staatsanwaltschaft „zu Beweiszwecken herangezogen werden"; der Anspruch erlischt, wenn er nicht innerhalb von drei Monaten seit der Heranziehung geltendgemacht wird. Dem Zeugen steht eine Entschädigung für Verdienstausfall und Ersatz seiner notwendigen Auslagen (z. B. Reisekosten) zu; er erhält, wenn ihm die Vorlage der Reisekosten nicht möglich oder nicht zuzumuten ist, auf Antrag einen Vorschuß für diese (§§ 2, 9, 10, 11, 14, 15 des Gesetzes über die Entschädigung von Zeugen und Sachverständigen[1]).   1

Der Entschädigungsanspruch ist **öffentlich-rechtlicher Natur.**   2

2. Die Pfändung und Verwertung

Für den bereits „verdienten" Entschädigungsanspruch geschieht sie nach §§ 829, 835. Auch wenn der Anspruch Entschädigung für Verdienstausfall umfaßt, sind Pfändungsschutzbestimmungen für Arbeitseinkommen nicht an-   3

---

[1] ZSEG, abgedruckt bei *Schönfelder* als Nr. 116.

Muster 193 Zeugenentschädigung

zuwenden, weil dieser öffentlich-rechtliche Anspruch nicht der Definition des Arbeitseinkommens unterfällt.

4 Der **Anspruch auf Vorschuß** dagegen ist als zweckgebunden unpfändbar (§§ 399 BGB, 851); denn er ist ausschließlich dazu bestimmt, dem Zeugen die Reise zum Gericht zu ermöglichen oder wenigstens finanziell zu erleichtern.

5 **Drittschuldner** ist dasjenige Bundesland, dessen Gericht oder Staatsanwaltschaft den Zeugen herangezogen hat. Die Entschädigung kann nach § 16 ZSEG gerichtlich festgesetzt werden.

Muster 194

Zugewinnausgleich

In ein Formblatt (vgl. „Hinweise" Ziff. 5) ist einzusetzen:

Wegen dieser Ansprüche sowie wegen der Kosten dieses Beschlusses und seiner Zustellung

wird die angebliche Forderung der Schuldnerin

gegen ... (Name und Anschrift des geschiedenen Ehegatten) ...
                                                          (Drittschuldner)

auf Ausgleich des Zugewinns durch Zahlung von Geld gemäß §§ 1378 ff. BGB

gepfändet; die Forderung ist*
- *durch Vertrag vom ... anerkannt.*
- *durch Urteil des ...gerichts in ... vom ... Az.: ... rechtskräftig festgestellt,*
- *durch Zustellung der bei dem ...gericht in ... eingereichten Klageschrift vom ... am ... rechtshängig geworden,*
- *durch Zustellung des Mahnbescheids des Amtsgerichts ... vom ... Az.: ... am ... rechtskräftig geworden; denn die Streitsache ist nach Erhebung des Widerspruchs alsbald an das zuständige Prozeßgericht abgegeben worden,*
- *durch Erlaß des Vollstreckungsbescheids des Amtsgerichts ... vom ... Az.: ... rechtshängig geworden.*

Dem Drittschuldner wird verboten, an die Schuldnerin zu zahlen.

Der Schuldnerin wird geboten, sich jeder Verfügung über die gepfändete Forderung, insbesondere ihrer Einziehung, zu enthalten.

Zugleich wird die gepfändete Forderung dem Gläubiger zur Einziehung überwiesen.

---

* Unter den folgenden Alternativen ist zu wählen.

──────────── **Erläuterungen** ────────────

1. Gesetzlicher Güterstand

Im Güterstand der **Zugewinngemeinschaft,** dem sogenannten gesetzlichen Güterstand leben Eheleute, wenn sie nicht durch Ehevertrag etwas anderes vereinbaren (§ 1363 Abs. 1 BGB).   1

Die Zugewinngemeinschaft bewirkt nicht, daß die Vermögen der beiden Eheleute nun deren gemeinsames Vermögen werden, sondern nur, daß der Zuge-   2

Muster 194 Zugewinnausgleich

winn, den die Eheleute **in der Ehe erzielen,** bei Beendigung der Zugewinngemeinschaft ausgeglichen wird.

3 1.1 Die Zugewinngemeinschaft **endet**

- durch Begründung eines anderen Güterstands,
- mit der Rechtskraft eines Urteils, durch das auf Antrag eines der Eheleute auf vorzeitigen Ausgleich des Zugewinns erkannt ist (§ 1388 BGB),
- durch Ehescheidung (§ 1384 BGB), Eheaufhebung (§ 37 Abs. 1 EheG) und unter Umständen durch Nichtigerklärung der Ehe (§ 26 Abs. 1 EheG) und
- durch den Tod eines der Eheleute (§ 1371 BGB).

4 1.2 Bei **Beendigung durch Tod eines der Eheleute** wird der Ausgleich des Zugewinns dadurch verwirklicht, daß sich der gesetzliche Erbteil des überlebenden Ehegatten um ein Viertel der Erbschaft erhöht (§ 1371 BGB). Wird der überlebende Ehegatte nicht Erbe und steht ihm auch kein Vermächtnis zu, so kann er von den Erben Zugewinnausgleich wie unter Lebenden und den Pflichtteil verlangen (§ 1371 Abs. 2 und 3 BGB).

5 Im Todesfall ist also meist – Ausnahme § 1371 Abs. 2 und 3 BGB – kein pfändbarer Anspruch auf Ausgleich des Zugewinns vorhanden; der Ausgleich vollzieht sich erbrechtlich. Statt dessen ist die Pfändung des Erbteils oder Pflichtteils möglich.

6 1.3 Bei **Beendigung** der Zugewinngemeinschaft **aus allen anderen Gründen** erfolgt der Ausgleich nach § 1378 BGB dadurch, daß dem Ehegatten, der keinen oder den geringeren Zugewinn erzielt hat, kraft Gesetzes ein Anspruch gegen den anderen Ehegatten auf Ausgleich des Zugewinns erwächst: Die Zugewinne beider Ehegatten sind zu ermitteln und zusammenzuzählen, ihre Summe ist zu halbieren, wodurch sich die Hälfte des gemeinsamen Zugewinns ergibt, und dem Ehegatten mit dem geringeren Zugewinn ist die Differenz zwischen der Hälfte des gemeinsamen Zugewinns und seinem eigenen Zugewinn in Geld zu bezahlen. Die Ermittlung dieses Anspruchs geschieht durch Gegenüberstellung des Endvermögens (§ 1375 BGB) mit dem Anfangsvermögen (§ 1374 BGB) unter Beachtung der näheren Vorschriften, insbesondere in §§ 1376, 1384 und 1390 BGB.

7 1.4 Der Anspruch unterliegt der dreijährigen **Verjährung** (§ 1378 Abs. 4 BGB).

2. Pfändung und Verwertung

8 Gepfändet und verwertet wird der Anspruch nach §§ 829, 835; **Drittschuldner** ist der andere Eheteil. Jedoch bestimmt § 852, daß er wie der Pflichtteilsanspruch „**der Pfändung nur dann unterworfen ist,** wenn er durch Vertrag anerkannt oder rechtshängig geworden ist".

9 Bis zur Entscheidung des BGH vom 8. 7. 1993[1] wurde nahezu einhellig angenommen, daß der Anspruch erst ab Eintritt einer dieser Voraussetzungen

---
1 In NJW 1993, 2876 zum Pflichtteilsanspruch.

gepfändet werden könne. Jene Entscheidung aber läßt auch vor Eintritt einer dieser Voraussetzungen die Pfändung „als in seiner zwangsweisen Verwertbarkeit aufschiebend bedingten Anspruch" zu; aus dieser Pfändung wird bei Eintritt der Verwertungsvoraussetzungen ein vollwertiges Pfandrecht mit Rang vom Zeitpunkt der Zustellung des Pfändungsbeschlusses an den Drittschuldner.

Dennoch raten wir, wenn zutreffend, im Pfändungsantrag den Eintritt einer der in § 852 genannten Voraussetzungen zu behaupten. 10

Auf die nähere Darstellung dieser Rechtslage in Rn. 3 bis 7 der Erläuterungen zu Muster 132 wird verwiesen.

Muster 195

Zwangsversteigerungserlös I
Auszahlungsanspruch des die Zwangsversteigerung betreibenden Gläubigers nach Erteilung des Zuschlags

In ein Formblatt (vgl. „Hinweise" Ziff. 5) ist einzusetzen:

Wegen dieser Ansprüche sowie wegen der Kosten dieses Beschlusses und seiner Zustellung

wird die angebliche Forderung des Schuldners

gegen ... (Beachte Rn. 13 der Erläuterungen bei Muster 201) ...

(Drittschuldner)

auf Ersatz seiner Aufwendungen für das der Versteigerung unterliegende Grundstück und auf Befriedigung seiner Ansprüche, wegen welcher er die Zwangsversteigerung betreibt, ... (genau bezeichnen, auch den Titel angeben) ..., aus dem im Zwangsversteigerungsverfahren des Amtsgerichts ... Az.: ... über das Grundstück des ... Fl.Nr. ..., Gem. ..., eingetragen im Grundbuch des Amtsgerichts ... Band ... Blatt ... erzielten Erlös

gepfändet.

Dem Drittschuldner wird verboten, an den Schuldner zu leisten.*

Dem Schuldner wird geboten, sich jeder Verfügung über die gepfändete Forderung, insbesondere ihrer Einziehung, zu enthalten.

Zugleich wird die gepfändete Forderung dem Gläubiger zur Einziehung überwiesen.

---

* Achtung, wenn es keinen Drittschuldner gibt, entfallen dieser Satz und die obige Erwähnung des Drittschuldners.

--- Vorbemerkung ---

Im Versteigerungsverfahren werden dingliche Rechte Beteiligter, die nach den Versteigerungsbedingungen erlöschen, in Zahlungsansprüche ungewandelt, die nicht alle privatrechtlicher Natur sind und sich nicht immer gegen einen Dritten richten; machmal „entsteht" ein Drittschuldner erst mit dem Zuschlag. Daher werden sieben Muster vorgelegt, um möglichst jeden vorkommenden Anspruch zu erfassen.

Wegen des Anspruchs auf den Zuschlag beachte Rn. 9 der Erläuterungen bei Muster 201. Bei der Auswahl des „passenden" Musters möge der Benutzer die Untertitel sorgfältig beachten.

--- Erläuterungen ---

bei *Muster 201*

Muster 196

Zwangsversteigerungserlös II
Anspruch des bisherigen Grundstückseigentümers auf Auszahlung des Mehrerlöses nach Erteilung des Zuschlags

In ein Formblatt (vgl. „Hinweise" Ziff. 5) ist einzusetzen:

Wegen dieser Ansprüche sowie wegen der Kosten dieses Beschlusses und seiner Zustellung

wird der angebliche Anspruch des Schuldners

gegen . . . (Beachte Rn. 15 der Erläuterungen bei Muster 201) . . .

(Drittschuldner)

auf Auszahlung des Mehrerlöses aus dem Zwangsversteigerungsverfahren des Amtsgerichts . . . Az.: . . . über das Grundstück des Schuldners Flst.Nr. . . . Gem. . . ., eingetragen im Grundbuch des Amtsgerichts . . . Band . . . Blatt . . .

gepfändet.

Dem Drittschuldner wird verboten, an den Schuldner zu zahlen.*

Dem Schuldner wird geboten, sich jeder Verfügung über den gepfändeten Anspruch, insbesondere seiner Einziehung, zu enthalten.

Zugleich wird der gepfändete Anspruch dem Gläubiger zur Einziehung überwiesen.

---

* Achtung: Wenn es keinen Drittschuldner gibt, entfallen dieser Satz und die obige Erwähnung des Drittschuldners.

——— **Erläuterungen** ———

bei *Muster 201*

Muster 197

Zwangsversteigerungserlös III
Anspruch des Gläubigers eines Grundpfandrechts nach Erteilung des Zuschlags

In ein Formblatt (vgl. „Hinweise" Ziff. 5) ist einzusetzen:

Wegen dieser Ansprüche sowie wegen der Kosten dieses Beschlusses und seiner Zustellung

wird der angebliche Anspruch des Schuldners auf Befriedigung aus dem Versteigerungserlös, der sich im Zwangsversteigerungsverfahren des Amtsgerichts . . . ., Az.: . . . . . über das Grundstück Fl.Nr. . . . . . der Gemarkung . . . ., eingetragen im Grundbuch des Amtsgerichts . . . . für . . . . . . Bl. . . . . gegen . . . (Beachte Rn. 24 der Erläuterungen bei Muster 201) . . .

(Drittschuldner)

infolge Erteilung des Zuschlags als anteiliger Erlösanspruch ergeben hat,

gepfändet.

Dem Drittschuldner wird verboten, an den Schuldner zu leisten.*

Dem Schuldner wird geboten, sich jeder Verfügung über den gepfändeten Anspruch, insbesondere seiner Einziehung, zu enthalten.

Zugleich wird der gepfändete Anspruch dem Gläubiger zur Einziehung überwiesen.

---

* Achtung: Wenn es keinen Drittschuldner gibt, entfallen dieser Satz und die obige Erwähnung des Drittschuldners.

Erläuterungen

bei *Muster 201*

Muster 198

Zwangsversteigerungserlös IV
Anspruch des Inhabers eines nicht auf Zahlung von Kapital gerichteten Rechts nach Erteilung des Zuschlags

In ein Formblatt (vgl. „Hinweise" Ziff. 5) ist einzusetzen:

Wegen dieser Ansprüche sowie wegen der Kosten dieses Beschlusses und seiner Zustellung

wird der angebliche Anspruch des Schuldners aus § 92 ZVG auf Wertersatz für sein durch Zuschlag erloschenes ... (das erloschene Recht bezeichnen, z. B. Wohnungsrecht nach § 1093 BGB, Nießbrauch) ... an dem, dem Zwangsversteigerungsverfahren des Vollstreckungsgerichts ..., Az.: ... unterworfenen Grundstück ... Fl.Nr. ... der Gem. ..., eingetragen im Grundbuch des Amtsgerichts ... für ... Band ... Blatt ...

gegen ... (Beachte Rn. 24 der Erläuterungen bei Muster 201) ...

(Drittschuldner)

gepfändet.

Dem Drittschuldner wird verboten, an den Schuldner zu leisten.*

Dem Schuldner wird geboten, sich jeder Verfügung über den gepfändeten Anspruch, insbesondere der Einziehung, zu enthalten.

Zugleich wird der gepfändete Anspruch dem Gläubiger zur Einziehung überwiesen.

---

* Achtung: Wenn es keinen Drittschuldner gibt, entfallen dieser Satz und die obige Erwähnung des Drittschuldners.

— **Erläuterungen** —

bei *Muster 201*

Muster 199

Zwangsversteigerungserlös V
Anspruch des bisherigen Grundstückseigentümers aus einer originären Eigentümergrundschuld

In ein Formblatt (vgl. „Hinweise" Ziff. 5) ist einzusetzen:

Wegen dieser Ansprüche sowie wegen der Kosten dieses Beschlusses und seiner Zustellung

wird der angebliche Anspruch des Schuldners auf Befriedigung aus dem im Zwangsversteigerungsverfahren des Amtsgerichts . . . Az.: . . . über sein Grundstück in . . . erzielten Erlös

gepfändet;*

der Anspruch ist entstanden als Surrogat der für den Schuldner an seinem Grundstück Flst.Nr. . . ., Gem. . . ., im Grundbuch des Amtsgerichts . . . Band . . . Blatt . . . in Abt. III unter lfd. Nr. . . . eingetragenen Eigentümergrundschuld mit/ohne Brief.

Dem Schuldner wird geboten, sich jeder Verfügung über den gepfändeten Anspruch, insbesondere seiner Einziehung, zu enthalten.

Zugleich wird der gepfändete Anspruch dem Gläubiger zur Einziehung überwiesen.

---

* Es gibt keinen Drittschuldner (vgl. Rn. 28 der Erläuterungen bei *Muster 201*).

———— Erläuterungen ————

bei *Muster 201*

Muster 200

Zwangsversteigerungserlös VI
Anspruch des bisherigen Grundstückseigentümers aus einem abgeleiteten Eigentümergrundpfandrecht

In ein Formblatt (vgl. „Hinweise" Ziff. 5) ist einzusetzen:

Wegen dieser Ansprüche sowie wegen der Kosten dieses Beschlusses und seiner Zustellung

wird der angebliche Anspruch des Schuldners auf Befriedigung aus dem im Zwangsversteigerungsverfahren des Amtsgerichts . . . Az.: . . . über sein Grundstück in . . . erzielten Erlös

gepfändet;*

der Anspruch ist entstanden als Surrogat der Eigentümergrundschuld des Schuldners, die ihrerseits angeblich ganz oder teilweise aus der zugunsten des . . . (Name und Adresse des bisherigen noch im Grundbuch eingetragenen Hypothekengläubigers) . . ., an dem Grundstück Fl.Nr. . . . Gem. . . . in Abt. III des Grundbuchs des Amtsgerichts . . . Band . . . Blatt . . . eingetragenen Hypothek mit/ohne Brief entstanden ist.

Dem Schuldner wird geboten, sich jeder Verfügung über den gepfändeten Anspruch, insbesondere seiner Einziehung, zu enthalten.

Zugleich wird der gepfändete Anspruch dem Gläubiger zur Einziehung überwiesen.

---

* Es gibt keinen Drittschuldner (vgl. Rn. 28 der Erläuterungen bei *Muster 201*).

——————— **Erläuterungen** ———————

bei *Muster 201*

Muster 201

Zwangsversteigerungserlös VII
Anspruch eines Grundpfandrechtsschuldners gegen seinen Gläubiger auf Herausgabe des auf den nicht valutierten Teil des Grundpfandrechts entfallenden Versteigerungserlöses

In ein Formblatt (vgl. „Hinweise" Ziff. 5) ist einzusetzen:

Wegen dieser Ansprüche sowie wegen der Kosten dieses Beschlusses und seiner Zustellung

wird die angebliche Forderung des Schuldners

gegen

... (Name bzw. Firma und Adresse des Grundpfandrechtsgläubigers) ...

(Drittschuldner)

auf Herausgabe des Erlöses gepfändet,

der bei der Zwangsversteigerung des Grundstücks ... ... (Grundstücksbeschrieb) ... auf denjenigen Teil des auf diesem Grundstück in Abt. III lfd. Nr. ... des Grundbuchs eingetragenen ... Hypothek/Grundschuld/Rentenschuld ... entfällt, der die Forderung des Drittschuldners gegen den Schuldner übersteigt.

Dem Drittschuldner wird verboten, an den Schuldner zu zahlen.

Dem Schuldner wird geboten, sich jeder Verfügung über die gepfändete Forderung, insbesondere ihrer Einziehung, zu enthalten.

Zugleich wird die gepfändete Forderung dem Gläubiger zur Einziehung überwiesen.

─────────── Erläuterungen ───────────

1. Die einzelnen Schritte des Zwangsversteigerungsverfahrens

1 Das im Gesetz über die Zwangsversteigerung und die Zwangsverwaltung (Zwangsversteigerungsgesetz, ZVG, abgedruckt bei Schönfelder als Nr. 108) geregelte Zwangsversteigerungsverfahren zielt darauf ab, durch **Beschlagnahmung und Veräußerung eines Grundstückes** Forderungen zu befriedigen, die gegen den Grundstückseigentümer bestehen. Das Verfahren obliegt dem Vollstreckungsgericht (§ 1 ZVG). Durch das Zwangsversteigerungsverfahren werden auch die Ansprüche anderer als des betreibenden Gläubigers berührt, insbesondere Ansprüche solcher Personen, die dingliche Rechte an dem Grundstück haben. Dieses Verfahren wird auch auf grundstücksgleiche Rechte, eingetragene Schiffe und eingetragene Luftfahrzeuge angewendet.

2 1.1 Das Vollstreckungsgericht übereignet dem Ersteher das Grundstück durch Staatsakt. Der Ersteher ist dafür verpflichtet, den „Preis", das bare **Meistgebot**

zu bezahlen. Dieser Betrag steht dem Eigentümer zu, wird aber vom Vollstreckungsgericht zu dem Zweck entgegengenommen, ihn den Berechtigten zuzuführen. Mit dem Eigentumsverlust tritt also an die Stelle des Grundstücks die Forderung des Eigentümers auf das Bargebot und mit dessen Bezahlung der Erlös abzüglich der Kosten, der vom Vollstreckungsgericht zu verteilen ist.

Im Verlauf des Zwangsversteigerungsverfahrens können sich also Ansprüche mehrerer Personen ergeben. 3

1.2 Für die Untersuchung dieser Ansprüche auf ihre Pfändbarkeit ist es wichtig, folgendes zu wissen: 4

Auf Antrag eines Gläubigers des Eigentümers und nach Überprüfung der Voraussetzungen ordnet das Vollstreckungsgericht die Zwangsversteigerung des Grundstücks an und beschlagnahmt dieses damit (§ 20 ZVG). Die **Beschlagnahme** wird ins Grundbuch eingetragen (§ 19 ZVG); der Zeitpunkt dieser Eintragung ist für die spätere Verteilung des Erlöses, nämlich für die Rangbestimmung, von Bedeutung. Die Beschlagnahme hat die Wirkung eines Veräußerungsverbots i. S. der §§ 135, 136 BGB (§ 23 ZVG). Nach entsprechender Vorbereitung bestimmt das Vollstreckungsgericht einen Termin zur Versteigerung (§ 36 ZVG), in dem es das geringste Gebot, das die dem Anspruch des betreibenden Gläubigers vorhergehenden Rechte und die Verfahrenskosten decken muß (§ 44 ZVG), und die Versteigerungsbestimmungen bekannt gibt und die erschienenen Interessenten zur Abgabe von Angeboten auffordert (§ 66 ZVG).

Wenn zulässige Gebote abgegeben sind und weitere Gebote nicht mehr abgegeben werden, hat das Gericht das letzte Gebot **(Meistgebot)** festzustellen und zu verkünden (§ 73 ZVG), über den Zuschlag zu verhandeln (§§ 74 ff. ZVG) und dem Meistbietenden den **Zuschlag** zu erteilen (§§ 81, 82, 89 ZVG). Durch den Zuschlag als Staatsakt wird der Ersteher Eigentümer des Grundstücks, ohne daß es weiterer Übertragungsakte bedürfte, und die Rechte am Grundstück, die nicht nach den Versteigerungsbedingungen oder kraft Vereinbarung zwischen Ersteher und Berechtigtem bestehen bleiben sollen, erlöschen (§ 91 ZVG); an die Stelle eines erlöschenden Rechts tritt der Anspruch auf Ersatz seines Wertes aus dem Versteigerungserlös. Der Meistbietende (und neben ihm ein etwaiger mit ihm nicht identischer Ersteher, § 81 Abs. 2 ZVG) hat nun sein Bargebot bis zum Verteilungstermin oder in demselben an das Versteigerungsgericht zu bezahlen (§ 49 ZVG). 5

Das Versteigerungsgericht bestimmt zur Verhandlung über die Verteilung des Erlöses einen **Verteilungstermin** (§ 105 ZVG), in dem die Teilungsmasse festgestellt und ein Teilungsplan aufgestellt wird. Wird kein Widerspruch gegen den Teilungsplan erhoben, so zahlt das Versteigerungsgericht den nach Berichtigung der Versteigerungskosten verbleibenden Teil des Erlöses an die Berechtigten aus oder weist ihnen Anteile an der vom Ersteher noch nicht berichtigten Forderung auf das Bargebot zu (§§ 117, 118 ZVG). Soweit Widerspruch gegen den Verteilungsplan erhoben wird, hinterlegt das Versteigerungsgericht den streitigen Betrag bei der Hinterlegungsstelle des Amtsgerichts (§§ 124, 120 ZVG). 6

7   **1.3** An die Berechtigten wird aber nicht etwa gleichmäßig ausbezahlt, sondern in einer bestimmten **Rangfolge,** die in § 10 ZVG festgelegt ist, bis zum Verbrauch des gesamten Erlöses.

2. Pfändung und Verwertung

8   Die im Zusammenhang mit dem Versteigerungsverfahren entstehenden Ansprüche sind im Grundsatz **pfändbar**; sie werden durch **Überweisung zur Einziehung** verwertet.

9   **2.1** Der **Anspruch des Meistbietenden (Erstehers) auf den Zuschlag** kann nach § 857 gepfändet werden; einen **Drittschuldner** gibt es nicht, weil der Anspruch auf den Zuschlag öffentlich-rechtlicher Natur ist. Die Rechtslage ist ganz ähnlich der, die bei Pfändung des Anwartschaftsrechts nach Erklärung der Auflassung besteht: Der Vollstreckungsgläubiger erlangt infolge der Pfändung mit Erteilung des Zuschlags kraft Gesetzes eine Sicherungshypothek für seine Forderung (§ 848 Abs. 2 Satz 2, vgl. oben *Muster 30* und Rn. 17 bis 23 der Erläuterungen zu *Muster 33*).

10   **2.2** Die **Ansprüche der Berechtigten auf Auszahlung der ihnen zukommenden Teile am Versteigerungserlös** sind im Grundsatz pfändbar. Die Fragen, ob Ansprüche auf Beteiligung am Versteigerungserlös schon vor Erteilung des Zuschlags pfändbar seien, ob es einen Drittschuldner gebe und wer er sei, haben Rechtsprechung und besonders Literatur immer wieder beschäftigt. Die jetzt herrschende und nach unserer Meinung richtige Ansicht läßt regelmäßig **Pfändung** der Ansprüche auf Beteiligung am Erlös **erst nach dem Zuschlag** zu[1], während insbesondere *Zeller*[2] es für unverständlich hielte, wenn diese Ansprüche nicht vor Zuschlagserteilung gepfändet werden könnten. Einen Drittschuldner gibt es nach ganz herrschender Meinung bei vielen Konstellationen nicht[3].

11   **2.2.1 Pfändung vor Erteilung des Zuschlags?** Jede Vollstreckung in einen Anspruch, der sich auf Beteiligung am Versteigerungserlös richtet, kann nur darauf zielen, daß die Auszahlung des Anteils am Erlös durch das Versteigerungsgericht nicht an den Vollstreckungsschuldner, sondern an den Vollstreckungsgläubiger erfolge. Das Versteigerungsgericht führt dieses Verfahren bis zum Abschluß des Verteilungsverfahrens in amtlicher Eigenschaft; seine Tätigkeit ist Ausübung von Staatshoheit. Der öffentlich-rechtliche Anspruch auf Auszahlung ist pfändbar – das ist heute nicht mehr bestritten – aber erst dann, wenn er als – sei es auch zukünftige oder bedingte – Forderung entstanden ist. Künftige und bedingte Forderungen sind pfändbar, wenn und sobald sie sich genügend konkretisiert haben, wenn und sobald also jedenfalls ihr Rechtsgrund und der Drittschuldner feststeht (vgl. Rn. 81 f. der „Grundlagen"). Hier

---

1   *Stöber*, Rn. 1989; *Zeller/Stöber*, ZVG, § 114 Anm. 5.20 und die dort Zitierten; *Steiner*, Zwangsversteigerung und Zwangsverwaltung, 9. Aufl., § 114 Rn. 17; *Böttcher*, Zwangsversteigerungsgesetz 1991, § 117 Anm. II 4h) bb.
2   *Zeller*, Zwangsversteigerungsgesetz, 10. Aufl., § 114 Rn. 3 (24d) und die dort Zitierten.
3   Alle in Fußnoten 1 und 2 Genannten und *Dassler/Schiffhauer/Gerhardt/Muth*, Gesetz über die Zwangsversteigerung und Zwangsverwaltung, 12. Aufl., § 117 Rn. 19 bis 25.

aber steht der Drittschuldner erst fest, wenn man weiß, wer das Meistgebot an das Vollstreckungsgericht zu zahlen hat, wer also Meistbietender (oder Ersteher) ist. Daher sind diese Forderungen erst ab Zuschlagserteilung pfändbar. Andere Ansprüche, z. B. der Anspruch auf Wertersatz für ein untergehendes dingliches Recht, entstehen erst mit dem Zuschlag, während sie bis dahin Rechte anderer Art sind; auch hier ist folglich Zuschlagserteilung Voraussetzung der Pfändbarkeit. Das wird unten bei Erörterung der einzelnen Ansprüche jeweils behandelt werden.

2.2.2 Die Frage, ob es einen **Drittschuldner** gebe und wer er sei, muß je nach Art des zu pfändenden Anspruchs und auch in verschiedenen Stadien des Zwangsversteigerungsverfahrens verschieden beantwortet werden. Auch das wird bei Darstellung der einzelnen Ansprüche behandelt werden. 12

Klar ist jedenfalls, daß das Versteigerungsgericht nicht Drittschuldner sein kann, obwohl es die Auszahlung vornimmt; denn es ist weder Gläubiger des Meistbietenden (Erstehers) noch Schuldner der Berechtigten, sondern handelt in amtlicher Eigenschaft. Danach kommen als Drittschuldner in Frage: entweder der Meistbietende (Ersteher) – jedoch nur, bis er das Meistgebot tatsächlich bezahlt hat; denn mit dieser Zahlung erlischt die Forderung gegen ihn – oder der bisherige Eigentümer. Wenn der Versteigerungserlös (etwa nach § 117 ZVG) hinterlegt ist, so ist das Bundesland, zu dessen Gericht die Hinterlegungsstelle gehört, Drittschuldner[4]; zu pfänden ist nach *Muster 98*.

2.3 Der **Anspruch eines betreibenden Gläubigers auf Auszahlung des ihm zukommenden Erlösanteils** ist nach § 857 Abs. 1 zu pfänden. Von Erteilung des Zuschlags an bis zur Zahlung des Bargebots ist der Meistbietende (Ersteher) **Drittschuldner**. Von diesen Konstellationen geht *Muster 195* aus. Bis zur Erteilung des Zuschlags ist die Person des Drittschuldners nicht bekannt, der Anspruch also auch nicht als künftiger zu pfänden. 13

Vor dem Zuschlag kann der Vollstreckungsgläubiger aber diejenige Forderung pfänden, aus welcher der Vollstreckungsschuldner die Zwangsversteigerung betreibt, und dann den Anspruch auf Auszahlung an sich statt an den Vollstreckungsschuldner spätestens im Verteilungstermin anmelden und dabei den Pfändungs- und Überweisungsbeschluß samt Zustellungsnachweisen vorlegen.

Die Durchsetzung der Pfändung ist unten Rn. 29 behandelt. 14

2.4 Der **Anspruch des bisherigen Grundstückseigentümers** (des Schuldners im Zwangsversteigerungsverfahren) **auf Auszahlung eines Mehrerlöses** (Übererlöses) ist ebenfalls nach § 857 Abs. 1 zu pfänden. Auch hier ist wie oben Rn. 13 die Pfändung erst nach Erteilung des Zuschlags zulässig, auch hier gilt bezüglich des **Drittschuldners** das oben Gesagte. 15

Dieser Anspruch wird in *Muster 196* behandelt, seine Durchsetzung in Rn. 29 dargestellt.

---

4 BGHZ 58, 228.

16 Vor Erteilung des Zuschlags kann der Vollstreckungsgläubiger aber auch dem Zwangsversteigerungsverfahren beitreten, schlechtestenfalls im 5. Rang nach § 10 ZVG, so daß der Vollstreckungsschuldner als Mehrerlös nur das erhält, was nach Befriedigung des Vollstreckungsgläubigers (und anderer Vorrangiger) übrigbleibt.

17 **2.5 Ansprüche des Inhabers eines eingetragenen Rechts auf Beteiligung am Versteigerungserlös:** Nicht immer reicht der Versteigerungserlös aus, um die Verfahrenskosten, die eingetragenen Rechte und den Anspruch des betreibenden Gläubigers zu befriedigen. Daher weist das ZVG den einzelnen Rechten bzw. Ansprüchen einen Rang zu; in dieser Rangfolge werden sie befriedigt (§§ 10, 11 ZVG). Rechte mit besserem Rang als ihn der Anspruch des betreibenden Gläubiger hat, sind also vor diesem zu befriedigen. Deshalb enthalten die Versteigerungsbedingungen ein „geringstes Gebot", das (die Verfahrenskosten und) den Wert aller vorrangigen eingetragenen Rechte umfaßt; ein darunter liegendes Gebot wird nicht zugelassen (§§ 44 ff. ZVG).

18 Die Versteigerungsbedingungen führen auch die Rechte auf, welche trotz der Versteigerung weiterbestehen sollen; darin nicht aufgeführte eingetragene Rechte erlöschen durch den Zuschlag (§ 91 ZVG). Nur die Rechte am Grundstück aber erlöschen, nicht jedoch die ihnen zugrundeliegenden Ansprüche: An diesen setzen sich die Rechte am erlöschenden Recht fort[5] und werden ihrem Rang nach (§§ 10, 11 ZVG) aus dem Erlös der Versteigerung befriedigt, soweit er reicht.

19 **Bestehenbleibende Rechte** werden von der Zwangsversteigerung rechtlich nicht berührt, ihre Inhaber haben keinen Anspruch auf Teilhabe am Versteigerungserlös.

20 **2.5.1** Bei **Rechten, die auf Zahlung eines Kapitals gerichtet sind** (Hypothek, Grundschulden), macht die Berechnung des auf die zugrunde liegenden Forderungen entfallenden, aus dem Versteigerungserlös zu befriedigenden Beträge keine Schwierigkeiten. Die Pfändung dieses Anspruchs zeigt Muster 197.

21 **2.5.2** Das ist anders bei **Rechten, die nicht auf Zahlung eines Kapitals gerichtert sind:** An ihre Stelle tritt ein Anspruch auf Wertersatz (§ 92 ZVG), der nach § 121 ZVG zu berechnen ist. Die Pfändung dieses Anspruchs zeigt *Muster 198*.

22 **2.5.3 Diese Ansprüche sind erst ab Erteilung des Zuschlags zu pfänden;** denn sie entstehen erst mit dem durch den Zuschlag bewirkten Erlöschen des zugrundeliegenden dinglichen Rechts[6].

23 **Gepfändet** wird nach § 857 Abs. 1, **verwertet** wird durch Überweisung zur Einziehung nach § 835.

24 **Drittschuldner** ist der Schuldner des erloschenen dinglichen Rechts, in der Regel also der bisherige Eigentümer, sonst der von ihm etwa verschiedene persönliche Schuldner.

---

5 BGHZ 58, 298 (301).
6 BGHZ 58, 298 (301).

Beachte: In der Praxis wird zwar meist (nur) der bisherige Eigentümer als 25
Drittschuldner behandelt, bezeichnet und nur ihm zugestellt; weil aber zumindest sehr zweifelhaft ist, ob er Drittschuldner ist, wenn er nicht zugleich die Forderung persönlich schuldet, sollten in solchen Fällen sowohl der bisherige Eigentümer als der persönliche Schuldner als Drittschuldner behandelt werden.

Wenn das Bargebot bezahlt ist, gibt es keinen Drittschuldner.

Die Pfändung der in Rn. 17 bis 25 behandelten Ansprüche ist in *Mustern 197* 26
und 198 dargestellt, ihre Durchsetzung ist unten Rn. 29 erörtert.

Bis zur Erteilung des Zuschlags dagegen bestehen Ansprüche auf Beteiligung 27
am Versteigerungserlös noch nicht; vielmehr bestehen noch die ursprünglichen dinglichen Rechte, die also bis zum Zuschlag als solche nach den Regeln zu pfänden sind, die für die einzelnen dinglichen Rechte gelten, Hypotheken also beispielsweise durch Pfändungsbeschluß und Übergabe des Hypothekenbriefes an den Vollstreckungsgläubiger (Briefgrundschulden) bzw. Eintragung der Pfändung im Grundbuch (Buchhypotheken), wie sich aus § 830 ergibt.

2.6 Eigentümergrundpfandrechte werden im Zwangsversteigerungsverfahren 28
wie Fremdrechte behandelt, die einem fremden Pfandgläubiger zuzuweisenden Anteile am Erlös werden dem bisherigen Eigentümer zugesprochen. Es gelten Rn. 17 f. und 21 f. mit der Maßgabe, daß es einen **Drittschuldner** nicht gibt. Die Pfändung dieses Anspruchs ist dargestellt in *Mustern 199 und 200.*

2.7 Um die **Pfändung durchzusetzen,** muß der Vollstreckungsgläubiger spätestens im Verteilungstermin Auszahlung der gepfändeten Beträge an sich verlangen und dem Versteigerungsgericht eine Ausfertigung des Pfändungs- und Überweisungsbeschlusses samt Zustellungsnachweisen vorlegen (§ 114 ZVG). 29
Das Versteigerungsgericht hat zu prüfen, ob der Beschluß wirksam erlassen und den richtigen Personen zugestellt ist.

Berücksichtigt das Versteigerungsgericht die Pfändung im Verteilungsplan nicht, so kann der Vollstreckungsgläubiger seinen Anspruch durch Widerspruch gegen den Teilungsplan weiter verfolgen.

2.8 Hat der **Meistbietende (Ersteher) im Verteilungstermin den Betrag des** 30
Bargebots nicht bezahlt, so hat das Versteigerungsgericht den Teilungsplan dadurch auszuführen, daß es die Forderung gegen den Ersteher auf den Berechtigten überträgt. (§ 118 ZVG); zugleich ist für den Berechtigten eine Sicherungshypothek einzutragen (§ 128 ZVG). Diese Forderung des Berechtigten ist bei ihm **als Hypothekenforderung** nach *Muster 49* zu pfänden und zu überweisen.

2.9 Der **Anspruch eines Grundpfandschuldners gegen seinen Grundpfand-** 31
gläubiger, dem im Versteigerungsverfahren der gesamte Erlös des Grundpfandrechts zugeteilt worden ist, entsteht nicht innerhalb eines Zwangsversteigerungsverfahrens, sondern anläßlich eines solchen: Der Schuldner eines Grundpfandrechts (regelmäßig der Grundstückseigentümer) kann gegen den Grundpfandgläubiger einen Anspruch darauf haben, daß dieser den Betrag

Muster 201 Zwangsversteigerungserlös VII

ganz oder teilweise herausgebe, der ihm im Zwangsversteigerungsverfahren für das Grundstück zugeteilt worden ist[7]. Ein solcher Anspruch wird regelmäßig dann bestehen, wenn das Grundpfandrecht nicht oder nur teilweise valutiert war. Die Pfändung dieses Anspruchs ist in *Muster 201* behandelt.

---

[7] BGH in NJW 1992, 1620 m. w. N.

Muster 202

Zwangsverwaltungserlös I
Anspruch des Grundstückseigentümers auf Auskehrung des ihm gebührenden Teils der Überschüsse

In ein Formblatt (vgl. „Hinweise" Ziff. 5) ist einzusetzen:

Wegen dieser Ansprüche sowie wegen der Kosten dieses Beschlusses und seiner Zustellung

wird die angebliche Forderung des Schuldners

gegen ... (Name und Adresse des Zwangsverwalters) ... als Zwangsverwalter des Grundstücks Flst.Nr. ... der Gem. ... in ...   (Drittschuldner)

auf Auszahlung der ihm gebührenden Anteile an den Überschüssen aus der beim Vollstreckungsgericht ... unter Az.: ... betriebenen Zwangsverwaltung über das genannte Grundstück des Schuldners

gepfändet.

Dem Drittschuldner wird verboten, an den Schuldner zu zahlen.

Dem Schuldner wird geboten, sich jeder Verfügung über die gepfändete Forderung, insbesondere ihrer Einziehung, zu enthalten.

Zugleich wird die gepfändete Forderung dem Gläubiger zur Einziehung überwiesen.

Erläuterungen

bei *Muster 204*

Muster 203

Zwangsverwaltungserlös II
Anspruch eines Grundpfandgläubigers auf Auszahlung von Zinsen, Tilgungsbeträgen und Nebenleistungen

In ein Formblatt (vgl. „Hinweise" Ziff. 5) ist einzusetzen:

Wegen dieser Ansprüche sowie wegen der Kosten dieses Beschlusses und seiner Zustellung

wird die angebliche Forderung des Schuldners

gegen . . . (Name und Adresse des Zwangsverwalters) . . . als Zwangsverwalter des Grundstücks Flst.Nr. . . . . der Gem. . . . in . . .   (Drittschuldner)

auf Auszahlung von Überschüssen aus der Zwangsverwaltung des genannten Grundstücks zur Deckung von dem Schuldner zustehenden Zinsen, Tilgungsbeträgen und Nebenleistungen aus dem ihm zustehenden Grundpfandrecht

gepfändet.

Dem Drittschuldner wird verboten, an den Schuldner zu zahlen.

Dem Schuldner wird geboten, sich jeder Verfügung über die Forderung, insbesondere ihrer Einziehung, zu enthalten.

Zugleich wird die gepfändete Forderung dem Gläubiger zur Einziehung überwiesen.

———— Erläuterungen ————

bei *Muster 204*

Muster 204

Zwangsverwaltungserlös III
Anspruch des betreibenden Gläubigers auf Befriedigung seiner Forderung

In ein Formblatt (vgl. „Hinweise" Ziff. 5) ist einzusetzen:

Wegen dieser Ansprüche sowie wegen der Kosten dieses Beschlusses und seiner Zustellung

wird die angebliche Forderung des Schuldners

gegen ... (Name und Adresse des Zwangsverwalters) ... als Zwangsverwalter des Grundstücks Flst.Nr. ... der Gem. ... in ...   (Drittschuldner)

auf Befriedigung seiner im Zwangsverwaltungsverfahren Az.: ... des Amtsgerichts ... geltend gemachten Forderung gegen den Grundstückseigentümer ... (Name und Adresse) ...

gepfändet.

Dem Drittschuldner wird verboten, an den Schuldner zu zahlen.

Dem Schuldner wird geboten, sich jeder Verfügung über die Forderung, insbesondere ihrer Einziehung, zu enthalten.

Zugleich wird die gepfändete Forderung dem Gläubiger zur Einziehung überwiesen.

Erläuterungen

1. Zwangsverwaltung

Die Zwangsverwaltung, geregelt in §§ 866, 869 ZPO, 146 bis 161 ZVG, ist eine **Form der Immobiliarvollstreckung,** welche nicht in die Substanz des Grundstücks eingreift, sondern nur dessen Nutzungen zur Befriedigung des Gläubigers heranzieht: Der vom Vollstreckungsgericht eingesetzte **Zwangsverwalter** nimmt das Grundstück in Besitz und ergreift diejenigen Maßnahmen, die notwendig oder zweckmäßig sind, um einerseits das Grundstück in seinem wirtschaftlichen Bestand zu erhalten und es andererseits ordnungsgemäß zu nutzen. Er hat die Ansprüche, welche von der Beschlagnahme durch das Zwangsverwaltungsverfahren erfaßt sind, geltend zu machen, die Nutzungen – soweit sie nicht in Geld bestehen – zu Geld zu machen und damit die Verfahrens- und Verwaltungskosten zu decken und Überschüsse zur Befriedigung der Ansprüche der Beteiligten in der Rangfolge nach § 10 ZVG zu verwenden.   1

Die Rechte an dem Grundstück – wie Grundpfandrechte, Dienstbarkeiten, Reallasten – bleiben bestehen, ihre Inhaber können weiterhin die ihnen gebührenden Leistungen verlangen.   2

Muster 204 Zwangsverwaltungserlös III

3 Was dann von den Überschüssen verbleibt, steht dem betreibenden Gläubiger bis zur Befriedigung seiner Forderungen zu, ein etwaiger Rest ist dem Eigentümer herauszugeben.

4 Im einzelnen ist die Verteilung der Nutzungen in §§ 155, 156 ZVG geregelt.

5 Die Forderungen aller Beteiligten richten sich also gegen den Zwangsverwalter.

2. Pfändung und Verwertung

6 Die Forderungen gegen den Zwangsverwalter sind als gewöhnliche Geldforderungen nach § 829 zu pfänden und nach § 835 zur Einziehung zu überweisen.

7 **Drittschuldner** ist der Zwangsverwalter.

8 Auch Forderungen, die erst bei der Aufhebung des Zwangsverwaltungsverfahrens fällig werden, können schon während der Verfahrensdauer als künftige Forderungen gepfändet werden[1].

9 Geht während des Zwangsverwaltungsverfahren das Eigentum am Grundstück auf einen Dritten über, so steht vom Eigentumsübergang an der **Anspruch auf Auskehrung des Überschußrestes** dem neuen Eigentümer zu, so daß die Pfändung nach *Muster 200* von nun an ins Leere geht.

---

1 Vgl. BGHZ 120, 131.

Anhang

Übersicht   Seite

1. Die NATO-Streitkräfte als Drittschuldner   509
2. Auszug aus der Abgabenordnung (AO)   512
3. Auszug aus der Geschäftsanweisung für Gerichtsvollzieher (GVGA) .   518

1. Die NATO-Streitkräfte als Drittschuldner

Abkommen zwischen den Parteien des Nordatlantikvertrags über die Rechtsstellung ihrer Truppen (NATO-Truppenstatut) vom 19. 6. 1951, BGBl. 1961 II S. 1190 (Auszug)*

Die Parteien des am 4. April 1979 in Washington unterzeichneten Nordatlantikvertrages –

In Anbetracht der Tatsache, daß die Truppen einer Vertragspartei nach Vereinbarung zur Ausübung des Dienstes in das Hoheitsgebiet einer anderen Vertragspartei entsandt werden können;

In dem Bewußtsein, daß der Beschluß, sie zu entsenden, und die Bedingungen, unter denen sie entsandt werden, auch weiterhin Sondervereinbarungen zwischen den beteiligten Vertragsparteien unterliegen, soweit die Bedingungen nicht in diesem Abkommen festgelegt sind;

In dem Wunsche jedoch, die Rechtsstellung dieser Truppen während ihres Aufenthaltes in dem Hoheitsgebiet einer anderen Vertragspartei festzulegen –

sind wie folgt übereingekommen:

Art. VIII (Schadenshaftung; Zivilgerichtsbarkeit)

(1)–(4) . . .

(5) . . .

(a)–(f) . . .

(g) Ein Mitglied einer Truppe oder eines zivilen Gefolges darf einem Verfahren zur Vollstreckung eines Urteils nicht unterworfen werden, das in dem Aufnahmestaat in einer aus der Ausübung des Dienstes herrührenden Angelegenheit gegen ihn ergangen ist.

(h) . . .

(6)–(8) . . .

(9) Hinsichtlich der Zivilgerichtsbarkeit des Aufnahmestaates darf der Entsendestaat für Mitglieder einer Truppe oder eines zivilen Gefolges keine Befreiung von der Gerichtsbarkeit des Aufnahmestaates über Absatz (5) Buchstabe (g) hinaus beanspruchen.

---

* Vgl. auch *Muster 21–23b*.

Anhang 1 NATO-Truppenstatut

Zusatzabkommen zu dem Abkommen zwischen den Parteien des Nordatlantikvertrages über die Rechtsstellung ihrer Truppen hinsichtlich der in der Bundesrepublik Deutschland stationierten ausländischen Truppen vom 3. 8. 1959, BGBl. 1961 II S. 1183, 1218, m. W. vom 18. 1. 1974, BGBl. II S. 143, geänd. durch Abk. vom 21. 10. 1971, BGBl. 1973 II S. 1022; zuletzt geändert am 28. 9. 1994, BGBl. 1994 II S. 2594 (Auszug)

Art. 34 (Durchführung der Zwangsvollstreckung)

(1) Die Militärbehörden gewähren bei der Durchsetzung vollstreckbarer Titel in nichtstrafrechtlichen Verfahren deutscher Gerichte und Behörden alle in ihrer Macht liegende Unterstützung.

(2) (a) In einem nichtstrafrechtlichen Verfahren kann eine Haft gegen Mitglieder einer Truppe oder eines zivilen Gefolges oder gegen Angehörige von deutschen Behörden und Gerichten nur angeordnet werden, um eine Mißachtung des Gerichts zu ahnden oder um die Erfüllung einer gerichtlichen oder behördlichen Entscheidung oder Anordnung zu gewährleisten, die der Betreffende schuldhaft nicht befolgt hat oder nicht befolgt. Wegen einer Handlung oder Unterlassung in Ausübung des Dienstes darf eine Haft nicht angeordnet werden. Eine Bescheinigung der höchsten zuständigen Behörde des Entsendestaates, daß die Handlung oder Unterlassung in Ausübung des Dienstes erfolgte, ist für deutsche Stellen verbindlich, in anderen Fällen berücksichtigen die zuständigen deutschen Stellen das Vorbringen der höchsten zuständigen Behörde des Entsendestaates, daß zwingende Interessen einer Haft entgegenstehen, in gebührender Weise.

(b) Eine Verhaftung nach diesem Absatz kann nur vorgenommen werden, nachdem die Militärbehörden, für die Ersetzung der betroffenen Personen gesorgt haben, sofern sie dies für erforderlich halten. Die Militärbehörden ergreifen unverzüglich alle zu diesem Zweck erforderlichen zumutbaren Maßnahmen und gewähren den für die Durchsetzung einer Anordnung oder Entscheidung im Einklang mit diesem Absatz verantwortlichen deutschen Behörden alle in ihrer Macht liegende Unterstützung.

(c) Ist eine Verhaftung innerhalb einer der Truppe oder dem zivilen Gefolge zur ausschließlichen Benutzung überlassenen Liegenschaft im Einklang mit diesem Absatz vorzunehmen, so kann der Entsendestaat, nachdem er sich mit dem deutschen Gericht oder der deutschen Behörde über die Einzelheiten ins Benehmen gesetzt hat, diese Maßnahme durch seine eigene Polizei durchführen lassen. In diesem Fall wird die Verhaftung unverzüglich und, soweit die deutsche Seite dies wünscht, in Gegenwart von Vertretern des deutschen Gerichts oder der deutschen Behörde vorgenommen.

(3) Bezüge, die einem Mitglied einer Truppe oder eines zivilen Gefolges von seiner Regierung zustehen, unterliegen der Pfändung, dem Zahlungsverbot oder einer anderen Form der Zwangsvollstreckung auf Anordnung eines deutschen Gerichts oder einer deutschen Behörde, soweit das auf dem Gebiet des Entsendestaates anwendbare Recht die Zwangsvollstreckung gestattet. Die Unterstützung nach Absatz (1) schließt auch Hinweise auf Vollstreckungsmöglichkeiten in den bereits zur Auszahlung gelangten Sold ein.

(4) Ist die Vollstreckung eines vollstreckbaren Titels in nichtstrafrechtlichen Verfahren deutscher Gerichte und Behörden innerhalb der Anlage einer Truppe durchzuführen, so wird sie durch den deutschen Vollstreckungsbeamten im Beisein eines Beauftragten der Truppe vollzogen.

Art. 35 (Vollstreckung in Zahlungsansprüche)

Soll aus einem vollstreckbaren Titel deutscher Gerichte und Behörden gegen einen Schuldner vollstreckt werden, dem aus der Beschäftigung bei einer Truppe oder einem zivilen Gefolge gemäß Artikel 56 oder aus unmittelbaren Lieferungen oder sonstigen Leistungen an eine Truppe oder ein ziviles Gefolge ein Zahlungsanspruch zusteht, so gilt folgendes:

(a) Erfolgt die Zahlung durch Vermittlung einer deutschen Behörde und wird diese von einem Vollstreckungsorgan ersucht, nicht an den Schuldner, sondern an den Pfändungsgläubiger zu zahlen, so ist die deutsche Behörde berechtigt, diesem Ersuchen im Rahmen der Vorschriften des deutschen Rechts zu entsprechen.

(b) (i) Erfolgt die Zahlung nicht durch Vermittlung einer deutschen Behörde, so hinterlegen die Behörden der Truppe oder des zivilen Gefolges auf Ersuchen eines Vollstreckungsorgans von der Summe, die sie anerkennen, dem Vollstreckungsschuldner zu schulden, den in dem Ersuchen genannten Betrag bei der zuständigen Stelle. Die Hinterlegung befreit die Truppe oder das zivile Gefolge in Höhe des hinterlegten Betrages von ihrer Schuld gegenüber dem Schuldner.

(ii) Soweit das Recht des betroffenen Entsendestaates die unter Ziffer (i) genannte Zahlung verbietet, treffen die Behörden der Truppe und des zivilen Gefolges alle geeigneten Maßnahmen, um das Vollstreckungsorgan bei der Durchsetzung des in Frage stehenden Vollstreckungstitels zu unterstützen.

Gesetz zum NATO-Truppenstatut und zu den Zusatzvereinbarungen
vom 18. 8. 1961 BGBl. II S. 1183, geänd. durch Gesetz vom 29. 11. 1966, BGBl. I S. 653, geändert am 28. 9. 1994, BGBl. II S. 2494 (Auszug)

Kapitel 2. Ausführungsbestimmungen zu Artikel 35 des Zusatzabkommens

Artikel 5

(1) Bei der Zwangsvollstreckung aus einem privatrechtlichen Vollstreckungstitel kann das Ersuchen in den Fällen des Artikels 35 des Zusatzabkommens nur von dem Vollstreckungsgericht ausgehen: Vollstreckungsgericht ist das Amtsgericht, bei dem der Schuldner seinen allgemeinen Gerichtsstand hat, und sonst das Amtsgericht, in dessen Bezirk die zu ersuchende Stelle sich befindet. Zugleich mit dem Ersuchen hat das Gericht an den Schuldner das Gebot zu erlassen, sich jeder Verfügung über die Forderung, insbesondere ihrer Einziehung, zu enthalten.

(2) In den Fällen des Artikels 35 Buchstabe a des Zusatzabkommens ist das Ersuchen der deutschen Behörde von Amts wegen zuzustellen. Mit der Zustellung ist die Forderung gepfändet und dem Pfändungsgläubiger überwiesen. Die Vorschriften der Zivilprozeßordnung über die Zwangsvollstreckung in Geldforderungen gelten im übrigen entsprechend. § 845 der Zivilprozeßordnung ist nicht anzuwenden.

(3) Bei der Zwangsvollstreckung wegen öffentlich-rechtlicher Geldforderungen geht das Ersuchen in den Fällen des Artikels 35 des Zusatzabkommens von der zuständigen Vollstreckungsbehörde aus. Auf das weitere Verfahren finden in den Fällen des Artikels 35 Buchstabe a des Zusatzabkommens die Vorschriften des in Betracht kommenden Verwaltungszwangsverfahrens über die Pfändung und Einziehung von Forderungen entsprechend Anwendung.

Artikel 8

(1) Zuständige deutsche Behörden sind die Behörden der unteren Verwaltungsstufe der Verteidigungslastenverwaltung.

(2) Örtlich zuständig ist die Behörde, in deren Bezirk das schädigende Ereignis stattgefunden hat.

(3) Die Landesregierung kann bestimmen, daß abweichend von den Absätzen 1 und 2

1. allgemein oder für bestimmte Gruppen von Ansprüchen die für die Verteidigungslastenverwaltung zuständige oberste Landesbehörde selbst oder die Behörde der mittleren Verwaltungsstufe,

2. für die Bezirke mehrerer Behörden eine von ihnen zuständig ist.

Anhang 2 Abgabenordnung

2. Abgabenordnung (AO)
vom 16. 3. 1976, BGBl. I S. 613, zuletzt geändert am 18. 12. 1995, BGBl. I S. 1965 (Auszug)

3. Unterabschnitt: Vollstreckung in das bewegliche Vermögen

I. Allgemeines

§ 281 Pfändung

(1) Die Vollstreckung in das bewegliche Vermögen erfolgt durch Pfändung.

(2) Die Pfändung darf nicht weiter ausgedehnt werden, als es zur Deckung der beizutreibenden Geldbeträge und der Kosten der Vollstreckung erforderlich ist.

(3) Die Pfändung unterbleibt, wenn die Verwertung der pfändbaren Gegenstände einen Überschuß über die Kosten der Vollstreckung nicht erwarten läßt.

§ 282 Wirkung der Pfändung

(1) Durch die Pfändung erwirbt die Körperschaft, der die Vollstreckungsbehörde angehört, ein Pfandrecht an dem gepfändeten Gegenstand.

(2) Das Pfandrecht gewährt ihr im Verhältnis zu anderen Gläubigern dieselben Rechte wie ein Pfandrecht im Sinne des Bürgerlichen Gesetzbuches; es geht Pfand- und Vorzugsrechten vor, die im Konkurs diesem Pfandrecht nicht gleichgestellt sind.

(3) Das durch eine frühere Pfändung begründete Pfandrecht geht demjenigen vor, das durch eine spätere Pfändung begründet wird.

§ 283 Ausschluß von Gewährleistungsansprüchen

Wird ein Gegenstand aufgrund der Pfändung veräußert, so steht dem Erwerber wegen eines Mangels im Recht oder wegen eines Mangels der veräußerten Sache ein Anspruch auf Gewährleistung nicht zu.

§ 284 Eidesstattliche Versicherung

(1) ¹Hat die Vollstreckung in das bewegliche Vermögen des Vollstreckungsschuldners zu einer vollständigen Befriedigung nicht geführt oder ist anzunehmen, daß eine vollständige Befriedigung nicht zu erlangen sein wird, so hat der Vollstreckungsschuldner der Vollstreckungsbehörde auf Verlangen ein Verzeichnis seines Vermögens vorzulegen und für seine Forderungen den Grund und die Beweismittel zu bezeichnen. ²Aus dem Vermögensverzeichnis müssen auch ersichtlich sein:

1. die im letzten Jahr vor dem ersten zur Abgabe der eidesstattlichen Versicherung anberaumten Termin vorgenommenen entgeltlichen Veräußerungen des Vollstreckungsschuldners an seinen Ehegatten, vor oder während der Ehe, an seine oder seines Ehegatten Verwandte in auf- oder absteigender Linie, an seine oder seines Ehegatten voll- und halbbürtigen Geschwister oder an den Ehegatten einer dieser Personen,

2. die im letzten Jahre vor dem ersten zur Abgabe der eidesstattlichen Versicherung anberaumten Termin von dem Vollstreckungsschuldner vorgenommenen unentgeltlichen Verfügungen, sofern sie nicht gebräuchliche Gelegenheitsgeschenke zum Gegenstand hatten,

3. die in den letzten zwei Jahren vor dem ersten zur Abgabe der eidesstattlichen Versicherung anberaumten Termin von dem Vollstreckungsschuldner vorgenommenen unentgeltlichen Verfügungen zugunsten seines Ehegatten.

³Sachen, die nach § 811 Nr. 1, 2 der Zivilprozeßordnung der Pfändung offensichtlich nicht unterworfen sind, brauchen in dem Vermögensverzeichnis nicht angegeben zu werden, es sei denn, daß eine Austauschpfändung in Betracht kommt.

(2) ¹Der Vollstreckungsschuldner hat zu Protokoll an Eides Statt zu versichern, daß er die von ihm verlangten Angaben nach bestem Wissen und Gewissen richtig und vollständig gemacht habe. ²Die Vollstreckungsbehörde kann von der Abnahme der eidesstattlichen Versicherung absehen.

(3) ¹Ein Vollstreckungsschuldner, der die in dieser Vorschrift oder die in § 807 der Zivilprozeßordnung bezeichnete eidesstattliche Versicherung abgegeben hat, ist, wenn die Abgabe der eidesstattlichen Versicherung in dem Schuldnerverzeichnis (§ 915 der Zivilprozeßordnung) noch nicht gelöscht ist, in den ersten drei Jahren nach ihrer Abgabe zur nochmaligen eidesstattlichen Versicherung nur verpflichtet, wenn anzunehmen ist, daß er später Vermögen erworben hat oder daß ein bisher bestehendes Arbeitsverhältnis mit ihm aufgelöst worden ist. ²Die Vollstreckungsbehörde hat von Amts wegen festzustellen, ob im Schuldnerverzeichnis eine Eintragung darüber besteht, daß der Vollstreckungsschuldner innerhalb der letzten drei Jahre eine eidesstattliche Versicherung abgegeben hat oder daß gegen ihnen die Haft zur Erzwingung der Abgabe der eidesstattlichen Versicherung angeordnet ist.

(4) ¹Für die Abnahme der eidesstattlichen Versicherung ist die Vollstreckungsbehörde zuständig, in deren Bezirk sich der Wohnsitz oder Aufenthaltsort des Vollstreckungsschuldners befindet. ²Liegen diese Voraussetzungen bei der Vollstreckungsbehörde, die die Vollstreckung betreibt, nicht vor, so kann sie die eidesstattliche Versicherung abnehmen, wenn der Vollstreckungsschuldner zu ihrer Abgabe bereit ist.

(5) ¹Die Ladung zu dem Termin zur Abgabe der eidesstattlichen Versicherung ist dem Vollstreckungsschuldner selbst zuzustellen. ²Bestreitet der Vollstreckungsschuldner die Verpflichtung zur Abgabe der eidesstattlichen Versicherung, so entscheidet die Vollstreckungsbehörde über seine Einwendungen, die die Vollstreckung betreibt. ³Die Abgabe der eidesstattlichen Versicherung erfolgt erst nach Eintritt der Unanfechtbarkeit dieser Entscheidung. ⁴Die Vollstreckungsbehörde kann jedoch die Abgabe der eidesstattlichen Versicherung vor Eintritt der Unanfechtbarkeit anordnen, wenn die Einwendungen bereits in einem früheren Verfahren unanfechtbar zurückgewiesen worden sind.

(6) ¹Nach der Abgabe der eidesstattlichen Versicherung hat die Vollstreckungsbehörde dem nach § 899 der Zivilprozeßordnung zuständigen Amtsgericht Namen, Vornamen, Geburtstag, Beruf und Anschrift des Vollstreckungsschuldners sowie den Tag der Abgabe der eidesstattlichen Versicherung zur Aufnahme in das Schuldnerverzeichnis mitzuteilen und eine beglaubigte Abschrift des Vermögensverzeichnisses zu übersenden. ² Die §§ 915a bis 915h der Zivilprozeßordnung sind anzuwenden.

(7) ¹Ist der Vollstreckungsschuldner ohne ausreichende Entschuldigung in dem zur Abgabe der eidesstattlichen Versicherung anberaumten Termin vor der in Absatz 4 Satz 1 bezeichneten Vollstreckungsbehörde nicht erschienen oder verweigert er ohne Grund die Vorlage des Vermögensverzeichnisses oder die Abgabe der eidesstattlichen Versicherung, so kann die Vollstreckungsbehörde, die die Vollstreckung betreibt, das nach § 899 der Zivilprozeßordnung zuständige Amtsgericht um eine Anordnung der Haft zur Erzwingung der eidesstattlichen Versicherung ersuchen. ²Die §§ 902, 904 bis 906, 908, 910 und 913 bis 915h der Zivilprozeßordnung sind sinngemäß anzuwenden. ³Die Verhaftung des Vollstreckungsschuldners erfolgt durch einen Gerichtsvollzieher. ⁴Der Haftbefehl muß bei der Verhaftung dem Vollstreckungsschuldner vorgezeigt und auf Begehren abschriftlich mitgeteilt werden. ⁵§ 282 gilt sinngemäß. ⁶Nach der Verhaftung des Vollstreckungsschuldners kann die eidesstattliche Versicherung von dem nach § 902 der Zivilprozeßordnung zuständigen Amtsgericht abgenommen werden, wenn sich der Sitz der in Absatz 4 bezeichneten Vollstreckungsbehörde nicht im Bezirk dieses Amtsgerichts befindet oder wenn die Abnahme der eidesstattlichen Versicherung durch die Vollstreckungsbehörde nicht möglich ist. ⁷Absatz 2 Satz 2 gilt entsprechend.

(8) ¹Lehnt das Amtsgericht das Ersuchen der Vollstreckungsbehörde ab, die Haft anzuordnen, so ist die sofortige Beschwerde nach der Zivilprozeßordnung gegeben. ²Gegen die Entscheidung des Beschwerdegerichts findet die sofortige weitere Beschwerde statt.

II. Vollstreckung in Sachen

...

III. Vollstreckung in Forderungen und andere Vermögensrechte

§ 309 Pfändung einer Geldforderung

(1) Soll eine Geldforderung gepfändet werden, so hat die Vollstreckungsbehörde dem Drittschuldner schriftlich zu verbieten, an den Vollstreckungsschuldner zu zahlen, und dem Vollstreckungsschuldner schriftlich zu gebieten, sich jeder Verfügung über die Forderung, insbesondere ihrer Einziehung, zu enthalten (Pfändungsverfügung).

(2) ¹Die Pfändung ist bewirkt, wenn die Pfändungsverfügung dem Drittschuldner zugestellt ist. ²Die an den Drittschuldner zuzustellende Pfändungsverfügung soll den beizutreibenden Geldbetrag nur in einer Summe, ohne Angabe der Steuerarten und der Zeiträume, für die er geschuldet wird, bezeichnen. ³Die Zustellung ist dem Vollstreckungsschuldner mitzuteilen.

§ 310 Pfändung einer durch Hypothek gesicherten Forderung

(1) ¹Zur Pfändung einer Forderung, für die eine Hypothek besteht, ist außer der Pfändungsverfügung die Aushändigung des Hypothekenbriefes an die Vollstreckungsbehörde erforderlich. ²Die Übergabe gilt als erfolgt, wenn der Vollziehungsbeamte den Brief wegnimmt. ³Ist die Erteilung des Hypothekenbriefes ausgeschlossen, so muß die Pfändung in das Grundbuch eingetragen werden; die Eintragung erfolgt aufgrund der Pfändungsverfügung auf Ersuchen der Vollstreckungsbehörde.

(2) Wird die Pfändungsverfügung vor der Übergabe des Hypothekenbriefes oder der Eintragung der Pfändung dem Drittschuldner zugestellt, so gilt die Pfändung diesem gegenüber mit der Zustellung als bewirkt.

(3) ¹Diese Vorschriften gelten nicht, soweit Ansprüche auf die in § 1159 des Bürgerlichen Gesetzbuches bezeichneten Leistungen gepfändet werden. ²Das gleiche gilt bei einer Sicherungshypothek im Fall des § 1187 des Bürgerlichen Gesetzbuches von der Pfändung der Hauptforderung.

§ 311 Pfändung einer durch Schiffshypothek oder Registerpfandrecht an einem Luftfahrzeug gesicherten Forderung

(1) Die Pfändung einer Forderung, für die eine Schiffshypothek besteht, bedarf der Eintragung in das Schiffsregister oder das Schiffsbauregister.

(2) Die Pfändung einer Forderung, für die ein Registerpfandrecht an einem Luftfahrzeug besteht, bedarf der Eintragung in das Register für Pfandrechte an Luftfahrzeugen.

(3) ¹Die Pfändung nach den Absätzen 1 und 2 wird aufgrund der Pfändungsverfügung auf Ersuchen der Vollstreckungsbehörde eingetragen. ²§ 310 Abs. 2 gilt entsprechend.

(4) ¹Die Absätze 1 bis 3 sind nicht anzuwenden, soweit es sich um die Pfändung der Ansprüche auf die in § 53 des Gesetzes über Rechte an eingetragenen Schiffen und Schiffsbauwerken und auf die in § 53 des Gesetzes über Rechte an Luftfahrzeugen bezeichneten Leistungen handelt. ²Das gleiche gilt, wenn bei einer Schiffshypothek für eine Forderung aus einer Schuldverschreibung auf den Inhaber, aus einem Wechsel oder aus einem anderen durch Indossament übertragbaren Papier die Hauptforderung gepfändet ist.

(5) Für die Pfändung von Forderungen, für die ein Recht an einem ausländischen Luftfahrzeug besteht, gilt § 106 Abs. 1 Nr. 3 und Abs. 5 des Gesetzes über Rechte an Luftfahrzeugen.

§ 312 Pfändung einer Forderung aus indossablen Papieren

¹Forderungen aus Wechseln und anderen Papieren, die durch Indossament übertragen werden können, werden dadurch gepfändet, daß der Vollziehungsbeamte die Papiere in Besitz nimmt. ²Dies gilt entsprechend für die Pfändung des Postsparguthabens oder eines Teils dieses Guthabens.

§ 313 Pfändung fortlaufender Bezüge

(1) Das Pfandrecht, das durch die Pfändung einer Gehaltsforderung oder einer ähnlichen in fortlaufenden Bezügen bestehenden Forderung erworben wird, erstreckt sich auch auf die Beträge, die später fällig werden.

(2) ¹Die Pfändung eines Diensteinkommens trifft auch das Einkommen, das der Vollstreckungsschuldner bei Versetzung in ein anderes Amt, Übertragung eines neuen Amts oder eine Gehaltserhöhung zu beziehen hat. ²Dies gilt nicht bei Wechsel des Dienstherrn.

§ 314 Einziehungsverfügung

(1) ¹Die Vollstreckungsbehörde ordnet die Einziehung der gepfändeten Forderung an. ²§ 309 Abs. 2 gilt entsprechend.

(2) Die Einziehungsverfügung kann mit der Pfändungsverfügung verbunden werden.

(3) Wird die Einziehung eines bei einem Geldinstitut gepfändeten Guthabens eines Vollstreckungsschuldners, der eine natürliche Person ist, angeordnet, so gilt § 835 Abs. 3 Satz 2 der Zivilprozeßordnung entsprechend.

§ 315 Wirkung der Einziehungsverfügung

(1) ¹Die Einziehungsverfügung ersetzt die förmlichen Erklärungen des Vollstreckungsschuldners, von denen nach bürgerlichem Recht die Berechtigung zur Einziehung abhängt. ²Sie genügt auch bei einer Forderung, für die eine Hypothek, Schiffshypothek oder ein Registerpfandrecht an einem Luftfahrzeug besteht. ³Zugunsten des Drittschuldners gilt eine zu Unrecht ergangene Einziehungsverfügung dem Vollstreckungsschuldner gegenüber solange als rechtmäßig, bis sie aufgehoben ist und der Drittschuldner hiervon erfährt.

(2) ¹Der Vollstreckungsschuldner ist verpflichtet, die zur Geltendmachung der Forderung nötige Auskunft zu erteilen und die über die Forderung vorhandenen Urkunden herauszugeben. ²Die Vollstreckungsbehörde kann die Urkunden durch den Vollziehungsbeamten wegnehmen lassen oder ihre Herausgabe nach den §§ 328 bis 335 erzwingen.

(3) ¹Werden die Urkunden nicht vorgefunden, so hat der Vollstreckungsschuldner auf Verlangen der Vollstreckungsbehörde zu Protokoll an Eides Statt zu versichern, daß er die Urkunden nicht besitze, auch nicht wisse, wo sie sich befinden. ²Die Vollstreckungsbehörde kann die eidesstattliche Versicherung der Lage der Sache entsprechend ändern. ³§ 284 Abs. 4, 5, 7 und 8 gilt sinngemäß.

(4) Hat ein Dritter die Urkunde, so kann die Vollstreckungsbehörde auch den Anspruch des Vollstreckungsschuldners auf Herausgabe geltend machen.

§ 316 Erklärungspflicht des Drittschuldners

(1) ¹Auf Verlangen der Vollstreckungsbehörde hat ihr der Drittschuldner binnen zwei Wochen, von der Zustellung der Pfändungsverfügung an gerechnet, zu erklären:

1. ob und inwieweit er die Forderung als begründet anerkenne und bereit sei, zu zahlen,
2. ob und welche Ansprüche andere Personen an die Forderung erheben,
3. ob und wegen welcher Ansprüche die Forderung bereits für andere Gläubiger gepfändet sei.

²Die Erklärung des Drittschuldners zu Nummer 1 gilt nicht als Schuldanerkenntnis.

(2) ¹Die Aufforderung zur Abgabe dieser Erklärung kann in die Pfändungsverfügung aufgenommen werden. ²Der Drittschuldner haftet der Vollstreckungsbehörde für den Schaden, der aus der Nichterfüllung seiner Verpflichtung entsteht. ³Er kann zur Abgabe der Erklärung durch ein Zwangsgeld angehalten werden; § 334 ist nicht anzuwenden.

(3) Die §§ 841 bis 843 der Zivilprozeßordnung sind anzuwenden.

§ 317 Andere Art der Verwertung

¹Ist die gepfändete Forderung bedingt oder betagt oder ihre Einziehung schwierig, so kann die Vollstreckungsbehörde anordnen, daß sie in anderer Weise zu verwerten ist; § 315 Abs. 1 gilt entsprechend. ²Der Vollstreckungsschuldner ist vorher zu hören, sofern nicht eine Bekanntgabe außerhalb des Geltungsbereiches des Gesetzes oder eine öffentliche Bekanntmachung erforderlich ist.

§ 318 Ansprüche auf Herausgabe oder Leistung von Sachen

(1) Für die Vollstreckung in Ansprüche auf Herausgabe oder Leistung von Sachen gelten außer den §§ 309 bis 317 die nachstehenden Vorschriften.

(2) ¹Bei der Pfändung eines Anspruchs, der eine bewegliche Sache betrifft, ordnet die Vollstreckungsbehörde an, daß die Sache an den Vollziehungsbeamten herauszugeben sei. ²Die Sache wird wie eine gepfändete Sache verwertet.

(3) ¹Bei Pfändung eines Anspruchs, der eine unbewegliche Sache betrifft, ordnet die Vollstreckungsbehörde an, daß die Sache an einen Treuhänder herauszugeben sei, den das Amtsgericht der belegenen Sache auf Antrag der Vollstreckungsbehörde bestellt. ²Ist der Anspruch auf Übertragung des Eigentums gerichtet, so ist dem Treuhänder als Vertreter des Vollstreckungsschuldners aufzulassen. ³Mit dem Übergang des Eigentums auf den Vollstreckungsschuldner erlangt die Körperschaft, der die Vollstreckungsbehörde angehört, eine Sicherungshypothek für die Forderung. ⁴Der Treuhänder hat die Eintragung der Sicherungshypothek zu bewilligen. ⁵Die Vollstreckung in die herausgegebene Sache wird nach den Vorschriften über die Vollstreckung in unbewegliche Sachen bewirkt.

(4) Absatz 3 gilt entsprechend, wenn der Anspruch ein im Schiffsregister eingetragenes Schiff, ein Schiffsbauwerk oder Schwimmdock, das im Schiffsbauregister eingetragen ist oder in dieses Register eingetragen werden kann, oder ein Luftfahrzeug betrifft, das in der Luftfahrzeugrolle eingetragen ist oder nach Löschung in der Luftfahrzeugrolle noch in dem Register für Pfandrechte an Luftfahrzeugen eingetragen ist.

(5) ¹Dem Treuhänder ist auf Antrag eine Entschädigung zu gewähren. ²Die Entschädigung darf die Vergütung nicht übersteigen, die durch die Verordnung über die Geschäftsführung und die Vergütung des Zwangsverwalters vom 16. Februar 1970 (Bundesgesetzbl. I S. 185) festgesetzt worden ist.

§ 319 Unpfändbarkeit von Forderungen

Beschränkungen und Verbote, die nach §§ 850 bis 852 der Zivilprozeßordnung und anderen gesetzlichen Bestimmungen für die Pfändung von Forderungen und Ansprüchen bestehen, gelten sinngemäß.

§ 320 Mehrfache Pfändung einer Forderung

(1) Ist eine Forderung durch mehrere Vollstreckungsbehörden oder durch eine Vollstreckungsbehörde und ein Gericht gepfändet, so sind die §§ 853 bis 856 der Zivilprozeßordnung und § 99 Abs. 1 Satz 1 des Gesetzes über Rechte an Luftfahrzeugen entsprechend anzuwenden.

(2) Fehlt es an einem Amtsgericht, das nach den §§ 853 und 854 der Zivilprozeßordnung zuständig wäre, so ist bei dem Amtsgericht zu hinterlegen, in dessen Bezirk die Vollstreckungsbehörde ihren Sitz hat, deren Pfändungsverfügung dem Drittschuldner zuerst zugestellt worden ist.

§ 321 Vollstreckung in andere Vermögensrechte

(1) Für die Vollstreckung in andere Vermögensrechte, die nicht Gegenstand der Vollstreckung in das unbewegliche Vermögen sind, gelten die vorstehenden Vorschriften entsprechend.

(2) Ist kein Drittschuldner vorhanden, so ist die Pfändung bewirkt, wenn dem Vollstreckungsschuldner das Gebot, sich jeder Verfügung über das Recht zu enthalten, zugestellt ist.

(3) Ein unveräußerliches Recht ist, wenn nichts anderes bestimmt ist, insoweit pfändbar, als die Ausübung einem anderen überlassen werden kann.

(4) Die Vollstreckungsbehörde kann bei der Vollstreckung in unveräußerliche Rechte, deren Ausübung einem anderen überlassen werden kann, besondere Anordnungen erlassen, insbesondere bei der Vollstreckung in Nutzungsrechte eine Verwaltung anordnen; in diesem Fall wird die Pfändung durch Übergabe der zu benutzenden Sache an den Verwalter bewirkt, sofern sie nicht durch Zustellung der Pfändungsverfügung schon vorher bewirkt ist.

(5) Ist die Veräußerung des Rechts zulässig, so kann die Vollstreckungsbehörde die Veräußerung anordnen.

(6) Für die Vollstreckung in eine Reallast, eine Grundschuld oder eine Rentenschuld gelten die Vorschriften über die Vollstreckung in eine Forderung, für die eine Hypothek besteht.

(7) Die §§ 858 bis 863 der Zivilprozeßordnung gelten sinngemäß.

Anhang 3 Geschäftsanweisung für Gerichtsvollzieher

3. Geschäftsanweisung für Gerichtsvollzieher (GVGA)
in der ab 1. November 1994 geltenden Fassung (Auszug)

Erster Teil: Allgemeine Vorschriften

§ 1 Zweck der Geschäftsanweisung

Das Bundes- und Landesrecht bestimmt, welche Dienstverrichtungen dem Gerichtsvollzieher obliegen und welches Verfahren er dabei zu beachten hat.

Diese Geschäftsanweisung soll dem Gerichtsvollzieher das Verständnis der gesetzlichen Vorschriften erleichtern. Sie erhebt keinen Anspruch auf Vollständigkeit und befreit den Gerichtsvollzieher nicht von der Verpflichtung, sich eine genaue Kenntnis der Bestimmungen aus dem Gesetz und den dazu ergangenen gerichtlichen Entscheidungen selbst anzueignen.

Die Beachtung der Vorschriften dieser Geschäftsanweisung gehört zu den Amtspflichten des Gerichtsvollziehers.

§ 4 Form des Auftrags
(§ 161 GVG; §§ 167, 168, 753 Abs. 2, 754, 755 ZPO)

1. Aufträge an den Gerichtsvollzieher bedürfen keiner Form. Es genügt die mündliche Erklärung des Auftraggebers oder seines Bevollmächtigten oder der Geschäftsstelle, die den Auftrag vermittelt. Nicht schriftlich erteilte Aufträge sind jedoch aktenkundig zu machen.

2. Dem ausdrücklichen Auftrag ist es in der Regel gleichzuachten, wenn die Schriftstücke, die sich auf den Auftrag beziehen, in dem Abholfach des Gerichtsvollziehers in der Geschäftsstelle oder in der Verteilungsstelle für Gerichtsvollzieheraufträge niedergelegt werden.

III. Der Auftrag und seine Behandlung

§ 62 Auftrag zur Zwangsvollstreckung
(§§ 753–758 ZPO)

1. Der Auftrag zur Zwangsvollstreckung wird dem Gerichtsvollzieher unmittelbar vom Gläubiger oder seinem Vertreter oder Bevollmächtigten – nicht durch das Gericht – erteilt. Der Auftraggeber darf die Vermittlung der Geschäftsstelle in Anspruch nehmen. Der durch Vermittlung der Geschäftsstelle beauftragte Gerichtsvollzieher wird unmittelbar für den Gläubiger tätig; er hat insbesondere auch die beigetriebenen Gelder und sonstigen Gegenstände dem Gläubiger unmittelbar abzuliefern.

2. Der Prozeßbevollmächtigte des Gläubigers ist aufgrund seiner Prozeßvollmacht befugt, den Gerichtsvollzieher mit der Zwangsvollstreckung zu beauftragen und den Gläubiger im Zwangsvollstreckungsverfahren zu vertreten. Der Gerichtsvollzieher hat den Mangel der Vollmachten grundsätzlich von Amts wegen zu berücksichtigen. Ist Auftraggeber jedoch ein Rechtsanwalt, hat er dessen Vollmacht nur auf ausdrückliche Rüge zu überprüfen. Zum Nachweis der Vollmacht genügt die Bezeichnung als Prozeßbevollmächtigter im Schuldtitel.

Jedoch ermächtigt die bloße Prozeßvollmacht den Bevollmächtigten nicht, die beigetriebenen Gelder oder sonstigen Gegenstände in Empfang zu nehmen; eine Ausnahme besteht nur für die vom Gegner zu erstattenden Prozeßkosten (§ 81 ZPO). Der Gerichtsvollzieher darf daher die beigetriebenen Gelder oder sonstigen Gegenstände nur dann an den Prozeßbevollmächtigten abliefern, wenn dieser von dem Gläubiger zum Empfang besonders ermächtigt ist. Die

Ermächtigung kann sich aus dem Inhalt der Vollmachtsurkunde ergeben. Der Gläubiger kann sie auch dem Gerichtsvollzieher gegenüber mündlich erklären.

3. Die vollstreckbare Ausfertigung des Schuldtitels muß dem Gerichtsvollzieher übergeben werden. Der schriftliche oder mündliche Auftrag zur Zwangsvollstreckung in Verbindung mit der Übergabe der vollstreckbaren Ausfertigung ermächtigt und verpflichtet den Gerichtsvollzieher – ohne daß es einer weiteren Erklärung des Auftraggebers bedarf –, die Zahlung oder die sonstigen Leistungen in Empfang zu nehmen, darüber wirksam zu quittieren und dem Schuldner die vollstreckbare Ausfertigung auszuliefern, wenn er seine Verbindlichkeit vollständig erfüllt hat. Der Besitz der vollstreckbaren Ausfertigung ist demnach für den Gerichtsvollzieher dem Schuldner und Dritten gegenüber der unerläßliche, aber auch ausreichende Ausweis zur Zwangsvollstreckung und zu allen für ihre Ausführung erforderlichen Handlungen. Der Gerichtsvollzieher trägt deshalb bei Vollstreckungshandlungen die vollstreckbare Ausfertigung stets bei sich und zeigt sie auf Verlangen von (§§ 754, 755 ZPO).

Hat der Schuldner nur gegen Aushändigung einer Urkunde zu leisten, z. B. eines Wechsels, einer Anweisung oder eines Orderpapiers, so muß sich der Gerichtsvollzieher vor Beginn der Zwangsvollstreckung auch diese Urkunde aushändigen lassen.

4. Bei der Zwangsvollstreckung aus einer Urteilsausfertigung, auf die ein Kostenfestsetzungsbeschluß gesetzt ist (§§ 105, 795a ZPO), hat der Gläubiger zu bestimmen, ob aus beiden oder nur aus einem der beiden Schuldtitel vollstreckt werden soll. Hat der Gläubiger keine Bestimmung getroffen, so vollstreckt der Gerichtsvollzieher aus beiden Schuldtiteln. Das Urteil eines Arbeitsgerichts, in dem auch der Betrag der Kosten nach § 61 Abs. 1 ArbGG festgestellt ist, bildet einen einheitlichen Titel.

5. Verlangen der Gläubiger oder sein mit Vollmacht versehener Vertreter ihre Zuziehung zur Zwangsvollstreckung, so benachrichtigt der Gerichtsvollzieher sie rechtzeitig von dem Zeitpunkt der Vollstreckung. In ihrer Abwesenheit darf der Gerichtsvollzieher erst nach Ablauf der festgesetzten Zeit mit der Zwangsvollstreckung beginnen, es sei denn, daß gleichzeitig für einen anderen Gläubiger gegen den Schuldner vollstreckt werden soll. Der Gläubiger oder sein Vertreter sind in der Benachrichtigung hierauf hinzuweisen. Leistet der Schuldner gegen die Zuziehung des Gläubigers Widerstand, so gilt § 108 entsprechend. Ein selbständiges Eingreifen des Gläubigers oder seines Bevollmächtigten in den Gang der Vollstreckungshandlung, z. B. das Durchsuchen von Behältnissen, darf der Gerichtsvollzieher nicht dulden.

§ 63 Aufträge zur Vollstreckung gegen vermögenslose Schuldner

1. Hat der Gerichtsvollzieher begründeten Anhalt dafür, daß die Zwangsvollstreckung fruchtlos verlaufen werde, so sendet er dem Gläubiger unverzüglich den Schuldtitel mit einer entsprechenden Bescheinigung zurück. Dabei teilt er dem Gläubiger mit, daß er den Auftrag zur Vermeidung unnötiger Kosten als zurückgenommen betrachtet.

Die Erwartung, daß die Vollstreckung fruchtlos verlaufen werde, kann insbesondere begründet sein, wenn Zwangsvollstreckungen gegen den Schuldner in den letzten drei Monaten fruchtlos verlaufen sind.

War der Gerichtsvollzieher auch beauftragt, dem Schuldner den Schuldtitel zuzustellen, so führt er diesen Auftrag aus.

2. Die Bestimmungen zu Nr. 1 gelten nicht, wenn der Wunsch des Gläubigers auf Ausführung des Auftrags aus der Sachlage hervorgeht (z. B. der Pfändungsauftrag zur Unterbrechung der Verjährung erteilt ist) oder wenn das Gläubigerinteresse an der Ermittlung von Drittschuldnern ersichtlich oder zu unterstellen ist.

Anhang 3 Geschäftsanweisung für Gerichtsvollzieher

Schuldtitel

§ 67 Schuldtitel nach der Zivilprozeßordnung

1. Die Zwangsvollstreckung findet nach der ZPO insbesondere aus folgenden Schuldtiteln statt:

a) aus Endurteilen und Vorbehaltsurteilen deutscher Gerichte, die rechtskräftig und für vorläufig vollstreckbar erklärt sind (§§ 704, 300, 301, 302 Abs. 3, 599 Abs. 3 ZPO),

b) aus Arresten und einstweiligen Verfügungen (§§ 922, 928, 936 ZPO),

c) aus den in § 794 Abs. 1 ZPO bezeichneten Entscheidungen und vollstreckbaren Urkunden.

2. Zu den im § 794 Abs. 1 Nr. 3 ZPO genannten Titeln gehören auch Entscheidungen, gegen welche die Beschwerde gegeben wäre, wenn sie von einem Gericht erster Instanz erlassen worden wären.

Beispiele für beschwerdefähige Entscheidungen sind:

a) die Kostenentscheidungen nach § 91a ZPO,

b) die Anordnung der Rückgabe einer Sicherheit (§§ 109 Abs. 2, 715 ZPO),

c) die Anordnung von Zwangsmaßnahmen nach den §§ 887 ff. ZPO,

d) das Zwischenurteil nach § 135 ZPO.

§ 68 Schuldtitel nach anderen Gesetzen, die im gesamten Bundesgebiet gelten

Aus anderen Gesetzen, die im gesamten Bundesgebiet gelten, sind folgende Schuldtitel hervorzuheben:

1. gerichtliche Beschlüsse und Vergleiche in Landwirtschaftssachen (§ 31 des Gesetzes über das gerichtliche Verfahren in Landwirtschaftssachen vom 21. 7. 53 – BGBl. I S. 667 ff. –),

2. rechtskräftige Entscheidungen, gerichtliche Vergleiche und einstweilige Anordnungen nach § 45 Abs. 3 des Wohnungseigentumsgesetzes,

3. Entscheidungen, Vergleiche und einstweilige Anordnungen aufgrund der §§ 13 Abs. 3 und 4, 16 und 18a der 6. DVO zum Ehegesetz betr. die Behandlung der Ehewohnung und des Hausrats vom 21. 10. 1944 (RGBl. I, S. 256) in der jeweils geltenden Fassung,

4. rechtskräftig bestätigte vorgängige Vereinbarungen oder Auseinandersetzungen nach den §§ 98, 99 FGG,

5. rechtskräftig bestätigte Dispachen (§ 158 Abs. 2 FGG),

6. Vergütungsfestsetzungen nach den §§ 35 Abs. 3, 85 Abs. 3, 104 Abs. 6, 142 Abs. 6, 147 Abs. 3, 163 Abs. 4, 258 Abs. 5, 265 Abs. 4, 336 Abs. 1 Satz 4, 350 Abs. 4 AktG und nach § 33 Abs. 2 des Gesetzes über die Umwandlung von Kapitalgesellschaften und bergrechtlichen Gewerkschaften vom 6. 11. 1969 (BGBl. I S. 2081),

7. rechtskräftige gerichtliche Entscheidungen in Vertragshilfesachen, sofern das Gericht ihre Vollstreckbarkeit nicht ausgeschlossen hat (§ 16 des Vertragshilfegesetzes vom 26. 3. 1952 – BGBl. I S. 198 –),

8. Zuschlagsbeschlüsse im Zwangsversteigerungsverfahren (§§ 93, 118, 132 ZVG),

9. bestätigte Vergleiche nach § 85 VerglO,

10. Beschlüsse über die Eröffnung des Konkursverfahrens (§ 109 KO) und der Gesamtvollstreckung (§ 5 GesO), Eintragungen in die Konkurstabelle nach § 164 Abs. 2 KO und Ausfertigung aus dem bestätigten Forderungsverzeichnis nach § 18 Abs. 2 Satz 2 GesO.

Geschäftsanweisung für Gerichtsvollzieher Anhang 3

11. rechtskräftig bestätigte Zwangsvergleiche in Konkursverfahren nach § 194 KO oder Gesamtvollstreckungsverfahren (§ 16 GesO).

12. für vollstreckbar erklärte Vorschuß-, Zusatz- und Nachschußberechnungen (§§ 105–115d GenG),

13. Entscheidungen in Strafsachen, durch die der Verfall einer Sicherheit ausgesprochen ist (§ 124 StPO),

14. Entscheidungen über die Entschädigung des Verletzten im Strafverfahren (§§ 406, 406b StPO),

15. Entscheidungen der Gerichte für Arbeitssachen (§§ 62, 64 Abs. 3, 85, 87 Abs. 2, 92 Abs. 2 ArbGG) und der Gerichte der Sozialgerichtsbarkeit (§ 199 SGG),

16. gerichtliche Vergleiche, Schiedssprüche und Schiedsvergleiche in Arbeitsstreitigkeiten (§§ 54 Abs. 2, 62, 109 ArbGG) sowie Anerkenntnisse und gerichtliche Vergleiche nach § 199 Abs. 1 Nr. 2 SGG,

17. Widerrufsbescheide der Entschädigungsbehörden, soweit die Entscheidungsformel die Verpflichtung zur Rückzahlung bestimmter Beträge enthält (§ 205 des Bundesentschädigungsgesetzes in der Fassung vom 29. 6. 1956 (BGBl. I S. 562),

18. Verwaltungsakte nach dem Sozialgesetzbuch gem. § 66 Abs. 4 SGB – Verwaltungsverfahren – (SGB X),

19. Vergleiche vor den Einigungsstellen in Wettbewerbssachen (§ 27a Abs. 7 UWG),

20. vom Präsidenten der Notarkammer ausgestellte, mit der Bescheinigung der Vollstreckbarkeit und dem Siegel der Notarkammer versehene Zahlungsaufforderungen wegen rückständiger Beiträge (§ 73 Abs. 2 BNotO), wegen der von der Notarkammer festgesetzten Zwangsgelder (§ 74 Abs. 2 BNotO) oder wegen der der Notarkammer zukommenden Beträge aus Notariatsverweserschaften (§ 59 Abs. 1 Satz 3 BNotO); ferner die von dem Präsidenten der Notarkammer in München ausgestellten, mit der Bescheinigung der Vollstreckbarkeit versehenen Zahlungsaufforderungen wegen rückständiger Abgaben (§ 113 Abs. 7 Satz 3 BNotO) oder wegen der der Notarkasse zukommenden Beträge aus Notariatsverweserschaften (§ 113 Abs. 3 Nr. 9 in Verbindung mit § 59 Abs. 1 Satz 3 BNotO),

21. vom Schatzmeister der Rechtsanwaltskammer erteilte, mit der Bescheinigung der Vollstreckbarkeit versehene beglaubigte Abschriften der Bescheide des Vorstandes der Rechtsanwaltskammer über die Festsetzung eines Zwangsgeldes (§ 57 Abs. 4 BRAO) und vom Schatzmeister der Patentanwaltskammer erteilte, mit der Bescheinigung der Vollstreckbarkeit versehene beglaubigte Abschriften der Bescheide des Vorstandes der Patentanwaltskammer über die Festsetzung eines Zwangsgeldes (§ 50 Abs. 6 Patentanwaltsordnung vom 7. 9 1966 – BGBl. I S. 557 ff. –),

22. vom Schatzmeister der Rechtsanwaltskammer ausgestellte, mit der Bescheinigung der Vollstreckbarkeit versehene Zahlungsaufforderungen wegen rückständiger Beiträge (§ 84 Abs. 1 BRAO) und vom Schatzmeister der Patentanwaltskammer ausgestellte, mit der Bescheinigung der Vollstreckbarkeit versehene Zahlungsaufforderungen wegen rückständiger Beiträge (§ 77 Abs. 1 Patentanwaltsordnung),

23. vom Vorsitzenden der Kammer des anwaltlichen Ehrengerichts erteilte, mit der Bescheinigung der Rechtskraft versehene beglaubigte Abschriften der Entscheidungsformel über die Verhängung einer Geldbuße und der Kostenfestsetzungsbeschlüsse in Verfahren vor dem Ehrengericht (§§ 204 Abs. 3, 205 Abs. 1 BRAO),

24. Kostenfestsetzungs- und Kostenerstattungsbeschlüsse im Verfahren betr. Todeserklärungen (§ 38 VerschG),

25. Kostenfestsetzungsbeschlüsse in Strafsachen (§ 464b StPO),

26. gerichtliche Kostenfestsetzungsbeschlüsse in Bußgeldsachen (§ 46 Abs. 1 OWiG in Verbindung mit § 464b StPO),

27. Kostenfestsetzungsbeschlüsse nach § 19 der Bundesgebührenordnung für Rechtsanwälte,

28. mit der Vollstreckungsklausel versehene Ausfertigungen der Kostenberechnungen der Notare und Notariatsverweser (§ 155 KostO, § 58 Abs. 2 und 3 BNotO),

29. von einem Beamten oder Angestellten des Jugendamts aufgenommene und mit der Vollstreckungsklausel versehene Urkunden, welche die Verpflichtung zur Erfüllung von Unterhaltsansprüchen eines Kindes, zur Leistung einer an Stelle des Unterhalts zu gewährenden Abfindung o. zur Erfüllung von Ansprüchen einer Frau nach den §§ 1615k und 1615l BGB (Entbindungskosten und Unterhalt) zum Gegenstand haben (§ 59 Abs. 1 Nr. 3 und 4, § 60 Abs. 1 KJHG),

30. mit der Vollstreckungsklausel versehene Ausfertigungen von Niederschriften und Festsetzungsbescheiden einer Wasser- und Schiffahrtsdirektion (§ 38 des Bundeswasserstraßengesetzes vom 2. 4 1968 – BGBl. II S. 173 –),

31. Niederschriften über die Einigung und Festsetzungsbescheide über Entschädigung und Ersatzleistung nach § 52 BLG,

32. Niederschriften über eine Einigung und Beschlüsse über Leistungen, Geldentschädigungen oder Ausgleichszahlungen nach § 122 BBauG,

33. Niederschriften über eine Einigung und Entscheidungen über Entschädigungsleistungen oder sonstige Leistungen nach § 104 BBergG.

§ 69 Landesrechtliche Schuldtitel
(§ 801 ZPO)

1. Die nach § 801 ZPO zulässigen landesrechtlichen Schuldtitel sind im gesamten Bereich deutscher Gerichtsbarkeit vollstreckbar (VO vom 15. 4. 1937 – RGBl. I S. 466 –).

2. Hat der Gerichtsvollzieher Zweifel, ob ein landesrechtlicher Schuldtitel vollstreckbar ist, so legt er ihn seiner vorgesetzten Dienststelle zur Prüfung der Vollstreckbarkeit vor.

§ 70 Schuldtitel, die in der ehemaligen Deutschen Demokratischen Republik oder in Berlin (Ost) errichtet oder erwirkt sind

Schuldtitel, die in der ehemaligen Deutschen Demokratischen Republik oder in Berlin (Ost) errichtet oder erwirkt sind, sind grundsätzlich im gesamten Bereich deutscher Gerichtsbarkeit vollstreckbar. Die Umstellung von DM Ost auf DM West regeln Art. 10 Abs. 5 und die Anlage I Art. 7 § 1 des Vertrages über die Schaffung einer Währungs-, Wirtschafts- und Sozialunion zwischen der Bundesrepublik Deutschland und der Deutschen Demokratsichen Republik vom 18. Mai 1990 (BGBl. II S. 537, 548).

Wendet der Schuldner ein, daß der Schuldtitel gegen rechtsstaatliche Grundsätze verstößt, so soll der Gerichtsvollzieher ihn an das Vollstreckungsgericht verweisen (vgl. § 112 Nr. 5).

§ 71 Ausländische Schuldtitel
(§§ 722, 723 ZPO)

1. Ausländische Schuldtitel sind zur Vollstreckung nur geeignet, wenn ihre Vollstreckbarkeit durch ein deutsches Gericht anerkannt ist. Die Anerkennung erfolgt durch Vollstreckungsurteil (§§ 722, 723 ZPO) oder in besonderen Fällen durch Beschluß.

2. Die Zwangsvollstreckung erfolgt allein aufgrund des mit der Vollstreckungsklausel versehenen deutschen Urteils oder Beschlusses, wenn diese den Inhalt des zu vollstreckenden

Anspruchs wiedergeben, sonst aufgrund des deutschen Urteils oder Beschlusses in Verbindung mit dem ausländischen Titel.

3. Aus einem ausländischen Schiedsspruch findet die Zwangsvollstreckung ebenfalls nur statt, wenn die vollstreckbare Ausfertigung einer Entscheidung des deuschen Gerichts vorgelegt wird, durch die der Schiedsspruch für vorläufig vollstreckbar erklärt worden ist.

4. Diese Vorschriften gelten nicht, soweit Staatsverträge etwas anderes bestimmen (vgl. z. B. § 90a).

Wird der Gerichtsvollzieher beauftragt, aus einem ausländischen Schuldtitel zu vollstrecken, der nicht den Erfordernissen der Nrn. 1–3 entspricht, und ist er im Zweifel, ob die Vollstreckung aufgrund von Staatsverträgen zulässig ist, so legt er den Vorgang seiner vorgesetzten Dienstbehörde vor und wartet ihre Weisungen ab.

5. Entscheidungen außerdeutscher Rheinschiffahrtsgerichte werden aufgrund einer von dem Rheinschiffahrtsobergericht Köln mit der Vollstreckungsklausel versehenen Ausfertigung vollstreckt (Gesetz vom 27. 9. 1952 – BGBl. I S. 641 –).

6. Schuldtitel aus den EG-Staaten Belgien, Dänemark (ohne Grönland), Frankreich einschließlich der überseeischen Departements und Gebiete, Griechenland, Großbritannien und Nordirland, Irland, Italien, Luxemburg und den Niederlanden bedürfen keiner besonderen Anerkennung; sie sind nach der Erteilung der Vollstreckungsklausel durch den Vorsitzenden einer Kammer beim Landgericht zur Zwangsvollstreckung geeignet (Art. 26, 31 ff., 50, 51 EuGÜbk, BGBl. 1972 II, 774 – in der Fassung der Beitrittsübereinkommen vom 9. 10. 1978, BGBl. 1983 II S. 802, und vom 25. 10. 1982, BGBl. 1988 II S. 453 –; §§ 3 ff. AVAG vom 30. 5. 1988, BGBl. I S. 662). Solange die Rechtsbehelfsfrist nach Zustellung der Entscheidung über die Zulassung der Zwangsvollstreckung noch nicht abgelaufen oder über einen Rechtsbehelf noch nicht entschieden ist, darf die Zwangsvollstreckung über Maßregeln der Sicherung (§ 83a Nrn. 4 und 5) nicht hinausgehen (vgl. Art. 36, 39 EuGÜbk aaO, §§ 20, 22 ff. AVAG). Gepfändetes Geld ist zu hinterlegen. Die Rechtsbehelfsfrist beträgt einen Monat seit Zustellung der Entscheidung über die Zulassung der Zwangsvollstreckung; sie kann vom Vorsitzenden verlängert werden. Der Gläubiger kann die Zwangsvollstreckung jedoch fortsetzen, wenn dem Gerichtsvollzieher ein Zeugnis des Urkundsbeamten der Geschäftsstelle vorgelegt wird, wonach die Zwangsvollstreckung unbeschränkt stattfinden darf (§§ 24 ff. AVAG).

§ 135 Besondere Vorschriften über das Pfändungsprotokoll
(§§ 762, 763 ZPO)

1. Das Pfändungsprotokoll muß enthalten:

a) ein genaues Verzeichnis der Pfandstücke unter fortlaufender Nummer, geeignetenfalls mit Angabe der Zahl, des Maßes, des Gewichts, der besonderen Merkmale und Kennzeichen der gepfändeten Sachen (z. B. Fabrikmarke, Baujahr, Typ, Fabriknummer und dgl.) nebst den vom Gerichtsvollzieher oder einem Sachverständigen geschätzten gewöhnlichen Verkaufswerten;

b) eine Beschreibung der angelegten Pfandzeichen;

c) den wesentlichen Inhalt der Eröffnungen, die dem Schuldner oder den in § 131 Nr. 1 bezeichneten Personen gemacht sind.

Es soll ferner den Inhalt der angebrachten Pfandanzeigen sowie den Inhalt der Vereinbarungen wiedergeben, die mit einem Hüter (§ 132 Nr. 3) getroffen sind.

2. Werden Pfandstücke aus dem Gewahrsam des Schuldners entfernt, so ist dies im Protokoll zu begründen. Auch ist anzugeben, welche Maßnahmen für die Verwahrung der Pfandstücke getroffen sind (vgl. auch § 139 Nr. 2).

Anhang 3 Geschäftsanweisung für Gerichtsvollzieher

3. Das Protokoll hat auch die Angaben der Zeit und des Ortes des Versteigerungstermins oder die Gründe zu enthalten, aus denen die sofortige Ansetzung des Versteigerungstermins unterblieben ist (vgl. § 142).

4. Sind dieselben Sachen gleichzeitig für demselben Gläubiger gegen denselben Schuldner auf Grund mehrerer Schuldtitel gepfändet, so ist nur ein Protokoll aufzunehmen. In diesem sind die einzelnen Schuldtitel genau zu bezeichnen.

5. Eine Abschrift des Pfändungsprotokolls ist zu erteilen

a) dem Gläubiger, wenn er es verlangt oder wenn ihm Erkenntnisse nach § 108a mitzuteilen sind;

b) dem Schuldner, wenn er es verlangt oder wenn die Vollstreckung in seiner Abwesenheit stattgefunden hat.

Die Absendung ist auf dem Protokoll zu vermerken.

6. Kann eine Pfändung überhaupt nicht oder nicht in Höhe der beizutreibenden Forderung erfolgen, weil der Schuldner nur Sachen besitzt, die nicht gepfändet werden dürfen oder nicht gepfändet werden sollen oder von deren Verwertung ein Überschuß über die Kosten der Zwangsvollstreckung nicht zu erwarten ist, so genügt im Protokoll der allgemeine Hinweis, daß eine Pfändung aus diesen Gründen unterblieben ist.

Abweichend von Satz 1 sind im Protokoll zu verzeichnen:

a) Sachen, deren Pfändung vom Gläubiger ausdrücklich beantragt war, unter Angabe der Gründe, aus denen der Gerichtsvollzieher von einer Pfändung abgesehen hat,

b) die Art der Früchte, die vom Boden noch nicht getrennt sind, und die gewöhnliche Zeit der Reife, wenn eine Pfändung noch nicht erfolgen durfte (§ 810 Abs. 1 Satz 2 ZPO),

c) Art, Beschaffenheit und Wert der Sachen, wenn eine Austauschpfändung (§ 811a ZPO) in Betracht kommt, unter Angabe der Gründe, aus denen der Gerichtsvollzieher von einer vorläufigen Austauschpfändung (§ 811b ZPO) abgesehen hat,

d) Art und Wert eines Tieres, das im häuslichen Bereich und nicht zu Erwerbszwecken gehalten wird, wenn dessen Pfändung in Betracht kommt (§ 811c Abs. 2 ZPO).

Sind bereits Entscheidungen des Vollstreckungsgerichts ergangen, durch die die Unpfändbarkeit vergleichbarer Sachen festgestellt wurde, so soll sie der Gerichtsvollzieher im Protokoll erwähnen, soweit sie für den Gläubiger von Belang sind.

§ 154 Pfändung von Wertpapieren

1. Bei der Zwangsvollstreckung wegen Geldforderungen werden Wertpapiere wie bewegliche körperliche Sachen behandelt. Sie werden dadurch gepfändet, daß der Gerichtsvollzieher sie in Besitz nimmt.

2. Zu den Wertpapieren der Nr. 1 gehören alle Inhaberpapiere, auch wenn sie auf den Namen eines bestimmten Berechtigten umgeschrieben sind, sowie alle Aktien, auch wenn sie auf den Namen eines bestimmten Berechtigten lauten. Dagegen gehören Legitimationspapiere nicht dazu (z. B. Sparkassenbücher, Pfandscheine, Lebensversicherungspolicen).

3. Für die Pfändung von Forderungen aus Wechseln und anderen auf den Namen lautenden, aber durch Indossament übertragbaren Forderungspapieren sowie für die Pfändung des Guthabens des Postsparers gelten die Bestimmungen des § 175.

4. Inländische Banknoten sind bei der Zwangsvollstreckung nicht als Wertpapiere, sondern als bares Geld zu behandeln.

Geschäftsanweisung für Gerichtsvollzieher Anhang 3

§ 155 Veräußerung von Wertpapieren
(§§ 821–823 ZPO)

1. Die Veräußerung von Wertpapieren erfolgt, wenn sie einen Börsen- oder Marktpreis haben, durch freihändigen Verkauf, sonst durch öffentliche Versteigerung (§ 821 ZPO).

2. Bei der Veräußerung von Inhaberpapieren genügt die Übergabe des veräußerten Papiers an den Erwerber, um das im Papier verbriefte Recht auf ihn zu übertragen. Dagegen sind Papiere, die durch Indossament übertragen werden können, jedoch nicht Forderungspapiere sind, zum Zweck der Übertragung mit dem Indossament zu versehen (z. B. Namensaktien). Andere Papiere, die auf den Namen lauten, sind mit der Abtretungserklärung zu versehen. Dies gilt auch für den Namen umgeschriebene Inhaberpapiere, sofern nicht ihre Rückverwandlung (Nr. 3) beantragt wird.

3. Die Abtretungserklärung oder das Indossament stellt der Gerichtsvollzieher anstelle des Schuldners aus, nachdem ihn das Vollstreckungsgericht dazu ermächtigt hat (§ 822 ZPO). Ebenso bedarf der Gerichtsvollzieher der Ermächtigung des Vollstreckungsgerichts, wenn er anstelle des Schuldners die Erklärungen abgeben soll, die zur Rückverwandlung einer auf den Namen umgeschriebenen Schuldverschreibung in eine Inhaberschuldverschreibung erforderlich sind (§ 823 ZPO). Der Gerichtsvollzieher fügt dem Antrag, durch den er die Ermächtigung erbittet, den Schuldtitel und das Pfändungsprotokoll bei.

§ 156 Hilfspfändung

Papiere, die nur eine Forderung beweisen, aber nicht Träger des Rechts sind (z. B. Sparkassenbücher, Pfandscheine, Versicherungsscheine und Depotscheine, ferner Hypotheken- und solche Grundschuld- und Rentenschuldbriefe, die nicht auf den Inhaber lauten), sind nicht Wertpapier im Sinne des § 154. Sie können deshalb auch nicht nach den Vorschriften über die Zwangsvollstreckung in bewegliche körperliche Sachen gepfändet werden. Der Gerichtsvollzieher kann aber diese Papiere vorläufig in Besitz nehmen (Hilfspfändung). Er teilt dem Gläubiger die vorläufige Wegnahme unverzüglich mit und bezeichnet die Forderungen, auf die sich die Legitimationspapiere beziehen. Die Papiere sind jedoch dem Schuldner zurückzugeben, wenn der Gläubiger nicht alsbald, spätestens innerhalb eines Monats, den Pfändungsbeschluß über die Forderung vorlegt, die dem Papier zugrunde liegt. Die in Besitz genommenen Papiere sind im Pfändungsprotokoll genau zu bezeichnen.

Grund- und Rentenschuldbriefe, die auf den Inhaber lauten, werden nach § 154 gepfändet.

III. Zwangsvollstreckung in Forderungen und andere Vermögensrechte

§ 172 Allgemeine Vorschriften

1. Die Zwangsvollstreckung in Forderungen, die dem Schuldner gegen einen Dritten (Drittschuldner) zustehen, erfolgt im Wege der Pfändung und Überweisung durch das Vollstreckungsgericht (§§ 829, 835 ZPO); jedoch gelten besondere Bestimmungen für die Pfändung von Wertpapieren (§ 154) und von Forderungen aus Wechseln und anderen durch Indossament übertragbaren Papieren (§ 175).

2. Unter den im § 844 ZPO bestimmten Voraussetzungen kann das Vollstreckungsgericht an Stelle einer Überweisung eine andere Art der Verwertung anordnen, z. B. die Versteigerung oder den Verkauf der Forderung aus freier Hand durch einen Gerichtsvollzieher. Bei der Ausführung einer solchen Anordnung beachtet der Gerichtsvollzieher die vom Vollstreckungsgericht etwa getroffenen besonderen Bestimmungen.

3. Das Vollstreckungsgericht kann die Pfändung und Überweisung in einem Beschluß, aber auch in getrennten Beschlüssen aussprechen. Die Mitwirkung des Gerichtsvollziehers ist im

Anhang 3 Geschäftsanweisung für Gerichtsvollzieher

wesentlichen auf die Zustellung dieser Beschlüsse an den Drittschuldner und den Schuldner beschränkt; mit der Zustellung wird er vom Gläubiger beauftragt.

4. Auf die Zwangsvollstreckung in andere Vermögensrechte, die nicht Gegenstand der Zwangsvollstreckung in das unbewegliche Vermögen sind (z. B. Gesellschaftsanteile – § 859 ZPO –), finden die Vorschriften über die Pfändung von Forderungen entsprechende Anwendung.

Bei der Zwangsvollstreckung in Nutzungsrechte kann das Gericht eine Verwaltung anordnen. In diesem Fall kann die Wegnahme und die Übergabe der zu benutzenden Sachen an einen Verwalter durch einen Gerichtsvollzieher aufgrund des Schuldtitels und der Ausfertigung des die Verwaltung anordnenden Beschlusses nach den Bestimmungen erfolgen, die für die Zwangsvollstreckung zur Erwirkung der Herausgabe von Sachen gelten (§ 857 ZPO).

Für die Zwangsvollstreckung in die Schiffspart gelten die besonderen Bestimmungen des § 858 ZPO.

§ 173 Zustellung des Pfändungs- und Überweisungsbeschlusses
(§§ 829, 835, 840, 857 ZPO)

1. Die Pfändung einer Forderung ist mit der Zustellung des Pfändungsbeschlusses an den Drittschuldner als bewirkt anzusehen (§ 829 Abs. 3 ZPO). Die Zustellung an den Drittschuldner ist daher regelmäßig vor der Zustellung an den Schuldner durchzuführen, wenn nicht der Auftraggeber ausdrücklich etwas anderes verlangt (vgl. Nr. 3). Diese Zustellung ist zu beschleunigen; in der Zustellungsurkunde ist der Zeitpunkt der Zustellung nach Stunde und Minute anzugeben. Bei Zustellung durch die Post ist nach § 41 zu verfahren. Ist der Gerichtsvollzieher mit der Zustellung mehrerer Pfändungsbeschlüsse an denselben Drittschuldner beauftragt, so stellt er sie alle in dem gleichen Zeitpunkt zu und vermerkt in den einzelnen Zustellungsurkunden, welche Beschlüsse er gleichzeitig zugestellt hat. Läßt ein Gläubiger eine Forderung pfänden, die dem Schuldner gegen ihn selbst zusteht, so ist der Pfändungsbeschluß dem Gläubiger wie einem Drittschuldner zuzustellen.

2. Auf Verlangen des Gläubigers fordert der Gerichtsvollzieher den Drittschuldner bei der Zustellung des Pfändungsbeschlusses auf, binnen zwei Wochen, von der Zustellung an gerechnet, dem Gläubiger zu erklären:

a) ob und inwieweit er die Forderung anerkenne und Zahlung zu leisten bereit sei,

b) ob und welche Ansprüche andere Personen an die Forderung erheben,

c) ob und wegen welcher Ansprüche die Forderung bereits für andere Gläubiger gepfändet sei.

Die Aufforderung zur Abgabe dieser Erklärungen muß in die Zustellungsurkunde aufgenommen werden (§ 840 ZPO). Die Zustellung an den Drittschuldner kann in solchen Fällen nur im Wege der gewöhnlichen Zustellung bewirkt werden. Eine Erklärung, die der Drittschuldner bei der Zustellung abgibt, ist in die Zustellungsurkunde aufzunehmen und von dem Drittschuldner nach Durchsicht oder nach Vorlesung zu unterschreiben. Gibt der Drittschuldner keine Erklärung ab oder verweigert er die Unterschrift, so ist dies in der Zustellungsurkunde zu vermerken. Eine Erklärung, die der Drittschuldner später dem Gerichtsvollzieher gegenüber abgibt, ist ohne Verzug dem Gläubiger zu übermitteln und, soweit sie mündlich erfolgt, zu diesem Zweck durch ein Protokoll festzustellen.

Sollen mehrere Drittschuldner, die in verschiedenen Amtsgerichtsbezirken wohnen, aber in einem Pfändungsbeschluß genannt sind, zur Abgabe der Erklärungen aufgefordert werden, so führt zunächst der für den zuerst genannten Drittschuldner zuständige Gerichtsvollzieher die Zustellung an die in seinem Amtsgerichtsbezirk wohnenden Drittschuldner aus (vgl. § 20 Abs. 1). Hiernach gibt er den Pfändungsbeschluß an den Gerichtsvollzieher ab, der für die Zustellung an die im nächsten Amtsgerichtsbezirk wohnenden Drittschuldner zuständig ist.

Geschäftsanweisung für Gerichtsvollzieher Anhang 3

Dieser verfährt ebenso, bis an sämtliche Drittschuldner zugestellt ist. Die Zustellung an den Schuldner (vgl. die folgende Nr. 3) nimmt der zuletzt tätig gewesene Gerichtsvollzieher vor.

3. Nach der Zustellung an den Drittschuldner stellt der Gerichtsvollzieher den Pfändungsbeschluß mit einer beglaubigten Abschrift der Urkunde über die Zustellung an den Drittschuldner – im Fall der Zustellung durch die Post mit einer beglaubigten Abschrift der Postzustellungsurkunde – auch ohne besonderen Auftrag sofort dem Schuldner zu. Muß diese Zustellung im Auslande bewirkt werden, so geschieht sie durch Aufgabe zur Post. Die Zustellung an den Schuldner unterbleibt, wenn eine öffentliche Zustellung erforderlich sein würde. Ist auf Verlangen des Gläubigers die Zustellung an den Schuldner erfolgt, bevor die Zustellung an den Drittschuldner stattgefunden hat oder ehe die Postzustellungsurkunde dem Gerichtsvollzieher zugegangen ist, so stellt der Gerichtsvollzieher dem Schuldner die Abschrift der Zustellungsurkunde nachträglich zu. Ist ein Drittschuldner nicht vorhanden (z. B. bei Pfändung von Urheber- und Patentrechten), so ist die Pfändung mit der Zustellung des Pfändungsbeschlusses an den Schuldner erfolgt (§ 857 ZPO).

4. Wird neben dem Pfändungsbeschluß ein besonderer Überweisungsbeschluß erlassen, so ist dieser ebenfalls dem Drittschuldner und sodann unter entsprechender Anwendung der Vorschriften zu Nr. 3 dem Schuldner zuzustellen (§ 835 Abs. 3 ZPO).

5. Hat der Gerichtsvollzieher die Zustellung im Fall der Nr. 1 durch die Post bewirken lassen, so überprüft er die Zustellungsurkunde an den Drittschuldner nach ihrem Eingang und achtet darauf, ob die Zustellung richtig durchgeführt und mit genauer Zeitangabe beurkundet ist. Ist die Zustellung durch die Post fehlerhaft, so stellt er umgehend erneut zu. Sofern es die Umstände erfordern, wählt er dabei die gewöhnliche Zustellung.

§ 174 Wegnahme von Urkunden über die gepfändete Forderung
(§§ 830, 836, 837 ZPO)

1. Hat der Gläubiger die Pfändung einer Forderung, für die eine Hypothek besteht, oder die Pfändung einer Grundschuld oder Rentenschuld erwirkt, so ist der Schuldner verpflichtet, den etwa bestehenden Hypotheken-, Grundschuld- oder Rentenschuldbrief an den Gläubiger herauszugeben (§ 830 ZPO). Dasselbe gilt für andere über eine Forderung vorhandene Urkunden (z. B. Schuldschein, das Sparkassenbuch, den Pfandschein, die Versicherungspolice), wenn außer der Pfändung auch schon die Überweisung zugunsten des Gläubigers erfolgt ist (§ 836 ZPO).

2. Verweigert der Schuldner die Herausgabe der Urkunden, so nimmt der Gerichtsvollzieher sie ihm weg. Die Wegnahme ist im Wege der Zwangsvollstreckung zu bewirken (§§ 179 ff.). Der Gerichtsvollzieher wird dazu durch den Besitz des Schuldtitels und einer Ausfertigung des Pfändungsbeschlusses (bei Wegnahme eines Hypotheken-, Grundschuld- oder Rentenschuldbriefes) oder des Überweisungsbeschlusses (bei Wegnahme anderer Urkunden) ermächtigt. Der Pfändungs- und Überweisungsbeschluß ist dem Schuldner spätestens bis zum Beginn der Vollstreckungstätigkeit zuzustellen, welche die Wegnahme der Urkunde zum Ziel hat.

3. Sind die wegzunehmenden Urkunden in dem Pfändungs- und Überweisungsbeschluß nicht so genau bezeichnet, daß sie der Gerichtsvollzieher nach dieser Bezeichnung bei dem Schuldner aufsuchen kann, so überläßt er es dem Gläubiger, eine Vervollständigung des Beschlusses bei dem Gericht zu beantragen.

§ 175 Pfändung von Forderungen aus Wechseln, Schecks und anderen Papieren, die durch Indossament übertragen werden können und von Forderungen aus Postsparbüchern
(§ 831 ZPO)

1. Die Zwangsvollstreckung in Forderungen aus Wechseln, Schecks und anderen Wertpapieren, die durch Indossament übertragen werden können, z. B. aus kaufmännischen Anweisungen und Verpflichtungsscheinen, Konnossementen, Ladescheinen, Lagerscheinen, die an

Anhang 3 Geschäftsanweisung für Gerichtsvollzieher

Order gestellt sind (vgl. § 363 HGB), und aus Postsparbüchern (vgl. § 23 Abs. 4 des Gesetzes über das Postwesen – PostG – vom 28. 7. 1969 – BGBl. I S. 1006 –) erfolgt durch ein Zusammenwirken des Gerichtsvollziehers und des Vollstreckungsgerichts. Der Gerichtsvollzieher pfändet die Forderungen dadurch, daß er die bezeichneten Papiere in Besitz nimmt. Ein Pfändungsbeschluß ist nicht erforderlich. Die weitere Durchführung der Vollstreckung erfolgt sodann auf Antrag des Gläubigers durch das Vollstreckungsgericht.

2. Forderungen aus Wechseln und ähnlichen Papieren sind Vermögensstücke von ungewissem Wert, wenn die Zahlungsfähigkeit des Drittschuldners nicht unzweifelhaft feststeht. Der Gerichtsvollzieher soll diese Forderungen nur pfänden, wenn ihn der Gläubiger ausdrücklich dazu angewiesen hat oder wenn andere Pfandstücke entweder nicht vorhanden sind oder zur Befriedigung des Gläubigers nicht ausreichen.

3. In dem Pfändungsprotokoll ist die weggenommene Urkunde nach Art, Gegenstand und Betrag der Forderung, nach dem Namen des Gläubigers und des Schuldners, dem Tag der Ausstellung und eventuell mit der Nummer (z. B. beim Postsparbuch) genau zu bezeichnen. Auch der Fälligkeitstag der Forderung ist nach Möglichkeit anzugeben. Von der Pfändung ist der Gläubiger unter genauer Bezeichnung der gepfändeten Urkunden und eventuell auch des Fälligkeitstages unverzüglich zu benachrichtigen. Der Schuldtitel ist dem Gläubiger zurückzugeben; dieser benötigt ihn zur Erwirkung des Überweisungsbeschlusses.

Die Ausweiskarte eines Postsparbuches bleibt im Besitz des Schuldners.

4. Der Gerichtsvollzieher verwahrt die weggenommene Urkunde so lange, bis das Gericht sie einfordert oder bis ihm ein Beschluß des Vollstreckungsgerichts vorgelegt wird, durch den die Überweisung der Forderung an den Gläubiger ausgesprochen oder eine andere Art der Verwertung der Forderung angeordnet wird, z. B. die Veräußerung oder die Herausgabe der den Gegenstand der Forderung bildenden körperlichen Sachen an einen Gerichtsvollzieher. Das Postsparbuch übersendet der Gerichtsvollzieher dem Postsparkassenamt, und zwar erst, nachdem diesem der Überweisungsbeschluß zugestellt ist.

5. Werden gepfändete Schecks oder Wechsel zahlbar, bevor eine gerichtliche Entscheidung über ihre Verwertung ergangen ist, so sorgt der Gerichtsvollzieher in Vertretung des Gläubigers für die rechtzeitige Vorlegung, eventuell auch für die Protesterhebung. Wird der Wechsel oder der Scheck bezahlt, so hinterlegt der Gerichtsvollzieher den gezahlten Betrag und benachrichtigt den Gläubiger und den Schuldner hiervon.

6. Der Gerichtsvollzieher darf die Urkunde über die gepfändete Forderung nur gegen Empfangsbescheinigung des Gläubigers oder – wenn die Forderung freigegeben wird – des Schuldners herausgeben.

§ 176 Zwangsvollstreckung in Ansprüche auf Herausgabe oder Leistung von beweglichen körperlichen Sachen
(§§ 846–849, 854 ZPO)

1. Bei der Zwangsvollstreckung in Ansprüche des Schuldners, aufgrund deren der Drittschuldner bewegliche körperliche Sachen herauszugeben oder zu leisten hat, erfolgt die Pfändung nach den Vorschriften über die Pfändung von Geldforderungen, also regelmäßig durch die Zustellung eines gerichtlichen Pfändungsbeschlusses. Eine Ausnahme gilt, wenn die Forderung in einem indossablen Papier verbrieft ist (z. B. bei kaufmännischen Anweisungen über die Leistung von Wertpapieren oder anderen vertretbaren Sachen, bei Lagerscheinen, Ladescheinen und Konossementen); in diesen Fällen geschieht die Pfändung dadurch, daß der Gerichtsvollzieher das Papier in Besitz nimmt.

In dem gerichtlichen Pfändungsbeschluß oder im Fall des § 175 durch einen besonderen Beschluß wird angeordnet, daß die geschuldeten Sachen an einen von dem Gläubiger zu beauftragenden Gerichtsvollzieher herauszugeben sind (§ 847 ZPO).

2. Der Pfändungsbeschluß als solcher ermächtigt jedoch den Gerichtsvollzieher nicht, die Herausgabe der Sachen gegen den Willen des Drittschuldners zu erzwingen. Verweigert der Drittschuldner die Herausgabe, so muß sich der Gläubiger den Anspruch zur Einziehung überweisen lassen und dann Klage gegen den Drittschuldner erheben. Der Gerichtsvollzieher beurkundet deshalb in diesem Fall die Weigerung des Drittschuldners und überläßt das weitere dem Gläubiger.

3. Ist dagegen der Drittschuldner zur Herausgabe oder zur Leistung bereit, so nimmt der Gerichtsvollzieher, dessen Ermächtigung durch den Besitz des Schuldtitels und einer Ausfertigung des Beschlusses dargetan wird, die Sache beim Drittschuldner gegen Quittung oder gegen Herausgabe des indossablen Papiers in Empfang.

In dem aufzunehmenden Protokoll bezeichnet er die Sache. Das weitere Verfahren wegen Unterbringung und Verwertung der übernommenen Sache richtet sich nach den Vorschriften, die für die Verwertung gepfändeter Sachen gelten (§ 847 Abs. 2 ZPO). Durch die Herausgabe des Gegenstandes seitens des Drittschuldners geht das Pfandrecht, das durch die Pfändung des Anspruchs begründet worden ist, ohne neue Pfändung in ein Pfandrecht an der Sache selbst über.

4. Von der Übernahme und von dem anberaumten Versteigerungstermin sind der Schuldner und der Gläubiger zu benachrichtigen.

5. Hat der Gläubiger gegen den Drittschuldner einen vollstreckbaren Titel erlangt, nach dessen Inhalt der Drittschuldner die Sache zum Zweck der Zwangsvollstreckung an einen Gerichtsvollzieher herauszugeben hat, so nimmt der Gerichtsvollzieher die Sache dem Drittschuldner aufgrund dieses Titels nach den Vorschriften über die Zwangsvollstreckung zur Erwirkung der Herausgabe von Sachen weg und verwertet sie.

6. Das Verfahren bei einer Pfändung desselben Anspruchs für mehrere Gläubiger ist im § 854 ZPO näher geregelt. Für die Reihenfolge der Pfändungen ist die Zeit entscheidend, zu der die einzelnen Pfändungsbeschlüsse dem Drittschuldner zugestellt sind.

7. Liegt der Auftrag eines anderen Gläubigers zur Pfändung der an den Gerichtsvollzieher herauszugebenden Sachen vor, so sind die Sachen bei der Übernahme gleichzeitig zu pfänden.

§ 177 Zwangsvollstreckung in Ansprüche auf Herausgabe oder Leistung von unbeweglichen Sachen und eingetragenen Schiffen, Schiffsbauwerken, Schwimmdocks, inländischen Luftfahrzeugen, die in der Luftfahrzeugrolle eingetragen sind sowie ausländischen Luftfahrzeugen
(§§ 846, 847a, 848 ZPO; §§ 99 Abs. 1, 106 Abs. 1 Nr. 1 des Gesetzes über Rechte an Luftfahrzeugen)

Die Zwangsvollstreckung in Ansprüche auf Herausgabe oder Leistung folgender Gegenstände:

unbewegliche Sachen,
eingetragene Schiffe,
eingetragene oder eintragungsfähige Schiffsbauwerke
und im Bau befindliche oder fertiggestellte Schwimmdocks,
inländische Luftfahrzeuge, die in der Luftfahrzeugrolle oder
im Register für Pfandrechte an Luftfahrzeugen eingetragen sind,
ausländische Luftfahrzeuge,

erfolgt gleichfalls durch Zustellung eines gerichtlichen Pfändungsbeschlusses. Für die Zustellung gelten die Bestimmungen in § 173 entsprechend (§ 846 ZPO). Die unbewegliche Sache wird an einen von dem Amtsgericht der belegenen Sache zu bestellenden Sequester, das Schiff, Schiffsbauwerk, im Bau befindliche oder fertiggestellte Schwimmdock oder Luftfahrzeug an einen vom Vollstreckungsgericht zu bestellenden Treuhänder herausgegeben (§ 847a ZPO in Verbindung mit Art. 3 des Gesetzes vom 4. 12. 1968 – BGBl. S. 1295 –,

Anhang 3 Geschäftsanweisung für Gerichtsvollzieher

§§ 848, 855, 855a ZPO; §§ 99 Abs. 1, 106 Abs. 1 Nr. 1 des Gesetzes über Rechte an Luftfahrzeugen vom 26. 2. 1959 – BGBl. I S. 57 –).

§ 178 Zustellung der Benachrichtigung, daß die Pfändung einer Forderung oder eines Anspruchs bevorsteht (sogenannte Vorpfändung)

1. Der Gläubiger kann dem Drittschuldner und dem Schuldner schon vor der Pfändung einer Forderung oder eines Anspruchs die Benachrichtigung, daß die Pfändung bevorsteht, mit den in § 845 ZPO näher bezeichneten Aufforderungen zustellen lassen.

Die Benachrichtigung an den Drittschuldner hat zugunsten des Gläubigers die Wirkung eines Arrestes, sofern innerhalb eines Monats seit ihrer Zustellung die angekündigte Pfändung erfolgt.

2. Der Gerichtsvollzieher muß deshalb die Zustellung dieser Benachrichtigung an den Drittschuldner besonders beschleunigen und den Zustellungszeitpunkt (Tag, Stunde, Minute) beurkunden oder veranlassen, daß dies durch den Postbediensteten erfolgt. Auf die Zustellung finden die Vorschriften des § 173 mit Ausnahme der Nr. 2 entsprechende Anwendung. Der Gerichtsvollzieher hat nicht zu prüfen, ob dem Gläubiger eine vollstreckbare Ausfertigung erteilt und ob der Schuldtitel bereits zugestellt ist.

3. Der Gerichtsvollzieher hat die Benachrichtigung mit den Aufforderungen selbst anzufertigen, wenn er von dem Gläubiger hierzu ausdrücklich beauftragt worden ist. Dies gilt nicht für die Vorpfändung von Vermögensrechten im Sinne des § 857 ZPO (vgl. § 857 Abs. 7 ZPO und § 172 Nr. 4).

In diesem Fall hat der Gerichtsvollzieher zu prüfen, ob der Gläubiger einen vollstreckbaren Schuldtitel erwirkt hat und ob die Voraussetzungen der §§ 82–84 vorliegen. Der Gerichtsvollzieher hat die vorzupfändende Forderung nach Gläubiger, Schuldner und Rechtsgrund in der Benachrichtigung möglichst so genau zu bezeichnen, daß über die Identität der Forderung kein Zweifel bestehen kann.

4. Stellt der Gerichtsvollzieher lediglich eine vom Gläubiger selbst angefertigte Benachrichtigung zu, so obliegt ihm nicht die Prüfungspflicht nach Nr. 3 Satz 1. In diesem Fall wirkt er bei der Vorpfändung nur als Zustellungsorgan mit.

C. Zwangsvollstreckung zur Erwirkung der Herausgabe von Sachen

§ 179 Bewegliche Sachen
(§§ 883, 884, 897 ZPO)

1. Hat der Schuldner nach dem Schuldtitel eine bestimmte bewegliche Sache oder eine gewisse Menge von bestimmten beweglichen Sachen herauszugeben (z. B. 5. Ztr. von dem auf dem Speicher lagernden Roggen), so wird die Zwangsvollstreckung dadurch bewirkt, daß der Gerichtsvollzieher die Sache dem Schuldner wegnimmt und sie dem Gläubiger übergibt. Hat der Schuldner eine Menge von vertretbaren Sachen (§ 91 BGB) oder von Wertpapieren zu leisten, so ist in derselben Weise zu verfahren, sofern der Gerichtsvollzieher Sachen der geschuldeten Gattung (z. B. Saatkartoffeln einer bestimmten Sorte) im Gewahrsam des Schuldners vorfindet. Befindet sich die herauszugebende Sache im Gewahrsam eines Dritten, so darf sie der Gerichtsvollzieher nur wegnehmen, wenn der Dritte zur Herausgabe bereit ist (§ 118 Nr. 2) oder wenn die Zwangsvollstreckung auch in das in seinem Gewahrsam befindliche Vermögen zulässig ist (vgl. z. B. §§ 97, 98). In den übrigen Fällen überläßt es der Gerichtsvollzieher dem Gläubiger, bei dem Vollstreckungsgericht die Überweisung des Anspruchs des Schuldners auf Herausgabe der Sache zu erwirken (§ 886 ZPO).

2. Der Gerichtsvollzieher händigt die weggenommenen Sachen dem Gläubiger unverzüglich gegen Empfangsbescheinigung aus oder sendet sie an ihn ab. Die Sachen sollen dem Gläubi-

ger tunlichst an Ort und Stelle ausgehändigt werden. Der Gerichtsvollzieher zeigt dem Gläubiger den Tag und die Stunde der beabsichtigten Vollstreckung rechtzeitig an, damit sich dieser zur Empfangnahme der Sachen an dem Ort der Vollstreckung einfinden oder einen Vertreter entsenden und die notwendigen Maßnahmen zur Fortschaffung der Sachen treffen kann.

3. Macht ein Dritter bei der Vollstreckung ein Recht an dem wegzunehmenden Gegenstand geltend, das ihn zur Erhebung der Widerspruchsklage (§ 771 ZPO) berechtigt, so verweist ihn der Gerichtsvollzieher an das Gericht.

4. Trifft mit dem Auftrag des Gläubigers auf Wegnahme einer Sache ein Pfändungsbeschluß nach § 176 zusammen, so nimmt der Gerichtsvollzieher die Sache in Besitz und überläßt es den Beteiligten, eine Einigung oder eine gerichtliche Entscheidung über ihre Rechte herbeizuführen.

5. Trifft mit dem Auftrag eines Gläubigers auf Wegnahme einer Sache der Auftrag eines anderen Gläubigers auf Pfändung zusammen, so verfährt der Gerichtsvollzieher – sofern nicht die Sachlage oder der Inhalt der Aufträge eine andere Erledigung erfordern – wie folgt: Er führt zunächst die Pfändung durch. Hierbei pfändet er die herauszugebenden Sachen nur dann ganz oder teilweise, wenn andere Pfandstücke nicht oder nicht in ausreichendem Umfang vorhanden sind. Pfändet er zugunsten des einen Gläubigers Sachen, die der Schuldner an den anderen Gläubiger herauszugeben hat, so nimmt er sie dem Schuldner auf Verlangen des Gläubigers, der die Herausgabe verlangen kann, für diesen Gläubiger weg. Er darf sie jedoch dem Gläubiger nicht herausgeben, sondern muß sie in seinem Besitz behalten. Die Zwangsvollstreckung in diese Sachen darf er erst fortsetzen, sobald sie der eine Gläubiger von dem Recht des anderen befreit hat. Soweit die herauszugebenden Sachen nicht gepfändet sind, nimmt der Gerichtsvollzieher sie dem Schuldner weg und übergibt sie dem Gläubiger.

6. In dem Protokoll über die Vollstreckungshandlung sind die weggenommenen Sachen genau zu bezeichnen. Bei vertretbaren Sachen sind Maß, Zahl und Gewicht anzugeben, bei Wertpapieren der Nennwert, die Nummer oder die sonstigen Unterscheidungsmerkmale sowie die bei dem Stammpapier vorgefundenen Zins- oder Gewinnanteil- oder Erneuerungsscheine. Das Protokoll muß ferner ergeben, ob die Sachen dem Gläubiger ausgehändigt, an ihn abgesandt oder in welcher anderen Weise sie untergebracht sind.

Findet der Gerichtsvollzieher die geschuldeten Sachen nicht oder nur zum Teil vor, so macht er dies im Protokoll ersichtlich; ebenso vermerkt er es im Protokoll, wenn der Schuldner bestreitet, daß die weggenommenen Sachen die geschuldeten sind, oder wenn ein Dritter Rechte auf den Besitz der Sachen geltend macht.

7. Ist der Schuldner zur Übertragung des Eigentums oder zur Bestellung eines Rechts an einer beweglichen Sache, aufgrund dessen der Gläubiger die Besitzeinräumung verlangen kann, verurteilt, so nimmt der Gerichtsvollzieher die Sache dem Schuldner unter Beachtung der vorstehenden Vorschriften weg und händigt sie dem Gläubiger aus. Dasselbe gilt für den Hypotheken-, Grundschuld- oder Rentenschuldbrief, wenn der Schuldner zur Bestellung, zur Abtretung oder zur Belastung der durch diese Urkunde verbrieften Hypothek, Grundschuld oder Rentenschuld verurteilt ist (§ 897 ZPO).

Sachverzeichnis

Der Buchstabe **G** weist darauf hin, daß das Stichwort in dem ersten Teil des Buches, „Grundlagen", zu finden ist. Die halbfetten Zahlen bezeichnen das Muster, in dem das Stichwort behandelt ist. Die nachfolgenden mageren Zahlen beziehen sich auf die Randziffern innerhalb der „Grundlagen" bzw. der Erläuterungen zu dem betreffenden Muster.

Abfindung aus Sozialplan und Kündigungsgesetz **G**/93, 104
Abgeordnete 19/44 f.
Abtretung (Übertragung) und Pfändung **G**/138; **24**/2 f.
Ärzte, Tierärzte, Zahnärzte 12; 13
– Drittschuldner **12**/4; **13**/5
– Kassenvergütungen **12**/1 f., 6
– Praxiskosten **12**/5
– Privathonorare **12**/7 f.
– Schweigepflicht **12**/9
– Versorgungsansprüche **13**
– Zusammenrechnung des Einkommens **12**/6
Aktie 41; 81/5
Aktivsaldo 35; 36/13; **110**/9
Akzept(ant) 191/2
Altenteil 14; 15
– Reallast **15**/1, 6
– rückständige Leistungen **15**/8
– Wohnungsrecht **15**/1, 9, 10
Altershilfe für Landwirte 165/10
Altersrente 165/61 ff.
– Anwartschaft **165**/62
– künftiger Anspruch **165**/63
– Leistungsträger **165**/66 f.
Anderkonto 36/40 f.
Anderweitige Verwertung 5
Anfechtung G/108
Ankaufsrecht 16; 189/9
Anteil
– Bruchteilsgemeinschaft **47; 48**
– Erbengemeinschaft **123**
– Genossenschaft **79**
– Gesellschaft bürgerlichen Rechts **80; 81**
– GmbH **82**
– KG **108**
– OHG **130**
Anwartschaft
– Eigentum an beweglichen Sachen (Eigentumsvorbehalt) **17**
– Eigentum an Grundstücken s. Auflassung
– Gebrauchsmuster **77; 77**/4 f.

– Nacherbschaft **126**
– Patent **131; 131**/11
Apothekerversorgung 13/Vorbem.
Arbeitnehmer, Freistellungsanspruch gegen den Arbeitgeber **G**/96
Arbeitnehmererfindung 18
Arbeitnehmersparzulage 167
– Anspruch **167**/15
– Pfändung **167**/16
Arbeitseinkommen 19–25
– Abgeordnete **19**/14
– Abtretung **G**/138; **24**/3
– Aufwandsentschädigung **19**/32, 44
– ausländische Truppen **21–23b**
– Bedienungsgeld **40**
– bedingt pfändbare Bezüge **19**/30, 38 f.
– Beihilfen s. dort
– Beiträge zur privaten Krankenversicherung **19**/42
– Berechnung des Einkommens **19**/25 ff.
– Blindenbeihilfen und -zulagen **19**/34
– Drittberechtigter **24; 24**/3 ff.
– Drittschuldner **25**/9
– Entgeltfortzahlung **19**/10
– Ersatzansprüche **19**/6
– Freiberufler **19**/Vorbem.
– Handelsvertreter **19**/7
– Heimarbeitsvergütung **95; 96**
– Karenzentschädigung **19**/9
– Krankengeld **19**/12
– Lebensversicherung **19**/14
– Lohnfortzahlung **19**/10, FN 4
– Lohnschiebung **24; 25**
– Naturalleistungen **19**/29
– ortsübliche Vergütung **25**/5
– Pfändungsgrenzen s. dort
– Pfändungsschutz s. dort
– Provisionen **19**/7; s. a. dort
– Sachbezüge **19**/29; s. a. dort
– Selbständige **19**/Vorbem., 23
– Tariflohn **25**/5
– Trinkgelder **40**
– übliche Vergütung **25**/5

533

Sachverzeichnis

- unpfändbare Bezüge **19**/31
- Unterhaltsansprüche s. dort
- Urlaubsabgeltung und Urlaubsgeld **19**/31
- Verschleierung des Einkommens **24**; **25**
- Versorgungsrenten **13**; **140**
- Vorpfändung **22**/14
- Vorratspfändung **20**/8
- Zusammenrechnung **19**/10

Arbeitsförderungsgesetz 165/6, 36
Arbeitslosengeld 165/6, 37
Arbeitslosenhilfe 165/6
Arrestbefehl G/49
Arresthypothek 102/2
Aufführungsrecht der Lichtspieltheater 116/4
Aufhebung der Gemeinschaft 47; 48; 122
Auflassung 26–33
- Anwartschaftsrecht **30**; **33**/18 f.; s. a. dort
- Herausgabeanspruch **33**/24
- Rückabwicklungsanspruch **27**; **29**; **33**/6
- Sequester **33**; **33**/8, 14, 20
- Vormerkung **33**/10, 19 f.

Auftrag 175/11
Aufwandsentschädigung 19/44 f.
Ausbildungsförderung 164/5
Ausgleichsanspruch des Handelsvertreters G/97
Ausgleichsgeld in der Landwirtschaft 164/57
Ausländische Banknoten 191/17
Ausländische Truppen 21–23b

Bankguthaben 35; 36
- Bankgeheimnis **36**/45
- Depot **35**/18
- Drittschuldner **36**/33
- Euroscheck **36**/34
- Fremdkonto **36**/43
- gegenwärtiger Saldo **36**/14
- Gemeinschaftskonto u. -depot **36**/28 ff.
- Girokonto, Girovertrag **36**; **36**/1 ff., 16 ff.
- Grundpfandrechte **35**/7 ff.
- Gutschrift auf Konten **35**; **36**/18
- Kontokorrent **36**/5 f.; **110**
- Kontonummer **36**/33
- Kontovollmacht **36**/20
- Kredite **36**/23 ff.; **53**; **54**
- künftige Salden (Guthaben) **36**/13
- „Oder-Konto" **36**/32
- Pfändungsschutz für Konten **19**/20; **36**/35 f.; **165**
- Rückübertragung von Sicherheiten **35**/3 ff.
- Safe **168**
- Scheckkarte **36**/34
- Sicherheiten **35**/3 ff.
- Schließfach **168**
- Sonderkonto **36**/42
- Sparkonto **165**; **166**
- Sperrkonto **36**/44
- Treuhandkonto **36**/38
- „Und-Konto" **36**/29
- Zwei-Wochen-Frist **36**/37

Banknoten, ausländische 191/17
Banksafe 168
Baugeld 39/4
Bauhandwerkerforderung 37; 38
- Hypothek und Sicherheit **38**/3 f.

Bausparguthaben, -darlehen, -summe, -vertrag 39
- Baugeld **39**/4
- Kündigung des Bausparvertrages **39**/2, 6
- Rückgewähr von Sicherheiten **39**/7
- Wohnungsbauprämie **39**/8, 9
- Zweckbestimmung, Zweckbindung **39**/4 f.

Beamtengehalt, -versorgung s. Arbeitseinkommen
Bedienungsgeld 40
Bedingte Forderung G/84
Bedingt pfändbare Bezüge 19
Bedingt pfändbare Forderungen und Ansprüche G/92
Bedingte Titel G/33
Beerdigungskosten 180/5
Befreiung von einer Schuld G/98
Begünstigter (Lebensversicherung) 114
- Benennung **114**/24 ff.
- Bezugsberechtigter **114**/8
- Eintrittsrecht **114**/28
- Erben **114**/12 f.

Beihilfen 19
- Ausnahme von der beschränkten Pfändbarkeit **19**/37
- Öffentlicher Dienst **19**/35

Berufssoldat 160; 162; 163/2
Berufsunfähigkeitsrente 19/39; **165**/11
Berufsunfähigkeitsversicherung 114/38
Beschränkt persönliche Dienstbarkeit 15/9, 10; **60**; **60**/4, 8 ff.
Beschwerde
- sofortige **G**/160
- weitere **G**/161

Besondere Voraussetzungen der Zwangsvollstreckung G/55 ff.
Bestimmtheit G/77
Bezugsberechtigter (Lebensversicherung) s. Begünstigter (Lebensversicherung)

Sachverzeichnis

Bezugsrecht auf neue Aktien 41
BGB-Gesellschaft 81
Billigkeit 19/38; 165/27; 174/6; 177/10; 180
Blankoscheck 149/6, 15
Blankowechsel 191/14
Blindenbeihilfen 19/34
Blindenzulage 19/34
Bodmereibrief 191/7
Brandversicherung 145
Briefgrundschuld s. Grundschuld
Briefhypothek 42–46
- akzessorisch 46/2
- Briefwegnahme durch den Gerichtsvollzieher 46/7
- Drittschuldner 46/24
- Eigentümerhypothek 74
- Entstehung des Pfändungspfandrechts 46/8 f.
- Grundbuchberichtigung 46/21 f.
- Herausgabe des Briefs 46/11
- Kraftloserklärung 46/20
- Kündigung 46/31
- Mitbesitz am Brief 46/19
- Teilbetrag 44–46
- Teilhypothekenbrief 46/39 f.
- Übergabe des Briefs 46/9
- Übertragung 46/2, 6
- Überweisung 46/28 ff.
- verlorener Brief 46/20
- Versteigerung der Hypothek 46/36
- Vorpfändung 46/23
- Vorrang vor dem Rest 46/2
- Wirksamwerden der Pfändung 46/8 f.
- Zinsrückstände 46/27
Bruchteilsgemeinschaft 47; 48; 121
- Ansprüche auf Teilung und Auszahlung 48/9
- Anteil an den Früchten 48/3, 8
- Aufhebung der Gemeinschaft 48/4, 12
- Aufhebungsanspruch 48/4, 8, 12
- bewegliche Sache 121
- Drittschuldner 48/11
- eingetragenes Schiff 48/13; 155
- Forderung 48; 48/15, 16
- Grundschuld 48/16
- Grundstück 47; 48/13
- Hypothek 48/16
- Kündigung 48/12
- Miteigentumsanteil 47; 121
- Naturalteilung 48/4
- Reallast 48/16
- Recht auf Fruchtgenuß 48/8
- Recht auf Teilnahme an der Verwaltung 48/7

- Rentenschuld 48/16
- Teilung des Erlöses 48/1, 9, 12
- Teilungsversteigerung 48/10, 14
- Verwertung des Bruchteils 48/13 ff.; 121/9, 10 f.
Buchgrundschuld s. Grundschuld
Buchhypothek 49–52
- Drittschuldner 52/15
- Nebenleistungen 52; 52/8 f.
- Rangverhältnis 52/18
- Teilbetrag 50
- Teilpfändung 50; 52/16
- Überweisung zur Einziehung 52/10, 12
- Überweisung an Zahlungs Statt 52/10, 13
- Voreintragung des Schuldners 52/4
- Vorrang 52/18
- Wertpapierhypothek 52/19
- Wirksamwerden der Pfändung 46/35; 52/5
- Zinsen 52/11
Bürgschaft G/99; 35/16
Bundesausbildungsförderungsgesetz 165/4
Bundestagsabgeordnete 19/44

Darlehen 53; 54; s. auch Bankguthaben
- Auszahlungsanspruch 53; 54/6 ff.
- Dispositionskreditlinie 54/13
- offene Kredite 54/13
- Rückzahlungsanspruch 54
- Schuldschein 54/4, 5
- Zweckgebundenheit 54/13
Dauernutzungsrecht s. Dauerwohnrecht
Dauerpfändung 20
- Rangwahrung 20/14
- Vorratspfändung 20/13
Dauerwohnrecht 55–58
- Besitzverschaffungsrecht 58/7
- Drittschuldner 58/6
- Eintragung der Pfändung im Grundbuch 58; 58/4
- Verwertung 58/8
- Voreintragung des Schuldners 58/5
Deutsche Post AG G/123
Deutsche Postbank AG G/123; 133; 134
Deutsche Telekom AG G/123
Diäten 19/44
Dienstbarkeit 59; 60
- Ausübungsbefugnis 59; 60/7
- beschränkte persönliche 60/4
- Drittschuldner 60/11
- Erlöschen 60/14
- Ersatz des Wertes aus dem Versteigerungserlös 60/14; 198
- Grundbucheintrag 60; 60/10

535

Sachverzeichnis

- Grunddienstbarkeit **60**/10
- Versteigerung des belasteten Grundstücks **60**/14
- Verwertung **60**/13
- Wohnungsrecht **60**/4

Dienstleistungen im Sozialrecht 165/26
Dispositionskredit 54/13
Dolmetscher 146
Drittberechtigter 24
Drittschuldner
- Auskunftsklage gegen den **10**/12
- Einwendungen **G**/107
- Erklärungspflicht **G**/111; **10**/1
- Finanzbehörde als **171**/6
- Rechtsstellung **G**/106
- Vertretung **G**/118 ff.

Drittschuldnererklärung 9; 10; G/111
- Anerkenntnis **10**/6
- Anwaltskosten **10**/16
- Aufforderung zur Abgabe **10**/1
- Aufrechnung **10**/18
- Auskunftsumfang **10**/7 ff.
- Bankgeheimnis **10**/1
- Durchsetzung des Auskunftsanspruchs **10**/12
- Einstellung der Zwangsvollstreckung **10**/17
- Ergänzung der Erklärung **10**/11
- Ersatzzustellung **10**/1
- Gegenstand der Auskunft **10**/6 ff.
- Haftung des Drittschuldners **10**/12 f.
- Kosten **10**/12
- Postgeheimnis **10**/1
- Rechtsnatur **10**/6
- Rechtsweg **10**/12
- Schadensersatz **10**/12
- Schweigepflicht **10**/5
- Umfang der Erklärungspflicht **10**/7 ff.
- Wiederholung der Erklärung **10**/11
- Zustellung **10**/1

Drittwiderspruchsklage G/157
Durchgriffserinnerung G/160

Eidesstattliche Versicherung G/75; 6
- Haft **6**/3, 8; **7**
- prozeßunfähige Schuldner **6**/2
- Schuldnerverzeichnis **6**/4
- Verfahren **6**/3
- Verhaftungsauftrag **7**

Eigentümergrundschuld, Eigentümerhypothek 61–75; 102; 199; 200; 201/27
- Briefgrundschuld **61–69**
- Briefhypothek **74**
- Buchgrundschuld **70–73**

- Buchhypothek **75**
- Drittschuldner **75**/14
- Entstehung **75**/1 ff.
- Grundbuchberichtigungsanspruch **75**/18
- Pfändung der Briefgrundschuld **75**/22
- Pfändung der Buchgrundschuld **75**/13, 17
- Surrogat der E. in der Zwangsversteigerung **199; 200**
- Verwertung **75**/24 ff.

Eigentums- und Vermögensgemeinschaft 93/32
Eigentumsverschaffungsanspruch 26
Eigentumsvorbehalt 17; 107/11
- Drittschuldner **17**/3, 6, 10
- Herausgabeanspruch **17**/11
- Kaufpreisrückzahlung **17**/10
- Sachpfändung **17**/5
- Wirksamwerden der Pfändung **17**/6

Einkommensteuererstattung 171
Einmalige Sozialleistung 165/27
Einstweilige Anordnung G/46
Einstweilige Einstellung der Zwangsvollstreckung G/164
Entlassungsgeld 163; 163/4
Erbbaurecht 76
- Drittschuldner **76**/5, 7
- Entschädigung bei Erlöschen des – durch Zeitablauf **76**/7
- Heimfallentschädigung **76**/9

Erbbauzins
- Fälligkeit und Übertragbarkeit **76**/4
- als Gegenleistung **76**/1
- rückständiger **76**/6

Erbengemeinschaft s. Miterbenanteil
Erfindervergütung 18
Erfindung 18; 77; 131
Erfüllungsanspruch des Käufers 106; 107
Erinnerung G/159
- gem. § 732 ZPO **G**/152, 155

Erklärungspflicht des Drittschuldners G/111; 9; 10
Erlebensversicherung 114/4
Erlös aus der Zwangsversteigerung 195–201
Erstattungsanspruch
- wegen Vollstreckung aus einem später aufgehobenen Titel **147**
- wegen zuviel gezahlter Steuern **169–171**

Erziehungsgeld 19; 165/50
Europaabgeordnete 19/46
Euroscheck 36/34

Familienunterhalt 177/3
Filmvertriebslizenz 116/4
Forderungskauf 107/14

Sachverzeichnis

Freiberufler 19/Vorbem.
Freistellungsanspruch des Arbeitnehmers gegen den Arbeitgeber G/96
Fremdkonto 36/43

Garantieeinbehalt beim Bauvertrag 37
Gebrauchsmuster 77
Gegenwärtiger Saldo 36/14; 110/9
Gehalt 19
Gehaltskonto 36/35
Gemeinschaft
– an einer beweglichen Sache 121
– an einer Forderung 48
– an einem Grundstück oder Schiff 47
Genossenschaft 78
– anteiliger Gewinn 79/13
– Auseinandersetzungsguthaben 78/5, 10 f.
– Drittschuldner 78/11, 13 f.
– Einlagen 78/3
– Geschäftsanteil 78/2, 7
– Geschäftsguthaben 78/5, 10 f.
– Kündigung 78/9, 12
– Liquidationsguthaben 78/16
– Mindesteinlage 78/4
– Rechtsverhältnis 78/2
– Vertretung 79/6
– Vollstreckung gegen die Genossenschaft 78/7
Gesamthypothek 75/7
Geschäftsführung ohne Auftrag 175/11
Geschäftsräume 3
Geschenke 150–152; 183
Geschmacksmuster 79
Gesellschaft des bürgerlichen Rechts 80; 81
– Anteil am Gesellschaftsvermögen 81/8
– Auslagenerstattung 81/21
– Auseinandersetzungsansprüche 81/18
– Auseinandersetzungsguthaben 81/15 ff.
– Ausscheiden des Gesellschafters infolge Pfändung 81/17
– Drittschuldner 81/10, 24
– Einlagenschuld 81/23
– Gewinnbeteiligung 81/12, 18
– Grundstücke im Gesellschaftsvermögen 81/20
– Kündigung 81/13 ff.
– Nachschüsse 81/23
– Rückerstattung von Einlagen 81/18
– Tätigkeitsvergütung 81/21
– Titel gegen alle Gesellschafter 81/22
– Verteilung des Überschusses 81/18
– Überweisung 81/11, 19
– Wertersatz für Einlagen 81/18
– Zustellung 81/10

Gesellschaft mit beschränkter Haftung 82–84
– anderweitige Verwertung 84/10
– Auflösung 84/14 ff.
– Auflösung durch Kündigung 84/16
– Drittschuldner 84/7, 24 f.
– Einlageforderung der Gesellschaft 84/29 ff.
– Einzahlungen auf die Stammeinlage 84/29
– Einziehung des Geschäftsanteils 84/8
– Ersatzzustellung 84/27
– freihändiger Verkauf des Geschäftsanteils 84/10
– Geschäftsanteil 84/3 ff.
– Geschäftsführer 83; 84/24, 38
– gesetzlicher Vertreter 84/2, 38
– Gewinnbeteiligung 84/20
– GmbH & Co KG 84/38
– Kündigung 84/14 ff.
– Pfändung der Einlageforderung 84/29
– Stammeinlage 84/3, 32 f.
– Verwertung 84/9 ff.
– Überweisung zur Einziehung 84/13
– vollwertige Gegenleistung 84/30
– Zustellung 84/25 ff.
Gezogener Wechsel 191
Girokonto 36
Girovertrag 36/2
GmbH s. Gesellschaft mit beschränkter Haftung
Grunddienstbarkeit 60/3, 7
Grundschuld 85–91; 198; 201; s. a. Eigentümergrundschuld
– Antrag auf Eintragung im Grundbuch 91/13
– Aufhebung 91/12
– Briefgrundschuld 85–88
– Buchgrundschuld 89–91
– Drittschuldner 91/24, 26
– Eintragungsantrag 88; 91
– nicht valutierte G. 85; 89; 91/4, 9 f.
– Pfändung 91/6, 9, 14 ff.
– Teilpfändung 91/16
– Überweisungsbeschluß 91/27
– valutierte 86; 87; 90; 91/3, 8, 14 f.
– Verwertung 91/24 ff.
– Verzicht 91/11
Gütergemeinschaft 92; 93
– Anteil am Gesamtgut 93/20 ff.
– ausländisches Güterrecht 93/2
– Beendigung 93/21 ff.
– Drittschuldner 93/23, 29
– Eigentumsvermutung zugunsten des Schuldners 93/5

537

Sachverzeichnis

- fortgesetzte Gütergemeinschaft 93/26
- gemeinschaftliche Verwaltung 93/8 ff.
- Gesamtgut 93/8 ff., 17
- Grundstücke im Gesamtgut 93/31
- Güterstände 93/1, 2
- Haftung des Gesamtguts 93/13
- Schadensersatzansprüche 93/19
- Schlüsselgewalt 93/6
- Sondergut 93/9, 15
- Verwertung 93/18
- Vorbehaltsgut 93/10, 16

Gütertrennung 93/7

Haftbefehl 6
Haftentschädigung 94
Haftpflichtversicherung 180
Handelsvertreter G/97; 188
Hausratversicherung 145
Heimarbeitsvergütung 95; 96
Heimfallentschädigung 76/9
Herausgabeanspruch 97; 98; 106
- Automaten-Aufsteller 34/6
- Grundstücksinventar 97/7
- Hinterlegungsstelle 98
- Kaufvertrag 106
- Mehrfachpfändung 97/8
- unpfändbare Sachen 97/6
- Verwertung 97/4

Herstellungslizenz 116
Hinterbliebenenrente 165/10 f.
Hinterlegung 98; 201/12
- Drittschuldner 98/6
- Rücknahmerecht des Hinterlegers 98/3

Höchstbetragshypothek 99–102
- Begriff 102/1
- Berichtigungsanspruch 102/9
- Drittschuldner 102/8
- Eigentümergrundschuld 102
- Feststellung der Höhe der Forderung 102/5, 10
- Grundbuchberichtigung 102/9
- Wirksamwerden der Pfändung 102/3 ff.

Hypothek
- Briefhypothek s. dort
- Bruchteilsgemeinschaft 48/16
- Buchhypothek s. dort
- Eigentümerhypothek 74; 75
- Höchstbetragshypothek s. dort
- Schiffshypothek s. dort
- Vorpfändung 8/8; 46/23

Honoraransprüche
- Ärzte und Zahnärzte 12
- Rechtsanwälte 138–140

Indossable Wertpapiere 191
Indossament 149/1; 191/4
Ingenieurversorgung G/Vorbem.
Inhaberpapiere 149/1, 13; 191/17
Inhaberscheck 149/13
Insassenversicherung 114/37

Jagdrecht 103; 104
- Jagdpacht 103
- Nutzungsrecht der Genossenschaft 104

Kapitalabfindung 19/15; 177/12; 180/11
Karenzentschädigung 19/9
Kassenarzt 12
Kaufpreisforderung 105; 107/9 ff.
Kaufpreisrückzahlung 27; 29; 33/6
Kaufvertrag 105–107
- bewegliche Sache 106; 107/9 ff.
- Drittschuldner 107/4
- Eigentumsvorbehalt 107/11
- Forderungskauf 107/14
- Grundstückskauf 105; 107/3 ff., 8
- Herausgabeanspruch 107/7
- Hinterlegung 107/4
- Kauf eines Rechts 107/12 ff.
- Kaufpreisforderungen für landwirtschaftliche Erzeugnisse 107/2
- Notar 107/4
- Verwertung 107/13, 16

Kaution 120/5
Kautionshypothek s. Höchstbetragshypothek
KG s. Kommanditgesellschaft
Kindergeld 165/12, 46 f., 50
Klage auf Erteilung der Vollstreckungsklausel 6/156
Klage auf vorzugsweise Befriedigung G/158
Klage gegen die Vollstreckungsklausel G/154
Knappschaft 165/10
Kommanditgesellschaft 108; 109
- Anteil an der Gesellschaft 108; 109; 109/5
- Einlageforderung 109; 109/8
- GmbH u. Co KG 84/38
- Kommanditist als Arbeitnehmer 109/4
- Publikums-KG 109/10

Kommissionsware 2/9
Konkursausfallgeld 165/6, 38
Konnossement 191/7
Konten 19/20; 35; 36; 133; 134; 165; 166
- Kontonummer 35/4; 36/33
- Vollmacht 36/20

Kontokorrent 35; 36; 36/5 ff., 13, 15; 110
- Abrede 110/6

Sachverzeichnis

- Abschlußsaldo **36**/6
- Bank-Kontokorrent **35**; **36**/5 ff., 13, 15
- Einzelforderung, Einzelposten **36**/15; **110**/2, 6
- gegenwärtiger Saldo, gegenwärtiges Guthaben **110**/9
- Kontokorrentsaldo **110**/7 ff.
- Kündigung **110**/11
- künftige Guthaben, künftige Salden **36**/13; **110**/10
- nächstfälliger Rechnungsabschluß **110**/9
- Rechnungsperiode **110**/1
- Saldoanerkenntnis **110**/1
- schuldumschaffende Wirkung **36**/9; **110**/2
- Staffelkontokorrent **36**/7 f.; **110**/3 ff.
- Tagesauszüge **36**/9
- Zustellungssaldo **110**/9

Korrespondentreeder 155/4, 5, 13
Kostenfestsetzung G/170
Kraftfahrzeugsteuer 171/28
Krankengeld 19/12; **165**/8, 34
Krankenkassen 19/42; **165**/8, 51
Krankenversicherung 19/12; **165**/8, 34
Kranzgeld 183; 183/5
Kreditlinie, Kreditzusage 54/13
Kreditkarten 111; 112
Kriegsopferversorgung 165/58
Künftige Forderung G/81
Künftige Rentenansprüche 164/63
Künftiger Saldo 36/12
Künftiger Steuererstattungsanspruch 171/11
Kurzarbeitergeld 164/37

Ladeschein 191/7
Lagerschein 191/7
Landtagsabgeordnete 19/45
Landwirt 107/3; **165**/10, 56
Leasing 128/17
Lebensversicherung 113; 114
- Anspruch auf die Versicherungsleistung **114**/8 ff., 22 ff.
- Auskünfte **114**/19
- Begünstigter, Bezugsberechtigter **114**/8 ff., 24 ff.
- Drittschuldner **114**/16
- Eintritt des Versicherungsfalles **114**/3
- Eintritt in den Versicherungsvertrag **114**/20
- Erbe **114**/5, 12 f.
- Erlebensversicherung **114**/4
- Fortführung des Versicherungsvertrages **114**/20
- Gefahrenperson **114**/36
- gemischte Kapitalversicherung **114**/5, 29
- Gestaltungsrechte **114**/18
- Herausgabe der Prämienreserve **114**/21
- Herausgabe des Versicherungsscheines **114**/19
- Insassen-Unfallversicherung **114**/37
- Kündigung **114**/18, 21
- Pfändungsschutz **114**/29
- Police s. Versicherungsschein
- Rente **114**/30
- Risikolebensversicherung **114**/3
- Rückkaufswert **114**/10, 21
- Todesfallversicherung **114**/3, 29
- Umwandlung in eine prämienfreie Versicherung **114**/18
- Unfallversicherung **114**/34; **176**
- Unfallzusatzversicherung **114**/33
- verbundene **114**/32
- Versicherungsfall **114**/3
- Versicherungsnehmer **114**/2
- Versicherungsschein **114**/7, 19, 31
- widerruflich Begünstigter **114**/24
- Widerruf der Bezugsberechtigung **114**/24
- Zustellung **114**/16

Legitimationspapier 191/21
Leibrente 115
Leistungsträger 165/4
Lizenz 116
Löschungsanspruch 75/11
Lohnfortzahlungsanspruch 19/10 FN 4
Lohnpfändung 19–25
Lohnschiebung 24
Lohnsteuerjahresausgleich 169; 170; 171/8 ff.
Lohnsteuerkarte 171/17
Lohnzahlung an Dritte 24
Lotterielose 191/17

Maklerprovision 117
Marke 117
- anderweitige Verwertung **117**/14
- Begriff **117**/2, 5
- Drittschuldner **117**/9
- Einsicht in das Register **117**/10
- Eintragung **117**/3, 6, 8, 9
- geschäftliche Bezeichnung **117**/16
- Herkunftsangabe **117**/17
- Inhaber **117**/4, 15
- Kollektivmarke **117**/15
- Lizenz **117**/7, 11
- Patentamt **117**/3, 9
- Register **117**/3, 6, 7, 9, 10, 14
- Schadensersatzansprüche **117**/5, 11
- Überweisung **117**/12, 13

539

Sachverzeichnis

- Vermögensgegenstand 117/6
- Verwertung 117/12–14

Maximalhypothek s. Höchstbetragshypothek

Mehrfache Pfändung einer Forderung G/133 f.

Mietvertrag, Mietvorauszahlung 118–120
- Beschlagnahme des Grundstücks in der Zwangsverwaltung 118/10
- Untermietzinsforderungen 118/9
- Vollstreckungsschutz 118/8

Miteigentum 47; 121; 155
- Aufhebung der Gemeinschaft 121/4 f.
- bewegliche Sache 121
- Bruchteilsgemeinschaft 47; 121
- Drittschuldner 121/7
- Grundstück 47; 48/12
- Schiff 48/12; 155
- teilbare Sache 121/10
- Teilung des Erlöses 121/9
- Verwertung 121/9, 10

Miterbenanteil 122; 123
- anderweitige Verwertung 123/7
- Auseinandersetzungsanspruch 123/2
- Ausschlagung der Erbschaft 123/8
- Drittschuldner 123/5
- einzelne Nachlaßgegenstände 123/1, 2
- Erbschein 123/10
- Grundbuchberichtigung 123/10
- Grundstück 123/9
- Nacherbschaft 123/4
- Nachlaßverwaltung 123/4, 5
- Testamentsvollstreckung 123/5, 6
- Wirksamwerden der Pfändung 123/5

Mitgliedschaftsrechte 191/20
Mitgliedspapiere 191/20
Mitnacherbe 125; 126/7
Mitreeder 155/3 f.
Mutterschaftsgeld 165/51

Nacherbe 124–126
- Anwartschaftsrecht 126/1, 5 f.
- Drittschuldner 126/6 f.
- Eintritt des Nacherbfalls 126/2
- Grundstück 126/8
- Herausgabe der Erbschaft an den – 126/2
- mehrere 125; 126/3, 7
- Miterbenanteil 123/4
- Nacherbenvermerk 126/8
- Schlußerbe 126/4
- Umfang des Nacherbenrechts 126/2
- Verwertung 126/9
- Vorerbe 126/1, 2

Nachlaß 123–126

Namensaktien 191/18
Namenspapier 191/18
Namensscheck 149/12
NATO-Streitkräfte 21–23b
NATO-Truppenstatut 22/1
Nicht indossable Wertpapiere 191/17 ff.
Nießbrauch 127; 128
- Aufhebung 128/15
- Drittschuldner 128/10
- Duldungstitel 128/16
- Tod des Nießbrauchers 128/14
- Überlassung der Ausübung 128/2, 5
- verbrauchbare Sachen 128/7
- Verwertung 128/11

Notarielle Urkunde G/45, 58

Oder-Konten 36/30
Örtliche Zuständigkeit G/23 ff.
Offenbarungsversicherung 6
Offene Handelsgesellschaft 129; 130
- Anteil an den einzelnen zugehörigen Gegenständen 130/3
- Anteil am Gesellschaftsvermögen 130/3
- Auseinandersetzungsguthaben 130/10 ff.
- Darlehenskonten 130/14
- Drittschuldner 130/6
- Einlageforderung 130; 130/16
- Gesellschafterbeiträge 130/16
- Gesellschaftsanteil 130/1 ff.
- Gewinnanteile 130/14
- Kapitalkonten 130; 130/14
- Kündigung 130/10
- Privatkonten 130; 130/14
- Sonderkonten 130; 130/14
- Verrechnungskonten 130; 130/14
- Verwertung 130/10 ff.
- Wirkung der Pfändung 130/10
- Zustellung 130/7

Offene Kreditlinie 54/13
Opferentschädigung 165/11, 58
Option 190/21
Orderpapier 191
Orderscheck 148; 149/10
Organe der Zwangsvollstreckung G/17 ff.

Pachtzins 118
Parlamentsmitglieder 19/44, 45
Patent 131
- Anwartschaftsrecht 131/4, 7, 11
- Drittschuldner 131/14
- Eintragung in die Patentrolle 131/19
- erteiltes Recht 131/19
- europäisches 131/1
- Herausgabe der Patenturkunde 131/18

Sachverzeichnis

- Lizenzen **131**/13, 16
- Recht auf das –, Recht aus der Erfindung **131**/7, 9
- Verwertung **131**/15, 22 f.

Pfändungsauftrag 2
Pfändungsgrenzen für Arbeitseinkommen 19/47 ff.
- Lohnpfändungstabelle **19**/47
- bei Unterhaltsforderung **19**/48

Pfändungsschutz
- für Arbeitseinkommen **19**/21 ff.
- für Kontoguthaben **19**/18 f.; **36**/35 f.; **165**/67 f.
- für die Lebensversicherungssumme **114**/29

Pflichtteilsanspruch 132
Pflichtteilsergänzungsanspruch 132/1
Pflichtverteidigervergütung 139/1
Postbankgirokonto 133
- Drittschuldner **133**/9
- Pfändungsschutz **36**/35 f.
- Postgeheimnis **133**/9
- Verwertung von Forderungen **133**/10

Postsparguthaben 134
- Drittschuldner **134**/9 ff.
- Herausgabeanspruch **134**/7
- Postsparbuch, verlorenes **134**/8
- Verwertung **134**/11
- Wegnahme des Postsparbuchs durch den Gerichtsvollzieher **134**/6

Praxiskosten (Ärzte) 12/5
Privathonorare (Ärzte) 12/6
Produktionsaufgaberente 165/7
Provision 19/7; **188**
Prozeßkostenvorschuß 177/13
Prozeßvergleich G/40
Publikums-KG 109/10

Rangvorbehalt G/102
Reallast 135–137
- Begriff **137**/1
- Bruchteilsgemeinschaft **48**/16
- Drittschuldner **137**/6
- Eintragung der Pfändung im Grundbuch **137**
- Einzelleistungen **137**/2 ff.
- subjektiv-dingliche **137**/1 f.
- subjektiv-persönliche **137**/4

Rechtsanwaltsgebühren 138–140
- Auskünfte des Vollstreckungsschuldners **139**/5
- Drittschuldner **139**/9
- Festsetzung der Gebühren **139**/11
- Kostenfestsetzung **139**/11

- Pflichtverteidiger **139**/9

Rechtsanwaltsversorgung 13/Vorbem.; **140**
Rechtsbehelfe und Rechtsmittel in der Zwangsvollstreckung G/147 ff.
Rechtsbeistand 139/13
Rechtskauf 107/12
Reederei 155/1
Regelunterhaltsabänderungsbeschlüsse G/43
Rektascheck 149/12
Renten 19; 164; 165/1 ff.
Rentenanwartschaft 165/62
Rentenschuld
- Bruchteilsgemeinschaft **48**/16
- mit Brief **141; 142**
- ohne Brief **143; 144**

Rückkaufsrecht 192
Rücktritt vom Verlöbnis 184

Sachbezüge 19/29; **163**/2, 4, 16
Sachleistungen im Sozialrecht 165/20 f.
Sachpfändung 2
Sachversicherung 145
Sachverständigenentschädigung 146
Safe 168
Schadensersatzanspruch aus Verkehrsunfall 179; 180
Schadensersatzanspruch wegen Vollstreckung aus einem später aufgehobenen Titel 147
- Drittschuldner **147**/7
- mitwirkendes Verschulden **147**/4
- Verjährung **147**/5

Scheckforderung 148; 149
- Ausfüllungsrecht **149**/15
- Aussteller **149**/3
- bankbestätigter Scheck **149**/4, 16
- Blankoscheck **149**/6, 15
- Drittschuldner **149**/9, 16
- Entstehung des Scheckanspruchs **149**/7
- Indossament **149**/2, 13
- Inhaberscheck **149**/13
- Namensscheck **149**/12
- Orderscheck **149**/10
- Überbringerscheck **149**/13
- Verrechnungsscheck **149**/14
- Verwertung **149**/11 ff.

Scheckkarte 36/34
Schenkung 150–152
- Auflage **152**/3
- Drittschuldner **152**/16
- Herausgabeanspruch **152**/2 f., 6, 9
- Undank **152; 152**/2, 6
- verarmter Schenker **150; 151; 152**/4, 7

541

Sachverzeichnis

- Verwertung **152**/17
- Widerruf **152**/2, 6

Schiff, Schiffsbauwerk 153; 154; 155
Schiffshypothek 153; 154
- Eintragung **154; 154**/10
- Höchstbetragsschiffshypothek **154**/13
- Schiff auf der Reise **154**/7
- Verwertung **154**/15

Schiffspart 155
- Drittschuldner **155**/11, 14
- Eintragung der Pfändung im Schiffsregister **155**/8, 20
- Gewinnanteile **155**/14
- Korrespondentreeder **155**/4, 11
- Pfandrechte **155**/15
- Pfändung auch des Schiffes selbst **155**/19
- Veräußerung **155**/15
- Verteilungsverfahren **155**/17
- Verwertung **155**/15
- Wirksamwerden der Pfändung **155**/10
- Zuständigkeit **155**/9

Schiffsregisterbehörde G/22; 154; 154/11; 155/5, 6
Schließfach 168
Schlüsselgewalt (Freistellungsanspruch) G/103
Schmerzensgeld 156; 157; 179
Schuldbefreiungsanspruch G/98
Selbständige s. Arbeitseinkommen
Sequester 33
Sicherungshypothek s. Buchhypothek
Sicherungsübereignung 158; 159
Sicherungsvollstreckung G/128 f.; 8/2
Sofortige Beschwerde G/160
Solawechsel 191/2
Soldaten 160–163
- Berufssoldaten **160; 162; 163**/2, 10
- Drittschuldner **163**/10
- einmalige Entschädigung **163**/14
- Entlassungsgeld **163; 163**/2, 13
- Hinterbliebene **162; 163**/7
- Kommandeur **163**/11
- Naturalleistungen **163**/2 ff., 16
- Sterbegeld **162; 163**/14
- Übungsgeld **163**
- Versorgung **163**/1, 6
- Versorgungsleistungen **164**/11
- Wehrpflichtige **163; 163**/4, 10
- Wehrsold **163**
- Wirtschaftstruppenteil **163**/10
- Wohnsitz **163**/9
- Zeitsoldaten **161; 162; 163**/3
- Zuständigkeit, örtliche **163**/9

Sonderkonto 36/42

Sozialleistungen 165
- Altershilfe für Landwirte **165**/10, 41, 56
- Arbeitsförderung **165**/6, 36
- Arbeitslosengeld **165**/6, 37
- Arbeitslosenhilfe **165**/6
- Aufrechnung oder Verrechnung **165**/44
- Billigkeit **165**/28, 30
- Dienst- und Sachleistungen **165**/19, 26
- Drittschuldner **165**/35 ff.
- einmalige Geldleistungen **165**/27
- Erben **165**/19, 23
- Erziehungsgeld **165**/50
- Hinterbliebenenrente **165**/11
- Jugendhilfe **165**/12
- Kindergeld **165**/12, 50
- Kontoguthaben **165**/67
- Krankengeld **165**/8, 34
- laufende Geldleistungen **165**/30 ff.
- Leistungen der gesetzlichen Krankenversicherung **165**/8, 41
- Leistungen der gesetzlichen Rentenversicherung **165**/10, 41
- Leistungen der gesetzlichen Unfallversicherung **165**/9
- Mutterschaftsgeld **165**/8, 51 f.
- Opfer von Gewalttaten **165**/42
- Pfändungsschutz **165**/67
- Rechtsbehelfe **165**/72
- Rechtsnachfolger **165**/19
- Rechtsweg **165**/72
- Sachleistungen **165**/18, 19
- Schwerbehinderte **165**/5 ff.
- Sozialhilfe **165**/14
- Verjährung **165**/1
- Versorgungsleistungen **165**/11
- Vorpfändung **165**/70
- Wohngeld **165**/13
- Zusammenrechnung **165**/45
- Zusammentreffen von Abtretung und Aufrechnung bzw. Verrechnung **165**/44

Sozialplan G/104
Sozialversicherungsrenten s. Renten
Sparbuch 167/6 ff., 10
Sparguthaben 166; 167
- Arbeitnehmersparzulage **167; 167**/12
- Drittschuldner **167**/11
- Pfändung vor Wegnahme des Sparbuchs **167**/6
- Wegnahme des Sparbuchs durch den Gerichtsvollzieher **167**/6

Sperrkonto 36/44
Staffelkontokorrent 36/8; 110/3 ff.

Sachverzeichnis

Stahlkammerfach 168
Steuererstattungsanspruch 169–171
- Antrag auf Erstattung **171**/15, 18, 25
- Drittschuldner **171**/11, 15 f.
- Ehegatten **171**/24
- Einkommensteuer **171**; **171**/22 ff.
- Entstehung **171**/2
- Erstattungsberechtigter **171**/24
- KFZ-Steuer **171**/28
- künftige Erstattungsansprüche **171**/11
- Lohnsteuerjahresausgleich durch den Arbeitgeber **170**; **171**/10
- Lohnsteuerjahresausgleich durch das Finanzamt **169**; **171**/15
- Lohnsteuerkarte **171**/16 f., 19
- Rechtsweg **171**/27
- Vorpfändung **171**/5

Stille Gesellschaft 172; 173
- Auseinandersetzungsguthaben **173**/2, 8
- Drittschuldner **173**/4, 5
- Gewinnbeteiligung **173**/1, 5, 9
- Kündigung **173**/6
- Rückzahlung der Einlage **173**/8
- Verwertung **173**/6

Strafverfolgungsmaßnahmen 94
Streitverkündung 11
Sühnevergleich G/40

Taschengeld 174
Teilpfändung 6/78
Tierärzte 12; 13
Tierärzteversorgung 13
Tiere 97/6
Tratte 191/2
Treuhandkonto 36/38 ff.
Treuhandschaft 175
- Anwartschaftsrecht **175**/5
- doppelseitige Treuhand **175**/2
- eigennützige Treuhand **175**/3
- Rückfall des Treuguts **175**/5
- Vergütung des Treuhänders **175**/6

Trinkgeld 40

Überbringerscheck 149/2, 13
Übersetzer 146
„Und-Konto" 36/29
Unfallversicherung 114/34 ff.; 176
Unpfändbare Bezüge 19/31
Unterhaltsabänderungsbeschlüsse G/43
Unterhaltsansprüche 20; 177
- Arbeitseinkommen **19**/38
- angemessener Unterhalt **177**/4
- Billigkeit **165**/41; **177**/10
- Kapitalabfindung **177**/12
- Pfändungsvoraussetzungen **177**/9 f.
- Prozeßkostenvorschuß **177**/13
- rückständige Beträge **174**/6
- Taschengeld **174**
- Unterhaltsrenten **177**/5
- Vereinbarungen zwischen den Eheleuten **177**/3
- zukünftige Beträge **177**/9, 10

Unterhaltsrenten 19/41; 177/5
Untersuchungshaft 94
Urheberrecht 178
- ausländische Urheberrechte **178**/13
- ausübende Künstler **178**/3, 14
- Drittschuldner **178**/10
- Erbe **178**/4
- Herausgabe des Originals **178**/7
- Miterben **178**/4
- Nutzungsrechte **178**/5 f.
- Rechtsnachfolger **178**/9
- treuhänderische Verwaltung **178**/11
- Veräußerung durch den Gerichtsvollzieher **178**/11
- Verwertung **178**/11
- Vergütungsansprüche des Urhebers **178**/14; **182**
- Vorrichtungen zur Vervielfältigung **178**/8
- Wirksamwerden der Pfändung **178**/10

Urlaubsabgeltung und Urlaubsgeld 19/31

Verhaftungsauftrag 7
Verkehrsunfall 179; 180
- Schmerzensgeld **156**; **157**

Verlagsvertrag 181; 182
- Drittschuldner **182**/10, 13
- Vergütungsanspruch **182**; **182**/12
- Verwertung **182**/11
- Zustimmung des Urhebers **182**/6 ff.

Verlöbnis 183
Vermächtnis 184, 185
- Arten **185**/3 ff.
- befristetes **185**/4
- Beginn der Pfändbarkeit **185**/4
- Beschwerter **185**/1
- Drittschuldner **185**/8
- Entstehung der – -Forderung **185**/2
- Vermögensvorteil **185**/3
- Verschaffungsvermächtnis **184**; **185**/6
- Wahlvermächtnis **185**/7

Vermögensbildende Leistungen 167/12 ff.
Vermögensgesetz, Vermögenswerte 186
- Pfändung **186**/4
- Verfahren nach dem VermG **186**/1 ff.
- Verwertung **186**/4

Verrechnungsscheck 149/5, 14

543

Sachverzeichnis

Versäumnisurteil G/39
Verschleiertes Arbeitseinkommen 24; 25
Versorgungsansprüche, Versorgungswerte
– Ärzte, Zahnärzte, Tierärzte 13
– Beamte und Richter 19/17
– Rechtsanwälte 140
Versteigerungserlös aus der Immobilienvollstreckung s. Zwangsversteigerungserlös
Versteigerungserlös aus der Mobiliarversteigerung 187; 188
– Drittschuldner 188/4, 5
– Hinterlegung 187/5
Vertragsarzt 12
Vertreterprovision 189
– Arbeitnehmer 189/1 f.
– künftige Provisionsansprüche 189/8
– Versicherungsvertreter 189/1
Vertretung der Bundesländer, öffentl. Körperschaften und Anstalten G/118
Vollstreckung zur Nachtzeit 2/3
Vollstreckungsabwehrklage G/152 f.
Vollstreckungsbescheid G/44
Vollstreckungsgegenklage G/152 f.
Vollstreckungshindernisse G/62
Vollstreckungsklausel G/53 f.
– Einwendungen G/154
– Klage auf Erteilung G/156
– Transportfunktion G/54
Vollstreckungskosten G/165 f.
Vollstreckungsorgane G/19 ff.
Vollstreckungstitel G/31 ff.
Vollstreckungsvoraussetzungen G/29 ff.
– Allgemeine G/30 ff.
– Besondere G/55 ff.
Vorbehaltsurteile G/36
Vorkaufsrecht 190
– Ankaufsrecht 16; 190/9, 17
– dingliches 190/5
– Drittschuldner 190/20
– Frist zur Ausübung 190/6
– schuldrechtliches 190/4
– Wiederkaufsrecht 190/10 f.; 192
Vorläufiges Zahlungsverbot 8
– Drittschuldnererklärung 8/11
– Grundbucheintragung 8/8
– Hypothekenforderung 8/8
– Kosten 8/12
– Sicherungspfändung 8/2
– Voraussetzungen 8/1 ff.
– Vorpfändung 8/9
– Wechsel des Vollstreckungsgläubigers/-schuldners 8/3
– Wirkung 8/9

– Zug-um-Zug-Leistung 8/4
– Zweck 8/1 ff.
Vormerkung G/105; 33/10
Vorpfändung s. vorläufiges Zahlungsverbot
Vorratspfändung 20/8; 165/34
Vorzugsweise Befriedigung G/158

Warenzeichen 190
Wartefrist G/58 f.
Wechsel 191
– abhandengekommenes Papier 191/12
– Aufgebotsverfahren 191/12
– Ausfüllungsrecht 191/14
– Blankowechsel 191/14
– Bürge 191/6
– Drittschuldner 191/8
– eigener Wechsel (Solawechsel) 191/2, 10
– Gewahrsam Dritter 191/13
– gezogener Wechsel (Tratte) 191/2, 5
– Herausgabeanspruch 191/13
– Indossament 191/4
– Kraftloserklärung 191/12
– Übertragung 191/4
– Verwertung 191/15
– Wechselbürge 191/6
Wehrsold 163
Weihnachtsvergütung 19/33
Wertpapiere 191
Wertpapierhypothek 52/19
Widerruf der Bezugsberechtigung in der Lebensversicherung 114; 114/24
Widerspruchsklage G/157
Wiederkaufsrecht 190/1, 10, 18; 192
Wohngeld 165/13
Wohnungsbauprämie 39
Wohnungsdurchsuchung 3
Wohnungsrecht, dingliches 60/4

Zahnärzte 12; 13
Zeitsoldat 161; 162; 163/3
Zeugenentschädigung 193
Zivildienstleistender 163/5
Zug-um-Zug-Leistung G/60
Zugewinnausgleich 194
– Ausgleichsforderung 194/6
– Beendigung der Zugewinngemeinschaft 194/3
– Tod 194/3
– Verjährung 194/7
Zusatzpflichtteil 132/1
Zustellung des Vollstreckungstitels G/52
Zwangshypothek s. Buchhypothek
Zwangsversteigerungserlös 195–201

544

Sachverzeichnis

- Anspruch des Eigentümers auf Auszahlung des Mehrerlöses **196; 201**/15
- Anspruch aus Eigentümergrundpfandrechten **199; 200; 201**/27
- Anspruch des betreibenden Gläubigers **195; 201**/13
- Anspruch des Gläubigers eines Grundpfandrechts **197; 201**/17
- Anspruch des Gläubigers eines nicht auf Kapitalzahlung gerichteten Rechts **198; 201**/20
- Anspruch auf Herausgabe des (Teil-)Erlöses aus einem Grundpfandrecht **201**/30
- Anspruch auf Herausgabe (Teilherausgabe) des Erlöses aus einem Grundpfandrecht **201; 201**/30
- Anspruch des Inhabers eingetragener Rechte **197–199; 201**/17 ff.
- Anspruch des Meistbietenden auf den Zuschlag **201**/9
- Anspruch auf Zahlung des Bargebots **201**/29
- Anspruch auf den Zuschlag **201**/9
- Drittschuldner **201**/12 ff., 23 f.
- Durchsetzung der Pfändung **201**/28
- Eigentümergrundpfandrechte **199; 200; 201**/27
- Hinterlegung des Erlöses **201**/12
- Mobiliarversteigerung s. Versteigerungserlös
- Rang **201**/3, 7, 17
- Verwertung **201**/8, 28

Zwangsverwaltungserlös 202; 203; 204
- Anspruch des betreibenden Gläubigers **204**
- Anspruch des Eigentümers **202**
- Ansprüche von Grundpfandgläubigern **203**
- Drittschuldner **204**/7
- Eigentümerwechsel **204**/9

Zweckgebundene Leistung 19/36

Zöller
Zivilprozeßordnung

19. Auflage 1995

mit Gerichtsverfassungsgesetz und den Einführungsgesetzen, mit Internationalem Zivilprozeßrecht, Kostenanmerkungen

Begründet von Dr. *Richard Zöller,* bearbeitet von Notar Prof. Dr. *Reinhold Geimer,* Richter am BGH Prof. Dr. *Reinhard Greger,* Vizepräsident des BayObLG *Peter Gummer,* Richter am AG *Kurt Herget,* Richter am OLG Dr. *Peter Philippi,* RegDir. a.D. *Kurt Stöber* und Prof. Dr. *Max Vollkommer.*

19. neubearbeitete Auflage 1995, 2.592 Seiten Lexikonformat, Ln. 275,– DM. ISBN 3 504 47008 9

„Die ausgewogene, fundierte und aktuelle Leistung sämtlicher Autoren läßt den Leser nie im Stich. Dem ‚Zöller' gebührt das höchste Lob, das einem Fachbuch zuteil werden kann: Er ist ein Klassiker."

Rechtsanwalt Dr. Ernst Teubner,
Vors. Richter am OLG a.D.
in MDR 4/95

Verlag Dr. Otto Schmidt · Köln

Installations- und Benutzungsanweisung für die Diskette

Auf der beiliegenden 3$^1/_2$-Zoll-Diskette finden Sie alle im Buch enthaltenen Musterformulare in Form von Makros für Word für Windows®. Voraussetzung für die Nutzung dieser Formulare ist, daß Sie auf ihrem PC die Textverarbeitung Word für Windows 6.0 (oder höher) einsetzen. Nach Einbindung der Makros in Ihr Textverarbeitungssystem erlaubt Ihnen dieses Modul ein dialoggesteuertes Ausfüllen aller im Buch enthaltenen Formulare am PC und bedeutet somit eine enorme Zeitersparnis.

Um die Makrosammlung zu installieren, legen Sie die Diskette in das entsprechende Laufwerk Ihres Computers ein und starten Windows®. Anschließend rufen Sie von dem entsprechenden Diskettenlaufwerk (meist a:) aus die Datei: „Setup.exe" auf (bei Windows 95®: „apsetup.dot") und führen diese aus.

Zu Beginn fragt das Programm nach dem Verzeichnis, in welchem sich Ihr Vorlagenverzeichnis von Word für Windows befindet. Es wird hier ein Vorschlag gemacht, der i.d.R. zutrifft – klicken Sie auf „O.K.", um mit der Installation fortzufahren. Das Programm beginnt nun den Kopiervorgang, wobei die Daten automatisch entpackt werden. Sobald dieser Vorgang abgeschlossen ist, erscheint das Fenster „Word für Windows wird nun gestartet". Klicken Sie bitte wiederum auf die „O.K."-Taste und in dem auf den Programmstart von Word für Windows folgenden Fenster auf die Taste „Vollinstallation". Es erscheint die Abfrage, in welches Verzeichnis die PfüB-Formulare kopiert werden sollen. Den angegebenen Vorschlag sollten Sie mit Klick auf „O.K." übernehmen.

Jetzt folgen verschiedene Abfragen, die das Programm auf ihre individuellen Bedürfnisse einstellt. Folgen Sie einfach den Bildschirmanweisungen.

Nachdem dies geschehen ist, werden die Makros in Ihre „Normal.Dot" kopiert (Klick auf „O.K."-Taste). Es folgt die Abfrage, in welchem Verzeichnis sich Ihre Normal.Dot befindet. Auch hier können Sie den Vorschlag i.d.R. (s.o. Vorlagenverzeichnis), durch Klick auf die „O.K."-Taste übernehmen. Es erscheint das Fenster: „Der Kopiervorgang ist abgeschlossen" – klicken Sie auf „O.K."

Abschließend folgen zwei Abfragen, die Sie ebenfalls mit „O.K." beantworten sollten.

Um mit den nunmehr installierten Formularen zu arbeiten, starten Sie Word für Windows neu. Jetzt können Sie das Symbol „PfüB" in Ihre Symbolleiste einbauen, indem Sie unter dem Menü „Ansicht" den Punkt „Symbolleisten..." aufrufen. Hier klicken Sie auf „AdvoPfüB", so daß vor diesem Wort ein Haken erscheint. Wenn Sie jetzt auf „O.K." klicken, erscheint in Ihrer Symbolleiste die Schaltleiste „PfüB".

Diese brauchen Sie nur anzuklicken, und es öffnet sich das Menü „AdvoPfüB". Im linken Fenster sehen Sie nun die im Buch enthaltenen Formulare nach Zahlen geordnet, so daß Sie ein Muster direkt nach der Musterziffer im Buch aufrufen können. Auf der rechten Seite befinden sich die jeweiligen Musterüberschriften (ebenfalls dem Buch entnommen), die es Ihnen ermöglichen, ein inhaltliche Auswahl vorzunehmen. Aufgerufen werden die Formulare jeweils mit Doppelklick. Danach brauchen Sie nur noch den Bildschirmanweisungen zu folgen. Hierbei ist lediglich die Besonderheit zu beachten, daß die Abfragen nach Erfassung der Forderung nur noch in der untersten Bildschirmzeile (sog. „Statuszeile") erfolgen, um den Blick auf das Dokument nicht durch Dialogboxen zu verstellen.

Nach Fertigstellung des Antrags können Sie diesen wie jedes Word-Dokument bearbeiten. Viel Erfolg mit „AdvoPfüB" wünscht Ihnen der Verlag Dr. Otto Schmidt.